民事紛爭 事例別 調停主文例

민사분쟁 사례별 조정주문례

변호사 **최재석** 지음

프라미스

추/천/의/글

오늘날 분쟁의 해결에서 국내외를 막론하고 조정에 대한 관심이 커지고 있다. 국내에서도 법원 중심의 민사조정과 함께 검찰의 형사조정은 물론 웬만한 행정기관마다 조정제도가 운영되고 있다. 국외에서는 전통적으로 미국과 유럽이 조정, 특히 촉진적 조정의 활성화를 선도하고 있는데, 최근에는 싱가포르와 홍콩이 아시아에서 조정의 허브 역할을 자처하고 있다. UN국제상거래법위원회(UNCITRAL)가 기초하여 UN총회에서 채택되어 2019년 8월 싱가포르에서 공식적으로 서명될 예정인 싱가포르협약이 발효되면, 동 협약의 당사국들은 국제상사분쟁의 조정을 통한 합의에 법적 구속력을 부여하게 된다. 이렇게 되면, 적어도 국제상사조정은 조정의 약점으로 지적된 법적 구속력의 미비를 극복할 수 있는 점에서 법적 구속력을 가진 중재와 버금가는 분쟁해결제도가 될 것으로 전망된다.

조정의 약점이라고 지적되는 법적 구속력의 미비는 조정의 장점임에 틀림없다. 일반적으로 법적 구속력이 없음에도 조정을 유용하게 하는 것은 조정을 통한 분쟁 해결의 합의가 해당 분쟁당사자들이 스스로 이룬 결과이기 때문이다. 즉, 조정을 통한 합의가 분쟁당사자들의 자발적 약속인 점에서 조정이 더 유용하게 된다. 실제로 분쟁은 거래 관계 등 아는 사람이나 기업 사이에서 발생하게 되는데, 이러한 분쟁을 법적인 절차에 따라 법적 구속력을 부여하여 해결하면, 그 분쟁당사자들의 관계는 절단되기 십상이다. 그러나 이러한 분쟁을 조정인이 분쟁당사자들의 눈높이에서 도움을 주어 당사자들 스스로 합의하여 해결하게 되면, 이들의 관계는 계속 유지되고 발전할 수 있게 된다.

조정, 특히 촉진적 조정은 조정인이 분쟁당사자들이 자발적으로 협상을 통하여 그들의 분쟁을 스스로 해결하도록 도움을 주는 점에서 분쟁당사자들의 협상의 연장이라고 볼 수 있다. 이렇게 임의적 분쟁해결수단인 조정의 핵심은 분쟁당사자들의 협상인 점에서 실제로 조정이 어떻게 진행되는지는 물론 그 결과도 외부에 알려지기는 쉽지 않다. 이런 점에서 조정을 실제로 수행하는 조정인이나 조정의 과정에서 분쟁당사자들에게 도움을 주는 변호사 등도 조정에 관한 올바른 정보를 얻기가 쉽지 않다. 마침 최재석 변호사님은 서울남부지법의 상임조정위원으로서 만 4년 동안 직접 처리한 건물 철거 및 퇴거부터 상속 및 공유, 손해배상, 의료분쟁 등의 다양한 유형의 조정사건에 대하여 사건의 개요와 조정 경과 및 해당 조정주문을 알기 쉽게 정리하였다. 최 변호사님의 역작인 《민사분쟁 사례별 조정주문례》는 조정의 수행에 관한 중요한 길잡이가 될 것이고 한국의 분쟁해결의 실무와 학문의 발전에도 크게 기여할 것이다.

최재석 변호사님은 30년의 법조인 생활에서 특히 조정의 유용한 가치를 인식하고 국내에서 조정이 활성화될 수 있도록 실무적으로 노력을 아끼지 않으시면서, 사단법인 한국조정학회가 주관하는 세미나 등에서 조정에 관한 발제와 토론에도 적극적으로 참여하시는 점에서 국내의 대표적인 조정 전문가임에 틀림없다. 우리 국민의 상당수가 웬만한 갈등과 분쟁을 법원에서 해결하려고 하는 점에서 한국은 자타가 공인하는 "갈등공화국"의 오명을 안고 있는데, 조정을 통하여 상당한 수의 갈등과 분쟁이 법원 밖에서 해결되어 사회적 갈등이 해소될 수 있어야 한다. 최재석 변호사님의 《민사분쟁 사례별 조정주문례》 출간으로 국내에서 올바른 조정에 대한 이해가 높아져서, 조정을 통하여 갈등과 분쟁이 해소되어 우리의 사회행복지수가 그만큼 높아질 수 있게 되기를 기대한다.

2019년 2월 15일

고려대 법학전문대학원 박노형 교수

(한국조정학회 회장)

머/리/말

이 민족은 불가사의하게 신성시되어 누구도 그들에게 위해를 가하지 않고, 또한 무기류도 일절 소유하지 않는다. 그들은 인근 주민들 사이의 분쟁을 해결하는 조정 역할을 맡고 있으며, 그들을 찾아 피란해 온 자는 누구라도 보호해 준다. 이 민족의 이름은 아르기파이오이라 한다.

– 헤로도토스의 《역사》에서

'대체적 분쟁 해결(Alternative Dispute Resolution, ADR)'은 분쟁당사자들이 법원의 타율적 판단에 의존하지 아니하고 자신들의 갈등 상황과 문제를 스스로 해소하는 수단인 협상, 화해, 알선, 조정, 중재 등을 통칭한다. '조정(調停 Mediation)'은 중립적 제3자인 조정인(Mediator)이 당사자 상호간의 대화와 양보를 촉진·원조하여 자율적 합의에 이르게 하는 방식으로서 협상, 화해, 알선 등이 자연스럽게 병행 수반된다. 통상 임의조정이라 부른다. 반면 조정중재(Med-Arb)는 말 그대로 조정과 중재(Arbitration)가 혼합된 방식으로서, 임의조정의 시도에도 불구하고 당사자 간의 합의가 이루어지지 않은 경우 조정인이 중재인과 유사하게 일정한 조정안(조정을 갈음하는 결정)을 제시하여 이를 양 당사자가 모두 받아들이면 조정성립으로 간주하는 기법이다. 적절한 표현은 아니지만 이를 강제조정이라 한다. 우리나라 민사조정법과 대부분의 행정형 조정위원회 관련 법률은 임의조정, 강제조정 방식을 함께 채택하고 있다. 그리고 조정이 성립하면, 일부 예외가 있지만 재판상 화해의 효력, 즉 확정판결과 동일한 기판력과 집행력이 부여된다.

필자는 20여 년의 공직생활에 이어 2009년부터 변호사로 활동하면서 지금까지 법원, 행정형 조정위원회, 대한상사중재원 등에서 조정·중재업무를 수행하여 왔다. 조정은 조정당사자와 조정인 모두의 경청, 역지사지, 관용의 미덕을 요구한다. 조정에 관계한 모든 이는 조정의 전 여정 속에서 함께 성숙하고 공동의 지혜를 발휘한다. 보다 겸손해지고, 포용력, 인내력, 자제력, 분별력이 커진다. 진정한 행복과 평화가 어디에 있는지를 끊임없이, 새롭게 생각한다. 이 책은 바로 그런 흔적들을 담고 있다. 필자가 서울남부지방법원 상임조정위원으로서 맡았던 다양한 민사분쟁사건과 대한법률구조공단 서울중앙 주택임대차분쟁조정위원회 상임조정위원으로서 주관한 분쟁사건을 조정으로 해결하는 과정과 결과를 정리하여, 동종 유사의 사건에서 원만한 해결책을 강구하는 당사자와 소송대리인,

ADR 이론과 실무에 관심 있는 분들에게 선례 내지 참고자료로서의 도움을 드리고자 하였다. 다만, 조정의 비공개 원칙과 당사자 비밀 보호 필요성으로 인하여, 사건 내용과 조정 경과 및 그 결과인 조정주문(調停主文)의 소개에 있어 성명, 주소 등의 익명화, 기호처리와 함께 내용 축약이 불가피하였다. 이에 대한 사건 관계자와 독자 모두의 양해를 구한다. 이 책의 허물은 전적으로 필자의 책임이지만, 인정받을 만한 내용이 있다면 이는 모두 지금까지 필자에게 많은 도움을 주신 분들 덕택이다. 필자에 대한 지도와 배려를 아끼지 않으신 손기식, 윤병각, 황승연 상임조정위원(장)님, 조정 철학의 정립과 부단한 연찬을 이끄신 한국조정학회 부구욱, 박노형 전·현 회장님과 학회의 임·회원, 조정의 사회적 가치에 대한 깊은 이해로 본 출판을 독려하신 쿰란출판사 이형규 대표(장로)님께 깊이 감사드리고, 아울러 편집과 교정으로 수고해주신 오완 편집부장님과 직원 분들, 초기 교정과 자료 정리에 수고해 준 오규진, 장현국, 박보경 심사관(변호사)에게도 감사의 마음을 전한다.

르네상스의 산파역인 피렌체 메디치(Medici)가의 후손으로서 공동의 선을 향한 끝없는 베풂과 관용의 혈통을 이어 받은 카테리나 데 메디치는 지난한 종교전쟁 시대의 프랑스 왕후로서 신·구교간, 각종 정파의 상호 존중과 공존을 위한 불굴의 노력을 아끼지 않아 '위대한 중재자'라는 칭호를 얻은 바 있다.

> 그 가문의 특징 중 하나가, 분쟁을 가라앉히고 서로 반목하는 사람들에게 증오를 버리고 평화롭게 살게 하는 독특한 재능이라는 것…불에 물을 붓고 원수들을 화해시키는 독특한 재능…이다.
>
> – G.F. 영의 《메디치 가문 이야기》에서

본디 평화를 사랑하였던 한민족의 DNA가 거듭 우성화되어, 갈등의 골이 깊은 한국사회의 통합, 분단된 한반도의 평화는 물론 세계 평화에 기여하는 대한민국의 메디치, 위대한 조정자가 많이 배출되기를 충심으로 소망한다.

2019년 2월 15일

최 재 석 변호사

추천사 고려대 법학전문대학원 박노형 교수(한국조정학회 회장) … 2

머리말 … 4

01_ 건물 철거 및 퇴거 청구사건 … 9

02_ 공사대금 등 건설관계사건 … 17

03_ 교통사고 및 산업재해 관련사건 … 53

04_ 근로관계사건(임금 및 산재 포함) … 104

05_ 대여금사건 … 119

06_ 물품대금사건 … 163

07_ 보험금사건(교통사고 보험금사건 제외) … 211

08_ 부동산 거래 관련사건 … 240

09_ 부동산 임대차사건 … 268

10_ 상속 및 공유 관계사건 … 335

민사분쟁 사례별 조정주문례 목차

11_ 손해배상사건(교통사고사건 제외) … 356

12_ 약정금, 어음금 및 기타 사건 … 401

13_ 언론관계사건 … 447

14_ 용역대금사건 … 450

15_ 의료분쟁사건 … 470

16_ 지적재산권사건 … 477

17_ 청구이의 등 강제집행 관련사건 … 481

18_ 환경 및 상린 생활 관련사건 … 500

19_ 회사 및 동업관계사건 … 508

01 건물 철거 및 퇴거 청구사건

담장철거 및 토지인도 청구사건

사건의 개요 및 조정경과

원고는 자신 소유의 토지에 연접한 피고가 원고의 토지를 3.3㎡ 침범하여 담장을 설치하여 유지하고 있으므로 그 담장을 철거하고 토지를 인도하라는 소송을 제기. 피고는 점유취득시효를 주장. 조정과정에서 피고가 담장을 철거하고 토지 침범부분을 원고에게 인도하되, 원고가 담장철거비용을 부담함은 물론 원고와 피고의 토지 경계선상에 새로운 담장을 원고 비용으로 축조하고 경계선에 접한 하수시설도 원고가 이설하기로 하는 내용으로 임의조정 성립.

조정주문

1. 피고는 원고에게 서울 ○○구 △동 ***-** 대 169.8㎡ 토지 중 별지 도면 표시의 ①, ②, ③, ⑥, ①의 각 점을 순차로 연결한 선내의 길이 11m, 두께 15cm, 높이 1.8m의 시멘트블럭조 담장을 철거하고, 같은 도면 표시의 ①, ②, ④, ⑤, ①의 각 점을 순차로 연결한 선내의 토지 3.3㎡를 인도한다. 다만, 원고는 위 담장 철거에 소요되는 비용을 부담하고, 위 토지와 피고의 소유토지인 620-14의 경계선 위에 원고의 비용 부담으로 새로운 담장(담장에 연결되는 철문 포함)을 축조하며, 만약 위 620-14 지상 맨홀 등 하수시설이 위 경계선에 접하여 설치되어 있는 것이 확인된 경우 그 맨홀 등 하수시설을 원고의 비용 부담으로 위 경계선으로부터 이격하여 위 620-14 지상에 새로이 설치한다.
2. 원고는 나머지 청구를 포기한다.
3. 소송비용 및 조정비용은 각자 부담한다.

다세대주택 옥상에 설치된 이동통신사 중계기시설 철거 청구사건

사건의 개요 및 조정경위

원고는 다세대주택의 502호의 소유권을 취득하여 타인에게 임대를 하였는데 원고의 소유권취득 이전에 다세대주택 옥상에 이동통신회사인 피고들의 통신중계시설이 설치되어 있었고 502호 거주 임차인이 이로 인한 소음을 느끼게 되어 통신중계시설의 철거를 구하는 소송을 제기. 집합건물법상 공용부분의 관리는 전체 구분소유자의 1/2, 변경은 3/4의 동의로 하도록 되어 있고 특히 공용부분의 변경으로 특별한 영향을 받는 구분소유자가 있는 경우 그 동의를 별도로 받도록 되어 있음. 502호 천정 위 옥상에 설치된 통신중계시설로 502호 거주자가 직접적으로 영향을 받을 수 있게 되는데 원고는 물론 원고 이전의 502호 소유자도 통신중계시설 설치에 동의한 바 없음이 확인됨. 하지만 피고들 회사는 현재 위치의 통신중계시설을 유지할 필요가 있음을 호소. 또한 통신중계시설 부지 임차료로 연간 수백만 원씩 받아 이를 건물관리비용에 쓰는 등 전체 구분소유자에게도 유익한 점이 있고, 현재의 위치가 아닌 옥상 옥탑층 지붕으로 통신중계시설을 옮겨 설치할 경우 현재의 효용성을 유지하면서도 502호를 포함한 입주민에게 피해가 가지 않는 점에 착안하여 피고들이 자신들의 비용으로 통신중계시설을 현재 위치에서 옥탑층 지붕으로 이설하는 작업을 하기로 하고 기존 설치 면적에 방수공사 등 원상복구공사를 해주기로 하는 내용으로 임의조정 성립.

조정주문

1. 피고들은 서울 영등포구 ○○동 ***-*, 5층 다세대주택 옥상에 설치한 통신시설(이동식중계탑 및 부속기계 일체, 이하 같다)을 철거한다.
2. 피고들은 제1항 기재 철거 이후 같은 통신시설을 제1항 기재 옥상 옥탑층 지붕으로 이설하며, 원고는 이에 이의를 제기하지 아니한다.
3. 피고들은 제1항 기재 철거 이후 최초 통신시설이 설치되었던 점유 면적 및 주변에 대해 방수공사 등 원상복구 공사를 실시한다.
4. 제1항의 철거공사, 제2항의 이설공사 및 제3항의 원상복구공사에 필요한 비용은 피고들이 부담한다(피고들의 분담비율은 각 점유면적의 비율 등을 참작하여 호혜적으로 협의하여 정한다). 다만, 원상복구공사와 관련하여 피고들의 통신시설의 설치, 관리, 철거와 인과관계가 없는 부분은 예외로 한다.
5. 원고는 나머지 청구를 포기한다.
6. 소송비용 및 조정비용은 각자 부담한다.

무단건축물철거 청구사건

사건의 개요 및 조정경위

상가건물 소유자와 이웃 상가 소유자 및 임차인(치과원장)과의 분쟁으로서 복도를 막고 있는 시설물 철거를 구하는 소송.

원고는 주상복합상가건물의 207호 소유자이고, 피고 1은 같은 상가 204, 205, 206호의 소유자로서 공용부분인 통로에 가시설물(벽체)을 설치하여 가건물(사무실)을 무단 축조한 다음 피고 2에게 자신 소유 상가와 함께 위 무단 가건물을 임대하여 사용하게 하고 있다며 무단 건축물의 철거와 인도를 구하는 소송을 제기. 피고 1은 이미 무단 건축물이 축조되어 있는 상태에서 상가 소유권을 취득하였고 무단 건축물이 축조될 당시 원고가 이에 동의하였다고 주장하였으나, 무단 축조 당시 관리단 집회에서 이를 승인한 사실은 입증되지 아니함. 전유면적이 아닌 공용면적 상의 무단 축조 건축물은 구분소유자들의 동의를 얻지 않은 이상 당연히 철거되어야 하는 것이므로 피고들이 철거하되, 피고 2의 치과병원 사용상황과 임대차기간 만료 시점 등을 감안하여 조정기일로부터 2년을 유예하여 그 때까지 피고들이 철거, 퇴거 및 인도하고 그동안의 원고의 불편에 대한 손해배상조로 매월 일정 금원을 지급하기로 하는 내용으로 조정 성립.

조정주문

1. 원고에게, 201*. 10. 25.까지
   가. 피고들은 별지목록 기재 부동산의 2층 중 별지목록 도면 표시 1, 2, 3, 4, 1의 각 점을 순차로 연결한 선내 (가) 부분에 축조된 가건물(사무실) 9.785㎡를 철거하고, 위 (가) 부분의 통로(복도)를 인도하고,
   나. 피고 김**은 위 (가) 부분 면적에서 퇴거한다.
   다. 위 철거, 인도 및 퇴거 비용은 피고 김**이 부담한다.
2. 피고들은 연대하여 원고에게 201*. 12.부터 201*. 10.까지 매월 25. 매월 250,000원씩을 지급한다(피고들의 대내 분담률은 피고 강** 10: 피고 김** 15로 한다). 그 지급은 원고의 은행계좌(○○은행 ***-***-******, 예금주 유**)로 입금하는 방식으로 한다.
3. 원고는 나머지 청구를 포기한다.
4. 소송비용 및 조정비용은 각자 부담한다.

기둥철거 청구사건

사건의 개요 및 조정경과

원고는 원고 소유의 토지에 인접한 토지를 피고가 매입하여 그 지상에 건물을 신축하는 과정에서 피고가 경계를 침범하여 원고의 토지 위에 있던 경계 담장을 허물고 원고의 토지 위에 기둥을 설치하였으므로 기둥을 철거하고 철거 시까지 매월 50만 원을 지급하며 기타 손해배상과 부당이득 2,000여만 원을 지급하라는 소송을 제기. 피고는 일부 경계 침범사실은 인정하면서도 새로 설치한 담장을 절단하였고 경계를 침범한 기둥은 없다고 주장. 조정기일에 원고의 주장과 청구에 무리한 점이 있으나 피고가 원상회복해줄 부분이 있다고 인정되어 그 공사를 피고의 비용부담으로 하고 화해금 500만 원을 지급하며 상호 분쟁을 종식하기로 하는 내용으로 임의 조정 성립.

조정주문

1. 피고는 원고에게 201*. 3. 20.까지 피고의 비용부담으로 별지도면 표시 피해대지 상에 다음의 공사를 한다.

가. 바닥 표면 공사(방수공사 포함)

나. 안쪽 기둥 철거한 부분의 표면 공사

다. 입구 쪽 담장 및 출입문(철문) 공사

라. 피해대지와 연접한 신축대지상의 옹벽의 표면에 대한 페인트칠 공사

만일, 피고가 위 기일까지 위 공사를 모두 이행하지 아니하는 경우에는, 원고는 원고의 비용으로 미이행된 공사를 하며, 피고는 그 공사비용을 원고에게 지급한다.

2. 피고는 원고에게 201*. 3. 31.까지 화해금(위로금) 5,000,000원을 지급한다. 만일 피고가 위 지급기일까지 위 금원을 지급하지 아니한 때에는, 피고는 미지급금원에 대하여 지급기일 다음날부터 다 갚을 때까지 연 20%의 비율로 계산한 지연손해금을 가산하여 원고에게 지급한다.
3. 원고는 이 사건 청구원인과 관련하여 향후 피고를 상대로 일체의 재판상, 재판외 청구, 이의제기, 민원제기를 하지 아니한다.
4. 원고는 나머지 청구를 포기한다.
5. 소송비용 및 조정비용은 각자 부담한다.

도시가스배관 등 철거 등 청구사건

사건의 개요 및 조정경과

원고(선정당사자)는 망부로부터 상속받은 대지(오래전부터 도로로 사용됨) 및 임야와 관련하여 그 토지소유권을 침범한 다수의 피고들을 상대로 소송을 제기. OO도시가스 주식회사를 상대로 대지(도로) 지하에 매설된 도시가스배관 철거를, OO시에 대해 대지(도로) 지하에 매설된 상하수도관 철거를 각 구하고, 인접 토지(가옥) 소유자들에 대해서는 경계침범 부분에 대한 건물철거 및 토지인도를 구하고, 인근 신축 빌라 건축업자(분양사무소장) 및 수분양자들을 상대로는 빌라 신축과정에서 원고 소유 임야에 무단 매립되고 쌓아진 건축폐기물, 토사의 철거와 토지인도를 구하는 소송을 제기하였고, 이 모든 소송들이 관련사건으로서 전부 조정에 회부됨. 총 8차에 걸쳐 조정을 속행하고 기일마다 피고들을 그룹별로 분리하여 조정심리하여, 최종적으로 빌라 건축업자 및 수분양자들이 건축폐기물, 토사의 철거공사 비용의 60%를 부담(나머지 40%는 원고가 부담)하는 내용(이후 당사자들의 요청으로 공사업체에게 직접 60%를 지급하는 내용으로 경정)으로, OO시는 도로로 사용되고 있는 대지 부분에 대해 향후 예산을 확보하여 수용보상하기로 하는 내용으로, 나머지 피고들에 대한 소는 모두 취하하는 내용으로 각 강제조정하여 모두 확정.

조정주문

1. 피고 A, B, C, D는, 별지2도면 표시 8, 9, 10, 11, 8의 각 점을 연결한 선내 ㉰부분의 건축폐기물이 혼합된 토사를 모두 수거하고 선내 ㉰부분을 원고에게 인도하는 것에 갈음하여, 이에 필요한 폐기물처리 및 평탄작업

을 원고와 협의하여 선정한 제3의 공사업체로 하여금 실시하게 하고 그 소요된 비용의 60%를 당해 공사업체에게 지급한다(나머지 40%는 원고가 지급한다).

2. 피고 F시는 원고 소유의 이 사건 토지(F시 ○○구 △△동 **-** 대 274㎡ 및 같은 동 산 **-* 임야 2,468㎡, 이하 '이 사건 토지'라 한다) 포함 주변지역을 지구단위계획에 따른 도시계획시설로서 관리함에 있어 조속한 시일 내에 관련 법령에 의거한 예산확보 및 실시설계·실시계획 작성, 고시 등 행정절차를 추진하여 이 사건 토지의 적정 범위를 도로부지로 수용하여 원고에게 보상하기로 한다.
3. 원고는 피고 A, B, C, D에 대한 나머지 청구를 포기하고, 나머지 피고들에 대한 이 사건 소를 취하한다.
4. 소송비용 및 조정비용은 각자 부담한다.

건물철거 및 토지인도 청구사건

사건의 개요 및 조정경과

원고는 피고 1~6이 소유하고 피고 7~10이 임차하고 있는 건물 부지의 소유권을 취득한 후 피고 1~6을 상대로 지료청구소송을 제기하여 승소한 후 피고 1~6이 24개월 이상 지료를 지급하지 않자 지상권이 소멸되었음을 주장하며 피고들을 상대로 건물에서의 퇴거, 건물철거 및 토지 인도를 구하는 소송을 제기. 지료미지급으로 인한 법정지상권 소멸에 대해서는 대법원 99다17142, 92다44749 판결 등에 비추어 논란의 여지가 있었음. 피고 중 한 명은 자신의 건물 가치가 없음을 인식하고 원고에 대한 지료채무에 대한 대물변제조로 자신의 건물의 소유권을 원고에게 이전하여 주고 토지를 인도하며 원고는 피고에 대한 나머지 지료청구권을 포기하는 내용으로 임의조정 성립. 나머지 피고들에 대해서는 강제조정하여 일부 이의 없이 조정성립, 일부 이의하여 조정 불성립.

조정주문

1. 원고에게, 201*. 11. 30.까지,
   가. 피고 A는 별지 제1목록 제1항 기재 건물에 관하여 201*. 8. 19. 대물변제(지료채무 56,554,220원의 변제에 갈음)를 원인으로 한,
   나. 피고 B는 별지 제1목록 제2항 기재 건물에 관하여 201*. 8. 19. 대물변제(지료채무 43,336,150원의 변제에 갈음)를 원인으로 한,
   다. 피고 C는 별지 제1목록 제4항 기재 건물에 관하여 201*. 8. 19. 대물변제(지료채무 12,886,700원의 변제에 갈음)를 원인으로 한,
   라. 피고 D는 별지 제1목록 제5항 기재 건물에 관하여 201*. 8. 19. 대물변제(지료채무 43,465,010원의 변제에 갈음)를 원인으로 한,

   각 소유권이전등기절차를 이행한다. 그 각 이전등기절차비용은 원고가 부담한다.

2. 피고 A, B, C, D는, 원고에게 201*. 11. 30.까지 별지 제2목록 기재 토지를 각 인도한다.
3. 원고에게, 201*. 11. 30.까지,
   가. 피고 E, F는 별지 제1목록 제1항 기재 건물에서,
   나. 피고 G는 별지 제1목록 제3항 기재 건물에서,
   다. 피고 H는 별지 제1목록 제4항 기재 건물에서,
   각 퇴거한다.
4. 원고는, 피고들에 대하여, 이 사건의 나머지 청구 및 서울남부지방법원 20**나***** 지료청구 사건의 확정 판결에 기한 나머지 지료청구권을 각 포기한다.
5. 소송비용 및 조정비용은 각자 부담한다.

건물철거 및 토지인도 등 청구사건

사건의 개요 및 조정경과

원고는 남편 사망으로 남편 소유의 미등기 토지를 상속받아 소유권보존등기를 하였는데 얼마 후 피고들과 피고들의 망부가 원고의 토지위에 무허가 가건축물을 짓고 사용하기 시작하였고 원고가 지속적으로 사용중지요청을 하였음에도 피고들이 무시하자 피고들을 상대로 가건물철거, 토지인도, 토지사용료 상당의 부당이득금지급을 구하는 소송을 제기. 피고들은 점유취득시효완성을 주장하며 소유권이전등기를 구하는 반소를 제기하겠다는 입장을 표명하였으나 자주점유가 아닌 타주점유의 사실관계에 가까워 피고들로 하여금 시가보다 저렴한 금액으로 원고의 토지를 매수하게 하고 원고는 이를 수용하기로 하고 소를 취하하는 내용으로 조정성립.

조정주문

1. 원고는 본 조정기일인 201*. 7. 19.자로 피고들에게 충북 ○○군 △△면 ◇◇리 ***-* 대 1,583㎡ 중 별지 감정도 표시 'ㄷ' 부분 456㎡를 대금 14,000,000원에 매도하고, 피고들은 이를 매수한다.
2. 피고들은 201*. 8. 31. 원고로부터 제1항 기재 부동산에 대한 소유권이전등기절차를 이행 받음과 동시에 원고에게 제1항 기재 금원 금 14,000,000원을 지급한다.
3. 원고는 201*. 8. 31. 피고들로부터 제1항 기재 금원 금 14,000,000원을 지급받음과 동시에 피고들에게 제1항 기재 부동산에 대한 소유권이전등기절차를 이행한다. 그 등기절차비용은 피고들의 부담으로 한다.
4. 원고는 이 사건 소를 취하하고, 피고들은 이에 동의한다.
5. 소송비용 및 조정비용은 각자 부담한다.

건물 등 철거 청구사건

사건의 개요 및 조정경과

원고 사회복지법인은 1965년부터 현재까지 ○○동 소재 대 6,159㎡를 소유하여 관리하고 있는데 A가 1985. 원고의 토지에 연한 13㎡ 대지와 함께 동 대지 및 원고의 대지에 걸쳐 지어진 무허가 미등기건물을 매입하여 동 건물에 거주하며 원고의 대지를 무단 점유하고 있어 2002. A에게 무단점유사실을 통보하며 철거를 구하였음에도 응하지 않는다며 A를 상대로 건물철거와 대지인도 및 대지인도 시까지 지료상당의 부당이득을 구하는 소송을 제기하였고, 소송제기 이후 A가 1988. 사망하여 그 자식들인 6명의 피고들이 상속한 사실이 밝혀져 피고들을 상대로 소송수계신청을 하였고, 조정 회부. 조정 심리 과정에서 피고들은 점유취득시효를 주장하기도 하였으나 피고들이 더 이상 무허가건물에 계속 거주할 필요성이 없어 원만한 분쟁 해결을 희망하기도 하였으므로, 조정기일을 속행하여 양측이 조율의 기회를 갖게 한 후 인근 토지의 시가 등을 반영하여 피고 소유의 대지 13㎡를 원고가 2,500만원에 매수하고, 지상 무허가건물은 피고가 철거하되 원고가 그 비용을 부담하는 내용으로 임의 조정 성립.

조정주문

1. 피고들은 201*. 9. 23. 원고에게 서울 ○○구 △△동 ***-**** 대 13㎡를 대금 25,000,000원에 매도하고, 원고는 이를 매수한다.
2. 피고들은 201*. 11. 30. 원고로부터 제1항, 제3항 기재 금원 25,000,000원을 지급받음(다만, 그 수령은 피고 A가 한다)과 동시에 원고에게 제1항 기재 부동산에 관한 소유권이전등기절차를 이행하고, 위 지상 무허가 벽돌조 건물을 철거한다. 위 등기절차비용 및 철거비용은 원고가 부담한다.
3. 원고는 201*. 11. 30. 피고들로부터 제2항 기재 건물철거 및 소유권이전등기절차를 이행받음과 동시에 피고 A에게 제1항, 제2항 기재 금원 25,000,000원을 지급한다.
4. 피고들은 원고에 대하여, 본 조정과 관련하여 붙임 위임장과 같이 피고 A에게 위임하였음을 확인한다.
5. 원고는 나머지 청구를 포기한다.
6. 소송비용 및 조정비용은 각자 부담한다.

지상물철거 및 토지인도 청구사건

사건의 개요 및 조정경과

원고들은 망부 소유의 부동산을 공동상속 받았는데 피고들(5인)이 아무런 권원 없이 자신들의 토지위에 담장을 설치하거나 철제 컨테이너를 설치하여 불법 점유하고 있어 피고들을 상대로 지상물의 철거 및 토지 인도를 구하는 소송을 제기. 조정기일에 출석한 피고 1, 2와는 피고 1, 2가 자발적으로 자신들의 지상물을 철거하고 토지를 인도하되 그 강제집행은 원고가 당해 토지를 개발을 위해 구체적으로 필요로 하기 전까지 유보하기로 하는 내용으로 임의조정하고, 불출석한 피고 3, 4, 5 중 불법점유가 인정되는 피고 3에 대해서는 피고 3이 철거 및 인도를 이행한다는 내용의 강제 조정을, 불법점유가 인정되지 아니하는 피고 4, 5에 대해서는 원고가 소를 취하한다는 내용의 강제 조정을 하여 모두 서로 이의 없이 확정.

조정주문

(피신청인 A, B와의 임의조정조서)

1. 신청인들에게,

   피신청인 A는 별지 목록 기재 제1부동산 중 별지 도면 표시 1, 2, 3, 4, 1의 각 점을 순차 연결한 선내 (가) 부분 지상에 설치된 콘크리트 블록조 담장을 철거하고, 위 부분 70㎡를 인도하고,

   피신청인 B는 위 기재 제1부동산 중 별지 도면 표시 5, 6, 7, 5의 각 점을 순차 연결한 선내 (나) 부분 지상 철제 컨테이너를 철거하고, 위 부분 20㎡를 인도한다.
2. 피신청인 A는 신청인들에게 201*. 3.부터 신청인들의 위 기재 제1부동산의 소유권 상실시 또는 피신청인 A의 제1항 기재 점유 종료 시까지 매월 말 합계 80,000원을 지급한다.
3. 신청인들은 제1항의 강제집행을, 신청인들이 별지 목록 기재 제1부동산을 매도 또는 자체 개발하거나 별지 목록 기재 제1부동산을 포함한 지역에 관하여 도시개발에 따른 개발행위가 시작될 시 신청인들이 피신청인 A, B에게 미리 철거통지를 하고 그 통지 수령일로부터 6개월이 경료한 시점까지 유보한다.
4. 신청인들은 나머지 청구를 포기한다.
5. 조정비용은 각자 부담한다.

(피신청인 C, D, E에 대한 조정갈음결정)

1. 피신청인 C는 신청인들에게

   가. 별지 목록 기재 제1부동산 중 별지 도면 표시 10, 11, 12, 13, 10의 각 점을 순차 연결한 선내 (다) 부분 50㎡를 인도하고,

   나. 별지 목록 기재 제2부동산 중 별지 도면 표시 9, 10, 13, 14, 9의 각 점을 순차 연결한 선내 (라) 부분 30㎡를 인도하고,

   다. 별지 목록 기재 제3부동산 중 별지 도면 표시 8, 9, 14, 15, 8의 각 점을 순차 연결한 선내 (마) 지상 철제 컨테이너를 철거하고, 위 부분 50㎡를 인도한다.
2. 신청인들은 피신청인 D, E에 대한 이 사건 신청을 취하한다.
3. 조정비용은 각자 부담한다.

02 공사대금 등 건설관계사건

공사대금 청구사건

사건의 개요 및 조정경과

원고회사는 피고회사로부터 인테리어공사 하도급을 약속받고 공사수주를 위하여 견적을 산출하고 현장 청소를 하는 등 1,500여만 원을 투입하였는데 피고가 일방적으로 약속을 파기하고 발주하지 않자 피고를 상대로 기집행한 금액인 1,500여만 원의 지급을 구하는 소송을 제기. 피고는 원발주처의 사정으로 원공사를 받지 못한 사정을 호소. 조정결과 청구금액의 절반인 800만 원을 3회로 나눠 지급하는 내용으로 조정 성립.

조정주문

1. 피신청인은 신청인에게 금 8,000,000원을 지급하되, 이를 3회로 분할하여 금 4,000,000원은 201*. 6. 10.까지, 금 2,000,000원은 201*. 7. 10.까지, 금 2,000,000원은 201*. 8. 10.까지 지급한다. 피신청인이 위 지급의무를 이행하지 아니한 때에는, 각 변제기한 다음날부터 미지급금액 및 이에 대하여 연 20%의 비율로 계산한 지연손해금을 가산하여 지급한다.
2. 신청인과 피신청인은 2012. 3. 17. 양자 사이에 체결된 ○○ △△공사현장 인테리어공사 하도급계약건과 관련하여 향후 상호간 재판상, 재판외 청구 또는 이의를 제기하지 아니한다.
3. 신청인은 나머지 신청을 포기한다.
4. 조정비용은 각자 부담한다.

공사대금 청구사건

사건의 개요 및 조정경과

원고는 피고 A로부터 공사 하도급 받은 피고 B로부터 재하도급을 받아 본공사 및 추가공사를 이행하였는데 공사대금 일부인 2,200여만 원을 지급받지 못하자, 피고 A, B를 상대로 소송을 제기. 1심에서 "피고 B는 832만 원을 지급하고 피고 A는 그 중 700만 원을 피고 B와 연대하여 지급하라"는 일부승소. 피고 A에 대한 부분은 쌍방 항소 없이 확정되었으나, 피고 B에 대하여 원고가 항소. 항소심 조정 회부. 조정 결과, 1심 판결금을 포함하여 1,472만 원을 4회 분할 지급하는 내용으로 조정 성립.

조정주문

1. 피고는 원고에게 금 14,720,000원을 지급한다. 다만, 이를 4회로 분할하여 ① 201*. 6. 25. ② 201*. 8. 26. ③ 201*. 10. 25. ④ 201*. 12. 24.까지 각 금 3,680,000원을 지급한다. 만일 피고가 이를 1회라도 지체한 때에는 피고는 기한의 이익을 상실하고 미지급 금원 전액 및 이에 대하여 그 지체일 부터 다 갚는 날까지 연 20%의 비율로 계산한 지연손해금을 가산하여 원고에게 지급한다.
2. 원고와 피고는, 제1항 기재 금원 금 14,720,000원이 원심 피고 ○○종합건설 주식회사가 피고와 연대하여 원고에게 지급하여야 할 채무 금 7,000,000원 및 그 지연이자를 포함하고 있음을 확인한다.
3. 원고는 나머지 청구를 포기한다.
4. 소송비용 및 조정비용은 각자 부담한다.

공사대금 청구사건

사건의 개요 및 조정경위

원고(수급인)가 피고(도급인. 건축주)를 상대로 미정산 공사대금 청구.

원고는 피고 상대로 업무상 횡령 혐의로 고소 제기한 상태.

피고는 정산금액의 타당성에 대해 다툼과 동시에, 원고가 발행한 세금계산서를 분실하여 부가가치세를 환급받지 못하여 그 재발행을 요청하였으나 원고가 이를 계속 거부.

조정과정에서 양측을 모두 설득하여 원고의 청구금액을 모두 인용하여 이를 피고가 지급하되, 피고의 경제적 상황을 고려하여 2회로 분할하여 절반을 조정시점에서 4개월 후 지급하게 하고, 나머지 절반은 원고로부터 세금계산서를 재발급 받은 때로부터 30일 이내에 지급하도록 하는 내용으로 조정 성립.

조정주문

1. 피고는 원고에게 금 50,000,000원을 지급한다. 다만, 이를 2회로 분할하여, ① 201*. 9. 30.까지 금 25,000,000원을 지급하고, ② 원고로부터 이 사건 도급공사와 관련한 부가가치세 금 27,000,000원의 세금계산서를 (재)발급 교부받은 후 30일 이내에 금 25,000,000원을 지급한다.
2. 만일 피고가 제1항 기재 각 지급기일까지 각 금원을 지급하지 아니한 때에는, 피고는 각 미지급금원 및 이에 대하여 각 지급기일 다음날부터 다 갚을 때까지 연 20%의 비율로 계산한 지연손해금을 가산하여 원고에게 지급한다.
3. 원고는 경기 ○○경찰서에 피고를 상대로 업무상 횡령혐의로 제기한 고소(고발)을 취하한다. 만일 원고가 별도의 취하서를 제출하지 아니하는 경우, 본 조정조서를 취하서에 갈음한다.

4. 원고는 나머지 청구를 포기한다.
5. 소송비용 및 조정비용은 각자 부담한다.

엘리베이터 설치 공사대금 청구사건

사건의 개요 및 조정경과

원고회사는 피고회사에 엘리베이터 수리공사 및 보수점검을 해주었는데 대금을 받지 못하자 소송을 제기. 조정결과, 피고는 원고의 청구금액에서 일부 감액한 2억 5,600여만 원을 2회 분할 지급하고 원고는 중도금 기지급금액에 대한 세금계산서를 발행하기로 하는 내용으로 조정 성립.

조정주문

1. 피고는 원고에게 금 256,300,000원을 지급한다. 다만, 이를 2회로 분할하여 ① 201*. 7. 31. 까지 금 128,150,000원을, ② 201*. 9. 30. 까지 금 128,150,000원을 지급한다. 만약 피고가 위 지급을 1회라도 지체한 때에는, 피고는 기한의 이익을 상실하고 즉시 미지급금원 전부 및 이에 대하여 지체일로부터 다 갚을 때까지 연 20%의 비율로 계산한 지연손해금을 가산하여 원고에게 지급한다.
2. 원고는 피고의 제1항 기재 ① 201*. 7. 31. 지급이 완료된 다음날까지 양자 사이의 201*. 3. 승강기수리공사계약 중도금 기지급액인 금 82,500,000원에 대한 세금계산서를 피고에게 발행한다.
3. 원고는 나머지 청구를 포기한다.
4. 소송비용 및 조정비용은 피고가 부담한다.

건설중장비 임대료 청구사건

사건의 개요 및 조정경과

원고는 건설중기 대여사업자인데 피고에게 ○○시 공사현장의 드릴(천공)작업에 투입하는 유압드릴장비를 기사와 함께 대여하였는데 피고가 장비사용료 및 기사 인건비, 중기운반비 등 360만 원을 지급하지 않는다며 그 지급을 구하는 소송을 제기. 피고는 통상 5일이면 충분히 할 천공작업을 원고측 기사가 11일 걸려 처리함으로써 오히려 피고측에 유류비, 숙식비, 천공자재 등의 손실이 발생하였고 일반적인 유압드릴 1대의 월 임대료는 기사월급 포함하여 750만 원으로서 원고의 청구는 지나치게 높다고 주장. 조정과정에서 원고의 소제기 후 피고가 임의로 102만 원을 추가로 지급한 사실을 확인하고, 피고가 감액 조정된 100만 원을 2회 분할 지급하기로 하는 내용으로 임의조정 성립.

조정주문

1. 피신청인은 신청인에게 금 1,000,000원을 지급한다. 다만, 이를 2회로 분할하여 ① 201*. 10. 31.까지 500,000원을, ② 201*. 11. 30.까지 500,000원을 지급한다. 위 지급이행은 신청인의 은행계좌(○○은행 ***-**-****-***)로 입금하여 지급하는 방식으로 한다.
2. 만일 피신청인이 제1항 기재 지급을 1회라도 지체하는 경우, 피신청인은 기한의 이익을 상실하고 즉시 신청인에게 미지급액 전액 및 이에 대하여 지체일로부터 다 갚을 때까지 연 20%의 비율로 계산한 지연손해금을 가산하여 지급한다.
3. 신청인은 나머지 신청을 포기한다.
4. 조정비용은 각자 부담한다.

공사대금 관련 추심금 청구사건

사건의 개요 및 조정경과

원고는 소외 A에 대한 7,200여만 원의 철강자재 물품대금채권(지급명령확정)을 가지고 있고 A는 피고에 대해 공사대금 1억 8,200여만 원의 채권을 가지고 있어서 원고는 A에 대한 채권액 만큼 피고에 대한 A의 채권을 압류추심하였는데 피고가 추심금지급을 하지 않는다며 피고를 상대로 추심금 청구 소송을 제기. 피고는 건축주인 소외 B, 피고, 소외 A, 원고 간의 순차 도급과 하도급 및 건축자재공급 관계를 인정하면서도 B의 부도로 인하여 공사가 중간에 멈췄고 기성고 60%에 해당하는 B에 대한 공사대금채권(확정판결확보 및 유치권 행사 중)을 가지고 있으나 B의 부도로 지급받지 못하고 있다는 사정을 주장하는 한편 원고와의 원만한 조정을 희망하여 A의 기성고 60% 및 미공사부분, 기지급액 등을 정산하여 산출된 잔여 대금 4,100여만 원을 다시 감액 조정하여 3,500만 원을 피고가 원고에게 지급하되 피고와 소외 B 사이에 공사대금 합의가 이루어지는 경우 추가로 500만 원을 지급하기로 하는 내용으로 임의조정 성립.

조정주문

1. 피고는 원고에게 금 35,000,000원(부가가치세 별도)을 지급한다. 다만, 이를 10회로 분할하여 201*. 11. 부터 매월 25일 금 3,500,000원씩을 원고의 은행계좌(○○은행 ***-**-****-***, 예금주 주식회사 ○○○○)로 입금 지급한다. 원고는 피고에게 매 분할지급액에 대하여 세금계산서를 발행한다.
2. 만일 피고가 제1항 기재 지급을 1회라도 지체하는 경우, 피고는 기한의 이익을 상실하고 즉시 원고에게 미지급액 전액 및 이에 대하여 지체일로부터 다 갚을 때까지 연 20%의 비율로 계산한 지연손해금을 가산하여 지급한다.
3. 피고와 소외 주식회사 △△식품(대표자 사내이사 S, 실경영자 T) 사이에 공사대금(유치권) 관련 합의가 성립된 때에는, 피고는 그 시점에 위 제1항 기재 금원 35,000,000원 중 미지급잔액 및 추가로 금 5,000,000원

을 일시불로 원고에게 지급한다.

4. 원고는 나머지 청구를 포기한다.
5. 소송비용 및 조정비용은 각자 부담한다.

공사대금 청구사건

사건의 개요 및 조정경과

원고회사는 피고 1회사로부터 다세대주택신축공사의 창호, 금속, 유리공사부분을 하도급 받아 공사를 완료하였으나 피고 1회사로부터 하도급공사대금 4,400만 원 중 480만 원을 제외한 나머지 3,920만 원을 지급받지 못하였다면서 피고 1 및 연대지불각서를 써준 피고 2를 상대로 그 지급을 구하는 소송을 제기. 조정심리과정에서, 피고 2는 자신이 전혀 모르는 사안이고 각서에 서명한 사실이 없다고 주장. 피고 1은 공사대금 4,700만 원 중 1,500만 원을 지급하였고 미공사금액 170만 원을 공제하기로 합의하였으며 남은 금액은 3,030만 원이라고 주장. 원고는 1,500만 원을 지급받은 사실을 인정하면서 추가공사분 600만 원의 대금이 있다고 주장. 원고가 제출한 지불각서에는 피고 2의 이름이 아닌 다른 사람의 이름이 적혀 있었고 그것도 본인이 아닌 피고 1회사의 그 당시 대표이사가 각서 작성 시 원고측의 요구에 따라 즉흥적으로 임의로 자신의 처인 피고 2의 이름과 유사한 이름을 적어 넣은 것이 확인되어 피고 2의 연대책임은 묻기 어려운 점이 확인되었음. 피고 1회사가 3,600만 원을 3회 분할지급하고 피고 2에 대한 원고의 청구는 포기하는 내용으로 임의조정 성립.

조정주문

1. 피고 1. ○○건업 주식회사는 원고에게 금 36,000,000원을 지급한다. 다만, 이를 3회로 분할하여 ① 201*. 11. 30.까지 12,000,000원을, ② 201*. 12. 31.까지 12,000,000원을, ③ 201*. 1. 31.까지 12,000,000원을 지급한다. 그 지급은 원고의 은행계좌(○○은행 ****-***-****** 예금주 주식회사 ◇◇◇◇)로 입금하는 방식으로 한다.
2. 만일 피고 1. ○○건업 주식회사가 제1항 기재 지급을 1회라도 지체하는 경우, 피고 1. ○○건업 주식회사는 기한의 이익을 상실하고 즉시 원고에게 미지급액 전액 및 이에 대하여 지체일로부터 다 갚을 때까지 연 20%의 비율로 계산한 지연손해금을 가산하여 지급한다.
3. 원고는 피고 1. ○○건업 주식회사에 대한 나머지 청구 및 피고 2. △△△에 대한 청구를 각 포기한다.
4. 소송비용 및 조정비용은 각자 부담한다.

건설자재 임대료 청구사건

사건의 개요 및 조정경과

원고는 피고 건설회사의 주택신축공사 중 철근콘크리트공사 부분의 하수급자인 소외 A에게 건축용 가설자재를 공급하였으나 A가 중도에 공사를 포기하여 피고회사가 A의 권리의무를 승계하였다면서 피고를 상대로 가설자재 45일간 임대료 3,000여만 원, 자재 반환 31일 지연으로 인한 지연손해금 2,100여만 원, 자재 반환 운송비 110만원, 미반환자재 상당 손해배상금 1,100여만 원 등 합계 6,470여만 원의 지급을 구하는 소송을 제기. 이에 피고는 건축면적이 당초 240평에서 120평으로 줄었고 원고가 공급한 가설자재는 70평분에 불과하고 원고가 나머지 50평분의 가설자재 공급을 거부하여 피고가 다른 자재업자로부터 가설자재를 공급받았던 사정 등을 주장. 피고가 A의 권리의무를 승계하기로 확약한 것은 피고의 신축공사에 직접 투입된 가설자재에 한하고 소외 A가 원고의 자재를 공급받아 다른 공사현장에서 진행한 것은 제외되어야 하고 원고가 피고의 공사현장에 반입한 자재의 송장을 분실하는 등 정확한 공급분과 미반환 손실분에 대한 원고의 입증에 한계가 있는 사정 등을 고려하여 피고가 원고에게 2,250만원을 지급하기로 하는 내용으로 임의조정 성립.

조정주문

1. 피고는 원고에게 201*. 1. 20.까지 금 22,500,000원을 지급한다. 그 지급은 피고가 원고의 은행계좌(○○은행 ***-******-**-***, 예금주 △△△)로 입금 지급하는 방식으로 한다. 만일 피고가 위 지급기일까지 위 금원을 지급하지 아니한 때에는, 피고는 미지급금원에 대하여 지급기일 다음날부터 다 갚을 때까지 연 20%의 비율로 계산한 지연손해금을 가산하여 원고에게 지급한다.
2. 원고는 나머지 청구를 포기한다.
3. 소송비용 및 조정비용은 각자 부담한다.

공사대금 청구사건

사건의 개요 및 조정경과

원고들은 피고로부터 창호, 유리, 잡철물공사를 재하도급 받아 공사를 모두 이행하였으나 공사대금 6,050만 원 중 4,600만 원만 받고 나머지 1,450만 원을 아직 받지 못하였다며 그 지급을 구하는 소송을 제기. 1심에서 전부 패소한 피고가 항소하여 항소심 조정 회부. 피고는 원고의 공사분에 하자가 많고 아직 하자보수가 이루어지지 않아 이를 일괄처리 하여야 한다고 주장. 조정 결과, 피고가 800만 원을 2회 분할 지급하고, 1회 지급 시 원고들의 피고에 대한 채권압류추심을 해제하기로 하는 내용으로 임의조정 성립.

조정주문

1. 피고(항소인, 이하 '피고'라 한다)는 원고(피항소인, 이하 '원고'라 한다)들에게 금 8,000,000원을 지급한다. 다만, 이를 2회로 분할하여 ① 201*. 11. 5.까지 4,000,000원을, ② 201*. 12. 31.까지 4,000,000원을 원고들의 은행계좌(○○은행 ***-****-****** 예금주 ◇◇◇)로 입금 지급한다.
2. 만일 피고가 제1항 기재 지급을 1회라도 지체하는 경우, 피고는 기한의 이익을 상실하고 즉시 원고들에게 미지급액 전액 및 이에 대하여 지체일로부터 다 갚을 때까지 연 20%의 비율로 계산한 지연손해금을 가산하여 지급한다.
3. 원고들은 제1항 기재 201*. 11. 5. 금원 지급을 받은 경우, 201*. 11. 8. 까지 피고에 대한 강제집행(서울○○지방법원 20**타채***** 채권압류 및 추심명령 및 20**타채***** 채권압류 및 추심명령)을 모두 취하한다.
4. 원고들은 나머지 청구를 포기한다.
5. 소송총비용 및 조정비용은 각자 부담한다.

인테리어 공사대금 청구사건

사건의 개요 및 조정경과

원고는 피고의 음악학원에 인테리어 공사를 완료하였음에도 피고가 공사대금 6,500만 원 중 1,950만 원을 미지급하고 피고가 요청한 추가공사비 700여만 원도 미지급하고 있다며 총 2,600여만 원의 지급을 구하는 소송을 제기. 이에 피고는 피고가 직접 수행한 공사부분이 많아 이를 공제하여야 하고 원고의 공사에 하자가 많고 공사기한도 미준수하였으며 원고가 주장하는 추가공사비용은 인정할 수 없다고 주장. 조정과정에서 피고가 원고에게 300만 원을 지급하기로 하는 임의조정 성립.

조정주문

1. 피고는 원고에게 201*. 12. 15.까지 금 3,000,000원을 지급한다. 그 지급은 원고의 은행계좌(○○은행 ***-****-******, 예금주 ◇◇◇)로 입금하는 방식으로 한다. 만일 피고가 위 지급기일까지 위 금원을 지급하지 아니한 때에는, 피고는 미지급금원에 대하여 지급기일 다음날부터 다 갚을 때까지 연 20%의 비율로 계산한 지연손해금을 가산하여 원고에게 지급한다.
2. 원고는 나머지 청구를 포기한다.
3. 소송비용 및 조정비용은 각자 부담한다.

공사대금 청구사건

사건의 개요 및 조정경과

원고는 피고의 공사현장에서 항타기 3대를 투입하여 공사를 완료하였으나 공사대금 중 8,100여만 원을 지급받지 못하였다며 소송을 제기. 피고는 원고와 직접 계약관계에 있는 것이 아니고 원고는 피고의 하도급 업체인 소외 A회사에 장비를 임대하였을 뿐이며 피고는 소외 A회사와 이미 공사대금을 모두 정산하였다고 주장. 조정결과, 피고의 직불책임이 인정되어 공사대금을 3,000만 원으로 하여 임의지급하기로 하는 내용으로 임의조정 성립.

조정주문

1. 피고는 원고에게 금 30,000,000원을 지급한다. 다만, 이를 3회로 분할하여 ① 201*. 1. 10.까지 10,000,000원을, ② 201*. 2. 28.까지 10,000,000원을, ③ 201*. 3. 31.까지 10,000,000원을 원고의 은행계좌(○○은행 ***-****-***-****, 예금주 △△△△)로 입금 지급한다. 위 금원 지급을 포함하여 원고와 피고 사이의 이 사건 계약대금 지급 정산과 관련된 부가가치세는 신고 된 세금계산서에 따라 상호 처리한다.
2. 만일 피고가 제1항 기재 지급을 1회라도 지체하는 경우, 피고는 기한의 이익을 상실하고 즉시 원고에게 미지급액 전액 및 이에 대하여 지체일로부터 다 갚을 때까지 연 20%의 비율로 계산한 지연손해금을 가산하여 지급한다.
3. 원고는 나머지 청구를 포기한다.
4. 소송비용 및 조정비용은 각자 부담한다.

공사대금 청구사건

사건의 개요 및 조정경과

피고 1,2가 공동수급체로서 SH공사로부터 아파트신축공사를 수주하여 공사를 진행하며 피고 1이 자신의 공사 중 잔토운반 공사부분을 소외 A에게 하도급하고 A는 다시 원고에게 재하도급하여 원고가 동 공사를 이행하는 과정에서 A가 부도나고 다시 피고 1이 회생절차에 들어가면서, 피고 1이 피고 2와의 공동수급체에서 빠지고 피고 2가 피고 1의 지분을 모두 양수한 이후 피고 2 단독으로 공사를 수행하는 과정에서 원고가 피고 1에 대한 직불청구권에 기한 채권을 회생채권으로 신고하고 원고는 다시 피고 2로부터 원래 받았어야 할 금액인 3억 3,700여만 원에서 2억여 원이 감액된 1억 2,400여만 원을 지급받은 후 피고들을 상대로 4억 600만 원의 지급을 구하는 소송을 제기. 피고 1에 대한 원고의 채권은 회생계획에 의하여 변경되어 변제계획에 미반영 된 부분은 모두 소멸되었고, 피고 2가 원고를 비롯한 피고 1의 하수급인들에게 피고 1이 지급할 공사대금을 대신하여 일정 비율로 지급하면서 일괄하여 부제소합의를 한 사실이 소명되었음. 조정합의 불성립. 원고가 피고들에 대한 소를 취하한다는 내용으로 조정갈음결정하여 양측 이의 없이 확정.

조정주문

1. 원고는 피고들에 대한 이 사건 소를 취하하고, 피고들은 이에 동의한다.
2. 소송비용 및 조정비용은 각자 부담한다.

공사대금 청구사건

사건의 개요 및 조정경과

원고는 피고와 주택신축공사도급계약을 체결하고 공사를 완료하였으나 피고가 약정공사대금 잔금 3,000만 원과 추가공사대금 640여만 원을 지급하지 않았다며 그 지급을 구하는 소송을 제기. 피고는 이에 맞서 공사대금을 구체적으로 약정한 바 없고 원고가 공사를 덜했으며 이러저러한 공사하자가 많다고 주장. 원고는 공사 완료하여 건축물사용승인이 나서 수분양자들이 이미 입주하여 생활하고 있으며 입주민들이 건물에 특별한 이상이 없다고 확인해주었다고 반박. 원고가 피고에게 하자보증보험증권을 교부하는 조건으로 원고청구금액 중 2,300만 원을 피고가 지급하는 내용으로 임의조정 성립.

조정주문

1. 피고는 원고에게 201*. 3. 31.까지 금 23,000,000원을 지급한다. 만일 피고가 위 지급기일까지 위 금원을 지급하지 아니한 때에는, 피고는 미지급금원에 대하여 지급기일 다음날부터 다 갚을 때까지 연 20%의 비율로 계산한 지연손해금을 가산하여 원고에게 지급한다.
2. 원고는 나머지 청구를 포기한다.
3. 소송비용 및 조정비용은 각자 부담한다.

공사대금 청구사건

사건의 개요 및 조정경과

원고회사는 피고회사로부터 하도급 받은 공사를 완료하였음에도 공사대금을 지급받지 못하였을 뿐 아니라 소외 회사로부터 피고에 대한 채권을 양도받았고 피고가 양도통지를 받았음에도 지급하지 않는다며 피고를 상대로 공사대금 및 양수채권금의 지급을 구하는 소송을 제기. 조정심리 결과, 피고는 채무 자체는 인정하면서 피고 역시 원도급사로부터 공사대금을 받지 못하고 있음을 호소하여 지연손해금은 면제하고 청구금액 원금을 일정기한 내에 지급하는 내용으로 조정 성립.

조정주문

1. 피고는 원고에게 201*. 4. 30.까지 금 123,220,900원을 지급한다. 만일 피고가 위 지급기일까지 위 금원을 지급하지 아니한 때에는, 피고는 미지급금원에 대하여 지급기일 다음날부터 다 갚을 때까지 연 10%의 비율로 계산한 지연손해금을 가산하여 원고에게 지급한다.
2. 원고는 나머지 청구를 포기한다.
3. 소송비용 및 조정비용은 각자 부담한다.

건축업자에 대한 지체상금, 부실공사손해배상 청구사건

사건의 개요 및 조정경과

원고는 도시형 생활주택의 건축주로서 동 주택의 신축공사를 맡은 피고 건축업자가 공사완공을 지체하고 부실시공을 하였다며 피고를 상대로 지체상금과 부실공사에 따른 추가 및 보수공사비용을 청구하는 소송을 제기. 조정 심리 과정에서, 공사의 지체는 인정되나 그 지체일수가 원고가 주장하는 129일보다 70여일이 적은 52일에 불과한 사실, 원고가 주장하는 하자보수공사비용이 과다한 점, 원고가 피고에게 지급할 최종 기성금 전액을 지체상금과 하자보수 등을 이유로 지불하지 않고 있는 사실, 공사지연과 하자로 인하여 원고의 원룸 임대사업에 많은 차질과 손해가 발생한 사실, 피고는 최종 기성금채권의 대부분을 자신의 하수급업체, 물품공급업자, 작업인부 등에게 양도한 사실, 피고의 남은 채권액보다 피고가 부담할 지체상금과 하자보수공사비 합계액이 큰 점을 확인할 수 있어서, 원고는 이 사건 소를 취하하고 피고도 원고에 대해 더 이상의 공사대금청구를 하지 아니하며 원고는 공사대금채권양수인들에게 원만하게 각 양수액에 따라 지급하여 공사비를 모두 정산하는 내용으로 조정 성립.

조정주문

1. 원고는 이 사건 소를 취하하고, 피고는 이에 동의한다.
2. 원고와 피고는 양자 사이에 이 사건 서울 ○○구 △△동 ***-** 지상 도시형 생활주택 신축공사계약과 관련하여 어떠한 채권채무도 없음을 확인하며, 향후 서로에 대하여 재판상, 재판외 청구 또는 이의제기를 하지 아니한다. 다만, 원고는 피고로부터 이 사건 공사대금채권을 양수한 소외 채권자들의 채권에 대하여는 각 채권별로 별도 처리하되, 이와 관련하여 피고의 책임을 묻지 아니한다.
3. 소송비용 및 조정비용은 각자 부담한다.

건설인부노임 등 청구사건

사건의 개요 및 조정경과

원고는 건설사인 피고회사에게 건설인부를 공급하였는데 2,600여만 원을 지급받지 못하였다며 소송을 제기. 피고는 원고의 작업일보가 정확하지 않으며 원고의 청구를 받아들일 수 없다고 주장. 조정기일을 속행하여 원고의 작업일보 원본과 피고가 제출한 작업일보를 대조하여 원고의 자료의 신빙성이 인정되어 피고가 원고에게 2,600만 원을 지급하는 내용으로 강제조정하여 이의 없이 확정.

조정주문

1. 피고는 원고에게 201*. 7. 31.까지 금 2,600만 원을 지급한다. 만일 피고가 위 지급기일까지 위 금원을 지급하지 아니한 때에는, 피고는 미지급금원에 대하여 위 지급기일 다음날부터 다 갚을 때까지 연 20%의 비율에 의한 지연손해금을 가산하여 원고에게 지급한다.
2. 원고는 나머지 청구를 포기한다.
3. 소송비용 및 조정비용은 각자 부담한다.

공사대금 청구사건

사건의 개요 및 조정경과

원고는 소외 A의 호텔신축공사의 공용부위 인테리어공사를 피고로부터 하도급 받아 공사를 모두 이행하였으나 공사대금 중 1억 9,100여만 원을 아직 받지 못하였다며 그 지급을 구하는 소송을 제기. 피고는 피고가 원고에게 하도급한 것은 맞으나 원발주사인 A, 원고, 피고 3자간에 A가 원고에게 직접 대금을 지급하기로 하는 직불합의를 하여 원고에 대한 피고의 지급채무는 소멸하였다고 주장. 피고의 주장이 소명되어 원고가 소를 취하하고 다만 피고는 조속한 직불을 위해 협력한다는 내용으로 조정갈음결정하여 양측 이의 없이 확정.

조정주문

1. 신청인은 이 사건 신청을 취하한다.
2. 피신청인은 신청인이 소외 주식회사 ○○○○로부터 직불합의 된 대금을 조속히 지급받을 수 있도록 필요한 협력을 다한다.
3. 조정비용은 각자 부담한다.

공사대금 청구사건

사건의 개요 및 조정경과

원고는 피고에게 2개의 공사를 하도급받아 모두 이행하였으나 피고가 공사대금 중 4,500만 원을 지급하지 않았다면서 그 지급을 구하는 소송을 제기. 피고는 제1공사는 계약당사자가 소외 A회사이고 피고는 전혀 무관하며, 제2공사는 피고가 계약한 것이 맞고 전체 대금 1,595만 원을 모두 지급하였다고 주장. 제2공사 대금 중 500만 원을 원고에게 지급한 것만 소명되었음. 피고가 원고에게 1,000만 원을 지급한다는 내용으로 조정갈음결정하여 양측 이의 없이 확정.

조정주문

1. 피고는 원고에게 201*. 12. 15.까지 금 10,000,000원을 지급한다. 만일 피고가 위 지급기일까지 위 금원을 지급하지 아니한 때에는, 피고는 미지급금원에 대하여 위 지급기일 다음날부터 다 갚을 때까지 연 20%의 비율에 의한 지연손해금을 가산하여 원고에게 지급한다.
2. 원고는 나머지 청구를 포기한다.
3. 소송비용 및 조정비용은 각자 부담한다.

공사대금 청구사건

사건의 개요 및 조정경과

원고는 피고들의 사우나 리모델링 공사를 이행하였는데 2억 2,700여만 원의 대금을 지급받지 못하자 소송을 제기. 피고 중 한 사람이 우선 1,000만 원을 3회 분할 지급하고, 추가로 2억 원을 일시불로 지급하고 원고는 나머지 피고에 대한 소를 취하하는 내용으로 조정 성립.

조정주문

1. 피고 A는 원고에게 금 10,000,000원을 지급한다. 다만, 이를 3회로 분할하여 ① 201*. 10. 31.까지 3,000,000원을, ② 201*. 11. 30.까지 3,000,000원을, ③ 201*. 12. 31. 까지 4,000,000원을 원고의 은행계좌(○○은행 ***-****-******, 예금주 ◇◇◇)로 입금 지급한다.
2. 만일 피고 A가 제1항 기재 지급을 1회라도 지체하는 경우, 피고 A는 기한의 이익을 상실하고 즉시 원고에게 미지급액 전액에 대하여 지체일로부터 다 갚을 때까지 연 20%의 비율로 계산한 지연손해금을 가산하여 지급한다.
3. 피고 A는 원고에게 201*. 3. 31.까지 금 200,000,000원을 지급한다. 만일 피고 A가 위 지급기일까지 위 금원을 지급하지 아니한 때에는, 피고 A는 미지급금원에 대하여 지급기일 다음날부터 다 갚을 때까지 연 20%

의 비율로 계산한 지연손해금을 가산하여 원고에게 지급한다.

4. 원고는 피고 A에 대한 나머지 청구를 포기한다.
5. 원고는 피고 B에 대한 이 사건 소를 취하하고, 피고 B는 이에 동의한다.
6. 소송비용 및 조정비용은 각자 부담한다.

공사대금 청구사건

사건의 개요 및 조정경과

원고는 피고로부터 철골공사부분을 재하도급 받아 공사를 완료하였으나 피고가 공사대금 3억1,200여만 원 중 2억 5,500여만 원만 지급하고 나머지 5,200여만 원을 지급하지 않는다며 그 지급을 구하는 소송을 제기하여 1심에서 전액 승소. 피고 항소 제기하여 항소심 조정회부. 조정기일 1, 2회 모두 쌍불. 피고가 원고에게 5,000만 원을 지급하고 원고는 나머지 청구를 포기한다는 내용으로 조정갈음결정하여 양측 이의 없이 확정.

조정주문

1. 피고(항소인, 이하 '피고'라 한다)는 원고(피항소인, 이하 '원고'라 한다)에게 201*. 11. 30.까지 금 5,000만 원을 지급한다. 만일 피고가 위 지급기일까지 위 금원을 지급하지 아니한 때에는, 피고는 미지급금원에 위 지급기일 다음날부터 다 갚을 때까지 연 20%의 비율에 의한 지연손해금을 가산하여 원고에게 지급한다.
2. 원고는 나머지 청구를 포기한다.
3. 소송총비용 및 조정비용은 각자 부담한다.

양수금 청구사건

사건의 개요 및 조정경과

원고는 피고에게 태양광 발전설비 공사를 해주고 잔여 공사대금 800만 원을 아직 받지 못한 소외 A로부터 피고에 대한 잔여공사대금채권을 양수하여 피고를 상대로 양수금 지급을 구하는 소송을 제기. 1심에서 패소한 피고가 항소하여 항소심 조정회부. 1심 판결은 가집행되었고 피고는 별도의 주장과 입증 없이 조정기일 불출석. 1심 판결내용 및 그 가집행내용을 확인하며 다만 소송총비용과 조정비용을 각자 부담한다는 내용으로 조정갈음결정하여 양측 이의 없이 확정.

조정주문

1. 피고(항소인, 이하 '피고'라 한다)는 원고(피항소인, 이하 '원고'라 한다)에게 201*. 11. 15.까지 금 8,000,000원을 지급한다. 만일 피고가 위 지급기일까지 위 금원을 지급하지 아니한 때에는, 피고는 미지급금원에 대하여

위 지급기일 다음날부터 다 갚을 때까지 연 20%의 비율에 의한 지연손해금을 가산하여 원고에게 지급한다.

2. 원고와 피고는 이 사건 1심 판결(서울○○지방법원 20**가소***** 양수금)에 따른 가집행으로 제1항 기재 지급이 이행되었음을 상호 확인하고, 이와 관련하여 서로에 대하여 어떠한 채권채무도 더 이상 존재하지 아니함을 확인한다.
3. 원고는 나머지 청구를 포기한다.
4. 소송총비용 및 조정비용은 각자 부담한다.

공사대금 청구사건

사건의 개요 및 조정경과

아파트 하자보수 전문 공사업자인 원고는 A아파트 입주자대표인 피고와 A아파트 하자보수공사계약을 체결하였는데 피고의 남편인 소외 B의 반대로 정해진 공사의 일부를 수행하지 못해 그에 대한 예상수익만큼의 손실을 입었고 피고의 요구에 따라 별개의 추가 공사를 하였으나 그 대금을 지급받지 못하였다는 주장과 함께 1,700여만 원의 지급을 구하는 소송을 제기하였고, 1심에서 일부승소(인정금액 1,300여만 원)하였고 패소한 피고가 항소하여 항소심 조정 회부. 피고의 남편인 소외 B에 대한 민형사상 문제도 일괄 종결할 필요가 있어 B를 조정에 참가시킴. 피고가 원고에게 1,100만 원을 지급하고 원고는 그 지급을 받은 후 피고 소유 부동산에 대한 경매를 취하하고 B에 대한 형사고소를 취하하며 향후 상호간 분쟁종식을 약속하는 내용으로 임의조정 성립.

조정주문

1. 피고(항소인, 이하 '피고'라 한다)는 원고(피항소인, 이하 '원고'라 한다)에게 201*. 11. 21.까지 금 11,000,000원을 지급한다. 만일 피고가 위 지급기일까지 위 금원을 지급하지 아니한 때에는, 피고는 미지급금원에 2,000,000원을 가산한 금액 및 이 '미지급금원에 2,000,000원을 가산한 금액'에 대하여 지급기일 다음날부터 다 갚을 때까지 연 20%의 비율로 계산한 지연손해금을 가산하여 원고에게 지급한다.
2. 원고는 제1항 기재 지급을 받는 경우 201*. 11. 25. 이전에 피고에 대한 부동산강제경매신청(서울○○지방법원 20**타경*****)을 취하한다.
3. 원고는 조정참가인 ○○○(피고의 배우자)에 대한 형사고소(서울△△지방법원 20**노***사건)를 취하하되, 조정참가인 ○○○이 본 조정조서를 그 취하서에 갈음하여 담당 재판부에 제출하는 것에 동의한다.
4. 원고는 조정참가인의 기타 관련 형사사건의 원만한 종결을 위하여 필요한 협력을 다하기로 한다.
5. 원고와 피고 및 조정참가인은 이 사건 서울 ○○○구 △△동 ◇◇◇◇◇◇아파트 하자보수공사와 관련하여 본 조정조서에서 정한 사항 이외에는 서로 간에 어떠한 채권채무도 없음을 확인하고, 향후 이와 관련하여 서로에 대하여 재판상, 재판외 청구 또는 이의제기를 하지 아니한다.

6. 원고는 나머지 청구를 포기한다.
7. 소송총비용 및 조정비용은 각자 부담한다.

엘리베이터설치 공사대금 청구사건

사건의 개요 및 조정경과

엘리베이터 제조공급사업자인 원고회사는 소외 A 회사와 공동수급체(원고회사가 공동수급체 대표사)를 구성하여 피고회사와 승강기 제조판매설치 계약을 체결하여 공사현장에 승강기 자재를 반입하여 승강기설치 공사를 완료하였으나 피고가 자재반입 시 지급하기로 약정한 중도금 2,500여만 원을 지급하지 않자 그 대금의 지급을 구하는 소송을 제기(소외 A사는 공동수급체에서 탈퇴하여 원고회사 단독으로 공동수급체의 잔존조합의 청구권을 모두 가짐). 조정기일에 피고는 계약체결사실과 미이행사실을 인정하였고 다만 건축주와 피고회사의 불화로 원도급계약이 해지되어 승강기 관련 대금을 지급받지 못하고 있다고 하소연함. 피고가 원고의 청구금액을 지연손해금 없이 2회 분할 지급하는 내용으로 임의조정 성립.

조정주문

1. 피고는 원고에게 금 25,850,000원을 지급한다. 다만, 이를 2회로 분할하여 ① 201*. 11. 25.까지 12,925,000원을, ② 201*. 12. 25.까지 12,925,000원을 지급한다.
2. 만일 피고가 제1항 기재 지급을 1회라도 지체하는 경우, 피고는 기한의 이익을 상실하고 즉시 원고에게 미지급액 전액 및 이에 대하여 2013. 10. 19.부터 2014. 10. 29.까지는 연 5%, 2014. 10. 30.부터 다 갚을 때까지 연 20%의 비율로 계산한 지연손해금을 가산하여 지급한다.
3. 원고는 나머지 청구를 포기한다.
4. 소송비용 및 조정비용은 각자 부담한다.

공사대금 청구사건

사건의 개요 및 조정경과

원고는 피고의 사일로 제작설치 공사 중 파이프설치공사를 하도급 받아 공사를 완료하고 피고의 요청에 따라 추가공사를 하였는데 피고가 본공사대금만 지급하고 추가공사대금 6,400여만 원을 지급하고 있지 않다며 그 지급을 구하는 소송을 제기. 피고는 원고가 주장하는 추가공사내역이 분명하지 않고 추가공사부분에 대해 피고가 원발주처에게 6,000만 원을 청구하였으나 3,000만 원만 인정받은 사실을 소명함. 피고가 2,000만 원을 지급하고 향후 다른 공사건을 원고에게 하도급하기로 한다는 선언적 내용으로 조정갈음결정하여 양측 이의 없이 확정.

조정주문

1. 피고는 원고에게 201*. 1. 10.까지 금 20,000,000원을 지급한다. 만일 피고가 위 지급기일까지 위 금원을 지급하지 아니한 때에는, 피고는 미지급금원에 대하여 지급기일 다음날부터 다 갚을 때까지 연 20%의 비율로 계산한 지연손해금을 가산하여 원고에게 지급한다.
2. 피고는 향후 원고에게 다른 공사건을 하도급하기로 한다.
3. 원고는 나머지 청구를 포기한다.
4. 소송비용 및 조정비용은 각자 부담한다.

공사대금 청구사건

사건의 개요 및 조정경과

영세 공사업자인 원고들은 소외 한국○○진흥원의 사무환경개선 및 청사이전인테리어공사의 재하수급자인 피고로부터 각 냉난방공사, 수장공사, 철거 및 폐자재 반출공사, 전기공사, 경량 및 목공사를 재재하수급받아 해당 공사를 모두 이행하였는데 피고가 공사대금을 지급하지 않는다며 그 지급을 구하는 소송을 제기. 조정과정에서 각 공사대금을 공사현장의 출력일보 등을 확인하여 일부 감액된 금액을 지급하는 내용으로 임의조정 성립.

조정주문

1. 피고는 201*. 2. 27.까지 원고 A에게 1,980만 원, 원고 B에게 990만 원, 원고 C에게 400만 원, 원고 주식회사 D에게 2,150만 원, 원고 주식회사 E에게 880만 원을 각 지급한다(위 각 금원은 부가가치세 포함 금액임). 만일 피고가 위 지급기일까지 위 각 금원을 지급하지 아니한 때에는, 피고는 미지급금원에 대하여 위 지급기일 다음날부터 다 갚을 때까지 연 10%의 비율에 의한 지연손해금을 가산하여 원고들에게 각 지급한다.
2. 원고들은 나머지 청구를 포기한다.
3. 소송비용 및 조정비용은 각자 부담한다.

공사대금 청구사건

사건의 개요 및 조정경과

원고는 피고의 제주 ○○ 펜션신축공사현장에서 타일공사를 하도급 받아 공사를 완료하였으나 공사대금 4,400여만 원 중 2,400여만 원을 지급하고 있지 않다며 그 지급을 구하는 소송을 제기. 이에 대해 피고는 원고의 공사에 하자가 많아 재시공으로 인한 손해액이 더 커 3,500여만 원의 반소를 제기하겠다는 주장. 양측의 주장사실을 감안하여 피고가 원고에게 1,500만 원을 지급한다는 내용으로 조정갈음결정하여 양측 이의 없이 확정.

조정주문

1. 피고는 원고에게 201*. 4. 30.까지 금 15,000,000원을 지급한다. 만일 피고가 위 지급기일까지 위 금원을 지급하지 아니한 때에는, 피고는 미지급금원 및 이에 대하여 위 지급기일 다음날부터 다 갚을 때까지 연 20%의 비율에 의한 지연손해금을 가산하여 원고에게 지급한다.
2. 원고는 나머지 청구를 포기한다.
3. 소송비용 및 조정비용은 각자 부담한다.

공사대금 청구사건

사건의 개요 및 조정경과

원고는 공사업자로서 피고의 도시형 생활 다세대주택 신축공사를 하였는데 피고가 공사대금 잔금 및 추가공사대금 총 4,000여만 원을 지급하지 않았다며 그 지급을 구하는 소송을 제기. 이에 대해 피고는 피고가 원고에게 공사대금 잔금을 모두 지급하였을 뿐 아니라 공사의 하자가 많아 하자보수가 필요하다고 주장. 조정과정에서 피고가 추가공사대금으로 1,450만 원을 지급하고 원고는 하자보수이행증권 집행에 협력하는 내용으로 임의조정 성립.

조정주문

1. 피고는 원고에게 201*. 3. 15.까지 금 14,500,000원을 지급한다. 만일 피고가 위 지급기일까지 위 금원을 지급하지 아니한 때에는, 피고는 미지급금원에 대하여 지급기일 다음날부터 다 갚을 때까지 연 20%의 비율로 계산한 지연손해금을 가산하여 원고에게 지급한다.
2. 원고는 나머지 청구를 포기한다.
3. 원고는 피고에게 피고의 이 사건 하자보수를 위한 하자이행보증보험금 집행을 위하여 필요한 동의서 제출 등 협조를 다하기로 한다.
4. 소송비용 및 조정비용은 각자 부담한다.

주차시설 공사대금 청구사건

사건의 개요 및 조정경과

원고는 피고 레지던스 호텔 내 주차설비설치공사를 완료하였는데 피고가 공사대금 1억 3,600여만 원 중 1억 1,000여만 원만 지급하고 2,600여만 원을 미지급하고 있다며 그 지급을 구하는 소송을 제기. 피고는 원고가 설치한 주차시설을 입주자들에게 인계하였는데 주차 턴테이블이 작동을 멈추거나 소음 등 하자가 있어서 입주자들의 민원이 많다고 주장. 원고는 공사를 정상적으로 완료하여 검사필증까지 교부되었으나 이후 피고가 원고에게 잔대금을 지급하지 않았고 원고와 피고가 설치공사계약과 별개로 유지보수계약을 체결하여 피고가 월유지보수비를 지급하는 경우에 원고가 유지보수를 할 수 있음에도 양자 간에 유지보수계약이 체결되어 있지 않은 상황(피고가 잔대금을 지급하지 않아 원고는 하자보험증권의 발급을 거부하였고 정상적인 무상 AS기간 역시 도과되었음)이 확인되어, 피고가 원고에게 2,600여만 원을 지급한다는 내용으로 조정갈음결정하여 양측 이의 없이 확정.

조정주문

1. 피고는 원고에게 201*. 6. 10.까지 금 26,400,000원을 지급한다. 만일 피고가 위 지급기일까지 위 금원을 지급하지 아니한 때에는, 피고는 미지급금원 및 이에 대하여 위 지급기일 다음날부터 다 갚는 날까지 연 20%의 비율에 의한 지연손해금을 가산하여 원고에게 지급한다.
2. 원고는 나머지 청구를 포기한다.
3. 소송비용 및 조정비용은 각자 부담한다.

공사대금 청구사건

사건의 개요 및 조정경과

원고는 피고의 창호공사를 완료하였는데 피고가 공사대금 중 2,700만 원을 지급하지 않고 있다며 그 지급을 구하는 소송을 제기. 소제기 전 피고는 미지급금액이 2,700만 원임을 인정하면서 2,000만 원으로 감액해주면 임의지급하겠다고 약속한 바 있음이 소명됨. 피고 조정기일 2회 불출석. 피고가 2,000만 원을 지급한다는 내용으로 조정갈음결정하여 양측 이의 없이 확정.

조정주문

1. 피고는 원고에게 금 20,000,000원을 지급한다. 다만, 이를 4회로 분할하여 ① 201*. 7. 31.까지 5,000,000원을, ② 201*. 8. 31.까지 5,000,000원을, ③ 201*. 9. 30.까지 5,000,000원을, ④ 201*. 10. 31.까지 5,000,000원을 지급한다. 그 지급은 원고의 은행계좌(○○은행 ***-**-****** 예금주 ◇◇◇)로 입금하는

방식으로 한다.

2. 만일 피고가 제1항 기재 지급을 1회라도 지체하는 경우, 피고는 기한의 이익을 상실하고 즉시 원고에게 미지급액 전액 및 이에 대하여 지체일로부터 다 갚을 때까지 연 20%의 비율로 계산한 지연손해금을 가산하여 지급한다.
3. 원고는 나머지 청구를 포기한다.
4. 소송비용 및 조정비용은 각자 부담한다.

공사대금 청구사건

사건의 개요 및 조정경과

원고 건설회사는 피고 건설회사로부터 2년 전 도시형 생활주택 신축공사 중 토목공사를 하도급 받아 추가공사 포함 총 1억 6,000여만 원의 공사를 완료하였으나 피고가 공사대금일부만 지급하고 1억 2,900여만 원을 미지급하고 있다며 그 지급을 구하는 소송을 제기. 조정심리과정에서 피고는 원고회사에게 직접 지급하거나 피고의 현장소장 또는 동업자를 통하여 지급한 금액이 많아 잔대금이 1,670만 원에 불과하고 원고의 공사불량으로 인하여 인접 건물의 균열을 가져와 피고와 피고가 신축하여 준 건물의 건물주가 그 인접건물주로부터 손해배상소송을 제기 당하였다며 그 구상권을 행사하여야 한다고 주장. 조정기일을 속행하여 양측이 정산자료를 교환하여 미지급금을 확인하는 기회를 갖게 하여, 미지급액은 6,800만 원으로 확정하여 이를 3회 분할 지급하고 피고가 원고에게 배서인도하였던 약속어음은 피고가 회수하는 내용으로 임의조정 성립.

조정주문

1. 피고와 조정참가인 A는 연대하여 원고에게 금 68,000,000원을 지급한다. 다만, 이를 3회로 분할하여 ① 201*. 9. 25.까지 22,000,000원을, ② 201*. 12. 31.까지 22,000,000원을, ③ 201*. 3. 31.까지 금 24,000,000원을 지급한다.
2. 만일 피고와 조정참가인 A가 제1항 기재 지급을 1회라도 지체하는 경우, 피고와 조정참가인 A는 기한의 이익을 싱실하고 즉시 원고에게 미지급액 전액 및 이에 대하여 지체일로부터 다 갚는 날까지 연 20%의 비율로 계산한 지연손해금을 가산하여 지급한다.
3. 원고는 제1항 ① 201*. 9. 25. 22,000,000원을 지급받음과 동시에 피고로부터 교부받은 약속어음(발행인 주식회사 ○○○○○○, 액면액 30,000,000원) 원본을 피고에게 반환한다.
4. 원고는 나머지 청구를 포기한다.
5. 소송비용 및 조정비용은 각자 부담한다.

공사계약불이행에 따른 손해배상청구사건

사건의 개요 및 조정경과

원고는 서울 금천구 OO동 지식산업센터건물 내 도장공사를 수주하여 이를 피고에게 하도급하였고, 피고는 그에 따른 도장, 에폭시 코팅 공사를 수행. 피고 공사 완료 후 원고는 원발주처로부터 건물 내 주차장 등의 도장 불량(바닥 도막이 들뜨고 박리된 현상 등) 클레임을 받고 피고를 상대로 재공사에 소요되는 페인트 자재비 46,000,000여 원을 청구. 피고는 자신은 도장공사를 충실히 이행하였으며, 바닥 도막이 들뜨고 박리되는 현상은 피고가 수행한 페인트공사와는 무관하고 도장공사에 앞서 원고측이 무근 콘크리트 공사와 기계미장을 실시하지 않아 콘크리트 표면이 약하고 평활도가 낮아서 콘크리트골조의 갈라짐(크랙)과 터짐(박리)이 생긴 것이라고 반박. 특히 피고가 제출한 전문건설공제조합 하자증권에 기한 하자처리를 원고가 하지 못한 것은 피고의 공사하자를 입증하지 못한데 따른 것이기 때문에 재공사자재비를 청구할 수 없다고 주장. 상임조정위원은 원고에게 건설공제조합의 하자조사 보고서를 제출할 것을 요구하고 입증의 기회를 부여하며 수차례 속행하였으나, 원고가 별다른 입증을 하지 못하였고, 결국 상임조정위원은 소취하의 강제조정을 하였음. 원고는 이에 이의하지 않아 사건 종결.

조정주문

1. 원고는 이 사건 소를 취하하고, 피고는 이에 동의한다.
2. 소송비용 및 조정비용은 각자 부담한다.

공사대금 청구사건

사건의 개요 및 조정경과

원고는 피고로부터 주거복합건물신축공사 중 조적, 미장, 방수공사를 하도급 받아 공사를 완료하였는데 피고가 공사대금 9,400여만 원 중 4,100여만 원만 지급하고 나머지 5,300여만 원을 지급하지 않자 소송을 제기. 조정기일에 피고 불출석으로 조정합의 불성립. 청구금액을 일부 감액하여 피고가 4,000만원을 지급한다는 내용으로 조정갈음결정하여 양측 이의 없이 확정,

조정주문

1. 피신청인은 신청인에게 201*. 11. 10.까지 금 40,000,000원을 지급한다. 만일 피신청인이 위 지급기일까지 위 금원을 지급하지 아니한 때에는, 피신청인은 미지급금원에 대하여 위 지급기일 다음날부터 다 갚는 날까지 연 20%의 비율에 의한 지연손해금을 가산하여 신청인에게 지급한다.
2. 신청인은 나머지 신청을 포기한다.
3. 조정비용은 각자 부담한다.

공사장 추락으로 인한 손해배상 청구사건

사건의 개요 및 조정경과

원고는 피고 소유의 건물 옥상의 일부 건축물철거 현장에서 일용직 노동자로 일하던 중 옥상 난간에서 떨어져 요도파열 등 상해를 입었다며 피고를 상대로 2,100만 원의 지급을 구하는 소송을 제기. 피고는 원고를 고용한 사실이 없고, 소외 A에게 공사를 요청하였고 A는 다시 B에게 공사를 하도급 하였고 원고는 B에 고용되어 일을 하다 사고가 난 것이라고 주장. 원고는 피고의 계약책임 내지 불법행위책임의 근거를 소명하지 못함. 조정합의 불성립. 피고가 원고에게 손해배상이 아닌 위로금으로 300만 원을 지급한다는 내용으로 조정갈음결정하여 양측 이의 없이 확정.

조정주문

1. 피고는 원고에게 201*. 11. 10.까지 위로금조로 금 3,000,000원을 지급한다. 만일 피고가 위 지급기일까지 위 금원을 지급하지 아니한 때에는, 피고는 미지급금원 및 이에 대하여 위 지급기일 다음날부터 다 갚는 날까지 연 20%의 비율에 의한 지연손해금을 가산하여 원고에게 지급한다.
2. 원고는 나머지 청구를 포기한다.
3. 소송비용 및 조정비용은 각자 부담한다.

공사대금 청구사건

사건의 개요 및 조정경과

원고는 피고의 주거복합신축공사 중 기계설비공사 및 소화배관공사(공사금액 3억 800여만 원)을 하도급 받아 공사를 완료한 후 2억 8,600여만 원의 기성금을 청구하였으나 1억 3,400여만 원을 지급받지 못하자 소송을 제기. 피고가 1억 3,400여만 원을 지급한다는 내용의 조정갈음결정하여 양측 이의 없이 확정.

조정주문

1. 피신청인은 신청인에게 201*. 11. 30.까지 금 134,300,000원을 지급한다. 만일 피신청인이 위 지급기일까지 위 금원을 지급하지 아니한 때에는, 피신청인은 미지급금원에 대하여 위 지급기일 다음날부터 다 갚는 날까지 연 15%의 비율에 의한 지연손해금을 가산하여 신청인에게 지급한다.
2. 신청인은 나머지 신청을 포기한다.
3. 조정비용은 각자 부담한다.

공사보증금반환 청구사건

사건의 개요 및 조정경과

원고는 5년 전 피고가 소외 A회사로부터 ○○쇼핑몰 내부 인테리어공사를 수주하는 경우 부스공사를 하도급받기로 하고 피고가 요구하는 공사보증금 2,000만 원을 미리 지급하였고 피고는 자신의 500만 원을 더한 2,500만 원을 공사보증금조로 A회사에게 지급하였는데 A회사의 사정으로 인테리어공사를 수주 받지 못하게 되자 피고는 A회사를 상대로 공사보증금반환소송을 제기하여 승소하였음에도 불구하고 원고에게 2,000만 원을 반환하지 않자 그 지급을 구하는 소송을 제기. 조정과정에서 피고는 원고의 청구는 공사대금청구에 해당하고 3년의 단기소멸시효가 완성되었다고 주장하였으나, 원고의 보증금반환청구는 공사대금청구가 아니라 계약해제에 따른 원상회복으로서 부당이득반환청구권의 행사임을 피고에게 주지시킴과 동시에, 원고가 원, 피고 간의 공사계약에 관여한 소외 A로부터 500만 원을 받은 사실, 피고 역시 소외 A회사의 부당한 요구에 의하여 수주(계약체결) 이전에는 지급할 필요가 없는 공사보증금을 미리 지급하였고 피고가 소외 A회사로부터 확정판결금을 회수하지 못하고 있는 점 등을 감안하여 피고가 원고에게 1,000만원을 7개월에 걸쳐 3회 분할 지급하는 내용으로 임의조정 성립.

조정주문

1. 피고는 원고에게 금 10,000,000원을 지급한다. 다만, 이를 3회로 분할하여 ① 201*. 12. 31.까지 3,000,000원을, ② 201*. 3. 31.까지 3,000,000원을, ③ 201*. 6. 30.까지 4,000,000원을 지급한다. 그 지급은 원고의 은행계좌(○○은행 ***-******-*****, 예금주 △△△)로 입금하는 방식으로 한다.
2. 만일 피고가 제1항 기재 지급을 1회라도 지체하는 경우, 피고는 기한의 이익을 상실하고 즉시 원고에게 미지급액 전액 및 이에 대하여 지체일로부터 다 갚을 때까지 연 15%의 비율로 계산한 지연손해금을 가산하여 지급한다.
3. 원고는 나머지 청구를 포기한다.
4. 소송비용 및 조정비용은 각자 부담한다.

노임 청구사건

사건의 개요 및 조정경과

원고는 피고 1 소유 집의 외벽수리공사를 한 피고 2에 고용되어 작업을 하였는데 노임 800만 원을 지급받지 못하였다며 피고 1, 2를 상대로 연대하여 800만 원을 지급하라는 소송을 제기. 피고 2의 노임 내지 하도급공사대금 미지급사실은 인정되나 피고 1의 원고에 대한 직불의무 내지 노임 지급책임은 인정되지 않아, 피고 2는 원고에게 800만 원을 지급하고 원고는 피고 1에 대한 청구를 포기한다는 내용으로 조정갈음결정하여 이의 없이 확정.

조정주문

1. 피신청인 B는 신청인에게 201*. 12. 31.까지 금 8,000,000원을 지급한다. 만일 피신청인 B가 위 지급기일까지 위 금원을 지급하지 아니한 때에는, 피신청인 B는 미지급금원에 대하여 위 지급기일 다음날부터 다 갚는 날까지 연 15%의 비율에 의한 지연손해금을 가산하여 신청인에게 지급한다.
2. 신청인은 피신청인 B에 대한 나머지 신청 및 피신청인 A에 대한 이 사건 신청을 포기한다.
3. 조정비용은 각자 부담한다.

유치권확인 청구사건

사건의 개요 및 조정경과

원고는 피고 1 소유의 아파트 내부개보수 및 베란다확장공사를 완료하였는데 피고 1이 공사대금 4,700만 원 중 200만 원만 지급하고 나머지 4,500만 원을 지급하지 아니하여 피고 1 소유 및 피고 2 임차 점유 중인 아파트에 유치권을 행사하며 그 확인을 구하는 소송을 제기. 피고들이 공사대금 미지급사실과 원고가 현재 유치권행사중인 사실에 대해 다툼이 없으나 조정기일에 피고 2 불출석하여 조정합의 불성립. 원고의 공사대금 4,500만 원을 피담보채권으로 하는 유치권을 확인한다는 내용의 조정갈음결정하여 양측 이의 없이 확정.

조정주문

1. 피고들은 원고에 대하여, 피고 ○○○ 소유(피고 △△△ 임차 점유)의 별지 목록 기재 부동산에 관하여 공사대금 45,000,000원을 피담보채권으로 하는 원고의 유치권이 존재함을 확인한다.
2. 소송비용 및 조정비용은 각자 부담한다.

공사대금 청구사건

사건의 개요 및 조정경과

원고는 피고로부터 건물신축공사 중 토목공사를 하도급 받아 공사를 완료하였으나 공사대금 중 일부를 지급받지 못하자 소송을 제기하여 1심에서 전부승소, 이에 피고가 불복하여 항소. 항소심 조정과정에서, 원고 청구금액 중 2,000만 원만 인정하고 가집행한 초과금액은 피고에게 반환하기로 하며 원고가 인정금원에 대한 세금계산서를 발행하기로 하는 내용으로 조정 성립.

조정주문

1. 피고(항소인, 이하 '피고'라 한다)는 원고(피항소인, 이하 '원고'라 한다)에게 금 20,000,000원을 지급한다.
2. 제1항에 불구하고, 원고는 원심 판결 가집행으로 제1항 기재 금원을 전액 지급받았음을 확인하고, 동 금원을 초과한 집행금원을 피고에게 반환하기로 한다.
3. 원고는 피고에게 제1항 기재 금원 20,000,000원(부가가치세 포함 금액임) 상당의 세금계산서를 발행하기로 한다.
4. 원고는 나머지 청구를 포기한다.
5. 소송총비용 및 조정비용은 각자 부담한다.

건축공사대금 청구사건

사건의 개요 및 조정경과

원고는 피고로부터 도급받은 공사를 완료하였으나 피고가 공사대금 일부인 7,300여만 원을 지급하지 않자 그 지급을 구하는 소송을 제기. 3,500여만 원을 지급하는 내용으로 임의조정 성립.

조정주문

1. 피신청인은 신청인에게 201*. 3. 5.까지 금 35,780,000원을 지급한다. 만일 피신청인이 위 지급기일까지 위 금원을 지급하지 아니한 때에는, 피신청인은 미지급금원에 대하여 지급기일 다음날부터 다 갚을 때까지 연 15%의 비율로 계산한 지연손해금을 가산하여 신청인에게 지급한다.
2. 신청인은 나머지 청구를 포기한다.
3. 조정비용은 각자 부담한다.

공사대금 청구사건

사건의 개요 및 조정경과

원고는 피고의 건물리모델링공사를 하여 주고 공사대금 1,500만 원 중 500만 원만 지급받고 1,000만 원은 지급받지 못하자 그 지급을 구하는 소송을 제기하여 1심에서 승소. 패소한 피고가 항소하여 항소심 조정 회부. 피고는 공사를 한 업체가 원고가 아니라 소외 회사이고 원고는 그 회사의 현장소장에 불과하다고 주장하였으나, 원고는 자신이 피고에게 해준 공사는 소외 회사와 피고와의 공사건과 무관하다고 주장. 조정과정에서 원고 청구금(1심 승소금) 중 일부를 감액한 850만원을 2회 분할 지급하되 지체 시 150만원을 추가하여 지급하는 내용으로 임의조정 성립.

조정주문

1. 피고(항소인, 이하 '피고'라 한다)는 원고(피항소인, 이하 '원고'라 한다)에게 금 8,500,000원을 지급한다. 다만, 이를 2회로 분할하여 ① 201*. 2. 5.까지 4,000,000원을, ② 201*. 2. 15.까지 4,500,000원을 지급한다.
2. 만일 피고가 제1항 기재 지급을 1회라도 지체하는 경우, 피고는 기한의 이익을 상실하고 즉시 원고에게 미지급액 전액에 1,500,000원을 더한 돈 및 이 '미지급액 전액에 1,500,000원을 더한 돈'에 대하여 지체일로부터 다 갚을 때까지 연 15%의 비율로 계산한 지연손해금을 가산하여 지급한다.
3. 원고는 나머지 청구를 포기한다.
4. 소송총비용 및 조정비용은 각자 부담한다.

공사대금 청구사건

사건의 개요 및 조정경과

원고는 피고의 단독주택신축공사 중 내부 인테리어공사(추가공사 포함)를 맡아 공사를 모두 이행하였는데 피고가 공사대금 7,200여만 원 중 4,700만 원만 지급하고 나머지 2,500여만 원을 미지급하였다며 그 지급을 구하는 소송을 제기. 이에 대해 피고는 피고에게 원고를 소개한 소외 A를 통해 공사대금 4,100만 원을 지급하였으며 인테리어 자재납품업자에게 700만 원을 직불하였고 원고에게도 1,170만 원을 입금하여 총 5,970만 원을 지급하였으며 원고가 주장하는 추가공사 견적을 인정할 수 없다고 주장. 4회의 조정기일 속행을 통하여 원고의 인테리어 본공사 및 추가공사 내역을 확인하고 피고가 A에게 원고의 공사대금을 지급하였으나 원고가 A로부터 전액을 돌려받지 못한 점 등을 감안하여 피고는 원고에게 500만 원을 지급하고 원고는 소외 A로부터 나머지 대금을 회수하기로 하는 내용으로 임의조정 성립.

조정주문

1. 피고는 원고(사업자 명: ○○○)에게 201*. 7. 15.까지 금 5,000,000원을 지급한다. 만일 피고가 위 지급기일까지 위 금원을 지급하지 아니한 때에는, 피고는 미지급금원에 대하여 지급기일 다음날부터 다 갚을 때까지 연 15%의 비율로 계산한 지연손해금을 가산하여 원고에게 지급한다.
2. 원고와 피고는, 피고가 소외 △△△에게 지급한 원고의 이 사건 공사대금 잔액을 추후 원고가 회수하는 것에 상호 동의한다.
3. 원고는 나머지 청구를 포기한다.
4. 원고와 피고는 이 사건 청구원인과 관련하여 본 조정조서에서 정한 사항 이외에는 양자 사이에 어떠한 채권채무도 없음을 확인하고, 향후 이와 관련하여 서로에 대하여 일체의 재판상, 재판외 청구 또는 이의제기를 하지 아니한다.
5. 소송비용 및 조정비용은 각자 부담한다.

장비임대료 청구사건

사건의 개요 및 조정경과

원고는 피고에게 토목공사에 필요한 장비를 대여하였는데 피고가 장비대여료 1,500여만 원을 지급하지 않는다며 소송을 제기. 피고는 원고와 장비임대차계약을 체결한 사실이 없고 피고의 하수급업체인 A사가 원고로부터 장비를 임차하였다고 주장. 원고의 세금계산서가 피고 앞으로 발행된 사실 및 원고가 A사로부터 1,200여만 원을 수령한 사실, 원고가 추가공사를 이행한 사실 등을 종합 감안하여 피고가 원고에게 500만 원을 지급한다는 조정갈음결정하여 양측 이의 없이 확정.

조정주문

1. 피고는 원고에게 201*. 7. 31.까지 금 5,000,000원을 지급한다. 만일 위 금원을 위 지급기일까지 지급하지 아니한 때에는, 미지급금원 및 이에 대하여 지급기일 다음날부터 다 갚는 날까지 연 15%의 비율로 계산한 지연손해금을 가산하여 지급한다.
2. 원고는 나머지 청구를 포기한다.
3. 소송총비용 및 조정비용은 각자 부담한다.

공사대금 청구사건

사건의 개요 및 조정경과

원고는 피고로부터 영상하드웨어공사를 하도급 받아 공사를 이행하였으나 공사대금 일부를 지급받지 못하자 그 지급을 구하는 소송을 제기. 피고는 원발주처의 경영악화로 자신도 공사대금을 전혀 받지 못하는 상황에서도 공사대금의 대부분을 지급하였다고 호소하고 원고가 매뉴얼과 AS제공을 다하여야 원발주처로부터 대금을 받아 낼 수 있다고 주장. 조정심리과정에서 대금을 일부 감액하여 피고가 지급하되 지급에 앞서 원고가 매뉴얼과 AS제공을 성실히 이행하는 것을 조건으로 조정 성립.

조정주문

1. 피고는 원고에게 금 25,000,000원을 지급한다. 다만, 이를 2회로 분할하여 ① 201*. 8. 31.까지 20,000,000원을, ② 201*. 12. 31.까지 5,000,000원을 지급한다.
2. 만일 피고가 제1항 기재 지급을 1회라도 지체하는 경우, 피고는 기한의 이익을 상실하고 즉시 원고에게 미지급액 전액 및 이에 대하여 지체일로부터 다 갚을 때까지 연 15%의 비율로 계산한 지연손해금을 가산하여 지급한다.
3. 원고는 피고에게, 제1항 기재 지급에 앞서, 양자 간의 영상H/W설치공사 관련 매뉴얼(카탈로그) 및 하자보수

(A/S)를 계약내용에 따라 성실히 이행한다.

4. 원고는 나머지 청구를 포기한다.
5. 소송비용 및 조정비용은 각자 부담한다.

공사대금 청구사건

사건의 개요 및 조정경과

원고는 피고로부터 다세대주택 신축공사의 도장방수공사를 하도급 받아 공사를 완료하였는데 피고가 공사대금 일부인 4,200여만 원을 지급하지 않는다며 그 지급을 구하는 소송 제기. 피고는 미수잔금이 3,755만 원이라고 하면서 원고의 부실시공으로 인하여 하자보수를 하여야 하고 건축주가 이를 구실로 정산을 해주지 않고 있다고 주장. 2회 조정기일 진행을 통하여 원고가 현장의 하자보수공사를 이행하고 건축주의 확인서를 받아 피고에게 제출하는 즉시 피고가 3,755만 원을 지급하며, 지급 즉시 원고는 피고에 대한 가압류를 취하하기로 하는 내용으로 임의조정 성립.

조정주문

1. 원고는 이 사건 원고와 피고의 하도급계약에 기한 하자보수공사를 이행하고 하자가 치유되었음으로 확인하는 확인서를 건축주로부터 수령하여 피고에게 제출한다.
2. 제1항 조건이 충족되는 경우, 피고는 원고에게 즉시 금 37,550,000원을 지급한다. 만일 피고가 위 금원을 지급하지 아니한 때에는, 피고는 미지급금원에 대하여 위 조건충족일 다음날부터 다 갚을 때까지 연 15%의 비율로 계산한 지연손해금을 가산하여 원고에게 지급한다.
3. 원고는, 제2항 기재 지급이 이행되면, 즉시 피고 및 피고회사의 임원 ○○○에 대한 (채권, 부동산 등 일체) 가압류신청을 취하하고 그 집행취소를 신청한다.
4. 원고는 나머지 청구를 포기한다.

5 소송비용 및 조정비용은 각자 부담한다.

일조권침해로 인한 손해배상 청구사건

사건의 개요 및 조정경과

원고의 2층 가옥의 정남향 10미터 거리에 있는 대지에 피고가 기존의 2층 건물 대신 7층 건물을 신축하자 원고는 피고의 건물신축으로 인하여 일조권, 통풍, 조망권에 큰 피해가 발생하고 집값이 하락하였다며 부동산가치하락분과 위자료 등 7,000만 원의 손해배상 일부 청구의 소를 제기. 원고가 실시한 감정평가에 의하면 원고 부동산가치하락액이 3,700여만 원임. 반면 피고는 자신은 건축법 등 관계법령을 준수하였으며 원고의 가옥이 경계선과 일정 간격 없이 건축된 잘못이 있고 일조방해가 사회통념상 수인한도를 넘었는지에 대한 입증이 필요하고 일반주거지역이 아닌 준주거지역에서의 일조권은 제한될 수밖에 없다는 등의 주장을 함. 조정심리과정에서 일조권 침해는 인정되나 정확한 피해액의 산출을 위해서는 법원 감정이 필요한바 그 절차를 상호 생략하고 원만하게 분쟁을 조기 종결하는 취지에서 피고가 원고에게 2,300만 원을 지급하기로 하는 내용으로 조정 성립.

조정주문

1. 피고들은 연대하여 원고에게 201*. 7. 29.까지 금 23,000,000원을 지급한다. 만일 피고들이 위 지급기일까지 위 금원을 지급하지 아니한 때에는, 피고들은 미지급금원에 대하여 지급기일 다음날부터 다 갚을 때까지 연 15%의 비율로 계산한 지연손해금을 가산하여 원고에게 지급한다.
2. 원고는 나머지 청구를 포기한다.
3. 원고와 피고들은 이 사건 청구원인과 관련하여 본 조정조서에서 정한 사항 이외에는 양자 사이에 어떠한 채권채무도 없음을 확인하고, 향후 이와 관련하여 서로에 대하여 일체의 재판상, 재판외 청구 또는 이의제기를 하지 아니한다.
4. 소송비용 및 조정비용은 각자 부담한다.

공사장비임대료 청구사건

사건의 개요 및 조정경과

원고는 피고 건설회사의 ○○전철공구 노반시설공사를 위해 천공기 장비를 임대하였는데 피고가 그 임대료 1억 1,000여만 원을 지급하지 않는다며 소송을 제기. 피고는 장비 임대 사실은 인정하면서도 피고 대신 원청업체인 A회사가 피고를 대신하여 원고에게 대금의 60%를 직불하였으므로 이를 공제하여야 한다고 주장. 조정 기일에 원고는 피고의 주장사실을 인정하였고, 피고는 이를 공제한 나머지 금원 5,000여만 원에서 다시 1,000여만 원을 감한 4,000만 원을 조정기일로부터 한 달 여 후 지급하기로 하는 내용으로 임의조정 성립.

조정주문

1. 피고는 원고에게 201*. 9. 30.까지 금 40,000,000원을 지급한다. 만일 피고가 위 지급기일까지 위 금원을 지급하지 아니한 때에는, 피고는 미지급금원에 대하여 지급기일 다음날부터 다 갚을 때까지 연 15%의 비율로 계산한 지연손해금을 가산하여 원고에게 지급한다.
2. 원고는 나머지 청구를 포기한다.
3. 소송비용 및 조정비용은 각자 부담한다.

부실공사에 따른 손해배상 청구사건

사건의 개요 및 조정경과

원고 건설사는 ○○병원 대수선공사를 도급받아 그 중 타일공사를 피고 1에게 하도급 하였는데 공사종료 후 피고 1의 타일공사가 부실조잡하여 부착한 타일이 탈락하는 문제가 발생하여 원고가 다른 타일전문업체로 하여금 타일공사를 재시공한 이후 피고 1을 상대로 재시공비용 7,000여만 원 중 일부인 5,000여만의 지급을 구함과 동시에 피고 1에 대한 하자보수보증을 한 피고 2 공제조합을 상대로 피고 1과 공동하여 하자보수보증금 1,000만 원의 지급을 구하는 소송을 제기. 피고 2는 하자담보기간이 경과하였고 원고의 청구는 피고 1의 공사하자에 대한 책임 추궁이 아니라 공사미이행에 대한 것이므로 피고 2가 하자보수보증보험금을 지급할 이유가 없다고 주장. 피고 1의 부실공사는 원고와 약속한 한 접착 소재가 아닌 다른 소재를 사용하여 발생한 것으로 확인됨. 앞으로도 피고 1이 시공한 타일이 탈락할 가능성이 있으나 이에 대해서는 원고가 원고 책임으로 재시공하는 것을 전제로, 원고의 청구금액을 일부 감액한 4,000만 원을 피고 1이 지급하고 원고는 피고 1에 대한 나머지 청구와 피고 2에 대한 청구를 포기한다는 내용으로 조정갈음결정하여 3자 모두 이의 없이 확정.

조정주문

1. 피고 ○○○○ 주식회사는 원고에게 201*. 10. 30.까지 금 40,000,000원을 지급한다. 만일 피고 ○○○○ 주식회사가 위 지급기일까지 위 금원을 지급하지 아니한 때에는, 피고 ○○○○ 주식회사는 미지급금원 및 이에 대하여 위 지급기일 다음날부터 다 갚는 날까지 연 15%의 비율에 의한 지연손해금을 가산하여 원고에게 지급한다.
2. 원고는 피고 ○○○○ 주식회사에 대한 나머지 청구 및 피고 △△공제조합에 대한 이 사건 청구를 각 포기한다.
3. 원고와 피고들은 이 사건 청구원인과 관련하여 본 조정을 갈음하는 결정에서 정한 사항 이외에는 양자 사이에 어떠한 채권채무도 없음을 확인하고, 향후 이와 관련하여 서로에 대하여 일체의 재판상, 재판외 청구 또는 이의제기를 하지 아니한다.
4. 소송비용 및 조정비용은 각자 부담한다.

공사대금 청구사건

사건의 개요 및 조정경과

원고는 피고에 대해 하도급공사대금 미지급금 7,800여만 원을 청구. 조정합의 불성립. 원고의 공사내역(포기분), 기지급대금, 지체상금 등을 종합하여 피고가 원고에게 1,000만 원을 지급한다는 내용의 조정갈음결정으로 양측 이의 없이 확정.

조정주문

* 결정사항

1. 피고는 원고에게 201*. 11. 15.까지 금 10,000,000원을 지급한다. 만일 피고가 위 지급기일까지 위 금원을 지급하지 아니한 때에는, 피고는 미지급금원 및 이에 대하여 위 지급기일 다음날부터 다 갚는 날까지 연 15%의 비율에 의한 지연손해금을 가산하여 원고에게 지급한다.
2. 원고는 나머지 청구를 포기한다.
3. 소송비용 및 조정비용은 각자 부담한다.

* 결정이유

지급액의 결정: 원고의 공사내역(포기분), 기지급대금, 지체상금 등을 종합하여 조정결정.

공사대금 청구사건

사건의 개요 및 조정경과

원고는 피고의 의뢰를 받아 피고 소유 건물의 철거 및 내부공사를 완료하였는데 공사대금 8,500만 원 중 6,000만 원만 받고 2,500만 원은 받지 못했다며 소송을 제기. 피고는 공사를 의뢰하는 계약을 원고 및 소외 A와 함께 맺어 원고의 공사부분에 대한 6,000만 원을 모두 지급하고 소외 A가 맡은 공사부분에 관한 3,000여만 원도 모두 지급하였고 원고와 A가 내부적으로 정산하는 문제는 피고와 아무런 관련이 없다고 주장. 조정기일 양측 불출석으로 조정 합의 불성립. 원고가 소를 취하하고 피고가 이에 동의한다는 내용으로 조정갈음결정하여 양측 이의 없이 확정.

조정주문

1. 원고는 이 사건 소를 취하하고, 피고는 이에 동의한다.
2. 소송비용 및 조정비용은 각자 부담한다.

공사대금 청구사건

사건의 개요 및 조정경과

원고는 지난 6년간 피고회사의 의뢰를 받아 13곳의 지반조사 공사를 하였는데 피고가 미수대금 4,400여만 원을 지급하지 않는다며 그 지급을 구하는 소송을 제기. 피고는 원고와의 계약체결 여부가 정확하지 않고 원고가 주장하는 대부분의 계약건은 공사대금 단기 소멸시효가 완성되었다고 주장. 원고는 피고가 모든 공사내역을 상세히 기록하며 잘 알고 있고 최근까지 일부씩 변제해오면서 변제기한의 연기를 요청하거나 대금의 감면을 요청하였다고 반박. 원고가 피고에게 일정 금액을 탕감해주겠다고 약속한 사실도 인정되어 이를 감안한 금액 1,900만원을 피고가 지급하기로 하되 피고회사의 대표자 및 실질적 운영자의 조정참가를 통하여 이들 조정참가인도 연대책임을 지기로 하는 내용으로 임의조정 성립.

조정주문

1. 피고는 원고에게 201*. 10. 28.까지 금 19,000,000원을 지급한다. 만일 피고가 위 지급기일까지 위 금원을 지급하지 아니한 때에는, 피고는 미지급금원에 대하여 지급기일 다음날부터 다 갚을 때까지 연 15%의 비율로 계산한 지연손해금을 가산하여 원고에게 지급한다.
2. 원고는, 피고에 대한 채권가압류(서울○○지방법원 2016카단****) 신청을 취하하고 그 집행취소를 신청한다. 이 경우 피고는 원고가 위 채권가압류결정시 공탁한 담보공탁금을 담보취소결정을 통하여 회수해감에 동의하며 그 담보취소결정에 항고하지 아니한다.
3. 조정참가인 A, B는, 제1항 기재 지급과 관련하여 피고와 연대하여 이를 이행한다.
4. 원고는 나머지 청구를 포기한다.
5. 소송비용 및 조정비용은 각자 부담한다.

공사대금 청구사건

사건의 개요 및 조정경과

원고는 피고로부터 하수급한 ○○○역사 비계설치공사금액 중 미지급액 3,000여만 원을 청구하는 소송 제기. 조정심리결과, 원고가 약정된 비계설치공사 중 일부만 수행하였고 미수금액은 원고가 주장한 액수가 아닌 1,600여만 원이고 초과금액의 청구는 부당제소인 것으로 확인됨. 피고가 원고에게 확인된 미수금 1,600여만 원을 지급하고 원고가 피고에 대해 한 채권가압류신청을 취하하는 내용으로 조정 성립.

조정주문

1. 피고는 원고에게 201*. 10. 31.까지 금 16,962,400원을 지급한다. 만일 피고가 위 지급기일까지 위 금원을 지급하지 아니한 때에는, 피고는 미지급금원에 대하여 지급기일 다음날부터 다 갚을 때까지 연 15%의 비율로 계산한 지연손해금을 가산하여 원고에게 지급한다.
2. 원고는, 피고에 대한 채권가압류(제3 채무자 ○○건설) 신청을 취하하고 그 집행취소를 신청한다. 이 경우 피고는 원고가 위 채권가압류결정시 공탁한 담보공탁금을 담보취소결정을 통하여 회수해감에 동의하며 그 담보취소결정에 항고하지 아니한다. 원고는 피고가 위 채권가압류말소를 위해 공탁한 해방공탁금을 담보취소결정을 통하여 회수해감에 동의하며 그 담보취소결정에 항고하지 아니한다.
3. 원고는 나머지 청구를 포기한다.

4. 소송비용 및 조정비용은 각자 부담한다.

광고간판제작 공사대금 청구사건

사건의 개요 및 조정경과

원고는 피고와 구두로 광고물 간판 제작공급계약을 체결하고 네 건의 광고 간판을 제작 완료하였으나 피고가 그 대금을 지급하지 않자 920여만 원의 소송을 제기하여 1심에서 779만여 원이 인용되었고(소액사건판결이어서 판결이유가 생략되었으나 네 건의 공사 중 한 건의 공사는 원고와 피고의 계약관계가 불명확하여 제외한 것으로 추정됨) 이에 피고가 불복하여 항소 제기. 항소심 조정 회부. 피고는 자신은 단순히 광고주(사업주)와 원고 사이에서 소개만 하였을 뿐이어서 원고는 광고주로부터 직접 대금을 받아야 한다고 주장. 조정기일에 양측 불출석하여 조정합의 불성립. 피고가 700만 원을 지급한다는 내용의 조정갈음결정으로 양측 이의 없이 확정.

조정주문

1. 피고는 원고에게 201*. 10. 31.까지 금 7,000,000원을 지급한다. 만일 피고가 위 금원을 위 지급기일까지 지급하지 아니한 때에는 미지급금원에 798,000원을 더한 돈 및 이 '미지급금원에 798,000원을 더한 돈'에 대하여 201*. 2. 2.부터 201*. 5. 18.까지는 연 5%의, 그 다음 날부터 다 갚는 날까지는 연 15%의 비율로 계산한 지연손해금을 가산하여 지급한다.
2. 원고는 나머지 청구를 포기한다.
3. 소송총비용 및 조정비용은 각자 부담한다.

창호공사대금 청구사건

사건의 개요 및 조정경과

원고는 건축주인 피고로 공동주택(총 24세대) 신축공사 도급을 받은 소외 A사로부터 창호공사 하도급을 받아 공사를 진행하던 중 A사의 공사 미이행으로 인한 도급계약해지 이후 피고의 직불 약속을 받고 나머지 창호공사를 모두 이행하였고 모든 신축공사가 마무리되어 건축물 사용승인이 났음에도 피고가 원고에게 창호공사대금 잔금을 지급하지 않고 있다며 피고의 신축 공동주택 전 세대를 가압류함과 동시에 6,000만 원의 지급을 구하는 본안 소송을 제기. 조정과정에서 피고는 원고가 시공한 창호부분에 심각한 하자가 있어 한 채도 분양이 되지 못하였다고 주장하였으나 하자에 대한 입증은 용이하지 않은 상황이었고 원고의 가압류를 일부 해제하여 분양절차에 들어가야 할 필요성이 절박하여 원고에 대한 대금 지급과 피고 신축건물에 대한 가압류 일부를 해제하는 내용으로 접점을 모색함. 총 4회의 속행기일을 통해 최종적으로 피고가 소송제기 이후 지급한 1,000만 원을 공제한 5,000만 원을 분할하여 지급하기로 하고 원고는 5,000만 원 중 1,200만 원을 지급받으면 4개 세대를 제외한 나머지 세대에 대한 가압류를 해제하고 피고가 가압류가 해제된 부동산을 분양하여 분양대금을 지급받으면 나머지 3,800만 원을 지급하기로 하고 모든 대금을 지급하면 원고는 나머지 가압류도 모두 해제하기로 하는 내용으로 임의조정 성립.

조정주문

원고와 피고는 첨부문서(조정안)와 같이 조정합의한다.

1.~5.(첨부문서 내용과 동일) ※ 동 첨부문서는 생략함

6. 원고는 나머지 청구를 포기한다.

7. 소송비용 및 조정비용은 각자 부담한다.

부당이득금반환 청구사건

사건의 개요 및 조정경과

원고는 피고에게 식당 인테리어공사를 도급하였는데 피고가 계약대금 5,000만 원을 지급받고서도 이행기한까지 공사를 마치지 못하고 공사를 중단하였기에 증거보전을 통한 기성금액 감정가 2,300여만 원을 공제한 2,600여만 원의 반환을 구하는 소송을 제기. 피고 조정기일 불출석으로 조정합의 불성립. 피고가 일부 감액한 2,500만 원을 지급한다는 내용으로 조정갈음결정하여 양측 이의 없이 확정.

조정주문

1. 피고는 원고에게 201*. 11. 30.까지 금 25,000,000원을 지급한다. 만일 피고가 위 지급기일까지 위 금원을 지급하지 아니한 때에는, 피고는 미지급금원에 1,040,000원을 더한 돈 및 이 '미지급금원에 1,040,000원을 더한 돈'에 대하여 위 지급기일 다음날부터 다 갚는 날까지 연 15%의 비율에 의한 지연손해금을 가산하여 원고에게 지급한다.
2. 원고는 나머지 청구를 포기한다.
3. 소송비용 및 조정비용은 각자 부담한다.

공사대금 청구사건

사건의 개요 및 조정경과

원고 1은 피고로부터 건물신축공사의 석공사 부분을 하도급 받아 공사를 이행하였으나 공사대금 중

1,350만 원을 지급받지 못하였고 원고 2는 피고의 현장소장으로 고용되어 근무하였는데 피고가 임금 1,600만 원을 지급하지 않았다며 각 피고를 상대로 소송을 제기. 조정기일에 피고 불출석. 피고가 각 금액을 지급한다는 내용으로 조정갈음결정하여 양측 이의 없이 확정.

조정주문

1. 피고는 201*. 11. 30.까지 원고 A에게 금 13,500,000원, 원고 B에게 금 16,000,000원을 지급한다. 만일 위 지급기일까지 위 금원을 지급하지 아니한 때에는, 각 미지급금원 및 이에 대하여 위 지급기일 다음날부터 다 갚는 날까지 연 15%의 비율에 의한 지연손해금을 가산하여 지급한다.
2. 원고들은 나머지 청구를 포기한다.
3. 소송비용 및 조정비용은 각자 부담한다.

건설기계대여 임대료 청구사건

사건의 개요 및 조정경과

원고는 자신의 건설기계를 피고 건설회사에 대여하였는데 임대료 중 430여만 원을 지급받지 못하였다며 소송을 제기. 소송과정에서 원고가 피고 및 제3채무자로부터 임대료를 모두 회수한 사실이 확인되었고, 원고는 조정기일에 불출석하여 조정합의 불성립하여, 원고에 대한 피고의 채무가 없음을 확인하는 내용의 조정갈음결정으로 양측 이의 없이 확정.

조정주문

1. 원고는 피고에 대하여, 이 사건 ○○시 △△본동 **-* 토사집토 공사현장 건설기계장비사용료(임금) 미지급금 4,361,500원을 피고 및 제3채무자 ◇◇◇◇◇로부터 원고가 전액 변제받은 사실 및 이에 따라 동 장비사용료(임금)와 관련하여 피고의 원고에 대한 채무는 존재하지 아니함을 확인한다.
2. 원고는 이 사건 소를 취하하고, 피고는 이에 동의한다.
3. 소송총비용 및 조정비용은 각자 부담한다.

공사대금 청구사건

사건의 개요 및 조정경과

원고는 피고가 수주한 용인시 소재 단독주택 14동 신축사업에 관한 전체 공사 중 가설공사(철근, 콘크리트 등 구조물공사)를 하도급 받아 공사를 완료하였는데 피고가 공사대금 4억여 원 중 3억여 원 만 지급하고 나머지 1억 1,200여만 원을 미지급하였다며 그 지급을 구하는 소송을 제기. 조정과정(3회 속행)에서 피고는 전체적으로 원고의 공사이행사실을 인정하였으며, 다만 원고가 가설공사 인력투입을 지체하여 공기가 늘어져 전체 공정에도 지체가 발생한 점, 원고가 아직 하자보험증권을 발행하지 않은 점, 신축사업 규모가 원래 22동 신축계획에서 14동 신축으로 축소되며 전체적으로 대금이 감액되고 피고가 총 6억 원의 손실을 보게 되어 원고를 비롯한 하수급업체들에게 고통분담 차원에서 공사대금 조정을 요청하여 합의가 이루어진 점, 피고가 다른 지역의 공사 2건의 하도급도 원고에게 맡긴 점, 피고가 현재 지불능력이 제한된 점, 피고가 수주한 영종도 공사건을 소외 A업체에게 넘겨주었고 그 A업체로부터 피고가 받을 대가를 원고가 대신 받게 하는 형식으로 지급할 수 있다는 점 등을 밝힘. 이에 원고의 청구액 중 일부를 감액한 8,000만 원을 3회 분할하여 소외 A업체로부터 지급받도록 하되 그 약속이 지켜지지 않을 경우 피고가 직접 2,000만 원을 더하여 지연이자와 함께 즉시 지급하기로 하는 내용으로 임의조정 성립.

조정주문

1. 피고는 원고에게 금 80,000,000원을 지급한다. 다만, 이를 3회로 분할하여, 소외 ○○ 주식회사로 하여금 원고에게 지급하게 하는 방식으로, ① 201*. 5. 31.까지 25,000,000원을, ② 201*. 6. 30.까지 25,000,000원을, ③ 201*. 7. 31.까지 금 30,000,000원을 지급한다.
2. 만일 피고(및 소외 ○○ 주식회사)가 제1항 기재 지급을 1회라도 지체하는 경우, 피고는 기한의 이익을 상실하고 즉시 원고에게 미지급액 전액에 20,000,000원을 더한 돈 및 이 '미지급액 전액에 20,000,000원을 더한 돈'에 대하여 지체일로부터 다 갚을 때까지 연 15%의 비율로 계산한 지연손해금을 가산하여 지급한다.
3. 원고는 나머지 청구를 포기한다.
4. 소송비용 및 조정비용은 각자 부담한다.

추심금 청구사건

사건의 개요 및 조정경과

원고는 소외 A에 대한 공사대금채권을 보유하고 있는데 피고(건축주)에 대한 A의 공사대금채권을 압류추심한 후 피고를 상대로 3,100여만 원의 추심금 소송을 제기. 피고는 A가 공사를 마치지 못하고 불성실한 공사내용이 많아 다른 공사업자를 통하여 완공하였으며 A에게 이미 공사대금을 모두 지급하였으므로 더 지급할 공사대금이 없고 오히려 손해배상을 받아야 한다고 주장. 양측 조정합의 불성립. 조정심리 결과 피고의 주장사실이 신빙성이 있어 원고가 청구를 포기한다는 조정갈음결정하여 양측 이의 없이 확정.

조정주문

1. 원고는 이 사건 청구를 포기한다.
2. 소송비용 및 조정비용은 각자 부담한다.

공사대금 청구사건

사건의 개요 및 조정경과

아파트보수전문업체인 원고는 피고 아파트 입주자대표회의와 동 아파트 11개동 외부 크랙 보수공사계약을 공사금액 8,600여만 원, 공사기간 2015. 11. 23.~ 2016. 3. 31.(특약: "외기온도가 5℃ 이하이거나 강설, 강우 시 공사를 중지한다")의 조건으로 체결하여 2016. 8. 9. 공사를 완료하였는데 피고가 2,600여만 원만 지급하고 나머지를 미지급하자 6,000여만 원의 지급을 구하는 소송을 제기. 조정과정에서, 피고는 지체상금 105일(지체상금률 1일 당 1,000분의 3)치를 제외한 3,300여만 원만 지급하겠다고 하고, 원고의 공사지연으로 인하여 이어서 실시할 계획이었던 아파트 외벽 전면 도색공사를 못하게 되는 피해를 입었으며 피고가 특약으로 설정한 공사중지기간은 부실공사를 예방하기 위한 것이었고 이를 감안하여 충분한 공사기간을 부여하였다는 입장을 제시하며 조정에 거부적이었음. 공사기한을 맞추지 못한 원고가 지체상금 책임을 지는 것이 원칙이나 통상의 공공 공사계약의 지체상금률이 1일당 1,000분의 1인 점에 비추어 본 건 지체상금률이 과중한 점을 감안하여 피고가 지급할 금액을 5,000만 원으로 하는 조정갈음결정을 하였고 이에 쌍방 이의 없어 확정.

조정주문

1. 피고는 원고에게 201*. 4. 20.까지 금 50,000,000원을 지급한다. 만일 피고가 위 지급기일까지 위 금원을 지급하지 아니한 때에는, 피고는 미지급금원에 대하여 지급기일 다음날부터 다 갚을 때까지 연 15%의 비율로 계산한 지연손해금을 가산하여 원고에게 지급한다.
2. 원고는 나머지 청구를 포기한다.
3. 소송비용 및 조정비용은 각자 부담한다.

03 교통사고 및 산업재해 관련사건

교통사고 보험금채무 일부부존재확인 청구사건

사건의 개요 및 조정경과

원고보험회사의 자동차보험에 가입한 차량이 피고가 동승한 차량의 후미를 추돌하며 발생한 교통사고로 인하여 피고가 경추부염좌, 요추부염좌 등의 상해를 입고 33일 입원치료, 81일 통원치료를 받고 있는 상황에서 원고회사가 피고를 상대로 원고가 부담할 향후 보험금채무는 244만여 원을 초과하여서는 존재하지 않음의 확인을 구하는 소송을 제기. 조정결과, 400만 원을 지급하기로 하는 조정 성립.

조정주문

1. 피신청인은, 201*. 10. 7. 22:00경 서울 ○○구 △△동 소재 ◇◇◇사거리 부근 도로상에서 **서****호 차량에 의하여 발생한 교통사고로 인한 신청인의 피신청인에 대한 손해배상 보험금으로 201*. 10. 8.부터 201*. 4. 23.까지 발생한 피신청인의 치료비와 별개로, 신청인이 피신청인에게 휴업손해액, 통원치료일수에 대한 기타 손해배상금, 향후치료비 및 위자료 항목으로 모두 합하여 금 4,000,000원을 지급하여야 할 채무 이외 이를 초과하여서는 채무가 없음을 확인한다.
2. 신청인은 피신청인에게 201*. 4. 30.까지 제1항 기재 금원 금 4,000,000원을 피신청인의 계좌(○○은행 ***-**-******, 예금주 ◇◇◇)로 입금 지급한다.
3. 신청인이 제2항에 따른 의무를 이행하지 아니한 때에는, 신청인은 피신청인에게 제1항 기재 금원 중 미지급한 금원 및 이에 대하여 201*. 5. 1.부터 다 갚는 날까지 연 20%의 비율로 계산한 돈을 가산하여 지급한다.
4. 신청인과 피신청인 사이에는 이 사건 교통사고와 관련하여 제1, 2, 3항 기재 금원 지급 이외에는 아무런 채권·채무도 없고, 피신청인은 신청인에 대하여 이 사건 교통사고와 관련하여 어떠한 재판상, 재판외 청구, 이의제기를 하지 아니한다.
5. 신청인은 나머지 신청을 포기한다.
6. 조정비용은 각자 부담한다.

교통사고보험금채무 일부부존재확인 청구사건

사건의 개요 및 조정경과

원고보험회사의 자동차보험에 가입한 차량이 신호대기중인 피고 차량의 후미를 추돌하며 발생한 교통사고로 인하여 피고가 경추부염좌 등의 상해를 입고 3개월 넘게 통원치료를 받고 있는 상황에서 원고회사가 피고를 상대로 원고가 부담할 향후 보험금채무는 50만 원을 초과하여서는 존재하지 않음의 확인을 구하는 소송을 제기. 조정결과, 원고가 피고에게 400만 원을 지급하기로 하는 조정 성립.

조정주문

1. 피신청인은, 201*. 12. 16. 12:00경 서울 ○○구 △△동 ◇◇역 6번 출구 앞에서 **러****호 뉴SM5 차량에 의하여 발생한 교통사고로 인한 신청인의 피신청인에 대한 손해배상 보험금으로 201*. 12. 16.부터 201*. 4. 24.까지 발생한 피신청인의 치료비와 별개로, 신청인이 피신청인에게 휴업손해액, 통원치료일수에 대한 기타 손해배상금, 향후치료비 및 위자료 항목으로 모두 합하여 금 4,000,000원을 지급하여야 할 채무 이외 이를 초과하여서는 채무가 없음을 확인한다.
2. 신청인은 피신청인에게 201*. 4. 30.까지 제1항 기재 금원 금 4,000,000원을 피신청인에게 지급한다.
3. 신청인이 제2항에 따른 의무를 이행하지 아니한 때에는, 신청인은 피신청인에게 제1항 기재 금원 중 미지급한 금원 및 이에 대하여 201*. 5. 1.부터 다 갚는 날까지 연 20%의 비율루 계산한 돈을 기산하여 지급한다.
4. 신청인과 피신청인 사이에는 이 사건 교통사고와 관련하여 제1, 2, 3항 기재 금원 지급 이외에는 아무런 채권·채무도 없고, 피신청인은 신청인에 대하여 이 사건 교통사고와 관련하여 어떠한 재판상·재판외 청구, 이의제기를 하지 아니한다. 다만, 피신청인에게 이 사건 교통사고로 인하여 영구 중증 후유장애가 발생하는 경우 이에 대한 배상은 별도로 한다.
5. 신청인은 나머지 신청을 포기한다.
6. 조정비용은 각자 부담한다.

자동차사고 보험금채무 일부부존재확인 청구사건

사건의 개요 및 조정경과

원고 보험사는 원고 자동차보험 가입 차량의 피해자인 피고에 대해 원고의 피고에 대한 향후 치료비 및 위자료 등의 보험금 채무가 175만 원을 초과하여 존재하지 아니함을 확인하여달라는 소송을 제기. 당사자 조정합의 불성립. 원고의 채무가 300만 원임을 확인하고 동액을 지급한다는 내용의 조정갈음결정하여 양측 이의 없이 확정.

조정주문

1. 피신청인은, 201*. 12. 3. 07:45경 경부고속도로 판교IC 지나 광주-서울 방향 판교요금소 통과 지점에서 경기**너****호 차량에 의하여 발생한 교통사고로 인한 신청인의 피신청인에 대한 손해배상 보험금으로 위 사고일부터 201*. 5. 1.까지 발생한 피신청인의 치료비와 별개로, 신청인이 피신청인에게 입원기간동안의 휴업손해액, 통원치료일수에 대한 기타 손해배상금, 향후치료비 및 위자료 항목으로 모두 합하여 금 3,000,000원을 지급하여야 할 채무 이외 이를 초과하여서는 채무가 없음을 확인한다.
2. 신청인은 피신청인에게 201*. 5. 31.까지 제1항 기재 금원 금 3,000,000원을 지급한다.
3. 신청인이 제2항에 따른 의무를 이행하지 아니한 때에는, 신청인은 피신청인에게 제1항 기재 금원 중 미지급한 금원 및 이에 대하여 201*. 6. 1.부터 다 갚는 날까지 연 20%의 비율로 계산한 돈을 가산하여 지급한다.
4. 신청인과 피신청인 사이에는 이 사건 교통사고와 관련하여 제1, 2, 3항 기재 금원 지급 이외에는 아무런 채권·채무도 없고, 피신청인은 신청인에 대하여 이 사건 교통사고와 관련하여 어떠한 재판상, 재판외 청구, 이의제기를 하지 아니한다.
5. 신청인은 나머지 신청을 포기한다.
6. 조정비용은 각자 부담한다.

구상금 청구사건

사건의 개요 및 조정경과

원고 근로복지공단은 회사 내 교통사고로 인하여 다친 근로자(수급권자)에 대한 산업재해 보험급여 처리를 한 후 '제3자의 행위로 인한 재해'로 보아 교통사고 차량에 대한 자동차보험회사인 피고에 대해 구상권을 행사하는 소송을 제기. 788만여 원을 지급한다는 내용의 조정갈음결정으로 양측 이의 없이 확정.

조정주문

1. 피고(항소인, 이하 '피고'라 한다)는 원고(피항소인, 이하 '원고'라 한다)에게 201*. 6. 30.까지 금 7,884,730원을 지급한다. 만일 피고가 위 지급기일까지 위 금원을 지급하지 아니한 때에는, 피고는 미지급금원에 대하여 위 지급기일 다음날부터 다 갚을 때까지 연 20%의 비율에 의한 지연손해금을 가산하여 원고에게 지급한다.
2. 원고는 나머지 청구를 포기한다.
3. 소송총비용은 피고가 부담하고, 조정비용은 각자 부담한다.

교통사고 손해배상 청구사건

사건의 개요 및 조정경과

원고들의 망부 A(당시 67세)는 야간에 도로를 무단횡단하다 피고 택시공제조합 가입 택시에 의해 충격당하여 사망하였고 원고들은 동 교통사고에 따라 피고를 상대로 손해배상 청구 소송을 제기하여 1심에서 일부 승소한 후 불복하여 항소 제기. 항소심 조정 회부. 원고들과 피고의 입장차가 커서 조정합의 불성립. 산정근거와 함께 피고가 원고들에게 2,850만 원을 지급한다는 내용으로 조정갈음결정하여 양측 이의 없이 확정.

조정주문

1. 피고(피항소인 겸 항소인. 이하 '피고'라 한다)는 201*. 11. 30.까지 원고(항소인 겸 피항소인. 이하 '원고'라 한다)들에게 금 28,500,000원(산정근거는 별지 계산표와 같음)을 지급한다. 그 지급은 원고들의 은행계좌(국민은행 ******-**-****** 예금주 ○○○)로 입금하는 방식으로 한다. 만일 피고가 위 지급기일까지 위 금원을 지급하지 아니한 때에는 미지급금원에 대하여 지급기일 다음날부터 다 갚을 때까지 연 20%의 비율로 계산한 지연손해금을 가산하여 원고들에게 지급한다.
2. 원고들은 나머지 청구를 포기한다.
3. 소송총비용 및 조정비용은 각자 부담한다.

* 별지 계산표

1. 과실비율

   피해자 망 □□□의 과실 60%, 피고의 책임 40%.

2. 수입상실 손해액

   피해자 망 □□□의 월소득 967,166원×가동능력 24월의 호프만계수 22.8290×(1−생계비 1/3) = 14,719,621원

3. 장례비 4,000,000원
4. 과실상계

   수입상실 손해액 14,719,621원×0.40 = 5,887,848원

   장례비 4,000,000원×0.40 = 1,600,000원

5. 공동불법행위 구상금채권 상계

   피고의 망인 및 원고들에 대한 구상금채권 3,902,860×0.60 = 2,341,716원

   추가 구상금채권(울산지방법원 판결금) 2,021,894원(지연손해부분 제외)×0.60 = 1,213,136

   수입상실 손해액 5,887,848원−(2,341,716원 + 1,213,136 원) = 2,332,996원

6. 위자료

   망인 15,000,000원

   원고들 각 3,000,000원

7. 상속금액

각 5,777,665원 [(2,332,996원 +15,000,000원) / 3]

8. 지급액

원고 ○○○에게 10,377,665원(1,600,000원 + 3,000,000원 + 5,777,665원)

원고 △△△, ▽▽▽에게 각 8,777,665원(3,000,000원 + 5,777,665원).

결론: 피고가 원고 ○○○, △△△, ▽▽▽에게 지급할 금액은 총 27,932,995원(10,377,665원 + 8,777,665원 + 8,777,665원)이나, 피고는 동 금원에 지연손해금을 적정 가산하여 총 금 28,500,000원을 일괄하여 원고들에게 지급한다.

교통사고보험금채무 부존재확인 청구사건

사건의 개요 및 조정경과

원고보험회사는 7년 전 원고 자동차보험에 가입한 차량이 횡단보도상의 피고를 충격하여 부상하게 한 사고로 피고가 51일간의 입원치료와 1,036일의 통원치료를 받게 되었고 피고와 최종적인 보험금 합의를 보았음에도 피고가 불필요한 치료를 계속하자 피고를 상대로 병원치료비 지급보증을 중단함과 동시에 보험금지급채무 부존재 확인을 구하는 소송을 제기. 조정과정에서 피고는 채무부존재를 확인하고 원고는 피고에게 위로금조로 50만 원을 지급하기로 하는 내용으로 임의조정 성립.

조정주문

1. 신청인과 피신청인은, 20**. 12. 19. 08:10경 서울 ○○구 △동 ***-** 도로상에서 경기**다****호 차량에 의하여 발생한 교통사고와 관련하여 본 조정기일 이전에 신청인이 피신청인에게 지급한 금원 이외에 피신청인에 대한 신청인의 지급채무는 존재하지 아니함을 서로 확인한다.
2. 신청인은 피신청인에게 201*. 8. 20.까지 위로금으로 금 500,000원을 지급한다. 만일 신청인이 위 지급기일까지 위 금원을 지급하지 아니한 때에는, 신청인은 미지급금원에 대하여 지급기일 다음날부터 다 갚을 때까지 연 20%의 비율로 계산한 지연손해금을 가산하여 피신청인에게 지급한다.
3. 신청인은 나머지 신청을 포기한다.
4. 조정비용은 각자 부담한다.

교통사고손해보험금 일부채무부존재확인 청구사건

사건의 개요 및 조정경과

원고보험회사의 자동차보험에 가입한 차량의 교통사고로 피해를 입은 피고에 대한 채무일부부존재확인 소송. 피고는 합의금으로 1,000만 원 이상을 요구하고 원고는 200만 원을 초과하지 않음을 확인해달라고 하였으며, 조정결과 730만 원 채무금을 확인하고 이를 지급하는 내용으로 조정 성립.

조정주문

1. 피신청인은 201*. 11. 21. 21:00경 서울 ○○구 △△동 ◇◇약국 앞에서 발생한 교통사고와 관련하여 신청인의 피신청인에 대한 채무(신청인이 의료기관에 지급한 기 치료비 제외. 입원기간의 일실수입 및 간병비, 통원기간의 기타 손해(교통비), 향후치료비(치아보철 및 코 성형 등, 위자료 포함, 피고의 과실 15% 적용)는 금 7,300,000원을 초과하여서는 존재하지 아니함을 확인한다.
2. 신청인은 피신청인에게 201*. 9. 10. 까지 제1항 기재 금원 7,300,000원을 지급한다. 만일 신청인이 위 지급기일까지 위 금원을 지급하지 아니한 때에는, 신청인은 미지급금원에 대하여 지급기일 다음날부터 다 갚을 때까지 연 20%의 비율로 계산한 지연손해금을 가산하여 피신청인에게 지급한다.
3. 피신청인은, 제2항 기재 신청인의 금원지급 이행에 앞서, 피신청인의 향후치료비 항목인 치아보철 및 코 성형수술의 필요성에 관한 의사의 진단서(소견서, 확인서)를 발급받아 신청인에게 제출한다.
4. 신청인은 나머지 신청을 포기한다.
5. 조정비용은 각자 부담한다.

교통사고보험금채무 일부부존재확인 청구사건

사건의 개요 및 조정경과

원고 ○○택시공제조합은 공제조합 가입 ○○택시가 횡단보도를 건너던 피고를 충격하여 피고로 하여금 척추 폐쇄성 골절 등으로 28일 입원 치료 및 54일 통원치료를 받게 하였는데 피고가 1,200만 원 이상의 합의금을 요구한다며 피고에 대한 채무는 135만 원을 초과하지 않는다며 소송을 제기. 420만원을 지급한다는 내용으로 조정갈음결정하여 쌍방 이의 없이 확정.

조정주문

1. 피신청인은, 201*. 9. 13. 09:30경 서울 ○○구 △△동 소재 □□□교회 부근 신호등 없는 횡단보도 상에서 신청인 공제가입차량 서울**사****호 NF쏘나타 ○○택시에 의해 발생한 교통사고와 관련하여 신청인의 피신청인에 대한 채무[신청인이 의료기관에 지급한 기 치료비 제외. 입원기간의 일실수입, 통원기간의 기타 손해

(교통비), 향후치료비(위자료 포함. 피신청인의 과실 없음)는 금 4,200,000원을 초과하여서는 존재하지 아니함을 확인한다.

2. 신청인은 피신청인에게 201*. 9. 25.까지 제1항 기재 금원 4,200,000원을 지급한다. 만일 신청인이 위 지급기일까지 위 금원을 지급하지 아니한 때에는, 신청인은 미지급금원에 대하여 지급기일 다음날부터 다 갚을 때까지 연 20%의 비율로 계산한 지연손해금을 가산하여 피신청인에게 지급한다.
3. 신청인은 나머지 신청을 포기한다.
4. 조정비용은 각자 부담한다.

교통사고보험금채무 일부부존재확인 청구사건

사건의 개요 및 조정경과

원고보험회사는 원고자동차보험에 가입한 차량에 추돌당한 피고가 경미한 접촉사고에 불과함에도 불구하고 계속 목, 허리 디스크 발생을 주장하며 치료를 받으며 1,000만 원의 합의금을 요구하자 50만 원을 초과하여서는 존재하지 아니함을 확인하여달라는 조정신청을 제기. 추돌사고가 경미한 점, 피고에게 디스크 기왕증이 확인되는 점 등을 감안하여 채무범위를 250만 원으로 확인하고 이를 지급하는 내용으로 강제조정, 이의 없이 확정.

조정주문

1. 피신청인은, 201*. 5. 30. 07:55경 서울 ○○구 △△동 ◇◇타운 앞 도로상에서 신청인 보험가입차량 **구****호 싼타페 2.0 차량에 의해 발생한 교통사고와 관련하여 신청인의 피신청인에 대한 채무[신청인이 의료기관에 지급(지급보증)한 기 치료비 제외. 향후치료비, 입원기간의 일실수입, 통원기간의 기타 손해(교통비), 위자료 포함]는 금 2,500,000원을 초과하여서는 존재하지 아니함을 확인한다.
2. 신청인은 피신청인에게 201*. 10. 31. 까지 제1항 기재 금원 2,500,000원을 지급한다. 만일 신청인이 위 지급기일까지 위 금원을 지급하지 아니한 때에는, 신청인은 미지급금원에 대하여 지급기일 다음날부터 다 갚을 때까지 연 20%의 비율로 계산한 지연손해금을 가산하여 피신청인에게 지급한다.
3. 신청인은 나머지 신청을 포기한다.
4. 조정비용은 각자 부담한다.

교통사고공제금채무 일부부존재확인 청구사건

사건의 개요 및 조정경과

원고 버스공제조합은 공제조합가입 차량이 주차장내에서 이동 중인 피고를 충격하여 피고에게 좌중수골

기저부골절 등 상해를 입혀 26일 입원과 18일 통원치료를 받게 하였는데 피고가 고액의 공제합의금을 요구한다며 피고의 과실이 30%이상이고 피고의 상해는 퇴행성 기왕증에 기한 것이고 교통사고와 무관하다고 주장하며 피고에 대한 채무가 13만원여 원을 초과하지 않음을 확인해달라는 소송을 제기. 조정결과, 피고의 입원기간의 휴업손해, 향후치료비, 위자료 등을 합하고 피고의 과실상계율을 10%로 하여 400만 원의 채무를 확인하고 이를 지급하기로 하는 내용으로 조정 성립.

조정주문

1. 피신청인은, 201*. 2. 2. 14:50경 인천국제공항터미널 주차장에서 신청인 공제가입차량 **아****호 버스에 의해 발생한 교통사고와 관련하여 신청인의 피신청인에 대한 채무[신청인이 의료기관에 지급한 기 치료비 제외. 입원기간의 일실수입, 통원기간의 기타 손해(교통비), 위자료 포함. 향후치료비 없음. 피신청인의 과실 10% 적용]는 금 4,000,000원을 초과하여서는 존재하지 아니함을 확인한다.
2. 신청인은 피신청인에게 201*. 9. 30. 까지 제1항 기재 금원 4,000,000원을 지급한다. 만일 신청인이 위 지급기일까지 위 금원을 지급하지 아니한 때에는, 신청인은 미지급금원에 대하여 지급기일 다음날부터 다 갚을 때까지 연 20%의 비율로 계산한 지연손해금을 가산하여 피신청인에게 지급한다.
3. 신청인은 나머지 신청을 포기한다.
4. 조정비용은 각자 부담한다.

교통사고손해보험금 일부채무부존재확인 청구사건

사건의 개요 및 조정경과

원고 보험회사의 자동차보험에 가입한 자동차 운전자가 운전 중에 자전거를 타고 가던 피고를 충격하여 다치게 하고, 피고가 그 사고로 입은 요추, 슬부의 염좌를 치료하기 위해 1년 이상 180회를 넘게 통원치료를 받자 원고가 채무일부부존재확인을 구하는 소송을 제기. 원고는 피고가 경미한 염좌 치료에 과도하고 불필요한 치료를 계속하여 보험금을 확대시키고 있다고 주장하고 피고는 교통사고 당시 자신의 몸이 붕 떠서 도로지면에 떨어지면서 심하게 다쳤으나 입원만 하지 않았을 뿐 필요한 치료는 계속 받아야 한다는 입장이었음. 조정기일을 속행하여 피고로 하여금 추가적인 통원치료를 받게 한 다음 3회 조정기일에 향후치료비, 위자료를 포함한 모든 손해(단, 장래의 예상치 못한 후유장애로 인한 손해는 제외)에 대한 보험금채무액을 확인하고 이를 지급하기로 하는 내용으로 조정 성립.

조정주문

1. 피신청인은, 201*. 7. 2. 11:50경 서울 ○○구 △동 신시가지 *** 도로상에서 신청인 보험가입차량 **너****호 차량으로 자전거를 타고 있던 피신청인을 충격하며 발생한 교통사고와 관련하여 신청인의 피신청인에 대한

채무[신청인이 의료기관에 지급(지급보증)한 기 치료비 제외. 통원기간의 기타 손해(교통비), 향후치료비, 위자료 포함. 피신청인의 과실 0% 적용]는 금 3,030,000원을 초과하여서는 존재하지 아니함을 확인한다.

2. 신청인은 피신청인에게 201*. 1. 29.까지 제1항 기재 금원 3,030,000원을 지급한다. 만일 신청인이 위 지급기일까지 위 금원을 지급하지 아니한 때에는, 신청인은 미지급금원에 대하여 지급기일 다음날부터 다 갚을 때까지 연 20%의 비율로 계산한 지연손해금을 가산하여 피신청인에게 지급한다.
3. 신청인과 피신청인은 본 조정성립 이후 이 사건 교통사고로 인하여 쌍방이 예상하지 못한 피신청인의 장애가 발생하는 경우 이에 대한 배상책임은 본 조정과 별도로 처리함을 상호 확인한다.
4. 신청인은 나머지 신청을 포기한다.
5. 조정비용은 각자 부담한다.

교통사고보험금채무 일부부존재확인 청구사건

사건의 개요 및 조정경과

원고 보험회사는 원고 자동차보험에 가입한 차량 운전자가 음주운전하며 주차 진행하다 보행중인 피고를 충격하여 피고로 하여금 슬관절 부분 파열, 경골 골절, 늑골 골절의 상해를 입게 하여 4일 입원 치료와 14일 이상의 통원치료를 받게 한 사고와 관련하여 피고의 일실수입 및 향후치료비 등 채무가 149만 원을 초과하여 존재하지 아니함을 확인하여 달라는 소송을 제기. 피고는 사고로 인하여 슬관절 전방 동요로 인한 노동상실률이 3.0%라는 의사진단서를 제시하며 6,800만 원 이상의 손해배상을 구하였고 반면 원고는 피고의 슬관절의 4mm 이내 동요는 치료를 통해 호전될 수 있는 것이어서 장애로 인정하기 어렵다는 의료자문결과를 제시하며 피고에 대한 정밀 신체감정을 요청하였는데 피고는 새로운 신체감정을 거부하는 상황이었음. 양측의 조정합의가 이루어지지 않아, 2,500만 원을 지급하는 내용으로 조정갈음결정하여 양측 이의 없이 확정.

조정주문

1. 피신청인은, 신청인에 대하여 201*. 4. 21. 22:25경 서울 ○○구 △△동 ***-* 앞에서 신청인 보험가입차량(신청외 ◇◇◇ 운전) **나****호 차량이 주차중 피신청인을 충격하여 부상케한 교통사고와 관련하여 신청인의 피신청인에 대한 채무[신청인이 의료기관에 지급(지급보증)한 기 치료비 제외. 입원기간의 일실수입(휴업손해), 통원기간의 기타 손해(교통비), 직불치료비, 향후치료비(수술비), 장래 상실수익액, 위자료 모두 포함. 피신청인의 과실 0% 적용]는 금 25,000,000원을 초과하여서는 존재하지 아니함을 확인한다.
2. 신청인은 피신청인에게 201*. 1. 15.까지 제1항 기재 금원 25,000,000원을 지급한다. 만일 신청인이 위 지급기일까지 위 금원을 지급하지 아니한 때에는, 신청인은 미지급금원에 대하여 지급기일 다음날부터 다 갚을 때까지 연 20%의 비율로 계산한 지연손해금을 가산하여 피신청인에게 지급한다.

3. 신청인은 나머지 신청을 포기한다.

4. 조정비용은 각자 부담한다.

교통사고 손해보험금채무 일부부존재확인 청구사건

사건의 개요 및 조정경과

원고는 버스공제조합으로서 원고 공제에 가입한 시내버스가 피고가 운전 중인 택시를 추돌하여 피고가 상해를 입은 사고와 관련하여 향후치료비 등 원고의 피고에 대한 손해배상채무는 210여만 원을 초과하여 존재하지 아니한다는 확인을 구하는 소송을 제기. 피고는 1,300여만 원의 지급을 구함. 피고의 기왕증, 일실수입 등을 감안하여 435만 원을 지급한다는 내용으로 조정갈음결정하여 양측 이의 없이 확정.

조정주문

1. 피신청인은, 201*. 11. 22. 06:40경 서울시 ○○구 △△동 ◇◇아파트 앞 도로상에서 신청인 공제가입차량 서울 **사****호 시내버스(◇◇◇ 운전)가 피신청인이 운전 중이던 서울 **아****호 개인택시 후미를 추돌하여 발생한 교통사고와 관련하여 신청인의 피신청인에 대한 채무[피신청인의 기왕증 기여도 50% 적용. 신청인이 의료기관에 지급(지급보증)한 기 치료비에서 기왕증 기여분 50% 공제. 입원기간의 일실수입, 통원기간의 기타 손해(교통비), 직불치료비, 향후치료비, 향후 일실수입, 위자료 포함. 피신청인의 과실없음]는 금 4,350,000원을 초과하여서는 존재하지 아니함을 확인한다.
2. 신청인은 피신청인에게 201*. 1. 15.까지 제1항 기재 금원 4,350,000원을 지급한다. 만일 신청인이 위 지급기일까지 위 금원을 지급하지 아니한 때에는, 신청인은 미지급금원에 대하여 지급기일 다음날부터 다 갚을 때까지 연 20%의 비율로 계산한 지연손해금을 가산하여 피신청인에게 지급한다.
3. 신청인은 나머지 신청을 포기한다.
4. 조정비용은 각자 부담한다.

교통사고 손해배상 청구사건

사건의 개요 및 조정경과

원고 버스공제조합은 원고 공제 가입 버스가 중앙선을 넘어 주행하다 때마침 맞은편에서 버스전용차선으로 마주오던 피고 운전 오토바이와 충돌하여 피고가 좌측슬관절 부분강직 등의 상해를 입은 사고와 관련하여 피고의 과실은 최소 40%이고 이미 기 치료비로 지불한 금액에서 피고의 과실분을 공제하면 피고에 대한 향후치료비, 일실수입 등 지급채무가 없다고 주장하며 채무부존재확인 소송을 제기. 피고는 원고의 과실이 100% 내지 90% 이상이라고 주장. 조정합의 불성립. 6차 조정기일에 피고에 대한 신체감정결과를 반영하고 원고와 피고의 과실비율을 80:20%로 인정하여 원고의 피고에 대한 채무액이 840만 원임을 피고가 확인하고 동액을 원고가 지급한다는 내용으로 조정갈음결정하여 양측 이의 없이 확정.

조정주문

1. 피신청인은 신청인에 대하여, 201*. 9. 14. 08:45경 서울 ○○구 △△동 ◇◇역 사거리 노상에서 신청인 공제 가입차량 서울**사****호 버스가 중앙선을 넘어 반대편 버스전용차로로 역주행시 때마침 맞은편에서 오토바이를 운전하여 버스전용차로로 진입하여 마주오던 피신청인을 충격하며 발생한 교통사고와 관련하여 신청인의 피신청인에 대한 공제금채무는 금 8,400,000원을 초과하여서는 존재하지 아니함을 확인한다.
2. 신청인은 피신청인에게 201*. 11. 30.까지 제1항 기재 금원 8,400,000원을 지급한다. 만일 신청인이 위 지급기일까지 위 금원을 지급하지 아니한 때에는, 신청인은 미지급금원에 대하여 지급기일 다음날부터 다 갚는 날까지 연 15%의 비율로 계산한 지연손해금을 가산하여 피신청인에게 지급한다.
3. 신청인은 나머지 신청을 포기한다.
4. 조정비용은 각자 부담한다.

교통사고보험금 채무일부부존재확인 청구사건

사건의 개요 및 조정경과

원고 보험회사는 원고 자동차보험에 가입한 차량이 피고 차량을 추돌한 사고와 관련하여 피고 차량의 수리비 및 대차료 채무가 550만 원을 초과하여 존재하지 아니함을 확인하여 달라는 소송을 제기. 피고는 견적서를 제시하며 1,600여만 원의 지급을 구함. 양측의 입장을 조율하여 원고의 채무가 800만 원을 초과하지 아니함을 피고가 확인하고 원고는 동액을 지급한다는 내용으로 조정갈음결정하여 양측 이의 없이 확정.

조정주문

1. 피신청인은, 201*. 10. 16. 20:43경 서울시 ○○구 △△2동 ◇◇대교 북단 노상에서 신청인의 피보험차량 **부****호 차량이 피해차량 **저****호 뉴체어맨 차량을 추돌하여 발생한 교통사고로 인하여 신청인이 피신청인에게 지급하여야 할 손해배상채무[동 피해차량에 대한 수리비용(부품비용, 공임 포함) 및 대차(렌터카)비용 일체]는 금 8,000,000원을 초과하여서는 존재하지 아니함을 확인한다.
2. 신청인은 피신청인에게 201*. 2. 14.까지 제1항 기재 금원 8,000,000원을 지급한다. 만일 신청인이 위 지급기일까지 위 금원을 지급하지 아니한 때에는, 신청인은 미지급금원에 대하여 지급기일 다음날부터 다 갚을 때까지 연 20%의 비율로 계산한 지연손해금을 가산하여 피신청인에게 지급한다.
3. 신청인은 나머지 신청을 포기한다.

4. 조정비용은 각자 부담한다.

교통사고손해배상채무 부존재확인 청구사건

사건의 개요 및 조정경과

원고는 스타렉스 차량을 운전하다 신호대기중인 피고들 탑승 포터3 차량을 추돌하였고, 사고 직후 현장에서 피고들의 피해가 거의 없는 것으로 판단하여 성의표시 차원에서 약값으로 6만원을 지급한 후 헤어졌는데 이후 피고들이 교통사고를 경찰에 신고하며 상해를 입었다고 주장하자 피고들이 주장하는 상해는 교통사고와 인과관계가 없다면서 채무부존재확인을 구하는 소송을 제기. 원고차량은 자동차보험에 가입되어 있고 원고의 본인소송의 배후에는 보험회사가 있어 원고가 인정하는 손해배상채무액은 보험금으로 지급될 것이었고, 추돌로 인한 신체적 침해는 추정되는 것이어서 원만하고 신속한 분쟁 종결을 위하여 원고가 피고들 모두에 대한 인적, 물적 모든 피해에 대해 합계 150만 원의 채무를 인정하고 이를 지급하기로 하는 내용으로 조정 성립.

조정주문

1. 신청인과 피신청인들은, 201*. 10. 14. 15:00경 경기 ○○시 △△구 ◇◇동 ▽▽사거리 교차로 상에서 신청인 소유 차량 **우****호 스타렉스 차량으로 피신청인들 소유 경기 **아****호 포터3 차량을 추돌한 교통사고와 관련하여 신청인의 피신청인들에 대한 채무는 금 1,500,000원을 초과하여서는 존재하지 아니함을 확인한다.
2. 신청인은 피신청인들에게 201*. 1. 10.까지 제1항 기재 금원 1,500,000원을 지급한다. 그 지급은 피신청인들의 은행계좌(○○은행 ***-***-***-***, 예금주 ○○○)로 입금하는 방식으로 한다. 만일 신청인이 위 지급기일까지 위 금원을 지급하지 아니한 때에는, 신청인은 미지급금원에 대하여 지급기일 다음날부터 다 갚을 때까지 연 20%의 비율로 계산한 지연손해금을 가산하여 피신청인에게 지급한다.
3. 신청인은 나머지 신청을 포기한다.
4. 조정비용은 각자 부담한다.

자동차사고로 인한 보험금 청구사건

사건의 개요 및 조정경과

원고는 주유소와 주유소 내 자동세차기를 운영하는 사업자인데 피고 보험사의 자동차보험에 가입한 차량 운전자가 원고의 자동세차기를 이용하면서 세차기 작동 중에는 자동차를 정지하여야 함에도 갑자기 후진하여 세차기 사이드 브러쉬와 충돌하여 세차기를 파손한 사고와 관련하여 세차기수리비 990만원 및 고장 수리로 인하여 2일간 세차 영업하지 못한 손실액 포함 1,180여만 원 및 지연손해금을 청구하는 소송을 제기. 피고가 원고에게 1,150만 원을 지급한다는 내용으로 조정갈음결정하여 양측 이의 없이 확정.

조정주문

1. 피고(항소인, 이하 '피고'라 한다)는 원고(피항소인, 이하 '원고'라 한다)에게 201*. 1. 29.까지 금 1,150만 원을 지급한다. 만일 피고가 위 지급기일까지 위 금원을 지급하지 아니한 때에는, 피고는 미지급금원에 대하여 위 지급기일 다음날부터 다 갚을 때까지 연 20%의 비율에 의한 지연손해금을 가산하여 원고에게 지급한다.
2. 원고는 나머지 청구를 포기한다.
3. 소송총비용 및 조정비용은 각자 부담한다.

교통사고보험금채무 일부부존재확인 청구사건

사건의 개요 및 조정경과

원고 보험회사는 원고 자동차보험에 가입한 소외 A가 차량운전 중 신호대기중인 피고들이 탑승한 차량을 추돌하여 피고들을 다치게 한 후 피고들을 상대로 향후치료비 등 보험금채무가 190여만 원을 초과하여서는 부존재함을 확인해달라는 소송을 제기. 조정결과 피고들의 과실은 없었고 피고들의 휴업손해와 정신적 피해도 일부 인정되어 향후치료비와 함께 450만 원을 지급하는 내용으로 임의조정 성립.

조정주문

1. 피신청인들은, 201*. 6. 30. 15:19경 서울 △△구 ◇◇동 도로상에서 신청인 보험가입차량 **버****호 아반테 *D차량이 신호대기중인 피신청인들 차량 **버****호 라세티 차량을 추돌하여 발생한 교통사고와 관련하여 신청인의 피신청인들에 대한 채무[신청인이 의료기관에 지급(지급보증)한 기 치료비 제외. 입원기간의 일실수입, 통원기간의 기타 손해(교통비), 향후치료비, 위자료 포함. 피신청인의 과실 0% 적용]는 금 4,500,000원을 초과하여서는 존재하지 아니함을 확인한다.
2. 신청인은 피신청인들에게 201*. 2. 14.까지 제1항 기재 금원 4,500,000원을 지급한다. 그 지급은 피신청인들의 은행계좌(○○○금고 ******-***-***, 예금주 △△△)로 입금하여 지급하는 방식으로 한다. 만일 신청인이 위 지급기일까지 위 금원을 지급하지 아니한 때에는, 신청인은 미지급금원에 대하여 지급기일 다음날부터 다 갚을 때까지 연 20%의 비율로 계산한 지연손해금을 가산하여 피신청인들에게 지급한다.
3. 신청인은 나머지 신청을 포기한다.
4. 조정비용은 각자 부담한다.

세차기 파손에 대한 손해배상채무 일부 부존재확인 청구사건

사건의 개요 및 조정경과

원고 ○○택시공제조합은 원고 공제 가입 택시 기사가 피고의 충전소 세차기를 이용하다 택시 기사의 실수로 세차기 작동 중 택시를 앞으로 이동하며 세차기가 멈추게 한 후 다시 택시를 후진하다 세차기를 전복하여 세차기를 파손하고 세차기 영업을 상당기간 못하게 한 사고와 관련하여 원고측의 과실비율을 10% 이내로 주장하면서 원고의 피고에 대한 채무가 540여만 원을 초과하여 존재하지 아니함을 확인하여달라는 소송을 제기. 이에 대해 피고는 세차기 작동 중에 세차 차량을 이동하여서는 안 된다는 경고판이 부착되어 있음에도 택시 기사가 잘못하여 택시를 전방 이동하여 세차기 브러쉬가 택시 전면 유리창에 부딪히며 작동을 중단하게 하고 다시 후진하다가 세차기를 전복한 잘못이 크며 피고측의 과실은 없으며 세차기 수리비는 물론 세차기를 수리하지 못한 기간 동안 영업손실을 모두 변상 받아야 한다는 입장. 조정합의 불성립. 양측의 주장과 입장을 조율하여 세차 수리 자기부담금, 세차매출 손실액, 양측의 과실상계(원고 85: 피고 15 인정) 등을 감안하여 원고의 피고에 대한 채무액이 1,224만 원을 초과하지 아니함을 피고가 확인하고 동 금액을 원고가 지급한다는 내용으로 조정갈음결정(간략한 조정이유 병기)하여 양측 이의 없어 확정.

조정주문

1. 피신청인은, 201*. 11. 1. 11:20경 서울시 ○○구 ◇◇동 ▽▽순환로 *** 소재 ▽▽충전소에서 신청인 공제가입 차량 서울**바****호 YF소나타 개인택시가 같은 충전소에 설치된 세차기를 파손한 사고와 관련하여 신청인이 피신청인에게 지급하여야 할 손해배상채무는 금 1,224만 원을 초과하여서는 존재하지 아니함을 확인한다[{위 피해 세차기를 신품으로 교체하는 보험처리와 관련하여 피신청인이 지급한 자기부담금 500만 원 + 세차기 미수리(미교체) 기간 동안의 세차매출 손실액 830만 원(피신청인이 주장제시하는 손해 기간(201*. 11. 2.~201*. 2. 13.) 및 일실수입(매월 4,181,000원)과 관련하여 세차기 교체가 오랜 동안 이루어지지 못한 주된 원인이 신청인측에게 있었던 점, 동절기에는 세차 매출액이 일정 부분 감소하는 점, 세차기 이용횟수가 전산으로 정확하게 집계 관리되는 점 등을 종합 고려하여 적의 인정한 금액임) + 피신청인이 세차기 미수리(미교체) 기간 동안 인근 세차장에 지급한 연계 세차비용 110만원} × 0.85(신청인의 공제가입차량 운전자 문제판의 과실을 85%로, 피신청인의 과실을 15%로 인정하여 신청인의 책임부분을 0.85로 제한함) = 1,224만 원].
2. 신청인은 피신청인에게 201*. 4. 30.까지 제1항 기재 금원 1,224만 원을 지급한다. 만일 신청인이 위 지급기일까지 위 금원을 지급하지 아니한 때에는, 신청인은 미지급금원에 대하여 지급기일 다음날부터 다 갚을 때까지 연 20%의 비율로 계산한 지연손해금을 가산하여 피신청인에게 지급한다.
3. 신청인은 나머지 신청을 포기한다.
4. 조정비용은 각자 부담한다.

교통사고피해자에 대한 채무 일부부존재확인 청구사건

사건의 개요 및 조정경과

원고보험회사의 보험에 가입한 가해차량이 피고가 탑승중인 차량 후미를 추돌하여 발생한 교통사고로 인하여 피고가 허리, 골반 등의 염좌, 긴장 등 상해를 입어 17일 입원 치료 및 14회 통원 치료를 받고 있는 상황에서 원고가 피고를 상대로 채무부존재확인소송을 제기. 원고회사는 피고가 치료기간 동안 급여를 공제받은 것이 없기 때문에 일실수입은 배상해 줄 수 없고 위자료로 25만 원만 인정하고 이를 초과하여서는 채무가 존재하지 아니함을 확인하여 달라는 입장인 반면, 피고는 자신의 연간소득이 1억 원이 넘는다고 주장하며 일실수입 등의 배상을 구하는 입장이었음. 조정심리 과정에서, 일실수입배상과 관련하여 대법원은 차액설이 아닌 평가설을 취하고 있음(대법원 2001다80778 참조)을 원고측에 주지시키고 피고도 일실수입의 산정기준이 되는 급여에 대한 구체적 입증이 필요하다는 점을 이해시키고, 번거로운 입증과정을 생략하고 원만하게 분쟁을 종결하는 차원에서 총 450만 원을 지급하는 내용으로 조정 성립.

조정주문

1. 피신청인은, 201*. 1. 13. 09:00경 서울 △△구 ◇◇동 ▽▽삼거리 ▽▽IC 진입 전 고가도로 밑 편도1차선 도로상에서 신청인 보험가입차량 **노****호 모닝 차량(○○○ 운전)이 피신청인이 운전 중이던 **더**** 마티즈 차량을 추돌하여 발생한 교통사고와 관련하여 신청인의 피신청인에 대한 채무[신청인이 의료기관에 지급(지급보증)한 기 치료비 제외. 입원기간의 일실수입, 통원기간의 기타 손해(교통비), 향후치료비, 위자료 포함. 피신청인의 과실 없음(과실 0% 적용)]는 금 4,500,000원을 초과하여서는 존재하지 아니함을 확인한다.
2. 신청인은 피신청인에게 201*. 3. 31.까지 제1항 기재 금원 4,500,000원을 지급한다. 만일 신청인이 위 지급기일까지 위 금원을 지급하지 아니한 때에는, 신청인은 미지급금원에 대하여 지급기일 다음날부터 다 갚을 때까지 연 20%의 비율로 계산한 지연손해금을 가산하여 피신청인에게 지급한다.
3. 신청인은 나머지 신청을 포기한다.
4. 조정비용은 각자 부담한다.

산업재해 손해배상 청구사건

사건의 개요 및 조정경과

원고는 중국국적 교포로서 용접공으로 활동하는 사람이고, 소외 A회사는 공장신축공사를 도급받아 그 중 일부 공사를 B회사에게 하도급하고, B회사는 다시 피고회사에게 데크플레이트 설치공사를 재하도급하고, 피고는 다시 설치시공을 C회사에 재재하도급주고 자재를 제공하기로 하였는데, 원고는 C회사에 고용되어 공사현장에서 데크플레이트 용접작업을 하던 중 안전장치 미비로 인하여 바닥으로 추락하여 두부 경막하 출혈 등 상해를 입게 되었고, 산업재해처리와 별도로 A회사와 피고회사를 상대로 4,200여만 원의 손해배상 청구소송을 제기. 1심에서 A회사는 재판부의 화해권고결정(A회사와 피고가 공동하여 일정액을 지급한다는 내용)을 받아들여 종결되었으나 피고회사는 이에 이의하였고 1심에서 일부패소(1,200여만 원 지급책임 인정)하여 항소함. 피고는 원고가 자신이 아닌 C회사에 고용되었으므로 피고가 사용자책임을 질 수 없다고 항변하였으나, 1심은 도급인인 피고가 수급인인 C회사에 대하여 특정한 행위를 지휘하거나 특정한 사업을 도급시키는 이른바 '노무도급'에 해당하여 도급인이더라도 실질적인 사용자로서의 배상책임이 있다고 보았고, 피고는 이에 불복하여 항소함. 그런데 C회사 아닌 피고가 실질적인 사용자였는지에 대한 다툼의 여지가 있다 하더라도 원고의 손해배상청구액의 가장 큰 부분인 일실수입은 원고가 이미 근로복지공단으로부터 이를 상회하는 장해급여를 받았기에 이를 공제하여 일실수입 상당의 손해는 없게 되었고 향후 3년간 정신과치료비(과실상계로 인한 피고책임 60% 적용)와 위자료를 합하여 1,200여만 원이 1심에서 인정됨에 그쳤고 이미 그 금액을 넘는 금액을 A회사(피고회사와의 부진정 연대책임)가 원고에게 지급하였으므로 원고가 피고에 대한 소송을 유지할 필요도, 피고의 항소 실익도 크지 않아 (원고는 1심 판결을 가집행하지 아니 하고) 피고는 항소를 취하하고 소외 A회사와 내부 구상문제를 처리하기로 하여 쌍방 원만히 분쟁을 종결하기로 하는 내용으로 조정 성립.

조정주문

1. 피고(항소인)는 이 사건 항소를 취하한다.
2. 피고(항소인)는 소외 주식회사 △△종합건설에 대한 이 사건 화해권고결정에 따른 판결금지급과 관련하여 동회사 등과 원만하게 내부 구상문제를 처리하기로 한다.
3. 소송총비용 및 조정비용은 각자 부담한다.

교통사고 손해배상채무 일부부존재확인 청구사건

사건의 개요 및 조정경과

원고 버스공제회는 원고 공제회 가입 시내버스가 자전거를 타고 횡단보도를 건너던 피고와 충격하여 피고가 27일간 입원하고 수십 회 입원치료 받는 사고와 관련하여 일실수입, 향후치료비, 위자료 등 합하여 11만 원을 초과하여 존재하지 않음을 확인하여 달라는 소송을 제기. 피고가 자전거를 운전하여 횡단보도를 건널 수 없음에도 그렇게 한 과실이 있고 피고의 직업이 없는 점을 감안하여 일용인부의 임금을 적용하여 원고가 피고에게 270만 원을 지급한다는 내용으로 조정갈음결정하여 양측 이의 없이 확정.

조정주문

1. 피신청인은, 201*. 3. 25. 08:55경 서울 △△구 ◇◇동 번지 불상 교차로 횡단보도 상에서 우회전하던 신청인 공제가입차량 서울**사****호 버스가 자전거를 타고 횡단 중이던 피신청인을 충격한 교통사고와 관련하여

신청인의 피신청인에 대한 채무[신청인이 의료기관에 지급(지급보증)한 기 치료비 제외. 입원기간의 일실수입, 통원기간의 기타 손해(교통비), 향후치료비, 위자료 포함]는 금 2,700,000원을 초과하여서는 존재하지 아니함을 확인한다.

2. 신청인은 피신청인에게 201*. 5. 31.까지 제1항 기재 금원 2,700,000원을 지급한다. 만일 신청인이 위 지급기일까지 위 금원을 지급하지 아니한 때에는, 신청인은 미지급금원에 대하여 지급기일 다음날부터 다 갚을 때까지 연 20%의 비율로 계산한 지연손해금을 가산하여 피신청인에게 지급한다.
3. 신청인은 나머지 신청을 포기한다.
4. 조정비용은 각자 부담한다.

버스 승객 부상으로 인한 손해배상채무 부존재확인 청구사건

사건의 개요 및 조정경과

원고 버스공제회는 원고 공제 가입 시내버스에 승객으로 탑승한 피고가 좌석에 앉기 전 버스가 출발하면서 피고가 뒤로 넘어져 부상을 입어 12일간 입원치료 및 수십 회 통원치료를 받은 사고와 관련하여 향후 치료비 및 위자료 등 채무가 존재하지 아니함의 확인을 구하는 소송을 제기. 피고는 원고측 버스가 급발차하면서 피고가 넘어졌으므로 원고측 과실이 크다고 주장. 양측 조정합의 불성립. 피고에 대한 원고의 채무가 170만 원을 초과하지 아니함을 피고가 확인하고 원고는 동액을 지급한다는 내용으로 조정갈음결정하여 양측 이의 없이 확정.

조정주문

1. 피신청인은, 201*. 1. 9. 17:30경 서울 △△구 ▽▽네거리 버스정류장에서 신청인 공제가입차량 서울**사****호 시내버스차량이 승객인 피신청인을 같은 버스에 승차시킨 후 피신청인이 버스 좌석에 앉기 전에 급히 출발함과 동시에 좌측차선으로 차선변경을 한 과실로 피신청인이 넘어져 상해를 입은 교통사고와 관련하여 신청인의 피신청인에 대한 채무[신청인이 의료기관에 지급(지급보증)한 기 치료비 제외. 입원기간의 일실수입, 통원기간의 기타 손해(교통비), 향후치료비, 위자료 포함. 피신청인의 과실 10% 적용]는 금 1,700,000원을 초과하여서는 존재하지 아니함을 확인한다.
2. 신청인은 피신청인에게 201*. 5. 15.까지 제1항 기재 금원 1,700,000원을 지급한다. 만일 신청인이 위 지급기일까지 위 금원을 지급하지 아니한 때에는, 신청인은 미지급금원에 대하여 지급기일 다음날부터 다 갚을 때까지 연 20%의 비율로 계산한 지연손해금을 가산하여 피신청인에게 지급한다.
3. 신청인은 나머지 신청을 포기한다.
4. 조정비용은 각자 부담한다.

교통사고 손해배상보험금채무 일부부존재확인 청구사건

사건의 개요 및 조정경과

원고 보험사는 원고 자동차보험 가입차량이 피고 차량을 추돌하여 피고가 목 부분을 다치게 한 사고와 관련하여 향후치료비 및 위자료로 25만 원을 초과하여 지급할 수 없음을 확인해달라는 소송을 제기. 피고는 본 건 교통사고 있기 3년 전 및 3개월 전 비슷한 추돌 교통사고를 당하여 동일한 목 부위 치료를 받고 보험금을 수령한 사실이 있었고 본 건 사고가 피고가 갑자기 정지하여 원고의 추돌을 유발한 점, 본 건 사고 이후 피고가 20회 통원치료를 받았고 치료가 마무리된 점을 감안하여 피고에 대한 원고의 보험금 채무액이 150만 원을 초과하지 아니함을 피고가 확인하고 원고가 동 금액을 지급한다는 내용으로 조정갈음결정하여 양측 이의 없이 확정.

조정주문

1. 피신청인은, 201*. 11. 16. 16:10경 서울 △△구 ◇◇1동 ▽▽디지털단지 앞 노상에서 신청인 보험가입차량 **서****호 그랜저 승용차가 피신청인이 운전하는 **러****호 산타페 차량의 후미를 추돌하여 발생한 교통사고와 관련하여 신청인의 피신청인에 대한 채무[신청인이 의료기관에 지급(지급보증)한 기 치료비 제외. 통원기간의 기타 손해(교통비), 향후치료비, 위자료 포함. 피신청인의 과실 없음. 이 사건 사고 이전 201*. 9. 및 201*. 8. 발생한 유사한 형태의 교통사고로 인한 기왕증 있음]는 금 1,500,000원을 초과하여서는 존재하지 아니함을 확인한다.
2. 신청인은 피신청인에게 201*. 5. 31.까지 제1항 기재 금원 1,500,000원을 지급한다. 만일 신청인이 위 지급기일까지 위 금원을 지급하지 아니한 때에는, 신청인은 미지급금원에 대하여 지급기일 다음날부터 다 갚을 때까지 연 20%의 비율로 계산한 지연손해금을 가산하여 피신청인에게 지급한다.
3. 신청인은 나머지 신청을 포기한다.
4. 조정비용은 각자 부담한다.

교통사고 손해배상보험금채무 일부부존재확인 청구사건

사건의 개요 및 조정경과

원고 보험사는 원고 자동차보험에 가입한 차량이 피고가 탑승한 차량을 추돌하여 피고가 경추 및 요추 염좌, 늑골 골절 등으로 입원 16일, 통원 7일의 상해를 입은 사고와 관련하여 향후치료비, 위자료 등으로 피고에 대한 채무가 100만 원을 초과하지 않는다는 것을 확인하여 달라는 소송을 제기. 피고의 조정기일 불출석으로 조정합의 불성립. 피고의 치료가 마무리된 것을 감안하여 원고의 피고에 대한 채무는 150만 원을 초과하지 않고 동 금액을 원고가 지급한다는 내용의 조정갈음결정하여 양측 이의 없이 확정.

조정주문

1. 피신청인은, 201*. 7. 25. 15:40경 경기 ○○시 ◇◇동 ▽▽공원 고가도로상에서 신청인 보험가입차량 △△△ 소유 **서****호 차량이 신청인이 탑승중인 **소****호 차량을 추돌하여 발생한 교통사고와 관련하여 신청인의 피신청인에 대한 채무[신청인이 의료기관에 지급(지급보증)한 기 치료비 제외. 입원기간의 일실수입, 통원기간의 기타 손해(교통비), 향후치료비, 위자료 포함. 피신청인의 과실 없음]는 금 1,500,000원을 초과하여서는 존재하지 아니함을 확인한다.
2. 신청인은 피신청인에게 201*. 6. 30.까지 제1항 기재 금원 1,500,000원을 지급한다. 만일 신청인이 위 지급기일까지 위 금원을 지급하지 아니한 때에는, 신청인은 미지급금원에 대하여 지급기일 다음날부터 다 갚을 때까지 연 20%의 비율로 계산한 지연손해금을 가산하여 피신청인에게 지급한다.
3. 신청인은 나머지 신청을 포기한다.
4. 조정비용은 각자 부담한다.

교통사고보험금채무 일부부존재확인 청구사건

사건의 개요 및 조정경과

원고 보험회사의 자동차보험에 가입한 차량이 피고 차량의 후미를 추돌하며 발생한 교통사고로 인하여 피고가 상해를 입고 12회 통원치료를 받고 있는 상황에서 원고회사가 피고를 상대로 원고가 부담할 향후 보험금채무는 24만여 원을 초과하여서는 존재하지 않음의 확인을 구하는 소송을 제기. 조정결과, 원고가 피고에게 270만 원을 지급하기로 하는 조정 성립.

조정주문

1. 피신청인은, 201*. 12. 16. 12:15경 서울 △△구 ◇◇2동 ▽▽대교 끝자락 ○○○대로로 빠지는 도로상에서 신청인 보험가입차량 **우****호 차량이 피신청인의 **구****호 차량을 추돌하여 발생한 교통사고와 관련하여 신청인의 피신청인에 대한 채무[신청인이 의료기관에 지급(지급보증)한 기 치료비 제외. 입원기간의 일실수입, 통원기간의 기타 손해(교통비), 향후치료비, 위자료 포함. 피신청인의 과실 없음]는 금 270만 원을 초과하여서는 존재하지 아니함을 확인한다.
2. 신청인은 피신청인에게 201*. 7. 31.까지 제1항 기재 금원 270만 원을 지급한다. 만일 신청인이 위 지급기일까지 위 금원을 지급하지 아니한 때에는, 신청인은 미지급금원에 대하여 지급기일 다음날부터 다 갚을 때까지 연 20%의 비율로 계산한 지연손해금을 가산하여 피신청인에게 지급한다.
3. 신청인은 나머지 신청을 포기한다.
4. 조정비용은 각자 부담한다.

교통사고로 인한 대차료보험금채무 일부부존재확인 청구사건

사건의 개요 및 조정경과

원고 보험회사의 자동차보험에 가입한 차량이 피고 차량을 충격하며 발생한 사고로 피고가 차량 수리를 위하여 정비소에 입고하여 출고할 때까지 28일간 동급차량으로 대차하여 대차료가 1,000만 원 넘게 청구되자 원고가 피고를 상대로 대차료보험금이 110여만 원(예상수리기간 9일로 산정하고 30% 할인율과 피고의 과실상계 50%를 적용)을 초과하지 않음을 확인해달라는 소송을 제기. 조정심리결과, 원고의 주장은 일방적인 것이었고, 피고의 과실은 없었고 대차기간이 심히 과다한 것은 아닌 것으로 확인되어, 15일의 대차기간에 해당하는 650만 원을 지급하기로 하는 조정 성립.

조정주문

1. 피신청인은, 201*. 3. 26. 17:42경 서울시 △△구 ◇◇동 ▽▽구청 부근 노상에서 신청인의 피보험차량 경기**라****호 차량이 피신청인의 차량 **두****호 제네시스 프라다 차량을 접촉하여 발생한 교통사고로 인하여 신청인이 피신청인에게 지급하여야 할 손해배상채무[대차(렌터카)비용]는 금 6,500,000원을 초과하여서는 존재하지 아니함을 확인한다.
2. 신청인은 피신청인에게 201*. 10. 10.까지 제1항 기재 금원 6,500,000원을 지급한다. 만일 신청인이 위 지급기일까지 위 금원을 지급하지 아니한 때에는, 신청인은 미지급금원에 대하여 지급기일 다음날부터 다 갚을 때까지 연 20%의 비율로 계산한 지연손해금을 가산하여 피신청인에게 지급한다.
3. 신청인과 피신청인은, 제1항 기재 교통사고와 관련한 위 피해차량에 대한 수리비용(부품비용, 공임 포함) 및 치료비용은 이미 지급처리되었거나 신청인이 소외 ○○화재해상보험주식회사에게 직접 지급하는 것임을 확인하고, 이에 관하여 피신청인이 신청인에게 따로 청구하지 아니한다.
4. 신청인은 나머지 신청을 포기한다.
5. 조정비용은 각자 부담한다.

교통사고 손해배상보험금채무 일부부존재확인 청구사건

사건의 개요 및 조정경과

원고 보험사는 원고 자동차보험에 가입한 차량 운전자가 음주운전하여 진행 중 도로를 무단횡단하던 피고를 충격하여 다발성 찰과상, 요추부염좌, 뇌진탕 등으로 14일 입원치료 및 수회의 통원치료를 받게 한 사고와 관련하여 지급보증한 치료비보험금에서 피고의 무단횡단 과실을 상계하여 일실수입, 향후치료비 및 위자료 등 보험금채무가 84만 원을 초과하여 존재하지 아니함을 확인하여 달라는 소송을 제기. 피고의 과실비율을 15%로 하여 원고의 피고에 대한 일실수입 등 보험금채무가 360만 원을 초과하지 아니함을 피고가 확인하고 원고가 동액을 지급한다는 내용으로 조정갈음결정하여 양측 이의 없이 확정.

조정주문

1. 피신청인은, 201*. 6. 12. 03:10경 서울 △△구 ◇◇동 ▽▽로 **길 부근 도로상에서 신청인 보험가입차량 서울**더**** 차량이 횡단중인 피신청인을 충격하여 발생한 교통사고와 관련하여 신청인의 피신청인에 대한 채무[신청인이 의료기관에 지급(지급보증)한 기 치료비 제외. 입원기간의 일실수입, 통원기간의 기타 손해(교통비), 향후치료비, 위자료 포함. 피신청인의 과실 15% 적용. 대물피해(노트북)에 대한 보험금 지급은 별도임]는 금 3,600,000원을 초과하여서는 존재하지 아니함을 확인한다.
2. 신청인은 피신청인에게 201*. 10. 24.까지 제1항 기재 금원 3,600,000원을 피신청인의 은행계좌(○○은행 ***-******-**-***, 예금주 △△△)로 입금하여 지급한다. 만일 신청인이 위 지급기일까지 위 금원을 지급하지 아니한 때에는, 신청인은 미지급금원에 대하여 지급기일 다음날부터 다 갚을 때까지 연 20%의 비율로 계산한 지연손해금을 가산하여 피신청인에게 지급한다.
3. 신청인은 나머지 신청을 포기한다.
4. 조정비용은 각자 부담한다.

교통사고보험금채무 일부부존재확인 청구사건

사건의 개요 및 조정경과

원고 보험회사의 자동차보험에 가입한 시내버스가 급제동하며 탑승객인 피고가 넘어져 뇌진탕 등 상해를 입고 5일 입원치료와 1년 6개월간 50여회의 통원치료를 계속하자 피고를 상대로 보험금채무가 48만여 원을 초과하지 않음을 확인해달라는 소송을 제기. 조정결과, 250만 원을 인정하고 이를 지급하기로 하는 내용으로 조정 성립.

조정주문

1. 피신청인은, 201*. 12. 12. 11:10경 서울 △△구 ◇◇동 ▽▽도로상에서 신청인 공제가입차량 서울**사****호 버스차량의 급제동으로 동 버스에 탑승중인 피신청인이 넘어져 다친 교통사고와 관련하여 신청인의 피신청인에 대한 채무[신청인이 의료기관에 지급(지급보증)한 기 치료비 제외. 약제비, 입원기간의 일실수입, 통원기간의 기타 손해(교통비), 향후치료비, 위자료 포함]는 금 2,500,000원을 초과하여서는 존재하지 아니함을 확인한다.
2. 신청인은 피신청인에게 201*. 10. 31.까지 제1항 기재 금원 2,500,000원을 지급한다. 만일 신청인이 위 지급기일까지 위 금원을 지급하지 아니한 때에는, 신청인은 미지급금원에 대하여 지급기일 다음날부터 다 갚을 때까지 연 20%의 비율로 계산한 지연손해금을 가산하여 피신청인에게 지급한다.

3. 신청인은 나머지 신청을 포기한다.

4. 조정비용은 각자 부담한다.

교통사고보험금채무 일부부존재확인 청구사건

사건의 개요 및 조정경과

원고 버스공제조합은 원고 공제회 가입 시내버스가 급정거하면서 버스 승객인 피고가 넘어지며 부상한 사고와 관련하여 피고의 과실을 30%로 하여 그 과실 부분 금액을 기지급 지급보증치료비에서 공제한 후 향후치료비, 위자료 등 보험금채무가 2,750원을 초과하여 존재하지 아니함을 확인하여달라는 소송을 제기. 피고는 원고가 피고의 진단서 중 일부를 고의로 누락하였다고 주장. 원고의 피고에 대한 향후치료비, 위자료 보험금채무가 250만 원을 초과하지 아니함을 피고가 확인하고 원고는 동액을 지급한다는 내용으로 조정갈음결정하여 양측 이의 없이 확정.

조정주문

1. 피신청인은, 201*. 8. 17. 00:10경 서울 △△구 ▽▽사거리 부근 도로상에서 신청인 공제가입차량 서울**사****호 버스차량의 급제동으로 동 버스에 탑승중인 피신청인이 넘어져 다친 교통사고와 관련하여 신청인의 피신청인에 대한 채무[신청인이 의료기관에 지급(지급보증)한 기 치료비 제외. 입원기간의 일실수입, 통원기간의 기타 손해(교통비), 향후치료비, 위자료 포함.]는 금 2,500,000원을 초과하여서는 존재하지 아니함을 확인한다.
2. 신청인은 피신청인에게 201*. 10. 31.까지 제1항 기재 금원 2,500,000원을 지급한다. 만일 신청인이 위 지급기일까지 위 금원을 지급하지 아니한 때에는, 신청인은 미지급금원에 대하여 지급기일 다음날부터 다 갚을 때까지 연 20%의 비율로 계산한 지연손해금을 가산하여 피신청인에게 지급한다.
3. 신청인은 나머지 신청을 포기한다.
4. 조정비용은 각자 부담한다.

교통사고 보험금 구상금 청구사건

사건의 개요 및 조정경과

원고 보험사는 피고가 음주상태로 자신의 무보험 오토바이에 친구인 소외 A를 태우고 운전하다 사고를 일으켜 A에게 6개월 요치 두개골골절상을 입힌 사고와 관련하여 무보험자동차사고 책임보험금 보장사업 수탁자인 원고가 A에게 보상금 99,999,990원을 지급한 후 피고에 대해 구상금 청구 소송을 제기. 피고는 파산신청을 목전에 두고 있고 원고의 채권을 신고할 예정에 있었으므로 원고는 청구금액을 조정할 의미가 없다고 피력함. 피고가 원고에게 99,999,990원을 지급한다는 내용으로 조정갈음결정하여 양측 이의 없이 확정.

조정주문

1. 피고(항소인, 이하 '피고'라 한다)는 원고(피항소인, 이하 '원고'라 한다)에게 201*. 12. 31.까지 금 99,999,990원을 지급한다. 만일 피고가 위 지급기일까지 위 금원을 지급하지 아니한 때에는, 피고는 미지급금원에 대하여 지급기일 다음날부터 다 갚을 때까지 연 20%의 비율로 계산한 지연손해금을 가산하여 원고에게 지급한다.
2. 원고는 나머지 청구를 포기한다.
3. 소송총비용 및 조정비용은 각자 부담한다.

차량격락손해 청구사건

사건의 개요 및 조정경과

원고는 자신 소유의 고가의 수입 자동차인 차량이 피고 보험사의 자동차보험에 가입한 차량에 의하여 파손되어 2,000만 원의 수리비를 투입하여 수리하였으나 원고 차량의 가치하락(격락손해)이 960만 원 이상 발생하였다며 그 지급을 구하는 소송을 제기. 격락손해 150만원을 인정하여 강제조정하여 쌍방 이의 없이 확정.

조정주문

1. 피신청인은 신청인에게 201*. 12 31.까지 금 150만 원을 지급한다. 만일 피신청인이 위 지급기일까지 위 금원을 지급하지 아니한 때에는, 피신청인은 미지급금원에 대하여 위 지급기일 다음날부터 다 갚을 때까지 연 20%의 비율에 의한 지연손해금을 가산하여 신청인에게 지급한다.
2. 신청인은 나머지 신청을 포기한다.
3. 조정비용은 각자 부담한다.

교통사고 손해배상보험금채무 일부부존재확인 청구사건

사건의 개요 및 조정경과

원고 보험사는 원고 자동차보험에 가입한 차량 운전자가 신호대기중인 피고 운전 수입 오토바이(할리 데이비슨)를 추돌한 사고와 관련하여 피고의 오토바이 수리비용 등 손해배상보험금채무는 50만 원을 초과하여서는 존재하지 아니함을 확인하여달라는 소송을 제기. 피고는 전적으로 원고측의 과실에 의한 사고이고 피고 오토바이 수리비 견적이 900만 원 나왔다고 주장. 양측이 제시한 자료를 종합하여 피고에 대한 원고의 보험금채무가 470만 원을 초과하지 아니함을 피고가 확인하고 원고는 동액을 지급한다는 내용(채무액 조정 근거에 대한 간략한 이유 기재)으로 조정갈음결정하여 양측 이의 없이 확정.

조정주문

* 결정사항

1. 피신청인은, 201*. 6. 29. 16:25경 서울시 △△구 ◇◇동 도로상에서 신청인의 피보험차량 **라****호 차량이 피해 이륜차량 서울**아 ****호 할리 데이비슨 오토바이를 추돌하여 발생한 교통사고로 인하여 신청인이 피신청인에게 지급하여야 할 손해배상채무[동 피해차량에 대한 수리비용(부품비용, 공임 포함) 및 대차(렌터카) 비용 일체]는 금 4,700,000원을 초과하여서는 존재하지 아니함을 확인한다.
2. 신청인은 피신청인에게 201*. 12. 15.까지 제1항 기재 금원 4,700,000원을 지급한다. 만일 신청인이 위 지급기일까지 위 금원을 지급하지 아니한 때에는, 신청인은 미지급금원에 대하여 지급기일 다음날부터 다 갚을 때까지 연 20%의 비율로 계산한 지연손해금을 가산하여 피신청인에게 지급한다.
3. 신청인은 나머지 신청을 포기한다.
4. 조정비용은 각자 부담한다.

* 결정이유

1. 피해 이륜차량의 수리비용

   갑제2호증의1(견적서) 항목 중 피신청인이 과다청구로 자인한 2, 5, 6, 7, 8 항목을 제외한 1, 3, 4, 9, 10 항목의 합산액 1,930,000원 및 동 합산액에 비례하는 공임 675,312원(1,760,000원 × 0.3837. 부품별 작업시수에 대한 자료가 없어 편의상 해당 금액의 비율에 따라 산정하였음)의 합계 금 2,605,312원.
2. 대차료(렌트비)

   피신청인이 제출한 오토바이 임대차 계약서상의 대여금액 9,000,000원 중 피신청인이 자인한 피해 이륜차량의 통상 수리 소요기간 7일에 상당하는 금액인 2,100,000원(9,000,000원 × 7/30)
3. 총 피해액

   4,700,000원(2,605,312원 + 2,100,000원 = 4,705,312원. 만원 미만 버림)

교통사고 피해보험금 일부부존재 확인청구사건

사건의 개요 및 조정경과

원고 보험회사 자동차보험에 가입한 탑차트럭이 주유소에서 후진하던 중 피고가 탑승중인 포크레인을 충격하였고 피고는 그 충격으로 허리 등을 다쳤다며 정형외과병원에 12회 통원치료. 원고보험회사는 피고의 추가적인 피해 주장 및 보험금 요구를 차단하는 차원에서 원고의 피고에 대한 채무는 위자료 15만 원과 기타손해 9만 6천 원(12회 통원치료 시 교통비)을 합한 246,000원을 초과하여서는 존재하지 아니함을 확인한다는 소송을 제기. 조정심리결과, 피고는 원고회사로부터 자신의 치료비 이외에 포크레인 수리비용 390만 원, 5일치 휴차료 57만여 원을 받은 사실, 피고가 사고로 인하여 심하게 다친 것은 없고 2주 요치 진단을 받고 20여회 통원치료 받은 사실이 확인되었음. 향후치료비, 위자료 등을 합하여 원고는 25만 원~50만 원을 제시하고, 피고는 250만 원을 요구하였는데, 최종적으로 100만 원으로 조정 성립.

조정주문

1. 피신청인은, 201*. 10. 9. 서울 △△구 ◇◇동 ▽▽주유소에서 신청인 보험가입차량 **노****호 탑차트럭이 후진하다 피신청인의 서울**하****호 포크레인 중기를 충격하며 발생한 교통사고와 관련하여 신청인의 피신청인에 대한 채무[신청인이 기지급(지급보증)한 기왕 치료비, 휴차료, 포크레인 수리비 제외. 통원기간의 기타 손해(교통비), 향후치료비, 위자료 포함. 피신청인의 과실 없음]는 금 1,000,000원을 초과하여서는 존재하지 아니함을 확인한다.
2. 신청인은 피신청인에게 201*. 1. 31.까지 제1항 기재 금원 1,000,000원을 지급한다. 만일 신청인이 위 지급기일까지 위 금원을 지급하지 아니한 때에는, 신청인은 미지급금원에 대하여 지급기일 다음날부터 다 갚을 때까지 연 20%의 비율로 계산한 지연손해금을 가산하여 피신청인에게 지급한다.
3. 신청인은 나머지 신청을 포기한다.
4. 조정비용은 각자 부담한다.

교통사고 손해배상보험금 청구사건

사건의 개요 및 조정경과

원고는 오토바이를 운전하여 교차로에서 정지신호를 위반하여 직진하다 정상신호에 유턴하는 피고 자동차보험 가입 차량과 충돌하여 원고가 다친 사고와 관련하여 피고의 과실이 20% 이상이므로 원고의 치료비 일부를 지급하여야 한다며 1,000만 원을 청구하는 소송을 제기. 1심에서 패소(판결이유 없음)한 원고가 항소제기. 항소심 조정 회부. 원고의 100% 과실이 명백하고 피고의 지급거부의사가 명백하여 조정합의 불성립. 원고가 청구를 포기하되, 소송총비용 및 조정비용을 각자 부담한다는 내용으로 조정갈음결정하여 양측 이의 없이 확정.

조정주문

1. 원고(항소인)는 이 사건 청구를 포기한다.
2. 소송총비용 및 조정비용은 각자 부담한다.

교통사고 손해배상보험금채무 일부부존재확인 청구사건

사건의 개요 및 조정경과

원고회사의 무배당 OOO생활보장보험에 가입한 피고는 자전거를 타고가다 다른 차량에 부딪혀 추간판탈출증 진단을 받고 원고를 상대로 후유장해보험금 800만 원을 신청하자 원고가 피고를 상대로 보험금지급채무부존재확인을 구하는 소송을 제기. 조정결과, 600만 원을 초과하여서는 존재하지 않음을 확인하고 동 금원을 지급하는 내용으로 조정 성립.

조정주문

1. 피신청인은, 201*. 4. 9. 13:30경 서울 △△구 ◇◇로 **길 ▽▽간선도로 진입로 횡단보도 상에서 자전거를 타고 횡단하던 피신청인이 위 진입로로 진입하는 승용차와 충돌하며 발생한 교통사고와 관련하여 신청인의 피신청인에 대한 보험금채무(신청인과 피신청인 사이의 무배당○○○생활보장보험계약에 기한 후유장해보험금)는 금 6,000,000원을 초과하여서는 존재하지 아니함을 확인한다.
2. 신청인은 피신청인에게 201*. 1. 31.까지 제1항 기재 금원 6,000,000원을 지급한다. 만일 신청인이 위 지급기일까지 위 금원을 지급하지 아니한 때에는, 신청인은 미지급금원에 대하여 지급기일 다음날부터 다 갚을 때까지 연 20%의 비율로 계산한 지연손해금을 가산하여 피신청인에게 지급한다.
3. 신청인은 나머지 신청을 포기한다.
4. 조정비용은 각자 부담한다.

교통사고 보험금채무 일부부존재확인 청구사건

사건의 개요 및 조정경과

원고 보험사는 원고 자동차보험가입 차량에 의하여 교통사고를 당한 피고에 대해 향후치료비, 위자료 등 보험금채무가 30만 원을 초과하여 존재하지 아니함을 확인하여 달라는 소송을 제기. 피고가 사고로 인하여 별다른 신체 상해는 없고 가해차량의 백미러에 의해 옷이 찢기는 피해를 입었을 뿐이고 피고가 7~8회 통원치료를 다녔고 현재 치료가 완료된 사실이 소명됨. 원고의 피고에 대한 보험금채무가 35만 원을 초과하여 존재하지 아니함을 피고가 확인하고 원고는 동 금액을 지급한다는 내용으로 조정갈음결정하여 양측 이의 없이 확정.

조정주문

1. 피신청인은, 201*. 10. 2. 16:00경 ○○군 △△면 ◇◇휴게소 주차장 도로상에서 신청인 보험가입차량 **로****호 베르나 차량이 보행 중이던 피신청인을 충격하며 발생한 교통사고와 관련하여 신청인의 피신청인에 대한 채무는 금 350,000원을 초과하여서는 존재하지 아니함을 확인한다.

2. 신청인은 피신청인에게 201*. 2. 28.까지 제1항 기재 금원 350,000원을 지급한다. 만일 신청인이 위 지급기일까지 위 금원을 지급하지 아니한 때에는, 신청인은 미지급금원에 대하여 지급기일 다음날부터 다 갚을 때까지 연 20%의 비율로 계산한 지연손해금을 가산하여 피신청인에게 지급한다.
3. 신청인은 나머지 신청을 포기한다.
4. 조정비용은 각자 부담한다.

교통사고 손해배상보험금채무 일부부존재확인 청구사건

사건의 개요 및 조정경과

원고 보험사는 원고 자동차보험 가입 시내버스가 급정거하면서 버스승객인 피고가 넘어져 뇌진탕, 경추부 염좌, 다발성 안면골 골절 등의 상해를 입고 35일간 입원치료, 212일 통원치료를 입은 사고와 관련하여 피고의 향후치료비, 위자료 등 손해배상보험금채무가 240여만 원을 초과하여 존재하지 아니한다는 것을 확인하여 달라는 소송을 제기. 피고에 대한 원고의 채무가 1,300만 원을 초과하지 아니함을 피고가 확인하고 원고가 동액을 지급한다는 내용으로 조정갈음결정하여 양측 이의 없이 확정.

조정주문

1. 피신청인은, 신청인에 대하여, 201*. 10. 11. 16:00경 서울 △△구 ◇◇동 ▽▽구청 부근 도로상에서 신청인 보험가입차량 **로****호 버스가 급정거하면서 동 버스에 탑승 중이던 피신청인이 버스 안에서 넘어지며 발생한 교통사고와 관련하여 신청인의 피신청인에 대한 보험금채무[신청인이 의료기관에 지급(지급보증)한 기 치료비 제외, 입원기간의 일실수입, 통원기간의 기타 손해(교통비), 향후치료비, 향후 일실수입, 위자료 포함]는 금 13,000,000원을 초과하여서는 존재하지 아니함을 확인한다.
2. 신청인은 피신청인에게 201*. 3. 16.까지 제1항 기재 금원 13,000,000원을 지급한다. 만일 신청인이 위 지급기일까지 위 금원을 지급하지 아니한 때에는, 신청인은 미지급금원에 대하여 지급기일 다음날부터 다 갚을 때까지 연 20%의 비율로 계산한 지연손해금을 가산하여 피신청인에게 지급한다.
3. 신청인은 나머지 신청을 포기한다.
4. 조정비용은 각자 부담한다.

자전거사고로 인한 손해배상보험금채무 일부부존재확인 청구사건

사건의 개요 및 조정경과

원고 보험사는 원고 ○○사랑보험(자녀 배상책임 부보) 가입한 피보험자가 자전거를 역주행하다 피고와 부딪히며 피고에게 얼굴 흉터 등의 상해를 가한 사고와 관련하여 피고에 대한 보험금채무가 320만여 원을 초과하지 아니함의 확인을 구하는 소송을 제기. 원고의 채무액이 500만 원이고 이를 지급한다는 내용으로 조정갈음결정하여 양측 이의 없이 확정.

조정주문

1. 피고는 원고에 대하여, 별지 목록 보험계약상 201*. 10. 22. 22:30경 서울 △△구 ▽▽대교 남단 아래 자전거도로에서 피보험자 ○○○가 자전거로 역주행함으로써 때마침 정방향으로 자전거 주행 중이던 피고와 충돌하여 피고를 다치게 한 상해사고와 관련하여 원고의 피고에 대한 보험금 지급 채무는 5,000,000원을 초과하여서는 존재하지 아니함을 확인한다.
2. 원고는 피고에게 201*. 3. 31.까지 제1항 기재 금원 5,000,000원을 지급한다. 만일 원고가 위 지급기일까지 위 금원을 지급하지 아니한 때에는, 원고는 미지급금원에 대하여 지급기일 다음날부터 다 갚는 날까지 연 20%의 비율로 계산한 지연손해금을 가산하여 피고에게 지급한다.
3. 원고는 나머지 청구를 포기한다.
4. 소송비용 및 조정비용은 각자 부담한다.

교통사고 손해배상보험금채무 부존재확인 청구사건

사건의 개요 및 조정경과

원고 보험사는 12년 전 발생한 원고 자동차보험에 가입한 차량에 의하여 교통사고를 당한 피고에 대하여 향후치료비 등 채무가 시효완성으로 부존재함을 확인하여 달라는 소송을 제기. 피고는 당해 사고로 40일 입원치료 이후 통원치료는 5회에 불과하였고 사고로 인한 치료비(병원 지급보증으로 병원이 치료비 수령) 이외에 다른 항목의 보험금을 받은 것이 없었던 사실, 최근 피고의 보험금 청구에 원고 회사의 창구직원이 합의하자고 응답한 사실이 확인됨. 보험금소멸시효는 완성되었으나 시효이익을 원고가 포기하고 400만 원을 지급한다는 내용으로 조정갈음결정하여 양측 이의 없이 확정.

조정주문

1. 피신청인은, 신청인에 대하여, 200*. 7. 13. 19:00경 서울시 △△구 ◇동 ▽▽아파트 *단지 앞 도로상에서 신청인 보험가입차량 경기**더****호 차량이 신호위반하여 좌회전 진행하다 때마침 보행자횡단 신호에 따라 횡단보도 구획선 근처로 길을 건너던 피신청인을 충격하여 발생한 교통사고와 관련하여 신청인의 피신청인에 대한 보험금채무(기지급 치료비 제외)는 금 4,000,000원을 초과하여서는 존재하지 아니함을 확인한다.
2. 신청인은 피신청인에 대하여 이 사건 청구원인 및 사후 처리과정상의 제반사정을 고려하여 제1항 기재 금원의 보험금채무에 대한 소멸시효 이익을 포기한다.

3. 신청인은 피신청인에게 201*. 5. 31.까지 제1항 기재 금원 4,000,000원을 지급한다. 만일 신청인이 위 지급기일까지 위 금원을 지급하지 아니한 때에는, 신청인은 미지급금원에 대하여 지급기일 다음날부터 다 갚을 때까지 연 20%의 비율로 계산한 지연손해금을 가산하여 피신청인에게 지급한다.
4. 신청인은 나머지 신청을 포기한다.
5. 조정비용은 각자 부담한다.

교통사고 손해배상보험금채무 부존재확인 청구사건

사건의 개요 및 조정경과

원고 보험사는 원고 자동차보험에 가입한 차량이 고속도로휴게소에서 피고 운전 차량의 조수석 문짝을 충돌하여 피고가 뇌진탕, 견관절 염좌 등의 상해를 입고 13일 입원치료하고 84회 통원치료를 하는 사고와 관련하여 피고의 치료가 완료되었기 때문에 향후치료비 등 원고의 피고에 대한 손해배상보험금 채무가 존재하지 아니함을 확인하여달라는 소송을 제기. 피고는 자신이 많이 다쳐 치료를 계속하여야 한다고 주장하며 3,700만 원 이상의 배상을 요구. 사고조사결과에 의하면 양 차량의 충돌은 비교적 경미하고 차량 접촉사고로 인한 피고의 상해는 크지 않음에도 피고가 과잉, 편승 치료를 계속하고 있다는 점이 인정되어, 원고의 피고에 대한 채무가 300만 원을 초과하지 아니함을 피고가 확인하고 동 금액을 원고가 지급한다는 내용으로 조정갈음결정하여 양측 이의 없이 확정.

조정주문

1. 피신청인은, 201*. 7. 1. 09:45경 ○○시 △△구 ◇◇읍 ▽▽휴게소(하행)에서 신청인 보험가입차량 **두****호 승용차가 좌측앞범퍼 부분으로 피신청인이 운전 중이던 **오****호 오퓨런스 승용차 조수석 쪽 차문을 충돌하며 발생한 교통사고와 관련하여 신청인의 피신청인에 대한 채무[신청인이 의료기관에 지급(지급보증)한 기 치료비 제외. 입원기간의 일실수입, 통원기간의 기타 손해(교통비), 2015. 5. 31.까지의 향후치료비(지급보증), 위자료 포함]는 금 3,000,000원을 초과하여서는 존재하지 아니함을 확인한다.
2. 신청인은 피신청인에게 201*. 5. 31.까지 제1항 기재 금원 3,000,000원을 지급한다. 만일 신청인이 위 지급기일까지 위 금원을 지급하지 아니한 때에는, 신청인은 미지급금원에 대하여 지급기일 다음날부터 다 갚는 날까지 연 20%의 비율로 계산한 지연손해금을 가산하여 피신청인에게 지급한다.
3. 신청인은 나머지 신청을 포기한다.
4. 조정비용은 각자 부담한다.

교통사고보험금채무 부존재확인 청구사건

사건의 개요 및 조정경과

원고 ○○공제회는 원고 공제회 가입 시내버스의 사고로 교통사고를 당한 피고에 대해 향후치료비, 위자료 등 채무가 부존재함을 확인하여 달라는 소송을 제기. 피고측의 과실이 커서 그로 인한 과실상계를 하는 경우 피고의 치료비로 지급보증된 보험금의 상당액을 원고가 반환받아야 하는 점 등을 감안하여 원고의 피고에 대한 채무는 30만 원을 초과하지 아니함을 피고가 확인하고 원고는 동 금액을 지급한다는 내용으로 조정갈음결정하여 양측 이의 없이 확정.

조정주문

1. 피신청인은, 신청인에 대하여, 201*. 9. 2. 23:30경 서울 △△구 ◇◇동 ▽▽병원 앞 도로상에서 신청인 공제가입차량 서울**사****호 시내버스가 2차선으로 진행 중에 때마침 차선변경금지구간인 횡단보도 앞 지점에서 3차선에서 2차선으로 차선변경을 해 들어온 피신청인 탑승 승용차의 후미를 추돌하며 발생한 교통사고와 관련하여 신청인의 피신청인에 대한 보험금채무는 금 300,000원을 초과하여서는 존재하지 아니함을 확인한다.
2. 신청인은 피신청인에게 201*. 4. 17.까지 제1항 기재 금원 300,000원을 지급한다. 만일 신청인이 위 지급기일까지 위 금원을 지급하지 아니한 때에는, 신청인은 미지급금원에 대하여 지급기일 다음날부터 다 갚을 때까지 연 20%의 비율로 계산한 지연손해금을 가산하여 피신청인에게 지급한다.
3. 신청인은 나머지 신청을 포기한다.
4. 조정비용은 각자 부담한다.

자동차사고로 인한 격락손해배상보험금채무 부존재확인 청구사건

사건의 개요 및 조정경과

원고 보험사는 원고 자동차보험에 가입한 차량의 추돌로 피고의 차량이 230여만 원의 수리비가 소요되는 파손을 입은 사고와 관련하여 피고가 사고로 인한 격락손해 230여만 원의 지급을 요구하자 그 지급의무가 없음을 확인하여달라는 소송을 제기. 조정합의 불성립. 원고의 피고에 대한 격락손해배상금은 40만 원을 초과하지 아니함을 피고가 확인하고 동 금액을 원고가 지급한다는 내용으로 조정갈음결정하여 양측 이의 없이 확정.

조정주문

1. 피신청인은, 201*. 10. 21. 07:40경 서울 △△구 ◇◇동 ▽▽골프연습장 부근 도로에서 신청인의 피보험차량

허**호 차량이 피신청인의 **구****호 투싼 차량을 추돌하여 발생한 교통사고로 인한 위 피해차량의 시세하락손해와 관련하여 신청인이 피신청인에게 지급하여야 할 손해배상채무는 금 400,000원을 초과하여서는 존재하지 아니함을 확인한다.

2. 신청인은 피신청인에게 201*. 5. 31.까지 제1항 기재 금원 400,000원을 지급한다. 만일 신청인이 위 지급기일까지 위 금원을 지급하지 아니한 때에는, 신청인은 미지급금원에 대하여 지급기일 다음날부터 다 갚을 때까지 연 20%의 비율로 계산한 지연손해금을 가산하여 피신청인에게 지급한다.
3. 신청인은 나머지 신청을 포기한다.
4. 조정비용은 각자 부담한다.

교통사고로 인한 채무부존재확인 청구사건

사건의 개요 및 조정경과

소외 OOO가 원고 소유의 오토바이를 운전하여 시속 5KM 속도로 진행하다 피고 A, B가 탑승하여 신호대기중인 견인차(레커) 후미를 추돌함. 원고측 (오토바이 관련) 보험회사는 견인차 수리비용으로 189만여 원을 지급. 피고들이 사고로 2주 요치의 경추염좌, 긴장 진단을 받아 각 7일, 6일 통원치료를 받으며 손해배상을 요구하자 원고가 채무부존재확인을 구하는 소송을 제기하였으나, 1심에서 패소하여 항소. 항소심 재판부에서 조정 회부. 조정심리결과, 국과수에서 당해 사고로 피고들이 경추 상해를 입을 정도의 충격력이 전달되었다고 보기 어렵다는 감정결과가 있음이 확인되었고, 그럼에도 원심은 사고와 피고들의 상해 사이의 인과관계 인정을 뒤집기 부족하다고 보았고, 항소심에서도 원고의 입증이 쉽지 아니한 점과 피고들의 피해 정도와 기왕 치료비가 크지 않은 점 등을 감안하여 원고의 피고들에 대한 인적 피해액은 각 20만 원임을 확인하고 일정기한까지 변제하는 내용으로 강제조정. 쌍방 이의 없이 강제조정 확정.

조정주문

1. 피고(피항소인)들은, 원고(항소인)에 대하여, 201*. 2. 10. 13:07경 ○○시 △△구 ◇◇로 ***에서 서울△△자****호 오토바이와 서울**바****호 차량 사이에 발생한 교통사고와 관련하여 원고(항소인)의 피고(피항소인)들에 대한 손해배상금 지급채무는 각 금 200,000원을 초과하여서는 존재하지 아니함을 확인한다.
2. 원고(항소인)는 피고(피항소인)들에게 201*. 5. 31.까지 제1항 기재 금원 200,000원을 각 지급한다. 만일 원고(항소인)가 위 지급기일까지 위 금원을 지급하지 아니한 때에는, 원고(항소인)는 미지급금원에 대하여 지급기일 다음날부터 다 갚는 날까지 연 20%의 비율로 계산한 지연손해금을 가산하여 피고(피항소인)들에게 각 지급한다.
3. 원고(항소인)는 나머지 청구를 포기한다.
4. 소송총비용 및 조정비용은 각자 부담한다.

교통사고로 인한 채무(수리비 및 대차비) 일부부존재 확인 청구사건

사건의 개요 및 조정경과

원고보험회사 자동차보험 가입 차량 운전자가 쇼핑몰 지하 주차장에서 주차된 피해 차량(토요타 FJ 크루저)의 좌측 앞범퍼 부분을 충격하여 물적 피해를 입힌 후 보험처리가 되었는데, 원고회사는 피해자측이 주장하는 수리비와 대차비가 과다하다면서 채무일부부존재확인(수리비 및 대차료 합계 265,000원을 초과하지 아니한다)을 구하는 소송을 제기. 조정심리결과, 오히려 원고회사가 적정수리비와 적정 대차료에 현저히 미치지 못하는 금액을 전략적으로 제시하고 있음이 확인되었고 피고가 과도한 피해액 주장을 하지 않고 원만한 조정을 희망하여, 금액을 특정하지 않고(조정당시 최종 수리비와 렌트비가 산출되지 아니함) 수리비와 적정기간(사고일로부터 피해차량을 정비센터에 입고시켜 출고할 때까지 총 16일인데 그 중 9일의 대차료 인정)의 대차비를 원고회사가 부담하고 피고는 이외의 청구는 하지 않기로 하는 내용으로 조정 성립.

조정주문

1. 원고와 피고는, 201*. 11. 14. 18:00경 서울 △△구 ◇◇동 ▽▽아울렛 지하주차장에서 원고 보험 가입차량 **수****호 차량이 동 주차장에 주차되어 있던 피고의 차량 **수****호 토요타 FJ 크루저 차량의 좌측 앞범퍼 부분을 충돌하여 발생한 교통사고로 인하여 생긴 동 피해차량 수리비 및 대차(렌트카) 비용(201*. 11. 17.~25.)을 원고가 전액 부담하기로 합의한다.
2. 피고는 원고에 대하여 제1항 보험사고와 관련하여 제1항 기재 피해차량 수리비 및 대차(렌트카) 비용 이외의 보험금을 청구하지 아니한다.
3. 원고는 나머지 청구를 포기한다.

교통사고 손해배상보험금채무 일부부존재확인 청구사건

사건의 개요 및 조정경과

원고 보험사는 원고 자동차보험 가입차량이 중앙선을 침범하여 반대차선에서 마주오던 피고 탑승 차량과 정면충돌하여 피고에게 63일 입원치료 후 눈꺼풀, 턱 등의 추상장애를 입게 한 사고와 관련하여 원고의 피고에 대한 향후치료비, 일실수입, 위자료 등 손해배상채무가 340여만 원을 초과하여 존재하지 아니함을 확인하여달라는 소송을 제기. 피고가 안전벨트를 매지 않은 잘못으로 인한 과실상계, 피고의 일실수입, 향후치료비, 위자료 등을 고려하여 원고의 피고에 대한 보험금채무는 6,000만 원을 초과하지 아니함을 피고가 확인하고 원고는 동 금액을 지급한다는 내용으로 조정갈음결정하여 양측 이의 없이 확정.

조정주문

1. 피신청인은 신청인에 대하여 201*. 10. 27. 00:55경 서울 △△구 ◇◇동 부근 도로상에서 신청인 보험가입차량 **구****호 차량이 중앙선을 침범하여 맞은편 차선에서 주행하던 경기**바****호 택시(피신청인이 승객으로 조수석에 탑승)와 정면충돌하며 발생한 교통사고와 관련하여 신청인의 피신청인에 대한 채무[신청인이 의료기관에 지급(지급보증)한 기 치료비 제외. 입원기간의 일실수입, 통원기간의 기타 손해(교통비), 퇴원 후 가동연한까지의 일실수입(추상장애율 15%), 향후치료비, 위자료 포함. 피신청인의 과실 10% 적용]는 금 60,000,000원을 초과하여서는 존재하지 아니함을 확인한다.
2. 신청인은 피신청인에게 201*. 8. 31.까지 제1항 기재 금원 60,000,000원을 지급한다. 만일 신청인이 위 지급기일까지 위 금원을 지급하지 아니한 때에는, 신청인은 미지급금원에 대하여 지급기일 다음날부터 다 갚는 날까지 연 20%의 비율로 계산한 지연손해금을 가산하여 피신청인에게 지급한다.
3. 신청인은 나머지 신청을 포기한다.
4. 조정비용은 각자 부담한다.

교통사고 손해보험금채무 일부부존재확인 청구사건

사건의 개요 및 조정경과

원고 ○○공제조합은 원고 공제 가입 시내버스의 급정거로 버스 승객인 피고가 뇌진탕, 경추 및 어깨관절 염좌 등의 상해를 입어 15일 입원, 18일 통원치료를 받은 사고와 관련하여 향후치료비, 위자료 등 원고의 피고에 대한 손해배상보험금 채무가 30만 원을 초과하여 존재하지 아니함을 확인하여달라는 소송을 제기. 피고의 상해정도와 치료 경과 등을 감안하여 원고의 피고에 대한 채무가 300만 원을 초과하지 아니함을 피고가 확인하고 원고는 동액을 지급한다는 내용으로 조정갈음결정하여 양측 이의 없이 확정.

조정주문

1. 피신청인은, 신청인에 대하여, 201*. 9. 30. 16:10경 서울 △△구 ◇◇동 ▽▽사거리에서 신청인 공제가입차량 서울**사****호 버스가 정류장에서 승객을 승하차시킨 다음 전방 교차로를 통과하기 위하여 급출발하였다가 교차로 신호가 적색으로 바뀜에 따라 다시 급제동하면서 직전 정류장에서 동 버스에 탑승하여 좌석으로 이동 중이던 피신청인이 버스 안에서 넘어지며 머리, 경추, 어깨 등을 다친 교통사고와 관련하여 신청인의 피신청인에 대한 보험금채무[신청인이 의료기관에 지급(지급보증)한 기 치료비 제외]는 금 3,000,000원을 초과하여서는 존재하지 아니함을 확인한다.
2. 신청인은 피신청인에게 201*. 6. 10.까지 제1항 기재 금원 3,000,000원을 지급한다. 만일 신청인이 위 지급기일까지 위 금원을 지급하지 아니한 때에는, 신청인은 미지급금원에 대하여 지급기일 다음날부터 다 갚을 때까지 연 20%의 비율로 계산한 지연손해금을 가산하여 피신청인에게 지급한다.

3. 신청인은 나머지 신청을 포기한다.

4. 조정비용은 각자 부담한다.

교통사고보험금채무 일부부존재확인 청구사건

사건의 개요 및 조정경과

원고 보험회사는 원고 자동차보험에 가입한 가해차량이 신호위반 진행하다 피고가 운전 중이던 차량을 충격하여 피고를 다치게 하고 피고의 차량을 파손시킨 교통사고와 관련하여 피고가 차량 수리비와 대차렌트비를 과도하게 요구하고 있다며 총 610여만 원을 초과하여서는 존재하지 아니함을 확인하여달라는 소송을 제기(피고의 인적 피해와 관련하여서는 별도 처리). 조정결과, 피고는 이에 대해 차량 구입비는 3,000만 원이고 사고 당시 시가가 1,700만 원인데 수리비 견적이 1,200만 원이 나왔고 차라리 폐차처리(전손처리)를 희망한다고 하여, 원고가 차량가격 1,700만원과 10일간 대차료 104만원을 합한 1,804만원을 지급하고 대신 피고는 원고에게 피해차량을 현재 상태대로 인도하기로 하는 내용으로 임의조정 성립.

조정주문

1. 피신청인은, 신청인에 대하여 201*. 3. 26. 22:50경 ○○시 ◇◇동 소재 도로상에서 신청인의 피보험차량 **우****호 차량이 피해차량 **루****호 산타페 차량을 충격하여 발생한 교통사고로 인하여 신청인이 피신청인에게 지급하여야 할 피해차량 관련 교환가액 및 대차료 보험금채무(나머지 대물배상항목은 없음)는 금 18,040,000원을 초과하여서는 존재하지 아니함을 확인한다.
2. 피신청인은 신청인에게 제1항 피해차량을 현재상태로 인도한다.
3. 신청인은 피신청인에게 제1항 기재 금원 18,040,000원을 지급한다.
4. 제2항과 제3항은 동시에 이행한다.
5. 신청인은 나머지 신청을 포기한다.
6. 소송비용 및 조정비용은 각자 부담한다.

교통사고 손해배상보험금 구상금 청구사건

사건의 개요 및 조정경과

원고 보험사는 원고 자동차보험 가입 차량과 피고 ○○공제조합 가입 버스의 접촉사고로 버스 탑승 승객과 원고 보험 가입차량 운전자에게 교통사고 보험금을 지급한 후 피고의 과실 10%를 주장하며 피고의 과실률에 따른 구상금 210여만 원의 지급을 구하는 소송을 제기. 1심에서 패소 후 원고가 항소. 항소심 조정회부. 사고조사결과, 블랙박스 영상 등에 비추어 피고의 (일부)과실을 인정하기 어려워, 원고가 청구를 포기한다는 내용으로 조정갈음결정하여 양측 이의 없이 확정.

조정주문

1. 원고(항소인)는 이 사건 청구를 포기한다.
2. 소송총비용 및 조정비용은 각자 부담한다.

교통사고 손해배상보험금채무 일부부존재확인 청구사건

사건의 개요 및 조정경과

원고 ○○공제조합은 원고 공제에 가입한 시내버스와 도로를 무단횡단하려던 피고가 충돌하여 피고가 다친 사고와 관련하여 향후치료비 등 원고의 피고에 대한 채무는 30만 원을 초과하여 존재하지 아니한다는 확인을 구하는 소송을 제기. 피고의 과실은 30% 이상인 점, 피고의 치료가 마무리된 점, 기지급된 치료비에서 과실상계분 공제 등을 고려하여 피고는 원고의 피고에 대한 채무액은 230만 원을 초과하여 존재하지 않는다고 확인하고 원고는 동 금액을 지급한다는 내용으로 조정갈음결정하여 양측 이의 없이 확정.

조정주문

1. 피신청인은, 신청인에 대하여 201*. 2. 17. 10:25경 서울 △△구 ◇◇로 ◇◇거리 도로상에서 신청인 공제가입 차량 서울**사****호 시내버스가 동 차량 진행방향 우측에서 좌측으로 무단횡단하려 차도에 들어선 피신청인과 충돌하여 발생한 교통사고와 관련하여 신청인의 피신청인에 대한 보험금채무[신청인이 의료기관에 지급(지급보증)한 기 치료비 제외, 입원기간의 일실수입, 통원기간의 기타 손해(교통비), 향후치료비, 안경 망실 손해, 위자료 포함, 피신청인의 과실 30% 적용, 위 지급(지급보증)한 기 치료비 중 피신청인의 과실비율 상당액 공제·상계]는 금 2,300,000원을 초과하여서는 존재하지 아니함을 확인한다.
2. 신청인은 피신청인에게 201*. 7. 31.까지 제1항 기재 금원 2,300,000원을 지급한다. 만일 신청인이 위 지급기일까지 위 금원을 지급하지 아니한 때에는, 신청인은 미지급금원에 대하여 지급기일 다음날부터 다 갚는 날까지 연 20%의 비율로 계산한 지연손해금을 가산하여 피신청인에게 지급한다.
3. 신청인은 나머지 신청을 포기한다.
4. 조정비용은 각자 부담한다.

공인노무사 약정금 청구사건

사건의 개요 및 조정경과

공인노무사인 원고는 2년 전 피고의 부인으로부터 피고에 대한 산재처리사건을 수임하여 산재처리를 성공하는 경우 피고에게 지급될 휴업급여지급액 등 모든 지급액의 15%를 성공보수로 받기로 약정하였는데 피고가 산재승인을 받은 후 담당 노무사를 변경하고 약정금을 지급하지 않는다며 약정금 지급을 구하는 소송을 제기. 조정심리과정에서 원고의 산재신청 이후 피고가 산재로 인한 휴업급여과 함께 장애연금을 받을 수 있게 된 사실이 인정되어 피고가 원고에게 장애연금의 일시금 환산에 따른 일시금의 15%를 지급하고 원고는 나머지 청구는 포기하는 내용으로 임의조정 성립.

조정주문

1. 피신청인은 신청인에게, 피신청인에 대한 근로복지공단의 장애연금지급처분이 확정된 경우, 동 장애연금액을 관련규정에 따라 일시금으로 환산하여 그 환산된 일시금의 15%를 위 확정일로부터 90일 이내에 지급한다.
2. 신청인은 나머지 청구(휴업급여, 간병비에 대한 보수)를 포기한다.
3. 조정비용은 각자 부담한다.

자전거 교통사고로 인한 손해배상 청구사건

사건의 개요 및 조정경과

원고는 69세 여성으로서 내리막 골목길의 길 가장자리를 걷던 중 피고가 자전거를 타고 과속으로 내려오다 돌부리에 걸려 넘어지며 원고를 충격하여 좌측비골골절 등 10주 요치의 상해를 가하여 2주 입원치료를 받는 등 손해를 입었다며 피고를 상대로 기왕치료비, 향후치료비, 위자료 등 2,200여만 원의 지급을 구하는 소송을 제기. 조정합의 불성립. 피고가 상근예비역으로 출근 중 사고를 냈고 이로 인하여 벌금 200만 원을 선고받은 점 등을 감안하여 피고가 500만 원을 지급한다는 내용으로 조정갈음결정하여 양측 이의 없이 확정.

조정주문

1. 피신청인은 신청인에게 금 5,000,000원을 지급한다. 만일 피신청인이 위 지급기일까지 위 금원을 지급하지 아니한 때에는, 피신청인은 미지급금원에 대하여 위 지급기일 다음날부터 다 갚는 날까지 연 15%의 비율에 의한 지연손해금을 가산하여 신청인에게 지급한다.
2. 신청인은 나머지 신청을 포기한다.
3. 조정비용은 각자 부담한다.

보험사고 구상금 청구사건

사건의 개요 및 조정경과

원고 보험사는 ○○운동장 주차장에서 소외 A가 피고가 소유한 무등록 미니 전동 바이크를 운전하다 소외 B를 다치게 하여 원고가 B에게 무보험상해보험금 720여만 원을 지급한 후 피고를 상대로 구상금 청구 소송을 제기. 1심에서 전부패소한 피고가 항소하여 항소심 조정 회부. 피고가 ○○운동장 주차장 부지에서 놀이용 전동 바이크 대여업을 하는 영세 상인인 점을 감안하여 원심 판결을 존중하되 피고가 조정기일로부터 40일까지 500만 원을 지급하는 경우 원고는 나머지 금원을 면제한다는 내용으로 조정갈음결정하여 양측 이의 없이 확정.

조정주문

1. 피고(항소인, 이하 '피고'라 한다)는 소외 △△△와 연대하여 원고(피항소인, 이하 '원고'라 한다)에게 7,285,950원과 이에 대하여 201*. 3. 1.부터 201*. 2. 16.까지는 연 5%, 그 다음날부터 다 갚는 날까지는 연 15%의 각 비율로 계산한 돈을 지급한다.
2. 만약 피고가 원고에게 201*. 12. 15.까지 제1항 기재 금원 중 5,000,000원을 지급한 경우에는, 원고는 피고의 원고에 대한 나머지 채무를 면제한다.
3. 원고는 나머지 청구를 포기한다.
4. 소송총비용 및 조정비용은 각자 부담한다.

교통사고 물적 피해 손해배상채무 일부부존재확인 청구사건

사건의 개요 및 조정경과

신청인은 자신의 승용차를 운전하다 피신청인의 자전거를 충격하여 손괴시킴. 피신청인이 자신의 자전거가 고가의 조립자전거여서 피해액이 크다고 주장하자 신청인은 수리비용으로 70만 원만 인정하겠다며 채무 일부부존재 확인을 구하는 조정신청 제기. 조정과정에서 피신청인은 500만 원에 구입하였으므로 전손처리 시(자전거를 신청인에게 교부) 470만 원은 받아야 한다고 주장하고, 신청인은 전손처리 시 380만 원까지 지급할 수 있다고 제시. 피신청인의 자전거를 전손처리하지 않고 신청인이 수리비 200만 원을 지급하는 내용으로 조정 성립.

조정주문

1. 피신청인은 신청인에 대하여 201*. 8. 5. 20:07경 ○○시 △△구 ◇◇동 부근 노상에서 신청인 보험가입차량 **어****호 K5차량이 피신청인이 탑승주행중인 자전거를 충격하여 발생한 교통사고와 관련하여 피신청인에 대한 신청인의 대물피해 보험금지급채무는 금 2,000,000원을 초과하여서는 존재하지 아니함을 확인한다.

2. 신청인은 피신청인에게 201*. 12. 18.까지 제1항 기재 금원 금 2,000,000원을 지급한다. 그 지급은 피신청인의 은행계좌(○○은행 ***-****-****-***, 예금주 ○○○)로 입금하는 방식으로 한다. 만일 신청인이 위 지급기일까지 위 금원을 지급하지 아니한 때에는, 신청인은 미지급금원에 대하여 지급기일 다음날부터 다 갚을 때까지 연 15%의 비율로 계산한 지연손해금을 가산하여 피신청인에게 지급한다.
3. 신청인은 나머지 청구를 포기한다.
4. 조정비용은 각자 부담한다.

식당 내 화상으로 인한 손해배상 청구사건

사건의 개요 및 조정경과

원고는 피고회사의 직원으로서 파견지인 ○마트 직원식당에서 트렌치 청소 중 국솥이 올려진 배분차가 넘어지며 뜨거운 국물이 원고의 전신에 쏟아져 원고가 열상화상 15% 3도 화상을 입고 229일 입원 치료 및 891일간 통원치료 후 노동능력상실율 15%의 장애를 입고 피고를 상대로 일실수입, 향후치료비 등 1억 6,100여만 원의 지급을 구하는 소송을 제기. 1심에서 5,200만 원이 인용되었고 이에 원고가 불복하여 항소제기. 조정합의 불성립. 원심 가집행금액 이외에 피고가 1,850만 원을 추가로 지급한다는 내용으로 조정갈음결정하여 양측 이의 없이 확정.

조정주문

1. 피고는 원고에게 201*. 12. 31.까지 금 18,500,000원을 지급한다. 만일 피고가 위 금원을 위 지급기일까지 지급하지 아니한 때에는 미지급금원 및 이에 대하여 지급기일 다음날부터 다 갚는 날까지 연 15%의 비율로 계산한 지연손해금을 가산하여 지급한다.
2. 원고는, 제1항과 별개로, 피고로부터 '금 52,059,752원 및 이에 대하여 201*. 5. 1.부터 201*. 8. 13.까지는 연 5%, 그 다음날부터 다 갚는 날까지는 연 20%의 각 비율로 계산한 돈'(이 사건 원심 판결금)을 본 조정기일 이전에 지급받았음을 확인한다.
3. 원고는 나머지 청구를 포기한다.
4. 소송총비용 및 조정비용은 각자 부담한다.

교통사고 피해 손해배상채무 일부부존재 확인사건

사건의 개요 및 조정경과

신청인은 자신의 승용차 운전 중 신호대기중인 택시 후미를 추돌하여 택시 기사와 승객이 상해를 입었다며 피해배상을 요구하자 추돌의 충격이 경미하여 상해가 발생할 수 없다며 채무부존재 확인을 구하는 신청 제기. 피신청인들은 자신들이 교통사고로 인하여 다쳤고 치료도 일부 받았다고 주장. 택시 뒷범퍼 수리비가 발생하여 지급된 점, 요추염좌 등에 관한 진단서가 발급된 점, 국과수 마디모 감정결과에도 "경미하지만 어지러움증 발생 가능"이라고 적시된 점 등을 감안하여 피신청인들에게 각 10만 원, 15만 원을 지급하는 내용으로 조정 성립.

조정주문

1. 피신청인들은, 신청인에 대하여, 별지 교통사고사실확인원 기재 교통사고와 관련하여 신청인의 피신청인 A에 대한 채무는 금 100,000원, 피신청인 B에 대한 채무는 금 150,000원을 초과하여서는 존재하지 아니함을 확인한다.
2. 신청인은 201*. 12. 31.까지 피신청인 A에게 제1항 기재 금원 금 100,000원, 피신청인 B에게 제1항 기재 금원 금 150,000원을 각 지급한다. 만일 신청인이 위 지급기일까지 위 금원을 지급하지 아니한 때에는, 신청인은 미지급금원에 대하여 지급기일 다음날부터 다 갚는 날까지 연 15%의 비율로 계산한 지연손해금을 가산하여 피신청인들에게 지급한다.
3. 신청인은 나머지 신청을 포기한다.
4. 조정비용은 각자 부담한다.

교통사고 대차료 등 보험금채무 부존재확인 청구사건

사건의 개요 및 조정경과

원고보험사는 원고의 영업책임보험에 가입한 ○○시 소재 A 주유소에서 람보르기니 스포츠카를 피고 1 리스회사로부터 리스하여 이용하는 피고 2가 주유하는 과정에서 A 주유소 직원이 주유건을 자동차 주유구에 넣어 주유를 마쳤으나 주유건이 끼어 빠지지 않은 사고로 인하여 피고측이 과도한 수리비, 대차료 등을 요구하고 있다며 이에 대한 보험금지급채무가 존재하지 않음을 확인하여 달라는 소송을 제기. 피고측은 주유건을 제거하지 못한 상태로 자동차를 전문정비업소로 원격 탁송한 비용 50만 원, 연료필터 캡 등 교환 수리비용 350여만 원, 대차료 30일치 1일당 180만 원 5,400만 원, 합계 5,800여만 원의 지급을 구하는 반소를 제기. 양측 조정합의 불성립. 수리비의 일부 인정, 대차료 일부 인정(수리에 통상 필요한 5일치 인정. 대차료의 상당성에 대한 입증책임은 대차료 요구자에게 있음. 대법원 2012다67399판결 참조)하여 원고의 총 보험금채무액이 1,150만원임을 확인하고 이를 원고가 반소피고에게 지급한다는 내용으로 조정갈음결정(결정이유 제시)하여 양측 이의 없이 확정.

조정주문

*** 결정사항**

1. 피고들은 원고(반소피고)에 대하여 별지 목록 기재 사고와 관련하여 원고의 피고들에 대한 손해배상채무는 금 11,500,000원을 초과하여서는 존재하지 아니함을 확인한다.
2. 원고(반소피고)는 피고(반소원고) ○○○에게 201*. 4. 30.까지 제1항 기재 금원 금 11,500,000원을 지급한다. 만일 위 지급기일까지 위 금원을 지급하지 아니한 때에는, 미지급금원에 대하여 지급기일 다음날부터 다 갚을 때까지 연 15%의 비율로 계산한 지연손해금을 가산하여 지급한다.
3. 원고(반소피고)는 나머지 청구를, 피고(반소원고) ○○○은 나머지 반소청구를 각 포기한다.
4. 소송비용 및 조정비용은 각자 부담한다.

*** 결정이유**

손해배상액의 결정(조정): 탁송비 500,000원 + 수리비(일부 인정) 2,000,000원 + 대차료(일부인정. 1,800,000원 × 5일) 9,000,000원 = 11,500,000원.

교통사고보험금 손해배상 청구사건

사건의 개요 및 조정경과

원고는 3년 전 발생한 교통사고(피고 보험사의 자동차보험에 가입한 소외 A가 운전한 차량이 중앙선을 침범하여 맞은편에서 진행하던 원고의 차량과 충돌하여 원고가 다치게 된 사고)와 관련하여 경추, 요추부 상해로 인한 손해배상 3,100만 원을 청구하는 소송을 제기. 피고는 사고 후 3개월가량 지난 시점에 원고에게 520만 원을 지급하였고 쌍방이 부제소합의를 하였다고 주장. 원고가 주장하는 상해 내용이 부제소합의 시 예상하지 못한 심각한 후유장애에 해당하는지에 대한 사실관계가 불분명한 상황이었고 양측 조정합의 불성립. 피고가 300만 원을 지급한다는 내용으로 조정갈음결정하여 양측 이의 없이 확정.

조정주문

1. 피고는 원고에게 201*. 4. 30.까지 금 3,000,000원을 지급한다. 만일 피고가 위 지급기일까지 위 금원을 지급하지 아니한 때에는, 피고는 미지급금원 및 이에 대하여 위 지급기일 다음날부터 다 갚는 날까지 연 15%의 비율에 의한 지연손해금을 가산하여 원고에게 지급한다.
2. 원고는 나머지 청구를 포기한다.
3. 소송비용 및 조정비용은 각자 부담한다.

교통사고 보험금채무 일부부존재확인 청구사건

사건의 개요 및 조정경과

원고 보험사는 원고 자동차보험에 가입한 피고가 자신의 운전부주의로 교통사고를 내 자신의 차량이 파손되어 수리비를 직불처리한 다음 160여만 원을 청구하자 51만 원만 지급할 수 있게 해달라며 채무일부부존재확인을 구하는 조정신청을 제기. 고시된 적정 정비요금을 적용하여 146만 원을 지급한다는 내용으로 조정갈음결정(결정이유 제시)하여 양측 이의 없이 확정.

조정주문

* 결정사항

1. 피신청인은, 신청인에 대하여, 201*. 11. 12. 09:00경 △△시 ◇◇구 ▽▽동 자유로 상에서 신청인의 피보험차량 **조****호 차량이 진행 중에 선행 화물차량에 적재된 물체를 추돌하여 발생한 교통사고로 인하여 신청인이 피신청인에게 지급하여야 할 손해배상채무[동 피해차량에 대한 수리비용(부품비용, 공임 포함)]는 금 1,460,000원을 초과하여서는 존재하지 아니함을 확인한다.
2. 신청인은 피신청인에게 201*. 4. 30.까지 제1항 기재 금원 1,460,000원을 지급한다. 만일 신청인이 위 지급기일까지 위 금원을 지급하지 아니한 때에는, 신청인은 미지급금원에 대하여 지급기일 다음날부터 다 갚을 때까지 연 15%의 비율로 계산한 지연손해금을 가산하여 피신청인에게 지급한다.
3. 신청인은 나머지 신청을 포기한다.
4. 조정비용은 각자 부담한다.

* 결정이유

보험금 지급액 1,460,000원의 결정: {수리부품비용 825,000원 + 수리비용(공임) 1,000,000원} × 0.8(자기부담금 20% 공제) = 1,460,000원.

국토해양부 공고 제2010-560호 '자동차보험 적정 정비요금'에 따른 시간당 공임 21,553원 ~ 24,252원에 적정 물가변동율 감안.

교통사고 손해배상채무 일부부존재확인 청구사건

사건의 개요 및 조정경과

신청인은 보험회사인 보조참가인(조정참가인)의 자동차보험에 가입한 차량을 운전하다 차선변경하며 신청인 차량 앞 범퍼 부분으로 피신청인의 차량의 우측 뒷바퀴부분을 충격하여 피신청인을 다치게 한 후, 피신청인에 대한 치료비가 자동차보험을 통해 320만 원 넘게 지급되자 신청인의 피신청인에 대한 향후 손해배상채무가 17만여 원을 초과하여서는 존재하지 아니함을 확인해 달라는 조정신청을 제기. 피신청인은 이번 사고로 치료를 계속 받을 필요가 있고 직업적으로도 피해를 많이 입었다고 주장. 조정과정에서 170만 원을 지급하기로 하는 내용으로 임의조정 성립.

조정주문

1. 피신청인은, 신청인 및 조정참가인에 대하여, 201*. 9. 22. 12:00경 서울 △△구 ◇◇로 **길 ** ▽▽ 인근 도로상에서 신청인 소유(조정참가인 보험가입)차량 서울**러****호 승용차(이하 '가해차량'이라 한다)가 3차선에 정차 중 갑자기 2차선으로 끼어들면서 때마침 2차선에서 정속 주행 중이던 피신청인이 운전하는 **러****호 승용차의 우측 뒷바퀴 및 후미를 가해차량 좌측 앞부분으로 충격하면서 피신청인을 다치게 한 교통사고와 관련하여 신청인과 조정참가인의 피신청인에 대한 보험금채무[신청인(조정참가인)이 의료기관에 지급(지급보증)한 기 치료비 제외, 입원기간의 일실수입, 통원기간의 기타 손해(교통비), 향후 치료비, 향후 일실수입, 위자료 포함]는 금 1,700,000원을 초과하여서는 존재하지 아니함을 확인한다.
2. 신청인과 조정참가인은 연대하여 피신청인에게 201*. 4. 15.까지 제1항 기재 금원 1,700,000원을 지급한다. 만일 위 지급기일까지 위 금원을 지급하지 아니한 때에는, 미지급금원에 대하여 지급기일 다음날부터 다 갚는 날까지 연 15%의 비율로 계산한 지연손해금을 가산하여 지급한다.
3. 신청인과 조정참가인은 나머지 신청을 포기한다.
4. 조정비용은 각자 부담한다.

교통사고보험금채무 일부부존재확인 청구사건

사건의 개요 및 조정경과

원고 보험사는 원고 자동차보험에 가입한 차량이 중앙선침범으로 피고의 튜닝한 중고 수입자동차를 손괴한 사고와 관련하여 피고의 자동차 수리를 위한 보험금지급채무가 1,000만 원을 초과하여 존재하지 아니함을 확인하여 달라는 소송을 제기. 피고는 자신의 차량이 튜닝콘테스트에서도 수상한 경력이 있다며 차량 수리비, 튜닝비 포함 4,400여만의 보상을 요구. 피고 차량이 사고 시점으로부터 24년 전 출고된 차량이고 주행거리가 23만여 킬로미터이며 중고매물시세가 3,700여만 원인 점 등을 감안하여 원고의 피고에 대한 보험금지급채무는 1,600만 원임을 확인하고 이를 원고가 지급한다는 내용의 조정갈음결정하여 양측 이의 없이 확정.

조정주문

1. 피신청인은 신청인에 대하여 별지 목록 기재 교통사고로 인한 신청인의 피신청인에 대한 (대물)손해배상채무는 금 16,000,000원을 초과하여서는 존재하지 아니함을 확인한다.
2. 신청인은 피신청인에게 201*. 5. 20.까지 제1항 기재 금원 16,000,000원을 지급한다. 만일 신청인이 위 지급

기일까지 위 금원을 지급하지 아니한 때에는, 신청인은 미지급금원에 대하여 지급기일 다음날부터 다 갚을 때까지 연 15%의 비율로 계산한 지연손해금을 가산하여 피신청인에게 지급한다.

3. 신청인은 나머지 신청을 포기한다.
4. 조정비용은 각자 부담한다.

교통사고 손해배상채무 일부부존재 확인 청구사건

사건의 개요 및 조정경과

신청인은 보험회사인 조정참가인의 자동차보험에 가입한 자동차를 운전하다 피신청인이 운전 중인 차량을 추돌하여 피신청인이 다치게 하였고 피신청인에게 자동차보험을 통해 치료비가 160만 원을 초과하여 지급되자, 피신청인을 상대로 향후 지급할 손해배상채무가 66만 원을 초과하지 않음을 확인해달라는 조정신청. 조정과정에서 신청인과 조정참가인이 연대하여 150만 원을 지급하기로 하는 내용으로 임의조정 성립.

조정주문

1. 피신청인은, 신청인 및 조정참가인에 대하여, 201*. 10. 20. 22:45경 서울 △△구 ◇◇동 ▽▽ 앞 교차로에서 조정참가인 보험 가입 신청인의 서울△△아**** 오토바이가 신호위반하여 직진하다 신호에 맞춰 좌회전 진행하던 피신청인 운전 **모**** 승용차 전면 앞범퍼 부위와 부딪히며 발생한 교통사고와 관련하여 신청인 및 조정참가인의 피신청인에 대한 보험금채무[신청인이 본 조정기일인 2016. 4. 28.까지 의료기관에 지급(지급보증)한 기 치료비 제외, 입원기간의 일실수입, 통원기간의 기타 손해(교통비), 향후치료비, 향후 일실수입, 위자료 포함]는 금 1,500,000원을 초과하여서는 존재하지 아니함을 확인한다.
2. 신청인 및 조정참가인은 연대하여 피신청인에게 201*. 5. 6.까지 제1항 기재 금원 1,500,000원을 지급한다. 만일 위 지급기일까지 위 금원을 지급하지 아니한 때에는, 미지급금원에 대하여 지급기일 다음날부터 다 갚는 날까지 연 15%의 비율로 계산한 지연손해금을 가산하여 피신청인에게 지급한다.
3. 신청인 및 조정참가인은 나머지 신청을 포기한다.
4. 조정비용은 각자 부담한다.

교통사고손해보험금채무 일부부존재 확인 청구사건

사건의 개요 및 조정경과

신청인은 자신 소유의 4.5톤 트럭을 운전하던 중 브레이크를 밟았으나 빗길에 미끄러져 피신청인이 운전하던 개인택시 후미를 추돌하여 피신청인이 14일 입원치료 및 140여회의 통원치료를 받자 피신청인을 상대로 향후 치료비, 일실수입 등 197만여 원을 초과하여서는 채무가 존재하지 아니함의 확인을 구하는 조정 신청. 피신청인은 1,330만 원 이상의 지급을 구함. 조정에 자동차보험회사를 조정참가시킨 다음, 신청인과 조정참가인이 연대하여 500만원을 조정기일로부터 2주후 지급하기로 하는 내용으로 임의조정 성립.

조정주문

1. 피신청인은, 신청인 및 조정참가인에 대하여, 201*. 4. 20. 10:05경 ○○시 △△구 ◇◇동 고가도로 부근에서 신청인 소유(조정참가인 보험가입)차량 ○○**자****호 4.5톤 트럭이 진행 중 브레이크를 밟았으나 빗길에 미끄러지며 앞서가던 피신청인 운전 차량 서울**다****호 택시 우측 측면을 충격하며 발생한 교통사고와 관련하여 신청인 및 조정참가인의 피신청인에 대한 보험금채무[신청인이 의료기관에 지급(지급보증)한 기 치료비 제외. 입원기간의 일실수입, 통원기간의 기타 손해(교통비), 향후치료비, 향후 일실수입, 위자료 포함]는 금 5,000,000원을 초과하여서는 존재하지 아니함을 확인한다.
2. 신청인 및 조정참가인은 연대하여 피신청인에게 201*. 5. 31.까지 제1항 기재 금원 5,000,000원을 지급한다. 만일 위 지급기일까지 위 금원을 지급하지 아니한 때에는, 미지급금원에 대하여 지급기일 다음날부터 다 갚는 날까지 연 15%의 비율로 계산한 지연손해금을 가산하여 지급한다.
3. 신청인 및 조정참가인은 나머지 신청을 포기한다.
4. 조정비용은 각자 부담한다.

교통사고보험금채무 일부부존재확인 청구사건

사건의 개요 및 조정경과

신청인은 자신의 차량을 운행하다 교차로에서 신호대기중인 피신청인이 운전 중인 차량의 후미를 추돌하여 피신청인이 이로 인하여 60회 넘게 통원치료를 받고도 통증을 호소하며 치료를 계속하자 피신청인을 상대로 향후치료비 포함 54만 원을 초과하여서는 채무가 존재하지 아니함의 확인을 구하는 조정신청. 피신청인은 휴업손해 등을 주장하며 적어도 490만 원을 받아야 한다는 입장. 조정과정에서 신청인측 자동차보험회사를 조정참가시킨 다음, 신청인과 조정참가인이 연대하여 175만 원을 지급하기로 하는 내용으로 임의조정 성립.

조정주문

1. 피신청인은, 신청인 및 조정참가인에 대하여, 201*. 12. 17. 22:15경 서울 △△구 ◇◇동 ▽▽경찰서 부근에서 신청인 소유(조정참가인 보험가입) 차량 ○○**사**** 덤프트럭이 신호대기 중이던 피신청인 운전 서울**로**** 승용차 후미를 추돌하여 발생한 교통사고와 관련하여 신청인 및 조정참가인의 피신청인에 대한 보험금채무[신청인이 의료기관에 지급(지급보증)한 기 치료비 제외. 통원기간의 기타 손해(교통비), 향후치료비,

위자료 포함]는 금 1,750,000원을 초과하여서는 존재하지 아니함을 확인한다.

2. 신청인과 조정참가인은 연대하여 피신청인에게 201*. 6. 10.까지 제1항 기재 금원 1,750,000원을 지급한다. 만일 위 지급기일까지 위 금원을 지급하지 아니한 때에는, 미지급금원에 대하여 지급기일 다음날부터 다 갚는 날까지 연 15%의 비율로 계산한 지연손해금을 가산하여 지급한다.
3. 신청인 및 조정참가인은 나머지 신청을 포기한다.
4. 조정비용은 각자 부담한다.

교통사고로 인한 대차비용 채무일부부존재확인 청구사건

사건의 개요 및 조정경과

원고 보험회사의 자동차보험에 가입한 승용차 운전자가 우회전하다 직진하는 피해차량과 충돌하여 피해차량이 파손되었고, 원고회사와 피해자 측은 각 과실비율을 80:20으로 합의 확정함. 이후 피해자가 피해차량과 동종의 차량(포르쉐 카이엔 디젤)을 대차하고 그 사용료를 청구하였는데, 그 청구금액이 원고회사가 예상한 금액과 현저히 차이가 나 원고회사가 피해자측 렌트카회사를 상대로 채무일부부존재확인을 구하는 소송을 제기. 원고회사가 주장하는 적정 렌트차 비용은 380만여 원[△△△△렌트카의 요금(35%할인) 적용시 1일 요금 52만원 × 자동차수리기간 14.2일 × 0.65(35%할인) × 0.80(원고회사측 과실책임비율) = 3,808,116원]인데 반해, 피고는 1일 렌트비 단가 180만 원을 적용하여 총 1,800만 원을 요구함. 조정과정에서 피고측의 요구가 과다하다는 점을 이해시키고 원고회사가 주장하는 금액에 일정금액을 더한 410만 원으로서 확정하기로 하는 조정 성립.

조정주문

1. 피신청인은 신청인에 대하여, 201*. 8. 24. 22:05경 경기 ○○시 △△구 ◇◇동 도로상에서 신청인 보험가입차량 **마****호 차량이 우회전하다 때마침 직진하는 소외 피해차량 **부****호 차량과 충돌하며 발생한 교통사고로 인하여 신청인이 피신청인에게 지급하여야 할 차량대여료 채무는 금 4,100,000원을 초과하여서는 존재하지 아니함을 확인한다.
2. 신청인은 피신청인에게 201*. 6. 30.까지 제1항 기재 금원 4,100,000원을 지급한다. 만일 신청인이 위 지급기일까지 위 금원을 지급하지 아니한 때에는, 신청인은 미지급금원에 대하여 지급기일 다음날부터 다 갚을 때까지 연 15%의 비율로 계산한 지연손해금을 가산하여 피신청인에게 지급한다.
3. 신청인은 나머지 신청을 포기한다.
4. 조정비용은 각자 부담한다.

교통사고 물적 피해 손해배상 청구사건

사건의 개요 및 조정경과

원고는 외제차량을 운전하여 피고가 운영하는 식당에 도착하여 식사를 하게 되었는데 피고가 원고의 차량을 대신 주차하다 실수로 원고 차량의 뒷범퍼를 파손시키자 수리비 180여만 원을 청구. 1심에서 전부패소한 피고가 항소하여 항소심 조정회부. 피고가 수리비로 100만 원을 조정기일 이틀내로 지급하기로 하는 내용으로 임의조정 성립.

조정주문

1. 피고(항소인, 이하 '피고'라 한다)는 원고(피항소인, 이하 '원고'라 한다)에게 201*. 6. 24.까지 금 1,000,000원을 지급한다. 만일 피고가 위 지급기일까지 위 금원을 지급하지 아니한 때에는, 피고는 미지급금원에 대하여 지급기일 다음날부터 다 갚을 때까지 연 15%의 비율로 계산한 지연손해금을 가산하여 원고에게 지급한다.
2. 원고는 나머지 청구를 포기한다.
3. 소송총비용 및 조정비용은 각자 부담한다.

교통사고보험금 구상금 청구사건

사건의 개요 및 조정경과

피고 화물자동차공제조합에 가입한 트럭 2대가 고속도로에서 1차 사고(차량 접촉 사고)를 일으킨 직후 뒤이어 오던 원고 보험사의 자동차보험에 가입한 차량이 2차 사고(사고 현장의 사후조치를 하고 있던 사람을 충격하여 사망케 한 사고)를 낸 것과 관련하여 원고 보험사가 망인에게 1억 4,500여만 원, 원고 차량 수리비로 440여만 원 총 1억 4,900여만 원의 보험금을 지급한 다음 피고를 상대로 원고가 지급한 보험금의 60%에 해당하는 8,900여만 원의 지급을 구하는 구상금 소송을 제기. 조정합의 불성립. 피고의 책임범위를 20%로 제한하여 피고가 원고에게 2,900여만 원을 지급한다는 내용으로 조정갈음결정하여 양측 이의 없이 확정.

조정주문

* 결정사항

1. 피고는 원고에게 201*. 10. 31.까지 금 29,961,606원을 지급한다. 만일 피고가 위 지급기일까지 위 금원을 지급하지 아니한 때에는, 피고는 미지급금원 및 이에 대하여 위 지급기일 다음날부터 다 갚는 날까지 연 15%의 비율에 의한 지연손해금을 가산하여 원고에게 지급한다.
2. 원고는 나머지 청구를 포기한다.
3. 소송비용 및 조정비용은 각자 부담한다.

* 결정이유

피고의 책임범위를 20%로 제한(조정)함.

교통사고 손해배상채무 부존재확인 청구사건

사건의 개요 및 조정경과

원고는 교차로에서 원고의 차량이 좌회전하는 중에 뒤따라오던 피고의 오토바이가 원고 차량을 추월하며 충돌하여 피고가 다친 사고와 관련하여 원고의 잘못이 아닌 피고의 과실로 인한 사고이므로 손해배상책임이 없음을 확인해달라는 소송을 제기. 조정심리과정에서, 지금까지 피고의 치료비 등으로 지급된 보험금 가지급금을 제외한 원고의 피고에 대한 채무는 부존재함을 피고가 확인하는 내용으로 임의조정 성립.

조정주문

1. 피고는 원고에 대하여, 201*. 2. 29. 20:35경 서울 △△구 ◇◇동 *가 **-* ○○○타워 사거리에서 피고 운전 오토바이가 △△중학교방면에서 ▽▽교 방면으로 좌회전하며 앞서 좌회전 중이던 원고 차량 좌측면을 접촉하며 발생한 교통사고와 관련하여 원고의 피고에 대한 채무는 존재하지 아니함[피고의 치료비에 대한 기지급금(보험회사 가지급금)은 제외]을 확인한다.
2. 원고는 나머지 청구를 포기한다.
3. 소송비용 및 조정비용은 각자 부담한다.

보험사간 구상금 청구사건

사건의 개요 및 조정경과

원고 보험회사는 피고 보험회사와 원고 보험과 피고 보험이 경합하는 교통사고 배상처리와 관련하여 원고가 지급한 보험금 8,100여만 원의 50%인 4,000여만 원의 지급을 구하는 소송을 제기. 피고는 원고가 구상금분쟁심의절차를 거치기로 한 상호협정을 위반하였다고 주장. 원고가 소를 취하한다는 조정갈음결정으로 양측 이의 없이 확정.

조정주문

1. 원고는 이 사건 소를 취하한다.
2. 소송비용 및 조정비용은 각자 부담한다.

교통사고 손해배상 청구사건

사건의 개요 및 조정경과

원고들은 피고보험회사의 자동차보험에 가입한 소외 A가 운전 중에 원고들의 피상속인 망 B를 사망하게 한 교통사고와 관련하여 피고회사를 상대로 손해배상을 청구하는 소송을 제기(원고들 중 망인의 배우자인 원고 1의 청구금액은 5,700여만 원, 망인의 자녀인 원고 2, 3, 4, 5의 청구금액은 각 1,900여만 원임). A는 이미 동 교통사고로 형사처벌을 받음(금고 6월, 집유 1년 확정). 조정심리과정에서, 양측은 서로 상대방측의 과실이 크다고 주장하였는데, 교차로에서 일어난 본 건 교통사고의 원인을 블랙박스 동영상 등을 통하여 면밀히 살펴본 결과 오토바이를 타고 교차로 신호가 이미 적색으로 바뀐 후 무리하게 직진을 한 망 B의 과실이 교차로 맞은 편 신호대기하다 좌회전신호에 맞춰 좌회전하였으나 망 B를 피하지 못하고 충돌한 A의 과실보다 훨씬 크다는 사실을 확인함(상임조정위원의 판단은 A:B=20:80). A가 이미 형사처벌을 받았고(형사판결문상 A가 "황색신호에 그대로 좌회전 진행한 과실로" B를 들이받았다고 판시되어 있으나 A는 항소를 하지 않아 그대로 확정. 다만, 사실관계에 있어 황색신호가 끝나고 녹색신호(녹색 좌회전)에 따라 진행하는 차량의 운전자라고 하더라도 이미 교차로에 진입한 다른 차량 등을 살펴보고 그 동태를 두루 살피면서 서행하는 등 사고를 방지할 주의의무가 있음(대법원 98다14252, 14269 판결 등)), 형사재판과정에서 3,100만원의 합의금을 별도로 지급한 점 등을 고려하여 피고가 원고 1에게 1,600만 원, 나머지 원고들에게 각 700만 원을 지급한다는 내용으로 조정을 갈음하는 결정을 하여 쌍방 이의 없이 확정. 이 강제결정에 결정이유를 간략히 설시하여 양당사자와 소송대리인의 이해를 도움.

조정주문

*** 결정사항**

1. 피고는 201*. 11. 30.까지 원고 ○○○에게 16,000,000원, 원고 △△△, ▽▽▽, ▷▷▷, ◁◁◁에게 각 7,000,000원을 지급한다. 만일 피고가 위 지급기일까지 위 금원을 지급하지 아니한 때에는, 피고는 각 미지급금원 및 이에 대하여 위 지급기일 다음날부터 다 갚는 날까지 연 15%의 비율에 의한 각 지연손해금을 가산하여 원고들에게 지급한다.
2. 원고들은 나머지 청구를 포기한다.
3. 소송비용 및 조정비용은 각자 부담한다.

*** 결정이유**

지급액의 결정: 이 사건 교통사고 발생경위 및 양측의 과실 정도{가. 이 사건 사고 당시 교차로에서 (피고측 차량 진행방향) 황색 신호에 이어 ① 녹색 좌회전 (및 직진을 금지하는 적색) 신호로 바뀐 시각 = 201*. 3. 18. 10:52:17. ② 좌회전하던 피고측 차량과 마주 오던 원고측 (망 □□□ 운전) 오토바이가 충격한 시각 = 같은 날 10:52:22. 나. 망인의 안전모 미착용. 갑제12호증의 27, 29, 30 영상, 을제1호증 동영상. 대법원 1994. 10. 25. 선고 94다8693 판결, 대법원 1998. 6. 12. 선고 98다14252, 14269 판결 등 참조}, 형사합의금 31,000,000원이 지급

된 점, 망인의 연령 등 여타 사정 및 당사자 간의 신속하고 원만한 분쟁해소 필요성을 감안하여 조정결정함.

교통사고보험금채무 일부부존재확인 청구사건

사건의 개요 및 조정경과

원고보험회사는 원고 자동차보험에 가입한 트럭이 피고의 귀금속매장에 돌진하여 매장과 매장 내부 귀금속 상품을 파손시킨 사고와 관련하여 피고에 대한 보험금채무는 1,100여만 원을 초과하지 아니함을 확인하여달라는 소송을 제기. 피고는 인테리어 비용이 6,900여만 원, 휴업손해 등 추가 손해 1,200여만 원의 보상을 요구. 양측 조정합의 불성립. 4,460만 원의 채무를 확인하고 이를 지급한다는 내용의 조정갈음결정하여 양측 이의 없이 확정.

조정주문

1. 피신청인은, 신청인에 대하여, 201*. 5. 29. 22:50경 서울시 △△구 ◇◇동 ▽▽역 인근 피신청인 소유 귀금속매장(▽▽)에 신청인의 피보험차량이 진입하여 동 매장을 파손시킨 사고로 인하여 신청인이 피신청인에게 지급하여야 할 손해배상채무는 금 44,600,000원을 초과하여서는 존재하지 아니함과 위 금원 중 12,600,000원을 피신청인이 신청인으로부터 수령하였음을 확인한다.
2. 신청인은 피신청인에게 201*. 12. 15.까지 제1항 기재 미지급 금원 32,000,000원(44,600,000원 – 12,600,000원)을 지급한다. 만일 신청인이 위 지급기일까지 위 금원을 지급하지 아니한 때에는, 신청인은 미지급금원에 대하여 지급기일 다음날부터 다 갚을 때까지 연 15%의 비율로 계산한 지연손해금을 가산하여 피신청인에게 지급한다.
3. 신청인은 나머지 신청을 포기한다.
4. 조정비용은 각자 부담한다.

교통사고 손해배상채무 부존재확인 청구사건

사건의 개요 및 조정경과

원고회사의 마을버스와 피고의 승용차가 충돌하여 피고 승용차의 수리비가 발생한 사고와 관련하여 원고는 수리비를 부담할 책임이 없음을 확인하여달라는 소송을 제기. 교통사고에 대한 경찰의 사고조사서에는 원고의 버스가 가해차량으로, 피고의 승용차가 피해차량으로 처리되어 있는 반면, 원고 버스의 폐쇄회로 동영상 판독 결과 피고의 과실이 더 큰 것으로 판단되어, 원고가 피고 수리비용의 30%를 부담하는 내용의 조정갈음결정하여 양측 이의 없이 확정.

조정주문

* **결정사항**

1. 원고와 피고는, 201*. 10. 16. 16:25경 서울시 △△구 ◇◇동 ▽▽지점 앞 삼거리 교차로에서 ◇◇중학교 방면에서 ▽▽홈쇼핑 방향으로 직진 중이던 원고 소속 서울**사****호 마을버스와 ○○방면에서 ▽▽홈쇼핑 방향으로 우회전 진행 중이던 피고 소유(운전) **로****호 렉서스 승용차가 충돌하며 발생한 교통사고로 인하여 원고가 피고에게 지급하여야 할 손해배상채무(동 승용차차량에 대한 수리비용)는 금 1,338,504원을 초과하여서는 존재하지 아니함을 상호 확인한다.
2. 원고는 나머지 청구를 포기한다.
3. 소송비용 및 조정비용은 각자 부담한다.

* **결정이유**

1. 피고 소유 승용차의 수리비용: 금4,461,680원
2. 원고와 피고의 각 과실비율(책임범위)의 조정:
   원고 30% : 피고 70%
3. 원고의 지급채무금액: 4,461,680원 × 0.3 = 1,338,504원

패러세일링 사고로 인한 손해배상 청구사건

사건의 개요 및 조정경과

원고는 강원도 ○○해수욕장에서 패러세일링 사업을 하고 있는데 패러세일링을 하며 체공중이던 피고들(아버지와 아들)이 견인하는 선박이 급제동하여 선박후미에 부딪히며 상해를 입은 사고와 관련하여 피고들에 대한 원고의 채무가 각 400여만 원, 200여만 원을 초과하여 존재하지 아니함의 확인을 구하는 소송을 제기. 피고들의 직업, 연령, 연봉 등을 고려하여 피고들에 대한 원고의 채무액은 1,150만 원임을 확인하고 그 금액을 지급하는 내용의 조정갈음결정으로 양측 이의 없이 확정.

조정주문

1. 피신청인들은, 신청인에 대하여, 201*. 7. 24. 13:50경 강원도 △△시 소재 ○○해수욕장 수변에서 피신청인들이 신청인('○○해양레포츠')이 운영하는 패러세일링체험을 마칠 무렵 낙하산을 예인하는 선박의 급제동으로 인하여 피신청인들이 선박후미와 부딪히며 상해를 입은 사고와 관련하여 신청인의 피신청인들에 대한 채무는 피신청인들을 합하여 금 11,500,000원을 초과하여서는 존재하지 아니함을 확인한다.
2. 신청인은 피신청인들(피신청인들 중 A가 대표로 지급받아 이를 B와 임의배분하되, 그 배분내용과 관련하여서는 신청인에게 어떠한 책임도 묻지 아니한다)에게 201*. 2. 15.까지 제1항 기재 금원 11,500,000원을 지급한다.

만일 신청인이 위 지급기일까지 위 금원을 지급하지 아니한 때에는, 신청인은 미지급금원에 대하여 지급기일 다음날부터 다 갚는 날까지 연 15%의 비율로 계산한 지연손해금을 가산하여 피신청인들에게 지급한다.

3. 신청인은 나머지 신청을 포기한다.
4. 조정비용은 각자 부담한다.

교통사고보험금채무 일부부존재확인 청구사건

사건의 개요 및 조정경과

원고 ○○택시공제조합은 원고공제조합에 가입한 개인택시가 신호위반하여 피고의 차량을 충격하여 피고가 상해를 입은 사고와 관련하여 향후치료비, 일실수입 등 채무가 120만 원을 초과하여 존재하지 아니함의 확인을 구하는 소송을 제기. 피고는 당해 교통사고로 12일 입원하고 30회 가량 통원치료 하였으며 연봉 7,800만 원의 소득자임이 확인되어 이러한 사항을 반영하여 원고의 피고에 대한 채무가 480만 원임을 확인하고 이를 지급하는 내용의 조정갈음결정하여 양측 이의 없어 확정.

조정주문

1. 피신청인은, 신청인에 대하여, 201*. 7. 4. 01:58경 서울 △△구 ◇◇동 ▽▽아파트 사거리에서 신청인 공제가입차량 서울**자**** 택시가 신호위반하여 직진하다 때마침 반대방향에서 정상 좌회전하던 피신청인 운전 **보****호 차량을 충돌하여 그 충격으로 다시 피신청인 차량이 인도 상 신호기를 재충돌하게 한 교통사고와 관련하여 신청인의 피신청인에 대한 채무[신청인이 의료기관에 지급(지급보증)한 치료비 및 피신청인 차량 수리비 제외, 입원기간의 일실수입, 통원기간의 기타 손해(교통비), 위자료 포함]는 금 4,800,000원을 초과하여서는 존재하지 아니함을 확인한다.
2. 신청인은 피신청인에게 201*. 2. 20.까지 제1항 기재 금원 4,800,000원을 지급한다. 만일 신청인이 위 지급기일까지 위 금원을 지급하지 아니한 때에는, 신청인은 미지급금원에 대하여 지급기일 다음날부터 다 갚는 날까지 연 15%의 비율로 계산한 지연손해금을 가산하여 피신청인에게 지급한다.
3. 신청인은 나머지 신청을 포기한다.
4. 조정비용은 각자 부담한다.

04 근로관계사건(임금 및 산재 포함)

택시노동조합 전별금 청구사건

사건의 개요 및 조정경과

원고는 A 택시회사를 퇴사하며 동회사의 노동조합인 피고가 퇴사자에게 지급하기로 되어 있는 전별금을 지급하지 않았다며 그 지급을 구하는 소송을 제기. 조정결과, 원고의 청구금액에서 20%를 감액한 금액을 지급하는 내용으로 조정 성립.

조정주문

1. 피신청인은 신청인에게 201*. 6. 18.까지 금 2,008,528원(신청금액 금 2,510,660원에서 20%를 공제한 금액)을 지급한다. 만일 피신청인이 위 지급의무를 이행하지 아니한 때에는 미지급금원 및 이에 대하여 연 20%의 비율로 산정한 지연손해금을 가산하여 지급한다.
2. 신청인은 나머지 신청을 포기한다.
3. 조정비용은 각자 부담한다.

체불임금 등 청구사건

사건의 개요 및 조정경과

원고들은 피고회사에서 각 10년, 7년을 근무하고 퇴사하였는데 피고가 원고들의 임금과 퇴직금을 지불하지 않는다며 체불임금청구소송을 제기. 조정과정에서 양측 간에 체불임금 지급에 관한 공정증서가 작성되어 이들 내용을 확인하는 내용의 조정갈음결정으로 양측 이의 없이 확정.

조정주문

1. 원고 1과 피고는, 피고의 원고 1에 대한 이 사건 미지급 임금 및 퇴직금 채무와 관련하여 별지 1. 201*. 10. 2.자 공증인가 법무법인 ○○종합법률사무소 작성 공정증서 20**년 제***호의 내용대로 합의한 바에 따라 피고가 이행하기로 하였음을 서로 확인한다.

2. 원고 2와 피고는, 피고의 원고 2에 대한 이 사건 미지급 임금 및 퇴직금 채무와 관련하여 별지 2. 201*. 10. 2.자 공증인가 법무법인 ○○종합법률사무소 작성 공정증서 20**년 제***호의 내용대로 합의한 바에 따라 피고가 이행하기로 하였음을 서로 확인한다.
3. 원고들은 나머지 청구를 포기한다.
4. 소송비용 및 조정비용은 각자 부담한다.

임금 등 청구사건

사건의 개요 및 조정경과

원고는 피고 회사에서 만 3년 6개월 근무 후 퇴사하였는데 임금과 퇴직금 일부 총 1,100여만 원을 지급받지 못하였다며 소송을 제기하여 1심에서 무변론 승소. 피고 항소하여 항소심 조정 회부. 1심 판결금은 체불임금확인원의 금액과 일치하고 조정기일에 출석한 피고가 1심판결의 가집행을 인정. 1심판결대로 피고가 지급한다는 내용과 소송총비용도 피고가 부담한다는 내용으로 조정갈음결정하여 이의 없이 종결.

조정주문

1. 피고(항소인, 이하 '피고'라 한다)는 원고(피항소인, 이하 '원고'라 한다)에게 금 11,860,493원과 이에 대하여 201*. 9. 16.부터 201*. 5. 10.까지는 연 5%, 그 다음날부터 다 갚는 날까지는 연 20%의 각 비율로 계산한 돈을 지급한다.
2. 소송총비용 및 조정비용은 피고가 부담한다.

퇴직금 청구사건

사건의 개요 및 조정경과

퇴직금분할약정의 효력, 퇴직금중간정산으로서는 무효인 퇴직금 상당의 금원에 대한 부당이득반환청구(상계)와 관련된 건.

원고는 피고 운수회사에서 10여 년간 근무하다 퇴직한 후 퇴직금을 받지 못하였다며 피고를 상대로 4,800여만 원을 청구하는 소송을 제기. 이에 대해 피고는 원고에게 퇴직금 중간정산 형식으로 모두 지급하였으므로 이를 무효로 할 경우 동 금원을 반환받아야 하고 원고가 퇴직금 산정 기초 임금에 포함시킨 항목 중 피고회사의 대표이사가 개인적으로 지급한 격려금이나 서울시 인센티브 등은 배제되어야 하고 피고로부터 원고가 차용한 금원을 변제하여야 한다며 3,000여만 원의 지급을 구하는 반소를 제기. 조정합의 불성립. 대법원 2007다90760 판결(퇴직금 명목의 금원을 실질적으로 지급하였으나 퇴직금 지급으로서의 효력이 인정되지 아니하는 경우 법률상 원인 없는 금원 지급이 되므로 근로자는 부당이득으로서 사용자에게 반환하여야 한다라고 판시), 양측이 제시한 퇴직금 산정 기준 등을 고려하여, 피고가 원고에게 1,000만 원을 지급하고 원고는 피고에 대한 형사고소를 취하한다는 내용의 조정갈음결정을 하여 양측 이의 없이 확정.

조정주문

1. 피고(반소원고)는 원고(반소피고)에게 201*. 5. 9.까지 금 10,000,000원을 지급한다. 만일 피고(반소원고)가 위 지급기일까지 위 금원을 지급하지 아니한 때에는, 피고(반소원고)는 미지급금원에 대하여 위 지급기일 다음날부터 다 갚을 때까지 연 20%의 비율에 의한 지연손해금을 가산하여 원고(반소피고)에게 지급한다.
2. 원고(반소피고)는 피고(반소원고)에 대한 서울○○지방법원 201*고정**** 근로기준법위반 등 형사재판건과 관련하여 피고(반소원고)에 대한 처벌을 원치 아니하며, 동 법원에 이러한 처벌불원의사를 서면으로써 제출한다. 만일 원고(반소피고)가 위 처벌불원서를 제출하지 아니하는 경우 피고(반소원고)는 확정된 본 조정을 갈음하는 결정조서를 이에 갈음하여 동 법원에 제출할 수 있다.
2. 원고(반소피고)는 나머지 청구를, 피고(반소원고)는 나머지 반소청구를 각 포기한다.
3. 소송비용 및 조정비용은 각자 부담한다.

배임으로 인한 손해배상 청구사건

사건의 개요 및 조정경과

원고 사단법인은 원고 사무국장으로 근무하였던 피고가 연말상여금, 성과금을 부당지급하고 부적절한 단체보험계약을 체결하였으며 미수회부관리를 부실하게 하고 부당한 초과근무수당을 수령하는 등 원고 사단법인에 3,700여만 원의 손해를 입혔다면서 동액의 지급을 구하는 소송을 제기. 이에 대해 피고는 원고가 주장하는 모든 회계처리 등은 상급자이자 업무총괄자인 부회장, 상근이사의 지시와 승인을 받아 처리한 것으로서 피고가 책임질 사유가 전혀 없고 한편 원고가 피고를 부당하게 해고하여 피고가 이에 불복하여 중노위 및 행정법원에서 승소하여 현재 항소심 계류 중인 사실을 밝힘. 피고는 명예회복 차원에서 복직하여 적어도 3개월 이상 근무한 후 희망퇴직하기를 바람. 원고는 피고를 복직시킬 경우 조직관리에 과도한 부담이 있음을 호소. 조정기일을 6회 속행하며 (조정안에 대해 원고 이사회의 사전 승인을 거치게 함) 최종적으로 원고가 피고를 복직시키고 피고는 복직 일에 희망퇴직하기로 하고 원고는 피고에게 해임처분이후 복직 일까지의 미지급 보수 8,400만 원을 지급하며 피고에 대한 해고관련 행정소송 및 형사고소를 모두 취하한다는 내용으로 조정갈음결정하여 양측 이의 없이 확정.

조정주문

1. 원고는 201*. 8. 31.에 피고를 원고의 직원으로 복직시키는 조치를 취하고, 피고는 같은 날 복직된 직위에서

(희망)퇴직한다.

2. 원고는, 피고에 대한 201*. 3. 30.자 해임처분과 관련하여, 피고에게 201*. 9. 15.까지 금 8,400만원(201*. 3. 30.자 원고의 피고에 대한 해임처분 이후부터 201*. 8. 31.까지의 17개월여 분 급여 합계액을 이 사건 제반 사정을 종합하여 적의 조정한 금액이다)을 지급한다. 만일 원고가 위 지급기일까지 위 금원을 지급하지 아니한 때에는, 원고는 미지급금원에 대하여 지급기일 다음날부터 다 갚을 때까지 연 20%의 비율로 계산한 지연손해금을 가산하여 피고에게 지급한다.
3. 원고는, 제1항 기재 피고의 201*. 8. 31.자 복직 및 퇴직에 맞춰, 피고에 대한 국민건강보험법, 국민연금법 등에 따른 근로자 4대 보험을 정산처리하고 피고에게 근로자퇴직급여보장법에 따른 퇴직급여를 지급한다.
4. 원고는 피고에 대한 서울고등법원 201*누***** 부당해고구제재심판정취소소송 및 서울○○경찰서에 횡령배임 등의 혐의로 고소한 사건을 모두 취하한다.
5. 가. 원고는 나머지 청구를 포기한다.

   나. 원고와 피고는, 제2항 기재 피고에 대한 201*. 3. 30.자 해임처분과 관련하여 본 조정을 갈음하는 결정 조항에서 정한 것 이외에는 원고(원고 법인의 전·현 임직원 모두를 포함한다)와 피고 상호간에 아무런 채권·채무가 없음을 확인하며, 추후 서로에 대해 일체의 재판상, 재판외 청구 또는 이의제기를 하지 아니한다.
6. 소송비용 및 조정비용은 각자 부담한다.

퇴직금 청구사건

사건의 개요 및 조정경과

원고는 피고회사에서 15년간 근무하다 퇴사하였는데 피고가 퇴직금을 지급하지 않는다며 퇴직금 5,500만여 원 및 지연손해금의 지급을 구하는 소송을 제기. 피고는 원고에게 연봉제를 적용하여 퇴직금을 지불하지 않았고 다만 원고가 고발취하하는 조건으로 위로금 명목으로 2,000만 원 정도를 지불할 용의가 있다는 입장을 제시. 조정결과, 체불금품확인원 등을 통하여 피고의 원고에 대한 퇴직금미지불사실이 인정되고 양자가 원만한 분쟁해소를 희망하여 지연손해금을 포함한 6,000만원을 2회 분할하여 지급하는 내용으로 조정 성립.

조정주문

1. 피고는 원고에게 금 6,000만원을 지급한다. 다만, 이를 2회로 분할하여 ① 201*. 5. 31.까지 3,000만 원을, ② 201*. 6. 30.까지 3,000만 원을 지급한다.
2. 만일 피고가 제1항 지급을 1회라도 지체하는 경우, 피고는 기한의 이익을 상실하고 즉시 원고에게 미지급액 전액 및 이에 대하여 지체일로부터 다 갚을 때까지 연 20%의 비율로 계산한 지연손해금을 가산하여 지급한다.

3. 원고는 나머지 청구를 포기한다.

4. 소송비용 및 조정비용은 각자 부담한다.

산업재해로 인한 위자료 등 손해배상 청구사건

사건의 개요 및 조정경과

원고는 중국국적의 근로자로서 소외 A사와 근로계약을 맺고 파견된 피고 회사 내 작업장에서 작업을 하던 중 리프트문이 갑자기 내려오면서 턱과 목 부위를 압착당하여 얼굴열상, 안면부근육 손상 등의 상해를 입고 근로복지공단에서 휴업급여와 치료비 등을 지급받은 후 다시 피고회사를 상대로 위자료와 향후치료비 등 명목으로 4,300여만 원을 청구. 피고회사는 소외 A사에게 노무도급(파견근로)을 한 것이 아니라 물량도급을 하였고 A사는 피고회사의 공간과 장비를 무상대여 받아 A사의 감독 하에 원고 등 근로자들의 업무를 지휘감독하였으므로 자신의 책임이 없다고 주장. 조정기일을 3회 속행하여 500만 원을 지급하는 내용으로 조정 성립.

조정주문

1. 피고는 원고에게 201*. 7. 25.까지 금 500만 원을 지급한다. 다만, 그 지급은 원고의 은행계좌(○○은행 ******-**-******, 예금주 △△△)로 입금하는 방식으로 한다. 만일 피고가 위 지급기일까지 위 금원을 지급하지 아니한 때에는, 피고는 미지급금원에 대하여 지급기일 다음날부터 다 갚을 때까지 연 20%의 비율로 계산한 지연손해금을 가산하여 원고에게 지급한다.
2. 원고는 나머지 청구를 포기한다.
3. 소송비용 및 조정비용은 각자 부담한다.

부당해고에 따른 근로자 지위확인 및 임금지급 청구사건

사건의 개요 및 조정경과

원고는 피고 방송사의 시사프로그램의 PD로 채용되어 8년가량 근무하다 업무위탁계약이 해지되어 사실상 해고된 근로자로서 피고의 해고처분은 부당한 해고로서 무효라고 주장하며 해고기간 동안의 임금 지급을 구하는 소송을 제기. 피고는 이에 대해 원고는 피고와 사용종속관계에 있는 근로자가 아니고 위탁계약에 따른 수임인이자 사업자로서 사업소득을 지급받았다고 주장. 판례에 따르면 원고에게는 실질적인 근로자로서의 지위가 인정되는 것이 타당할 것으로 보이나 현실적으로 원고의 피고 방송사로의 복직이 용이하지 않는 점 등을 감안하여 피고가 원고에게 원고 해고기간의 임금 총액 5,700만 원을 지급하고 원고는 나머지 청구를 포기한다는 내용(결정 이유 기재)으로 조정갈음결정하여 양측 이의 없이 확정.

조정주문

*** 결정사항**

1. 피고는 원고에게 201*. 9. 30.까지 금 57,000,000원을 지급한다. 만일 피고가 위 지급기일까지 위 금원을 지급하지 아니한 때에는, 피고는 미지급금원에 대하여 위 지급기일 다음날부터 다 갚을 때까지 연 20%의 비율에 의한 지연손해금을 가산하여 원고에게 지급한다.
2. 원고는 나머지 청구를 포기한다.
3. 소송비용 및 조정비용은 각자 부담한다.

*** 결정 이유**

원고가 실질적으로 피고의 근로자였던 점, 피고의 원고에 대한 201*. 5. 31.자 '업무위탁계약해지' 통지는 부당한 해고처분에 해당하여 무효인 점을 인정하고, 원고가 이 사건 소송에서 피고와의 사이의 고용계약에 기한 근로자 지위의 확인을 구하고는 있으나 현재 원고가 다른 직장에 재취업하여 근무하고 있고 원고와 피고 소속 임·직원과의 호혜신뢰관계가 붕괴되어 원고의 피고회사로의 복직 근무가 현실적으로 용이하지 않은 점, 원고가 '① 부당해고 다음날인 201*. 6. 1.부터 조정성립시점까지의 기간 동안의 원고의 임금(평균임금의 70%) 및 ② 원고의 총근무기간(입사일인 200*. 8. 28.이후 조정성립시점)에 대한 퇴직금의 지급을 받는 대신, 복직 및 나머지 금원 청구를 포기'하는 조정안을 제시한 점 등을 감안하여, 피고의 원고에 대한 지급액을 57,000,000원 {① 임금: 원고의 해고 당시 월평균급여 월 3,570,000원 × 15개월(201*. 6. 1. ~ 201*. 8. 31.) × 0.7 = 37,485,000원. ② 퇴직급여: 3,570,000원 × 8년(200*. 8. 28. ~ 201*. 8. 31.) × 0.7(원고가 퇴직급여에 대해서는 70%적용을 제시하지 않았으나 원만한 조정을 위하여 이에 대해서도 70%를 적용함) = 19,992,000원. ① + ② = 57,477,000원. 그중 백만 원 미만 단위 버림}으로 정하고, 원고는 나머지 청구를 포기하는 것으로 결정하였음.

임금 등 청구사건

사건의 개요 및 조정경과

원고는 피고 상가운영위원회의 상가건물 관리소장으로 6년여 간 근무하면서 건물옥상에 이동통신사 기지국 장비설치 면적을 임대하여 임대료 수익을 확보하게 하여 피고가 그에 대한 보상금조로 원고 퇴임 시 1,450만 원을 지급하기로 결의하였음에도 이를 지급하지 아니하고 원고의 체불 임금 및 퇴직금 1,100여만 원을 지급하지 아니하는 등 총 3,400여만 원을 지급하지 않았으므로 그 지급을 구한다는 소송을 제기. 이에 대해 피고는 원고가 이동통신사로부터 임대료 3,900여만 원과 전기요금 지원금 2,500여만 원을 원고 개인의 계좌로 받아 이를 횡령하였고(징역 6월, 집행유예 2년 확정) 원고의 체불임금과 원고의 횡령금액 중 대등액을 상계하기로 이미 합의하였으며 피고가 원고를 상대로 별소로 횡령금반환소송을 제기하였음을 주장. 양자 간의 분쟁을 일괄 해소하는 차원에서, 원고는 본 청구를 포기하고, 피고는 원고에 대한 별건 횡령금반환

소송을 취하하는 대신 원고는 피고에게 횡령금 중 감액된 2,500만 원을 임의 변제하기로 하는 내용으로 조정갈음결정하여 양측 이의 없이 확정.

조정주문

1. 원고는 이 사건 청구를 포기한다.
2. 피고는 원고에 대한 서울○○지방법원 201*가단**** 손해배상(기) 소{이동통신사 임대료 횡령금 3,690만 원(관련 형사판결: 서울△△지방법원 201*고단**** 업무상횡령) 반환 청구}를 취하한다.
3. 원고는 피고에게 201*. 12. 31.까지 제2항 기재 사건과 관련하여 변상금 2,500만 원을 지급한다. 만일 원고가 위 지급기일까지 위 금원을 지급하지 아니한 때에는, 원고는 미지급금원에 대하여 지급기일 다음날부터 다 갚을 때까지 연 20%의 비율로 계산한 지연손해금을 가산하여 피고에게 지급한다.
4. 소송비용 및 조정비용은 각자 부담한다.

퇴직임원의 체불임금 등 청구사건

사건의 개요 및 조정경위

퇴직한 임원(원고)이 전 소속 회사(피고 2)를 상대로 체불임금과 퇴직금, 대여금 청구.

아울러 자신에게 회사주식을 매도한 대표이사 개인(피고 1)을 상대로 주식매도가 사기여서 계약을 취소하고 편취금(주식대금)을 반환하라는 청구.

2회 기일 속행하여 양자 조정 결과, 피고 회사는 체불임금의 일부와 대여금은 지급하고, 원고는 퇴직금은 포기(판례상 임원도 퇴직금 지급받을 권리 보장되지만)하며, 피고 대표이사는 처음 원고에게 매도했던 가격대로 원고로부터 주식을 되사는 것으로 하고 원고는 그에 대한 형사고소를 취하하는 것으로 마무리.

조정주문

1. 피고 주식회사 A는 원고에게 201*. 12. 10.까지 체불임금 금 2,000,000원을 지급한다. 만일 피고 주식회사 A가 위 지급기일까지 위 금원을 지급하지 아니한 때에는, 피고 주식회사 A는 미지급금원에 대하여 지급기일 다음날부터 다 갚을 때까지 연 20%의 비율로 계산한 지연손해금을 가산하여 원고에게 지급한다.
2. 피고 주식회사 A는 원고에게 201*. 12. 31.까지 차용금 10,000,000원을 지급한다. 만일 피고 주식회사 A가 위 지급기일까지 위 금원을 지급하지 아니한 때에는, 피고 주식회사 A는 미지급금원에 대하여 지급기일 다음날부터 다 갚을 때까지 연 20%의 비율로 계산한 지연손해금을 가산하여 원고에게 지급한다.
3. 피고 B는 201*. 12. 31.까지 원고로부터 주식회사 A 주식 20,000주를 1주당 1,500원씩으로 총 30,000,000원에 매입하고, 원고는 같은 조건으로 동 주식을 피고 B에게 매도한다. 위 매입대금의 지급과 주식 교부(계좌 이체)는 동시에 이행한다.

4. 원고는 피고 B에 대한 고소(소관청 ○○경찰서)를 즉시 취하하고, 고소취하서 미작성시 피고 B가 본 조정조서를 고소취하서에 갈음하여 소관청에 제출하는 데에 이의를 제기하지 아니한다.
5. 원고는 나머지 청구를 포기한다.
6. 소송비용 및 조정비용은 각자 부담한다.

임금 청구사건

사건의 개요 및 조정경과

원고는 피고회사에서 근무하다 퇴직한 이후 체불임금 690여만 원을 청구하는 소송을 제기. 1심에서 공시송달에 의한 무변론판결로 피고 패소. 피고의 추완항소로 항소심 조정회부. 피고가 실제 지급한 금원을 공제한 실제 체불금액은 2,225,319원인 것으로 확인됨. 피고가 원고에게 동 금액을 지급하고 동 지급 즉시 원고는 피고에 대한 채권가압류신청을 취하한다는 내용으로 조정갈음결정하여 양측 이의 없이 확정.

조정주문

1. 피고(항소인)는 원고(피항소인)에게 201*. 1. 31.까지 금 2,225,319원을 지급한다. 만일 피고(항소인)가 위 금원을 위 지급기일까지 지급하지 아니한 때에는, 피고(항소인)는 원고(피항소인)에게 미지급금원 및 이에 대하여 지급기일 다음날부터 다 갚는 날까지 연 20%의 비율로 계산한 지연손해금을 가산하여 지급한다.
2. 원고(피항소인)는 제1항 기재 지급을 받은 경우 즉시 피고(항소인)에 대한 서울○○지방법원 201*카단**** 채권가압류결정신청취하 및 집행해제를 신청한다.
3. 원고(피항소인)는 나머지 청구를 포기한다.
4. 소송총비용 및 조정비용은 각자 부담한다.

손해배상(산) 청구사건

사건의 개요 및 조정경과

원고는 피고 1이 운영하는 회사에 입사하여 지게차 운전자로 근무하던 중 회사 작업장 내에서 피고 2가 운전하는 페이로더가 원고가 운전하는 지게차를 충돌하여 원고가 고환 결손, 다리 골절 등 중상해를 입었다며 피고 1, 2를 상대로 향후 일실수입, 향후치료비, 위자료 등 3,000만 원(향후 일실수입은 추후 신체감정으로 확정)의 지급을 구하는 소송을 제기. 조정 심리 과정에서, 사고 당시 원고가 피고 2의 작업상황을 살피지 않고 막연히 빠른 속도로 후진하다 피고 2의 작업반경에 들어가 사고가 난 경위가 확인되어 원고의 과실이 큰 점, 원고가 피고들의 협조로 산재처리되어 이미 휴업급여, 요양급여, 장해급여로 7,200여만 원을 수령한 점,

산재급여 이외에 피고 1이 원고에게 2,500만 원을 지급한 사실 등이 확인되었고, 원고는 피고들에 대한 소를 취하하고 피고들은 이에 동의하기로 하는 내용으로 임의조정 성립.

조정주문

1. 원고는 피고들로부터 201*. 4. 28. 이 사건 청구원인과 관련하여 손해배상금조로 2,500만 원을 지급받았음을 확인한다.
2. 원고는 이 사건 소를 취하하고, 피고들은 이에 동의한다.
3. 원고와 피고들은 이 사건 청구원인과 관련하여 상호간에 더 이상의 채권채무가 없음을 확인하고, 향후 이와 관련하여 서로에 대하여 일체의 재판상, 재판외 청구 또는 이의제기를 하지 아니한다.
4. 소송비용 및 조정비용은 각자 부담한다.

임금 청구사건

사건의 개요 및 조정경과

원고들이 자신들의 사용자인 하수급인 피고 1과 직상수급인 피고 2에 대해 체불임금의 지급을 구하는 소송을 제기. 체불임금확인원에 따른 금액을 피고들이 연대하여 지급한다는 내용으로 조정갈음결정하여 양측 이의 없이 확정.

조정주문

1. 피고들은 연대하여 201*. 7. 31.까지 별지 1. '원고들의 표시' 기재 원고(선정당사자) 및 선정자들에게 별지 2. '임금계산표' 기재 '체불임금'란의 각 해당금액을 지급한다. 만일 피고들이 위 지급기일까지 위 각 금원을 지급하지 아니한 때에는, 피고들은 미지급금원 및 이에 대하여 위 지급기일 다음날부터 다 갚는 날까지 연 20%의 비율에 의한 지연손해금을 각 가산하여 원고(선정당사자) 및 선정자들에게 지급한다.
2. 원고(선정당사자) 및 선정자들은 나머지 청구를 각 포기한다.
3. 소송비용 및 조정비용은 각자 부담한다.

임금 청구사건

사건의 개요 및 조정경과

원고는 피고가 운영하는 한정식 식당에서 근로를 제공하였는데 피고가 970만 원의 임금을 체불하자 피고를 고소함과 동시에 민사소송을 제기. 피고는 벌금 200만 원을 선고받았음. 민사 소액 1심에서 전부패소한 피고가 항소. 항소심에서 조정 회부. 조정과정에서 피고가 원고에게 170만 원을 감한 800만 원을 5회 분할 지급하되 1회라도 지체 시 원고 청구액 전액을 지연이자와 함께 지급하는 내용으로 임의조정 성립.

조정주문

1. 피고(항소인, 이하 '피고'라 한다)는 원고(피항소인, 이하 '원고'라 한다)에게 금 8,000,000원을 지급한다. 다만, 이를 5회로 분할하여 ① 201*. 8. 31.까지 1,000,000원을, ② 201*. 9. 30.까지 1,000,000원을, ③ 201*. 10. 31.까지 1,000,000원을, ④ 201*. 11. 30.까지 2,500,000원을, ⑤ 201*. 12. 31.까지 2,500,000원을 원고의 은행계좌(○○ **************, 예금주 △△△)로 입금 지급한다.
2. 만일 피고가 제1항 기재 분할지급을 1회라도 지체하는 경우, 피고는 분할 및 기한의 이익을 상실하고 즉시 원고에게 미지급액 전액에 1,700,000원을 더한 돈 및 이 '미지급액 전액에 1,700,000원을 더한 돈'에 대하여 지체일로부터 다 갚을 때까지 연 20%의 비율로 계산한 지연손해금을 가산하여 지급한다.
3. 원고는 나머지 청구를 포기한다.
4. 소송총비용 및 조정비용은 각자 부담한다.

와인페스티벌기획행사 실패에 따른 손해배상 청구사건

사건의 개요 및 조정경과

원고는 피고를 채용하였는데 피고의 부탁으로 피고의 거처를 마련하기 위한 임대차보증금을 지원하고 피고가 기획하고 추진한 와인페스티벌에 8,200여만 원을 투자하여 행사를 진행하였으나 비용만 모두 날리고 막대한 손해만 보았다며 피고를 상대로 형사고소한 후 고소취하 조건으로 8,400여만 원의 변제를 약속받고 고소를 취하하였으나, 피고가 그 약속을 지키지 않는다며 다시 고소함과 아울러 8,400여만 원의 지급을 구하는 소송을 제기. 조정 심리 결과, 피고는 피고의 후배를 원고 회사에 입사시키는 과정에서 그 후배의 거주지를 마련하기 위한 보증금을 피고가 책임지는 것으로 하였고 이후 전차금상계를 금지하는 근로기준법에 반하여 원고가 일방적으로 피고의 급여에서 동 보증금을 상계처리 하였고 피고에 대한 임금도 체불하였다고 주장하였고, 이와 관련하여 피고가 원고를 상대로 형사고소와 함께 민사재판을 제기하여 진행 중인 사실이 확인됨. 피고가 원고의 용역을 받아 행사를 기획하여 진행한 것이 아니고 원고의 직원으로서 사업아이디어를 제시하였고 이를 원고가 채택하여 진행하였기에 그 결과 행사가 실패했다 하여 소요비용 변상책임을 피고에게 묻는 것은 부당하다는 점을 이해시키는 한편, 피고의 치밀하지 않은 제안으로 인하여 원고에게 결과적으로 큰 손실이 발생한 점, 피고의 체불임금액이 200만 원이 안 되는 점 등을 감안하여 쌍방 간의 모든 분쟁을 일괄하여 해소하기로 하는 내용으로 임의조정 성립.

조정주문

1. 원고는 피고에 대한 이 사건 소를 취하하고, 피고는 이에 동의한다.

2. 피고는 원고에 대한 서울○○지방법원 201*가소**** 임금청구의 소를 취하하고, 같은 법원 201*고정**** 근로기준법위반(임금체불) 관련 형사고소, 서울고등검찰청 201*고불항**** (사문서위조) 관련 형사고소 및 항고를 취하한다. 피고는 원고를 상대로 한 고용노동부에 대한 연장근로, 체불수당 등에 대한 진정을 일체 취하한다. 원고는 위 소의 취하에 동의한다. 피고는 원고가 위 형사재판과 관련하여 고소취하서에 갈음하여 본 조정조서를 담당재판부에 제출하는 것에 동의한다.
3. 원고는 피고에 대한 서울○○지방검찰청에 제기한 형사고소 201*형제*****호(현 수사관서 서울△△경찰서)를 취하하고 원만한 사건종결을 위하여 노력한다.
4. 원고와 피고는 이 사건 청구원인 및 양자 간의 임금수당정산과 관련하여 본 조정조서에서 정한 사항 이외에는 양자 사이에 어떠한 채권채무도 없음을 확인하고, 향후 이와 관련하여 서로에 대하여 일체의 재판상, 재판외 청구 또는 이의제기를 하지 아니한다.
5. 소송비용 및 조정비용은 각자 부담한다.

퇴직금 청구사건

사건의 개요 및 조정경과

원고는 피고회사에서 근무하다 퇴사하였는데 2,700여만 원의 퇴직금을 받지 못하였다며 소송을 제기하여 1심에서 전승. 피고가 항소하여 항소심 조정회부. 피고는 원고를 비롯한 직원들에게 시급제를 적용하여 급여에 퇴직금을 합산하여 지급하였고 이미 지급한 부분은 부당이득으로서 상계처리 되어야 하고 또한 원고와 피고 간에 상계합의가 있었음에도 원고가 소를 제기하였다고 주장. 조정합의 불성립. 급여에 합산하여 기지급 된 금액이 800여만 원임을 감안하여 피고가 2,000만 원을 지급한다는 내용으로 조정갈음결정하여 양측 이의 없이 확정.

조정주문

1. 피고(항소인, 이하 '피고'라 한다)는 원고(피항소인, 이하 '원고'라 한다)에게 201*. 3. 31.까지 금 20,000,000원을 지급한다. 만일 피고가 위 금원을 위 지급기일까지 지급하지 아니한 때에는 미지급금원 및 이에 대하여 지급기일 다음날부터 다 갚는 날까지 연 15%의 비율로 계산한 지연손해금을 가산하여 지급한다.
2. 원고는 나머지 청구를 포기한다.
3. 소송총비용 및 조정비용은 각자 부담한다.

손해배상(산) 청구사건

사건의 개요 및 조정경과

원고는 피고의 작업장에서 통신설비 작업 후 주변정리 하던 중 줄에 걸려 넘어져 공사현장 아래로 추락하여 요추 1번 압박골절의 중상해를 입었다며 피고의 안전관리소홀을 이유로 2,500만 원의 위자료 등 청구소송을 제기. 피고는 원고의 사고가 원고가 스스로 안전대를 무리하게 당기다가 뒤로 넘어져 다친 사고이고, 피고는 평소 정기, 수시 안전교육을 실시하고 안전장구를 지급하였으며 현장 감독도 철저히 하였다고 주장. 산재처리가 원만하게 된 점, 원고의 과실이 크다 하더라도 추락방지를 위한 시설물을 설치하지 아니한 피고의 책임 등을 감안하여 피고가 900만 원을 지급한다는 내용으로 조정갈음결정하여 양자 이의 없이 확정.

조정주문

1. 피고는 원고에게 201*. 4. 30.까지 금 9,000,000원을 지급한다. 만일 피고가 위 지급기일까지 위 금원을 지급하지 아니한 때에는, 피고는 미지급금원 및 이에 대하여 위 지급기일 다음날부터 다 갚는 날까지 연 15%의 비율에 의한 지연손해금을 가산하여 원고에게 지급한다.
2. 원고는 나머지 청구를 포기한다.
3. 소송비용 및 조정비용은 각자 부담한다.

퇴직금 등 청구사건

사건의 개요 및 조정경과

원고는 피고회사의 사내협력업체인 소외 A사 소속 용접공이었으나 사실상 피고의 근로자로서 근무한 기간 동안 지급받지 못한 수당, 퇴직금 등 6,200여만 원의 지급을 구하는 소송을 제기. 피고는 원고는 피고와 묵시적 근로계약 내지 파견계약이 성립하지 않으며 근로기준법상 직상수급인의 귀책사유도 없으며 원고는 소외 A사와 포괄임금계약에 따라 모든 급여를 지급받았으므로 A사에 대한 체불임금도 없다고 주장. 특히 피고에 대한 법인회생절차가 개시됨. 소송절차의 자동중단과 소송수계의 필요성, 소의 이익 등을 종합 감안하여 원고가 소를 취하하고 피고는 이에 동의한다는 조정갈음결정으로 양자 이의 없이 확정.

조정주문

1. 원고는 이 사건 소를 취하하고, 피고는 이에 동의한다.
2. 소송비용 및 조정비용은 각자 부담한다.

산업재해에 따른 손해배상 청구사건

사건의 개요 및 조정경과

원고는 중국교포인데 피고의 일용직 근로자로 고용되어 건설현장에서 작업 중에 3미터 아래로 떨어져 중상해를 입었다며 피고를 상대로 소송을 제기. 피고는 원고가 피고의 직원이 아닌 피고의 하청업체에 고용된 인부일 뿐이고 또한 사고당일 작업일보에는 피고가 기재되어 있지 않다고 주장. 조정심리결과, 피고는 사고 당시 작업일부에 다른 사람 이름으로 기재하고 작업하다가 추락하여 다친 사실, 사고 직후 병원에 후송되어 치료를 받음과 동시에 산재신청 하였으나 소속회사가 명확하지 않고 일보상의 이름이 나타나지 않는다는 이유로 산재처리가 제대로 이루어지지 못하고 종결된 사실을 확인할 수 있었기에, 피고회사가 원고에 대한 산재처리하고 위로금 400만 원을 지급하기로 하는 내용으로 임의조정 성립.

조정주문

1. 피고는 원고에 대한 산업재해보상보험법에 따른 업무상 재해 인정 및 보험급여 지급처리를 위한 사용자로서의 협조에 만전을 기한다.
2. 피고는 원고에게 201*. 3. 15.까지 위로금 금 4,000,000원을 지급한다. 만일 피고가 위 지급기일까지 위 금원을 지급하지 아니한 때에는, 피고는 미지급금원에 대하여 지급기일 다음날부터 다 갚을 때까지 연 15%의 비율로 계산한 지연손해금을 가산하여 원고에게 지급한다.
3. 원고는 나머지 청구를 포기한다.
4. 소송비용 및 조정비용은 각자 부담한다.

손해배상(산) 청구사건

사건의 개요 및 조정경과

신청인은 피신청인 1 회사의 물류창고에서 임시직으로 일을 하던 중 피신청인 1 회사의 작업반장과 정규직 직원들로부터 부당한 비인격적 대우를 받고 산업안전보건법상의 안전조치 없이 무거운 물품을 옮기는 작업을 하였다며 피신청인 1 회사와 동 회사의 대표이사인 피신청인 2를 상대로 500,000원의 위자료 지급을 구하는 조정신청. 조정과정에서 피신청인들이 신청인에게 유감을 표명하고 400,000원을 지급하는 내용으로 임의조정 성립.

조정주문

1. 피신청인들은 공동하여 신청인에게 201*. 10. 7.까지 금 400,000원을 지급한다. 그 지급은 신청인의 은행계좌(○○은행 ****-***-******)로 입금하는 방식으로 한다. 만일 피신청인들이 위 지급기일까지 위 금원을

지급하지 아니한 때에는, 피신청인들은 미지급금원에 대하여 지급기일 다음날부터 다 갚을 때까지 연 15%의 비율로 계산한 지연손해금을 가산하여 신청인에게 지급한다.

2. 신청인은 이 사건 신청을 취하한다.
3. 신청인과 피신청인들은, 이 사건 청구원인과 관련하여 본 조정조서에서 정한 사항 이외에는 양자 사이에 어떠한 채권채무도 없음을 확인하고, 향후 이와 관련하여 서로에 대하여 일체의 재판상, 재판외 청구 또는 이의제기를 하지 아니한다.
4. 조정비용은 각자 부담한다.

임금 청구사건

사건의 개요 및 조정경과

원고는 피고 주택재개발조합 이사로 근무하였는데 보수를 받지 못하였다면서 4,800여만 원의 지급을 구하는 소송을 제기. 원고가 피고의 이사로 선임된 임시총회결의무효확인판결을 통하여 원고의 이사지위 및 이사로서 근무한 사실은 인정되기 어려워 원고가 소를 취하한다는 내용의 조정갈음결정으로 이의 없이 확정.

조정주문

1. 원고는 이 사건 소를 취하하고, 피고는 이에 동의한다.
2. 소송비용 및 조정비용은 각자 부담한다.

퇴직금 청구사건

사건의 개요 및 조정경과

원고는 중국교포로서 피고가 운영하는 갈비집에서 4년간 근무하였는데 피고가 자신의 퇴직금을 지급하지 않았다며 퇴직금 840만 원의 지급을 구하는 소송을 제기. 피고는 원고의 계속근로기간이 1년 미만의 근로자에 해당(원고의 사정에 의해 수차례 근로와 해지를 반복하였음)하여 퇴직금지급의무가 없다고 주장. 또 피고는 원고가 퇴직 시마다 위로금을 지급하였다고 주장. 이에 반해 원고는 자신이 손목이 아파 한 달 간 쉬거나 부친이 사망하여 중국에 한 달 간 다녀온 것 이외에는 계속 4년간 근무하였다고 주장. 원고는 피고에게 4대 보험 혜택을 부여하면서도 피고에게 지급한 급여 내역을 제시하지 못하였음. 당사자 간 조정합의 불성립. 400만 원을 지급하는 내용의 조정갈음결정으로 양측 이의 없이 확정.

조정주문

1. 피신청인은 신청인에게 201*. 2. 10.까지 금 4,000,000원을 지급한다. 만일 피신청인이 위 지급기일까지 위 금원을 지급하지 아니한 때에는, 피신청인은 미지급금원에 대하여 위 지급기일 다음날부터 다 갚는 날까지 연 15%의 비율에 의한 지연손해금을 가산하여 신청인에게 지급한다.
2. 신청인은 나머지 신청을 포기한다.
3. 조정비용은 각자 부담한다.

추심금 청구사건

사건의 개요 및 조정경과

원고는 소외 A회사에 대한 1억8,400여만 원의 임금청구판결금채권을 가지고 있고 A회사의 채권을 압류하여 일부 추심하고 피고에 대한 A회사의 임대료채권도 압류추심하였으나 피고가 임의로 지급하지 않자 1억 7,800여만 원의 추심금 소송을 제기. 양측 조정합의는 불성립하였으나, 피고의 A회사에 대한 미지급임대료채무의 존재는 명확하여 원고의 청구금액을 일부 감액한 1억 7,800만 원을 피고가 지급하는 내용의 조정갈음결정으로 양측 이의 없이 확정.

조정주문

1. 피고는 원고에게 201*. 2. 28.까지 금 178,000,000원을 지급한다. 만일 피고가 위 지급기일까지 위 금원을 지급하지 아니한 때에는, 피고는 미지급금원 및 이에 대하여 위 지급기일 다음날부터 다 갚는 날까지 연 15%의 비율에 의한 지연손해금을 가산하여 원고에게 지급한다.
2. 원고는 나머지 청구를 포기한다.
3. 소송비용 및 조정비용은 각자 부담한다.

05 대여금사건

대여금 청구사건

사건의 개요 및 조정경과

원고 부부(탈북자 부부)는 새터민 적응교육 중 알게 된 피고 부부(탈북자 부부)로부터 된장 제조사업을 함께 하자는 제안을 받고, 원고 부부는 서울생활을 청산하고 현금 5,900만 원을 마련하여 피고 부부에게 송금하고 곧바로 경남 ○○ 된장제조 농장으로 내려가 함께 일을 하였으나 몇 개월 후 두 부부 사이에 갈등이 생겨 원고 부부는 관계 청산을 선언하고 서울로 올라 왔고 빌려 준 돈 5,900만 원의 반환을 요구하였으나 피고 부부가 이를 차일피일 미루자 그 지급을 구하는 소송 제기. 재판부 조정회부.

소송과정에서 피고 부부는 5,900만 원은 빌린 돈이 아니라 원고 부부가 투자한 돈이며, 원고 부부가 ○○ 농장에 머무르는 동안 지출된 생활비, 급여 명목의 지급금 등이 공제되어야 한다는 주장을 하여 옴.

조정에서 상임조정위원은 탈북자끼리 서로 상부상조하는 초심을 회복할 것을 양측에 주문하고, 피고 부부에게 설사 차용금이 아닌 투자금이라 하더라도 이를 통해 피고 부부의 설비시설을 갖추게 되었고 그 소유권은 100% 피고 부부가 가지고 있으므로 원고 부부가 동업관계를 해지한 이상 이를 반환해주는 것이 맞고 특히 그 돈은 원고 부부의 전 재산이나 다름없다는 점을 이해시키고, 한편 원고 부부에게도 피고 부부가 곧바로 전액 변제할 형편이 되지 않으므로 된장 판매금의 회수 주기에 맞춰 분할하여 받는 것을 수용하라고 설득함. 결국, 5,900만원 전액을 변제하되 2015.말까지 6회로 분할하여 변제하기로 하고 다만 분할 변제기한을 지체하는 경우 기한이익을 상실한다는 조건을 부여하는 조정안으로 조정 성립.

조정주문

1. 피고들은 연대하여 원고에게 금 59,000,000원을 지급하되, 이를 6회로 분할하여 ① 201*. 6. 10까지 10,000,000원을, ② 201*. 12. 10.까지 10,000,000원을, ③ 201*. 6. 10.까지 10,000,000원을, ④ 201*. 12. 10.까지 10,000,000원을, ⑤ 201*. 6. 10.까지 10,000,000원을, ⑥ 201*. 12. 10까지 9,000,000원을 지급한다.
2. 만일 피고들이 제1항 기재 변제기한을 1회라도 지체하는 경우 기한이익을 상실하고 즉시 원고에게 미지급잔액을 모두 지급하며, 지체일로부터 다 갚을 때까지 미지급잔액에 대하여 연 20%의 지연손해금을 가산하여 지급한다.
3. 원고는 나머지 청구를 포기한다.

4. 소송비용 및 조정비용은 각자 부담한다.
5. 원고와 피고들은 양자 간의 이 사건 분쟁이 위와 같이 원만히 해결되었음을 상호 확인하고, 향후 양 가족 간의 분쟁을 일체 청산하고 우의를 돈독히 할 것을 맹세한다.

대여금 청구사건

사건의 개요 및 조정 경과

택시기사이자 총각인 원고가 199*. 택시 승객인 피고를 만나 교제 시작. 피고는 자신이 미혼이며 교육자 집안이라고 하며 원고에게 집안 일로 필요하다면서 돈을 빌리기 시작함. 3억 원이 넘는 돈을 빌려준 후 피고가 두 딸을 가진 유부녀임이 밝혀짐. 원고는 피고에게 대여금 3억 원 반환 청구. 피고는 증여 성격의 돈이었다고 주장.

조정과정에서, 피고의 책임 있는 자세를 촉구하고, 원고에게도 피고로부터 현실성 있는 변제약속을 받을 필요가 있음을 설득. 매월 30만 원씩 분할하여 1억 원을 변제하되, 지체금액이 90만 원에 이르면 기한의 이익을 상실하고 잔여 미지급금액 및 2억 원을 가산하여 지급한다는 조정안으로 임의조정 성립.

조정주문

1. 피고는 원고에게 금 100,000,000원을 지급한다. 다만, 201*. 6.부터 위 금원을 모두 변제할 때까지 매월 300,000원씩 분할하여 지급하되, 원고의 은행계좌(○○은행 ******-**-******, 예금주 △△△)로 매월 25일까지 입금하여 지급한다.
2. 만일 피고가 제1항 지급의무를 지체하여 그 지체된 금액이 총 900,000원에 이르게 된 때에는, 피고는 기한의 이익을 상실하고 즉시 나머지 미지급금액 및 금 200,000,000원을 지급한다.
3. 원고는 나머지 청구를 포기한다.
4. 소송비용 및 조정비용은 각자 부담한다.

대여금 청구사건

사건의 개요 및 조정경과

원고는 피고에게 3,500만 원을 대여하였는데 돌려받지 못하자 원금과 지연손해금의 지급을 구하는 소송을 제기. 조정결과 3,500만 원을 4회 분할 지급하는 내용으로 조정 성립.

조정주문

1. 피고는 원고에게 금 35,000,000원을 지급한다. 다만, 이를 4회로 분할하여 ① 201*. 7. 31. 금 10,000,000원

을, ② 201*. 9. 30. 금 10,000,000원을, ③ 201*. 11. 30. 금 10,000,000원을, ④ 201*. 1. 31. 금 5,000,000원을 지급한다.

2. 만일 피고가 제1항 기재 지급을 1회라도 지체하는 경우, 피고는 기한의 이익을 상실하고 즉시 원고에게 미지급금원 전액 및 이에 대하여 지체일로부터 다 갚을 때까지 연 20%의 비율로 계산한 지연손해금을 가산하여 지급한다.
3. 원고는 나머지 청구를 포기한다.
4. 소송비용 및 조정비용은 각자 부담한다.

대여금반환 청구사건

사건의 개요 및 조정경과

원고는 자신이 근무하는 자동차공업사 사장인 피고에게 동업 조건으로 1,000만 원을 대여하였으나 상호 불화로 동업을 종결하고 대여금 반환을 요구하였으나 피고가 응하지 않자 소송을 제기. 1심(소액사건)에서 전부패소 후 피고가 항소. 항소심 조정 회부. 조정심리과정에서 피고는 원고가 대여금이 아닌 동업 운영자금조로 투자하였고 동업기간 동안 원고에게 수익을 일부 나눴으며 동업이 원고의 잘못으로 파탄되었다고 주장하였으나 입증자료는 없었음. 지연손해금을 제외한 원금 1,000만 원을 10회 분할 지급하는 내용으로 조정 성립.

조정주문

1. 피고(항소인, 이하 '피고'라 한다)는 원고(피항소인, 이하 '원고'라 한다)에게 금 10,000,000원을 지급한다. 다만, 이를 10회로 분할하여 ① 201*. 6. 30, ② 201*. 7. 31, ③ 201*. 8. 31, ④ 201*. 9. 30, ⑤ 201*. 10. 31, ⑥ 201*. 11. 30, ⑦ 201*. 12. 31, ⑧ 201*. 1. 31, ⑨ 201*. 2. 28, ⑩ 201*. 3. 31.에 각 1,000,000원씩을 지급하며, 그 지급은 위 각 지급기일까지 피고가 원고의 은행계좌(○○은행 ***-**-******)로 위 각 지급금원을 이체입금 하는 방식으로 한다.
2. 만일 피고가 제1항 기재 의무이행을 1회라도 지체하는 경우에는, 피고는 기한의 이익을 상실하고, 즉시 미지급금원 전액 및 이에 대하여 지체한 지급기일 다음날부터 다 갚을 때까지 연 20%의 비율로 계산한 지연손해금을 가산하여 지급한다.
3. 원고는 나머지 청구를 포기한다.
4. 소송비용(1심, 2심 합하여) 및 조정비용은 피고가 부담한다.

카드사용대금 청구사건

사건의 개요 및 조정경과

피고는 A백화점의 신용카드를 발급받아 지인에게 빌려주었는데 그 지인이 동 카드를 사용하여 임의소비 후 변제하지 않았고 이후 A백화점은 원고 추심업체에 피고에 대한 채권을 양도하였고, 이에 원고가 피고를 상대로 카드대금, 연체료 등을 합한 250만여 원의 지급을 구하는 소송을 제기. 조정결과, 피고가 150만 원을 2회 분할 지급하는 내용으로 조정 성립.

조정주문

1. 피신청인은 신청인에게 금 1,500,000원을 지급한다. 다만, 이를 2회로 분할하여 ① 201*. 6. 30.까지 금 750,000원을, ② 201*. 7. 31.까지 금 750,000원을 각 지급한다. 만일, 피신청인이 1회라도 위 지급기일내 지급을 지체한 때에는, 피신청인은 즉시 기한의 이익을 상실하고 미지급금원 전액 및 이에 대하여 지급지체일로부터 다 갚을 때까지 연 20%의 비율로 계산한 지연손해금을 가산하여 지급한다.
2. 신청인은 나머지 신청을 포기한다.
3. 조정비용은 각자 부담한다.

대여금 청구사건

사건의 개요 및 조정경과

원고는 피고에게 5,000만 원씩 2회 총 1억 원을 월2부 이율로 대여하였는데 피고가 이자는 물론 원금을 전혀 변제하지 않는다며 1억 원의 지급을 구하는 소송을 제기. 피고는 피고가 운영한 회사에 대한 대여금일 뿐 자신에 대한 대여금이 아니라고 주장하였으나 원고의 주장에 부합하는 증거만 제시되었고, 양측이 조정 합의에 이르지 못하여, 원금 1억 원을 4회 분할변제 한다는 내용으로 조정갈음결정하여 양측 이의 없이 조정확정.

조정주문

1. 피고는 원고에게 금 100,000,000원을 지급한다. 다만, 이를 4회로 분할하여 ① 201*. 12. 31.까지 25,000,000원을, ② 201*. 2. 28.까지 25,000,000원을, ③ 201*. 4. 30.까지 25,000,000원을, ④ 201*. 6. 30.까지 25,000,000원을 지급한다.
2. 만일 피고가 제1항 기재 지급을 1회라도 지체하는 경우, 피고는 기한의 이익을 상실하고 즉시 원고에게 미지급액 전액 및 이에 대하여 지체일로부터 다 갚을 때까지 연 20%의 비율로 계산한 지연손해금을 가산하여 지급한다.

3. 원고는 나머지 청구를 포기한다.

4. 소송비용 및 조정비용은 각자 부담한다.

대여금 등 청구사건

사건의 개요 및 조정경과

원고는 학습지사업을 운영하는 피고에게 사무실 임대차보증금으로 사용될 2,000만 원, 기타 사무실 운영에 필요한 운영자금조로 1,800여만 원 합계 3,800여만 원을 대여하였는데 피고가 그중 일부금원만 변제하고 나머지 3,400여만 원을 변제하지 않는다며 소송을 제기하여 1심에서 피고가 전부패소(다만 위 1,800여만 원은 대여금이 아닌 부당이득금으로 사실인정)하여 항소하였고 항소심 조정 회부. 조정과정에서 피고는 원고가 자신에게 교부한 금원은 양자 간의 동업 약정에 기한 투자금이라고 항변하였으나 이를 소명할 자료는 제시하지 못하였고, 양측이 조정합의에 이르지 못하여, 피고가 원고의 청구금액 중 원금 3,000만 원을 6회 분할지급 하는 내용으로 조정갈음결정하여 양측 이의 없어 확정.

조정주문

1. 피고(항소인)는 원고(피항소인)에게 금 30,000,000원을 지급한다. 다만, 이를 6회로 분할하여, ① 201*. 6. 15.금 5,000,000원, ② 201*. 12. 15. 금 5,000,000원, ③ 201*. 6. 15. 금 5,000,000원, ④ 201*. 12. 15.금 5,000,000원, ⑤ 201*. 6. 15. 금 5,000,000원, ⑥ 201*. 12. 15. 금 5,000,000원을 지급한다. 만일, 피고(항소인)가 위 지급을 1회라도 지체한 경우에는, 피고(항소인)는 기한의 이익과 분할의 이익을 상실하고, 즉시 미지급 금원 및 이에 대하여 지체일로부터 다 갚는 날까지 연 20%의 비율로 계산한 지연손해금을 가산하여 지급한다.
2. 원고(피항소인)는 나머지 청구를 포기한다.
3. 소송총비용 및 조정비용은 각자 부담한다.

대여금 청구사건

사건의 개요 및 조정경과

원고회사는 근로자인 피고에게 54만 원을 대여하였으나 돌려받지 못하자 소송을 제기. 125,000원을 지급하는 내용으로 조정성립.

조정주문

1. 피신청인은 신청인에게 201*. 11. 30.까지 금 125,000원을 지급한다. 그 지급은 신청인의 은행계좌(○○은행 ****-***-******)로 입금 지급하는 방식으로 한다.
2. 만일 피신청인이 위 지급기일까지 위 금원을 지급하지 아니한 때에는, 피신청인은 미지급금원에 대하여 지급기일 다음날부터 다 갚을 때까지 연 20%의 비율로 계산한 지연손해금을 가산하여 신청인에게 지급한다.
3. 신청인은 나머지 신청을 포기한다.
4. 조정비용은 각자 부담한다.

대여금 청구사건

사건의 개요 및 조정경과

원고회사는 근로자인 피고에게 81만 원을 대여하였으나 돌려받지 못하자 소송을 제기. 20만 원을 지급하는 내용으로 조정 성립.

조정주문

1. 피신청인은 신청인에게 201*. 11. 30.까지 금 200,000원을 지급한다. 그 지급은 신청인의 은행계좌(○○은행 ****-***-******)로 입금 지급하는 방식으로 한다.
2. 만일 피신청인이 위 지급기일까지 위 금원을 지급하지 아니한 때에는, 피신청인은 미지급금원에 대하여 지급기일 다음날부터 다 갚을 때까지 연 20%의 비율로 계산한 지연손해금을 가산하여 신청인에게 지급한다.
3. 신청인은 나머지 신청을 포기한다.
4. 조정비용은 각자 부담한다.

대여금 청구사건

사건의 개요 및 조정경과

원고는 피고에게 건설사업자금조로 7,000만 원을 대여하면서 7,000만 원 및 이자의 지불각서를 받았는데, 피고가 3,000만 원만 지급하고 나머지 4,000만 원과 약정이자를 지급하지 않자 소송을 제기. 피고는 보유중인 건물의 임대수익이 부족하여 변제에 어려움이 있다고 호소하였고 양측의 조정합의 불성립. 4,800만 원을 12회 분할하여 지급하되 11회까지 모두 성실히 이행하는 경우 마지막 12회분의 지급을 면제하는 내용의 조정갈음결정하여 양측 이의 없이 확정.

조정주문

1. 피고는 원고에게 금 48,000,000원을 지급한다. 다만, 이를 12회로 분할하여 201*. 1.부터 201*. 12.까지 매월 15일 금 4,000,000원을 지급한다.
2. 만일 피고가 제1항 기재 지급을 1회라도 지체하는 경우, 피고는 기한의 이익을 상실하고 즉시 원고에게 미지급액 전액 및 이에 대하여 지체일로부터 다 갚을 때까지 연 20%의 비율로 계산한 지연손해금을 가산하여 지급한다.
3. 피고가 제1항 기재에 따른 지급의무를 201*. 11.까지 성실히 이행(총 11회, 합계 44,000,000원)하는 경우, 원고는 피고에 대하여 201*. 12. 지급채무(12회차)를 면제한다.
4. 원고는 나머지 청구를 포기한다.
5. 소송비용 및 조정비용은 각자 부담한다.

대여금 청구사건

사건의 개요 및 조정경과

원고 ○○○금고는 피고에게 2억 5,000만 원을 대출하며 피고의 지인 명의의 부동산에 근저당권을 설정받았고 이후 피고가 원리금 상환을 연체하여 근저당목적물에 대한 임의경매를 통해 2억 2,000여만 원을 배당받고 아직 미회수 된 원리금 8,300여만 원의 지급을 구하는 소송을 피고를 상대로 제기. 피고가 임의경매 전에 이자로 2,800여만 원을 변제하였고 원고의 청구액 중 원금은 2,900여만 원, 이자분이 5,300여만 원인 사정을 고려하여 피고가 원고에게 1,500만 원을 30회 분할하여 50만 원씩 지급하는 내용으로 조정갈음결정하여 양측 이의 없이 확정.

조정주문

1. 피신청인은 신청인에게 금 15,000,000원을 지급한다. 다만, 이를 30회로 분할하여 201*. 5.부터 매월 25일 금 500,000원을 지급한다.
2. 만일 피신청인이 제1항 기재 지급을 2회 이상 지체하는 때에는, 피신청인은 기한의 이익을 상실하고 즉시 신청인에게 미지급액 전액 및 이에 대하여 지체일로부터 다 갚을 때까지 연 20%의 비율로 계산한 지연손해금을 가산하여 지급한다.
3. 신청인은 나머지 신청을 포기한다.
4. 조정비용은 각자 부담한다.

양수금 청구사건

사건의 개요 및 조정경과

원고는 소외 A 금융기관의 피고에 대한 대출금 원리금(원금 3,000만 원, 연 18%) 채권을 양수받아 피고를 상대로 4,600여만 원의 양수금 소송을 제기. 피고는 개인회생을 준비하고 있을 정도로 경제적으로 어려운 상태에 있음을 호소. 양측의 조정합의 불성립 후, 피고의 원고에 대한 채무는 4,600여만 원임을 확인하고 다만 피고가 일시금으로 1,500만 원을 변제하거나 2,000만 원을 20회 분할 변제를 완전히 이행하는 경우 나머지 채무는 면제하는 내용으로 조정갈음결정하여 양측 이의 없이 확정.

조정주문

1. 피고는 원고에게 금 46,469,070원을 지급할 채무가 있음을 확인한다. 다만, 피고가 아래 제2항 또는 제3항 중 어느 하나를 모두 이행하면, 원고는 위 금원 중 나머지 금액에 대한 청구를 포기하고 피고를 면책한다. 피고는 201*. 12. 10.까지 원고에게 아래 제2항 또는 제3항 중 어느 것을 선택하여 이행할 것인지를 서면으로 통지하며, 만일 피고의 이러한 선택의 통지가 없는 경우 제3항은 배제되고, 피고는 제2항의 의무를 이행한다.
2. 피고는 원고에게 201*. 12. 31.까지 금 15,000,000원을 지급한다. 만일 피고가 위 지급기일까지 위 금원을 지급하지 아니한 때에는, 피고는 제1항 기재 금원 46,469,070원 중 미지급한 금원 및 이에 대하여 위 지급기일 다음날부터 다 갚을 때까지 연 20%의 비율에 의한 지연손해금을 가산하여 원고에게 지급한다.
3. 피고는 원고에게 금 20,000,000원을 지급한다. 다만 이를 20회로 분할하여 201*. 1.부터 매월 25. 금 1,000,000원씩을 지급한다. 만일 피고의 제1항 기재 지급 지체 누적액이 3,000,000원에 이르는 경우, 피고는 기한의 이익을 상실하고 즉시 원고에게 제1항 기재 금원 46,469,070원 중 미지급한 금원 및 이에 대하여 지급 지체 누적액이 3,000,000원에 이른 날로부터 다 갚을 때까지 연 20%의 비율로 계산한 지연손해금을 가산하여 지급한다.
4. 원고는 나머지 청구를 포기한다.
5. 소송비용 및 조정비용은 각자 부담한다.

신용카드이용대금 청구사건

사건의 개요 및 조정경과

원고는 고교동창인 피고에게 자신의 신용카드를 빌려 주었는데 피고가 신용카드 이용대금 1,600여만 원과 현금서비스 인출 대여금 55만 원, 이동통신 가입비 11만여 원 등 총 1,730만여 원을 변제하지 아니하고 연락을 회피하고 있다며 소송을 제기. 피고는 원고가 함께 어울려 술을 마시며 원고가 신용카드 결제한 부분도 원고의 청구액에 포함되어 있고 현재 피고가 실직하고 뇌경색으로 입원하고 있다고 주장. 조정기일에 피고 불출석으로 조정합의 불성립. 피고가 890여만 원을 3회 분할 지급한다는 내용으로 조정갈음결정하여 양측 이의 없이 확정.

조정주문

1. 피신청인은 신청인에게 금 8,984,659원[8,319,369원(20**. 7. 19.부터 9. 3.까지 피신청인이 대금반환을 약속하며 신청인과 함께 음주대금으로 소비한 신용카드 사용대금 16,638,738원의 1/2) + 550,000원(20**. 8. 16. 피신청인이 신청인의 신용카드를 사용하여 현금지급기에서 지급받은 금원) + 115,290원(20**. 8. 27. 피신청인이 신청인의 신용카드를 사용하여 ○○텔레콤 가입비로 지출한 금원)]을 지급한다. 다만, 이를 3회로 분할하여 ① 201*. 2. 28.까지 3,000,000원을, ② 201*. 3. 31.까지 3,000,000원을, ③ 201*. 4. 30.까지 2,984,659원을 지급한다. 그 지급은 원고의 은행계좌(△△은행 ****-***-****** 예금주 ○○○)로 입금하는 방식으로 한다.
2. 만일 피신청인이 제1항 기재 지급을 1회라도 지체하는 경우, 피신청인은 기한의 이익을 상실하고 즉시 신청인에게 미지급액 전액 및 이에 대하여 지체일로부터 다 갚을 때까지 연 20%의 비율로 계산한 지연손해금을 가산하여 지급한다.
3. 신청인은 나머지 청구를 포기한다.
4. 조정비용은 각자 부담한다.

대여금 청구사건

사건의 개요 및 조정경과

원고는 같은 교회의 교인인 피고 부부에게 사업자금조로 2억 원을 대여하였으나 돌려받지 못하자 사기죄로 고소하며 소송을 제기. 피고들이 연대하여 조정기일로부터 3개월여 지급하는 내용으로 임의조정 성립.

조정주문

1. 피고들은 연대하여 원고에게 201*. 4. 30.까지 금 2억 원을 지급한다. 만일 피고들이 위 지급기일까지 위 금원을 지급하지 아니한 때에는, 피고들은 미지급금원에 대하여 지급기일 다음날부터 다 갚을 때까지 연 20%의 비율로 계산한 지연손해금을 가산하여 원고에게 지급한다.
2. 원고는 나머지 청구를 포기한다.
3. 소송비용 및 조정비용은 각자 부담한다.

대여금 반환 청구사건

사건의 개요 및 조정경과

원고는 피고에게 여러 차례 이자 월 1~2% 조건으로 돈을 빌려주었으나 피고가 갚지 않는다며 피고를 상대로 소송을 제기. 조정심리 과정에서 피고는 일부는 인정하고 일부는 부인하였음. 원리금을 분할변제 하는 내용으로 조정 성립.

조정주문

1. 피고는 원고에게 금 23,000,000원을 지급한다. 다만, 이를 8회로 분할하여, ① 201*. 6. 30. 금 3,000,000원, ② 201*. 12. 31. 금 3,000,000원, ③ 201*. 6. 30. 금 3,000,000원, ④ 201*. 12. 31. 금 3,000,000원, ⑤ 201*. 6. 30. 금 3,000,000원, ⑥ 201*. 12. 31. 금 3,000,000원, ⑦ 201*. 6. 30. 금 3,000,000원, ⑧ 201*. 12. 31. 금 2,000,000원을 지급한다. 그 지급은 원고의 은행계좌(○○은행 ******-**-******, 예금주 △△△)로 입금하는 방식으로 한다. 만일, 피고가 위 지급을 1회라도 지체한 경우에는, 피고는 기한의 이익과 분할의 이익을 상실하고, 즉시 미지급 금원에 대하여 지체일로부터 다 갚는 날까지 연 20%의 비율로 계산한 지연손해금을 가산하여 지급한다.
2. 원고는 나머지 청구를 포기한다.
3. 소송비용 및 조정비용은 각자 부담한다.

대여금 청구사건

사건의 개요 및 조정경과

원고는 피고에게 1,500만 원을 대여하였는데 전혀 변제받지 못했다며 1,500만 원의 지급을 구하는 소송을 제기. 조정심리결과, 원고는 피고에게 1,000만 원을 대여하였으나 원고의 요구에 따라 피고가 각서에 차용금 1,500만 원으로 기재한 사실, 이후 피고가 300만 원을 변제하였고 다시 800만 원을 주고 모든 것을 끝내기로 합의하고서 피고가 원고로부터 각서의 원본을 회수하였는데 800만 원이 아닌 700만 원을 지급한 사실이 확인되어, 피고가 원고에게 175만 원을 지급하기로 하는 내용으로 임의조정 성립.

조정주문

1. 피신청인은 신청인에게 201*. 2. 14.까지 금 1,750,000원을 지급한다. 그 지급은 신청인의 은행계좌(△△은행 ***-***-******, 예금주 ○○○)로 입금하는 방식으로 한다. 만일 피신청인이 위 지급기일까지 위 금원을 지급하지 아니한 때에는, 피신청인은 미지급금원에 대하여 지급기일 다음날부터 다 갚을 때까지 연 20%의 비율로 계산한 지연손해금을 가산하여 신청인에게 지급한다.

2. 신청인은 나머지 신청을 포기한다.
3. 신청인과 피신청인은 이 사건 양자 간의 금전소비대차와 관련하여 제1항에서 정한 사항 이외에는 서로에 대하여 어떠한 채권채무가 없으며 향후 서로에 대해 일체의 재판상, 재판외 청구 또는 이의제기를 하지 아니한다.
4. 조정비용은 각자 부담한다.

대여금반환 청구사건

사건의 개요 및 조정경과

원고는 피고회사의 감사로 10여 년간 재직하는 동안 피고에게 7억 2,000만 원을 대여하고 이를 돌려받지 못한 상태에서 퇴직. 원고는 피고에게 대여금반환을 구하는 소송을 제기. 피고는 원고로부터 7억 2,000만 원을 차용한 사실은 인정하나 현재 13억 부도를 당하고 환차손 9억 원의 손실을 입는 등 경영상태가 악화되었음을 호소. 조정결과, 피고가 원고에게 지급할 차용금채무 7억 2,000만 원의 존재를 확인하고 이를 지급하기로 하되 그중 2억 8,400만 원에 대해서는 피고가 보유하고 있는 재고자산 전부를 원고에게 양도하여 대물변제하기로 하는 내용으로 임의조정 성립.

조정주문

1. 피고는 원고에 대하여 차용금 7억 2천만 원을 지급할 채무가 있음을 확인한다.
2. 피고는 원고에게 201*. 2. 28.까지 제1항 기재 금원 7억 2천만 원을 지급한다. 만일 피고가 위 지급기일까지 위 금원을 지급하지 아니한 때에는, 피고는 미지급금원에 대하여 지급기일 다음날부터 다 갚을 때까지 연 20%의 비율로 계산한 지연손해금을 가산하여 원고에게 지급한다.
3. 피고는 원고에게 본 조정기일인 201*. 2. 12. 부로 서울 △△구 ◇◇동 소재 ○○물류 창고에 보관중인 별지 재고관리대장에 기재된 피고 소유의 재고자산 일체(금 2억 8,400만 원 상당)를 양도하며, 원고와 피고는 위 재고자산 일체의 양도의 이행으로 제1항 및 제2항 기재 채무금원 7억 2천만 원 중 금 2억 8,400만 원이 대물변제 되는 것으로 상호 인정한다.
4. 원고는 나머지 청구를 포기한다.
5. 소송비용 및 조정비용은 각자 부담한다.

대여금 반환 청구사건

사건의 개요 및 조정경과

원고는 피고가 자신과의 결혼을 약속하며 4,200만 원을 빌려간 후 돈을 갚지 않고 8년간 도망 다니다가 원고를 다시 만나 차용증을 작성해주며 원리금지급을 약속했으나 원금 600만 원만 갚고 나머지 원금과 이자는 갚지 않고 있다며 피고를 상대로 3,600만 원과 지연이자의 지급을 구하는 소송을 제기. 조정심리 과정에서, 피고는 원고로부터 돈을 빌린 것이 아니고 원고가 스스로 피고의 환심을 사기 위해 생활비로 돈을 주었고 차용증은 원고의 강요에 의해 써주었을 뿐이라고 항변. 양측의 주장 및 증거자료 이외에 양자가 한 때 사실혼관계에 있었던 점과 피고가 변제할 수 있는 능력이 제한되는 점 등을 종합적으로 감안하여 원금의 2분의 1인 1,800만 원을 매달 25만 원씩 분할변제 하는 내용으로 조정 성립.

조정주문

1. 피고는 원고에게 금 18,000,000원을 지급한다. 다만, 이를 72회로 분할하여 201*. 3.부터 202*. 2.까지 매월 말일 매월 250,000원씩을 지급한다.
2. 만일 피고가 제1항 기재 지급을 1회라도 지체하는 경우, 피고는 기한의 이익을 상실하고 즉시 원고에게 미지급액 전액 및 이에 대하여 지체일로부터 다 갚을 때까지 연 20%의 비율로 계산한 지연손해금을 가산하여 지급한다.
3. 원고는 나머지 청구를 포기한다.
4. 소송비용 및 조정비용은 각자 부담한다.

대여금 반환 청구사건

사건의 개요 및 조정경과

원고는 피고에게 사업자금조로 4,000만 원을 대여하였으나 돌려받지 못했다며 소송 제기. 피고는 빌린 돈이 아니라 원고와 피고의 동업자금이어서 반환의무가 없고 동업계약이 아직 청산되지 않았으며 대여금이라고 하더라도 원고가 동업자금을 횡령한 부분은 상계되어야 한다고 주장. 조정심리결과, 동업과 대여가 혼합된 관계인 것으로 판단되고 원만한 분쟁종결을 위해 청구금액의 절반인 2,000만 원을 지급하는 내용으로 조정 성립.

조정주문

1. 피고는 원고에게 201*. 12. 31.까지 금 20,000,000원을 지급한다. 만일 피고가 위 지급기일까지 위 금원을 지급하지 아니한 때에는, 피고는 미지급금원에 대하여 지급기일 다음날부터 다 갚을 때까지 연 20%의 비율로 계산한 지연손해금을 가산하여 원고에게 지급한다.
2. 원고는 나머지 청구를 포기한다.
3. 소송비용 및 조정비용은 각자 부담한다.

대여금 반환 청구사건

사건의 개요 및 조정경과

원고는 같은 교회 교인인 피고 A에게 부동산 구입 자금조로 2억 4,000여만 원을 대여하였는데 그중 1,900여만 원을 제외한 나머지를 변제받지 못하자 피고 A와 함께 원고와의 돈거래에 있어 통장명의를 빌려준 피고 A의 아들 B를 상대로 소송 제기. 조정기일을 속행하여 피고 A가 매월 200만 원씩을 수회 변제하는 것을 확인한 4회 기일에, 향후 피고A가 동일하게 분할변제하고 피고 B에 대한 원고의 소는 취하하는 내용으로 임의조정 성립.

조정주문

1. 피고 A는 원고에게 금 2억 3,400만 원을 지급한다. 다만, 이를 분할하여 201*. 6.부터 다 갚을 때까지 매월 20일 매월 200만 원씩을 지급한다.
2. 만일 피고 A가 제1항 기재 지급을 1회라도 지체하는 경우, 피고 A는 기한의 이익을 상실하고 즉시 원고에게 미지급액 전액 및 이에 대하여 지체일로부터 다 갚을 때까지 연 20%의 비율로 계산한 지연손해금을 가산하여 지급한다.
3. 원고는 피고 A에 대한 나머지 청구를 포기한다.
4. 원고는 피고 B에 대한 이 사건 소를 취하하고, 피고 B는 이에 동의한다.
5. 소송비용 및 조정비용은 각자 부담한다.

대여금 청구사건

사건의 개요 및 조정경과

원고는 피고에게 금원을 대여하였으나 피고가 원리금을 상환하지 않는다며 소송을 제기. 1심에서 원고가 전부승소하여(무변론 판결) 1심판결을 가집행한 후 피고가 항소. 항소심 조정 회부되어 심리결과, 원, 피고 간에 이자약정이 있었는지가 불분명하였음에도 원고가 피고가 변제한 일부 금원을 이자지급액이라고 주장하고 있고, 설사 이자약정이 있었다 하더라도 이자제한법을 초과한 부분은 무효로서 반환되어야 할 것이어서, 피고가 청구를 인낙하고 항소를 취하하여 1심 가집행결과를 존중하되 원고는 이미 임의로 지급받은 금액과 가집행한 금액을 합한 돈에서 과도하다고 평가되는 금액을 피고에게 반환지급 하는 내용으로 조정 성립.

조정주문

1. 피고(항소인, 이하 '피고'라 한다)는 원고(피항소인, 이하 '원고'라 한다)의 이 사건 청구를 모두 인낙하며, 항소를 취하한다.

2. 원고는 201*. 1. 13. 피고로부터 이 사건 1심 판결금 및 소송비용으로 915만 원을 지급받았음을 확인한다. 다만, 원고는 피고와의 호혜적 관계를 돈독히 하는 차원에서 피고에게 201*. 4. 2.까지 금 300만 원을 반환 지급한다. 그 지급은 피고의 은행계좌(○○은행 ***-**-******, 예금주 △△△)로 입금하는 방식으로 한다. 만일 원고가 위 지급을 지체하는 경우, 원고는 미지급액 전액 및 이에 대하여 지체일로부터 다 갚을 때까지 연 20%의 비율로 계산한 지연손해금을 가산하여 피고에게 지급한다.
3. 원고와 피고는 본 조정조항에서 정한 이외에는 양자 간에 채권채무가 일체 없음을 확인하고, 향후 서로에 대한 재판상, 재판외 청구 또는 이의제기를 하지 아니한다.
4. 소송총비용 및 조정비용은 각자 부담한다.

대여금 청구사건

사건의 개요 및 조정경과

원고는 피고 및 피고의 부모 A, B가 공동으로 발행한 액면금 5,000만 원의 약속어음 1매와 이에 대한 공정증서를 받았는데, 피고측이 지급을 하지 않았다며 5,000만 원 대여금 청구 소송을 제기(약속어음금청구소송이 아님). 조정심리결과, 피고측이 전혀 지급을 하지 않은 것이 아니라 여러 차례에 걸쳐 대부분의 금액을 지급하고 소액만 남은 상태인데도 원고가 약속어음 액면액 전부를 청구하고 있는 것이 확인되어, 피고가 주장하는 잔액에 일정 정도의 이자분을 합한 금액을 지급하는 것으로 하되 그와 동시이행으로서 원고도 약속어음 원본과 공정증서 원본을 인도하는 내용으로 조정 성립.

조정주문

1. 피신청인은 신청인에게 201*. 3. 24.까지 신청인으로부터 이 사건 약속어음 원본 1매(액면금 5,000만 원, 발행일 20**. 5. 16. 지급기일 20**. 6. 30. 발행인 A, B, C 수령인 D) 및 같은 약속어음 공정증서(20**년 제***호. 공증인가 법무법인 △△ 작성) 원본을 인도받음과 동시에 금 3,500,000원을 지급한다.
2. 신청인은 피신청인에게 제1항 기재 일자 201*. 3. 24.까지 피신청인으로부터 제1항 기재 금 3,500,000원을 지급받음과 동시에 신청인이 보관중인 이 사건 약속어음 원본 1매(액면금 5,000만 원, 발행일 20**. 5. 16. 지급기일 20**. 6. 30. 발행인 A, B, C 수령인 D) 및 같은 약속어음 공정증서(20**년 제***호. 공증인가 법무법인 △△ 작성) 원본을 인도한다.
3. 신청인은 나머지 신청을 포기한다.
4. 조정비용은 각자 부담한다.

대여금 반환 청구사건

사건의 개요 및 조정경과

원고는 피고에게 3,000만 원을 3개월 후 변제, 이자 월 10%의 조건으로 대여하였으나 피고가 원리금 일부를 갚지 못하자 소송을 제기. 피고는 원금 3,000만 원은 인정하면서 쌍방 간에 이자 없이 원금만 갚기로 구두 합의한 바 있고 원고가 "이자는 원금변제가 끝난 후 생각해 보자"고 했다고 주장. 원고가 제시한 차용증서에는 원고의 주장대로의 이자 약정 이외에 피고가 주장하는 원고와의 합의내용은 기재되지 않음. 조정심리과정에서, 원고에게 약정이율이 과다하여 법률에 위배되는 부분은 무효임을 주지시키고 피고에게도 적정한 범위의 이자는 지급의무가 있음을 이해시켜 피고가 지금까지 변제한 금원 1,280만 원은 모두 원금의 일부변제로 보고 나머지 금원 1,720만 원과 지금까지 발생한 이자와 향후 원금의 전액변제 시까지 발생할 이자를 모두 합하여 280만 원으로 간주하여 원금 및 이자 합계 2,000만 원을 50회 분할 지급하는 것으로 하되, 원금 잔액을 모두 정해진 지급기일내에 지급한 경우 원고가 피고의 나머지 채무 중 140만 원을 면제해주기로 하는 내용으로 조정 성립.

조정주문

1. 피고는 원고에게 금 20,000,000원(피고가 원고로부터 차용한 3,000만 원 중 미변제금액 1,720만 원 및 이에 대한 이자금 280만 원의 합계액)을 지급한다. 다만, 이를 50회로 분할하여 201*. 6.부터 다 갚을 때까지 매월 30일마다 매월 40만 원씩을 원고의 은행계좌(○○은행 ***-**-****-***, 예금주 △△)로 입금 지급한다.
2. 만일 피고가 제1항 기재 지급을 1회라도 지체하는 경우, 피고는 기한의 이익을 상실하고 즉시 원고에게 미지급액 전액 및 이에 대하여 지체일로부터 다 갚을 때까지 연 20%의 비율로 계산한 지연손해금을 가산하여 지급한다.
3. 만일 피고가 201*. 5. 31.까지 제1항 기재 금원 20,000,000원 중 17,200,000원을 모두 변제한 경우, 원고는 나머지 금원인 2,800,000원의 1/2인 1,400,000원의 지급채무를 면제하며, 이에 따라 피고는 201*. 6. 이후 위 1,400,000원을 제1항 기재 지급방식에 따라 매월 30일마다 매월 40만 원씩 분할하여 지급한다.
4. 원고는 나머지 청구를 포기한다.
5. 소송비용 및 조정비용은 각자 부담한다.

대출금 연대보증채무 청구사건

사건의 개요 및 조정경과

원고 대부회사는 피고의 지인인 A와 대출거래계약을 체결하고 A에게 금원을 대출하였는데, A가 대출금 원리금을 전혀 변제하지 않자 A와 위 대출계약시 A를 위해 연대보증을 선 것으로 되어 있는 피고를 상대로 소송을 제기. 1심에서 A와 피고는 패소(소액사건으로서 무변론 판결)하였고, A는 이에 대해 다툼 없이 확정되고, 피고는 불복하여 항소. 항소심 조정과정에서 피고는 자신이 A를 위해 연대보증을 선 사실이 없고 A가 피고의 신분증을 도용하고 피고 대신 원고회사와 통화하여 거짓으로 연대보증을 하였다고 주장. 조정심리(사실조사)가 필요한 사안이어서 여러 차례 기일을 속행하며 원고에게 대출심사과정에서 피고라고 주장된 사람과의 음성통화파일, 대출신청서류상의 연대보증인의 서명 필체 등의 제출을 요구하였고, 피고의 건강보험 가입확인원을 발급받기 위해 건강보험공단에 피고를 자처한 사람이 신청하면서 남긴 음성통화파일을 건강보험공단으로부터 제출받아 조정기일에 조정실에서 확인한 결과, 최종적으로 A가 피고 자신이라고 속이면서 원고회사에 연대보증을 서고 건강보험공단에 확인원을 신청한 사실이 확인되어 원고의 소취하를 권유하여 원고가 소취하하는 내용으로 조정성립.

조정주문

1. 원고(피항소인)는 피고(항소인) ○○○에 대한 이 사건 소를 취하하고, 피고(항소인) ○○○은 이에 동의한다.
2. 원고(피항소인)와 피고(항소인) ○○○ 사이의 소송총비용 및 조정비용은 각자 부담한다.

연대보증인의 주채무자 및 공동연대보증인에 대한 구상금 청구사건

사건의 개요 및 조정경과

원고는 피고 A가 소외 신협에서 2,000만 원을 대출받을 당시 피고 B와 함께 피고 A를 위해 연대보증을 섰고, 이후 피고 A의 대출금 원리금 일부인 899여만 원을 대위변제하였는데 피고들이 원고에게 일부인 500여만 원만 변제하자 피고들을 상대로 구상금 청구 소송을 제기. 조정심리결과, 원고가 주장하는 이자 계산이 과도한 측면이 있어 일정금액을 감액하여 지급하는 내용으로 조정 성립.

조정주문

1. 피신청인들은 연대하여 신청인에게 201*. 5. 31.까지 금 6,200,000원을 지급한다. 그 지급은 신청인의 은행계좌(○○은행 ***-******-**-***, 예금주 △△△)로 입금하는 방식으로 한다. 만일 피신청인들이 위 지급기일까지 위 금원을 지급하지 아니한 때에는, 피신청인들은 미지급금원에 대하여 지급기일 다음날부터 다 갚을 때까지 연 20%의 비율로 계산한 지연손해금을 가산하여 신청인에게 지급한다.
2. 신청인은 나머지 신청을 포기한다.
3. 조정비용은 각자 부담한다.

대여금 반환 청구사건

사건의 개요 및 조정경과

원고는 피고에게 2회에 걸쳐 500만 원, 1,000만 원을 각 월 2%이자 약정으로 대여했는데 피고가 원리금의 일부만 갚고 나머지를 지급하지 못하자 소송 제기. 조정심리결과, 이자는 면제하고 원금 잔액을 월30만 원씩 40회로 분할하여 지급하기로 하되 지체액이 60만 원에 이르는 경우 기한의 이익을 상실하는 내용으로 조정 성립.

조정주문

1. 피신청인은 신청인에게 금 12,000,000원을 지급한다. 다만, 이를 40회로 분할하여 201*. 5.부터 매월 말일에 매월 금 300,000원씩을 지급한다. 그 지급은 신청인의 은행계좌(○○은행 ***-***-****** 예금주 △△△)로 입금하는 방식으로 한다.
2. 만일 피신청인이 제1항 기재 지급을 지체하여 총지체액이 60만 원에 이르게 되는 경우, 피신청인은 그때로부터 기한의 이익을 상실하고 즉시 신청인에게 미지급액 전액 및 이에 대하여 지체일로부터 다 갚을 때까지 연 20%의 비율로 계산한 지연손해금을 가산하여 지급한다.
3. 신청인은 나머지 신청을 포기한다.
4. 조정비용은 각자 부담한다.

대여금 청구사건

사건의 개요 및 조정경과

원고는 피고에게 투자금 및 대여금조로 6,500만 원을 지급하였고 피고로부터 5,000만 원을 변제하겠다는 지불각서를 교부받았으나 피고가 이를 이행하지 않자 5,000만 원의 지급을 구하는 소송을 제기. 피고는 원고가 투자하였으므로 반환할 책임이 없다고 주장하고 조정기일 2회 불출석. 대여금이 아닌 투자금이라 하더라도 피고가 서면으로 반환을 약속하여 약정금이 되었다 할 수 있어 피고의 변제책임을 피할 수 없어 피고가 5,000만 원을 지급한다는 내용으로 조정갈음결정하여 양측 이의 없이 확정.

조정주문

1. 피고는 원고에게 201*. 6. 30.까지 금 5,000만 원을 지급한다. 만일 피고가 위 지급기일까지 위 금원을 지급하지 아니한 때에는, 피고는 미지급금원에 대하여 위 지급기일 다음날부터 다 갚을 때까지 연 20%의 비율에 의한 지연손해금을 가산하여 원고에게 지급한다.
2. 원고는 나머지 청구를 포기한다.
3. 소송비용 및 조정비용은 각자 부담한다.

대여금 청구사건

사건의 개요 및 조정경과

원고는 다니던 회사 사장인 피고에게 3,000만 원을 대여하였으나 피고가 1,000만 원만 변제하고 2,000만 원을 미변제하자 그 지급을 구하는 소송을 제기. 2,000만 원을 2회 분할지급 하는 내용으로 임의조정 성립.

조정주문

1. 피신청인은 신청인에게 금 2,000만 원을 지급한다. 다만, 이를 2회로 분할하여 ① 201*. 8. 31.까지 1,000만 원을, ② 201*. 10. 31.까지 1,000만 원을 신청인의 은행계좌(○○은행 ***-**-*****, 예금주 △△△)로 입금 지급한다.
2. 만일 피신청인이 제1항 기재 지급을 1회라도 지체하는 경우, 피신청인은 기한의 이익을 상실하고 즉시 신청인에게 미지급액 전액 및 이에 대하여 지체일로부터 다 갚을 때까지 연 20%의 비율로 계산한 지연손해금을 가산하여 지급한다.
3. 신청인은 나머지 청구를 포기한다.
4. 조정비용은 각자 부담한다.

대여금반환 청구사건

사건의 개요 및 조정경과

원고는 피고들에게 4,000만 원을 대여하였으나 돌려받지 못했다며 피고들을 상대로 소송 제기. 피고들은 원고가 피고들의 사업에 투자하였으나 원고가 경찰서에 진정을 제기하여 1,300만 원을 지급하였고 잔여채무는 2,700만 원이라고 주장. 조정심리결과, 피고들이 1,000만 원을 변제한 후 3,000만 원이 남은 상태에서 원고가 경찰에 형사고소하자 4,000만 원을 지급하겠다는 지불각서를 작성하여 주고 200만 원을 지급하여 지불각서 약정금 중 3,800만 원이 미지급상태인 사실이 인정됨. 피고들이 연대하여 3,500만 원을 2회 분할하여 지급하기로 하는 조정 성립.

조정주문

1. 피고들은 연대하여 원고에게 금 3,500만 원을 지급한다. 다만, 이를 2회로 분할하여 ① 201*. 12. 31.까지 2,500만 원을, ② 201*. 3. 31. 까지 1,000만 원을 지급한다.
2. 만일 피고들이 제1항 기재 지급을 1회라도 지체하는 경우, 피고들은 기한의 이익을 상실하고 즉시 연대하여 원고에게 미지급액 전액에 대하여 지체일로부터 다 갚을 때까지 연 20%의 비율로 계산한 지연손해금을 가산하여 지급한다.

3. 만일 피고들이 제1항 기재 ② 2015. 3. 31. 금원을 지급하지 아니한 때에는, 피고들은 연대하여 미지급금원에 대하여 지급기일 다음날부터 다 갚을 때까지 연 20%의 비율로 계산한 지연손해금을 가산하여 원고에게 지급한다.
4. 원고는 나머지 청구를 포기한다.
5. 소송비용 및 조정비용은 각자 부담한다.

추심금 청구사건

사건의 개요 및 조정경과

원고는 소외 망 A에게 3,000만 원을 대여하였고 그에 대한 대여금반환 확정판결 채권을 가지고 있는데 A가 사망하여 그의 피상속인들인 소외 B, C, D에 대해 동 확정판결에 기한 채권을 가지고 있고 A가 생전에 피고에 대해 가지고 있던 전환사채 3억 원 및 이자채권을 B, C, D가 역시 상속하였으므로 제3채무자인 피고에 대하여 동 전환사채 원금 및 이자에 관한 채권압류추심명령을 받았으나 피고가 추심금을 지급하지 않자 소송을 제기. 이에 대해 피고는 망 A가 사망 전에 전환사채 원금 3억 원 중 1억 원을 피고가 직접 A에게 변제하였고 남은 원금 2억 원 및 이자채권 모두를 소외 E에게 양도하였고 이후 피고는 E에게 원금 2억 원은 변제하였으나 이자분은 지급하지 않아 현재 E가 피고에 대해 이자지급을 구하는 소송을 제기하였다고 소명함. 결론적으로 피고의 소외 B, C, D에 대한 채무는 존재하지 않아 원고에 대해 추심금 지급의무가 없음이 확인됨. 원고는 필요하다면 소외 E를 상대로 다시 사해행위취소소송을 제기할지 여부를 판단할 필요가 있으며, 조정합의 불성립. 원고가 소를 취하하고 피고는 이에 동의한다는 내용으로 조정갈음결정하여 양측 이의 없이 확정.

조정주문

1. 원고는 이 사건 소를 취하하고, 피고는 이에 동의한다.
2. 소송비용 및 조정비용은 각자 부담한다.

양수금 청구사건

사건의 개요 및 조정경과

원고추심회사는 피고에 대한 채권(원금 742만여 원 및 지연손해금)을 전전양수 받아 피고를 상대로 소송을 제기. 1심 전부패소 후 피고 항소. 항소심 조정회부. 조정결과, 400만 원을 11회 분할하여 지급하기로 하되 만일 일정기간 내에 모두 합해 350만 원을 지급하는 경우 나머지 50만 원의 채무를 면제하기로 하는 내용으로 조정 성립.

조정주문

1. 피고(항소인, 이하 '피고'라 한다)는 원고(피항소인, 이하 '원고'라 한다)에게 금 4,000,000원을 지급한다. 다만, 이를 11회로 분할하여 201*. 10. 31.에 1,000,000원을, 201*. 11.부터 201*. 8.까지 매월 말일에 매월 300,000원을 지급한다.
2. 만일 피고가 제1항 기재 지급을 1회라도 지체하는 경우, 피고는 기한의 이익을 상실하고 즉시 원고에게 미지급액 전액에 3,400,000원을 가산한 금액에 대하여 지체일로부터 다 갚을 때까지 연 20%의 비율로 계산한 지연손해금을 가산하여 지급한다.
3. 만일 피고가 201*. 12. 31.까지 원고에게 제1항 기재 금원 4,000,000원 중 금 3,500,000원을 지급하는 경우, 원고는 나머지 금원인 500,000원에 대한 피고의 채무를 면제한다.
4. 원고는 나머지 청구를 포기한다.
5. 소송총비용 및 조정비용은 각자 부담한다.

대여금반환 청구사건

사건의 개요 및 조정경과

원고는 피고들의 피상속인(피고들의 남편이자 아버지) A에게 3,000만 원을 대여하였는데 A가 변제하지 않은 채 갑자기 사망하자 상속인들인 피고들을 상대로 대여금 변제를 구하는 소송을 제기. 피고들은 원고의 주장 사실을 부인하였으나, 조정심리결과 원고가 망인에게 두 차례에 걸쳐 3,000만 원을 송금한 사실이 은행사실조회결과로 밝혀져, 피고들의 경제적 사정을 감안하여 감액된 2,000만 원을 2회 분할 변제하는 내용으로 임의 조정 성립.

조정주문

1. 피고들은 연대하여 원고에게 금 20,000,000원을 지급한다. 다만, 이를 2회로 분할하여 ① 201*. 1. 31.까지 10,000,000원을, ② 201*. 2. 28.까지 10,000,000원을 지급한다. 그 지급은 원고의 은행계좌(○○은행 ******-**-******, 예금주 △△△)로 입금하는 방식으로 한다.
2. 만일 피고들이 제1항 기재 지급을 1회라도 지체하는 경우, 피고들은 기한의 이익을 상실하고 즉시 원고에게 미지급액 전액 및 이에 대하여 지체일로부터 다 갚을 때까지 연 20%의 비율로 계산한 지연손해금을 가산하여 지급한다.
3. 원고는 나머지 청구를 포기한다.
4. 소송비용 및 조정비용은 각자 부담한다.

대여금반환 청구사건

사건의 개요 및 조정경과

원고는 군대동기인 피고에게 세 차례에 걸쳐 총 6,600여만 원을 대여하였는데 피고가 변제하지 않자 소송을 제기. 조정결과, 피고가 감액된 6,000만 원을 60회 분할지급 하는 내용으로 조정 성립.

조정주문

1. 피신청인은 신청인에게 금 60,000,000원을 지급한다. 다만, 이를 60회로 분할하여 201*. 5.부터 매월 25. 매월 1,000,000원씩을 지급한다.
2. 만일 피신청인이 제1항 기재 지급을 1회라도 지체하는 경우, 피신청인은 기한의 이익을 상실하고 즉시 신청인에게 미지급액 전액에 대하여 지체일로부터 다 갚을 때까지 연 20%의 비율로 계산한 지연손해금을 가산하여 지급한다.
3. 신청인은 나머지 신청을 포기한다.
4. 조정비용은 각자 부담한다.

대여금 청구사건

사건의 개요 및 조정경과

원고는 피고에게 4,800만 원을 대여하였고 피고는 원리금중 미지급액 5,000만 원을 변제하기로 약속하는 공정증서를 작성하였으나 이를 이행하지 못하였고, 피고회사(비상장)의 주식 3,500주를 주당 12,000원으로 계산하여 대물변제조로 교부하였음. 피고는 주식 교부 후 2년이 지나서도 약속한 금액에 이르지 않으면 손해배상 하겠다고 약속하였는데, 2년이 지난 후 원고가 확인해보니 주당 100원의 가치에 불과하였음. 이에 원고는 피고를 상대로 5,000만 원의 지급을 구하는 소송을 제기. 조정 결과, 피고는 원고에게 조정기일로부터 25일내에 1,000만 원을 지급하기로 하고 만일 이를 어긴 경우 1,500만 원을 가산하여 지급하며, 피고가 조정기일로부터 25일내에 1,000만 원을 지급하는 경우에만 원고가 주식 중 1,500주를 피고에게 양도하기로 하는 내용으로 조정 성립.

조정주문

1. 피고는 원고에게 201*. 12. 5.까지 금 10,000,000원을 지급한다. 그 지급은 원고의 은행계좌(○○은행 ******-**-******, 예금주 △△△)로 입금하는 방식으로 한다. 만일 피고가 위 지급기일까지 위 금원을 지급하지 아니한 때에는, 피고는 미지급금원에 15,000,000원을 가산한 돈과 이 '미지급금원에 15,000,000원을 가산한 돈'에 대하여 지급기일 다음날부터 다 갚을 때까지 연 20%의 비율로 계산한 지연손해금을 가산하여 원고에게 지급한다.

2. 원고는, 피고가 제1항 기재 기일까지 제1항 기재 금원 10,000,000원을 지급하면, 즉시 피고에게 원고가 보유중인 ▽▽ 주식회사 주식 중 1,500주를 양도한다.
3. 원고는 나머지 청구를 포기한다.
4. 소송비용 및 조정비용은 각자 부담한다.

대여금 청구사건

사건의 개요 및 조정경과

원고는 회사선배였던 피고에게 1,000만 원 대여, 피고의 사업자금(인테리어비용 및 사무실 운영비용)조로 2,600여만 원을 대신 지출하였는데 피고가 이를 변제하지 않는다며 총 3,600여만 원의 지급을 구하는 소송을 제기. 피고는 원고의 주장 대여금 중 1,000만 원만 인정하고 나머지 금원에 대해서는 부인. 즉, 피고가 설립한 회사에 사내이사로 참여한 원고가 스스로 인테리어비용을 지출하고 다만 회사의 영업순이익이 발생하면 그 이익금에서 변제받기로 하였는데 현재까지 영업이익이 발생하지 않아 변제기가 도래하지 않았으며, 사무실운영비용은 피고가 모르는 사안이라고 주장. 소송과 병행하여 원고는 피고의 부동산에 가압류 집행을 하였고, 이에 피고는 해방공탁금을 내고 가압류를 말소시킴.

조정과정에서, 피고가 원고에게 원고 청구액 중 2,500만 원을 지급하기로 하고, 이에 앞서 원고가 피고로 하여금 해방공탁금을 회수할 수 있도록 협조하고, 피고 회사 내에 있는 원고의 집기류를 원고가 반출하기로 하는 내용으로 임의조정 성립.

조정주문

1. 원고와 피고는 서울○○지방법원 201*카단**** 부동산가압류 해제 관련 해방공탁금 반환 등의 절차에 상호 협력한다.
2. 피고는 제1항 기재 해방공탁금을 반환받은 즉시, 그 금원 중 금 2,500만 원을 원고에게 지급한다. 만일 피고가 위 금원을 지급하지 아니한 때에는, 피고는 미지급금원에 대하여 201*. 12. 1.부터 다 갚을 때까지 연 20%의 비율로 계산한 지연손해금을 가산하여 원고에게 지급한다.
3. 피고는 별지 목록 기재 가구 및 집기 일체가 원고의 소유임을 확인하고, 원고는 피고로부터 제2항 기재 금원을 지급받은 때로부터 7일 이내에 위 가구 및 집기 일체를 반출하며, 피고는 원고의 반출에 협력한다.
4. 원고와 피고는 소외 주식회사 △△△(대표이사 ▽▽)의 운영 및 이 사건 신청원인과 관련하여 본 조정조서에서 정한 사항 이외에는 서로 간에 아무런 채권채무가 없음을 확인하고, 향후 서로에 대하여 일체의 재판상, 재판외 청구 또는 이의제기를 하지 아니한다.
5. 원고는 나머지 청구를 포기한다.
6. 소송비용 및 조정비용은 각자 부담한다.

채무부존재확인 청구사건

사건의 개요 및 조정경과

원고는 자신의 처인 소외 A가 원고의 인감, 통장, 원고 명의 핸드폰 등을 개설하여 이를 이용하여 원고 명의로 제3금융권(피고들 대부회사)에서 신용대출을 받아 소비하고 연락두절 되었다면서 피고들을 상대로 자신의 채무가 부존재함을 확인하여 달라는 소송을 제기. 피고들은 원고 명의의 금전소비대차계약이 체결되었기에 본인의 책임을 부인할 수 없다고 주장. 피고들에 대한 원고의 채무액을 적정감액 조정하여 채무액의 일부 부존재를 확인한다는 내용으로 조정갈음결정하여 양측 이의 없이 확정.

조정주문

1. 원고와
   가. 피고 ○○대부 주식회사는 원고의 피고 ○○대부 주식회사에 대한 201*. 4. 30. 대출약정에 기한 대출금채무(대출원금 및 지연이자 포함)는 201*. 4. 10. 현재 7,000,000원이 존재하고 이를 초과하여서는 존재하지 아니함을,
   나. 피고 주식회사 △△대부는 원고의 피고 주식회사 △△대부에 대한 201*. 4. 30. 대출약정에 기한 대출금채무(대출원금 및 지연이자 포함)는 201*. 4. 10. 현재 7,000,000원이 존재하고 이를 초과하여서는 존재하지 아니함을,
   다. 피고 ◇◇대부 주식회사는 원고의 피고 ◇◇대부 주식회사에 대한 201*. 4. 30. 대출약정에 기한 대출금채무(대출원금 및 지연이자 포함)는 201*. 4. 10. 현재 14,000,000원이 존재하고 이를 초과하여서는 존재하지 아니함을,
   라. 피고 ▽▽캐피탈 주식회사는 원고의 피고 ▽▽캐피탈 주식회사에 대한 201*. 9. 10, 201*. 6. 7, 201*. 2. 19, 201*. 4. 14. 각 대출약정에 기한 총대출금채무(대출원금 및 지연이자 포함)는 201*. 4. 10. 현재 23,100,000원이 존재하고 이를 초과하여서는 존재하지 아니함을 각 상호 확인한다.
2. 원고는 나머지 청구를 포기한다.
3. 소송비용 및 조정비용은 각자 부담한다.

대여금 청구사건

사건의 개요 및 조정경과

원고는 친정 오빠인 피고에게 여러 차례에 걸쳐 총 2억 원을 빌려주었는데 그 중 7,800만 원만 돌려받고 나머지 1억 2,200만 원을 받지 못했다며 그 지급을 구하는 소송을 제기. 피고는 2억이 아닌 1억을 빌렸다고 주장. 조정과정에서 원고의 주장 사실이 진실성이 있다고 판단되었고, 양측을 설득하여 피고가 원고에게

1,000만 원을 10회 분할 지급하는 한편 피고 소유의 토지(답)를 원고에게 양도하여 대물변제하며 원고는 피고에 대한 채권가압류를 해제하는 내용으로 임의조정 성립.

조정주문

1. 피고는 원고에게 금 10,000,000원을 지급한다. 다만, 이를 10회로 분할하여 201*. 3.부터 201*. 12.까지 매월 말일 1,000,000원씩을 원고의 은행계좌(○○은행 ***-*******-**-***, 예금주 △△△)로 입금 지급한다.
2. 만일 피고가 제1항 기재 지급을 1회라도 지체하는 경우, 피고는 기한의 이익을 상실하고 즉시 원고에게 미지급액 전액 및 이에 대하여 지체일로부터 다 갚을 때까지 연 20%의 비율로 계산한 지연손해금을 가산하여 지급한다.
3. 피고는 원고에게 피고 소유의 경북 △△시 ◇◇면 ▽▽리 *** 답 2123.3㎡을 양도한다. 이를 위하여 피고는 원고에게 위 부동산에 관한 소유권이전등기절차를 이행한다. 위 등기절차비용은 원고가 부담한다.
4. 원고는 피고에 대한 서울○○지방법원 201*카단**** 채권가압류(제3채무자 △△△홀딩스 주식회사)를 해제한다.
5. 원고는 나머지 청구를 포기한다.
6. 소송비용 및 조정비용은 각자 부담한다.

대여금 청구사건

사건의 개요 및 조정경과

원고는 소외 A에게 1억 7,700만 원을 대여하고 그 중 5,000만 원만 변제받았는데, 이후 A가 운영하던 약품회사의 영업권을 피고가 인수하며 원고에 대한 A의 채무를 인수하고 원고에게 어음을 지급하기로 확약함. 피고의 약속이 지켜지지 않자, 원고는 피고를 상대로 1억 2,700만 원의 지급을 구하는 소송을 제기. 조정과정에서 A를 조정참가시켜, 피고와 A가 연대하여 1억 원을 전자약속어음으로 3회 분할 지급하기로 하고 만약 이를 지체할 경우 미지급금 전액을 지연손해와 함께 지급하기로 하는 내용으로 임의조정 성립.

조정주문

1. 피고와 조정참가인 ○○○(******-*******, 서울 △△구 ◇◇동 ▽▽로 ***, ○○아파트 ***동 ****호)은 연대하여 원고에게 금 1억 원을 지급한다. 다만, 위 금원에 상당하는 전자약속어음(201*. 6. 30.을 지급일로 하는 1,000만 원 액면 전부, 201*. 7. 31.을 지급일로 하는 6,500만 원 액면 전부, 201*. 9. 30.을 지급일로 하는 2억 원 액면 중 2,500만 원)을 201*. 4. 17.까지 원고의 전자어음계좌로 이체한다.
2. 원고는 제1항 기재 일자인 201*. 4. 17. 이전에 제1항 기재 전자약속어음 총 1억 원이 이체된 때 즉시 피고에 대한 부동산가압류신청을 취하하고 그 집행을 해제한다.

3. 만일 피고와 조정참가인 ○○○이 제1항 기재 전자약속어음 이체를 이행하지 아니하거나 제1항 기재 각 약속어음 지급일에 해당 어음금이 지급되지 아니한 때에는, 피고와 조정참가인 ○○○은 연대하여 제1항 기재 금원 1억 원 중 미지급금원에 대하여 제1항 기재 이체기일 또는 미지급된 어음의 어음금 지급일 다음날부터 다 갚을 때까지 연 20%의 비율로 계산한 지연손해금을 가산하여 원고에게 지급한다.
4. 원고는 나머지 청구를 포기한다.
5. 소송비용 및 조정비용은 각자 부담한다.

대여금 청구사건

사건의 개요 및 조정경과

원고가 피고에게 대여금청구 소송을 제기하였으나, 원고가 아닌 원고의 소속회사였던 소외 A사가 당사자 적격을 가진 것이 확인되어, 원고가 소를 취하한다는 내용으로 조정갈음결정하여 양측 이의 없이 확정.

조정주문

* 결정사항

1. 원고는 이 사건 소를 취하하고, 피고는 이에 동의한다.
2. 소송비용 및 조정비용은 각자 부담한다.

* 결정이유

원고를 '○○○'에서 '주식회사 △△△'으로 바꾸는 당사자표시정정 또는 임의적 당사자변경은 허용되지 아니함(대법원 1986. 9. 23. 선고 85누953 판결; 대법원 1998. 1. 23. 선고 96다41496 판결; 대법원 2003. 3. 11. 선고 2002두8459 판결 등 참조).

보증채무금 청구사건

사건의 개요 및 조정경과

원고는 소외 A에게 ○○시 △△구 ◇◇동 오피스텔 임대사업자금조로 6,000여만 원을 대여했으나 A가 변제의사와 능력이 없음이 밝혀져 A는 형사처벌을 받았고, A가 원고에게 편취액을 변제하기로 약속하는 과정에서 피고와 피고 운영회사가 연대보증을 섬. A는 변제 약속을 이행하지 아니하였고, 원고는 피고 운영 회사를 상대로 소송을 제기하여 승소확정판결을 받음. 다시 원고는 피고를 상대로 연대보증책임을 묻는 소송을 제기. 피고가 3회 분할지급 하는 내용으로 조정 성립.

조정주문

1. 피고는 원고에게 금 55,000,000원을 지급한다. 다만, 이를 3회로 분할하여 ① 201*. 4. 28. 금 20,000,000원, ② 201*. 5. 28. 금 20,000,000원, ③ 201*. 6. 28. 금 15,000,000원을 원고의 은행계좌(○○은행 ***-******-**-***, 예금주 △△△)로 입금 지급한다.
2. 만일 피고가 제1항 기재 지급을 1회라도 지체하는 경우, 피고는 기한의 이익을 상실하고 즉시 원고에게 미지급액 전액 및 이에 대하여 지체일로부터 다 갚을 때까지 연 20%의 비율로 계산한 지연손해금을 가산하여 지급한다.
3. 원고는 나머지 청구를 포기한다.
4. 소송비용 및 조정비용은 각자 부담한다.

대여금 반환 청구사건

사건의 개요 및 조정경과

개인택시를 운전하고 있는 원고는 택시 손님이었던 피고와 친하게 지내며 여러 차례 피고에게 금전을 대여하거나 신용카드를 빌려 주었는데, 미지급금액 및 기간이 늘어나자 피고를 상대로 대여금반환 청구 소송을 제기. 피고는 차용금 중 일부는 자신이 빌렸으나 나머지는 자신의 남편과 아들이 빌린 것으로 피고가 책임질 수 없다고 주장. 원고는 피고의 남편이나 아들은 알지 못하며 피고가 남편과 아들 명의의 계좌를 알려주며 돈을 보내달라고 하여 입금하였을 뿐이라고 반박. 원고는 피고가 여러 제3채무자로부터 받을 다수의 채권을 가압류함. 조정과정에서 금액을 일부 감액하고 수회 분할하여 지급하되, 일부 채권가압류는 지급 이전에 해제하고, 일부 채권가압류는 전액 지급이 있은 후 해제하는 내용으로 조정 성립.

조정주문

1. 피고는 원고에게
   가. 201*. 3. 13.까지 10,000,000원을 지급하고,
   나. 원고가 위 가호 지급이 있은 때로부터 7일 이내에 원고가 피고에 대하여 설정한 서울○○지방법원 201*카단**** 채권가압류 중 제3채무자 1. 내지 7.에 대한 부분, 같은 법원 201*카단*** 채권가압류를 해제하면, 그 해제일로부터 10일 이내에 10,000,000원을 지급하고,
   다. 201*. 4.부터 다 갚을 때까지 매월 말일 매월 1,000,000원을 18회(총 18,000,000원) 지급한다. 만일 피고가 위 분할 지급을 1회라도 지체하는 경우, 피고는 기한의 이익을 상실하고 즉시 원고에게 미지급액 전액 및 이에 대하여 지체일로부터 다 갚을 때까지 연 20%의 비율로 계산한 지연손해금을 가산하여 지급한다.
2. 만일 피고가 제1항 가호 및 나호에서 정한 지급기일까지 각 금원을 지급하지 아니한 때에는, 피고는 제1항 다호 금원을 포함(기한의 이익을 상실함)한 총 미지급금원에 대하여 지급기일 다음날부터 다 갚을 때까지 연

20%의 비율로 계산한 지연손해금을 가산하여 원고에게 지급한다.

3. 원고는, 피고가 제1항 가, 나, 다호 지급을 지급기한내에 모두 이행하면, 즉시 피고에 대한 제1항 나호 기재 서울○○지방법원 201*카단**** 채권가압류 중 제3채무자 8. 내지 10.에 대한 부분을 해제한다.
4. 원고는 나머지 청구를 포기한다.
5. 소송비용 및 조정비용은 각자 부담한다.

과다추심에 의한 부당이득금반환 청구사건

사건의 개요 및 조정경과

원고는 피고와 공증 금전소비대차약정 하에 1억 4,900여만 원을 변제기 1월, 이율 연 20%의 조건으로 차용하였다가 변제하지 못하여 피고가 원고의 제3채무자를 상대로 채권압류추심에 의한 강제집행을 하였는데 피고가 제3채무자로부터 채무액(원금 +이자)을 초과하여 추심을 하였다며 과잉추심금인 3,200여만 원을 부당이득금으로서 반환하라는 소송을 제기. 피고는 과잉추심을 인정하면서도 과다금액은 원고가 주장하는 액수가 아니라 2,200여만 원이며 이미 동 금원을 원고의 법인계좌로 송금 반환하였다고 주장. 피고의 주장사실이 인정되어 원고와 피고 간에 상호 채권채무가 더 이상 존재하지 아니함을 확인하고 원고는 본 소를 취하한다는 내용으로 조정갈음결정하여 양측 이의 없이 확정.

조정주문

1. 원고와 피고는 양자 간의 201*. 8. 2. 자 공증인가 법무법인 ○○○ 작성 증서 201*년 제***호 집행력 있는 공정증서에 기한 서울△△지방법원 201*타채***** 채권압류 및 추심명령에 의하여 피고가 과잉추심 지급받은 금원은 22,266,277원이며 동 금원을 피고가 원고에게 201*. 2. 4. 송금 반환하였으며 이와 관련하여 원고와 피고 상호간에는 더 이상 어떠한 채권채무도 존재하지 아니함을 상호 확인한다.
2. 원고는 이 사건 소를 취하하고, 피고는 이에 동의한다.
3. 소송비용 및 조정비용은 각자 부담한다.

대여금 청구사건

사건의 개요 및 조정경과

원고는 피고 2에게 수시로 금전을 대여하였는데 미상환금액이 불어나자 피고 2와 피고 2의 아들인 피고 1이 연대하여 1억 2,000만 원을 변제한다는 내용의 현금보관증 및 각서 공정증서를 받았으나 이 역시 미행되지 않자 피고들을 상대로 소송을 제기. 피고 2는 원고에 대한 채무를 신고하여 파산신청하여 면책이 인용되어 확정된 상황이었음. 피고 1이 원금에서 1,000만 원을 감액한 1억 1,000만 원을 11회 분할하여 지급하되 미이행 시 1,000만 원을 추가한 돈과 지연이자를 지급하고 원고는 피고 2에 대한 청구를 포기한다는 내용으로 조정갈음결정하여 양측 이의 없이 확정.

조정주문

1. 피고 A는 원고에게 금 110,000,000원을 지급한다. 다만, 이를 11회로 분할하여 201*. 9. 30, 같은 해 12. 31, 201*. 3. 31, 같은 해 6. 30, 9. 30, 12. 31, 201*. 3. 31, 같은 해 6. 30, 9. 30, 12. 31, 201*. 3. 31. 각 10,000,000원씩을 지급한다.
2. 만일 피고 A가 제1항 기재 분할 지급을 1회라도 지체하는 경우, 피고 A는 기한의 이익을 상실하고 즉시 원고에게 미지급액 전액에 10,000,000원을 더한 돈 및 이 '미지급액 전액에 10,000,000원을 더한 돈'에 대하여 지체일로부터 다 갚는 날까지 연 20%의 비율로 계산한 지연손해금을 가산하여 지급한다.
3. 원고는 피고 A에 대한 나머지 청구 및 피고 B에 대한 이 사건 청구를 포기한다.
4. 소송비용 및 조정비용은 각자 부담한다.

추심금 청구사건

사건의 개요 및 조정경과

원고 대부회사는 원고로부터 대출받은 채무자인 망 A의 상속인인 소외 B가 근무하는 피고 회사를 상대로 B의 급여채권에 대한 압류전부명령을 받았으나 피고가 전부금 지급을 거부하고 있다며 소송을 제기. 피고회사는 B의 소속회사가 아닌 망 A가 다니던 회사로서 A의 사망으로 근로계약을 해지하고 A에게 지급할 급료, 상여금을 전액 지급완료하였고 A의 퇴직연금에 대한 압류명령은 강행법규인 근로자퇴직급여보장법에 위배하여 무효이므로 결국 피고가 원고에게 지급할 금원은 없다고 주장하였고, 피고의 주장사실은 모두 소명되었기에, 원고는 피고의 원고에 대한 채무가 부존재함을 확인하고 소송비용 및 조정비용의 1/2를 각 부담한다는 내용으로 조정갈음결정하여 양측 이의 없이 확정.

조정주문

1. 원고는 피고에 대하여 이 사건 청구원인{○○지방법원 △△지원 201*가단***** 대여금 화해권고결정에 기한 같은 법원 201*타채****호 채권압류 및 전부명령(피고 송달일자 201*. *. **.)} 관련 피고의 원고에 대한 채무는 존재하지 아니함을 확인한다.
2. 소송비용 및 조정비용의 1/2은 원고가, 나머지는 피고가 부담한다.

보증채무금 청구사건

사건의 개요 및 조정경과

원고는 199*. 소외 A 신용금고가 소외 B에게 12억여 원을 대여할 당시 B를 위하여 연대보증을 선 피고를 상대로 원리금 28억여 원을 청구(원고는 A의 자산을 199*. 양수). 원고는 피고를 상대로 지급명령신청을 하여 확정된 시점인 20**. 11. 9. 이후 10년이 넘은 시점인 201*. 12. 24. 본 소송을 제기. 피고는 자신이 B회사 재직 시 직책상 본인의 의사에 반하여 연대보증을 서서 무효라는 주장과 함께 소멸시효완성을 주장. 소멸시효완성이 명확하여 원고가 조정신청을 취하한다는 내용으로 조정갈음결정하여 양측 이의 없이 확정.

조정주문

1. 신청인은 이 사건 신청을 취하한다.
2. 조정비용은 각자 부담한다.

대여금 청구사건

사건의 개요 및 조정경과

원고는 피고에게 6,000만 원을 대여하였으나 변제받지 못하자 소송을 제기. 피고는 변제를 약속하면서도 조정기일 불출석. 피고에게 조정기일로부터 4개월여 기한을 부여하고 피고가 그 때까지 6,000만 원을 지급한다는 내용으로 조정갈음결정하여 양측 이의 없이 확정.

조정주문

1. 피신청인은 신청인에게 201*. 12. 31.까지 금 60,000,000원을 지급한다. 만일 피신청인이 위 지급기일까지 위 금원을 지급하지 아니한 때에는, 피신청인은 미지급금원에 대하여 위 지급기일 다음날부터 다 갚는 날까지 연 20%의 비율에 의한 지연손해금을 가산하여 신청인에게 지급한다.
2. 신청인은 나머지 신청을 포기한다.
3. 조정비용은 각자 부담한다.

대여금 청구사건

사건의 개요 및 조정경과

원고 수협은 피고에게 2억 1,900만 원을 대출하면서 피고로부터 부동산을 담보로 받았고 피고의 미변제로 담보권을 실행하였음에도 1억 7,000여만 원만 회수하여 나머지 미변제 원금 4,100여만 원 및 연체이자 4,600여만 원 등 8,700여만 원의 지급을 구하는 소송을 제기. 피고는 자신이 직접 대출금을 사용한 것이 아니고 조카들인 소외 A, B의 부탁으로 명의만 빌려주었고 자신 소유의 부동산도 담보로 제공하여 이를 상실하였다고 하소연. 피고가 6,000만 원을 지급한다는 내용으로 조정갈음결정하여 양측 이의 없이 확정.

조정주문

1. 피고는 원고에게 201*. 10. 31.까지 금 60,000,000원을 지급한다. 만일 피고가 위 지급기일까지 위 금원을 지급하지 아니한 때에는, 피고는 미지급금원 및 이에 대하여 위 지급기일 다음날부터 다 갚는 날까지 연 20%의 비율에 의한 지연손해금을 가산하여 원고에게 지급한다.
2. 원고는 나머지 청구를 포기한다.
3. 소송비용 및 조정비용은 각자 부담한다.

대여금 청구사건

사건의 개요 및 조정경과

원고는 16년 전 소외 A에게 500만 원을 대여하면서 A와 피고가 연대하여 발행한 약속어음을 교부받았는데 A와 피고가 대여금 또는 약속어음금을 지급하지 않자 피고를 상대로 대여금 500만 원에 대한 소송을 제기. 피고는 소멸시효완성 주장을 하지 않았으나 대여금 및 약속어음금 모두 채무발생일로부터 상당기간이 경과하였고 원고가 주채무자인 A가 아닌 연대보증인인 피고를 상대로 소를 제기한 점 등을 감안하여 피고가 원고에게 150만 원을 3회 분할 지급하고 모든 채권채무는 소멸됨을 확인한다는 내용으로 조정갈음결정하여 양측 이의 없이 확정.

조정주문

1. 피신청인은 신청인에게 금 1,500,000원을 지급한다. 다만, 이를 3회로 분할하여 ① 201*. 9. 30.까지 500,000원을, ② 201*. 10. 30.까지 500,000원을, ③ 201*. 11. 30.까지 500,000원을 지급한다. 만일 피신청인이 위 분할지급을 1회라도 지체하는 경우, 피신청인은 기한의 이익을 상실하고 즉시 신청인에게 미지급액 전액 및 이에 대하여 지체일로부터 다 갚을 때까지 연 20%의 비율로 계산한 지연손해금을 가산하여 지급한다.
2. 신청인은 피신청인 및 소외 ○○○에 대하여, 제1항 기재 금원이 변제기한내에 모두 지급된 때에는, 피신청인 및 소외 ○○○가 신청인에게 작성교부한 공증인가 △△합동법률사무소 작성 제199*년 제****호 약속어음(액면금 5,000,000원, 발행일 199*. 7. 2, 지급기일 일람출급, 발행인 피신청인 및 소외 ○○○, 수취인 신청인) 공정증서에 기한 피신청인 및 소외 ○○○의 신청인에 대한 채무는 더 이상 존재하지 아니함을 확인하며, 동 공정증서에 기하여 피신청인 및 소외 ○○○에 대하여 일체의 소송 또는 강제집행을 하지 아니하며,

동 공정증서 원본을 피신청인 또는 소외 ○○○에게 반환하거나 피신청인 또는 소외 ○○○ 면전에서 폐기하기로 한다.

3. 신청인은 나머지 신청을 포기한다.
4. 조정비용은 각자 부담한다.

대여금 청구사건

사건의 개요 및 조정경과

원고는 피고에게 피고의 버섯재배사업자금으로 1억 원을 대여하였는데 이를 반환받지 못하자 소송을 제기. 조정심리과정에서 피고는 피고의 딸 A 명의로 취득한 부동산에 대해 원고를 권리자로 하는 가등기를 설정하여 주었는데 이후 당해 부동산의 매도인인 소외 B가 명의신탁약정에 따른 소유권이전등기무효를 주장하며 A를 상대로 소유권이전등기말소를, 원고를 상대로 가등기말소를 각 구하는 소송을 제기하여 A에 대해서는 승소확정으로 A 명의의 소유권이전등기는 말소되었고, 1심에서 승소한 B와 원고 사이에 원고의 피고에 대한 채권금액을 B가 양도받는 것을 조건으로 그 채권금액을 B가 대신 원고에게 지급하기로 하는 약정이 이루어진 후 그에 따라 원고가 가등기 말소에 동의하여 가등기가 말소된 사실이 확인되었고, 피고가 원고에게 조정기일로부터 8개월 후 1억 원을 지급하되 원고가 소외 B로부터 일정 금원을 회수하는 경우 이를 공제하기로 하는 내용으로 임의조정 성립.

조정주문

1. 피고는 원고에게 201*. 6. 30.까지 금 100,000,000원을 지급한다.
2. 제1항에 있어, 원고는, 피고가 이 사건 부동산(○○시 △△읍 ◇◇리 산 ***-*. 임야 31,631㎡)의 소유권을 확보한 이후부터 동 부동산에 대하여 강제집행할 수 있다.
3. 원고는, 만일 원고가 소외 ○○○으로부터 이 사건 청구원인 관련 금원을 회수한 때에는, 동 금원을 제1항 기재 금원 100,000,000원에서 공제한 금원을 피고로부터 지급받기로 한다.
4. 원고는 나머지 청구를 포기한다.
5. 소송비용 및 조정비용은 각자 부담한다.

양수금 청구사건

사건의 개요 및 조정경과

원고 대부회사는 피고 1에 대한 소외 A의 대출채권을 양수받아 피고 1 및 연대보증을 선 피고 2, 3을 상대로 17억여 원의 원리금의 상환을 구하는 소송을 제기. 피고 1은 원고의 채권은 파산채권으로 신고하여 면책되었다고 주장하고, 피고 2, 3은 연대보증선 사실이 없고 설사 있다 하더라도 16년이 지난 채권으로 소멸시효가 완성하였다고 주장. 당사자 간의 조정합의 불성립. 피고들의 주장사실이 소명되어, 원고가 피고들에 대한 소를 취하한다는 내용으로 조정갈음결정하여 이의 없이 확정.

조정주문

1. 신청인은 이 사건 신청을 취하한다.
2. 조정비용은 각자 부담한다.

대여금 청구사건

사건의 개요 및 조정경과

신청인은 소외 A에게 빌딩 매수자금조로 2억 원을 연 25% 이자 조건으로 대여하였으나 A로부터 원리금을 한 푼도 돌려받지 못했다며 A에 대해 연대보증을 선 피신청인 소유의 부동산에 대한 가압류와 함께 피신청인에 대해 대여금반환소송을 제기. 조정심리과정에서 피신청인의 동업자인 소외 A가 부동산매입에 필요하다며 피신청인의 인감을 받아 연대보증을 선 사실 및 피신청인이 부동산가압류를 해제하기 위해 해방공탁을 한 사실을 확인하였고, 기일을 속행하여 양자의 입장을 상호 배려하고 조율할 수 있는 기회를 갖게 함으로써 최종적으로 4회 조정기일에 피고가 차용금 채무 원금 2억 원과 이자 총액 4,500만 원의 존재를 인정하고, 원고는 해방공탁금에서 2억 원을 수령하고 나머지는 피고가 회수하여 다른 거래에 투입할 수 있도록 하고, 1년 후 피고가 원고에게 4,500만 원을 지급하기로 하는 내용으로 임의조정 성립.

조정주문

1. 피신청인은 신청인에 대하여, 피신청인의 신청인에 대한 채무(차용금)로서 원본 200,000,000원 및 이자 45,000,000원이 존재함을 확인한다.
2. 신청인과 피신청인은 서울○○지방법원 201*년 금제****호 및 ****호 해방공탁금을 회수 출금하여, 그중 200,000,000원(제1항 기재 원본 채무임)은 신청인에게 즉시 지급하고, 나머지 금원은 피신청인이 회수하기로 한다. 이를 위하여 쌍방은 필요한 협조를 다한다.
3. 피신청인은 신청인에게 201*. 5. 31.까지 45,000,000원(제1항 기재 이자 채무임)을 지급한다. 다만, 피신청인은 위 지급기일 이전에 지급할 수 있는 상황이 조성되면 그 이전에라도 지급하기로 한다.
4. 신청인은 이 사건 소를 취하한다.
5. 소송비용 및 조정비용은 각자 부담한다.
6. 신청인과 피신청인은, 제2항 및 제3항이 모두 이행되는 경우, 이 사건 청구원인과 관련하여 본 조정조서에

서 정한 사항 이외에는 양자 사이에 어떠한 채권채무도 없음을 확인하고, 향후 이와 관련하여 서로에 대하여 일체의 재판상, 재판외 청구 또는 이의제기를 하지 아니한다.

대여금 청구사건

사건의 개요 및 조정경과

원고회사는 피고회사에 5,000만 원을 대여하였는데 변제기한까지 돌려받지 못하자 소송을 제기. 피고는 채무는 인정하면서 변제기한의 연장을 희망. 조정기일 양측 불출석. 원금 5,000만 원을 5회 분할 변제한다는 내용으로 조정갈음결정하여 양측 이의 없이 확정.

조정주문

1. 피고는 원고에게 금 50,000,000원을 지급한다. 다만, 이를 5회로 분할하여 ① 201*. 3. 31. 금 10,000,000원을, ② 201*. 5. 31. 금 10,000,000원을, ③ 201*. 7. 31. 금 10,000,000원을, ④ 201*. 9. 30. 금 10,000,000원을, ⑤ 201*. 11. 30. 금 10,000,000원을 지급한다.
2. 만일 피고가 제1항 기재 분할 지급을 1회라도 지체하는 경우, 피고는 분할의 이익과 기한의 이익을 상실하고 즉시 원고에게 미지급액 전액 및 이에 대하여 지체일로부터 다 갚는 날까지 연 15%의 비율로 계산한 지연손해금을 가산하여 지급한다.
3. 원고는 나머지 청구를 포기한다.
4. 소송비용 및 조정비용은 각자 부담한다.

파산면책확인 청구사건

사건의 개요 및 조정경과

원고는 법원에서 파산면책을 확정 받았는데 그 과정에서 피고의 채권(지급명령 확정)을 누락하였고 피고가 당해 채권에 기해 강제집행에 들어오자 피고를 상대로 980여만 원의 채무에 대한 면책확인을 구하는 소송을 제기. 피고는 원고가 악의로 피고의 채권을 채권자목록에 기재하지 않았으므로 면책되지 않는다고 주장하는 반면, 원고는 당시 신용조회 등 성실한 채권조사과정을 거쳤음에도 불구하고 추심전문업체인 피고가 원래의 대출 채권자로부터 전전매각 된 채권을 양도받아 원고를 상대로 지급명령을 받은 것에 대해서는 인식을 하지 못했고 상대적으로 고액이 아닌 당해 채무를 일부러 누락할 이유가 없었다고 주장함. 조정결과, 원고의 '악의'에 대한 입증이 쉽지 아니한 점을 감안하여 원고가 피고에게 소송비용 일부에 해당하는 20만 원을 임의지급하고 피고는 원고의 피고에 대한 채무는 부존재한다는 확인을 함으로써 지급명령을 집행하지 않기로 하는 내용으로 임의조정 성립.

조정주문

1. 원고는 피고에게 201*. 3. 31.까지 금 200,000원을 지급한다. 만일 원고가 위 지급기일까지 위 금원을 지급하지 아니한 때에는, 원고는 미지급금원에 대하여 지급기일 다음날부터 다 갚을 때까지 연 15%의 비율로 계산한 지연손해금을 가산하여 피고에게 지급한다.
2. 원고는 이 사건 소를 취하하고, 피고는 이에 동의한다.
3. 원고와 피고는 이 사건 청구원인과 관련하여 본 조정조서에서 정한 사항 이외에는 양자 사이에 어떠한 채권채무도 없음을 확인하고, 향후 이와 관련하여 서로에 대하여 일체의 재판상, 재판외 청구 또는 이의제기를 하지 아니한다.
4. 소송비용 및 조정비용은 각자 부담한다.

대출채무부존재확인 청구사건

사건의 개요 및 조정경과

원고는 13년 전 소외 A 새마을금고로부터 2억 8,000만 원을 대출하였는데 이를 변제하지 못하였고 그 대출채권을 양수한 피고 대부회사가 원고를 상대로 채권추심을 하자 원고는 피고를 상대로 소멸시효완성에 따른 채무부존재확인을 구하는 소송을 제기. 원고의 대출은 가계일반자금 형식이었으나 실제는 원고의 형제인 소외 B가 운영하는 건설사의 건설사업자금 대출이었고 이를 대출받은 직후 B가 출금하여 사용하였기에 상사채권채무로서 5년의 소멸시효가 적용되는 것이어서 채권채무가 소멸한 것이 분명하고, 다만 비슷한 시기에 원고가 대출한 2,000만 원과 관련하여서는 최근까지 일부씩 변제하여 왔음이 확인되어, 2억 8,000만 원의 채무는 존재하지 아니함을 확인하고 2,000만 원의 잔존채무 730만 원은 10회 분할 변제한다는 내용으로 조정갈음결정하여 양측 이의 없이 확정.

조정주문

1. 피신청인은, 신청인에 대하여, 양자간의 200*. *. **.자 금전소비대차계약에 기한 신청인의 피신청인에 대한 채무는 존재하지 아니함을 확인한다.
2. 제1항과 별도로, 신청인은 피신청인에게 금 7,300,000원(양자간의 200*. 4. 10.자 금전소비대차계약에 기한 잔존채무액임)을 지급한다. 다만, 이를 10회로 분할하여 ① 201*. 6. 30. 금 700,000원을, ② 201*. 7. 31. 금 700,000원을, ③ 201*. 8. 31. 금 700,000원을, ④ 201*. 9. 30. 금 700,000원을, ⑤ 201*. 10. 31. 금 700,000원을, ⑥ 201*. 11. 30. 금 700,000원을, ⑦ 201*. 12. 31. 금 700,000원을, ⑧ 201*. 1. 31. 금 700,000원을, ⑨ 201*. 2. 28. 금 700,000원을, ⑩ 201*. 3. 31. 금 1,000,000원을 지급한다. 만일 신청인이 위 분할지급을 1회라도 지체하는 경우, 기한의 이익을 상실하고 즉시 미지급액 전액 및 이에 대하여 지체일로부터 다 갚는 날까지 연 15%의 비율로 계산한 지연손해금을 가산하여 지급한다.

3. 신청인과 피신청인은, 신청인이 제2항 기재 지급을 모두 이행한 경우에는, 제2항 기재 양자간의 200*. *. **.자 금전소비대차계약과 관련하여 양자 사이에 어떠한 채권채무도 없음을 확인하고, 향후 이와 관련하여 서로에 대하여 일체의 재판상, 재판외 청구 또는 이의제기를 하지 아니한다.
4. 조정비용은 각자 부담한다.

대여금 청구사건

사건의 개요 및 조정경과

원고는 피고에게 250만 원을 대여하였으나 이를 돌려받지 못하자 소를 제기하여 무변론 승소하였고, 이에 뒤늦게 피고가 추완항소하자 원고는 추완항소사유 없다고 다툼. 원고 조정기일 불출석. 피고는 원고에게서 금전을 차용한 사실이 없으며 원고가 자신을 성폭행하고 협박하였으며 부당하게 자신에 대해 채무불이행자 명부등재를 신청하였다고 주장. 피고가 이메일, 문자로 차용사실을 인정한 점 등을 감안하여 피고가 200만 원을 지급한다는 내용으로 조정갈음결정하여 양측 이의 없이 확정.

조정주문

1. 피고는 원고에게 201*. 4. 30.까지 금 2,000,000원을 지급한다. 만일 피고가 위 금원을 위 지급기일까지 지급하지 아니한 때에는 미지급금원 및 이에 대하여 지급기일 다음날부터 다 갚는 날까지 연 15%의 비율로 계산한 지연손해금을 가산하여 지급한다.
2. 원고는 제1항 기재 지급이 있으면, 즉시 피고에 대한 채무불이행자명부등재(서울○○지방법원 201*카불******)신청을 취하하고 그 등재 말소를 신청한다.
3. 원고는 나머지 청구를 포기한다.
4. 원고와 피고는 이 사건 청구원인과 관련하여 본 조정을 갈음하는 결정에서 정한 사항 이외에는 양자 사이에 어떠한 채권채무도 없음을 확인하고, 향후 이와 관련하여 서로에 대하여 일체의 재판상, 재판외 청구 또는 이의제기를 하지 아니한다.
5. 소송총비용 및 조정비용은 각자 부담한다.

대여금 반환 청구사건

사건의 개요 및 조정경과

원고는 피고에게 서울시 OO동 소재 임야 개발사업자금으로 1,500만 원을 대여하고, 지인들에게도 피고를 소개하여 사업자금을 융통하게 도와줌. 이후 임야개발사업의 전망이 불투명해지자 원고는 피고를 사기죄로 형사고소하고(무혐의처분), 피고로부터 대여원금 중 1,000만 원을 돌려받기로 하는 차용증을 받음. 피고가 약속을 미이행하자 원고는 피고를 상대로 소송을 제기하고, 1심에서 전부승소하였고, 이에 피고가 항소하여 항소심 재판부에서 조정회부. 조정심리 결과, 원고가 피고로부터 상당금액을 수고비, 활동비 명목으로 받아 쓴 사실이 확인되고, 원만하고 신속한 분쟁종결의 필요성을 감안하여 200만 원을 감액한 800만 원을 4회 분할지급하는 것으로 하되 미이행 시 기한이익의 상실과 함께 200만 원을 추가로 지급하는 것으로 하는 조정 성립.

조정주문

1. 피고(항소인, 이하 '피고'라 한다)는 원고(피항소인, 이하 '원고'라 한다)에게 금 8,000,000원을 지급한다. 다만, 이를 4회로 분할하여 ① 201*. 5. 31. 금 2,000,000원을, ② 201*. 6. 30. 금 2,000,000원을, ③ 201*. 7. 31. 금 2,000,000원을, ④ 201*. 8. 31. 금 2,000,000원을 지급한다.
   그 지급은 원고의 은행계좌(○○은행 ******-**-****** 예금주 △△△)로 입금하는 방식으로 한다.
2. 만일 피고가 제1항 기재 지급을 1회라도 지체하는 경우, 피고는 기한의 이익을 상실하고 즉시 원고에게 미지급액 전액에 2,000,000원을 더한 돈 및 이 '미지급액 전액에 2,000,000원을 더한 돈'에 대하여 지체일로부터 다 갚는 날까지 연 15%의 비율로 계산한 지연손해금을 가산하여 지급한다.
3. 원고는 나머지 청구를 포기한다.
4. 소송총비용 및 조정비용은 각자 부담한다.

대여금 청구사건

사건의 개요 및 조정경과

원고는 피고에게 440만 원을 대여하였는데 피고가 이를 변제하지 않자 소송을 제기하여 1심에서 전액 승소. 이에 피고가 항소제기. 항소심 조정회부. 피고는 원고, 피고, 소외 A 3인이 동업하기로 하여 사무실을 함께 사용하였는데 임대료, 운영경비 등의 1/3인 860여만 원을 원고가 부담하여야 함에도 이를 지급하지 않았기에 원고의 청구액과 동액을 상계하고 초과금을 반소제기하겠다고 주장. 조정합의 불성립. 피고가 원고에게 250만 원을 지급하고 이 사건 청구원인은 물론 동업사무실 운영과 관련하여서도 상호 채권채무 없음을 확인한다는 내용으로 조정갈음결정하여 양측 이의 없이 확정.

조정주문

1. 피고는 원고에게 201*. 6. 30.까지 금 2,500,000원을 지급한다. 만일 피고가 위 금원을 위 지급기일까지 지급하지 아니한 때에는, 미지급금원에 1,900,000원을 더한 돈 및 이 '미지급금원에 1,900,000원을 더한 돈'에 대하여 지급기일 다음날부터 다 갚는 날까지 연 15%의 비율로 계산한 지연손해금을 가산하여 지급한다.

2. 원고는 나머지 청구를 포기한다.
3. 원고와 피고는 이 사건 청구원인 및 임차사무실 점유사용과 관련하여 본 조정을 갈음하는 결정에서 정한 사항 이외에는 양자 사이에 어떠한 채권채무도 없음을 확인하고, 향후 이와 관련하여 서로에 대하여 일체의 재판상, 재판외 청구 또는 이의제기를 하지 아니한다.
4. 소송총비용 및 조정비용은 각자 부담한다.

각서금 청구사건

사건의 개요 및 조정경과

원고회사는 소외 OO회사와 영어체험학습사업제휴계약을 체결하고 보증금 1억 원을 지급하였는데 소외 회사가 반환하기로 한 보증금 일부를 지급하지 아니하자, 피고 및 소외 A가 소외 회사와 연대하여 보증금을 지급하기로 약정하고도 이행하지 않자 원고가 피고를 상대로 소송 제기. 조정심리 결과, 그동안 피고, 소외 회사 및 소외 A가 보증금 일부를 지급하여 왔고 피고가 자신의 이익과 무관하게 연대보증을 서게 된 경위와 피고의 어려운 경제적 상황 등을 고려하여 피고가 지급할 금액을 대폭 감액해주되 임의지급을 하지 않을 경우 원래의 연대채무액 전액을 지급한다는 내용으로 조정 성립.

조정주문

1. 피고는 원고에게 201*. 3. 25.까지 금 2,500,000원을 지급한다. 만일 피고가 위 지급기일까지 위 금원을 지급하지 아니한 때에는, 피고는 미지급금원에 47,500,000원을 더한 돈 및 이 '미지급금원에 47,500,000원을 더한 돈'에 대하여 지급기일 다음날부터 다 갚을 때까지 연 15%의 비율로 계산한 지연손해금을 가산하여 원고에게 지급한다.
2. 원고는 나머지 청구를 포기한다.
3. 소송비용 및 조정비용은 각자 부담한다.

대여금 청구사건

사건의 개요 및 조정경과

원고는 피고 3 회사에 이사로 재직하던 중 피고 3 회사에 이자 월 5% 조건으로 4억 6,000만 원을 빌려 주었는데 피고 3 회사가 이자조로 5,000여만 원만 지급하고 나머지 원리금을 지급하지 않았다며 피고 3 및 피고 3이 차용 당시 연대를 선 피고 3의 임원인 피고 1, 2를 상대로 대여금 4억 6,000만 원과 이자제한법에 따른 연 25% 상당의 이자의 지급을 구하는 소송을 제기. 조정 심리 과정에서 피고 3 회사는 소외 A 회사로 변경 등기하였고 같은 날 소외 A 회사는 피고 3 회사로 변경 등기한 사실이 확인되어 상호 혼용 내지 승계로 인한 연대책임을 갖는 소외 A 회사를 참여시켜 분쟁을 일괄 타결하기 위하여 소외 A를 조정참가시킴(A회사의 대표이사는 피고 1임). 피고 1, 2, 3과 조정참가인 A가 연대하여 원고에게 지급하기로 하되, 지급금액은 원고가 피고 3 회사의 이사로 재직하며 어느 정도 회사경영에 대한 공동 책임을 가지고 있었고 6,000만 원에 가까운 이자금을 받은 사실 등을 감안하여 원금 중 4억 원으로 감액조정하여 이를 3회 분할 지급하기로 하는 내용으로 임의조정 성립.

조정주문

1. 피고들과 조정참가인은 연대하여 원고에게 금 400,000,000원을 지급한다. 다만, 이를 3회로 분할하여 ① 201*. 12. 31.까지 80,000,000원을, ② 201*. 4. 30.까지 120,000,000원을, ③ 201*. 9. 30.까지 200,000,000원을 지급한다.
2. 만일 피고들과 조정참가인이 제1항 기재 분할지급을 1회라도 지체하는 경우, 피고들과 조정참가인은 기한의 이익을 상실하고 즉시 원고에게 미지급액 전액 및 이에 대하여 지체일로부터 다 갚을 때까지 연 15%의 비율로 계산한 지연손해금을 가산하여 지급한다.
3. 원고는 나머지 청구를 포기한다.
4. 소송비용 및 조정비용은 각자 부담한다.

대여금 청구사건

사건의 개요 및 조정경과

원고는 피고 1에게 수시로 금전을 대여(피고 1의 남편인 피고 2의 계좌로 송금)하였으나 피고 1이 3,200만 원을 미변제한 상태로 연락이 두절되자 피고들을 상대로 소송을 제기. 피고 1은 부채과다를 비관하여 약물을 과다 복용하여 치료 중에 있고, 피고 2는 피고 1의 원고와의 금전거래에 대해 아는 바가 없고 원고로부터 피고 1이 차용한 금원은 피고 1의 다단계사업에 투입한 것으로 일상가사대리의 범위에 들지 않아 자신의 연대책임이 없다고 주장. 조정합의 불성립. 원고가 피고 1과 계돈 거래를 하면서 대여가 이루어졌던 점 등을 고려하여 피고 1이 2,500만 원을 지급하고 원고는 피고 1에 대한 나머지 청구 및 피고 2에 대한 청구를 포기한다는 내용으로 조정갈음결정하여 양측 이의 없이 확정.

조정주문

1. 피고 A는 원고에게 201*. 8. 31.까지 금 25,000,000원을 지급한다. 만일 위 지급기일까지 위 금원을 지급하지 아니한 때에는, 미지급금원 및 이에 대하여 위 지급기일 다음날부터 다 갚는 날까지 연 15%의 비율에 의한 지연손해금을 가산하여 지급한다.

2. 원고는 피고 A에 대한 나머지 청구 및 피고 B에 대한 이 사건 청구를 각 포기한다.

3. 소송비용 및 조정비용은 각자 부담한다.

약정금 청구사건

사건의 개요 및 조정경과

원고는 피고에게 1억 3,000만 원을 대여하였는데 피고가 5,000만 원만 변제하고 나머지 8,000만 원 및 이에 대한 이자 2,000만 원을 합한 1억 원을 지급하기로 약속하였는데 그 약속을 지키지 않는다며 약정금 1억과 그 지연이자를 구하는 소송을 제기. 1심에서 패소한 피고가 항소를 제기하여 항소심 조정 회부. 조정과정에서 2년에 걸쳐 1억 3,000만 원을 6회 분할 지급하기로 하되 1회라도 지체하는 경우 기한이익을 상실하고 원금 8,000만 원에 대한 연 24%의 지연이자를 지급하기로 하는 내용으로 임의조정 성립.

조정주문

1. 피고는 원고에게 금 130,000,000원을 지급한다. 다만 이를 6회로 분할하여, ① 201*. 12. 31. 금 20,000,000원을, ② 201*. 2. 28. 금 20,000,000원을, ③ 201*. 4. 30. 금 20,000,000원을, ④ 201*. 6. 30. 금 20,000,000원을, ⑤ 201*. 7. 31. 금 20,000,000원을, ⑥ 201*. 8. 31. 금 30,000,000원을 지급한다.
2. 만일 피고가 제1항 기재 지급을 1회라도 지체하는 경우, 피고는 기한의 이익을 상실하고 즉시 원고에게 '100,000,000원과 그 중 80,000,000원에 대하여 201*. 9. 1.부터 다 갚는 날까지 연 24%에 비율로 계산한 돈' 중 미지급액 전액을 지급한다.
3. 원고는 나머지 청구를 포기한다.
4. 소송총비용 및 조정비용은 각자 부담한다.

대여금(편취금) 청구사건

사건의 개요 및 조정경과

원고는 자매인 피고들이 여러 차례에 걸쳐 공무원취직알선을 명목으로 돈을 편취하였다고 주장하며 편취금의 반환을 구하는 소송을 제기. 피고들은 편취한 바 없고 원고로부터 금전적 도움을 받았을 뿐 이라고 주장. 원고가 피고들을 상대로 사기혐의로 고소한 사건은 혐의없음으로 종결된 것이 확인되었음. 조정과정에서 피고들이 원고청구금액을 일부 감액 조정한 각 2,000만 원, 3,500만 원을 소액 분할 지급하기로 하는 내용으로 임의조정 성립.

조정주문

1. 피고 A는 원고에게 금 20,000,000원을 지급한다. 다만, 이를 30회로 분할하여 201*. 11.부터 매월 5. 금 660,000원(마지막 30회에는 860,000원)을 지급한다.
2. 피고 B는 원고에게 금 35,000,000원을 지급한다. 다만, 이를 58회로 분할하여 201*. 11.부터 매월 26. 금 600,000원(마지막 58회에는 800,000원)을 지급한다.
3. 만일 피고들이 제1항, 제2항 기재 지급을 1회라도 지체하는 경우, 피고들은 기한의 이익을 상실하고 즉시 원고에게 미지급액 전액 및 이에 대하여 지체일로부터 다 갚을 때까지 연 15%의 비율로 계산한 지연손해금을 가산하여 지급한다.
4. 원고는 나머지 청구를 포기한다.
5. 원고와 피고들은 이 사건 청구원인과 관련하여 본 조정조서에서 정한 사항 이외에는 양자 사이에 어떠한 채권채무도 없음을 확인하고, 향후 이와 관련하여 서로에 대하여 일체의 재판상, 재판외 청구 또는 이의제기를 하지 아니하며, 이미 제기한 쌍방에 대한 일체의 형사고소·고발을 취하한다.
6. 소송비용 및 조정비용은 각자 부담한다.

대여금 청구사건

사건의 개요 및 조정경과

원고는 피고에게 1,135만 원을 대여하였는데 150만 원만 변제받고 나머지 985만 원은 돌려받지 못했다며 그 지급을 구하는 소송을 제기. 피고는 현금으로 전액 변제하였다고 주장하였으나 증거를 제시하지는 못함. 조정기일 피고 불출석. 금액을 일부 감액하여 900만 원을 피고가 지급한다는 내용으로 조정갈음결정하여 이의 없이 확정.

조정주문

1. 피신청인은 신청인에게 201*. 12. 15.까지 금 9,000,000원을 지급한다. 만일 피신청인이 위 지급기일까지 위 금원을 지급하지 아니한 때에는, 피신청인은 미지급금원에 대하여 위 지급기일 다음날부터 다 갚는 날까지 연 15%의 비율에 의한 지연손해금을 가산하여 신청인에게 지급한다.
2. 신청인은 나머지 신청을 포기한다.
3. 조정비용은 각자 부담한다.

대여금 청구사건

사건의 개요 및 조정경과

원고는 피고에게 5,000만 원을 이자 월 2.5%, 연체이자 월 1%의 조건으로 대여하였는데 피고가 원리금을 지급하지 않는다며 4,400여만 원과 이에 대한 연 25%의 이자를 구하는 소송을 제기. 원고가 피고로부터 총 3,400여만 원의 원리금을 받은 사실, 약정 이율이 고율인 점 등을 감안하여 피고가 원고에게 3,000만 원을 지급하되 지급기일을 앞당길 경우 500만 원을 면제해준다는 내용으로 조정갈음결정하여 양측 이의 없이 확정.

조정주문

1. 피고는 원고에게 201*. 12. 31.까지 금 30,000,000원을 지급한다. 만일 피고가 위 지급기일까지 위 금원을 지급하지 아니한 때에는, 피고는 미지급금원 및 이에 대하여 201*. 11. 8.부터 다 갚는 날까지 연 15%의 비율에 의한 지연손해금을 가산하여 원고에게 지급한다.
2. 만일 피고가 201*. 11. 11.까지 원고에게 25,000,000원을 지급하면, 원고는 제1항 기재 금원 중 나머지 금액에 대한 피고의 채무를 면제하고, 제1항이 효력을 상실함을 확인한다.
3. 원고는 나머지 청구를 포기한다.
4. 소송비용 및 조정비용은 각자 부담한다.

대출채무 구상금 청구사건

사건의 개요 및 조정경과

원고는 피고가 소외 A은행으로부터 주택자금을 대출받음에 있어 신용보증약정을 하였는데 피고가 대출금을 미변제하여 원고가 A은행에 대위변제한 후 대위변제금, 미수연체보증료 등 7,100여만 원의 지급을 구하는 소송을 제기. 피고가 원고의 청구 내용을 인정하고 있어, 피고가 동 금원을 지급한다는 내용으로 조정갈음결정하여 양측 이의 없이 확정.

조정주문

1. 피고는 원고에게 71,931,900원 및 이에 대하여 201*. 1. 6.부터 201*. 7. 19.까지는 연 8%, 그 다음 날부터 다 갚는 날까지는 연 15%의 비율에 의한 돈을 지급한다.
2. 소송비용 및 조정비용은 각자 부담한다.

대여금 청구사건

사건의 개요 및 조정경과

원고는 피고들의 영화제작사업을 위해 8,800만 원을 월 5% 수익(이자) 조건으로 대여하였으나 현재까지 이자로 1,200만 원만 받고 나머지 원리금을 받지 못하였다면서 소송을 제기. 피고들은 원고가 대여한 것이 아니라 자신들의 사업에 투자한 것이라고 주장. 원고가 이미 지급받은 이자액을 감안하여 피고들이 8,000만 원을 4회 분할 지급한다는 내용으로 조정갈음결정하여 양측 이의 없이 확정.

조정주문

1. 피신청인들은 연대하여 신청인에게 금 80,000,000원을 지급한다. 다만, 이를 4회로 분할하여 ① 201*. 1. 31. 금 20,000,000원을, ② 201*. 2. 28. 금 20,000,000원을, ③ 201*. 3. 31. 금 20,000,000원을, ④ 201*. 4. 30. 금 20,000,000원을 지급한다.
2. 만일 피신청인들이 제1항 기재 지급을 1회라도 지체하는 경우, 피신청인들은 기한의 이익을 상실하고 즉시 신청인에게 미지급액 전액 및 이에 대하여 지체일로부터 다 갚는 날까지 연 15%의 비율로 계산한 지연손해금을 가산하여 지급한다.
3. 신청인은 나머지 신청을 포기한다.
4. 조정비용은 각자 부담한다.

대여금 청구사건

사건의 개요 및 조정경과

원고는 피고회사와 원고가 전산개발인력파견계약 건을 유치하면 피고회사의 수익의 일정비율을 배분받기로 하는 동업계약을 체결하고 한편 피고회사에 금원을 대여하였으나 대여금을 변제받지 못했다며 소송을 제기. 피고는 원고가 개인정보를 유출하여 피고회사에 피해를 입혔으며 원고 스스로 동업관계를 청산하여 잠적하였다고 주장. 피고가 변제할 대여금액과 원고의 불법행위로 인한 피고의 손해액을 정산한 금액인 100여만 원을 피고가 원고에게 지급한다는 내용의 조정갈음결정에 양측 이의 없어 확정.

조정주문

1. 피고는 원고에게 201*. 1. 31.까지 금 1,050,000원을 지급한다. 만일 피고가 위 금원을 위 지급기일까지 지급하지 아니한 때에는 미지급금원 및 이에 대하여 지급기일 다음날부터 다 갚는 날까지 연 15%의 비율로 계산한 지연손해금을 가산하여 지급한다.
2. 원고는 나머지 청구를 포기한다.

3. 소송총비용 및 조정비용은 각자 부담한다.

대여금 청구사건

사건의 개요 및 조정경과

원고는 원고가 운영하는 회사에 입사한 피고와 연인관계로 발전하여 원고와 재혼하겠다는 피고의 약속을 믿고 피고의 전세보증금, 생활비 등 명목으로 2억 7,800여만 원을 대여하였는데 피고가 자신을 속인 사실을 알게 되어 대여금반환청구소송을 제기. 피고는 자신이 속인 사실이 없고 재혼을 미룬 것은 원고이며 원고가 지급한 금원은 대여금이 아니라 증여금이라고 주장. 소송제기 이후 원고는 피고의 전세보증금반환채권을 양도받고 현금을 돌려받는 등 대부분의 금액을 회수한 사실이 확인됨. 당사자 조정합의 불성립. 피고가 원고에게 1,400만 원을 지급한다는 내용의 조정갈음결정을 하여 양측 이의 없이 확정.

조정주문

1. 피고는 원고에게 201*. 1. 31.까지 금 14,000,000원을 지급한다. 만일 피고가 위 지급기일까지 위 금원을 지급하지 아니한 때에는, 피고는 미지급금원 및 이에 대하여 위 지급기일 다음날부터 다 갚는 날까지 연 15%의 비율에 의한 지연손해금을 가산하여 원고에게 지급한다.
2. 원고는 나머지 청구를 포기한다.
3. 소송비용 및 조정비용은 각자 부담한다.

대여금 청구사건

사건의 개요 및 조정경과

원고는 피고에게 월 2% 이자 조건으로 3,000만 원을 대여하였는데 피고가 원리금을 전혀 변제하지 않자 피고를 상대로 그 지급을 구하는 소송을 제기. 조정과정에서 3,000만 원 및 그에 대한 연 10%의 지연이자를 가산하여 즉시 지급하는 내용으로 임의조정 성립.

조정주문

1. 피신청인은 신청인에게 금 30,000,000원 및 이에 대하여 200*. 2. 1.부터 다 갚을 때까지 연 10%의 비율로 계산한 돈을 가산하여 지급한다.
2. 신청인은 나머지 청구를 포기한다.
3. 조정비용은 각자 부담한다.

재개발조합에 대한 대여금 등 청구사건

사건의 개요 및 조정경과

원고는 피고 주택재개발조합의 조합원으로서 피고에 대해 대여금 및 약정금 5,600여만 원의 채권을 가지고 있는데 피고가 지급을 하지 않자 소송을 제기. 조정과정에서 피고의 사정 등을 감안하여 감액조정한 3,000만 원을 지급하기로 하는 내용으로 임의조정 성립.

조정주문

1. 피신청인은 신청인에게 201*. 3. 31.까지 금 30,000,000원을 지급한다. 만일 피신청인이 위 지급기일까지 위 금원을 지급하지 아니한 때에는, 피신청인은 미지급금원에 대하여 지급기일 다음날부터 다 갚을 때까지 연 15%의 비율로 계산한 지연손해금을 가산하여 신청인에게 지급한다.
2. 신청인은 나머지 청구를 포기한다.
3. 조정비용은 각자 부담한다.

대여금 청구사건

사건의 개요 및 조정경과

원고는 산후조리원 사업체인 피고에서 조리원으로 근무하면서 피고의 요청으로 1억 원을 이율 월 2.5%(월 약정 이자금(수익금) 250만 원) 조건으로 피고에게 대여(투자)하였는데 피고가 미이행하여 피고를 상대로 반환청구소송을 제기하였고 이에 피고가 1억 원을 10회 분할 지급(지연이자 연 15%)하기로 하는 약정서를 작성하여 주어 소를 취하하였는데 피고가 그 중 6,000만 원만 지급하자 다시 피고를 상대로 4,000만 원과 지연손해금의 지급을 구하는 소송을 제기. 조정과정에서 피고의 수익성 악화 등 사정을 감안하여 원리금을 합하여 총 4,200만 원을 3회 분할 지급하기로 하는 내용으로 임의조정 성립.

조정주문

1. 피고는 원고에게 금 42,000,000원을 지급한다. 다만, 이를 3회로 분할하여 ① 201*. 5. 31.까지 15,000,000원을, ② 201*. 6. 30.까지 15,000,000원을, ③ 201*. 7. 31.까지 12,000,000원을 지급한다.
2. 만일 피고가 제1항 기재 지급을 1회라도 지체하는 경우, 피고는 기한의 이익을 상실하고 즉시 원고에게 미지급액 전액 및 이에 대하여 지체일로부터 다 갚을 때까지 연 15%의 비율로 계산한 지연손해금을 가산하여 지급한다.
3. 원고는 나머지 청구를 포기한다.
4. 소송비용 및 조정비용은 각자 부담한다.

06 물품대금사건

LED부품 물품대금 청구사건

사건의 개요 및 조정경과

중소업체인 원고 회사는 LED 전문시공업체인 피고 회사와 수년 동안 LED공사 관련 부품 공급계약을 체결하여 자체 제작 또는 주문 제작한 부품들을 피고 회사에게 납품해오던 중 어느 날 갑자기 피고 회사가 더 이상의 주문을 중단.

원고 회사는 미리 여유분을 제작해 놓고 신속하게 제때 공급해달라는 피고 회사의 요구에 따라 부품을 제작해 놓았으며, 이미 생산해 놓은 부품은 범용이 아닌 특수제작된 것이어서 제3의 인수처를 찾기 쉽지 않다는 입장. 원고가 제작해놓은 부품 가액은 약 5,000만 원 상당으로 이를 회수하지 못할 경우 적지 않은 부담 발생 우려.

피고 회사의 입장에서는 양자 간에 사전 주문에 대한 명시적인 약정이 없었을 뿐 아니라, 원고 회사의 부품들이 타 공급원의 제품에 비교하여 에너지효율이 떨어지고 단가의 경쟁력이 떨어져 불만이었음.

조정과정에서, 조정안으로 양측에 단가를 다소 낮추고 일정기간 분할하여 공급/매수하고, 향후 상생방안을 찾을 것을 제시, 양 당사자 합의 성립.

조정주문

1. 신청인과 피신청인은 향후 상호간에 책임과 신뢰를 다하고 공정하고 상생의 사업거래를 영위할 것을 약속한다.
2. 신청인과 피신청인은, 신청인이 피신청인에게 별지목록 기재 부품 총 10,000개 세트(총22개 품목. 품목당 10,000개 내지 40,000개로 구성)를 세트당 금 1,850원(부가가치세 별도)에 매도하고 피신청인은 위 금원을 대가로 신청인으로부터 위 물품을 매수하기로 합의하고 이에 따른 의무를 성실히 이행할 것을 상호간에 확인한다.
3. 피신청인은 201*. 2. 21.까지 신청인에게 제2항 기재 매매대상 물품 전부의 인도를 요구하고 신청인은 그 요청이 있는 때로부터 5영업일 이내에 요구받은 물품을 피신청인에게 인도하되, 가급적 피신청인은 201*. 5.부터 201*. 2.까지 매월 평균 1,000 세트를 신청인에게 주문하기로 한다.
4. 피신청인은 제3항에 따라 인도받은 매매대상 물품에 대해 각 인도받은 날의 다음 달 말까지 제2항에 따른 세트당 금 1,850원(부가가치세 별도)으로 계산한 금원을 신청인에게 지급한다.

5. 피신청인이 제4항에 따른 금전의 지급을 지체하는 경우, 피신청인은 제4항 기재 인도물품 대가 금원과는 별도로 변제기일 다음 날부터 다 갚는 날까지 연 10%의 비율에 의한 지연이자를 가산하여 신청인에게 지급한다.
6. 신청인은 나머지 신청을 포기한다.
7. 조정비용은 각자의 부담으로 한다.

물품대금 청구사건

사건의 개요 및 조정경과

원고는 피고에게 오랜 기간 동안 물품을 공급하였는데 피고가 물품대금 5억 6,100여만 원 중 4,200여만 원을 지급하지 않고 있다며 그 지급을 구하는 소송을 제기. 피고는 미지급물품대금 원금은 1,500여만 원이고 나머지 지연손해금 2,600여만 원은 구두로 감면받기로 하였다고 주장함. 지연손해금 감면에 관한 입증은 어려운 상황이었기에, 지연손해금과 관련하여서는 약정 지연이자율 9%를 상사이율 6% 수준으로 조정하여 감액한 1,600만 원을 지급하기로 하는 내용으로 임의조정 성립.

조정주문

1. 피고는 원고에게 201*. 7. 31.까지 금 31,775,919원[미지급물품대금 금 15,775,919원 + 약정 지연손해금 26,556,164원을 감액(상사이율 6% 수준으로)한 금 16,000,000원]을 지급한다. 만일 피고가 위 지급기일까지 위 금원을 지급하지 아니한 때에는, 피고는 미지급금원에 대하여 위 지급기일 다음날부터 다 갚을 때까지 연 20%의 비율에 의한 지연손해금을 가산하여 원고에게 지급한다.
2. 원고는 나머지 청구를 포기한다.
3. 소송비용 및 조정비용은 각자 부담한다.

목욕탕 히트펌프 물품대금 청구사건

사건의 개요 및 조정경과

목욕탕 히트펌프 기계류를 공급하는 원고가 경남 ○○에 있는 목욕탕 주인인 피고와 목욕탕용 히트펌프 1대를 설치하는 계약을 체결하여 설치완료하였으나 히트펌프가 정상 작동하지 않아 수온이 올라가지 못하였고 그 문제를 해결하지 못함. 피고의 계속된 문제해결 요청에 원고가 부응하지 못하고 목욕탕 손님이 항의하고 감소하게 되자 피고는 원고에게 히트펌프를 회수해가라고 하였고 다른 회사와 계약하여 새로운 히트펌프를 설치.

원고가 계약대금 전액 5,000만 원의 지급을 구하는 소송제기. 조정회부.

상임조정위원은, 원고가 채무불이행하였고 그 과정에 피고의 책임이 전혀 없으며 계약해제 후 피고가 부당이득을 취한 것이 없기에 원고의 청구는 부적법하므로 원고에게 청구를 포기하고 또한 원고가 설치하였던 히트펌프를 스스로 철거해야 함을 주지시키고, 조정갈음결정하여 쌍방 이의 없이 확정.

조정주문

1. 원고는 이 사건 청구를 포기하고, 피고의 사업장(경남 ○○시 △△동 소재 ◇◇탕)에 남아 있는 원고 소유의 히트펌프(ES-5000) 및 관련 자재 일체를 철거한다. 그 철거비용은 원고가 부담한다.
2. 소송비용 및 조정비용은 각자 부담한다.

구두류 물품대금 청구사건

사건의 개요 및 조정경과

원고는 피고에게 구두 제품을 공급하였는데 피고가 물품대금 2,400여만 원을 지급하지 않는다며 그 지급을 구하는 소송을 제기. 피고는 원고가 피고의 창고에서 피고의 동의 없이 원고가 납품하였던 물량을 회수한다는 명분으로 절취해갔으며 원고가 주장하는 매수대금은 거래전표로 확인이 되지 않는다고 주장. 이에 다시 원고는 피고가 원고와의 거래 단절을 선언하며 납품한 물건을 다 가져가라고 하여 피고의 동의하에 물건을 회수하였으며 그렇기에 피고가 원고를 절도, 업무방해, 건조물침입 등 혐의로 고소하였으나 모두 무혐의 종결되었고 거래전표 상 미수금은 모두 소명되는 것이라고 재반박. 조정기일을 속행하며 자료 확인 및 정산(원고의 총공급물량 확인 및 회수물품의 가액 산정)의 기회를 가진 다음 3회 속행기일에 피고가 원고에게 1,850만 원을 4회 분할 지급하는 내용으로 임의조정 성립.

조정주문

1. 피고는 원고에게 금 18,500,000원을 지급한다. 다만, 이를 4회로 분할하여 ① 201*. 8. 23.까지 5,000,000원을, ② 201*. 9. 30.까지 5,000,000원을, ③ 201*. 10. 31.까지 5,000,000원을, ④ 201*. 11. 30.까지 3,500,000원을 지급한다.
2. 만일 피고가 제1항 기재 지급을 1회라도 지체하는 경우, 피고는 기한의 이익을 상실하고 즉시 원고에게 미지급액 전액 및 이에 대하여 지체일로부터 다 갚을 때까지 연 20%의 비율로 계산한 지연손해금을 가산하여 지급한다.
3. 원고는 나머지 청구를 포기한다.
4. 소송비용 및 조정비용은 각자 부담한다.

카메라 등 물품대금 청구사건

사건의 개요 및 조정경과

원고는 피고에게 카메라, 전자제품 등을 납품하였는데 피고가 납품대금 1억 9,500여만 원 중 8,800여만 원만 지급하고 1억 740여만 원을 지급하지 않는다며 소송을 제기. 피고는 원고가 주장하는 총납품대금만큼 납품받은 것이 아니고 추가발주분 4,400여만 원의 물품은 아직 공급받지 못했을 뿐 아니라 원고가 납품한 카메라에 하자가 많이 발생하여 2차공급사로부터 많은 반품이 들어오고 있다며 이를 공제하거나 원고가 피고에게 손해배상을 하여야 한다고 주장. 조정 과정에서 원고도 추가발주분의 납품이 아직 이루어지지 않은 사실과 제품 하자로 반품이 들어오고 있는 점을 인정하였고, 원고가 피고의 추가발주를 받아 이미 전량 양산을 해 놓은 상태이고 추가발주 시 대금의 50%를 선지급하기로 약정이 되어 있는 점, 원고와 피고가 원만하게 거래를 지속하기를 희망하는 점 등을 감안하여, 피고가 원고에게 미수대금 6,200만 원과 추가발주분 대금 4,400여만 원의 25%인 1,100여만 원을 합한 7,300만 원을 7회 분할하여 지급하되 2회분부터 7회분까지 제품하자로 인한 반품 물량의 누적 가액을 공제하기로 하는 내용으로 임의조정 성립.

조정주문

1. 피고는 원고에게 금 73,000,000원{다만 아래와 같은 방식으로 이 금원에서 하자로 인한 반품물량의 가액(원공급단가 적용)을 공제한다}을 지급한다. 다만, 이를 7회로 분할하여, ① 201*. 8. 15. 금 15,000,000원, ② 201*. 9. 15. 금 10,000,000원, ③ 201*. 10. 15. 금 10,000,000원, ④ 201*. 11. 15. 금 10,000,000원, ⑤ 201*. 12. 15. 금 10,000,000원, ⑥ 201*. 1. 15. 금 10,000,000원, ⑦ 201*. 2. 15. 금 8,000,000원을 지급하며, 위 ②~⑦회 금원을 지급함에 있어, 당해 지급일 현재 피고가 원고로부터 공급받은 이 사건 카메라 등 물품을 ○○○사(社)에 납품하였다가 제품하자를 이유로 반납 받은 물량의 누적 가액(원고가 피고에게 공급할 때 적용한 단가 적용)을 공제하고 그 잔여액을 지급한다. 만일, 피고가 위 지급을 1회라도 지체한 경우에는, 피고는 기한의 이익과 분할의 이익을 상실하고, 즉시 미지급 금원에 대하여 지체일로부터 다 갚는 날까지 연 20%의 비율로 계산한 지연손해금을 가산하여 지급한다.
2. 원고는 나머지 청구를 포기한다.
3. 소송비용 및 조정비용은 각자 부담한다.

소프트웨어 공급 물품대금 청구사건

사건의 개요 및 조정경과

원고는 피고에게 역설계 소프트웨어 1세트를 공급하였는데 피고가 그 대금 2,200만 원을 지급하지 않자 소송을 제기. 피고는 원고가 소프트웨어를 공급한 이후 그 운용에 필요한 피고 직원들에 대한 교육을 실시하지 않았고 프로그램도 역설계 구현에 부적합하다고 주장. 조정 과정에서 피고가 2,200만 원을 2회 분할하여 1,100만 원을 우선 지급하고, 나머지 1,100만 원은 원고가 피고에게 교육실시 및 성능 구현을 확인시킨 다음 지급받기로 하는 내용으로 임의조정 성립.

조정주문

1. 피고는 원고에게 금 22,000,000원을 지급한다. 다만, 이를 2회로 분할하여 ① 201*. 8. 31.까지 11,000,000원을, ② 피고가 지정하는 피고의 사업장에서 피고 직원을 대상으로 이 사건 구매 소프트웨어인 역설계 프로그램 운영에 필요한 교육을 원고가 실시하고 그에 따라 위 프로그램이 피고가 만족할 수 있는 정도의 성능을 구현하는 것이 합리적이고 쌍방 호혜적인 판단기준에 따라 상호 확인된 날로부터 7일 이내에 나머지 11,000,000원을 지급한다.
2. 가. 만일 피고가 제1항 ①기재 지급을 지체하는 경우, 피고는 기한의 이익을 상실하고 즉시 원고에게 미지급액 전액(22,000,000원) 및 이에 대하여 지체일로부터 다 갚을 때까지 연 20%의 비율로 계산한 지연손해금을 가산하여 지급한다.

   나. 만일 피고가 제1항 ②에서 정한 지급기일까지 동 금원을 지급하지 아니한 때에는, 피고는 그 미지급금원에 대하여 지급기일 다음날부터 다 갚을 때까지 연 20%의 비율로 계산한 지연손해금을 가산하여 원고에게 지급한다.
3. 원고는 나머지 청구를 포기한다.
4. 소송비용 및 조정비용은 각자 부담한다.

수산물 등 물품대금 청구사건

사건의 개요 및 조정경과

원고는 수산물 도매업자로서 일식음식점을 운영하는 피고에게 장기간 수산물을 공급하였으나 피고의 미수금이 3,600여만 원에 이르자 거래를 중단하고 지급을 요구하였으나 피고가 이를 거부하자 소송을 제기. 조정기일에 피고 불출석하여 원고 청구금원을 7회 분할 지급하는 내용으로 강제조정하여 양측 이의 없이 확정.

조정주문

1. 피고는 원고에게 금 36,096,000원을 지급한다. 다만, 이를 7회로 분할하여, ① 201*. 9. 30. 금 18,000,000원, ② 201*. 10. 31. 금 3,000,000원, ③ 201*. 11. 30. 금 3,000,000원, ④ 201*. 12. 31. 금 3,000,000원, ⑤ 201*. 1. 31. 금 3,000,000원, ⑥ 201*. 2. 28. 금 3,000,000원, ⑦ 201*. 3. 31. 금 3,096,000원을 지급한다. 만일, 피고가 위 지급을 1회라도 지체한 경우에는, 피고는 기한의 이익과 분할의 이익을 상실하고, 즉시

미지급 금원에 대하여 지체일로부터 다 갚는 날까지 연 20%의 비율로 계산한 지연손해금을 가산하여 지급한다.

2. 원고는 나머지 청구를 포기한다.
3. 소송비용 및 조정비용은 각자 부담한다.

농수산물 물품대금 청구사건

사건의 개요 및 조정경과

원고는 피고들에게 농수산물을 4년간 공급하였는데 피고들이 미수 잔대금 4,800여만 원을 지급하지 않자 소송을 제기. 소제기 후 피고가 3,700여만 원을 지급하였고 조정기일에 불출석. 피고가 잔액인 1,000여만 원을 5회 분할 지급한다는 내용으로 조정갈음결정하여 양측 이의 없이 확정.

조정주문

1. 피고들은 연대하여 원고에게 금 10,539,572원을 지급한다. 다만, 이를 5회로 분할하여 ① 201*. 11. 30.까지 2,000,000원을, ② 201*. 12. 31.까지 2,000,000원을, ③ 201*. 1. 31.까지 2,000,000원을, ④ 201*. 2. 28.까지 2,000,000원을, ⑤ 201*. 3. 31.까지 2,539,572원을 지급한다.
2. 만일 피고들이 제1항 기재 지급을 1회라도 지체하는 경우, 피고들은 기한의 이익을 상실하고 즉시 연대하여 원고에게 미지급액 전액 및 이에 대하여 지체일로부터 다 갚을 때까지 연 20%의 비율로 계산한 지연손해금을 가산하여 지급한다.
3. 원고는 나머지 청구를 포기한다.
4. 소송비용 및 조정비용은 각자 부담한다.

전자제품 원부자재 물품대금 청구사건

사건의 개요 및 조정경과

원고는 피고에게 전자제품 원부자재를 공급하였는데 피고가 최종외상대금 179만여 원을 미지급하자 지급명령을 신청. 피고가 지급명령에 이의하였으나 본안소송에서 피고의 불출석으로 피고 패소판결을 받고 항소. 항소심에서 조정 회부.

피고가 지급할 의무는 있으나 피고 회사의 재정사정이 여의치 않은 점을 감안하여, 원심판결금 중 원금 일부를 감액한 150만 원(지연이자는 포기)을 2회 분할 지급하는 내용으로 조정 성립.

조정주문

1. 피고(항소인, 이하 '피고'라 한다)는 원고(피항소인, 이하 '원고'라 한다)에게 금 1,500,000원을 지급한다. 다만, 이를 2회로 분할하여 ① 201*. 11. 8.까지 750,000원을, ② 201*. 12. 8.까지 750,000원을 원고의 은행계좌(○○은행 ****-***-******)로 입금 지급한다.
2. 만일 피고가 제1항 기재 지급을 1회라도 지체하는 경우, 피고는 기한의 이익을 상실하고 즉시 원고에게 미지급액 전액 및 이에 대하여 지체일로부터 다 갚을 때까지 연 20%의 비율로 계산한 지연손해금을 가산하여 지급한다.
3. 원고는 나머지 청구를 포기한다.
4. 소송총비용 및 조정비용은 각자 부담한다.

전기온풍기 부품 물품대금 청구사건

사건의 개요 및 조정경과

원고는 피고에게 전기온풍기 제작에 들어가는 부품 4,000여개를 납품 완료하였는데 피고가 미지급잔여액 2,400여만 원을 지급하지 않는다며 그 지급을 구하는 소송을 제기. 이에 맞서 피고는 원고가 납품한 부품 불량으로 인하여 피고가 완성품으로 제작하여 전자제품회사에 납품한 전기온풍기 280세트 중 154대가 제품하자로 인하여 반품되고 나머지 예정물량주문도 모두 취소되어 막대한 손해를 입었다며 원고에 대해 1억 3,500여만 원의 손해배상을 구하는 반소를 제기. 조정 심리 결과, 피고의 완제품의 하자 및 반품의 원인은 원고가 납품한 부품의 불량이 아닌 피고가 제작하는 과정에서 야기한 타이머 기능 불량 및 밴드접착 하자에 있었고 이러한 불량원인의 수정작업이 완료된 사실을 확인하였고 피고가 원고의 손실과 피고 자신의 책임을 인정하고 원고도 피고의 매출에 큰 장애가 있는 것을 인정하여 원고의 청구액 중 1,400만 원을 피고가 지급하기로 하되, 그 중 1,000만 원은 현금으로 5회 분할 지급하고, 400만 원에 대해서는 피고의 완제품 20대로 대물변제하기로 하며, 원고는 나머지 본소청구를, 피고는 반소를 각 포기하기로 하는 내용으로 임의조정 성립.

조정주문

1. 피고(반소원고, 이하 '피고'라 한다)와 원고(반소피고, 이하 '원고'라 한다)는 원고에게 피고가 지급하여야 할 이 사건 미지급물품대금 중 금 14,000,000원을 원고가 피고로부터 변제받기로 하되, 다만 아래 조정조항에 따라 이중 10,000,000원은 현금으로, 나머지 4,000,000원은 피고가 생산한 제품으로 대물변제받기로 합의한다.
2. 피고는 원고에게 금 10,000,000원을 지급한다. 다만, 이를 5회로 분할하여 ① 201*. 12. 31.까지 2,000,000원을, ② 201*. 1. 31.까지 2,000,000원을, ③ 201*. 2. 28.까지 2,000,000원을, ④ 201*. 3. 31.까지 2,000,000원

을, ⑤ 201*. 4. 30. 까지 2,000,000원을 지급한다. 만일 피고가 위 기재 지급을 1회라도 지체하는 경우, 피고는 기한의 이익을 상실하고 즉시 원고에게 미지급액 전액 및 이에 대하여 지체일로부터 다 갚을 때까지 연 20%의 비율로 계산한 지연손해금을 가산하여 지급한다.

3. 피고는 원고에게 잔여 물품대금 4,000,000원에 대한 대물변제조로 피고가 제조한 난방용 전기온풍기(*********) 완제품 20대(대당 200,000원으로 평가한다)를 교부한다. 다만, 이를 2회로 분할하여 ① 201*. 12. 10.까지 10대를, ② 201*. 1. 10.까지 10대를 교부한다. 만일 피고가 위 물품 교부를 1회라도 지체하는 경우, 피고는 기한의 이익을 상실하고 즉시 원고에게 위 잔여 물품대금 4,000,000원 중 미정산(미대물변제) 전액 및 이에 대하여 지체일로부터 다 갚을 때까지 연 20%의 비율로 계산한 지연손해금을 가산하여 지급한다.
4. 원고는 나머지 청구를, 피고는 반소를 각 포기한다.
5. 소송비용 및 조정비용은 각자 부담한다.

수퍼마켓 냉동고 제작 물품대금 청구사건

사건의 개요 및 조정경과

원고는 피고들에게 수퍼마켓용 냉동고를 제작하여 납품하는 냉동설비제작공급 매매계약을 체결하고 납품을 완료하였으나 피고들이 매매대금 1억 7,900여만 원 중 5,400여만 원을 아직 지급하고 있지 않다며 그 지급을 구하는 소송을 제기. 피고들은 원고의 제품 설치 이후 계속되는 고장과 오작동으로 영업에 차질을 빚었고 원고의 A/S 지연으로 다른 서비스업자를 불러 수리를 하며 수선비를 지출하는 등 많은 손실을 입었으므로 원고의 청구의 기각을 구함. 원심에서 피고의 손해액 1,100여만 원을 인정하여 이를 공제한 4,300여만 원 및 지연이자의 지급을 명하는 판결이 있었고, 이에 피고가 불복하여 항소. 항소심 조정 회부. 당사자 조정합의 불성립하여, 피고들이 연대하여 4,000만 원을 지급하고 피고들이 설정한 채권압류추심해방공탁금을 피고들이 회수하는 내용으로 조정갈음결정하여 쌍방 이의 없이 확정.

조정주문

1. 피고(항소인)들은 연대하여 원고(피항소인)에게 201*. 12. 15. 까지 금 40,000,000원을 지급한다. 만일 피고(항소인)들이 위 지급기일까지 위 금원을 지급하지 아니한 때에는, 피고(항소인)들은 미지급금원에 대하여 위 지급기일 다음날부터 다 갚을 때까지 연 20%의 비율에 의한 지연손해금을 가산하여 원고(피항소인)에게 지급한다.
2. 원고(피항소인)은 제1항 기재 지급일로부터 3일 이내에 피고(항소인)들에 대한 ○○지방법원 △△지원 201*타채**** 채권압류 및 추심 신청사건을 취하하고, 피고(항소인)들의 같은 신청사건에 관한 해방공탁금 회수에 동의한다.

3. 원고(피항소인)는 나머지 청구를 포기한다.

4. 소송총비용 및 조정비용은 각자 부담한다.

금형제작 물품대금반환 청구사건

사건의 개요 및 조정경과

원고는 전자기기 개발 제조업체이고 피고는 금형사출 가공업자인데, 원고는 피고에게 일체형 블랙박스 금형 10종류 13세트를 제작주문하였으나 피고가 납기까지 금형을 제작납품하지 못하였다며 이미 지급한 대금, 납기 지연에 따른 손해배상금 등 총 1억 2,200여만 원의 지급을 구하는 소송을 제기. 이에 피고는 원고로부터 주문받은 금형을 모두 제작하여 일부는 납품하고 일부는 수정작업과 마무리작업을 위해 가지고 있으나 원고가 대금을 지급하면 모두 납품할 예정이라며 금형인도와 동시에 4,000여만 원의 지급을 구하는 반소를 제기. 조정과정에서 금형의 열처리 여부가 핵심 쟁점인 것이 확인되어 원고와 피고는 500만 원 지급과 금형 인도를 동시에 이행하되 피고는 금형의 열처리를 보증하기로 하는 내용으로 임의조정 성립.

조정주문

1. 원고(반소피고, 이하 '원고'라 한다)는 피고(반소원고, 이하 '피고'라 한다)로부터 이 사건 금형 일체를 인도받음과 동시에 피고에게 금 5,000,000원을 지급한다.
2. 피고는 원고로부터 제1항 기재 금 5,000,000원을 지급받음과 동시에 원고에게 이 사건 금형 일체를 인도한다.
3. 피고는 제1, 2항 기재 이 사건 금형이 열처리되어있음을 보증하고, 만일 이와 달리 열처리되지 않은 사실이 확인되면 피고의 비용부담으로 새로운 금형을 제작하여 원고에게 제공한다.
4. 원고는 본소청구를, 피고는 나머지 반소청구를 포기한다.
5. 소송비용 및 조정비용은 각자 부담한다.

목욕탕 히트펌프 물품대금 청구사건

사건의 개요 및 조정경과

원고는 히트펌프, 사우나 방열기 제조 및 시설 사업자이고 피고는 사우나를 운영하는 사업자임. 원고가 피고의 사우나에 히트펌프를 설치하여 주었는데 피고가 전체 대금 7,700여만 원 중 4,000만 원만 지급하고 3,700여만 원을 지급하지 않고 있다며 피고를 상대로 그 지급을 구하는 소송을 제기. 피고는 계약사실은 인정하나 원고가 설치한 히트펌프가 가동 중 자주 멈추는 등 하자가 있어 하자치유가 되어야 잔금을 지급할 수 있다는 입장을 제시. 원고가 설치한 히트펌프 가동이 원활하지 않은 주된 이유는 피고 사우나 건물의 전기 전압이 부족하여 승압공사가 필요하고 그 추가전기공사비용으로 2,000여만 원이 소요되는데 원고가 자신의 히트펌프 설치를 권유할 당시 그러한 사실을 구체적으로 알리지 않은 사실이 인정되어 원고의 청구금액 중 상당액을 감액한 2,500만 원을 지급하는 내용으로 조정갈음결정하여 양측 이의 없이 확정.

조정주문

1. 피고는 원고에게 201*. 12. 31.까지 금 25,000,000원을 지급한다. 만일 피고가 위 지급기일까지 위 금원을 지급하지 아니한 때에는, 피고는 미지급금원에 대하여 위 지급기일 다음날부터 다 갚을 때까지 연 20%의 비율에 의한 지연손해금을 가산하여 원고에게 지급한다.
2. 원고는 나머지 청구를 포기한다.
3. 소송비용 및 조정비용은 각자 부담한다.

수입 과일류 물품대금 청구사건

사건의 개요 및 조정경과

원고는 피고에게 수입과일을 공급하였는데 피고가 미수대금 1,380여만 원을 지급하지 않는다며 그 지급을 구하는 소송을 제기. 피고는 원고가 제 때 공급을 안 하거나 공급물품이 부패와 파손이 심해 반품처리를 요구하였음에도 원고가 이를 거절하였다고 서면 주장하였으나 그 소명자료를 제출하지 아니 하였고 조정기일에 불출석. 피고가 원고에게 1,200만 원을 지급한다는 내용으로 조정갈음결정하여 양측 이의 없이 확정.

조정주문

1. 피신청인은 신청인에게 201*. 1. 31.까지 금 12,000,000원을 지급한다. 만일 피신청인이 위 지급기일까지 위 금원을 지급하지 아니한 때에는, 피신청인은 미지급금원에 대하여 위 지급기일 다음날부터 다 갚을 때까지 연 20%의 비율에 의한 지연손해금을 가산하여 신청인에게 지급한다.
2. 신청인은 나머지 신청을 포기한다.
3. 조정비용은 각자 부담한다.

열연철판 납품대금 청구사건

사건의 개요 및 조정경과

원고회사는 피고회사에게 열연철판을 납품하고 대금결재는 물품공급마감 해당 월의 익월 말 지급약정에 따르기로 하였는데, 피고가 대금지급을 지체하자 소송을 제기. 조정심리결과, 소송제기 후 피고가 임의로 밀린 대금을 분할해서 지급해 왔고, 잔존액도 원만하게 지급하겠다는 입장을 제시하여, 잔존채무액의 존재를 상호 확인하고 동 금액을 지급하는 내용으로 조정 성립.

조정주문

1. 신청인과 피신청인은 이 사건 제소 이후 피신청인이 신청인에게 201*. 9. 11. 금 16,100,000원, 201*. 9. 17. 금 15,915,916원, 201*. 11. 1. 금 25,000,000원, 201*. 12. 2. 금 24,019,000원을 각 지급하였으며 이로 인하여 본 조정기일(201*. 12. 9.) 현재 이 사건 제소 청구 금액 91,042,066원 중 10,000,650원이 미변제 잔존채무임을 서로 확인한다.
2. 피신청인은 신청인에게 201*. 12. 31.까지 제1항 기재 금원 금 10,000,650원을 지급한다. 만일 피신청인이 위 지급기일까지 위 금원을 지급하지 아니한 때에는, 피신청인은 미지급금원에 대하여 지급기일 다음날부터 다 갚을 때까지 연 20%의 비율로 계산한 지연손해금을 가산하여 신청인에게 지급한다.
3. 신청인은 나머지 신청을 포기한다.
4. 조정비용은 각자 부담한다.

방사선 차폐기 공급 계약금반환 청구사건

사건의 개요 및 조정경과

원고는 피고와 피고가 생산하는 방사선 차폐기 관련 공급판매 대리점 계약을 체결하고 계약보증금 3,168만 원을 지급하였는데 피고가 물품공급을 하지 않자 계약을 해제하고 약정에 따라 계약금의 2배액인 6,336만 원의 지급을 구하는 소송을 제기. 원고는 피고를 사기죄로 고소. 피고는 조정기일에 2회 연속 불출석. 원고의 청구액인 6,336만을 피고가 지급한다는 내용의 조정갈음결정하여 양측 이의 없이 확정.

조정주문

1. 피고는 원고에게 201*. 2. 20.까지 금 63,360,000원을 지급한다. 만일 피고가 위 지급기일까지 위 금원을 지급하지 아니한 때에는, 피고는 미지급금원에 대하여 위 지급기일 다음날부터 다 갚을 때까지 연 20%의 비율에 의한 지연손해금을 가산하여 원고에게 지급한다.
2. 원고는 나머지 청구를 포기한다.
3. 소송비용 및 조정비용은 각자 부담한다.

생선 납품대금 청구사건

사건의 개요 및 조정경과

원고는 생선 도매업자이고 피고는 생선 소매업자인데 원고는 피고에게 지속적으로 생선을 공급하였는데 미지급대금이 커지자 2,700여만의 지급을 구하는 소송 제기. 피고는 답변서를 통해 원고가 제시하는 장부를 인정할 수 없다고 주장하기도 했으나, 조정 심리과정에서 납품받은 사실은 인정하고 다만 생선의 선도가 나쁜 경우가 있었고 일본 방사능누출사고로 영업의 어려움이 있었던 점을 호소하여, 미수대금 원금을 23회 분할하여 지급하는 내용으로 조정 성립.

조정주문

1. 피고는 원고에게 금 27,000,000원을 지급한다. 다만, 이를 23회로 분할하여 ① 201*. 1. 31.까지 5,000,000원을, ② 201*. 2.부터 201*. 11.까지 22회에 걸쳐 매월 말일 매월 금 1,000,000원을 지급한다. 그 지급은 원고의 은행계좌(○○ ***-**-****** 예금주 △△△)로 입금하는 방식으로 한다.
2. 만일 피고가 제1항 기재 지급을 1회라도 지체하는 경우, 피고는 기한의 이익을 상실하고 즉시 원고에게 미지급액 전액 및 이에 대하여 지체일로부터 다 갚을 때까지 연 20%의 비율로 계산한 지연손해금을 가산하여 지급한다.
3. 원고는 나머지 청구를 포기한다.
4. 소송비용 및 조정비용은 각자 부담한다.

보일러 납품설치 물품대금 청구사건

사건의 개요 및 조정경과

원고는 피고의 하수급업체인 소외 A사와 보일러납품설치계약을 체결하여 수차례 보일러를 납품설치 하였는데 A사가 대금을 지급하지 않자 납품대금을 직불하기로 동의한 피고를 상대로 소송 제기. 피고가 원고에게 3회 분할지급하고 원고는 피고에 대한 채권가압류를 해제하기로 하는 내용으로 임의조정 성립.

조정주문

1. 피고는 원고에게 금 146,520,000원을 지급한다. 다만, 이를 3회로 분할하여 ① 201*. 3. 31.까지 50,000,000원을, ② 201*. 4. 30.까지 50,000,000원을, ③ 201*. 5. 31.까지 금 46,520,000원을 지급한다.
2. 만일 피고가 제1항 기재 지급을 1회라도 지체하는 경우, 피고는 기한의 이익을 상실하고 즉시 원고에게 미지급액 전액 및 이에 대하여 지체일로부터 다 갚을 때까지 연 20%의 비율로 계산한 지연손해금을 가산하여 지급한다.
3. 원고는 나머지 청구를 포기한다.

4. 원고는 피고로부터 제1항 기재 금원 146,520,000원을 모두 지급받은 때에는 즉시 피고에 대한 서울○○지방법원 201*카단*****호 채권가압류를 해제하고, 피고는 원고가 그 채권가압류공탁금을 회수하는 것에 동의한다.
5. 소송비용 및 조정비용은 각자 부담한다.

통신장비 납품대금 채권 양수금 채무부존재확인 청구사건

사건의 개요 및 조정경과

원고는 국가기관에 광대역통신망을 구축하는 SPC인 A사에게 납품하는 B사에게 통신장비를 공급한 후 대금 일부만 지급받고 미지급분에 대해서는 B사(채무자)의 A사(제3채무자)에 대한 대금채권 중 일부를 양수하는 것으로 지급을 갈음하기로 약정하였고, 이후 원고가 제3채무자인 A사에게 채권양수금청구를 하자 피고가 자신도 B사의 A사에 대한 채권을 양수받았다고 주장하였고, 이에 A사가 양수금채권 경합을 이유로 원고에 대한 양수금지급을 거부하자 원고는 피고를 상대로 피고, A사, B사 3자간의 채권양수도계약에 기한 피고의 A사에 대한 양수금채권이 존재하지 아니함{그러한 채권양수도계약은 체결되기는 하였으나 이후 실효화(해제)하기로 하는 3자간 합의가 있었다는 주장}의 확인을 구하는 소송을 제기.

조정 심리 첫 기일에 먼저 제3채무자가 양수금채권자임을 주장하는 피고를 상대로 채무부존재확인을 구하는 것이 아니고 경합채권자인 원고가 피고를 상대로 양수금채무부존재확인을 구하는 본 소송을 제기하였기에, 확인의 이익에 대한 판단이 필요했음. 확인의 소는 반드시 원, 피고간의 법률관계에 한하지 아니하고 원, 피고의 일방과 제3자 또는 제3자 상호간의 법률관계도 그 대상이 될 수 있고, 그러한 법률관계의 확인은 그 법률관계에 따라 원고의 권리 또는 법적 지위에 현존하는 위험, 불안이 야기되어 이를 제거하기 위하여 위 법률관계를 확인의 대상으로 삼아 원, 피고간의 확인판결에 의하여 즉시로 확정할 필요가 있고, 또한 그것이 가장 유효적절한 수단이 되는 경우 확인의 이익이 있다고 할 것이어서(대법원 94다23388), 일응 확인의 이익이 없다고 단정하기는 어려워 조정심리를 진행.

총5회의 조정기일을 진행하면서 제반 계약서, 관련 소송 기록 등을 확인하여 원, 피고와 제3자인 A사, B사와의 권리의무관계를 확인하였으며, 최종적으로 A사가 피고, A사, B사 3자간의 채권양수도계약을 실효하기로 한 특약이 있었다는 원고의 주장을 부인하고 있음이 확인되어 원고의 본 건 소송은 유지하기 힘들다고 판단되었음. 이에 상임조정위원은 원고에게 소취하를 권고하였고 최종적으로 원고가 이를 받아들이는 임의조정 성립.

조정주문

1. 원고는 이 사건 소를 취하하고, 피고는 이에 동의한다.
2. 소송비용 및 조정비용은 각자 부담한다.

전자부품 물품대금 청구사건

사건의 개요 및 조정경과

원고회사는 피고회사에 전자부품을 공급하였는데 대금 일부인 4,600여만 원을 지급받지 못하자 그 지급을 구하는 소송을 제기. 피고는 원고로부터 납품받은 부품을 소외 A회사에 재공급하였으나 부품의 불량으로 인하여 클레임을 당하고 손해배상책임을 지게 되었으므로 그에 대한 반소를 제기하겠다는 입장. 사실조회 결과 A회사는 대체로 피고의 주장과 비슷한 내용으로 회신을 함. 원고는 A회사에 대한 피고의 손해배상책임을 전액 보전하기로 하고 피고는 원고에게 일부 감액된 4,200만 원을 지급하기로 하는 내용으로 임의조정 성립.

조정주문

1. 피고는 원고에게 201*. 5. 30.까지 금 4,200만 원을 지급한다. 만일 피고가 위 지급기일까지 위 금원을 지급하지 아니한 때에는, 피고는 미지급금원에 대하여 지급기일 다음날부터 다 갚을 때까지 연 20%의 비율로 계산한 지연손해금을 가산하여 원고에게 지급한다.
2. 가. 원고는, 원고가 피고에게 납품하여 피고가 다시 소외 A사에게 201*. 5.~9. 납품한 PCB기판(*********)과 관련하여 그 하자로 인한 A사의 손해액이 확정되고 이에 대한 피고의 손해배상책임이 인정되는 경우, 동 확정손해액 전액을 피고에게 지급(변상)한다.

   나. 원고는, 위 가.호 기재 피고의 A사에 대한 납품건 관련 협의, 소송 등의 원만한 진행을 위하여 피고에게 관련 정보의 적시적 제공 등 필요한 협력을 다한다.
3. 원고는, 피고의 제1항 기재 이행에 앞서 피고의 예금채권에 대한 가압류를 해제한다.
4. 원고는 나머지 청구를 포기한다.
5. 소송비용 및 조정비용은 각자 부담한다.

방송장비 물품대금 청구사건

사건의 개요 및 조정경과

원고회사는 피고에게 9,500여만 상당의 방송장비를 공급하였으나 대금 일부를 변제받지 못하자 소송제기. 피고는 재공급한 회사가 회생절차에 들어가 자신도 대금을 지급받지 못하고 있음에도 일정 금원씩 지급하면서 최선을 다하고 있다는 입장이어서, 미지급잔액을 총 11회로 분할하여 지급하는 내용으로 조정 성립.

조정주문

1. 피고는 원고에게 금 5,500만 원을 지급한다. 다만, 이를 11회로 분할하여 201*. 5.부터 201*. 3.까지 매월 말

일(말일이 토요일 또는 일요일인 경우 그 바로 전 금요일을 말일로 한다) 매월 500만 원을 지급한다. 그 지급은 원고의 은행계좌(○○은행 ***-******-**- ***, 예금주 주식회사 △△△)로 입금 지급하는 방식으로 한다.

2. 만일 피고가 제1항 기재 지급을 1회라도 지체하는 경우, 피고는 기한의 이익을 상실하고 즉시 원고에게 미지급액 전액 및 이에 대하여 지체일로부터 다 갚을 때까지 연 20%의 비율로 계산한 지연손해금을 가산하여 지급한다.
3. 원고는 나머지 청구를 포기한다.
4. 소송비용 및 조정비용은 각자 부담한다.

물품대금 청구사건

사건의 개요 및 조정경과

원고는 피고회사 A에 물품을 공급하였는데 A가 대금을 지급하지 않자 A 및 A회사의 임원인 피고B, C로부터 연대책임하의 이행각서 및 현금보관증을 받았는데 여전히 대금지급을 받지 못하자 피고들을 상대로 소송제기. 조정결과, 피고들이 연대하여 원고의 청구금액을 지급하기로 하는 조정 성립.

조정주문

1. 피고들은 연대하여 원고에게 201*. 8. 15.까지 금 146,330,000원을 지급한다. 만일 피고들이 위 지급기일까지 위 금원을 지급하지 아니한 때에는, 피고들은 미지급금원에 대하여 지급기일 다음날부터 다 갚을 때까지 연 20%의 비율로 계산한 지연손해금을 가산하여 원고에게 지급한다.
2. 원고는, 피고들의 제1항 기재 이행이 있으면, 즉시 피고들에 대한 부동산가압류를 모두 해제한다.
3. 원고는 나머지 청구를 포기한다.
4. 소송비용 및 조정비용은 각자 부담한다.

사우나 히트펌프 등 물품대금 청구사건

사건의 개요 및 조정경과

원고는 피고에게 사우나 폐수열처리 히트펌프 1대와 방열기 6대를 납품 설치하여 주었으나 피고가 납품대금 6,500여만 원 중 2,000여만 원을 미지급하고 있다며 그 지급을 구하는 소송을 제기. 피고는 원고가 설치한 펌프와 파이프의 용량이 미달하여 가스비가 많이 나오고 폐수를 100% 활용하지 못하는 등 손해가 많다고 주장. 피고가 원고에게 잔금 중 1,700만 원을 지급하고, 원고는 그에 앞서 펌프 용량을 높이고 파이프를 교체하여 준다는 내용으로 조정갈음결정하여 양측 이의 없이 확정.

조정주문

1. 피고는 원고에게 201*. 8. 31.까지 금 1,700만 원을 지급한다. 만일 피고가 위 지급기일까지 위 금원을 지급하지 아니한 때에는, 피고는 미지급금원에 대하여 위 지급기일 다음날부터 다 갚을 때까지 연 20%의 비율에 의한 지연손해금을 가산하여 원고에게 지급한다.
2. 원고는 피고에게, 피고의 제1항 기재 금원 1,700만 원의 지급 이행에 앞서, 원고가 피고의 사업장(○○사우나)에 설치한 펌프의 용량을 높이고 파이프를 75mm 동파이프로 교체하여 주는 작업을 이행한다.
3. 원고는 나머지 청구를 포기한다.
4. 소송비용 및 조정비용은 각자 부담한다.

화장품 납품대금 청구사건

사건의 개요 및 조정경과

원고는 피고에게 화장품을 납품하였으나 대금 112만여 원을 받지 못했다며 소송을 제기. 피고 답변 없이 조정기일 불출석. 피고가 원고에게 112만여 원을 지급한다는 내용으로 조정갈음결정하여 양측 이의 없이 확정.

조정주문

1. 피신청인은 신청인에게 201*. 9. 30.까지 금 1,125,000원을 지급한다. 만일 피신청인이 위 지급기일까지 위 금원을 지급하지 아니한 때에는, 피신청인은 미지급금원에 대하여 위 지급기일 다음날부터 다 갚을 때까지 연 20%의 비율에 의한 지연손해금을 가산하여 신청인에게 지급한다.
2. 신청인은 나머지 신청을 포기한다.
3. 조정비용은 각자 부담한다.

철판공급대금 연대보증채무금 청구사건

사건의 개요 및 조정경과

원고는 소외 A회사에 5년간 철판을 공급하여 미수금 7,100여만 원의 채권을 가지고 있었는데 피고가 A회사에 대해 연대보증을 섰고 이후 A회사가 부도나면서 피고를 상대로 7,100여만 원의 지급을 구하는 소송을 제기. 원고의 대금채권은 상인간의 상품공급채권으로서 단기소멸시효 3년에 해당하고 상당부분이 소멸시효가 완성되었고, 소멸시효완성의 이익을 피고가 주장하고 있어서, 원고의 청구금액 중 일부금액인 1,000만 원을 2회 분할하여 피고가 지급한다는 내용으로 조정갈음결정하여 양측 이의 없이 확정.

조정주문

1. 피고는 원고에게 금 1,000만 원을 지급한다. 다만, 이를 2회로 분할하여 ① 201*. 12. 31.까지 300만 원을, ② 201*. 12. 31.까지 700만 원을 지급한다.
2. 만일 피고가 제1항 기재 지급을 1회라도 지체하는 경우, 피고는 기한의 이익을 상실하고 지체한 때로부터 즉시 원고에게 미지급액 전액에 대하여 지체일로부터 다 갚을 때까지 연 20%의 비율로 계산한 지연손해금을 가산하여 지급한다.
3. 원고는 나머지 청구를 포기한다.
4. 소송비용 및 조정비용은 각자 부담한다.

미용재료 등 물품대금 청구사건

사건의 개요 및 조정경과

원고는 피고들에게 미용 용품을 공급하였는데 피고들이 3,100여만 원의 대금을 지급하지 않는다며 피고들을 상대로 연대 지급을 구하는 소송을 제기. 피고 1은 자신은 피고 2의 직원에 불과하다고 변명하고 피고 2는 투자하여 손해만 보았을 뿐 원고의 물품 공급과 무관하다고 변명. 피고 1이 원고에게 대금 지불을 약속하는 지불각서를 작성 교부한 사실이 확인되었고, 피고 2의 연대책임을 인정할 증거가 제시되지 않고 양측 조정합의에 이르지 못해 원고의 청구금원 3,100여만 원을 감액한 2,000만 원을 피고 1이 원고에게 7회 분할하여 변제하고 원고는 피고 1에 대한 나머지 청구 및 피고 2에 대한 청구를 포기하는 내용으로 강제조정하여 모두 이의 없이 확정.

조정주문

1. 피고 ○○○은 원고에게 금 2,000만 원을 지급한다. 다만, 이를 7회로 분할하여 ① 201*. 12. 31.까지 3,000,000원을, ② 201*. 1. 31.까지 3,000,000원을, ③ 201*. 2. 28.까지 3,000,000원을, ④ 201*. 3. 31.까지 3,000,000원을, ⑤ 201*. 4. 30.까지 3,000,000원을, ⑥ 201*. 5. 31.까지 3,000,000원을, ⑦ 201*. 6. 30.까지 2,000,000원을 지급한다.
2. 만일 피고 ○○○이 제1항 기재 지급을 1회라도 지체하는 경우, 피고 ○○○은 기한의 이익을 상실하고 즉시 원고에게 미지급액 전액 및 이에 대하여 지체일로부터 다 갚을 때까지 연 20%의 비율로 계산한 지연손해금을 가산하여 지급한다.
3. 원고는 피고 ○○○에 대한 나머지 청구 및 피고 △△△에 대한 청구를 각 포기한다.
4. 소송비용 및 조정비용은 각자 부담한다.

고무제품 금형 등 물품대금 청구사건

사건의 개요 및 조정경과

원고회사는 피고회사에게 고무제품 및 금형을 제조 납품하였는데 일부대금 3,700여만 원을 지급받지 못하자 피고를 상대로 소송을 제기하여 1심에서 3,000여만 원을 지급하라는 일부승소판결을 받았는데, 이에 피고가 불복하여 항소 제기. 항소심 조정 회부. 조정결과, 피고가 2,350만 원을 3회 분할 지급하고, 피고가 위 금원을 전액지급한 때에 원고가 납품보류하고 있는 금형을 피고에게 교부하기로 하는 내용으로 조정 성립.

조정주문

1. 피고(항소인, 이하 '피고'라 한다)는 원고(피항소인, 이하 '원고'라 한다)에게 금 23,500,000원을 지급한다. 다만, 이를 3회로 분할하여 ① 201*. 10. 31.까지 8,000,000원을, ② 201*. 11. 30.까지 8,000,000원을, ③ 201*. 12. 31. 까지 7,500,000원을 지급한다.
2. 만일 피고가 제1항 기재 지급을 1회라도 지체하는 경우, 피고는 기한의 이익을 상실하고 즉시 원고에게 미지급액 전액에 대하여 지체일로부터 다 갚을 때까지 연 20%의 비율로 계산한 지연손해금을 가산하여 지급한다.
3. 원고는 제1항 기재 지급이 모두 이행된 때로부터 10일 이내에 피고 또는 피고가 지정하는 자에게 원고와 피고간의 계약에 의하여 제작된 금형을 일체 교부한다.
4. 원고는 나머지 청구를 포기한다.
5. 소송총비용 및 조정비용은 각자 부담한다.

보일러 설치 부품 등 물품대금 청구사건

사건의 개요 및 조정경과

원고는 피고의 요청으로 A국 B시에 온도조절밸브 등 보일러설치에 필요한 1억 7,300여만 원 상당의 물품을 공급하였고, 피고가 물품현지도착 즉시 대금지급조건에도 불구하고 대금을 전혀 지급하지 않으며 반품을 요구하자 대금지급을 구하는 소송을 제기. 피고가 소제기 후 2,000만 원을 지급한 사실 소명함. 조정합의 불성립. 피고가 1억 5,000만 원을 5회 분할 지급한다는 내용으로 조정갈음결정하여 양측 이의 없이 확정.

조정주문

1. 피고는 원고에게 금 1억 5,000만 원을 지급한다. 다만, 이를 5회로 분할하여 ① 201*. 12. 31.까지 3,000만 원을, ② 201*. 3. 31.까지 3,000만 원을, ③ 201*. 6. 30.까지 3,000만 원을, ④ 201*. 9. 30.까지 3,000만 원을, ⑤ 201*. 12. 31.까지 3,000만 원을 지급한다.
2. 만일 피고가 제1항 기재 지급을 1회라도 지체하는 경우, 피고는 기한의 이익을 상실하고 즉시 원고에게 미지급액 전액 및 이에 대하여 지체일로부터 다 갚을 때까지 연 20%의 비율로 계산한 지연손해금을 가산하여

지급한다.

3. 원고는 나머지 청구를 포기한다.
4. 소송비용 및 조정비용은 각자 부담한다.

사우나 히트펌프 납품대금 청구사건

사건의 개요 및 조정경과

원고는 피고들에게 사우나용 히트펌프를 납품 설치하였으나 피고들이 대금을 지급하지 않는다며 8,500여만 원의 지급을 구하는 소송을 제기. 원고와 피고들 간의 계약에 따르면 대금결제를 에너지자금 대출 방식으로 하기로 한 사실이 확인되었음. 피고들이 연대하여 5,000만 원을 5회 분할 지급하고, 피고들은 히트펌프 1대를 반환하며, 피고들이 자금대출시 분할변제방식이 아닌 전액 일괄변제방식으로 하기로 하는 내용으로 임의조정 성립.

조정주문

1. 피고들은 연대하여 원고에게 금 50,00,000원을 지급한다. 다만, 이를 5회로 분할하여, ① 201*. 12. 20. 금 10,000,000원, ② 201*. 1. 20. 금 10,000,000원, ③ 201*. 2. 20. 금 10,000,000원, ④ 201*. 3. 20. 금 10,000,000원, ⑤ 201*. 4. 20. 금 10,000,000원을 지급한다.
2. 만일 피고들이 제1항 기재 지급을 1회라도 지체하는 경우, 피고들은 기한의 이익을 상실하고 즉시 연대하여 원고에게 미지급액 전액 및 이에 대하여 지체일로부터 다 갚을 때까지 연 20%의 비율로 계산한 지연손해금을 가산하여 지급한다.
3. 피고들은 원고에게 원고가 피고들의 영업장에 설치한(현재 피고들이 분리하여 보관중임) 히트펌프(**–****) 1대를 반환한다.
4. 원고는, 제1항 ① 201*. 12. 20. 금 10,000,000원이 이행되는 경우, 201*. 12. 26.까지 피고들에 대한 부동산 가압류를 해제한다.
5. 피고들은, 201*. 4. 20. 이전에 피고들의 재산(○○시 △△읍 ◇◇리 **–*외 3필지 대지 및 ○○○건물 포함)을 담보로 대출(차용)받을 경우 그 대출(차용)금에서 원고에게 최우선적으로 제1항 기재 분할지급금중 잔여액을 상환지급한다. 다만, 피고들이 피고들의 영업장내 에너지합리화지원자금(1억 8,000만 원 이내)을 위한 대출금은 예외로 하고, 그 자금대출금액이 1억 8,000만원을 초과하는 경우 그 초과금액은 즉시 원고에게 제1항 기재 금원의 전부 또는 일부로서 지급한다. 피고들은 위 담보대출(차용)실행 시 담보대출(차용)금 지출·집행에 앞서 그 내역을 원고에게 통지한다.
6. 원고는 나머지 청구를 포기한다.
7. 소송비용 및 조정비용은 각자 부담한다.

의류 물품대금 청구사건

사건의 개요 및 조정경과

원고회사는 피고회사에게 의류를 납품하였는데 대금 중 2억여 원을 지급받지 못하자 그 지급을 구하는 소송을 제기. 피고가 원고의 청구금액을 인정하고 다만 자금회전의 어려움을 호소하여 소제기 후 일부 변제된 금액을 제외한 잔액을 6회 분할 지급하는 내용으로 조정 성립.

조정주문

1. 피고는 원고에게 금 196,513,810원을 지급한다. 다만, 이를 6회로 분할하여 ① 2014. 12. 31. 금 50,000,000원을, ② 201*. 1. 31. 금 30,000,000원을, ③ 201*. 2. 28. 금 30,000,000원을, ④ 201*. 3. 31. 금 30,000,000원을, ⑤ 201*. 4. 30. 금 30,000,000원을, ⑥ 201*. 5. 31. 금 26,513,810원을 지급한다. 그 지급은 원고의 은행계좌(○○은행 ***-******-**-***, 예금주 □□□)로 입금하는 방식으로 한다.
2. 만일 피고가 제1항 기재 지급을 1회라도 지체하는 경우, 피고는 기한의 이익을 상실하고 즉시 원고에게 미지급액 전액 및 이에 대하여 지체일로부터 다 갚을 때까지 연 20%의 비율로 계산한 지연손해금을 가산하여 지급한다.
3. 원고는 나머지 청구를 포기한다.
4. 소송비용 및 조정비용은 각자 부담한다.

사출기 반제품 반환 등 청구사건

사건의 개요 및 조정경과

원고는 피고에게 사출기 반제품 2대를 공급하였으나 피고가 1대 값만 지불하고 1대에 대해서는 값을 치르거나 물품을 반환하지 않고 있어 1대를 반품하고 반품 내지 대금지급 지연으로 인한 손해배상금 500만원을 지급하라는 소송을 제기. 피고가 사출기 1대를 반환하고 손해배상금 100만 원을 지급한다는 내용으로 조정갈음결정하여 양측 이의 없이 확정.

조정주문

1. 피고는 원고에게 플라스틱성형 사출기(20온스, 250톤 압력, 반제품 상태, △△엔지니어링 제조) 1대를 인도한다.
2. 피고는 원고에게 201*. 4. 30.까지 금 1,000,000원을 지급한다. 만일 피고가 위 지급기일까지 위 금원을 지급하지 아니한 때에는, 피고는 미지급금원 및 이에 대하여 위 지급기일 다음날부터 다 갚을 때까지 연 20%의 비율에 의한 지연손해금을 가산하여 원고에게 지급한다.
3. 원고는 나머지 청구를 포기한다.

4. 소송비용 및 조정비용은 각자 부담한다.

어학 교재 등 물품대금 청구사건

사건의 개요 및 조정경과

원고는 원고 소유 영어교재 저작권, 출판권, 판매대행권 등을 대금 1억 2,000만 원을 받기로 하고 피고에게 양도하는 계약을 피고와 체결하고 교재필름, 재고도서 등을 피고에게 인도하였는데, 이후 피고가 전혀 대금을 지급하지 않자 필름을 회수하였고 재고도서 상당 대금 4,000만 원을 청구하는 소송 제기하여 1심에서 전부 승소하였고 피고가 이에 불복하여 항소. 항소심 조정심리결과, 피고의 책임은 인정되지만, 피고의 경제적 사정을 감안하여 원금 4,000만 원을 8회 분할 지급하는 것으로 하되 분할지급 지체 시 기한이익의 상실 및 지연손해금 상당의 200만 원을 추가로 지급하는 내용으로 조정 성립.

조정주문

1. 피고(항소인, 이하 '피고'라 한다)는 원고(피항소인, 이하 '원고'라 한다)에게 금 40,000,000원을 지급한다. 다만, 이를 8회로 분할하여 201*. 7.부터 201*. 2.까지 매월 말 매월 5,000,000원을 지급한다.
2. 만일 피고가 제1항 기재 지급을 1회라도 지체하는 경우, 피고는 기한의 이익을 상실하고 즉시 원고에게 미지급액 전액에 2,000,000원을 더한 돈 및 이 '미지급액 전액에 2,000,000원을 더한 돈'에 대하여 지체일로부터 다 갚을 때까지 연 20%의 비율로 계산한 지연손해금을 가산하여 지급한다.
3. 원고는 나머지 청구를 포기한다.
4. 소송총비용 및 조정비용은 각자 부담한다.

목재 물품대금 청구사건

사건의 개요 및 조정경과

원고는 피고에게 무늬목을 공급하였으나 그 대금을 받지 못하여 소송을 제기하여 1심에서 승소하였고, 피고가 항소하여 항소심에서 조정 회부. 조정과정에서 1심판결금액을 일부 감액하여 지급하기로 하고 감액된 금액 상당의 피고의 제3채무자에 대한 채권을 양도받기로 하는 내용으로 조정 성립.

조정주문

1. 피고(항소인, 이하 '피고'라 한다)는 원고(피항소인, 이하 '원고'라 한다)에게 201*. 7. 31.까지 금 10,000,000원을 지급한다. 만일 피고가 위 지급기일까지 위 금원을 지급하지 아니한 때에는, 피고는 미지급금원에 대하여

지급기일 다음날부터 다 갚을 때까지 연 20%의 비율로 계산한 지연손해금을 가산하여 원고에게 지급한다.

2. 피고는 소외 ○○○에 대한 이 사건 청구원인 티크무늬목 불량물품대금 2.5% 상당 반환채권을 원고에게 양도하고(동 채권을 양도하는 것을 고려하여 제1항 지급 금원이 정하여 졌음을 확인함), 소외 ○○○에 대한 그 양도의 의사표시를 본 조정조서의 제시로 갈음함에 동의하며, 향후 원고가 위 반환채권을 소외 ○○○에 대하여 행사하여 동 금원을 회수함에 대하여 아무런 이의를 제기하지 아니한다.
3. 원고는 나머지 청구를 포기한다.
4. 소송총비용 및 조정비용은 각자 부담한다.

인쇄물 납품대금 청구사건

사건의 개요 및 조정경과

원고는 피고의 의뢰를 받아 인쇄물 제책용역을 완성하여 납품하였는데 피고가 미수금 1억4,500여만 원을 지급하지 않자 소송을 제기. 피고는 소멸시효 완성을 주장하였으나 일부 지급과 잔액조회서에 대한 확인 서명을 통하여 잔존채무의 승인이 있었음이 소명되었고, 조정기일에 피고 2회 불출석. 피고가 원고에게 1억 4,500만 원을 지급한다는 내용으로 조정갈음결정하여 양측 이의 없이 확정.

조정주문

1. 피고는 원고에게 201*. 7. 31.까지 금 145,000,000원을 지급한다. 만일 피고가 위 지급기일까지 위 금원을 지급하지 아니한 때에는, 피고는 미지급금원 및 이에 대하여 위 지급기일 다음날부터 다 갚는 날까지 연 20%의 비율에 의한 지연손해금을 가산하여 원고에게 지급한다.
2. 원고는 나머지 청구를 포기한다.
3. 소송비용 및 조정비용은 각자 부담한다.

철근류 물품대금 청구사건

사건의 개요 및 조정경과

원고는 피고에게 총 8,200여만 원의 철근제품을 공급하였으나 1,000여만 원의 미수대금을 지급받지 못하였다며 소송을 제기. 피고는 원고가 다른 업체보다 더 싼 가격으로 납품하겠다는 말을 믿고 납품받았으나 오히려 타업체보다 톤당 68,500원 비싸게 청구한 사실을 알았다고 주장. 원고는 청구를 포기하고 피고도 납품단가 관련 청구나 이의제기를 하지 않는다는 내용으로 조정갈음결정하여 양측 이의 없이 확정.

조정주문

1. 원고(항소인, 이하 '원고'라 한다)는 이 사건 청구를 포기한다.
2. 원고와 피고(피항소인, 이하 '피고'라 한다)는 양자 사이의 이 사건 철근류 납품거래와 관련하여 상호간에 아무런 채권채무가 없음을 상호 확인하고, 향후 이와 관련하여 서로에 대하여 일체의 재판상, 재판외 청구 또는 이의제기를 하지 아니한다.
3. 소송총비용 및 조정비용은 각자 부담한다.

철판 공급대금 연대채무금 청구사건

사건의 개요 및 조정경과

원고는 소외 A회사에게 철판을 공급하고 대금변제조로 A회사의 제3채무자에 대한 3,100여만 원의 채권을 양수하였는데 그 채권양수도 당시 피고는 만일 위 양수채권이 실행되지 못할 경우 소외 A와 연대하여 원고에게 변제한다는 지불각서를 제출하였고 양수도채권이 실행되지 않자, 원고는 피고를 상대로 3,100여만 원의 지급을 구하는 소송을 제기. 피고는 개인회생이 확정되었으나 원고의 채권이 회생채권에 포함되지 않았음. 피고가 원고에게 2,500만 원을 5회 분할하여 지급한다는 내용으로 조정갈음결정하여 양측 이의 없이 확정.

조정주문

1. 피고는 원고에게 금 25,000,000원을 지급한다. 다만, 이를 5회로 분할하여 ① 201*. 12. 31.까지 5,000,000원을, ② 201*. 6. 30.까지 5,000,000원을, ③ 201*. 12. 31.까지 5,000,000원을, ④ 201*. 6. 30.까지 5,000,000원을, ⑤ 201*. 12. 31.까지 5,000,000원을 지급한다.
2. 만일 피고가 제1항 기재 지급을 1회라도 지체하는 경우, 피고는 기한의 이익을 상실하고 즉시 원고에게 미지급액 전액 및 이에 대하여 지체일로부터 다 갚는 날까지 연 20%의 비율로 계산한 지연손해금을 가산하여 지급한다.
3. 원고는 나머지 청구를 포기한다.
4. 소송비용 및 조정비용은 각자 부담한다.

가스대금 청구사건

사건의 개요 및 조정경과

원고는 식당을 운영하는 피고에게 LPG가스를 공급하였는데 대금을 일부 지급받지 못하였다며 370여만 원을 청구하는 소송을 제기. 피고가 실제 공급받은 내역, 피고가 일부 입금한 내용 등을 반영하여 피고가 원고에게 249만여 원을 지급한다는 내용으로 조정갈음결정하여 양측 이의 없이 확정.

조정주문

1. 피고(항소인)는 원고(피항소인)에게 201*. 8. 31.까지 금 2,495,125원을 지급한다. 그 지급은 원고(피항소인)의 은행계좌{○○은행 ***-**-****** 예금주 주)△△△}로 입금하는 방식으로 한다. 만일 피고(항소인)가 위 금원을 위 지급기일까지 지급하지 아니한 때에는 미지급금원 및 이에 대하여 지급기일 다음날부터 다 갚는 날까지 연 20%의 비율로 계산한 지연손해금을 가산하여 지급한다.
2. 원고(피항소인)는 나머지 청구를 포기한다.
3. 소송총비용 및 조정비용은 각자 부담한다.

채권양도계약불이행에 따른 계약금 및 배상금 청구사건

사건의 개요 및 조정경과

원고는 피고들로부터 채권과 근저당권을 매입하면서 4,200여만 원의 계약금을 지급하였으나 피고들이 자신들을 속이고 양수도목적물인 채권과 근저당권을 넘기지 않자 약정에 따른 계약금의 2배액인 8,400여만 원의 지급을 구하는 소송을 제기. 손해배상예정액을 감액조정하여 피고들이 연대하여 6,000만 원을 지급한다는 내용으로 조정갈음결정하여 양측 이의 없이 확정.

조정주문

1. 피신청인들은 연대하여 신청인에게 201*. 9. 30.까지 금 60,000,000원을 지급한다. 만일 피신청인들이 위 지급기일까지 위 금원을 지급하지 아니한 때에는, 피신청인들은 미지급금원에 대하여 위 지급기일 다음날부터 다 갚는 날까지 연 20%의 비율에 의한 지연손해금을 가산하여 신청인에게 지급한다.
2. 신청인은 나머지 신청을 포기한다.
3. 조정비용은 각자 부담한다.

정육공급 물품대금 청구사건

사건의 개요 및 조정경과

원고는 정육점을 운영하면서 고기집을 공동 운영하는 피고들에게 15년 넘게 정육을 계속 공급하여 왔는데 특정 시점 이후 피고들 간의 분쟁 발생으로 인하여 원고에게 누적 외상대금 2,700여만 원을 지급하지 않자 그 지급을 구하는 소송을 제기. 조정 과정에서, 피고들의 지급의무의 존부 보다는 피고들 간의 분담액 결정 및 정산이 더 심각한 사안으로 제기되었고 기일을 속행하여 피고들 간의 분담 수준에 대한 합의를 이끌어 내어, 피고들이 연대하여 원고에게 청구액을 일부 감액한 2,600만 원을 지급하고, 동 지급액에 대한 피고들의 내부 분담액도 정하여 피고간의 분쟁도 일괄 종결하는 내용으로 임의조정 성립.

조정주문

1. 피고들은 연대하여 201*. 10. 30.까지 원고에게 금 26,000,000원을 지급한다. 만일 피고들이 위 지급기일까지 위 금원을 지급하지 아니한 때에는, 피고들은 미지급금원에 대하여 지급기일 다음날부터 다 갚을 때까지 연 20%의 비율로 계산한 지연손해금을 가산하여 원고에게 지급한다.
2. 피고들은 제1항 기재 지급금원 26,000,000원에 대하여 피고 ○○○, △△△이 그 2분의 1을, 피고 ▽▽▽이 나머지 2분의 1을 각 부담하기로 한다.
3. 원고는 나머지 청구를 포기한다.
4. 소송비용 및 조정비용은 각자 부담한다.

홍보성 잡지 대금 청구사건

사건의 개요 및 조정경과

원고 신문사는 피고 회사와 원고가 발행하는 월간잡지에 피고 회사의 대표이사를 표지모델로 하고 피고 회사에 대한 국문, 영문 기획성 특집기사를 게재하여 발행하여 2,000부를 공급하고 대금으로 3,000만 원을 지급받기로 하는 계약을 체결하고 계약내용대로 이행하였으나 피고가 대금을 지급하지 않자 3,000만 원의 지급을 구하는 소송을 제기. 피고는 대금이 3,000만 원이 아닌 300만 원인 것으로 알았다고 주장하며 300만 원 이상 지급할 수 없다는 입장 피력. 원고는 피고와의 계약서, 피고에게 1,000부를 발송하고 관련기관에 1,000부를 배포한 사실을 소명하였음. 피고가 원고에게 2,000만 원을 지급한다는 내용으로 조정갈음결정하여 양측 이의 없이 확정.

조정주문

1. 피고는 원고에게 201*. 10. 31.까지 금 20,000,000원을 지급한다. 만일 피고가 위 지급기일까지 위 금원을 지급하지 아니한 때에는, 피고는 미지급금원 및 이에 대하여 위 지급기일 다음날부터 다 갚는 날까지 연 20%의 비율에 의한 지연손해금을 가산하여 원고에게 지급한다.
2. 원고는 나머지 청구를 포기한다.
3. 소송비용 및 조정비용은 각자 부담한다.

의류 물품대금 청구사건

사건의 개요 및 조정경과

원고는 피고에게 의류를 공급하고 대금 8,300여만 원을 지급받지 못하였다며 소송을 제기. 원고의 청구원인이 소명되어 피고가 원고에게 원고의 청구금액을 지급한다는 내용으로 조정갈음결정하여 양측 이의 없이 확정.

조정주문

1. 피고는 원고에게 83,703,116원 및 이에 대하여 201*. 1. 26.부터 201*. 9. 30.까지는 연 5%의, 그 다음날부터 다 갚는 날까지는 연 20%의 각 비율에 의한 돈을 지급한다.
2. 원고는 나머지 청구를 포기한다.
3. 소송비용 및 조정비용은 피고가 부담한다.

반도체 부품 등 물품대금 연대채무 청구사건

사건의 개요 및 조정경과

원고회사는 4년 전 소외 A회사와 물품공급계약을 체결하여 A회사에게 총 5,700여만 원의 반도체부품 등을 공급하였는데 A회사의 부도로 대금을 지급받지 못하자 A회사가 제공한 담보물(피고 소유의 아파트)을 임의경매하여 1,500여만 원을 회수한 후 미회수금 4,200여만 원에 대해 위 물품공급계약 및 이후 A회사가 원고에게 지불각서를 제공할 시 연대보증을 선 피고를 상대로 그 대금의 지급을 구하는 소송을 제기. 조정심리결과, 피고는 위 물품계약체결에 있어 원고회사와 소외 A회사의 물품납품건을 알선하여 주고 중간 마진을 보장받는 조건으로 연대보증과 함께 자신의 아파트를 담보로 제공하였는데 소외 A회사가 재납품한 회사가 부도나면서 대금을 전혀 받지 못해 A회사도 연쇄 부도 폐업하게 되어 자신은 피해만 입은 사실이 확인되어, 피고가 원고에게 잔여 물품대금의 절반을 조정기일로부터 5년 후 지급하기로 하고 원고에게 사과하기로 하는 내용으로 임의조정 성립.

조정주문

1. 피고는 원고에게 202*. 8. 31.까지 금 22,000,000원을 지급한다. 만일 피고가 위 지급기일까지 위 금원을 지급하지 아니한 때에는, 피고는 미지급금원에 대하여 지급기일 다음날부터 다 갚을 때까지 연 20%의 비율로 계산한 지연손해금을 가산하여 원고에게 지급한다.
2. 피고는 원고에게 이 사건 청구원인 및 이 사건 소송진행과정에서의 변론 내용 등 진행상황과 관련하여 진심으로 사과와 유감을 표명하며, 201*. 12. 31. 이전에 5회의 사과편지를 작성하여 원고에게 교부(발송)하기로 한다.

3. 원고는 나머지 청구를 포기한다.
4. 소송비용 및 조정비용은 각자 부담한다.

농수산물 물품대금 청구사건

사건의 개요 및 조정경과

원고는 피고에게 농수산물을 납품하였으나 피고가 미수금 420여만 원을 미지급하자 소송을 제기. 피고는 자신은 거래당사자가 아니고, 자신이 대표이사로 있던 A주식회사가 원고와 거래하였다고 주장. 원고의 A회사에 대한 확정판결이 있으나 A회사의 직권폐업으로 집행불가능하였고, A회사가 사실상 1인 기업이었던 점 등을 감안하여, 피고가 원고에게 200만 원을 지급하고 그 지급이행시 원고는 A의 채무도 모두 포기한다는 내용으로 조정갈음결정하여 양측 이의 없이 확정.

조정주문

1. 피신청인은 소외 주식회사 ○○유통과 연대하여 신청인에게 201*. 11. 30.까지 금 2,000,000원을 지급한다. 만일 피신청인이 위 지급기일까지 위 금원을 지급하지 아니한 때에는, 피신청인은 미지급금원에 대하여 위 지급기일 다음날부터 다 갚는 날까지 연 15%의 비율에 의한 지연손해금을 가산하여 신청인에게 지급한다.
2. 신청인은, 만약 피신청인이 제1항 기재 기일 201*. 11. 30.까지 제1항 기재 금원 2,000,000원을 변제한 경우에는, 서울△△지방법원 201*차***** 물품대금 지급명령에 기한 신청인의 소외 주식회사 ○○유통에 대한 채권 일체를 포기한다.
3. 신청인은 나머지 신청을 포기한다.
4. 조정비용은 각자 부담한다.

제어기판 물품대금 청구사건

사건의 개요 및 조정경과

원고는 피고에게 제어기판을 납품하였는데 2,500만 원의 미수금을 받지 못했다며 소송을 제기. 이에 피고는 원고가 납품한 제품의 하자로 최종납품한 회사로부터 계약을 해지당하는 등 피해를 입었다며 4,210만 원의 지급을 구하는 반소를 제기. 조정합의 불성립. 양측의 상생을 위하여 피고는 원고에게 1,800만 원을 지급하고 원고는 아직 납품하지 않고 있는 제품 20개를 원고에게 납품한다는 내용으로 조정갈음결정하여 양측 이의 없이 확정.

조정주문

1. 피고(반소원고, 이하 '피고'라 한다)는 원고(반소피고, 이하 '원고'라 한다)에게 금 18,000,000원을 지급한다.
2. 원고는 피고에게 이 사건 8kw 콘트롤 제어기판(PCB) 20개(테스트 통과한 샘플 초도품 포함)를 납품한다.
3. 제1항과 제2항은 동시에 이행한다.
4. 원고와 피고는 이 사건 본소 및 반소 청구원인과 관련하여 본 조정을 갈음하는 결정에서 정한 사항 이외에는 양자 사이에 어떠한 채권채무도 없음을 확인하고, 향후 이와 관련하여 서로에 대하여 일체의 재판상, 재판외 청구 또는 이의제기를 하지 아니하며, 호혜 협력한다.
5. 원고는 나머지 청구를, 피고는 나머지 반소청구를 각 포기한다.
6. 소송비용 및 조정비용은 각자 부담한다.

의류원단 물품대금 청구사건

사건의 개요 및 조정경과

원고는 의류원단을 제작 판매하는 회사인데 피고들(명의상 사업자와 실질 운영자)로부터 주문을 받고 4,270여만 원 상당의 의류원단을 납품하였으나 피고가 2회 분할 지급하기로 약속하고서도 이를 지키지 않자 대금 지급을 구하는 소송을 제기. 조정 심리과정에서 피고들은 원고가 납품한 원단에 심각한 하자가 있어 공급받은 원단으로 제작한 의류의 상당분이 고객들로부터 반품되었고 나머지 완성의류품들을 제작원가에도 훨씬 못 미치는 가격으로 덤핑 처리하는 등 피해가 막심하므로 오히려 손해배상을 받아야 한다는 입장이었고, 원고는 그러한 원단 하자에 대한 피고의 주장은 원단을 공급받고 대금지급을 약속한 이후에도 한참 동안 없었다고 주장하였고, 다시 피고는 구두로 원고측 임원에게 통고하였다고 주장. 원고가 납품한 원단이 당초 제시한 샘플과 달랐고 이로 인하여 정상적인 의류판매가 이루어지지 않았고 피고가 많은 손해를 입은 사실은 인정되나 피고가 상인 간 거래에 있어 납품받은 즉시 하자를 발견하여 통지하였어야 함에도 의류제작 이후 판매 과정에서 원단 하자를 발견하고 뒤늦게 하자 주장을 한 사실도 인정되어 원고의 청구액 중 1,500만 원을 감액한 2,700만 원을 2회 분할 지급하는 내용으로 임의조정 성립.

조정주문

1. 피고들은 연대하여 원고에게 금 27,000,000원을 지급한다. 다만, 이를 2회로 분할하여 ① 201*. 11. 30.까지 13,500,000원을, ② 201*. 12. 31.까지 13,500,000원을 지급한다.
2. 만일 피고들이 제1항 기재 지급을 1회라도 지체하는 경우, 피고들은 기한의 이익을 상실하고 즉시 원고에게 미지급액 전액 및 이에 대하여 지체일로부터 다 갚을 때까지 연 15%의 비율로 계산한 지연손해금을 가산하여 지급한다.
3. 원고는 나머지 청구를 포기한다.

4. 소송비용 및 조정비용은 각자 부담한다.

숯 공급대금 청구사건

사건의 개요 및 조정경과

원고는 숯탄을 도소매로 공급하는 사업을 공동으로 운영하는 피고들에게 15년 동안 음식점용 숯탄을 공급하여 왔는데 피고들이 외상대금 2,700여만 원을 지급하지 않는다며 그 지급을 구하는 소송을 제기. 피고들은 자신들은 개별적으로 원고와 거래하였으므로 연대책임이 없고 원고의 채권은 소멸시효로 소멸하였다고 주장. 원고는 소제기 1년 6개월 전에 마지막으로 일부 변제 받았으므로 시효가 중단되었다고 주장. 피고는 원고가 주장하는 대금지급은 피고 중 한 사람이 새로운 사업체를 열면서 기존의 외상대금과 달리 새롭게 거래하면서 물품을 공급받을 때마다 현금을 지급하였으므로 기존 채무의 일부변제가 아니라고 주장. 조정합의 불성립. 원고의 청구액에서 1,000만 원을 감액한 1,700만 원을 지급하되 지급기한내 미변제 시 나머지 1,000만 원도 지급한다는 내용의 조정갈음결정하여 양측 이의 없이 확정.

조정주문

1. 피고들은 연대하여 원고에게 201*. 1. 31.까지 금 17,000,000원을 지급한다. 만일 피고들이 위 지급기일까지 위 금원을 지급하지 아니한 때에는, 피고들은 미지급금원에 10,000,000원을 더한 돈 및 이 '미지급금원에 10,000,000원을 더한 돈'에 대하여 위 지급기일 다음날부터 다 갚는 날까지 연 15%의 비율에 의한 지연손해금을 가산하여 원고에게 지급한다.
2. 원고는 나머지 청구를 포기한다.
3. 소송비용 및 조정비용은 각자 부담한다.

핸드백 생산공급계약 관련 정산금 청구사건

사건의 개요 및 조정경과

원고는 피고로부터 핸드백을 제작납품받기로 하는 생산공급계약을 체결하고 발주물량에 따른 대금 및 통관비용 등을 지급하고 피고의 별도요청에 따라 가죽원단 수입대행을 하며 비용을 지출하였으나 피고가 발주물량의 일부를 납품하지 아니하고 가죽원단 수입대행비용도 일부만 지급하였으므로 원고가 피고에게 아직 지급하지 아니한 대금을 공제한 나머지 금원의 반환 지급을 구하고 아울러 피고가 원고로부터 핸드백 판매위탁을 받고서도 판매하지 않은 핸드백의 반환을 구하는 소송을 제기. 이에 맞서 피고는 원고의 청구금액의 일부는 인정하면서도 원고가 피고에게 여러 차례 나눠 발주하면서 약속한 샘플제작비용, 약정물량미

달에 따른 위약금을 지급하지 아니하였다고 주장하고 핸드백반환은 원고가 먼저 대금을 결제해줘야 할 수 있다는 입장을 제시. 2차례의 조정기일에 양자 간의 대금정산과 함께 병행사건인 근저당말소소송, 부동산임의경매신청 등도 일괄하여 취하하고 피고가 보유하고 있는 원고의 핸드백 중 일부는 반환하고 일부는 피고가 임의판매하기로 하는 내용으로 조정 성립.

조정주문

1. 피고는

 가. 원고에 대한 별지 1, 2. 부동산 목록 기재 동 근저당권 말소등기절차를 이행하고(비용부담은 피고가 한다),

 나. 별지 1. 부동산에 대한 부동산임의경매신청(○○지방법원 201*타경*****)을 취하하고,

 다. 서울△△지방법원 201*나***** 근저당말소 소송건의 항소를 취하한다.

2. 원고는 피고에게 제1항 가.호 기재 근저당권말소일로부터 1월내에 금 15,000,000원을 지급한다. 만일 원고가 위 지급기일까지 위 금원을 지급하지 아니한 때에는, 원고는 미지급금원에 대하여 지급기일 다음날부터 다 갚을 때까지 연 15%의 비율로 계산한 지연손해금을 가산하여 피고에게 지급한다.
3. 원고는 피고에게 201*. 12. 31.까지 별지 3. 목록 기재 물품을 인도한다.
4. 원고는, 피고가 보유중인 201*. 11 .4.자 제품발주기본계약서에 기하여 생산된 별지 4목록 악어핸드백(▽▽▽▽▽브랜드) 16점을 피고가 임의판매처분하는 것에 이의를 제기하지 아니한다.
5. 원고와 피고는 이 사건 청구원인과 관련하여 본 조정조서에서 정한 사항 이외에는 양자 사이에 어떠한 채권채무도 없음을 확인하고, 향후 이와 관련하여 서로에 대하여 일체의 재판상, 재판외 청구 또는 이의제기를 하지 아니한다.
6. 원고는 나머지 청구를 포기한다.
7. 소송비용 및 조정비용은 각자 부담한다.

DVD제작대금 반환 청구사건

사건의 개요 및 조정경과

원고는 피고에게 유명가수 콘서트 서울공연 DVD 상품 1,000세트의 제작납품을 주문하며 선급금 5,900만 원을 지급하였는데 피고가 계약을 미이행하며 제작 불가능을 통지하면서도 선지급금의 반환을 거부하자 소송을 제기. 조정기일 피고 불출석. 지연손해금이 300만 원에 이르고 있는 점을 감안하여 피고가 6,000만 원을 1개월 지급한다는 내용으로 조정갈음결정하여 양측 이의 없이 확정.

조정주문

1. 피고는 원고에게 201*. 2. 29.까지 금 60,000,000원을 지급한다. 만일 피고가 위 지급기일까지 위 금원을 지

급하지 아니한 때에는, 피고는 미지급금원 및 이에 대하여 위 지급기일 다음날부터 다 갚는 날까지 연 15%의 비율에 의한 지연손해금을 가산하여 원고에게 지급한다.

2. 원고는 나머지 청구를 포기한다.
3. 소송비용 및 조정비용은 각자 부담한다.

수입 생선 물품대금 반환 청구사건

사건의 개요 및 조정경과

원고는 서울시 △△구 OO동에서 쭈꾸미 숯불구이 식당을 운영하는 사람인데, 수산물 유통업을 하는 피고에게 여름철 성수기에 사용할 중국산 쭈꾸미 3톤 분량의 공급을 의뢰하면서 대금으로 2,600만 원을 선지급함. 피고가 물품공급도 대금반환도 하지 않자, 원고는 피고를 상대로 2,600만 원의 반환을 구하는 소송을 제기. 조정기일에, 피고는 중국 OO 상인에게 냉동쭈꾸미 작업을 의뢰하였고 자신의 비용으로 현지 관리감독자도 보냈으며 현재 3톤 분량의 냉동쭈꾸미를 현지에서 확보하고 있으나 최근 중국당국의 수산물검역이 까다롭게 바뀌어 반출을 못하고 있다고 주장. 피고의 약속에 따라 정해진 기한 내에 상품성이 있는 쭈꾸미를 통관, 납품하되, 만일 납품을 이행하지 못하는 경우 2,600만 원과 지연손해금을 지급하는 것으로 조정 성립.

조정주문

1. 피고는 원고에게 201*. 5. 31.까지 이 사건 중국산 쭈꾸미(검역통과가 가능하고 상품가치가 충분한 정도의 선도가 있어야 한다) 3톤을 통관·납품한다. 통관에 드는 비용은 원고가 부담한다.
2. 만일 제1항 기재 납품이 이루어지지 않은 경우, 피고는 26,000,000원 및 이에 대하여 201*. 6. 1.부터 다 갚을 때까지 연 15%의 비율로 계산한 지연손해금을 가산하여 원고에게 지급한다.
3. 원고는 나머지 청구를 포기한다.
4. 소송비용 및 조정비용은 각자 부담한다.

보일러제작납품대금 청구사건

사건의 개요 및 조정경과

원고는 사우나사업을 하는 피고들에게 버너, 히트펌프 등 목욕탕에 필요한 보일러류를 수회 제작 설치해주었는데 피고들이 그 대금 일부인 3,300여만 원을 지급하지 않는다며 그 지급을 구하는 소송을 제기. 피고들은 원고가 설치한 보일러가 열효율과 에너지절감효과 등 제시되었던 성능을 제대로 발휘하지 못하고 고장도 잦아서 설치시설을 원상복구하고 시설비용 전액을 환불하라는 주장을 함. 조정심리결과 피고의 주장은 과장된 것이었고 또 원고도 피고로부터 받은 기지급액을 공제하지 않은 채 대금청구를 하고 있음이 확인되어, 피고가 적정 정산금액을 3회 분할 지급하되 원고도 무상 서비스를 기간 연장하여 제공하기로 하는 내용으로 임의조정 성립.

조정주문

1. 피고들은 연대하여 원고에게 금 21,167,800원을 지급한다. 다만, 이를 3회로 분할하여 ① 201*. 2. 29.까지 7,000,000원을, ② 201*. 3. 31.까지 7,000,000원을, ③ 201*. 4. 30.까지 7,167,800원을 지급한다.
2. 만일 피고들이 제1항 기재 지급을 1회라도 지체하는 경우, 피고들은 기한의 이익을 상실하고 즉시 원고에게 미지급액 전액 및 이에 대하여 지체일로부터 다 갚을 때까지 연 15%의 비율로 계산한 지연손해금을 가산하여 지급한다.
3. 원고는 피고들에게 201*. 2. 15. ~ 201*. 2. 14.(1년) 피고들의 ○○○동 △△△휘트니스센터 내 보일러, 히트펌프 등에 관하여 무상으로 A/S하기로 하고 그에 관한 구체적인 내용은 별도 계약서로 정한다.
4. 원고는 나머지 청구를 포기한다.
5. 소송비용 및 조정비용은 각자 부담한다.

식용색소 물품대금 청구사건

사건의 개요 및 조정경과

원고회사는 피고에게 오랫동안 식용색소를 공급하였는데 피고가 외상대금 5,300여만 원을 지급하지 않자 그 지급을 구하는 소송을 제기. 피고는 단기소멸시효완성, 피고회사의 대주주인 소외 A의 원고회사에 대한 대여금채권과의 상계주장 등을 하였으나, 대금의 일부변제시점으로부터 3년이 지나기 전에 소송이 제기되었고 피고회사가 아닌 A 개인의 채권을 가지고 원고에게 상계주장을 할 수 없을 뿐 아니라 실체적으로도 원고가 A로부터 받아야 할 돈이 더 많다는 점 등을 감안하여 피고가 원고의 청구금의 일부를 임의지급하되 만일 미이행 시 나머지 금원도 합하여 지급하고 피고가 원고의 대표자에 대한 형사고소를 취하하기로 하는 내용으로 임의조정 성립.

조정주문

1. 피고는 원고에게 201*. 4. 11.까지 금 20,000,000원을 지급한다. 만일 피고가 위 지급기일까지 위 금원을 지급하지 아니한 때에는, 피고는 미지급금원에 33,000,000원을 더한 돈과 이 '미지급금원에 33,000,000원을 더한 돈'에 대한 지급기일 다음날부터 다 갚을 때까지 연 15%의 비율로 계산한 지연손해금을 원고에게 지급한다.
2. 피고는 소외 ○○○(원고 대표자)에 대한 업무상횡령혐의 형사고소(소관관서 △△경찰서)를 201*. 3. 5.까지

취하한다.

3. 원고(대표이사 등 임직원 포함)와 피고(대표이사 등 임직원 포함)는 이 사건 청구원인과 관련하여 본 조정조서에서 정한 사항 이외에는 양자 사이에 어떠한 채권채무도 없음을 확인하고, 향후 이와 관련하여 서로에 대하여 일체의 재판상, 재판외 청구 또는 이의제기(형사고소·고발, 민원·진정 포함)를 하지 아니한다.
4. 원고는 나머지 청구를 포기한다.
5. 소송비용 및 조정비용은 각자 부담한다.

전자제품 물품대금 청구사건

사건의 개요 및 조정경과

원고는 피고회사에 전자제품을 장기간 공급하였는데 피고의 미지급액이 4,500만 원을 초과하자 그 지급을 구하는 소송을 제기. 조정과정에서 피고는 외상대금의 존재를 인정하면서도 50% 할인을 요구하였고 원고는 최대 10% 감액 용의가 있다고 하여, 양측 입장을 조율하여 3,800만 원을 4회 분할 지급하되 만일 1회라도 지체 시 미지급액에 700만 원을 더하여 지급하여야 하는 내용으로 임의조정 성립.

조정주문

1. 피고는 원고에게 금 38,000,000원을 지급한다. 다만, 이를 4회로 분할하여 ① 201*. 6. 30.까지 10,000,000원을, ② 201*. 9. 30.까지 10,000,000원을, ③ 201*. 12. 31.까지 10,000,000원을, ④ 201*. 3. 31.까지 8,000,000원을 지급한다.
2. 만일 피고가 제1항 기재 지급을 1회라도 지체하는 경우, 피고는 기한의 이익을 상실하고 즉시 원고에게 미지급액 전액에 7,000,00원을 더한 돈 및 이 '미지급액 전액에 7,000,00원을 더한 돈'에 대하여 지체일로부터 다 갚을 때까지 연 15%의 비율로 계산한 지연손해금을 가산하여 지급한다.
3. 원고는 나머지 청구를 포기한다.
4. 소송비용 및 조정비용은 각자 부담한다.

물품대금 청구사건

사건의 개요 및 조정경과

원고는 피고에게 지난 10년간 물품을 공급하였는데 피고가 미수금 530만여 원을 지급하지 않는다며 그 지급을 구하는 소송을 제기. 피고는 원고의 직원에게 대금을 현장에서 지급하였고 외상이 없다는 주장을 하였으나 그 지급을 명확히 입증하는 자료는 제시하지 못함. 조정과정에서 원고 직원이 피고로부터 수금하여 일부 횡령한 정황을 인정하여 원고의 청구액의 절반인 259만 원을 8회 분할 지급하는 내용으로 임의조정 성립.

조정주문

1. 피고(항소인, 이하 '피고'라 한다)는 원고(피항소인, 이하 '원고'라 한다)에게 금 2,500,000원을 지급한다. 다만, 이를 8회로 분할하여 201*. 4.부터 11.까지 매월 말 312,500원씩을 지급한다.
2. 만일 피고가 제1항 기재 지급을 1회라도 지체하는 경우, 피고는 기한의 이익을 상실하고 즉시 원고에게 미지급액 전액 및 이에 대하여 지체일로부터 다 갚을 때까지 연 15%의 비율로 계산한 지연손해금을 가산하여 지급한다.
3. 원고는 나머지 청구를 포기한다.
4. 소송총비용 및 조정비용은 각자 부담한다.

사무용 기기 등 물품대금 청구사건

사건의 개요 및 조정경과

원고회사는 피고에게 사무용 복사기 등 물품을 공급하였는데 대금 일부인 1,100여만 원을 지급받지 못하자 그 지급을 구하는 소송을 제기하여 1심에서 공시송달로 무변론 승소, 이에 피고가 불복하여 항소. 항소심 조정심리결과, 피고는 피고 남편의 원고회사의 대리점 명의를 이전받아 운영하다 개인회생절차에 들어갔는데 채권자목록에 원고의 채권을 누락하여 면책을 받지 못하였던 점 등을 감안하여 피고가 원고에게 400만 원을 4회 분할변제하는 내용으로 임의조정 성립.

조정주문

1. 피고는 원고에게 금 4,000,000원을 지급한다. 다만, 이를 4회로 분할하여 201*. 3.부터 6.까지 매월 말 1,000,000원씩을 지급한다. 그 지급은 원고의 은행계좌(○○은행 ***-**-****-***, 예금주 원고 회사)로 입금하는 방식으로 한다.
2. 만일 피고가 제1항 기재 지급을 1회라도 지체하는 경우, 피고는 기한의 이익을 상실하고 즉시 원고에게 미지급액 전액 및 이에 대하여 지체일로부터 다 갚을 때까지 연 15%의 비율로 계산한 지연손해금을 가산하여 지급한다.
3. 원고는 피고에 대한 이 사건 1심 판결에 기한 가집행(동산압류)신청을 취하한다.
4. 원고는 나머지 청구를 포기한다.
5. 소송총비용 및 조정비용은 각자 부담한다.

농수산물 물품대금 청구사건

사건의 개요 및 조정경과

원고는 5년 전 피고에게 농수산물을 공급하였으나 피고가 사업장을 폐쇄하고 연락을 두절하여 대금 1,300여만 원을 지급받지 못하였다며 그 지급을 구하는 소송을 제기. 피고는 자신의 채무액이 불분명하고, 있다 하더라도 단기소멸시효(상인간의 물품공급거래에 따른 3년 시효) 완성으로 채무가 소멸하였다고 주장. 피고는 1, 2회 조정기일에 불출석하여 조정합의 불성립. 청구액 중 500만 원을 피고가 지급한다는 내용의 조절 갈음결정하여 양측 이의 없이 확정.

조정주문

1. 피신청인은 신청인에게 201*. 6. 30.까지 금 5,000,000원을 지급한다. 만일 피신청인이 위 지급기일까지 위 금원을 지급하지 아니한 때에는, 피신청인은 미지급금원에 대하여 위 지급기일 다음날부터 다 갚는 날까지 연 15%의 비율에 의한 지연손해금을 가산하여 신청인에게 지급한다.
2. 신청인은 나머지 신청을 포기한다.
3. 조정비용은 각자 부담한다.

가방제작납품대금 청구사건

사건의 개요 및 조정경과

원고는 피고에게 2010경부터 가방을 제작 납품했는데 피고는 2012. 3.경부터 납품대금을 지체하기 시작하였고, 원고는 피고를 상대로 납품대금청구소송 제기하여 1심에서 전액 승소. 항소심 재판 중 조정회부되었고, 피고는 원고가 공임단가를 일방적으로 계산했고 미작업불량부분이 많았다고 주장. 1심판결금액을 적정하게 감액하고 이를 2회 분할지급하는 내용으로 조정 성립.

조정주문

1. 피고(항소인, 이하 '피고'라 한다)는 원고(피항소인, 이하 '원고'라 한다)에게 금 5,000,000원을 지급한다. 다만, 이를 2회로 분할하여 ① 201*. 3. 30.까지 2,500,000원을, ② 201*. 4. 15.까지 2,500,000원을 지급한다.
2. 만일 피고가 제1항 기재 지급을 1회라도 지체하는 경우, 피고는 기한의 이익을 상실하고 즉시 원고에게 미지급액 전액 및 이에 대하여 지체일로부터 다 갚을 때까지 연 15%의 비율로 계산한 지연손해금을 가산하여 지급한다.
3. 원고는 나머지 청구를 포기한다.
4. 소송총비용 및 조정비용은 각자 부담한다.

가방원단공급대금 청구사건

사건의 개요 및 조정경과

원고는 가방제조회사인 피고에게 가방원단을 납품하였는데 피고가 대금지급을 미루자 물품대금 1,200만여 원을 청구하는 소송 제기. 이에 피고는 원고가 이미 공급한 원단이 약속한 내수압기준치를 충족하지 못하는 하자로 인하여 가방을 공급받은 곳으로부터 클레임을 당하는 등 많은 손해가 발생했다고 주장하며 9,300만여 원의 반소를 제기. 본소와 반소가 함께 조정회부. 조정심리 결과, 피고가 원고에게 지급할 외상대금은 인정되었고 피고가 원고에게 가방원단으로서 필요한 내수압 기준치를 요구하였으나 이에 미치지 못한 사실도 인정되었으나 피고의 손해액의 구체적 입증은 쉽지 않은 상태였음. 몇 차례 속행하였음에도 양측이 접점을 찾지 못하여 원고가 청구한 원단 미수대금 상당의 손해가 피고에게 발생한 것으로 간주하여 쌍방이 각 청구를 포기하고 향후 이와 관련하여 다투지 않기로 하는 내용으로 강제 조정. 이에 양측 이의하지 않아 조정 성립.

조정주문

1. 원고(반소피고, 이하 '원고'라 한다)는 피고(반소원고, 이하 '피고'라 한다)에 대한 이 사건 본소청구를 포기하고, 피고는 원고에 대한 이 사건 반소청구를 포기한다.
2. 원고와 피고는 이 사건 본소 청구원인 및 반소 청구원인과 관련하여 양자 사이에 어떠한 채권·채무도 없음을 확인하고, 향후 이와 관련하여 서로에 대하여 일체의 재판상, 재판외 청구 또는 이의제기를 하지 아니한다.
3. 소송비용 및 조정비용은 각자 부담한다.

식료품 대금 반환 부당이득금 청구사건

사건의 개요 및 조정경과

원고는 터키 ○○○○에서 한국식료품점을 운영하고 있는데 한국에서 식료품 수출업을 하고 있는 피고 1에게 한국식품을 주문하며 대금 2만 9,000달러(당시 환율로 한화 3,190만 원)를 송금하였는데 피고가 송금만 받고 물건을 보내지 않자 피고 1 및 피고가 대표이사로 있는 피고회사 2를 상대로 대금 및 추가손해액을 합한 6,500여만 원의 지급을 구하는 소송을 제기. 피고 1은 원고의 고소에 의해 이미 사기죄의 유죄가 확정되어 있었음(집행유예). 조정과정에서 피고들이 연대하여 3,300만 원을 분할지급하는 내용으로 임의조정 성립.

조정주문

1. 피고는 원고에게 금 33,000,000원을 지급한다. 다만, 이를 14회로 분할하여 201*. 5.부터 201*. 1.까지(총 9회) 매월 말 2,000,000원을, 201*. 2.부터 201*. 6.까지(총 5회) 매월 말 3,000,000원을 지급한다.

2. 만일 피고가 제1항 기재 지급을 1회라도 지체하는 경우, 피고는 기한의 이익을 상실하고 즉시 원고에게 미지급액 전액 및 이에 대하여 지체일로부터 다 갚을 때까지 연 15%의 비율로 계산한 지연손해금을 가산하여 지급한다.
3. 원고는 나머지 청구를 포기한다.
4. 소송비용 및 조정비용은 각자 부담한다.

토목자재 물품대금 청구사건

사건의 개요 및 조정경과

원고는 피고에게 1,450만 원 상당의 토목자재를 납품하였는데 납품대금을 전혀 지급받지 못하자 그 지급을 구하는 소송을 제기. 조정과정에서, 금액을 1,100만 원으로 감액하여 22회 분할지급하는 내용으로 임의조정 성립.

조정주문

1. 피신청인은 신청인에게 금 11,000,000원을 지급한다. 다만, 이를 22회로 분할하여 201*. 5.부터 다 갚을 때까지 매월 말 500,000원씩을 신청인 은행계좌(△△은행 ***-****-****-**, 예금주 ○○○)로 입금 지급한다.
2. 만일 피신청인이 제1항 기재 지급을 1회라도 지체하는 경우, 피신청인은 기한의 이익을 상실하고 즉시 신청인에게 미지급액 전액 및 이에 대하여 지체일로부터 다 갚을 때까지 연 15%의 비율로 계산한 지연손해금을 가산하여 지급한다.
3. 신청인은 나머지 청구를 포기한다.
4. 조정비용은 각자 부담한다.

모피 부자재 등 물품대금 청구사건

사건의 개요 및 조정경과

원고는 피고를 통하여 소외 A사에게 모피 부자재 등 8,000여만 원의 물품을 공급하면서 A가 발행한 액면 8,000만 원의 전자어음에 피고의 배서를 받았는데 부도처리되었다며 피고를 상대로 8,000여만 원의 지급을 구하는 소송을 제기. 1회, 2회 조정기일에 원고 불출석. 피고는 원고가 이윤을 높이기 위해 피고를 배제하고 소외 A사와 직접 거래하였고 A사가 원고에게 선수금으로 전자어음 8,000만 원을 발행한 것이며 피고도 A사로부터 납품대금으로 3억 원의 전자어음을 발행받았으나 이 역시 부도가 나 큰 손실을 입었다고 주장. 배서인으로서의 피고에 대한 어음금 소송이 아니고 실체적 관계에 있어서도 피고의 채무가 인정되지 아니하여 원고가 소를 취하한다는 조정갈음결정하여 양측 이의 없이 확정.

조정주문

1. 원고는 이 사건 소를 취하하고, 피고는 이에 동의한다.
2. 소송비용 및 조정비용은 각자 부담한다.

철강재 납품대금 연대채무금 청구사건

사건의 개요 및 조정경과

원고회사는 13년 전 소외 회사에 7년간 철강재 등 물품을 공급하였고 소외 회사의 실질적 사장이었던 피고가 소외 회사의 미수대금 6,700여만 원에 대해 현금보관증, 지불각서 등을 작성하여주고 일부만 지급하고 나머지 4,700여만 원을 지급하지 못하고 그에 대한 자필 변제각서를 작성한 다음 이를 지키지 않았다며 그 지급을 구하는 소송을 제기. 피고가 10년 전 파산면책 받은 사실과 상사채권소멸시효 등을 감안하여 피고가 1,000만 원을 4회 분할 지급하되, 미변제 시 3,700만 원을 더하여 지급하여야 하는 내용으로 임의조정 성립.

조정주문

1. 피고는 원고에게 금 10,000,000원을 지급한다. 다만, 이를 4회로 분할하여 ① 201*. 6. 30. 금 2,500,000원을, ② 201*. 7. 31. 금 2,500,000원을, ③ 201*. 8. 31. 금 2,500,000원을, ④ 201*. 9. 30. 금 2,500,000원을 지급한다.
2. 만일 피고가 제1항 기재 지급을 1회라도 지체하는 경우, 피고는 기한의 이익을 상실하고 즉시 원고에게 미지급액 전액에 37,000,000원을 더한 돈 및 이 '미지급액 전액에 37,000,000원을 더한 돈'에 대하여 지체일로부터 다 갚는 날까지 연 15%의 비율로 계산한 지연손해금을 가산하여 지급한다.
3. 원고는 나머지 청구를 포기한다.
4. 소송비용 및 조정비용은 각자 부담한다.

통신기기 물품대금 청구사건

사건의 개요 및 조정경과

원고는 피고 A로부터 통신기기 납품을 의뢰받고 견적서를 제시하여 구두로 승낙을 받은 후 피고 A에게 납품하고 피고 A의 요청으로 피고 A가 아닌 피고 B 앞으로 세금계산서를 발행해 주었는데 이후 피고들 어느 누구로부터도 대금지급을 받지 못하자 피고들을 상대로 물품대금의 지급을 구하는 소송 제기. 피고 B는 지급명령에 이의하지 않았으나 피고 A가 이의하여 조정에 회부. 피고 A가 대금의 일부를 지급하고 원고도 피고 A에 대한 채권가압류를 취하하는 내용으로 임의조정 성립.

조정주문

1. 피고는 원고에게 201*. 7. 29.까지 금 30,000,000원(부가가치세 별도)을 지급한다. 만일 피고가 위 지급기일까지 위 금원을 지급하지 아니한 때에는, 피고는 미지급금원에 대하여 지급기일 다음날부터 다 갚을 때까지 연 15%의 비율로 계산한 지연손해금을 가산하여 원고에게 지급한다.
2. 원고는, 제1항 기재 지급이 있는 경우, 피고에 대한 채권가압류(○○○지방법원 201*카단*****) 신청을 취하하고 그 집행취소를 신청한다. 이 경우 피고는 원고가 위 채권가압류결정시 공탁한 담보공탁금을 담보취소결정을 통하여 회수해감에 동의하며 그 담보취소결정에 항고하지 아니한다.
3. 원고는 나머지 청구를 포기한다.
4. 소송비용 및 조정비용은 각자 부담한다.

의약품 물품대금 청구사건

사건의 개요 및 조정경과

원고 제약회사는 피고회사와 원고회사가 개발한 무릎관절통증완화약을 중국 등 해외에 판매하는 수출용으로 납품받기로 하는 제품공급계약을 체결하고 제품을 양산 후 피고회사에게 공급하였는데 피고가 대금 중 일부만 지불하고 1억여 원을 지급하지 않는다며 피고회사 및 연대보증을 선 피고회사의 대표이사를 상대로 소송을 제기. 피고들은 이에 대해 수출을 위한 원고의 협조가 없어 수출을 할 수 없게 되었기에 공급받은 물품을 원고에게 반환하고 계약금의 반환을 위한 반소를 제기하겠다는 주장을 하였고, 이에 맞서 다시 원고는 피고들이 원고로부터 공급받은 의약품을 수출하는 것은 피고들의 책임으로 하는 것이고 다른 회사도 원고로부터 똑같이 공급받아 수출을 완료한 바 있으며 제작완료 된 제품에는 피고회사명이 수출자로 인쇄되어 있어 다른 곳에 재판매도 불가능하다고 주장. 조정심리 결과, 피고회사가 주사액인 해당 의약품을 수출판매하기 위해서는 주사액을 주입하는 주입기를 제작하여 함께 공급하여야 하는데 아직 주입기제작에 실패한 사실과 피고회사가 의약품을 수출하는데 제도적인 장애는 없다는 점이 확인되어, 피고들이 원고의 청구액의 10%를 감액조정한 금액을 5회 분할 지급하고 원고도 피고회사의 수출을 위해 필요한 협력을 다하기로 하는 내용으로 임의조정 성립.

조정주문

1. 피고들은 연대하여 원고에게 금 94,029,840원을 지급한다. 다만, 이를 5회로 분할하여 201*. 1.부터 201*. 4.까지는 매월 10. 금 20,000,000원을, 201*. 5. 10. 금 14,029,840원을 지급한다.

2. 만일 피고들이 제1항 기재 지급을 1회라도 지체하는 경우, 피고들은 기한의 이익을 상실하고 즉시 원고에게 미지급액 전액 및 이에 대하여 지체일로부터 다 갚을 때까지 연 15%의 비율로 계산한 지연손해금을 가산하여 지급한다.
3. 제1항, 제2항에 불구하고, 원고와 피고들은 별도 서면합의로써 제1항의 변제방법을 변경할 수 있다.
4. 원고는 피고들에게 이 사건 의약품의 수출을 위하여 협력한다(해당 수입국가 및 거래처가 요청하는 공장 GMP, 성분분석표, 제품소개서 등 서류 제공 등).
5. 원고는 나머지 청구를 포기한다.
6. 소송비용 및 조정비용은 각자 부담한다.

텐트 등 물품대금 청구사건

사건의 개요 및 조정경과

원고는 피고에게 텐트 등 물품을 공급하였는데 피고가 대금 2,800여만 원 중 2,300여만 원만 지급하고 540여만 원을 지급하자 않자 소송을 제기. 1심에서 패소한 피고가 항소. 항소심 조정 회부. 양측 조정기일 불출석. 원심 판결금에서 소액 조정한 500만 원을 피고가 지급하되 만일 지정기일까지 미이행 시 판결금대로 원금 전액과 지연손해까지 지급한다는 내용으로 조정갈음결정하여 양측 이의 없이 확정.

조정주문

1. 피고는 원고에게 201*. 9. 30.까지 금 5,000,000원을 지급한다. 만일 피고가 위 금원을 위 지급기일까지 지급하지 아니한 때에는, 미지급금원에 483,820원을 더한 돈 및 이 '미지급금원에 483,820원을 더한 돈'에 대하여 위 지급기일 다음날부터 다 갚는 날까지 연 15%의 비율로 계산한 지연손해금을 가산하여 지급한다.
2. 원고는 나머지 청구를 포기한다.
3. 소송총비용 및 조정비용은 각자 부담한다.

미신고 회생채권자의 물품대금 청구사건

사건의 개요 및 조정경과

원고는 소외 A에게 전자제품을 공급하여 6,800만 원의 미수금채권이 있었고 피고가 A의 채무를 인수하는 지급각서를 작성한 다음 피고가 회생을 신청하여 회생절차가 확정된 이후 피고를 상대로 6,800만 원의 지급을 구하는 소송을 제기. 피고는 원고의 채권을 회생채권자목록에 신고하지 않아 원고의 채권은 실권되었음을 주장. 양자 조정합의 불성립. 원고는 피고의 회생절차를 몰라 신고할 기회를 가지지 못했으므로 이에 대한 피고의 책임이 인정되나 그 책임범위는 원고의 채권이 신고되어 회생계획에 포함되는 것을 전제로 그 회생계획에서 정한 지급율에 따라 정해지는 것이며, 실제 피고의 회생계획의 현금변제율은 2.65%이고 97.35%가 면제되도록 되어 있어 원고의 청구금액에 동 비율을 적용하면 180만여 원에 불과하여 이를 700만 원으로 상향하여 피고가 700만 원을 7회 분할지급한다는 내용으로 조정갈음결정하여 양측 이의 없이 확정.

조정주문

1. 피고는 원고에게 금 7,000,000원을 지급한다. 다만, 이를 7회로 분할하여 201*. 11.부터 201*. 5.까지 매월 말 1,000,000원을 지급한다. 만일 피고가 위 분할 지급을 1회라도 지체하는 경우, 피고는 기한의 이익을 상실하고 즉시 원고에게 미지급액 전액 및 이에 대하여 지체일로부터 다 갚는 날까지 연 15%의 비율로 계산한 지연손해금을 가산하여 지급한다.
2. 원고는 나머지 청구를 포기한다.
3. 소송비용 및 조정비용은 각자 부담한다.

컴퓨터 등 물품대금 청구사건

사건의 개요 및 조정경과

원고는 피고에게 컴퓨터 및 주변기기를 납품하였고 피고는 납품대금 4억 6,400여만 원에 대한 상환계획서를 작성하고도 그중 4,400여만 원만 지급하고 나머지 4억 2,000만 원을 지급하지 않자 그 지급을 구하는 소송을 제기. 피고가 답변서를 제출하지 아니하고, 조정기일에 불출석. 미지급원금 4억 2,000만 원을 3회 분할지급한다는 내용으로 조정갈음결정하고 양측 이의 없이 확정.

조정주문

1. 피신청인은 신청인에게 금 420,000,000원을 지급한다. 다만, 이를 3회로 분할하여 ① 201*. 10. 31. 금 140,000,000원을, ② 201*. 11. 30. 금 140,000,000원을, ③ 201*. 12. 31. 금 140,000,000원을 지급한다.
2. 만일 피신청인이 제1항 기재 지급을 1회라도 지체하는 경우, 기한의 이익을 상실하고 즉시 미지급액 전액 및 이에 대하여 지체일로부터 다 갚는 날까지 연 15%의 비율로 계산한 지연손해금을 가산하여 지급한다.
3. 신청인은 나머지 신청을 포기한다.
4. 조정비용은 각자 부담한다.

기계제작 계약금 반환 청구사건

사건의 개요 및 조정경과

원고는 피고에게 미니호스밴드 자동조립기 1대를 공급가액 3,000만 원에 설계 제작하여 줄 것을 주문하고 계약금 1,500만 원을 지급하였는데 피고가 납기까지 납품하지 못하자 계약금의 배액인 3,000만 원의 지급을 구하는 소송을 제기. 양자의 약정에 따르면 계약해제 시 계약금의 2배와 월 2%의 지연손해금을 지급할 수 있다고 되어 있으나, 이 사건 계약금이 통상의 계약금인 전체대금의 10%가 아닌 50%이고, 피고가 기계를 제작하여 납품하였으나 시운전과정에서 불합격한 점 등을 감안하여 피고가 2,000만 원을 지급한다는 내용으로 조정갈음결정하여 양측 이의 없이 확정.

조정주문

1. 피고는 원고에게 201*. 10. 31.까지 금 20,000,000원을 지급한다. 만일 피고가 위 지급기일까지 위 금원을 지급하지 아니한 때에는, 피고는 미지급금원 및 이에 대하여 위 지급기일 다음날부터 다 갚는 날까지 연 15%의 비율에 의한 지연손해금을 가산하여 원고에게 지급한다.
2. 원고는 나머지 청구를 포기한다.
3. 소송비용 및 조정비용은 각자 부담한다.

의류 물품대금 청구사건

사건의 개요 및 조정경과

원고는 피고에게 의류제품을 납품하였는데 납품대금 5억여 원 중 8,700만 원만 받고 나머지 4억 1,900여 만 원을 지급받지 못하였다며 그 지급을 구하는 소송을 제기. 조정기일에 피고 불출석으로 조정합의 불성립. 피고가 4억 1,900만 원을 4회 분할 지급하되 일정 기간 내에 4억 원을 변제하는 경우 나머지 금액은 면제한다는 내용으로 조정갈음결정하여 양측 이의 없이 확정.

조정주문

1. 피고는 원고에게 금 419,000,000원을 지급한다. 다만, 이를 4회로 분할하여 ① 201*. 11. 30. 금 100,000,000원을, ② 201*. 1. 31. 금 100,000,000원을, ③ 201*. 3. 31. 금 100,000,000원을, ④ 201*. 5. 31. 금 119,000,000원을 지급한다.
2. 만일 피고가 제1항 기재 지급을 1회라도 지체하는 경우, 피고는 기한의 이익을 상실하고 즉시 원고에게 미지급액 전액 및 이에 대하여 지체일로부터 다 갚는 날까지 연 15%의 비율로 계산한 지연손해금을 가산하여 지급한다.

3. 만일 피고가 제1항 기재 금원 419,000,000원 중 400,000,000원을 201*. 3. 31. 이전에 지급한 경우, 원고는 나머지 19,000,000원에 피고의 채무를 면제한다.
4. 원고는 나머지 청구를 포기한다.
5. 소송비용 및 조정비용은 각자 부담한다.

대형 모니터 물품대금 청구사건

사건의 개요 및 조정경과

원고회사는 피고회사에 55인치 DID(대형 디지털 모니터) 16대 1억 560만 원 상당을 납품하였는데 피고가 그 대금 중 계약금(선급금) 4,200여만 원만 지급하고 나머지 잔금 6,300여만 원을 미지급하였다며 그 지급을 구하는 소송을 제기. 조정 심리 결과, 원고가 피고에게 납품한 DID는 소외 A자동차회사가 자신의 주행시험장에 설치하기 위해 소외 B사에게 주문하고 B사는 다시 소외 C사에게 재주문하였으며 C사가 이를 또다시 피고에게 주문한 다음 피고가 원고의 견적을 제시받아 납품계약을 체결한 다음 원고로부터 피고가 납품받은 후 다시 순차적으로 재납품되어 A회사의 주행시험장에 최종 설치된 사실을 확인할 수 있었고, 각 거래에 있어 대금지급은 '원청사지급조건'이었으며 피고는 그에 따라 현재까지 C사로부터 선급금 30% 4,900여만 원만 받고 아직 중도금 30%, 잔금 40%를 받지 못한 상태였으나 원고를 배려하는 차원에서 선급금 40%를 우선지급하고 나머지 대금은 자신과 C사의 거래조건과 마찬가지로 원청사지급조건으로 약정하였음에도 원고가 본소송을 통하여 대금을 청구하고 피고 재산에 가압류한 사실이 확인되었음. 조정기일을 2회 속행하여 피고가 C사로부터 남은 중도금과 잔금을 확정적으로 받을 수 있는 시기를 확인하여 그 시점에 맞춰 피고가 원고에게 6,300여만 원을 2회 분할하고, 원고는 1회 분할지급에 맞춰 피고에 대한 부동산가압류를 취하하며 원고는 피고에 대해 불필요한 소송을 제기함으로써 변호사선임비용 등의 소송비용을 발생하게 하였으므로 그 일부인 300만 원을 피고에게 지급하기로 하는 내용으로 임의조정 성립.

조정주문

1. 피고는 원고에게 금 63,360,000원을 지급한다. 다만, 이를 2회로 분할하여 ① 201*. 2. 17.까지 21,120,000원을, ② 201*. 2. 28.까지 42,240,000원을 지급한다. 만일 피고가 위 분할지급을 1회라도 지체하는 경우, 피고는 기한의 이익을 상실하고 즉시 원고에게 미지급액 전액 및 이에 대하여 지체일로부터 다 갚을 때까지 연 15%의 비율로 계산한 지연손해금을 가산하여 지급한다.
2. 원고는 201*. 2. 17.까지 피고에 대한 부동산가압류신청을 취하하고 그 집행취소를 신청한다. 그 비용은 원고가 부담한다.
3. 원고는 피고에게 201*. 2. 28.까지 금 3,000,000원(이 사건 피고의 소송비용의 일부임)을 지급한다. 만일 원고가 위 지급기일까지 위 금원을 지급하지 아니한 때에는, 원고는 미지급금원에 대하여 지급기일 다음날부터 다

갚을 때까지 연 15%의 비율로 계산한 지연손해금을 가산하여 피고에게 지급한다.

4. 원고와 피고는 이 사건 청구원인과 관련하여 본 조정조서에서 정한 사항 이외에는 양자 사이에 어떠한 채권 채무도 없음을 확인하고, 향후 이와 관련하여 서로에 대하여 일체의 재판상, 재판외 청구 또는 이의제기를 하지 아니하며 차후 공동사업을 위하여 호혜 협력하기로 한다.
5. 원고는 나머지 청구를 포기한다.
6. 소송비용 및 조정비용은 각자 부담한다. 다만, 제4항 기재 금원은 제외한다.

주류공급사의 대여금 등 청구사건

사건의 개요 및 조정경과

원고 주류도매업 회사는 일식주점을 운영하는 피고에게 주류를 독점 공급하는 계약을 체결하여 주류를 공급하여 왔는데 피고가 타업체와 거래하며 원고의 주류공급을 거부하자 계약을 해지하고 원고가 피고에게 대여한 금원 중 미상환 금액, 약정이자, 외상대금, 무상대여 냉장고 상당 금액 등 2,800여만 원의 지급을 구하는 소송을 제기. 피고는 대여금을 모두 변제하였다고 주장. 양측 조정합의 불성립. 조정심리결과 반영하여 600만 원을 피고가 지급한다는 내용의 조정갈음결정하여 양측 이의 없이 확정.

조정주문

1. 피고들은 연대하여 원고에게 201*. 3. 31.까지 금 6,000,000원을 지급한다. 만일 피고들이 위 지급기일까지 위 금원을 지급하지 아니한 때에는, 피고들은 미지급금원 및 이에 대하여 위 지급기일 다음날부터 다 갚는 날까지 연 15%의 비율에 의한 지연손해금을 가산하여 원고에게 지급한다.
2. 원고는 나머지 청구를 포기한다.
3. 소송비용 및 조정비용은 각자 부담한다.

전자제품 물품대금 청구사건

사건의 개요 및 조정경과

원고는 피고에게 전자제품을 공급하였으나 대금 286만 원을 지급하지 않는다며 소송을 제기. 피고는 원고가 피고의 자산인 메탈마스크를 반납하기 전에는 대금을 지급할 수 없다고 주장. 양측 조정합의 불성립. 피고는 대금지급을, 원고는 메탈마스크 반납을 한다는 내용의 조정갈음결정하여 양측 이의 없이 확정.

조정주문

1. 피신청인은 신청인에게 201*. 3. 15.까지 금 2,860,000원을 지급한다. 만일 피신청인이 위 지급기일까지 위 금원을 지급하지 아니한 때에는, 피신청인은 미지급금원에 대하여 위 지급기일 다음날부터 다 갚는 날까지 연 15%의 비율에 의한 지연손해금을 가산하여 신청인에게 지급한다.
2. 신청인은 피신청인에게, 제1항 지급이 있으면 즉시, 신청인이 보관중인 피신청인 소유 자산 메탈마스크 39개를 반환한다.
3. 신청인은 나머지 신청을 포기한다.
4. 조정비용은 각자 부담한다.

통신장비 물품공급계약금 반환 청구사건

사건의 개요 및 조정경과

원고는 소외 A, B로부터 순차 하도급 받은 통합에너지 관리시스템공사에 설치되는 피크제어통신장비 4,600여만 원 상당을 피고로부터 납품받기로 하는 물품공급설치계약을 체결하고 피고에게 계약금(선급금) 2,400여만 원을 지급하였으나 피고가 납기일까지 장비를 설치, 시운전하지 못하여 피고를 상대로 계약을 해제함과 동시에 이미 지급한 계약금의 반환을 구하는 소송을 제기. 이에 대해 피고는 원고와 약정한 장비의 설치, 시운전을 모두 이행완료하였을 뿐 아니라 원고가 추가로 요청한 추가 작업도 수행하였는데 최초계약의 잔금 및 추가계약의 대금 모두를 지급하지 않는다며 그 지급을 구하는 반소를 제기. 조정심리 결과, 피고의 주장사실이 확인되었고 원고도 이를 인정하여, 원고가 피고에게 최초계약의 잔금 및 추가계약의 대금 3,100만 원을 12회로 분할하여 지급하고 이와 별개로 존재하는 별도공사의 미지급금 250만 원 및 피고가 선납한 감정비용 중 400만 원도 지급하기로 하는 내용으로 임의조정 성립.

조정주문

1. 원고(반소피고, 이하 '원고'라 한다)는 피고(반소원고, 이하 '피고'라 한다)에게 이 사건 'ㅇㅇ대학교 확산이 용이한 클라우드기반건물용 통합에너지관리시스템사업' 관련 원고와 피고 사이의 '피크제어통신장비 물품공급설치계약' 공사대금(변경견적 및 추가공사분 일괄 포함)으로 금 31,000,000원을 지급한다. 다만, 이를 12회로 분할하여 ① 201*. 2. 28.(1회) 금 3,500,000원을, ② 201*. 3.부터 201*. 1.까지(11회) 매월 말 금 2,500,000원을 지급한다. 만일 원고가 위 분할 지급을 1회라도 지체하는 경우, 원고는 기한의 이익을 상실하고 즉시 피고에게 미지급액 전액 및 이에 대하여 지체일로부터 다 갚을 때까지 연 15%의 비율로 계산한 지연손해금을 가산하여 지급한다.
2. 원고는 피고에게 201*. 4. 30.까지 201*. 11. 29. 시행 ㅇㅇ시 △△구 청소년수련관 공사 대금으로 금 2,500,000원을 지급한다. 만일 원고가 위 지급기일까지 위 금원을 지급하지 아니한 때에는, 원고는 미지급

금원에 대하여 지급기일 다음날부터 다 갚을 때까지 연 15%의 비율로 계산한 지연손해금을 가산하여 피고에게 지급한다.

3. 원고는 피고에게 이 사건 감정비용 중 4,000,000원을 지급한다. 다만, 이를 2회로 분할하여 201*. 2. 28. 및 3. 31. 금 2,000,000원을 지급한다. 만일 원고가 위 분할 지급을 1회라도 지체하는 경우, 원고는 기한의 이익을 상실하고 즉시 피고에게 미지급액 전액 및 이에 대하여 지체일로부터 다 갚을 때까지 연 15%의 비율로 계산한 지연손해금을 가산하여 지급한다.
4. 원고는 나머지 청구를, 피고는 나머지 반소청구를 각 포기한다.
5. 원고와 피고는 이 사건 청구원인 및 제2항 기재 청소년수련관 공사 대금과 관련하여 본 조정조서에서 정한 사항 이외에는 양자 사이에 어떠한 채권채무도 없음을 확인하고, 향후 이와 관련하여 서로에 대하여 일체의 재판상, 재판외 청구 또는 이의제기를 하지 아니한다.
6. 소송비용 및 조정비용은 각자 부담한다(다만, 제3항 기재 일부 감정비용은 제외한다).

주차설비 자재 납품대금 청구사건

사건의 개요 및 조정경과

원고는 피고에게 피고가 이집트에 수출할 용도의 기계식 주차설비자재 1차분 6세트, 2차분 6세트, 총 12세트를 제작납품하기로 하고 그중 1차분 자재를 납품완료였는데 피고가 1차분 대금 346,500,000원 중 277,200,000원만 지급하고 69,300,000원을 미지급하였다며 그 지급을 구하는 소송을 제기. 이에 대해 피고는 원고가 아직 1차분의 이행을 완료하지 못하였다고 주장. 구체적으로 설계서상 "SM45C" 재질로 용접 가공하도록 되어 있음에도 "FCD600" 재질로 주물 제작하였으며 피고가 이를 발견하고 교체납품을 요구하였음에도 원고가 이를 확정적으로 거절하였고 전체도면도 미제출하였으며, 이러한 원고의 채무불이행으로 인하여 발주업체인 이집트 회사로부터 대금의 10%인 미화 425,000불을 지급받지 못하고 있고 2단계 발주가 보류되었을 뿐 아니라 기납품한 1차분에 대한 해제를 당할 위험이 있다고 항변. 이에 맞서 원고는 피고 측 직원이 이미 물품을 검수하여 기성처리를 완료하였다고 주장. 조정과정에서 양측에 충분한 소명의 기회를 부여하였으나 상호 명확한 입증을 하지 못하였고 양측이 분쟁을 조기에 원만히 종결할 필요성에 공감하여 원고의 청구액 중 3,000만 원을 감액조정한 3,930만 원을 지급하기로 하고 모든 분쟁을 종식하기로 하는 내용으로 임의조정 성립.

조정주문

1. 피고는 원고에게 201*. 4. 28.까지 금 39,300,000원을 지급한다. 만일 피고가 위 지급기일까지 위 금원을 지급하지 아니한 때에는, 피고는 미지급금원에 대하여 지급기일 다음날부터 다 갚을 때까지 연 15%의 비율로 계산한 지연손해금을 가산하여 원고에게 지급한다.
2. 원고는 나머지 청구를 포기한다.

3. 원고와 피고는 이 사건 청구원인과 관련하여 본 조정조서에서 정한 사항 이외에는 양자 사이에 어떠한 채권 채무도 없음을 확인하고, 향후 이와 관련하여 서로에 대하여 일체의 재판상, 재판외 청구 또는 이의제기를 하지 아니한다.
4. 소송비용 및 조정비용은 각자 부담한다.

전산장비 물품대금 청구사건

사건의 개요 및 조정경과

원고는 피고에게 소외 A사의 무선랜 구축사업에 소요되는 전산장비를 납품(원청결제 조건)하였으나 피고가 A사로부터 대금을 모두 수령하고서도 원고에게 납품대금을 지급하지 않는다며 3억 2,500여만 원의 지급을 구하는 소송을 제기. 조정심리 결과, 원청결제조건을 충족한 상황에서 피고가 대금지급을 거절할 사유가 인정되지 아니함. 조정합의 불성립. 3억 1,000만 원을 5회 분할 지급한다는 내용으로 조정갈음결정하여 이의 없이 확정.

조정주문

1. 피고는 원고에게 금 310,000,000원을 지급한다. 다만, 이를 5회로 분할하여 ① 201*. 4. 30. 금 60,000,000원을, ② 201*. 5. 31. 금 60,000,000원을, ③ 201*. 6. 30. 금 60,000,000원을, ④ 201*. 7. 31. 금 60,000,000원을, ⑤ 201*. 8. 31. 금 70,000,000원을 지급한다.
2. 만일 피고가 제1항 기재 지급을 1회라도 지체하는 경우, 피고는 기한의 이익을 상실하고 즉시 원고에게 미지급액 전액 및 이에 대하여 지체일로부터 다 갚는 날까지 연 15%의 비율로 계산한 지연손해금을 가산하여 지급한다.
3. 원고는 나머지 청구를 포기한다.
4. 소송비용 및 조정비용은 각자 부담한다.

폐수처리설비 물품대금 청구사건

사건의 개요 및 조정경과

원고는 피고에게 폐수처리설비에 들어가는 전처리 설비(유수분리기)를 납품하였으나 대금 잔금 410여만 원을 지급받지 못하였다며 그 지급을 구하는 소송을 제기. 이에 피고는 원고가 납품한 설비가 제대로 작동하지 않아 원주문사가 폐수처리설비 인수를 거절하여 피고가 원고에 대해 계약해제를 통보하고 반품해갈 것을 요구하였다면서 계약금 등 이미 지급한 대금 2,400여만 원의 반환을 구하는 반소를 제기. 조정합의 불성립. 원고가 납기를 10개월 지체한 점, 피고가 원고 아닌 다른 업체로부터 납품받은 부품을 적용하여 최종 납품이 이루어진 점 등을 감안하여 원고의 본소, 피고의 반소를 서로 포기한다는 내용의 조정갈음결정으로 양측 이의 없이 확정.

조정주문

1. 원고(반소피고)는 이 사건 본소청구를, 피고(반소원고)는 이 사건 반소청구를 각 포기한다.
2. 원고(반소피고)와 피고(반소원고)는 이 사건 본소청구원인 및 반소청구원인과 관련하여 양자 사이에 어떠한 채권채무도 없음을 확인하고, 향후 이와 관련하여 서로에 대하여 일체의 재판상, 재판외 청구 또는 이의제기를 하지 아니한다.
3. 소송비용 및 조정비용은 각자 부담한다.

07 보험금사건(교통사고 보험금사건 제외)

보험금채무부존재확인 청구사건

사건의 개요 및 조정경과

원고 보험사는 원고 보험에 가입한 피고가 위궤양으로 입원하여 위궤양 출혈 지혈술을 받은 후 보험약관에 기한 7대 질병 수술비를 청구하자 그 지급의무가 없음을 확인하여 달라는 소송을 제기. 특별약관에 의하면 7대 질병 수술비는 7대 질병의 직접적인 치료를 목적으로 의료기구를 사용하여 생체에 절단, 절제 등의 조작을 가하는 경우에 한하고 흡인, 천자 등의 조치 및 신경 BLOCK은 제외하도록 되어 있어 피고가 지혈술을 받은 것은 '수술'에 해당하지 않아 보험금지급채무가 존재하지 아니함을 확인하는 조정갈음결정을 하여 양측 이의 없이 확정.

조정주문

1. 피신청인은 신청인에 대하여, 양자 사이에 피신청인의 20**. *. *.부터 20**. *. **.까지 ○○ △△대학교병원에서의 위궤양 지혈치료와 관련하여 신청인이 피신청인에게 이미 지급한 질병입원의료비 금 1,484,102원 이외에 '7대 질병 수술비' 명목의 금 8,000,000원의 보험금 지급채무가 존재하지 아니함을 확인한다.
2. 조정비용은 각자 부담한다.

화재보험금채무 일부부존재확인 청구사건

사건의 개요 및 조정경과

원고보험사의 화재보험에 가입한 피고회사의 공장에서 화재가 발생하여 고속가공기, 사출기 등 기계류의 피해가 발생하여 피고가 1억 9,000만 원의 보험금 지급을 신청하자 원고회사가 1억 2,000여만 원을 초과하여서는 지급의무가 없음을 확인해달라는 소송을 제기. 1억3,500만 원을 지급하는 내용으로 조정갈음결정하여 쌍방 이의 없이 확정.

조정주문

1. 피고는 원고에 대하여 20**. **. **. ○○시 △△구 ◇◇동 ***-* 소재 공장에서 발생한 화재사고로 인한 고

속가공기 1대, 사출기 2대의 손해와 관련하여 원고의 피고에 대한 보험금 지급채무는 금 135,000,000원을 초과하여 존재하지 아니함을 확인한다.

2. 원고는 나머지 청구를 포기한다.
3. 소송비용 및 조정비용은 각자 부담한다.

뇌졸중진단보험금채무 부존재확인 청구사건

사건의 개요 및 조정경과

원고보험회사는 피고들이 자신들의 자녀 A를 피보험자로 하는 무배당자녀보험계약을 원고회사와 체결한 뒤 A가 기타 뇌내출혈 진단을 받아 뇌졸중진단보험급여금 1,000만 원의 지급을 청구하자 보험금지급채무가 없음을 확인해달라는 소송을 제기. 조정 심리결과, A의 진단내용은 뇌졸중진단보험금이 지급되는 항목인 뇌내출혈(I61)이 아닌 뇌실내출혈(P52)에 해당한다는 사실이 확인되어 현 진단결과에 의해서는 보험금지급채무가 부존재함을 확인하되 원고가 피고들에게 보험처리에 따른 보험금이 아닌 위로금조로 150만 원을 지급하기로 하는 내용으로 임의조정 성립.

조정주문

1. 신청인과 피신청인들은, 소외 ○○○에 대한 20**. *. **. △△대학교▽▽병원의 '기타 뇌출혈(I618) 진단에 기초한 뇌졸중진단비 청구와 관련하여 신청인의 피신청인들에 대한 지급채무는 존재하지 아니함을 서로 확인한다. 다만, 본 조정결과로 인하여, 소외 ○○○에 대한 뇌졸중진단비 청구와 관련하여 보험증권상의 "최초 1회에 한함"에 해당하는 것으로 보지 아니한다.
2. 다만, 신청인은 피신청인들에게 201*. *. **.까지 위로금 금 1,500,000원을 지급한다. 만일 신청인이 위 지급기일까지 위 금원을 지급하지 아니한 때에는, 신청인은 미지급금원에 대하여 지급기일 다음날부터 다 갚을 때까지 연 20%의 비율로 계산한 지연손해금을 가산하여 피신청인들에게 지급한다.
3. 신청인은 나머지 신청을 포기한다.
4. 조정비용은 각자 부담으로 한다.

보험금채무 부존재확인 청구사건

사건의 개요 및 조정경과

원고 보험회사는 피고가 원고의 무배당보험상품에 가입한 후 위험의 현저한 증가를 가져오는 오토바이 운전 사실을 미리 원고에게 알리지 않은 채 오토바이를 운전하다 사고를 당하여 중상해를 입고 보험금을 청구하자 피고의 통지의무위반을 이유로 보험계약을 해지하고 보험금지급채무가 존재하지 않음을 확인하여 달라는 소송을 제기. 조정합의 불성립. 피고가 원고의 보험금지급채무 부존재를 확인하되 원고가 피고에게 해지보험료 전액 및 위로금 350만 원을 지급하는 내용의 조정갈음결정하여 양측 이의 없이 확정.

조정주문

1. 신청인과 피신청인은, 201*. *. 초순경 피신청인의 이륜자동차 운전 중 교통사고와 관련하여 신청인의 피신청인에 대한 보험금 지급채무는 존재하지 아니함을 서로 확인한다.
2. 신청인과 피신청인은, 201*. **. **. 양자 사이의 '무배당 ○○을 다 주는 △△ 사랑 보험'이 해지되었음을 서로 확인한다.
3. 신청인은 피신청인에게 201*. **. **.까지 제2항 기재 보험 해지에 따른 피신청인의 기납입 보험료 전액 및 위로금 3,500,000원을 지급한다. 만일 신청인이 위 지급기일까지 위 금원을 지급하지 아니한 때에는, 신청인은 미지급금원에 대하여 위 지급기일 다음날부터 다 갚을 때까지 연 20%의 비율에 의한 지연손해금을 가산하여 피신청인에게 지급한다.
4. 신청인은 나머지 신청을 포기한다.
5. 조정비용은 각자 부담한다.

뇌졸중진단비 보험금채무 부존재확인 청구사건

사건의 개요 및 조정경과

원고 보험회사는 피고가 원고의 헬스보험계약에 가입하여 뇌경색증 진단을 받은 뒤 뇌졸중 진단비 보험금 1,000만 원을 청구하자 피고의 상태는 뇌졸중의 일종인 급성 뇌경색에 해당하지 않는다며 그 보험금지급채무가 부존재함을 확인해 달라는 소송을 제기. 조정 과정에서 피고는 동네 의원에서 뇌경색증, 고혈압, 고콜레스테롤혈증의 진단을 받은 진단서를 제출하였고 원고는 피고의 뇌촬영 영상 등 의료기록을 검토한 결과 피고의 증상은 고혈압, 당뇨, 노령화에 의한 만성 허혈성 소견에 불과하고 뇌경색증으로 볼 수 없다는 종합병원 전문의의 자문의견을 제시하였는바, 보험금 500만 원의 범위에서 지급채무를 확인하고 이를 지급하기로 하는 내용으로 양측이 합의한 다음 임의조정방식이 아닌 강제조정방식으로 확정.

조정주문

1. 신청인은 피신청인에게 201*. **. **.까지 피신청인의 20**. *. *. 서울 △△구 ◇◇동 ***-** ○내과의원(원장 ○○○)의 진단에 의한 질병사고로 청구한 보험금과 관련하여 금 5,000,000원을 지급한다. 만일 신청인이 위 지급기일까지 위 금원을 지급하지 아니한 때에는, 신청인은 미지급금원에 대하여 지급기일 다음날부터 다 갚을 때까지 연 20%의 비율로 계산한 지연손해금을 가산하여 피신청인게 지급한다.

2. 피신청인은, 제1항 기재 금원을 지급받은 이후, 피신청인이 가입한 '△△엑설런트 A ▽▽보험'과 관련하여 향후 뇌졸중 진단비 지급 항목(160~166)의 적용이 배제됨을 확인하고 이와 동일한 항목의 보험금 청구를 하지 아니한다.
3. 신청인은 나머지 신청을 포기한다.
4. 조정비용은 각자 부담한다.

중복보험계약 무효확인 청구사건

사건의 개요 및 조정경과

원고보험회사는 피고가 원고의 보험상품인 라이프종합보험에 가입한 이후 축구하다 넘어졌다, 목욕탕에서 넘어졌다, 자택계단에서 미끄러져 넘어졌다는 등의 사유로 10회에 걸쳐 401일간의 장기입원을 하며 입원비일당보험금 총 1,300여만 원을 수령하였는데 피고가 다른 유사 보험에도 중복가입하였고 피고의 보험금 부정취득의 목적이 추인되어 원고와 피고의 보험계약은 반사회질서로서 무효이므로 이미 지급한 보험금의 반환을 구한다는 소송을 제기. 조정과정에서 다른 보험사와의 분쟁도 확인되었고 보험사마다 다른 내용으로 분쟁이 처리되고 있음이 확인되었고, 원고와 피고의 보험계약을 조정기일에 합의해지하여 원고는 더 이상의 보험금지급의무에서 벗어나되 피고에게 해지환급보험료를 지급하고 이미 청구된 항목의 보험금은 지급하기로 하며 기지급 보험금의 반환청구도 포기하는 내용으로 임의조정 성립.

※ 대법원 2005다23858, 2007다12115 판결 참조.

조정주문

1. 신청인과 피신청인은 20**. *. *. 양자 간에 체결된 ○○○라이프종합보험계약을 본 조정기일(20**. *. **.)부로 합의 해지한다.
2. 신청인은 피신청인에게 피신청인이 제1항 기재 보험과 관련하여 20**. *. *.부터 20**. *. **.까지의 기간 동안 납부한 보험료를 신청인 회사의 환급규정에 따라 정산하여 그 정산된 금액을 20**. **. *.까지 반환지급한다. 만일 신청인이 위 지급기일까지 위 금원을 지급하지 아니한 때에는, 신청인은 미지급금원에 대하여 지급기일 다음날부터 다 갚을 때까지 연 20%의 비율로 계산한 지연손해금을 가산하여 피신청인에게 지급한다.
3. 신청인은 피신청인에 대하여 제1항 기재 보험과 관련하여 피신청인에게 기지급한 보험금의 반환을 청구하지 아니한다.
4. 신청인은 제1항 기재 보험과 관련하여 피신청인이 보험금지급을 청구하였으나 지급여부가 결정되지 아니한 계류 중인 항목에 대하여 조속히 심의하여 처리한다.
5. 신청인은 나머지 신청을 포기한다.
6. 조정비용은 각자 부담한다.

보험금채무 부존재확인 청구사건

사건의 개요 및 조정경과

원고 보험사는 원고 보험의 피보험자인 소외 A의 심폐기능부전 사망 보험사고와 관련하여 "보험계약일로부터 2년 내 보험사고인 경우 보험가입금액의 50%만 지급한다"는 특별약관에 의하여 약정 보험금 1,300만 원의 50%인 650만 원을 지급하였는데 피고가 나머지 50%의 보험금도 지급해달라고 요구하자 그 채무가 부존재함의 확인을 구하는 소송을 제기. 피고는 특별약관을 설명 듣지 못했다고 주장. 특별약관의 설명 여부 및 약관으로서의 효력에 대한 양측의 다툼의 상당성을 고려하여 기지급한 650만 원을 합하여 975만 원이 원고의 피고에 대한 보험금채무임을 확인하고 그 차액인 325만 원을 원고가 지급한다는 내용으로 조정갈음결정하여 양측 이의 없이 확정.

조정주문

1. 피신청인들은, 이 사건 '상조보험****' 계약의 피보험자 망(亡) △△△의 질병사망사고와 관련하여 신청인의 피신청인들에 대한 채무(질병사망 보험금 및 질병사망 추가 보험금)는 금 9,750,000원을 초과하여서는 존재하지 아니함을 확인한다.
2. 피신청인들은 신청인으로부터 제1항 기재 금원 9,750,000원 중 6,500,000원을 이미 수령하였음을 확인한다.
3. 신청인은 피신청인들에게 201*. 1. 20.까지 제1항 기재 금원 9,750,000원 중 아직 지급하지 아니한 잔여액 3,250,000원을 지급한다. 만일 신청인이 위 지급기일까지 위 금원을 지급하지 아니한 때에는, 신청인은 미지급금원에 대하여 지급기일 다음날부터 다 갚을 때까지 연 20%의 비율로 계산한 지연손해금을 가산하여 피신청인들에게 지급한다.
4. 신청인은 나머지 신청을 포기한다.
5. 조정비용은 각자 부담한다.

보험금채무 일부부존재확인 청구사건

사건의 개요 및 조정경과

원고보험회사는 피고와 입원일당(1일당 10만 원)을 지급하는 보험계약을 체결하였는데 피고가 계약체결 이후 80일 입원하여 입원일당 보험금 800만 원을 수령하고 다시 몇 달 후 80일 입원하고 보험금 800만 원을 신청하자 피고의 입원은 보험약관상 "급격하고도 우연한 외래의 사고로 신체에 상해를 입고 입원하여 치료를 받은 경우"에 해당하지 않고 생활기능 또는 업무능력에 지장을 가져와 입원을 필요로 하는 경우에도 해당하지 않아 적정 입원일수로 판단되는 14일에 해당하는 140만 원을 초과하여서는 보험금채무가 부존재함을 확인해달라는 소송을 제기. 조정심리과정에서 피고는 주치의의 입원지시에 따른 정당한 입원이었다라고 주장하나 피고가 원고의 보험 이외에도 다른 유사 입원비 보험이나 실비보험에 중복가입하여 고액의 보험금을 수령해온 사실이 인정되어 원고는 현재 신청된 보험금만 지급하고 양자 간의 보험은 조정기일부로 합의 해지하는 내용으로 임의조정 성립.

조정주문

1. 신청인은 피신청인에게 201*. 1. 24.까지 금 8,000,000원을 지급한다. 만일 신청인이 위 지급기일까지 위 금원을 지급하지 아니한 때에는, 신청인은 미지급금원에 대하여 지급기일 다음날부터 다 갚을 때까지 연 20%의 비율로 계산한 지연손해금을 가산하여 피신청인에게 지급한다.
2. 신청인과 피신청인은 20**. *. **. 상호간에 체결된 '○○안심입원비보험 ****'를 본 조정기일인 2014. 1. 14. 부로 합의 해지한다.
3. 신청인은 나머지 신청을 포기한다.
4. 조정비용은 각자 부담한다.

암치료비보험금 청구사건

사건의 개요 및 조정경과

백혈병 요추 천자 항암제 주입술은 수술에 포함되지 않으므로 암수술자금 보험금을 지급할 수 없다는 전제하에, 위로금 지급 강제결정사례.

원고는 피고 보험사의 보험상품에 가입하여 피보험자인 원고의 아들인 소외 A가 백혈병 치료를 받은 보험사고와 관련하여 암수술자금 보험금 1억 500만 원의 지급을 구하는 소송을 제기. 피고는 A의 치료는 항암제 주입술로서 수술에 해당하지 아니하므로 암수술 보험금 지급대상이 아니라고 주장. 피고의 주장이 소명되었으므로 원고는 피고의 암수술보험금채무가 부존재함을 확인하나 피고는 보험금 아닌 위로금 차원의 2,000만 원을 지급한다는 내용으로 조정갈음결정하여 양측 이의 없이 확정.

조정주문

1. 원고는, 소외 ○○○의 201*. **. **. '급성 B세포 림프구성 백혈병' 확진에 따른 '요추 천자 항암제 주입술' 시행 치료와 관련하여 원고와 피고 사이에 체결된 '무배당 △△△건강보험(남자)계약'(종피보험자 ○○○)에 따른 피고의 원고에 대한 암수술자금 보험금지급채무가 존재하지 아니함을 확인한다.
2. 피고는 원고에게 201*. 4. 30.까지 특별위로보상금조로 금 2,000만 원을 지급한다. 만일 피고가 위 지급기일까지 위 금원을 지급하지 아니한 때에는, 피고는 미지급금원에 대하여 위 지급기일 다음날부터 다 갚을 때까지 연 20%의 비율에 의한 지연손해금을 가산하여 원고에게 지급한다.

3. 원고는 나머지 청구를 포기한다.

4. 소송비용 및 조정비용은 각자 부담한다.

사망보험금채무 부존재확인 청구사건

사건의 개요 및 조정경과

원고 보험사는 원고 사망보험(직장인단체보험)에 가입한 소외 A가 자가에서 자신의 유방수술 후유증을 비관하여 자살한 사고와 관련하여 유족인 피고들을 상대로 피보험자인 A의 사망은 고의에 의한 것이므로 약관에 따라 보험금지급제외사유에 해당하여 1,000만 원의 보험금지급채무가 부존재함을 확인하여 달라는 소송을 제기. 극도의 우울증 내지 심신상실상태의 소명이 부족하나 피고들이 다툴 소지가 있고 보험금액이 크지 아니하여 피고들에 대한 원고의 보험금채무가 400만 원을 초과하여 존재하지 아니함을 확인하고 원고가 동 금액을 지급한다는 내용으로 조정갈음결정하여 양측 이의 없이 확정.

조정주문

1. 피신청인들은, 201*. *. **. 05:00경 서울 △△구 ◇◇동 소재 피신청인들의 자가 안방 화장실에서 소외 망 ○○○이 자살한 사고와 관련하여 신청인의 피신청인들에 대한 보험금지급채무는 금 4,000,000원을 초과하여서는 존재하지 아니함을 확인한다.
2. 신청인은 피신청인들에게 201*. 3. 31.까지 제1항 기재 금원 4,000,000원을 지급한다. 만일 신청인이 위 지급기일까지 위 금원을 지급하지 아니한 때에는, 신청인은 미지급금원에 대하여 지급기일 다음날부터 다 갚을 때까지 연 20%의 비율로 계산한 지연손해금을 가산하여 피신청인들에게 지급한다.
3. 신청인은 나머지 신청을 포기한다.
4. 조정비용은 각자 부담한다.

보험계약해지취소 및 보험금지급 청구사건

사건의 개요 및 조정경과

보험계약 시 고지의무위반을 이유로 보험금지급을 거부당한 보험 가입자인 원고가 보험사를 상대로 소송 제기.

원고가 고혈압약 복용 사실을 고지하지 않았다는 것이나, 교통사고로 인하여 일시적으로 의사의 처방에 의하여 복용하였다가 저혈압 증상을 보여 다시 의사의 지시로 복용을 중단하였으며 그 후 고혈압 약을 복용한 사실이 없었고, 보험가입 당시 설계사에게 그런 사정을 알렸던 점, 계약체결 후 3년이 경과한 점(시효이익주장을 신의칙위반으로 보기에는 논란이 있음) 등을 고려하여, 보험계약은 해지된 것으로 인정하되(이미 보험사의 해지통지로 해지되었고 해지환급금도 수령함), 약정된 보험금 3,000만 원의 50%인 1,500만 원을 지급하는 것으로 강제조정하여 양측 이의 없이 확정.

조정주문

1. 신청인과 피신청인은, 양자간에 20**. *. **. 체결된 '△△△종신보험계약'이 201*. **. *. 피신청인의 계약해지 통지 도달로 해지되었음을 상호 확인한다.
2. 피신청인은 신청인에게 201*. 4. 30.까지 보험금 금 15,000,000원을 지급한다. 위 지급은 신청인의 은행계좌(◇◇은행 ***************. 예금주 ○○○)로 입금하는 방식으로 한다. 만일 피신청인이 위 지급기일까지 위 금원을 지급하지 아니한 때에는, 피신청인은 미지급금원에 대하여 위 지급기일 다음날부터 다 갚을 때까지 연 20%의 비율에 의한 지연손해금을 가산하여 신청인에게 지급한다.
3. 신청인은 나머지 신청을 포기한다.
4. 조정비용은 각자 부담한다.

상해후유장해보험금지급 채무부존재 확인청구 사건

사건의 개요 및 조정경과

원고보험회사와 피고는 일반상해후유장해(3~79%)시 최고 1억 원까지 보험금을 지급하는 보험계약체결. 피고는 보험가입 이후 자전거를 타다 넘어져 상해를 입었다거나 빙판길에서 넘어져 다쳤다는 주장과 함께 후유장해진단서를 제출하며 지급률 20%(추간판탈출증 10% + 좌측견관절 기능장해 10%)를 적용한 보험금 2,000만 원을 요구하였고, 이에 원고는 채무부존재확인을 구하는 소송을 제기. 원고는 피고가 주장하는 장해는 단순한 퇴행성에 불과한 것이고 약관상의 상해사고로 인한 것으로 보기 어려우며 장해 또한 한시적인 것에 불과하다고 주장하는 한편, 피고가 보험사고를 가장하여 보험금을 부정하게 취득할 목적으로 다수의 중복보험에 가입한 것이 확인되어 보험계약이 사회질서에 반하여 무효라는 주장도 제기. 조정심리과정에서, 타보험사의 지급수준인 16%에 맞춰 보험금을 지급하되 원고회사와의 보험계약은 합의해지하는 내용으로 강제조정하여 양측의 이의 없이 조정 성립.

조정주문

1. 피신청인은, 별지목록(1) 기재 보험사고와 관련하여 신청인과 피신청인 사이의 별지목록(2) 기재 보험계약에 따른 신청인의 피신청인에 대한 보험금 지급채무는 1,600만 원(후유장해 지급율 16% 적용)을 초과하여서는 존재하지 아니함을 확인한다.
2. 신청인은 피신청인에게 201*. 6. 30. 까지 제1항 기재 금원 1,600만 원을 지급한다. 만일 신청인이 위 지급기

일까지 위 금원을 지급하지 아니한 때에는, 신청인은 미지급금원에 대하여 지급기일 다음날부터 다 갚을 때까지 연 20%의 비율로 계산한 지연손해금을 가산하여 피신청인에게 지급한다.

3. 신청인과 피신청인은 양자 사이의 별지목록(2) 기재의 보험계약을 201*. 6. 30. 부로 합의 해지하며, 그에 따른 해지환급금 지급 등 정산은 관련 약관 및 규정에 따른다.
4. 신청인은 나머지 신청을 포기한다.
5. 조정비용은 각자 부담한다.

암보험금 채무부존재확인 청구사건

사건의 개요 및 조정경위

원고 보험사는 원고 보험계약에 가입한 피고가 자궁경부암 진단을 받고 암보험금 3,300만 원을 청구하였으나 피고가 보험 가입 전에 인유두종바이러스검사 상 이상소견을 받고 자궁경부암검사와 질확대경검사 상 이상소견을 받아 6~12개월 추적 검사를 받은 사실이 있음에도 이러한 이상소견을 받은 직후 그 사실을 숨기고 원고와 보험계약을 체결한 사실을 알게 되어 고지의무위반을 이유로 하여 보험계약을 취소하고 채무부존재확인을 구하는 소송을 제기. 피고는 보험가입 당시 보험설계사에게 사실을 고지하였으나 보험설계사가 괜찮다고 하며 보험계약서상의 계약 전 알릴 의무사항 난에도 보험설계사가 모두 아니오에 V 표시를 해와 본인은 성명을 기재하고 서명만 했다고 주장. 조정합의 불성립. 피고의 고지의무 위반의 점이 농후하나, 보험설계사(원고와 사용자, 근로자의 관계에 있지 아니함)의 잘못도 적지 아니하여, 원고가 피고에게 600만 원을 지급하고 보험계약은 상호 합의해지한다는 내용으로 조정갈음결정하여 양측 이의 없이 확정.

조정주문

1. 신청인은 피신청인에게 201*. 7. 31.까지 금 600만 원을 지급한다. 만일 신청인이 위 지급기일까지 위 금원을 지급하지 아니한 때에는, 신청인은 미지급금원에 대하여 위 지급기일 다음날부터 다 갚을 때까지 연 20%의 비율에 의한 지연손해금을 가산하여 피신청인에게 지급한다.
2. 신청인과 피신청인은 양자 간의 '무배당 ○○○ △△△ 종합보험 ****' 계약이 201*. 7. 31.부로 해지됨을 서로 확인하고, 향후 이에 대하여 재판상, 재판외 청구 또는 이의제기를 하지 아니한다.
3. 신청인과 피신청인은 제2항 기재 보험계약과 관련하여 제1항, 제2항에서 정한 것 이외에는 상호간에 어떠한 채권채무도 없음을 확인하고, 향후 이와 관련하여 서로에 대하여 어떠한 재판상, 재판외 청구 또는 이의제기를 하지 아니한다.
4. 신청인은 나머지 신청을 포기한다.
5. 조정비용은 각자 부담한다.

보험금 구상금 청구사건

사건의 개요 및 조정경과

원고 보험사는 원고 화재보험에 가입한 소외 A의 건물에 인접한 건물을 임차하여 식당업을 하던 피고 직원의 과실로 식당 내에서 화재가 발생하여 불이 A의 건물에로 옮겨 붙어 A의 건물이 연소된 피해가 발생하여 원고 보험사가 A에게 화재보험금 3,300여만 원을 지급한 보험사고와 관련하여 발화책임이 있는 피고를 대상으로 구상금 청구 소송을 제기. 조정합의 불성립. 실화책임법에 따라 피고의 책임부담부분을 70%로 제한하여 원고가 청구한 구상금의 70%인 2,300여만 원을 피고가 지급한다는 내용으로 조정갈음결정(결정이유 붙임)하여 양측 이의 없이 확정.

조정주문

* 결정사항

1. 피고는 원고에게 201*. 9. 30.까지 금 23,317,000원을 지급한다. 만일 피고가 위 지급기일까지 위 금원을 지급하지 아니한 때에는, 피고는 미지급금원에 대하여 위 지급기일 다음날부터 다 갚을 때까지 연 20%의 비율에 의한 지연손해금을 가산하여 원고에게 지급한다.
2. 원고는 나머지 청구를 포기한다.
3. 소송비용 및 조정비용은 각자 부담한다.

* 결정이유

실화책임에 관한 법률 제3조 제1항에 의하면 실화자에게 중대한 과실이 없는 경우 손해배상액의 경감을 청구할 수 있고, 그 경우 법원은 같은 법 제3조 제2항 각호의 사정을 고려하여 손해배상액을 경감할 수 있는바, 이 사건 변론 및 조정기일에 나타난 모든 사정을 종합하여 보면, 피고(피고의 소속 직원들)에게 중대한 과실이 있다고 보기 어렵고 피고가 부담하여야 할 손해배상책임을 70%로 제한함이 상당하다. 33,310,647 × 0.7 = 23,317,452원. 천원 미만 버림.

상해보험금채무 일부부존재확인 청구사건

사건의 개요 및 조정경과

원고보험회사의 상해보험 2개에 가입한 피고가 자가 화장실에서 미끄러진 사고로 추간판탈출증 진단을 받고 상해보험금 4,500만 원(보험당 최대 보험금 1.5억 원 × 후유장해율에 따른 지급율 15% × 2)을 청구하자 원고는 피고를 상대로 위로금 10만 원 이외에 지급할 보험금이 없음을 확인해달라는 소송을 제기. 조정 심리 결과, 피고는 유사한 다른 보험상품을 다수 가입하여 이미 타보험사로부터 보험금(사고기여도 50% 적용)을 수령한 상태였고 피고의 상해사실을 전면 불인정할 수는 없었으나 '자가 화장실에서 미끄러진 사고'는 전형적인 보험사기의 한 유형이고 다수의 중복보험에 가입하여 고액의 보험금을 수령한 피고의 행적이 반사회질서에 해당하여 보험 자체가 무효로 될 가능성도 있는 점 등을 고려하여 사고기여도 31%를 적용하여 총 1,400만 원의 보험금을 지급하는 내용으로 조정 성립.

조정주문

1. 피신청인은, 201*. *. **. 19:00경 피신청인이 자택 화장실에서 미끄러져 다친 사고와 관련하여 신청인의 피신청인에 대한 보험금 채무[무배당 ○○○ △△△보험****(1종) 증권번호 *C****** 및 증권번호 **Q*****, 영구장애율 15%, 사고기여도 31% 적용]는 금 1,400만 원을 초과하여서는 존재하지 아니함을 확인한다.
2. 신청인은 피신청인에게 201*. 8. 14.까지 제1항 기재 금원 1,400만 원을 지급한다. 만일 신청인이 위 지급기일까지 위 금원을 지급하지 아니한 때에는, 신청인은 미지급금원에 대하여 지급기일 다음날부터 다 갚을 때까지 연 20%의 비율로 계산한 지연손해금을 가산하여 피신청인에게 지급한다.
3. 신청인은 나머지 신청을 포기한다.
4. 조정비용은 각자 부담한다.

상해보험금채무 부존재확인 청구사건

사건의 개요 및 조정경과

원고 보험사는 원고 무배당보장보험에 가입한 피고가 교통사고 후유증으로 난청 장해를 입었다며 약관에 기한 후유장해보험금 2억 원을 청구하자 피고의 기왕증 조사 비협조를 이유로 보험금지급채무의 부존재확인을 구하는 소송을 제기. 피고가 제출한 신체감정결과에 의하면 피고의 난청에 기한 장애율은 30%로 되어 있으나 AMA 기준으로는 기왕증이 없는 것을 전제로 5%에 해당하였고 피고에 대한 다른 보험사에서도 동 기준에 의하여 보험금을 지급한 사실이 소명됨. 원고의 피고에 대한 보험금채무는 1,000만 원을 초과하지 아니함과 동 금액을 지급받은 사실을 피고가 확인하고 신청인은 나머지 신청을 포기한다는 내용으로 조정갈음결정하여 양측 이의 없이 확정.

조정주문

1. 피신청인은, 신청인에 대하여, 201*. *. **. 발생한 교통사고 이후 발병한 피신청인의 우측 귀의 청력 장해와 관련하여 피신청인과 신청인의 보험계약(무배당○○△△△보장보험 ****, 증권번호 *Q*******)에 따른 신청인의 피신청인에 대한 채무는 1,000만 원을 초과하여서는 존재하지 아니함을 확인한다.
2. 피신청인은, 제1항 기재 금원 1,000만 원을 신청인으로부터 기지급 받았음을 확인한다.
3. 신청인은 나머지 신청을 포기한다.
4. 조정비용은 각자 부담한다.

뇌졸중 보험금채무 부존재확인 청구사건

사건의 개요 및 조정경과

원고보험사는 원고의 무배당보험에 가입한 피고가 다발성 뇌경색, 경동맥 협착증 진단을 이유로 뇌졸중 보험금 1,000만 원을 청구하자 피고의 진단명은 뇌졸중에 해당하지 않는다며 보험금지급채무가 없음을 확인하여 달라는 소송을 제기. 피고는 원고 이외의 타보험에도 가입하였고 타보험사로부터는 뇌졸중 진단 보험금을 지급받은 사실이 확인됨. 원고의 피고에 대한 채무가 1,000만 원임을 확인하고 이를 원고가 지급한다는 내용으로 조정갈음결정하여 양측 이의 없이 확정.

조정주문

1. 원고와 피고는 별지 목록 1. 기재의 보험금 청구와 관련하여 같은 별지 목록 2. 기재의 보험계약에 기한 원고의 피고에 대한 보험금 지급채무는 10,000,000원이며 이를 초과하여서는 존재하지 아니함을 상호 확인한다.
2. 원고는 피고에게 201*. 5. 31.까지 제1항 기재 금원 금 10,000,000원을 지급한다. 만일 원고가 위 지급기일까지 위 금원을 지급하지 아니한 때에는, 원고는 미지급금원 및 이에 대하여 위 지급기일 다음날부터 다 갚는 날까지 연 20%의 비율에 의한 지연손해금을 가산하여 피고에게 지급한다.
3. 원고는 나머지 청구를 포기한다.
4. 소송비용 및 조정비용은 각자 부담한다.

상해보험금채무 일부부존재 청구사건

사건의 개요 및 조정경과

원고 보험사는 원고 보장성보험에 가입한 피고가 교통사고로 인한 난청진단(장애율 5%)을 받고 교통상해 일반후유장해보험금 1,000만 원(2억 원 × 0.05)을 청구하여 원고로부터 사고기여도 40%를 적용하여 400만 원을 지급받기로 하는 합의가 성립되어 400만 원을 지급받은 이후 합의를 번복하여 20% 이상의 장애를 주장하며 재차 보험금을 청구하자 기여도를 50%까지 인정하여 추가로 100만 원을 지급할 수 있다는 취지로서 원고의 피고에 대한 보험금채무는 100만 원을 초과하여서는 존재하지 아니함을 확인하여 달라는 소송을 제기. 조정합의 불성립. 원고가 피고에게 추가로 200만 원을 지급한다는 내용으로 조정갈음결정하여 양측 이의 없이 확정.

조정주문

1. 피신청인은, 신청인에 대하여, 201*. *. **. 발생한 교통사고 이후 발병한 우측 귀의 청력 장해와 관련하여 피신청인과 신청인의 보험계약{무배당○○ △△ Super보험III(****)}에 따른 신청인의 피신청인에 대한 채무금으

로서 금 4,000,000원을 201*. 4. 29.자 신청인과의 합의("상기 사고와 관련 보험금 청구에 대하여 상해기여도 40%를 적용하여 처리됨을 확인함")에 따라 이미 지급받았음을 확인한다.

2. 신청인은, 제1항 기재 내용에 불구하고, 피신청인에게 201*. 10. 10.까지 금 2,000,000원을 지급한다. 만일 신청인이 위 지급기일까지 위 금원을 지급하지 아니한 때에는, 신청인은 미지급금원에 대하여 위 지급기일 다음날부터 다 갚을 때까지 연 20%의 비율에 의한 지연손해금을 가산하여 피신청인에게 지급한다.
3. 신청인은 나머지 신청을 포기한다.
4. 조정비용은 각자 부담한다.

실손보험금채무 일부부존재확인 청구사건

사건의 개요 및 조정경과

원고 보험사는 원고의 실손보험에 가입한 피고가 유방암수술을 받은 후 실손보험금 1,330여만 원을 신청하자 우측 유방 재건술과 달리 좌측 유방 보형물 삽입은 좌우대칭을 위한 것이어서 질병 치료비용으로 볼 수 없다며 피고 청구 보험금의 절반인 665만여 원을 초과하여서는 채무가 존재하지 아니함을 확인하여 달라는 소송을 제기. 이에 대해 피고는 좌측 유방재건술은 유방암치료에 수반되는 불가피한 수술이며 타 보험사는 실손보험금을 100% 지급하였는데 원고 보험사만 피고를 괴롭히고 있다고 주장. 원고의 피고에 대한 보험금채무가 1,300만 원을 초과하여 존재하지 아니함을 피고가 확인하고 원고는 동액을 지급한다는 내용으로 조정갈음결정하여 양측 이의 없이 확정.

조정주문

1. 신청인과 피신청인은, 201*. **. **. 피신청인이 서울○○병원에서 받은 유방암수술(우측 유방 절제 후 악성 신생물 제거, 우측 유방 재건술 및 좌우대칭을 위한 좌측 유방 보형물 삽입술) 관련 보험금으로서 신청인이 피신청인에게 지급할 채무는 금 13,000,000원을 초과하여서는 존재하지 아니함을 상호 확인한다.
2. 신청인은 피신청인에게 201*. 11. 25.까지 제1항 기재 금원 금 13,000,000원을 지급한다. 만일 신청인이 위 지급기일까지 위 금원을 지급하지 아니한 때에는, 신청인은 미지급금원에 대하여 위 지급기일 다음날부터 다 갚을 때까지 연 20%의 비율에 의한 지연손해금을 가산하여 피신청인에게 지급한다.
3. 신청인은 나머지 신청을 포기한다.
4. 조정비용은 각자 부담한다.

보험무효확인 청구사건

사건의 개요 및 조정경과

원고보험회사는 피고들(보험계약자 및 보험수익자)이 입원일당보험금을 지급하는 원고보험회사의 보험상품을 계약하고 얼마 후부터 둔부부위 염좌 및 긴장 진단으로 14일 입원하는 것을 비롯하여 총 11회 176일간 장기간 반복 입원하여 입원일당보험금 900여만 원을 수령하였는데 최근 피고들이 원고와 보험계약을 체결하기 전에 이미 유사한 12개의 보험에 가입하였으면서도 중복가입사실을 고지하지 아니하였고 타보험사로부터 보험금을 5,000만 원 넘게 수령한 사실을 알게 되어 원고와 피고들 간의 보험계약이 무효임을 확인하고 부당이득금인 보험금 900여만 원의 반환을 구하는 소송을 제기. 조정 심리 결과, 피고들의 중복보험가입으로 인한 부정취득 목적은 추인되고 보험계약은 무효라고 볼 소지가 많았으나(대법원 2005다23858, 2009다12115 판결 등 참조), 양측이 원만한 분쟁종결을 희망하여 보험계약을 조정기일에 합의해지하고 원고는 피고에 대한 보험금반환 청구를 포기하고 원고는 피고에게 보험료해지환급금을 돌려주기로 하는 내용으로 조정갈음결정하여 양측 이의 없이 확정.

조정주문

1. 신청인과 피신청인들은 신청인과 피신청인들 사이에 체결된 별지 목록 기재 각 보험계약(별지 목록 2. 보험의 계약자는 201*. 4. 25. 보험계약체결 당시 '○○○' 명의였으나, 201*. 10. 10. 피신청인들의 요청에 의하여 '○○○'에서 '△△△'으로 계약자 명의가 변경됨)을 201*. 11. 11.자로 합의 해지한다.
2. 신청인은, 제1항 기재 보험계약의 합의 해지에 불구하고, 피신청인들에게 기지급된 보험금 반환청구를 하지 아니한다.
3. 신청인은, 제1항 기재 보험계약의 합의 해지에 따라, 피신청인들이 기납부한 보험료를 해당 규정에 따라 정산하여 피신청인들에게 지급한다.
4. 신청인은 나머지 신청을 포기한다.
5. 조정비용은 각자 부담한다.

사망상해보험금 채무부존재확인 청구사건

사건의 개요 및 조정경과

원고 보험사는 피고(보험계약자)와 망 A를 피보험자, 피고를 보험수익자로 지정한 무배당상해손해보험계약을 체결하였는데 계약체결 후 2년이 지나 시내 버스정류장 앞 노상에서 망인이 피고와 다투던 중 지인이 말리면서 어깨를 밀쳐 넘어뜨려 후두부 충격으로 치료 중 사망한 사고로 피고가 원고에게 사망상해보험금 1억 여 원을 청구하자 원고는 상법 731조에 따라 타인의 생명을 보험사고로 하는 보험가입 시 그 타인의 서면 동의가 필요함에도 피고가 원고와 보험계약을 체결할 당시 망 A(보험체결시점에서 4년 전 피고와 이혼)가 아닌 피고 본인이 망 A를 대신해 자필 서명하였으므로 보험계약이 무효이며 피고에 대한 원고의 보험금지급채무가 없음을 확인하여달라는 소송을 제기. 조정심리과정에서, 피고는 계약 체결 당시 보험설계사, 피고, 망 A 3인이 함께 있는 자리에서 보험청약서를 작성하였는데 망 A의 성명과 서명을 누가 썼는지 기억이 나지 않는다고 진술하였고, 보험설계사는 당시 망 A가 직접 기재하였다는 문답확인서를 제출하였으나 그 신빙성에 대한 다툼의 여지가 있었고, 외견상 보험청약서 상의 피고의 필적과 망 A의 성명 서명의 필적이 피고의 것과 동일한 것으로 보임에도 피고는 망 A의 필적을 담은 유품을 제시할 수 없다는 입장이었고, 보험청약 당시 이미 이혼한 망 A를 피보험자로, 피고를 보험수익자로 하는 보험계약을 체결한 경위 및 이후 망 A의 사망 경위도 다툼의 소지가 있는 점, 보험금 100%를 받아야 한다는 피고의 입장과 50% 이상 줄 수 없다는 원고의 입장이 접점을 찾지 못해 조정합의에 이르지 않은 점 등을 종합적으로 감안하여 청구한 보험금 중 6,000만 원을 지급하는 내용으로 조정갈음결정하여 양측 이의 없이 확정.

조정주문

1. 피신청인은 201*. *. *. 23:30경 서울 △△구 ◇◇로 *** 버스정류장앞 차도 상에서 피보험자 망 ○○○이 지인에 의해 넘어지며 후두부 충격으로 치료 중 사망한 사고와 관련하여 신청인의 피신청인에 대한 보험금{무배당△△△종합보험(****)에 기한 상해보험금} 지급채무는 금 60,000,000원을 초과하여서는 존재하지 아니함을 확인한다.
2. 신청인은 피신청인에게 201*. 12. 31.까지 제1항 기재 금원 60,000,000원을 지급한다. 만일 신청인이 위 지급기일까지 위 금원을 지급하지 아니한 때에는, 신청인은 미지급금원에 대하여 지급기일 다음날부터 다 갚을 때까지 연 20%의 비율로 계산한 지연손해금을 가산하여 피신청인에게 지급한다.
3. 신청인은 나머지 신청을 포기한다.
4. 조정비용은 각자 부담한다.

보험금 부당이득 반환 청구사건

사건의 개요 및 조정경과

원고보험회사와 피고는 원고의 보험상품인 OOO종합보험계약을 체결하였고, 이후 피고는 육교에서 넘어져 부상당했다며 35일 입원치료를 받는 등 총 19회의 상해, 10회의 질병을 이유로 총 1,408일 입원치료를 받으며 보험금 8,900여만 원을 수령. 원고는 피고가 타보험에도 중복보험에 가입하고 허위의 불필요한 장기 입원치료를 통해 합리적 위험분산이라는 보험목적을 해쳤으므로 피고와의 보험계약은 사회질서에 반하여 무효이고 피고에게 지급된 보험금은 부당이득으로서 반환되어야 한다는 주장. 조정과정에서 양자 간의 보험계약은 조정기일부로 합의해지하고 상호간에 보험금청구(부당이득청구) 및 보험료 해지정산환급청구를 포기하고 분쟁을 종결하는 내용으로 임의조정 성립.

조정주문

1. 신청인과 피신청인은 양자간에 200*. *. **. 체결된 OOO종합보험계약(증권번호 **********************)계약을 201*. *. **. 24:00.부로 합의해지한다.
2. 신청인은 피신청인에 대하여 제1항 기재 보험계약 합의해지에 불구하고, 피신청인에게 기지급한 보험금 일체에 대한 반환청구를 포기한다.
3. 피신청인은 신청인에 대하여 제1항 기재 보험계약 합의해지에 불구하고, 해지정산 해약금(보험료 환급금)에 대한 반환청구를 포기한다.
4. 신청인은 이 사건 신청을 포기한다.
5. 신청인과 피신청인은 이 사건 신청원인과 관련하여 향후 서로에 대하여 일체의 재판상, 재판외 청구 또는 이의제기(형사고소·고발 포함)를 하지 아니한다.
6. 조정비용은 각자 부담한다.

편취 보험금 반환 청구사건

사건의 개요 및 조정경과

원고 보험사는 원고 무배당보험에 가입한 피고가 보험가입 후 총 630일 입원치료를 통하여 입원일당보험금 5,500여만 원을 수령한 것과 관련하여 피고가 입원치료가 필요 없음에도 장기간 입원하였고 다른 보험에도 중복 가입하여 보험금을 수령한 사실을 확인하고 기지급한 보험금 5,500여만 원의 지급을 구하는 소송을 제기. 조정합의 불성립. 보험계약을 합의해지하고 원고는 보험금 반환청구를 포기하고 해지환급금을 지급한다는 내용으로 조정갈음결정하여 양측 이의 없이 확정.

조정주문

1. 신청인과 피신청인은 양자간에 200*. *. **. 체결된 무배당○○○보험(증권번호 ****************)계약을 201*. *. **. 24:00.부로 합의해지한다.
2. 신청인은 피신청인에 대하여 제1항 기재 보험계약 합의해지에 불구하고, 피신청인에게 기지급한 보험금 일체에 대한 반환청구를 포기한다.
3. 신청인은 피신청인에게 제1항 기재 보험계약 합의해지일로부터 14일 이내에 관련 규정에 따른 정산 해약금(보험료 환급금)을 환급한다.
4. 신청인은 이 사건 신청을 포기한다.
5. 신청인과 피신청인은 이 사건 신청원인과 관련하여 향후 서로에 대하여 일체의 재판상, 재판외 청구 또는 이

의제기(형사고소·고발 포함)를 하지 아니한다.

6. 조정비용은 각자 부담한다.

보험금채무 부존재확인 청구사건

사건의 개요 및 조정경과

원고보험사는 원고 상해보험상품 4개에 가입한 피고가 자가에서 넘어져 코를 다쳤다고 주장하는 보험사고와 관련하여 피고의 외상흔적이 없고 피고의 진단내용인 비중격만곡증은 상해사고가 아닌 질병적 원인으로 발생하였을 가능성이 높고 사고일로부터 180일 이내에 치료했는지 여부도 불분명하여 상해보험금을 지급할 채무가 없음을 확인하여 달라는 소송을 제기. 원고가 지금까지 지급한 의료비 보험금 등을 감안하여 피고에 대한 원고의 채무는 176만 원을 초과하여 존재하지 아니함을 피고가 확인하고 원고는 동 금액을 지급한다는 내용으로 조정갈음결정하여 양측 이의 없이 확정.

조정주문

1. 피신청인은, 신청인에 대하여, 201*. **.경 피신청인이 자택에서 넘어지면서 코를 다쳤다고 주장하는 사고와 관련하여 별지 기재 각 보험계약에 기한 신청인의 피신청인에 대한 보험금채무는 금 1,760,000원(다만, 이와 별도로 신청인은 피신청인이 위 사고와 관련하여 201*. 1. 29. 지불한 외래진료비에 대한 상해보험금을 피신청인에게 지급한다)을 초과하여서는 존재하지 아니함을 확인한다.
2. 신청인은 피신청인에게 201*. 4. 10.까지 제1항 기재 금원 1,760,000원(다만, 제1항 괄호 기재 201*. 1. 29. 지불 외래진료비에 대한 상해보험금은 별도 지급)을 지급한다. 만일 신청인이 위 지급기일까지 위 금원을 지급하지 아니한 때에는, 신청인은 미지급금원에 대하여 지급기일 다음날부터 다 갚을 때까지 연 20%의 비율로 계산한 지연손해금을 가산하여 피신청인에게 지급한다.
3. 신청인은 나머지 신청을 포기한다.
4. 조정비용은 각자 부담한다.

상해후유장해보험금채무 일부부존재확인 청구사건

사건의 개요 및 조정경과

원고 보험사는 원고의 무배당상해사망보험에 가입한 피고가 교통사고로 인한 외상 후 스트레스증후군, 얼굴추상장해 진단을 받고 상해일반후유장해보험금 3,000만 원을 청구하자 그 지급의무가 30만 원을 초과하지 아니함의 확인을 구하는 소송을 제기. 피고의 장애율, 장애의 한시성 등을 감안하여 원고의 피고에 대한 채무가 300만 원을 초과하지 아니함을 피고가 확인하고 원고는 동 금액을 지급한다는 내용으로 조정갈음결정하여 양측 이의 없이 확정.

조정주문

1. 피신청인은, 신청인에 대하여, 201*. **. **. 서울 △△구 ◇◇동 인근 횡단보도를 건너던 피신청인이 택시와 충돌하여 발생한 교통사고로 말미암은 피신청인의 해리성 운동장해 및 얼굴 추상장해와 관련하여 신청인의 피신청인에 대한 보험금채무는 금 3,000,000원을 초과하여서는 존재하지 아니함을 확인한다.
2. 신청인은 피신청인에게 201*. 5. 31.까지 제1항 기재 금원 3,000,000원을 지급한다. 만일 신청인이 위 지급기일까지 위 금원을 지급하지 아니한 때에는, 신청인은 미지급금원에 대하여 지급기일 다음날부터 다 갚을 때까지 연 20%의 비율로 계산한 지연손해금을 가산하여 피신청인에게 지급한다.
3. 신청인은 나머지 신청을 포기한다.
4. 조정비용은 각자 부담한다.

암보험금채무 부존재확인 청구사건

사건의 개요 및 조정경과

원고 보험사는 원고 종합보험에 가입한 피고가 난소종양으로 난소난관절제술 등을 거쳐 난소암 진단을 받았다며 암진단비와 암수술비 보험금 지급을 청구하자 그 지급채무 부존재확인을 구하는 소송을 제기. 피고는 보험계약 이전에 초음파상 난소종양 5.9cm 진단받은 사실을 원고에게 고지하지 않았고 이번 피고의 조직검사결과 암이 아닌 경계성 종양인 사실이 소명되었음. 원고의 피고에 대한 암보험금지급채무가 부존재함을 피고가 확인한다는 내용으로 조정갈음결정하여 양측 이의 없이 확정.

조정주문

1. 피신청인은, 신청인에 대하여, 피신청인이 201*. **. *. 우측 난소난관절제술, 201*. **. **. 자궁적출술, 좌측 난소난관절제술, 충수절제술을 받고서 신청인에게 보험금지급청구한 보험사고와 관련하여 신청인의 피신청인에 대한 보험금 지급채무는 존재하지 아니함(피신청인이 신청인으로부터 위 수술 받은 질병과 관련하여 경계성 종양 인정에 따른 암진단비 및 관련 수술비, 수술위로금 등을 이미 수령하였음)을 확인한다.
2. 조정비용은 각자 부담한다.

보험계약무효확인 및 보험금 반환 청구사건

사건의 개요 및 조정경과

피신청인은 신청인 보험회사와 20**. **. 무배당○○△△입원비보험계약 체결하고 나서 20**. *. ~ 20**. **. 37차례 총 777일 입원하며 신청인 회사로부터 질병입원일당(1일 10만 원), 상해입원일당(1일 3만 원) 등 보험금 6,300만여 원을 지급받음. 신청인 회사의 추적 확인 결과, 피신청인은 20**.부터 20**.까지 신청인회사 보험 포함 총 29건의 유사보험을 중복하여 가입하고 총 3억 4,000만여 원의 보험금을 수령한 것으로 확인됨. 신청인 회사는 보험금을 부정취득할 목적으로 중복 보험가입한 피신청인과의 보험계약은 무효이며, 이미 지급된 보험금은 부당이득으로서 반환되어야 한다고 소송을 제기(대법원판례 2005다23858, 2009다12115, 2010다37899 참조). 조정과정에서, 양측은 보험의 무효 확인과 보험금의 반환처리 대신, 보험을 합의해지하되, 기지급 보험금 반환청구, 기납입 보험료 반환청구를 각 포기하는 것으로 조정 성립.

조정주문

1. 신청인과 피신청인은 양자가 체결한 무배당○○△△입원비보험(증권번호 **********)을 201*. 3. 2.부로 합의해지하였음을 상호 확인한다.
2. 제1항 계약해지에 불구하고,
   가. 신청인은 피신청인에 대하여 신청인이 피신청인에게 기지급한 보험금 반환청구를 포기하고,
   나. 피신청인은 신청인에 대하여 기납입 보험료 청구를 포기한다.
3. 피신청인은 제1항 해지 계약과 관련하여 발생한 모든 보험사고에 대한 보험금 청구를 포기한다.
4. 신청인은 나머지 신청을 포기한다.
5. 조정비용은 각자 부담한다.

보험금반환 청구사건

사건의 개요 및 조정경과

신청인 보험회사는 6년 전 피신청인이 신청인회사의 무배당 종합보험상품에 가입한 이래 상해 5회, 질병 7회를 이유로 총 813일 입원치료를 받으며 입원일당보험금 6,300여만 원을 수령하였는데 최근 피신청인이 다른 보험상품에도 중복 가입하여 타보험사로부터도 1억 4,000여만 원의 보험금을 수령한 사실로 형사고소되어 경찰조사 후 검찰송치된 사실이 밝혀져 신청인과 피신청인 간의 보험계약은 무효이고 지금까지 피신청인에게 지급된 보험금을 부당이득으로 반환받아야 한다는 취지의 조정신청. 조정 과정에서 조정기일에 양자 간의 보험계약을 합의해지하고 신청인은 보험금청구를 포기하며 피신청인에게 보험해지환급금과 이미 청구한 보험금 170여만 원을 지급하기로 하는 내용으로 임의조정 성립.

조정주문

1. 신청인과 피신청인은 양자간에 20**. *. **. 체결된 무배당○○○종합보험(증권번호 **************) 계약을 본 조정기일인 2015. 4. 21. 부로 상호 합의해지하였음을 서로 확인한다.
2. 신청인은 피신청인에 대하여 제1항 기재 보험계약 해지와 관련하여 피신청인에게 기지급한 보험금 일체에 대한 반환청구를 포기한다.
3. 신청인은 피신청인에게 2015. 4. 30.까지 제1항 기재 보험계약 해지에 따른 해당 약관상의 보험료정산환급금 및 피신청인이 기청구한 보험사고 관련 보험금(171만 원)을 지급한다.
4. 신청인은 나머지 신청을 포기한다.
5. 조정비용은 각자 부담한다.

다수중복보험가입에 따른 보험무효주장 및 보험금반환 청구사건

사건의 개요 및 조정경과

신청인은 보험회사이고, 피신청인은 동 보험회사의 입원일당 지급 보험상품에 가입한 보험계약자(피보험자 겸 보험수익자)임.

피신청인은 보험가입 후 상해 10회, 질병 4회를 이유로 총 414일 입원하며 51,241,000원의 보험금을 수령하였고, 여러 다른 입원일당보험에도 가입하여 중복하여 고액의 보험금을 수령한 사실이 확인됨(대법원 2005다23858, 2003도477, 2005도3518, 2007도2134 참조).

조정과정에서 보험 담보사항 중 입원일당 지급 항목을 삭제하여 보험을 유지하기로 하고(신청인은 보험의 무효 주장 및 보험금반환청구권을 포기) 신청인이 보험금반환청구를 포기하는 내용으로 조정 성립.

조정주문

1. 신청인과 피신청인은 양자간에 20**. *. **. 체결된 무배당○○○보험(계약자 겸 피보험자: 피신청인)과 관련하여 본 조정기일인 2015. 3. 26.부로 동 보험 담보사항 중 순번 2. 상해입원일당(1일 이상), 순번 7. 질병입원일당(1일 이상), 순번 9. 신상해입원의료비 1.을 각 담보삭제하기로 상호 합의한다.
2. 신청인은 이 사건 신청을 포기한다.
3. 조정비용은 각자 부담한다.

중복보험가입으로 인한 보험계약무효확인 및 기지급보험금반환 청구사건

사건의 개요 및 조정경과

원고 보험사는 원고 종합보험에 가입한 피고가 보험가입 후 집 계단에서 넘어졌다며 17일간 입원하는 등 총 6회에 걸쳐 115일간 입원하여 810여만 원의 입원일당보험금을 수령하였는데 이후 피고가 원고 보험 가입 이전에 다수의 다른 보험에 가입하였음에도 이를 숨긴 사실과 최근 1년간 1억 1,000여만 원의 보험금을 부당 수령한 사실을 알게 되어 피고를 상대로 원고와의 보험계약이 무효임을 확인하고 지급한 보험금 810여만 원의 반환을 구하는 소송을 제기. 조정합의 불성립. 보험계약을 합의해지하고 원고가 보험금청구는 포기하되 보험료해지환급금은 지급한다는 내용으로 조정갈음결정하여 양측 이의 없이 확정.

조정주문

1. 신청인과 피신청인은 양자 간에 체결된 별지 목록 기재 보험계약을 본 조정기일인 201*. 4. 21.부로 상호 합의해지하였음을 서로 확인한다.
2. 신청인은 피신청인에 대하여 별지 목록 기재 보험계약에 기하여 본 조정기일인 201*. 4. 21. 이전까지 신청인이 피신청인에게 기지급한 보험금 일체에 대한 반환청구를 포기한다.
3. 신청인은 피신청인에게 201*. 5. 31.까지 제1항 기재 보험계약 해지에 따른 관련 약관상의 보험료정산환급금을 지급한다.
4. 신청인은 이 사건 신청을 포기한다.
5. 조정비용은 각자 부담한다.

후유장애보험금 채무부존재확인 청구사건

사건의 개요 및 조정경과

원고는 보험회사로서 원고의 공무원, 교직원 단체보험에 가입한 피고가 재직기간 중 대뇌반구 피질하 뇌내출혈 진단을 받아 1,000만 원의 보험금을 지급받은 후 퇴직하여 보험계약이 종료된 이후 퇴직일로부터 2년 7개월가량 지난 시점에 다시 좌측 상, 하지 운동장해진단을 받아 후유장해보험금 5,000만 원을 청구하자 그 부존재확인을 구하는 소송을 제기. 조정 심리과정에서, 피고의 좌측 상, 하지 운동장해가 보험기간 중 확정된 진단으로 인한 장애인지 여부 및 2년의 소멸시효완성 여부에 대한 다툼이 있고 원만하고 신속한 분쟁종결을 위하여 원고가 피고에게 지급할 보험금채무는 2,000만 원임을 확인하고 이를 지급하기로 하는 내용으로 임의조정 성립.

조정주문

1. 피신청인은 신청인에 대하여 피신청인이 20**. **. **. 대뇌반구 피질하의 뇌내출혈 진단 치료 중 다시 20**. *. **. 좌측 상, 하지 운동장해를 진단받은 것과 관련한 신청인의 피신청인에 대한 보험금채무는 20,000,000원을 초과하여서는 존재하지 아니함을 확인한다.

2. 신청인은 피신청인에게 201*. 8. 31.까지 제1항 기재 금원 20,000,000원을 지급한다. 만일 신청인이 위 지급기일까지 위 금원을 지급하지 아니한 때에는, 신청인은 미지급금원에 대하여 지급기일 다음날부터 다 갚을 때까지 연 20%의 비율로 계산한 지연손해금을 가산하여 피신청인에게 지급한다.
3 신청인은 나머지 신청을 포기한다.
4. 조정비용은 각자 부담한다.

무효인 보험에 기한 부당이득반환 청구사건

사건의 개요 및 조정경과

원고 보험사는 원고의 입원일당보험에 가입한 피고가 보험 가입 이래 상해 2회, 질병 5회 총 538일 입원하며 입원일당보험금 8,800여만 원을 수령하였는데 피고가 원고의 보험 이외에 다른 다수의 보험에 중복 가입한 사실을 뒤늦게 알게 되었다며 보험계약의 무효 주장과 함께 기지급한 보험금의 반환을 구하는 소송을 제기. 피고는 실제 입원치료가 필요하여 입원한 것이었다고 주장. 보험계약을 합의해지하되 원고는 기지급한 보험금의 반환청구를 포기하고 보험료해지환급금을 피고에게 지급한다는 내용으로 조정갈음결정하여 양측 이의 없이 확정.

조정주문

1. 신청인과 피신청인은 양자 사이에 체결된 무배당○○○종합보험(증권번호 *********)중 별지 담보사항 순번 1, 29, 30, 31, 32를 제외한 나머지 무배당○○○플러스보험(증권번호 *********) 전부를 본 조정기일인 201*. 6. 9. 24:00부로 각 합의해지한다.
2. 신청인은 피신청인에 대하여 제1항 기재 보험과 관련하여 피신청인에게 기지급한 보험금에 대한 반환 청구를 포기한다.
3. 신청인은 피신청인에게 제1항 기재 보험해지에 따라 관련 약관 및 규정에 따라 산정된 보험료 해지환급금을 지급한다.
4. 신청인은 나머지 신청을 포기한다.
5. 조정비용은 각자 부담한다.

공제금 과다 지급에 따른 부당이득금 반환 청구사건

사건의 개요 및 조정경과

원고 ○○공제조합은 원고 공제에 가입한 피고 선박의 조리장이던 소외 A가 사망하여 원고가 피고에게 추후 유족과의 소송을 통한 판결금과의 차액을 반납하는 조건으로 선원공제금 9,400여만 원을 지급하였는데 피고의 A의 유족에 대한 채무일부부존재확인 소송에서 피고의 채무액이 7,300여만 원을 초과하지 아니한다는 판결을 받았으므로 그 차액인 2,100여만 원을 반환하여야 한다며 피고를 상대로 소송을 제기. 피고는 위 사고로 선박사업을 포기하고 경제적으로 곤궁한 상황임을 호소. 조정합의 불성립. 피고가 A의 유족을 상대로 소송을 통하여 적극적으로 다투지 않았다면 원고가 피고에게 가지급한 금액을 줄일 수 없었다는 점 등을 감안하여 피고가 원고에게 200만 원을 지급한다는 내용으로 조정갈음결정하여 양측 이의 없이 확정.

조정주문

1. 피고는 원고에게 201*. 12. 31.까지 금 2,000,000원을 지급한다. 만일 피고가 위 지급기일까지 위 금원을 지급하지 아니한 때에는, 피고는 미지급금원 및 이에 대하여 위 지급기일 다음날부터 다 갚는 날까지 연 15%의 비율에 의한 지연손해금을 가산하여 원고에게 지급한다.
2. 원고는 나머지 청구를 포기한다.
3. 소송비용 및 조정비용은 각자 부담한다.

편취목적입원 보험금에 대한 부당이득금 반환 청구사건

사건의 개요 및 조정경과

신청인은 보험회사이고, 피신청인은 동 보험회사의 입원일당 지급 보험상품에 가입한 피보험자 겸 보험수익자임.

피신청인은 보험가입 후 편취 목적으로 입원(통원치료로 충분함에도 입원일당을 받기 위해 입원처리. 입원일수 총 67일)하여 입원일당 포함 보험금 3,010,000원을 수령하였는데, 그러한 편취사실(사기 입원)이 밝혀져 검찰의 기소유예처분을 받음. 신청인은 과다한 장기입원으로 과도한 보험금을 편취한 경우 보험금 전체에 대해 사기죄가 성립된다는 명목으로 지급된 보험금 전액에 대해 부당이득금반환을 구함(대법원판례 2003도477, 2005도3518, 2007도2134 참조). 조정과정에서 입원일수 중 일부는 실제 피신청인이 아파 입원한 기간으로 인정되고, 편취금액이 크지 아니한 점을 감안하여, 쌍방 합의에 의한 보험해지와 함께 청구금액 중 1,200,000원만 반환하기로 하는 내용으로 조정 성립.

조정주문

1. 피신청인은 신청인에게 201*. 3. 15.까지 금 1,200,000원을 지급한다. 만일 피신청인이 위 지급기일까지 위 금원을 지급하지 아니한 때에는, 피신청인은 미지급금원에 대하여 지급기일 다음날부터 다 갚을 때까지 연 15%의 비율로 계산한 지연손해금을 가산하여 신청인에게 지급한다.

2. 신청인과 피신청인은 양자 간에 체결된 무배당 ○○○플러스 종합보험(증권번호 ******)을 본 조정기일인 201*. 3. 9.자로 합의해지한다.
3. 신청인은 피신청인에게 제2항 기재 보험해지에 따른 보험료환급금을 201*. 3. 31.까지 지급한다.
4. 신청인은 나머지 청구를 포기한다.
5. 조정비용은 각자 부담한다.

보험사고에 따른 구상금 청구사건

사건의 개요 및 조정경과

원고 보험사는 소외 A 병원과 영업배상책임보험계약을 체결하였는데 A병원 내에서 피고가 관리 운영하는 간병인 B의 잘못으로 환자 C가 오리고기 취식 중 질식하여 사망한 사고와 관련하여 원고가 C의 유족에게 3,100여만 원을 지급하고 피고를 상대로 B에 대한 관리 소홀을 이유로 3,100여만 원의 구상금 청구 소송을 제기. 피고는 B에 대한 사용자나 관리책임자가 아닌 수수료(회비)만 받고 병원에 간병인을 직업소개하는 지위에 불과하므로 구상책임이 없다고 주장. 양측 조정합의 불성립. 원고가 소를 취하하고 피고가 이에 동의한다는 내용으로 조정갈음결정하여 양측 이의 없이 확정.

조정주문

1. 원고는 이 사건 소를 취하하고, 피고는 이에 동의한다.
2. 소송비용 및 조정비용은 각자 부담한다.

보험금 반환 청구사건

사건의 개요 및 조정경과

피고는 20**. **.경 원고 회사의 무배당OO보험에 가입한 후 20**. *.부터 20**. *.까지 무릎관절증 등으로 총 779일 입원치료를 받으며 원고회사로부터 총 5,800여만 원의 보험금을 수령하였음. 한편 피고가 별도로 중복가입한 2개 보험과 관련하여 20**. *.경 허위로 입원치료 받은 사실이 밝혀져 사기죄로 기소되어 유죄가 확정됨. 원고회사는 이러한 피고의 편취행위에 관한 정보를 얻은 후 계약해지통보와 함께 기지급 보험금 반환을 구하는 소송을 제기. 중복보험가입 후 과다 보험금을 수령한 경우 수령한 보험금 전체에 대해 사기죄가 성립할 수 있음(대법원 2003도477, 2005도3518, 2007도2134 판결 참조). 조정결과, 원고회사는 자신의 입증책임 등을 고려하고 향후 더 이상의 추가 보험금 지급을 차단하는 차원에서 보험해지를 확인받는 것으로 만족하기로 하여, 양측이 보험계약해지효과를 상호 확인하고 피고가 납입보험료 일부를 반환받기로 하며 원고회사는 보험금반환청구를 포기하기로 하는 내용으로 조정 성립.

조정주문

1. 원고와 피고는, 양자 사이에 체결된 무배당 ○○○보험(증권번호 **********)계약은 201*. 8. 31.자로 해지되어 소멸되었음을 상호 확인한다.
2. 제1항 기재 보험계약과 관련하여,
   가. 원고는 피고에게 위 보험계약에 따른 보험금반환청구 등 일체의 청구를 하지 아니하고,
   나. 피고는 원고에게 위 보험계약에 따라 납부한 보험료 반환청구를 하지 아니한다.
3. 제2항 나.호에 불구하고, 원고는 피고에게 201*. 4. 30.까지 제1항 기재 보험해지에 따른 해지환급금 5,990,000원을 지급한다.
4. 원고는 나머지 청구를 포기한다.
5. 원고와 피고는 이 사건 청구원인과 관련하여 본 조정조서에서 정한 사항 이외에는 양자 사이에 어떠한 채권채무도 없음을 확인하고, 향후 이와 관련하여 서로에 대하여 일체의 재판상, 재판외 청구 또는 이의제기를 하지 아니한다.
6. 소송비용 및 조정비용은 각자 부담한다.

장해보험금채무 부존재확인 청구사건

사건의 개요 및 조정경과

원고 보험회사는 원고의 종합보험에 가입한 피고가 해수욕장에서 넘어지며 엄지손가락을 다쳐 영구장해를 입었다며 장애보험금 7,000만 원을 청구하자 원고는 피고의 장애는 영구적인 것이 아니라 3년 한시 장애에 불과하다며 보험금지급채무부존재확인을 구하는 소송을 제기. 조정과정에서 5년 한시 장애로 인정하여 장애율 14%를 적용하여 1,400만 원을 지급하기로 하는 내용으로 임의조정 성립.

조정주문

1. 피신청인은, 신청인에 대하여, 피신청인이 20**. *. **. ○○○ 해수욕장에서 넘어지며 좌측엄지손가락 등을 다친 상해사고와 관련하여 신청인의 피신청인에 대한 보험금채무[5년 한시장애]는 금 14,000,000원을 초과하여서는 존재하지 아니함을 확인한다.
2. 신청인은 피신청인에게 201*. 5. 31.까지 제1항 기재 금원 14,000,000원을 지급한다. 만일 신청인이 위 지급기일까지 위 금원을 지급하지 아니한 때에는, 신청인은 미지급금원에 대하여 지급기일 다음날부터 다 갚는 날까지 연 15%의 비율로 계산한 지연손해금을 가산하여 피신청인에게 지급한다.
3. 신청인은 나머지 신청을 포기한다.

4. 조정비용은 각자 부담한다.

학교안전사고로 인한 공제급여 지급 청구사건

사건의 개요 및 조정경과

원고 1은 초등학교 운동장에서 체육수업(피구시합)하던 중 넘어져 좌측 무릎을 다친 후 2년 후 재차 중학교 체육관에서 좌측 무릎을 다쳐 전방십자인대파열 수술을 받고 좌측 무릎의 동요에 따른 12급장해(노동능력상실율 15%)에 해당하는 손해배상을 주장하며 원고 1의 부모 및 오빠인 원고 2, 3, 4와 함께 피고 ○○안전공제회를 상대로 5,400여만 원의 지급을 구하는 소송을 제기. 피고는 원고 1의 검사 결과 원고의 좌, 우측 슬관절의 동요 차이가 8mm로서 대한정형외과학회 소견에 의하면 14등급(노동능력상실율 8%)에 해당하고 원고측이 치료를 방치한 잘못이 있다고 주장. 조정합의 불성립. 13급(노동능력상실율 10%)을 적용하여 피고가 원고들에게 합하여 4,000만 원을 지급한다는 내용으로 조정갈음결정하여 양측 이의 없이 확정.

조정주문

1. 피고는 원고들에게 201*. 7. 29.까지 합계 금 40,000,000원을 지급한다(그 지급방식은 원고들이 지정하는 단일 은행계좌로 전액 입금하는 방식으로 한다). 만일 피고가 위 지급기일까지 위 금원을 지급하지 아니한 때에는, 피고는 미지급금원 및 이에 대하여 위 지급기일 다음날부터 다 갚는 날까지 연 15%의 비율에 의한 지연손해금을 가산하여 원고들에게 지급한다.
2. 원고들은 제1항 기재 지급금을 원고들의 책임 하에 내부적으로 배분한다.
3. 원고들은 나머지 청구를 포기한다.
4. 원고들과 피고는, 이 사건 청구원인과 관련하여 본 조정을 갈음하는 결정에서 정한 사항 이외에는 양자 사이에 어떠한 채권채무도 없음을 확인하고, 향후 이와 관련하여 서로에 대하여 일체의 재판상, 재판외 청구 또는 이의제기를 하지 아니한다.
5. 소송비용 및 조정비용은 각자 부담한다.

교통사고 손해배상채무 일부부존재확인 청구사건

사건의 개요 및 조정경과

신청인은 차량을 운전하다 신호대기중인 피신청인의 차량을 추돌하여 피신청인의 차량이 손괴되고 피신청인이 경추부, 요추부 염좌의 상해를 입게 되었는데, 피신청인이 과다한 치료비를 요구한다는 이유로 50만 원을 초과해서는 채무가 존재하지 않음을 확인받기 위한 조정신청 제기. 신청인의 차량이 자동차보험에 가입되어 있기에 보험회사를 조정참가시켜 피신청인에 대한 신청인과 조정참가인의 채무는 150만 원을 초과하여 존재하지 않음을 확인하고, 신청인과 조정참가인이 연대하여 동 금원을 지급하는 내용으로 강제조정하여 이의 없이 조정확정.

조정주문

1. 피신청인은, 신청인 및 조정참가인에 대하여, 201*. *. **. 16:06경 ○○시 △△1동 인근 도로에서 신청인 소유(조정참가인 보험가입) 차량 **도**** 아반테 승용차가 같은 방향으로 앞서 가던 피신청인 운전 **러**** 스포티지 승용차 후미를 추돌하며 발생한 교통사고와 관련하여 신청인 및 조정참가인의 피신청인에 대한 보험금채무는 금 1,500,000원을 초과하여서는 존재하지 아니함을 확인한다.
2. 신청인과 조정참가인은 연대하여 피신청인에게 201*. 7. 20.까지 제1항 기재 금원 1,500,000원을 지급한다. 만일 위 지급기일까지 위 금원을 지급하지 아니한 때에는, 미지급금원에 대하여 지급기일 다음날부터 다 갚는 날까지 연 15%의 비율로 계산한 지연손해금을 가산하여 지급한다.
3. 신청인 및 조정참가인은 나머지 신청을 포기한다.
4. 조정비용은 각자 부담한다.

보험사기 부당이득금 청구사건

사건의 개요 및 조정경과

원고 보험회사는 허위과다 입원을 통하여 원고로부터 총 5,300여만 원의 보험금을 편취(타 보험사 포함 총 2억 6,300만 원 편취)하여 징역 1년이 확정된 피고를 상대로 편취금 반환을 구하는 소송을 제기. 양측 조정합의 불성립. 원고 청구액의 70% 수준인 금액으로 조정갈음결정하여 양측 이의 없이 확정.

조정주문

1. 피고는 원고에게 금 39,750,000원을 지급한다. 다만, 이를 6회로 분할하여 ① 201*. 12. 31. 금 4,000,000원을, ② 201*. 1. 31. 금 7,150,000원을, ③ 201*. 2. 28. 금 7,150,000원을, ④ 201*. 3. 31. 금 7,150,000원을, ⑤ 201*. 4. 30. 금 7,150,000원을, ⑥ 201*. 5. 31. 금 7,150,000원을 지급한다.
2. 만일 피고가 제1항 기재 지급을 1회라도 지체하는 경우, 피고는 기한의 이익을 상실하고 즉시 원고에게 제1항 기재 금원 39,750,000원 중 미지급액 전액 및 이에 대하여 지체일로부터 다 갚는 날까지 연 15%의 비율로 계산한 지연손해금을 가산하여 지급한다.
3. 제1항에 불구하고, 만일 피고가 201*. 12. 31.까지 원고에게 금 37,000,000원을 지급하는 경우, 원고는 피고에 대하여 제1항 기재 금원 39,750,000원 중 잔여액에 대한 피고의 채무를 면제한다.
4. 원고는 나머지 청구를 포기한다.

5. 소송비용 및 조정비용은 각자 부담한다.

암보험금채무 부존재확인 청구사건

사건의 개요 및 조정경과

원고 보험사는 원고 암보험상품에 가입한 피고가 간암 진단을 받은 후 암치료와 무관하게 병원에 입원하며 잦은 음주를 하고 있다면서 암치료를 직접 목적으로 하지 않고 암치료 후 발생한 후유증 완화나 합병증 치료를 위한 입원은 포함되지 않는다는 대법원 판례 2010다40543에 근거하여 피고에 대한 보험금채무가 부존재함을 확인하여 달라는 소송을 제기. 암치료 목적이 아닌 입원이라는 것이 소명되지 않았으므로 입원비 일당 보험금 채무를 1일당 5만 원으로 확인하는 내용으로 조정갈음결정하여 양측 이의 없이 확정.

조정주문

1. 피신청인은 신청인에 대하여, 201*. *. **. 발생한 소외 피보험자 ○○○의 질병사고와 관련하여 신청인과 피신청인(보험수익자) 및 위 ○○○(보험계약자 겸 피보험자) 사이의 보험계약(200*. *. **.자 무배당△△△보험. 증권번호 ******)에 기한 신청인의 피신청인에 대한 암입원비 지급채무는 1일당 50,000원을 초과하여서는 존재하지 아니함을 확인한다.
2. 신청인은 나머지 신청을 포기한다.
3. 조정비용은 각자 부담한다.

보험금지급금 부당이득 반환 청구사건

사건의 개요 및 조정경과

원고 보험회사는 원고의 입원일당지급 보험계약을 체결한 피고가 보험가입 직후부터 2년 6개월 동안 척추계통 질환 등으로 24차례 입퇴원을 반복하며 총 435일 입원하며 입원일당 보험금 1,500여만 원을 수령해 가자 피고를 상대로 보험계약 무효의 확인과 함께 기지급한 보험금의 반환을 구하는 소송을 제기. 피고는 기지급 받은 보험금 이외에 새롭게 백내장 수술을 받았다며 보험금 200만 원을 청구한 상황이었음. 조정과정에서 피고가 다른 보험에 중복 가입하거나 형사처벌을 받은 사실은 없음을 확인하였고 과다하고 불필요한 입원이 장기간 반복되었던 점을 감안하여 양자 간의 보험계약을 해지하고 상호간에 기지급보험금반환과 해지보험료 및 다른 보험금청구를 하지 아니하기로 하는 내용으로 강제조정하여 쌍방 이의 없이 확정.

조정주문

1. 원고와 피고는 양자 간의 별지 목록 기재 보험계약을 201*. 1. 25.부로 합의해지한다.
2. 원고는 이 사건 청구를 포기한다.
3. 피고는 원고에 대하여, 제1항 보험계약과 관련하여 원고로부터 이미 지급받은 보험금 이외 일체의 보험금 및 해지환급금(보험료)을 청구하지 아니한다.
4. 원고와 피고는 이 사건 청구원인과 관련하여 본 조정을 갈음하는 결정에서 정한 사항 이외에는 양자 사이에 어떠한 채권채무도 없음을 확인하고, 향후 이와 관련하여 서로에 대하여 일체의 재판상, 재판외 청구 또는 이의제기(형사고소·고발 포함)를 하지 아니한다.
5. 소송비용 및 조정비용은 각자 부담한다.

08 부동산 거래 관련사건

이웃 간의 토지 인도 및 지료상당 부당이득 반환 청구사건

사건의 개요 및 조정경과

원고와 피고들은 경기도 ○○시 △△동에 서로 인접한 밭을 소유하고 콩 등 작물을 재배하여 왔는데, 원고는 언제부턴가 피고들이 원고의 밭을 침범하여 철망을 치고 오가피나무를 심는 등 원고의 밭농사를 방해하였다며 불법점유한 면적의 반환 인도와 인도 시까지 차임 상당의 부당이득금 반환을 구하는 소송을 제기. 조정심리 결과, 피고들이 원고 소유 밭에 철망펜스를 치고 나무를 심은 사실, 일정기간 동안 피고들의 방해행위로 원고가 콩밭농사를 짓지 못한 사실은 인정되어, 피고들이 연대하여 원고에게 피해배상금조로 30만 원을 지급하고 피고들이 설치하거나 식재한 것을 모두 철거하기로 하고 원고는 나머지 청구를 포기하는 내용으로 조정 성립.

조정주문

1. 피신청인들은 연대하여 신청인에게 201*. 1. 31.까지 금 300,000원을 지급한다. 만일 피신청인들이 위 지급기일까지 위 금원을 지급하지 아니한 때에는, 피신청인들은 미지급금원에 대하여 지급기일 다음날부터 다 갚을 때까지 연 20%의 비율로 계산한 지연손해금을 가산하여 신청인에게 지급한다.
2. 피신청인들은 신청인 소유의 ○○시 △△동 *** 전 671㎡ 지상에 피신청인들이 설치한 철망 펜스와 식재한 나무를 모두 철거한다.
3. 신청인은 나머지 신청을 포기한다.
4. 조정비용은 각자 부담한다.

건물 등 철거 사건

사건의 개요 및 조정경과

원고는 20**. 10. 18. 서울 OO구 OO동 456-33 대 36㎡ 및 456-24 대 102㎡의 소유권을 매매와 증여를 통해 취득한 후 201*. 5. 건물 신축을 위해 경계측량을 실시함. 측량 결과 원고 소유 대지에 연접한 같은 동

456-22 대 266㎡ 소유자인 피고의 건물의 처마일부 및 가건물창고가 원고 소유 대지를 침범한 사실이 확인되어, 원고는 피고를 상대로 건물 등 철거 소송을 제기함. 피고는 198*. 3.경 서울시 취락구조개선사업으로 구역정리된 대지를 매수하여 198*. 12. 30. 소유권을 취득한 이래 지금까지 30여 년간 평온하고 공연하게 소유의사로 점유하여 왔으므로 오히려 침범부분을 시효취득하였고 소유권이전청구를 하겠다는 입장을 피력함. 원고는 이에 대해 피고의 점유취득시효완성일인 200*. 12. 30.경 이후인 200*. 10. 위 각 토지의 소유권을 이전받았으므로, 대법원판례(93다50666, 93다22883)에 따라 피고는 원고에 대해 시효취득을 주장할 수 없다는 반론을 제기함.

조정과정에서 피고는 원고가 주장하는 침범면적은 추정치에 불과하지만 경계침범사실이 인정되면 철거 용의가 있다고 하였고, 원고도 원만하게 조정이 이루어지면 피고에 대한 부당이득금청구를 포기할 용의가 있다고 피력. 양측은 명확한 경계선 및 경계침범사실을 확인하기 위하여 경계측량을 실시하기로 하였고, 그 결과를 존중하기로 합의하고 속행. 경계측량 결과 원고의 주장이 사실임을 상호 확인함. 5회 조정기일까지 속행하며 상임조정위원은 피고의 창고와 담은 곧바로 철거하고, 처마는 피고의 재건축이 이루어질 때까지 일정기간 철거를 유예하며 그 유예기간 동안 침범면적에 대한 토지사용료는 명목상의 금액만을 지급하되, 처마부분의 철거를 약속한 기한 이후로는 금액을 대폭 상향하는 내용으로 조정을 유도하였고, 원고와 피고는 이를 존중하고 세부적인 부분까지 담은 조정안으로 조정합의에 도달.

조정주문

1. 피고는 201*. 9. 30.까지 원고에게 [별지2] 감정도도면 표시 17, 10, 11, 9, 8, 13, 14, 15, 16, 17의 각 점을 순차로 연결한 선내 (바)부분 21㎡ 및 같은 도면 표시 11, 12, 7, 8, 9, 11의 각 점을 순차로 연결한 선내 (라)부분 9㎡를 인도하고, 위 지상에 설치된 지장물 중 [별지1] 부동산목록 제2항 기재 건물의 처마부분을 제외한 지장물 일체를 철거한다.
2. 피고는 위 1항 기재 의무의 인도완료일 이후 위 1항 기재 의무의 인도완료에 따른 원고의 토지경계 표시행위에 대하여 행정기관에의 민원제기나 소제기 등 일체의 이의를 제기하지 아니한다.
3. 가. 피고는 202*. 6. 30. 또는 [별지1] 부동산목록 제2항 기재 건물의 철거일 중 먼저 도래하는 날까지 원고에게 [별지2] 지적도도면 표시 15, 14, 13, 16, 15의 각 점을 순차로 연결한 선내 (마)부분 4㎡를 인도하고, 위 토지 지상에 설치된 [별지1] 부동산목록 제2항 기재 건물 및 지장물 일체를 철거한다.

   나. 피고가 202*. 6. 30. 또는 [별지1] 부동산목록 제2항 기재 건물의 철거일 이전에 같은 목록 제1항 기재 토지 또는 같은 목록 제2항 기재 건물에 대한 소유권을 제3자에게 양도하는 경우, 피고는 위 토지 또는 건물의 양수인으로 하여금 위 가항의 의무 및 본 건 조정안에 따른 의무를 승계하도록 하여야 하고 위 토지에 대한 소유권이전 전에 위 의무승계에 관한 확약서를 원고에게 제공하여야 한다.

   다. 피고가 위 나항 기재 확약서 제공 의무를 이행하지 아니하는 경우, 피고는 원고에게 [별지1] 부동산목록 제1항 기재 토지 또는 같은 목록 제2항 기재 건물의 소유권이전일로부터 피고 또는 승계인의 위 가항 의무의 완료일까지 매월 5,000,000원의 비율에 의한 금원을 지급한다.

4. 피고는 [별지2] 감정도도면 표시 17, 10, 11, 9, 8, 17의 각 점을 순차로 연결한 선내 (나)부분 25㎡ 및 같은 도면 표시 11, 12, 7, 8, 9, 11의 각 점을 순차로 연결한 선내 (라)부분 9㎡의 소유권이 원고에게 있음을 확인하고, 같은 도면 표시 15, 14, 13, 16, 15의 각 점을 순차로 연결한 선내 (마)부분 4㎡에 대한 사용료로서, 201*. 4. 1.부터 202*. 6. 30.까지는 매월 60,000원을 지급하고, 202*. 7. 1.부터 위 1항 기재 의무의 완료일까지는 매월 2,000,000원을 지급한다(각 지급일: 매월 말일).
5. 202*. 6. 30. 이전에 원고가 [별지1] 부동산목록 제3항 또는 제4항 기재 토지에서 건물을 신축하기 위하여 건축허가를 받는 과정에서 건축허가가 반려되고 반려사유 중 [별지2] 감정도도면 표시 17, 10, 11, 9, 8, 17의 각 점을 순차로 연결한 선내 (나)부분 25㎡에 위치한 [별지1] 부동산목록 제2항 기재 건물의 처마로 인한 사유가 포함되어 있는 경우, 피고는 원고로부터 건축허가 반려사실 및 반려이유가 기재된 허가관청의 문서를 송부받은 날로부터 3개월 이내에 위 처마를 철거한다.
6. 피고는 원고의 [별지1] 부동산목록 제3항 또는 제4항 기재 토지에서의 건물신축행위에 적극 협조하며, 일체의 방해행위를 하지 아니한다.
7. 원고는 나머지 청구를 포기한다.
8. 소송비용 중 감정비용은 원고와 피고가 각 2분의 1씩 부담하고, 나머지 소송비용 및 조정비용은 각자 부담한다.

교회가 이용하고 있는 도로 부분 지료 청구사건

사건의 개요 및 조정경과

원고는 △△구 ◊◊동 ***-** 도로 및 같은 동 ***-*** 도로에 대한 소유지분(각 549분의 132. 다만, ***-**에 대한 지분은 최근 타인에게 이전)에 기하여 위 도로 일부를 이용하고 있는 피고 교회를 상대로 과거 10년간의 지료 8,300여만 원 청구함. 피고 교회는 교회 부지(***-**, **)에 연한 위 도로 전체의 소유권 확보를 목표로 점진적으로 지분을 사들여 왔는데, 원고의 소제기 당시 피고 교회는 ***-** 도로의 549분의 340 지분을, ***-*** 도로의 549분의 241 지분을 확보하고 있었음. 피고는 원고 (및 이전 소유자)가 도로에 대한 배타적 사용수익권을 포기한 상태이기에 부당이득반환청구를 할 수 없다고 맞섬(대법원 2001다8493판결 참조). 조정과정에서 피고교회가 종교적 목적에서 주말 위주로 위 도로부지를 이용하고 있고 피고교회도 도로 지분을 상당정도 보유하고 있으며 다른 지분소유자의 경우 피고교회를 상대로 지료청구를 하지 않고 있는 점을 감안하여, 쌍방을 설득하여 피고는 원고청구액의 일부인 8,000,000원을 지급하는 것으로 하고 원고는 향후 지료청구를 하지 않기로 하는 내용으로 조정 성립.

조정주문

1. 피고는 원고에게 201*. 3. 18.까지 금 8,000,000원을 지급한다. 만일 피고가 위 지급기일까지 위 금원을 지

급하지 아니한 때에는, 피고는 미지급금원에 대하여 지급기일 다음날부터 다 갚을 때까지 연 15%의 비율로 계산한 지연손해금을 가산하여 원고에게 지급한다.

2. 원고는 나머지 청구를 포기한다.
3. 원고와 피고는, 향후 이 사건 부동산(서울 △△구 ◇◇동 ***-** 도로 112㎡ 및 같은 동 ***-*** 도로 78㎡)과 관련하여, 원고 또는 피고 중 어느 한 쪽이 동 부동산에 대한 소유권(소유지분)을 상실하기 전까지, 상호간에 각자의 소유지분에 근거한 임료청구, 철거 및 인도청구 등 권리를 행사하지 아니한다.
4. 소송비용 및 조정비용은 각자 부담한다.

불법점유부지 인도 및 부당이득 반환 청구사건

사건의 개요 및 조정경과

피고는 원고가 관리인으로 있는 서울시 △△구 ◇◇동 소재 OOO 주상복합아파트 상가공개부지(공용부분) 내 약 6㎡의 면적 위에 자신의 포장마차를 운영하며 동 면적을 무단 점유해왔음. 피고의 무단점유로 인한 입주민들의 민원이 끊이지 않아 새로 관리인으로 부임한 원고는 피고를 상대로 불법점유 중인 부지의 명도와 2,000여만 원의 임료 해당 부당이득 반환을 청구하는 소송 제기. 피고는 건물 내 특정 상가 주인에게 월사용료와 전기요금을 내고 있으므로 자신의 영업권이 보장되어야 한다고 주장하며 향후 2년간 영업(점유) 인정을 요구. 조정과정에서 피고의 주장은 타당하지 않으나 영세상인인 피고의 생계를 일정기간 보호할 필요가 있어 향후 10개월간 영업을 계속한 후 자발적으로 불법점유를 중단하고 부지를 인도하되 만일 약속한 기한 내에 인도하지 않는 경우 잠정 면제한 지금까지의 부당이득금 일부액인 1,000만 원과 간접강제방법으로서 인도 시까지 매월 30만 원을 지급하기로 하는 내용으로 조정갈음결정하였고, 양측이 이의 없이 조정성립.

조정주문

1. 피고는 원고(◇◇동 OOO 주상복합아파트 관리인)에게 201*. 2. 28.까지 별지 도면 표시 서울 △△구 ◇◇동 ***-* OOO빌 1층 상가 공개부지(공용부분)에 피고가 무단 점유하고 있는 '포장마차 위치' 약 6㎡를 인도한다.
2. 만일 피고가 제1항 인도를 하지 아니하는 경우, 피고는 원고에게 10,000,000원 및 201*. 3. 1.부터 제1항 기재 포장마차 위치 면적을 원고에게 인도할 때까지 매월 300,000원의 비율로 계산한 돈을 지급한다.
3. 원고는 나머지 청구를 포기한다.
4. 소송비용 및 조정비용은 각자 부담한다.

분묘이전 및 토지인도 청구사건

사건의 개요 및 조정경과

원고는 자신이 경락받은 토지 위에 위치한 피고의 선대 분묘 2기의 이전과 토지 인도 및 인도 시까지 토지사용료 상당의 부당이득금 지급을 구하는 소송을 제기. 조정심리과정에서 피고가 조정일로부터 1년 후 윤달에 분묘를 이장하되 그 때까지 원고는 피고의 분묘기지권을 존중하고 지료 청구 등 나머지 청구를 포기하는 내용으로 조정 성립.

조정주문

1. 원고는 경기도 ○○시 △△리 산 **-* 임야 914㎡ 상의 피고의 조부모 분묘 2기와 관련하여 피고의 이 사건 분묘기지권이 있음을 확인한다.
2. 피고는 원고에게 201*. 7. 31.까지 제1항 기재 분묘 2기를 철거(이전)하고 동 분묘의 기지(토지)를 인도하며, 이에 관한 피고의 제1항 기재 분묘기지권을 포기한다.
3. 원고는 나머지 청구를 포기한다.
4. 조정비용은 각자 부담한다.

임대차건물명도 등 청구사건

사건의 개요 및 조정경과

원고는 피고 1 소유의 건물 및 피고 1의 대표이사 소외 A 소유의 동 건물 소재 대지를 함께 매수함과 동시에 피고 1에게 동 건물을 5년간 무상으로 사용하게 하는 점유개정에 의한 임대차(사용대차)계약을 체결하였는데 피고 1은 피고 2에게 동 건물을 전대하였고 피고 1, 2가 각종 공과금과 관리비 등을 지급하지 않고 있으므로 피고 1에 대해 임대차계약을 해지하고 건물의 명도를 구하고 미납관리비 합계액 1,000여만 원 및 건물명도일까지 월차임 상당의 부당이득금의 반환지급을 구하는 소송을 제기. 이에 맞서 피고 1은 건물과 대지의 매매대금 중 5억 원을 임대차보증금조로 지급받는 것을 유보하였기에 무상으로 사용한 것이 아니고 임대차계약 해지에 따라 5억 원의 지급을 구한다는 반소를 제기. 조정 심리 결과, 피고 2는 피고 1이 이 사건 부동산을 원고에게 매도하기 이전부터 피고 1과의 임대차계약에 기하여 사용하고 있었고 원고는 피고 1로부터 매수하면서 피고 1의 임대인의 지위를 승계한 사실, 원고는 피고 1과 소외 A에게 매매대금을 미지급한 것이 아니라 이를 지급한 후 다시 소외 A로부터 5억 원을 차용하였으며 이를 변제하여야 할 의무가 있다고 인정하고 있는 점, 원고에 대한 5억 원의 채권이 임대차보증금반환채권인지 대여금반환채권인지, 채권자가 피고 1인지 소외 A인지에 대한 다툼이 있는데 국세청이 피고 1의 세금체납에 따라 동 채권을 압류한 사실, 피고 2가 조정기일로부터 8개월 후 사업장을 이전하여 건물을 명도할 수 있다고 밝힌 점 등을 종합하여 조정기일로부터 8개월 되는 특정일시에 임대차계약을 상호 합의해지하고 그 날 피고들은 건물 및 대지를 원고에게 인도하며 그에 앞서 미지급 관리비 등 1,100여만 원을 원고에게 2회 분할 지급하며, 원고는 채권자불확지를 원인으로 하는 5억 원의 공탁을 하고 이후 소외 A(조정참가인)는 원고 소유의 부동산에 대한 근저당권을 말소하기로 하는 내용의 임의조정 성립.

조정주문

1. 원고(반소피고, 이하 '원고'라 한다)와 피고 1(반소원고, 이하 '피고1'이라 한다), 피고 2는 이 사건 별지목록기재 부동산(이하 '이 사건 부동산'이라 한다)에 대한 임대차가 201*. 2. 17.에 종료됨을 상호 확인한다.
2. 피고 1, 피고 2는 제1항 기재 임대차 종료일인 201*. 2. 17.에 이 사건 부동산을 원고에게 인도한다.
3. 피고 1은 원고에게 이 사건 부동산 임대차와 관련하여 201*. 6. 19. 현재까지 미지급한 관리비, 공과금 및 201*. 2. 17.까지의 관리비, 공과금의 합계 금원인 금 11,185,000원을 지급한다. 다만, 이를 2회로 분할하여 ① 201*. 6. 30.까지 금 5,000,000원을, ② 201*. 7. 31.까지 금 6,185,000원을 지급한다. 만약 피고 1이 위 지급을 1회라도 지체하는 경우, 피고 1은 기한의 이익을 상실하고 지체일 즉시 위 금 11,185,000원 중 지급하지 아니한 금원 전액 및 이에 대하여 지체일로부터 다 갚을 때까지 연 20%의 비율로 계산한 지연손해금을 가산하여 원고에게 지급하며, 제1항 및 제2항 기재 이 사건 부동산에 대한 임대차 역시 위 지체와 동시에 해지되고 피고 1, 피고 2는 즉시 이 사건 부동산을 원고에게 인도한다.
4. 원고는 201*. 2. 17.까지 공탁소에 이 사건 부동산 매매 잔대금 500,000,000원을 채권자불확지(잠재적 채권자 ○○○, 피고 1, 대한민국(소관: 국세청))를 이유로 하는 공탁을 설정한다.
5. 조정참가인 ○○○은, 제4항 공탁금 설정 이후, 원고의 소유인 이 사건 부동산에 대해 201*. 1. 18.자로 설정된 ○○○(******-*******)의 근저당권을 해제한다.
6. 원고와 피고 1은 각 나머지 청구를 포기한다.
7. 소송비용 및 조정비용은 각자 부담한다.

부동산 매매대금반환 청구사건

사건의 개요 및 조정경과

원고는 피고와 피고 소유의 폐수배출시설 등을 갖춘 공장시설 및 부지를 25억 원에 매수하기로 하여 매매계약을 체결하여 대금을 모두 지급하고 소유권이전등기도 경료하였는데 이후 공장 내 주요시설물이 부지에 인접한 도로를 침범하여 설치된 사실을 확인하고 피고에게 계약해제 통지와 함께 매매대금의 반환을 요구하였는데 피고가 이를 거절하자 매매대금 25억 원 및 취득세 등 손해액 1억 7,500을 합한 26억 7,500만 원의 지급을 구하는 소송을 제기. 피고는 침범 부분은 극히 경미한 부분에 불과하여 계약을 해제할 정도에 이르지 않는다고 주장하였고, 원고는 피고가 경계침범사실을 숨기기 위해 계약체결 당시 원고가 도면교부를 요청하였음에도 이를 거부하였고, 폐수처리시설물은 매매계약의 주된 부분일 뿐 아니라 잔존한 부분만으로는 매수하지 아니할 경우에 해당하여 매매계약 전부를 해제하여야 한다고 주장. 조정기일을 4회 속행한 끝에, 계약을 해제하였음을 상호 확인하고, 26억 7,500만 원의 지급과 소유권이전등기 말소등기 이행 및 부동산 인도를 동시에 이행하되, 피고가 원고로부터 받은 매매대금을 이미 다른 부동산 매입에 소비하여 거액의 현금을 확보할 수 없는 실정을 감안하여 원고의 부동산 담보대출을 피고가 승계하기로 하고 원고는 피고에 대한 사기죄 형사고소를 취하하기로 하는 내용으로 임의조정 성립.

조정주문

1. 원고와 피고는 양자 사이의 이 사건 별지 목록 기재 부동산 매매계약이 201*. 3. 28. 해제되었음을 서로 확인한다.
2. 피고는 원고에게 원고로부터 별지목록 기재 부동산에 관하여 ○○지방법원 200*. *. **. 접수 제*****호로 마친 201*. *. **.자 매매를 원인으로 한 소유권이전등기에 대하여 201*. *. **. 해제를 원인으로 한 말소등기절차의 이행과 같은 부동산의 인도 이행 및 피고에 대한 원고의 서울△△지방법원 201*카단***** 부동산가압류를 해제받음과 동시에 매매대금의 반환 및 손해배상금으로 금 2,675,000,000원을 지급한다.
3. 원고는 피고에게 피고로부터 위 제2항에 기재된 금 2,675,000,000원을 지급받음과 동시에 별지목록 기재 부동산에 관하여 ○○지방법원 200*. *. **. 접수 제*****호로 마친 201*. *. **.자 매매를 원인으로 한 소유권이전등기에 대하여 201*. *. **. 해제를 원인으로 한 말소등기절차를 이행하고 같은 부동산을 인도하며 피고에 대한 원고의 서울△△지방법원 201*카단***** 부동산가압류를 해제한다.
4. 만일 원고가 이 사건 계약의 해제로 인하여 이미 납부한 취득세 등 세금을 환급받는 경우 원고는 동 금원을 피고에게 반환한다.
5. 피고는 201*. 12. 12. 까지 이 사건 별지 목록 기재 부동산 매매계약으로 인하여 발생한 원고의 ◇◇은행 (▽▽지점) 대출채무를 피고 명의로 승계한다.
6. 원고는 제5항 기재 대출채무 승계가 이루어진 이후, 3일 이내에 피고를 상대로 ○○지방검찰청에 제기한 형사고소(사기 혐의)를 취하한다.
7. 원고는 나머지 청구를 포기한다.
8. 원고와 피고는 양자 사이에 위 각 조항에서 정한 것 이외에는 이 사건 별지 목록 기재 부동산 매매계약과 관련하여 아무런 채권채무가 없음을 서로 확인한다.
9. 소송비용 및 조정비용은 각자 부담한다.

근저당권말소 청구사건

사건의 개요 및 조정경과

원고는 피고로부터 1,000만 원을 차용하면서 원고 소유의 부동산에 근저당권을 설정하여 주었는데 원고가 원리금을 모두 변제하였음에도 피고가 근저당을 말소하지 않고 추가적인 이자를 요구하고 있다면서 근저당권말소를 구하는 소송을 제기. 조정에서 피고가 원고로부터 모두 변제받아 더 이상의 채권채무가 존재하지 아니함을 확인하고 본 건 소제기 후 피고가 근저당권말소등기를 한 사실을 확인하고 또한 원고가 추가로 제공한 또 다른 근저당권도 피고가 말소하되 그 비용은 원고가 부담하기로 하는 내용으로 임의조정 성립.

조정주문

1. 원고와 피고는, 양자 사이의 20**. **. *.자 금전대차(대여인:피고, 차용인:원고, 차용금: 1,000만 원)와 관련하여 피고가 원고로부터 그 차용금 원금, 약정 이자 및 지연손해금 일체를 모두 지급받았으며 양자 사이에 어떠한 채권채무도 존재하지 아니함을 서로 확인한다.
2. 원고와 피고는, 피고가 201*. 7. 19. 별지 기재 목록 부동산에 관하여 20**. 10. 5. 제*****호로 접수한 20**. 10. 4. 근저당권설정계약을 원인으로 한 채권최고액 금 13,000,000원의 근저당권설정 등기의 말소등기절차를 이행하였음을 서로 확인한다.
3. 피고는 원고에게, 제1항 기재 금전대차와 관련하여 원고가 피고에게 물적 담보로 추가 제공한 전남 ○○시 △△면 ◇◇리 산 ** 임야 20,628㎡에 대하여 201*. 7. 18. 제*****호로 접수한 201*. 7. 16. 근저당권설정계약을 원인으로 한 채권최고액 금 5,000,000원의 근저당권설정 등기(공동담보) 및 전남 ○○시 △△면 ◇◇리 산 ** 임야 10,909㎡에 대하여 201*. 7. 18. 제*****호로 접수한 201*. 7. 16. 근저당권설정계약을 원인으로 한 채권최고액 금 5,000,000원의 근저당권설정 등기(공동담보)의 각 말소등기절차를 이행한다. 그 말소등기절차 이행에 필요한 비용은 원고가 부담한다.
4. 원고는 나머지 청구를 포기한다.
5. 소송비용 및 조정비용은 각자 부담한다.

공유물분할 청구사건

사건의 개요 및 조정경과

원고는 피고와 빌라 한 채를 공동으로 매입하였는데(처음에 피고 단독 명의로 하였다가 원고의 항의로 원고에게 2/5지분을 이전) 피고가 빌라를 타인에게 임대관리하며 보증금이나 월차임을 전혀 원고에게 배당하지 않으므로 빌라를 경매하여 비용을 공제한 나머지를 지분비율로 나누자는 취지의 공유물분할 소송을 제기. 피고는 최근까지 임대료를 모두 원고에게 지급하였으며(임대차계약서 상 월차임을 원고 계좌로 입금하기로 규정) 경매가 아닌 현시세대로 매매하여 분배하거나 원고가 시가대로 피고의 지분을 매수해가기를 희망. 조정기일을 속행하여, 4개월 반의 유예기간을 가지고 임의 매각하여 임대차보증금, 중개수수료, 세금 등을 원고와 피고 지분 비율로 공제한 나머지 금원을 각 지분 비율로 분배하기로 하고 그 유예기간 경과 후에는 경매하여 대금분할하기로 하는 내용으로 임의조정 성립.

조정주문

1. 원고와 피고는 201*. 4. 1. 이후 별지 목록 기재 부동산을 경매에 부쳐 그 대금에서 경매비용(임대차보증금 포함)을 공제한 나머지 금액을 원고에게 4/10, 피고에게 6/10의 각 비율로 분배한다.
2. 원고와 피고는, 제1항 기재 경매에 앞서 본 조정기일 이후 2014. 3. 31.이전에 별지 목록 기재 부동산을 매각하는 경우, 그 매각대금에서 임대차보증금, 중개수수료 등 매각비용, 양도소득세 등 세금을 원고와 피고의 각 소유지분비율(원고 4/10, 피고 6/10)에 따라 공제한 나머지 금액을 원고에게 4/10, 피고에게 6/10의 각 비율로 분배한다.
3. 원고는 나머지 청구를 포기한다.
4. 소송비용 및 조정비용은 각자 부담한다.

상호명의신탁해지를 원인으로 한 소유권지분이전등기절차이행 청구사건

사건의 개요 및 조정경과

원고는 피고들로부터 피고 부동산의 공유지분 일부를 취득(구분소유적 공유의 상호 명의신탁관계 등기)한 소외 A로부터 다시 그 공유지분을 매수하여 지분소유권이전등기를 경료하여 상호명의신탁관계를 승계하였는데 원고가 실제 취득하여 점유하고 있는 부분에 관하여 명의신탁을 해지하여 해당 지분을 이전하여 주고 아울러 원고가 단독으로 소유하고 있는 부분을 피고가 점유하고 있어 그 인도를 구함과 동시에 차임상당의 금원 지급을 구하는 소송을 제기. 피고는 상호명의신탁관계를 인정하였기에, 상호명의신탁해지는 원고, 피고가 함께 할 필요가 있어, 원고와 피고가 각 상호명의신탁해지를 원인으로 한 소유권 지분 이전등기를 하되 그 비용을 이전등기를 하는 측이 부담하는 내용으로 조정갈음결정하여 양측 이의 없이 확정.

조정주문

1. 피고들은 원고에게 별지 목록 기재 부동산 중 별지 도면 표시 3, 5, 8, 10, 3의 각 점을 순차로 연결한 선내 (가) 부분 26㎡에 대하여 각 330분의 139 지분에 관하여 각 이 사건 소장부본이 송달된 2013. 8. 28.자 명의신탁해지를 원인으로 한 각 소유권 지분 이전등기 절차를 이행한다. 그 등기에 필요한 비용은 피고들이 부담한다.
2. 피고들은 원고에게 별지 목록 기재 부동산 중 별지 도면 표시 4, 5, 8, 9, 4의 각 점을 순차로 연결한 사선부분을 인도한다.
3. 원고는 피고들에게 별지 목록 기재 부동산 중 별지 도면 표시 5, 6, 7, 8, 5의 각 점을 순차로 연결한 선내 (나) 부분 139㎡에 대하여 165분의 26 지분에 관하여 이 사건 소장부본이 송달된 2013. 8. 28.자 명의신탁해지를 원인으로 한 피고당 각 165분의 13씩의 소유권 지분 이전등기 절차를 이행한다. 그 등기에 필요한 비용은 원고가 부담한다.

4. 원고는 나머지 청구를 포기한다.
5. 소송비용 및 조정비용은 각자 부담한다.

중개수수료반환 청구사건

사건의 개요 및 조정경과

원고는 공인중개사 자격이 없는 피고와 원고의 약국개설을 위한 컨설팅(중개) 계약을 체결하고 피고에게 수수료 500만 원을 지급하였으나 약국이 개설되지 못하였고 이에 피고가 수수료를 반환하여야 함에도 이를 거절하고 있다며 소송을 제기. 피고는 컨설팅은 공인중개사 자격과 무관하다고 주장하고 약국이 입점할 건물에 병원이 설립되지 않아 약국입점이 좌절되었다면서 일부 변제 용의가 있다고 서면 주장하며 조정기일 불출석. 약국개설이 안되면 수수료 전액을 환불한다는 약정이 있었으므로 이에 따라 일부감액한 400만 원을 피고가 지불한다는 내용으로 조정갈음결정하여 양측 이의 없이 확정.

조정주문

1. 피신청인은 신청인에게 금 4,000,000원을 지급한다. 다만, 이를 4회로 분할하여 ① 201*. 1. 31.까지 1,000,000원을, ② 201*. 2. 28.까지 1,000,000원을, ③ 201*. 3. 31.까지 1,000,000원을, ④ 201*. 4. 30.까지 1,000,000원을 지급한다.
   그 지급은 신청인의 은행계좌(○○은행 ***-****-**-***** 예금주 △△△)로 입금하는 방식으로 한다.
2. 만일 피신청인이 제1항 기재 지급을 1회라도 지체하는 경우, 피신청인은 기한의 이익을 상실하고 즉시 신청인에게 미지급액 전액 및 이에 대하여 지체일로부터 다 갚을 때까지 연 20%의 비율로 계산한 지연손해금을 가산하여 지급한다.
3. 신청인은 나머지 청구를 포기한다.
4. 조정비용은 각자 부담한다.

부동산매매계약해제에 따른 사용료 상당 부당이득금 반환 청구사건

사건의 개요 및 조정경과

원고는 자신이 주택조합으로부터 취득한 아파트 분양권(이미 조합 명의로 소유권보존등기된 상태이므로 사실상 아파트 자체의 전매)을 피고에게 매도하기로 계약. 매매대금 2억 3,900만 원 중 계약금 2,400만 원은 계약 시에, 중도금 7,500만 원은 입주 시(명의이전에 앞서 가입주하기로 분양자인 주택조합이 용인함)에, 잔금은 피고로 명의이전 시에 각 지급하기로 하고, 계약금 지급, 피고의 입주와 중도금 지급은 원만히 이루어짐. 그러나 원

피고간의 매매계약이 이루어지기 전에 당해 아파트에 설정된 가압류, 강제경매개시결정 등이 해소되지 않자 피고는 원고에게 매매계약해제와 대금반환을 요청하였고, 원고는 타협책으로 1억 원의 약속어음 공정증서를 발행하였으나, 피고는 원고 소유의 또 다른 아파트에 강제경매신청하였고, 할 수 없이 원고는 피고와 분양권매매계약을 해제하기로 합의하고 1억 원의 반환과 아파트 인도가 서로 이루어짐. 이후 원고는 피고가 아파트 입주 시부터 인도 시까지 17개월 동안의 사용료 상당액의 지급을 구하는 소송을 제기. 조정심리과정에서, 원고와 피고는 입주권매매계약 시 선입주특약을 하였고 합의해제 시 계약위반책임을 서로 묻지 않기로 하는 화해특약을 맺은 사실이 인정되어 원고의 부당이득 내지 손해배상청구 역시 포기한 것으로 평가되어, 원고에게 소를 취하하고 피고도 이에 동의할 것을 권유하여 양측이 이를 받아들여 조정성립.

조정주문

1. 원고는 이 사건 소를 취하하고, 피고는 이에 동의한다.
2. 소송비용 및 조정비용은 각자 부담한다.

부동산 매수인의 매도인에 대한 소유권이전등기 청구사건

사건의 개요 및 조정경과

재개발연립주택 매매계약과 관련된 분쟁.

매도인이 시공사로부터 받은 이사비용 500만 원이 무상이라고 주장하고 매수인은 그 돈은 차용금으로서 매수인이 궁극적으로 상환책임을 부담하는 것이므로 매매대금잔금에서 공제되어야 한다는 주장을 하다가 매도인이 계약해제를 선언하면서 계약금을 몰수하고 중도금을 공탁하였고, 이에 매수인이 주위적으로 잔금지급받음과 동시에 소유권이전등기절차 이행하라, 예비적으로 계약금의 2배액과 중도금을 반환하라는 소송을 제기.

본 매매계약과정에서 부동산중개인이 중간에서 올바른 역할을 하지 못하였으며, 500만 원의 성격이 아직 명확하게 규명되지 아니한 상태였음(시공사가 조합을 상대로 전체 조합원에 대한 이사비조로 제공한 차용금을 반환하라는 소송을 제기하였으나 1심에서 패소).

양측에 모두 상당한 이유가 있으나, 매도인의 계약해제가 적법하다고 보기 어렵고, 가급적 원만하게 계약을 진행하도록 독려하였으나, 속행 기일에 매도인(피고)이 계약관계에서 벗어나고 싶어 하며 계약금 전액을 돌려주겠다고 하여 합의에 의한 계약해제 및 원상회복으로서 원고가 피고로부터 계약금 전액을 반환받는 것으로 조정 성립.

조정주문

1. 원고와 피고는 본 조정기일인 201*. 2. 5. 부로 양자 간의 이 사건 서울 △△구 ◇◇동 ***-**외 1필지 2층

201호 연립주택 매매계약을 합의 해제한다.

2. 피고는 제1항 기재 이 사건 매매계약 해제에 따른 원상회복을 위하여 원고에게 201*. 2. 14. 까지 원고로부터 받았던 계약금 3,000만 원을 반환지급한다. 다만 위 지급은 원고의 은행계좌(△△은행 ****-***-***-***, 예금주 ○○○)로 입금하는 방식으로 한다. 만일 피고가 위 지급기일까지 위 금원을 지급하지 아니한 때에는, 피고는 미지급금원에 대하여 지급기일 다음날부터 다 갚을 때까지 연 20%의 비율로 계산한 지연손해금을 가산하여 원고에게 지급한다.
3. 원고는 피고가 원고를 피공탁자로 하여 공탁(서울◇◇지방법원 201*년 금 ****호)한 공탁금 3,000만 원(피고가 원고로부터 받았던 중도금에 해당하는 금원이다)을 수령하고, 원고는 이에 아무런 이의를 제기하지 아니한다.
4. 원고와 피고는 제1항, 제2항, 제3항에 기재된 내용 이외에 양자 간의 이 사건 매매계약의 체결 및 해제와 관련하여 상호간에 어떠한 채권채무가 없음을 확인하며 향후 서로에 대하여 어떠한 재판상, 재판외 청구 또는 이의제기를 하지 아니한다.
5. 원고는 나머지 청구를 포기한다.
6. 소송비용 및 조정비용은 각자 부담한다.

매매대금 반환 청구사건

사건의 개요 및 조정경과

원고는 피고들이 운영하는 기획부동산회사에 취직하여 근무하면서 피고들의 권유와 알선에 따라 개발호재가 있는 것으로 설명된 임야 두 곳을 7,000여만 원을 지급하고 매수하였는데 나중에 알고 보니 전형적인 기획부동산 사기를 당했다며 계약의 취소와 함께 매매대금의 반환을 구하는 소송을 제기. 조정심리과정에서 원고가 피고들 회사에 재직하는 동안 4,400여만 원의 보수를 받은 사실을 감안하여 피고들이 원고에게 매매부동산에 대한 소유권이전등기를 해주고 1년 이내에 제3자에게 재매도하도록 알선 중개하되 이루어지지 않는 경우 원고에게 5,600만 원을 지급하고 재매수하며 형사고소취하 등 관련 분쟁을 모두 종료하기로 하는 내용으로 임의조정 성립.

조정주문

1. 원고와 피고들은 양자 간에 체결된 ○○시 △△면 ◇◇리 ***-** 임야 200평, ○○시 △△면 ◇◇리 산 *-* 임야 100평(이하 '이 사건 부동산 2곳'이라 한다)에 대한 매매계약이 유효함을 상호 확인(위 ◇◇리 임야 200평은 원고의 딸 ○○○ 명의로 계약체결하였음)하고, 동 계약에 따라 201*. 3. 31.까지 피고가 위 각 매매목적물(해당지분)에 대한 소유권이전등기절차를 이행한다.
2. 피고들은 제1항 기재 일자인 201*. 3. 31.부터 1년 이내에 원고 소유의 이 사건 부동산 2곳을 제3자에게

5,000만 원 이상의 가격으로 매도하는 것을 알선 중개한다. 만일 201*. 3. 31. 까지 제3자에 대한 매각이 이루어지지 아니하는 경우, 피고는 원고에게 5,600만 원을 지급하고 이 사건 부동산 2곳을 매수한다. 원고는 이 사건 부동산 2곳의 제3자에 대한 매각 또는 피고에 대한 매도와 관련하여 발생하는 제세, 제비용을 부담한다.

3. 원고는 즉시 피고들에 대한 부동산가압류 서울○○지방법원 201*카단****, 201*카단****, 201*카단**** 사건을 모두 해제하고, 피고들에 대한 형사고소를 취하한다.
4. 원고는 이 사건 소를 취하하고, 피고들은 이에 동의한다.
5. 원고와 피고들은 이 사건 부동산 2곳에 대한 양자 간의 매매계약 및 원고의 피고 ○○○, 주식회사 △△△ 근무 및 퇴사와 관련하여 본 조정조항에 기재된 것 외에는 서로에 대하여 아무런 채권채무가 없음을 확인하고, 향후 서로에 대해 어떠한 재판상, 재판외 청구 또는 이의제기를 하지 아니한다.
6. 소송비용 및 조정비용은 각자 부담한다.

부동산매매 계약금 반환 청구사건

사건의 개요 및 조정경과

원고는 피고들의 공동소유인 충남 ○○시 소재 임야를 6억 5,000만 원에 매수하기로 하고 계약금 5,000만 원을 지급하였는데 피고들이 특약으로 정한 "계약금 완불 후 토지개발행위에 필요한 서류(동의서)를 매수인에게 교부한다"라는 의무사항을 이행하지 아니하였다며 계약해제 및 계약금 배액 지급을 구하는 소송을 제기. 피고들은 계약해제 시까지 원고가 그러한 동의서를 요구한 사실이 없고 오히려 중도금 및 잔금을 지급하지 않은 원고에게 계약불이행 책임이 있다고 항변. 조정심리 과정에서, 피고들이 "차후 타인과 매매가 성사되면 최우선적으로 계약금을 상환할 것을 확약합니다"라는 내용의 확약서를 작성하여 원고에게 교부한 사실이 인정됨. 원, 피고간의 부동산매매계약은 합의해제하는 것으로 하고 계약금의 배액이 아닌 원금만 2회 분할지급하는 내용으로 조정 성립.

조정주문

1. 원고와 피고들은 양자 간의 이 사건 부동산매매계약이 합의해제되었음을 서로 확인한다. 다만 그 원상회복을 위하여 제2항에서 정한 것 외에는 양자 사이에 어떠한 채권채무도 없음을 원고와 피고들은 확인하며 상호간에 서로에 대하여 더 이상의 재판상, 재판외 청구 또는 이의제기를 하지 아니한다.
2. 피고들은 연대하여 원고에게 금 5,000만 원을 지급한다. 다만, 이를 2회로 분할하여 ① 201*. 3. 31.까지 3,000만 원을, ② 201*. 4. 30.까지 2,000만 원을 지급한다. 만일 피고들이 위 금원의 지급을 1회라도 지체하는 경우, 피고들은 기한의 이익을 상실하고 즉시 원고에게 미지급액 전액 및 이에 대하여 지체일로부터 다 갚을 때까지 연 20%의 비율로 계산한 지연손해금을 가산하여 지급한다.

3. 원고는 제2항 기재 금원의 지급을 모두 지급받은 경우 즉시 피고들에 대한 ○○지방법원 △△지원 201*카단**** 부동산 가압류를 해제한다.
4. 원고는 나머지 청구를 포기한다.
5. 소송비용 및 조정비용은 각자 부담한다.

소유권이전등기말소 등 청구사건

사건의 개요 및 조정경과

홀아비(원고)가 홀어미(피고)를 만나 결혼을 전제로 사귀는 동안 원고의 자금으로 부동산을 구입함에 있어 소유권의 2분의 1 지분을 피고 명의로 등기하였다가, 뒤에 피고가 변심하여 헤어지게 되어 명의신탁을 해제하고자 하였으나 피고가 이를 거부하면서 원고가 소송 제기.

명의신탁을 해제할 경우 부동산실명법에 의한 처벌이 있으므로 이를 피하고자 하는 원고측의 요청에 따라 피고가 원고에게 매매를 원인으로 한 소유권이전등기절차를 이행해 주되 원고가 피고에게 적절한 사례금으로 1,500만 원을 지급하고, 원고는 법적 책임이 없는 공동피고에 대한 소를 취하하는 것으로 강제조정하여 양측 이의 없이 확정.

조정주문

1. 원고와 피고 ○○○은 피고 ○○○이 201*. 5. 1.부로 원고에게 별지목록 기재 각 부동산(중 피고 ○○○의 각 지분 전부)을 매도하고 원고는 이를 매수하는 것으로써 이 사건 분쟁을 원만하게 해결하기로 한다.
2. 피고 ○○○은 원고에게 원고로부터 제3항 기재 금 1,500만 원을 지급받음과 동시에 별지목록 기재 각 부동산에 관하여 201*. 5. 1. 매매를 원인으로 한 소유권이전등기절차를 이행한다. 그에 따른 제세공과금 및 비용은 각자 부담한다.
3. 원고는 피고 ○○○에게 피고 ○○○으로부터 제2항 기재 소유권이전등기절차를 이행받음과 동시에 금 1,500만 원을 지급한다.
4. 원고는 피고 △△△에 대한 이 사건 소를 취하하고, 피고 △△△은 이에 동의한다.
5. 원고는 피고 ○○○에 대한 나머지 청구를 포기한다.
6. 소송비용 및 조정비용은 각자 부담한다.

부동산매매계약금반환 청구사건

사건의 개요 및 조정경과

부동산 매도인과 매수인 사이의 다운계약과 관련한 분쟁.

원고들은 원고들의 어머니인 소외 A를 대리인으로 하여 피고와 피고 소유의 토지 및 지상건물을 3억 원(계약금 1,500만 원, 잔금 2억 8,500만 원)에 매수하기로 하는 계약을 체결하였는데, 피고가 급히 돈이 필요하다 하여 3,500만 원 및 3,000만 원을 잔금지급일에 앞서 피고에게 지급하였는데 피고가 3억 원에 매도한 사실이 없다고 주장하며 계약의무이행을 거절하여 원고들은 별도의 최고없이 매매계약 해제의사표시와 함께 8,000만 원(기지급한 6,500만 원 +계약금 상당 1,500만 원의 손해배상금)의 지급을 구하는 소송을 제기. 이에 대해 피고는 A는 원고들의 대리인이 아니라 실질적인 매매계약자로서 피고와 3억 5,000만 원에 부동산매매계약(계약금 3,500만 원, 중도금 3,000만 원, 잔금 2억 8,500만 원)을 체결한 후 채무와 세금문제로 A의 자녀인 원고들을 매수인 명의로 하고 계약금액을 3억 원으로 하는 변경된 다운계약서 작성을 요청하여 계약서 작성에 응하였으나 주변과의 상의 끝에 실매매가격인 3억 5,000만 원에 부동산거래계약을 신고하였고 이후 원고측에서 갑자기 매매대금이 3억 원이라고 주장하며 억지를 부리다 소송을 제기한 것이어서 계약금 3,500만 원의 배액인 7,000만 원을 모두 공제 내지 청구할 예정이라고 주장. 2중계약서의 작성에 관한 피고의 주장이 대체적으로 소명됨. 조정과정에서 매매대금 3억 5,000만 원 대로 계약을 이행하는 방안에 대해 피고는 찬성하였으나 원고들이 거부하였고, 피고가 매매계약에 따라 건물을 인도하기 위해 기존 세입자를 내보내면서 대출을 받는 등 피해가 있었고 계약위반책임이 피고측이 아닌 원고측에 있는 것으로 확인되어 매매계약은 해제된 것을 전제로 피고가 원고들로부터 받은 6,500만 원 중 2,500만 원을 몰취한 4,000만 원을 돌려주고 쌍방 간에 매매계약과 관련하여 더 이상의 채권채무가 없다는 것을 상호 확인한다는 내용으로 조정갈음결정하여 양측 이의 없이 확정.

조정주문

1. 피고는 원고들에게 금 4,000만 원을 지급한다. 다만, 이를 3회로 분할하여 ① 201*. 10. 31.까지 1,000만 원을, ② 201*. 11. 30.까지 1,000만 원을, ③ 201*. 12. 31.까지 2,000만 원을 지급한다.
2. 만일 피고가 제1항 기재 지급을 1회라도 지체하는 경우, 피고는 기한의 이익을 상실하고 즉시 원고들에게 미지급액 전액에 지체일로부터 다 갚을 때까지 연 20%의 비율로 계산한 지연손해금을 가산하여 지급한다.
3. 원고들은, 피고의 제1항 ① 201*. 10. 31. 이행과 동시에, 피고에 대한 부동산가압류를 해제하고, 피고는 그 가압류해제에 따른 원고들의 가압류공탁금 회수에 동의한다.
4. 원고들은 나머지 청구를 포기한다.
5. 원고들(원고들의 어머니인 소외 ○○○을 포함한다)과 피고는, 원고들(원고들의 어머니인 소외 ○○○을 포함한다)과 피고 간의 서울 △△구 ◇◇로 **길 *-** 토지 및 지상 건물의 매매계약과 관련하여 본 조정을 갈음하는 결정에서 정한 사항 이외에는 서로에 대하여 어떠한 채권채무도 없음을 확인하고, 향후 이와 관련하여 서로에 대하여 일체의 재판상, 재판외 청구 또는 이의제기를 하지 아니한다.
6. 소송비용 및 조정비용은 각자 부담한다.

지료 상당 부당이득금 청구사건

사건의 개요 및 조정경과

원고는 소외 A와 함께 토지 및 지상 건물을 매입한 후 건물만 피고에게 매도하면서 지료에 대해서는 차후 논의하기로 하였는데 피고가 지료에 관한 논의를 회피하고 지료를 지급하지 않고 있다며 5,000만 원 지료를 청구하는 소송을 제기. 1심에서 2,500여만 원이 인용되었고, 피고가 이에 불복하여 항소. 항소심 조정회부. 피고는 형식적으로만 건물 소유권을 취득하였을 뿐 원고의 자녀들이 건물을 실질적으로 사용 수익하였으며 지난 10년 동안 지료를 전혀 청구하지 않다가 토지 경락인인 소외 B가 피고를 상대로 지료 상당 부당이득손해배상을 청구하자 본 소송을 제기하였다고 주장. 피고가 원고에게 800만 원을 지급한다는 내용으로 조정갈음결정하여 양측 이의 없이 확정.

조정주문

1. 피고(항소인, 이하 '피고'라 한다)는 원고(피항소인, 이하 '원고'라 한다)에게 201*. 11. 30.까지 금 8,000,000원을 지급한다. 만일 피고가 위 지급기일까지 위 금원을 지급하지 아니한 때에는, 피고는 미지급금원에 대하여 위 지급기일 다음날부터 다 갚을 때까지 연 20%의 비율에 의한 지연손해금을 가산하여 원고에게 지급한다.
2. 원고는 나머지 청구를 포기한다.
3. 소송총비용 및 조정비용은 각자 부담한다.

부동산교환계약불이행에 다른 위약금 청구사건

사건의 개요 및 조정경과

원고는 피고들과 원고 소유의 원룸사업 건물과 피고들 소유의 토지 및 건물을 교환하되 차액은 현금 지급하기로 하며 계약미이행 시 위약금 1억을 지급하기로 하는 부동산교환계약을 체결하였는데 피고들이 합당한 이유 없이 교환계약이행을 거부하고 있어 위약금 1억 원의 지급을 구하는 소송을 제기. 피고들은 원고 소유의 원룸 사업 건물 상의 원룸 내에 싱크대 등 취사시설을 불법으로 설치한 것이어서 수천만 원의 이행강제금 부과가 예상되는 하자가 있고 취사시설을 제거할 시 임대료 수입이 현저히 감소할 것이므로 원고의 귀책사유에 따라 계약을 해제하고 오히려 원고로부터 위약금을 받아야 한다는 주장을 함. 조정결과, 원고가 소를 취하하고 양자 간의 부동산교환계약을 원만히 상호 이행하기로 하는 내용으로 임의조정 성립.

조정주문

1. 원고는 이 사건 소를 취하하고, 피고들은 이에 동의한다.
2. 원고와 피고들은 양자간에 201*. *. **. 체결된 이 사건 부동산교환계약을 201*. 1. 30.까지 상호 원만하게 동

시이행하기로 한다. 다만, 원고 소유의 부동산 관련 대출금, 임대차보증금, 월차임의 정산은 위 계약 약정 취지에 따라 상호 합의하여 정산하고 그에 따라 계약대금 및 정산 지급할 차액을 확정하기로 한다.

3. 원고는 201*. 12. 19.까지 피고들에 대한 부동산가압류결정(○○지방법원 201*카단****)에 대한 신청을 취하한다.
4. 소송비용 및 조정비용은 각자 부담한다.

부당이득금 청구사건

사건의 개요 및 조정경과

원고는 피고 한국○○○○공사로부터 택지개발사업지구 주택건설용지 이주대책단독주택용지 265㎡를 2억 1,100여만 원에 분양(796,732원/㎡)받은 소외 A의 수분양권을 취득하여 원고, 피고, A 3자간의 권리의무승계계약을 체결하고 분양대금을 납부하였는데 이후 법원의 확정판결에 의하여 피고가 단독주택용지 공급 시 생활기본시설 설치비용부분까지 분양대금에 포함시킨 것은 강행법규 위반으로서 무효임이 확인되었고 이에 따르면 정당한 분양단가는 748,610원/㎡이므로 이를 초과하는 부분인 22,466,150원은 부당이득으로 반환되어야한다고 주장하며 그 금원의 지급을 구하는 소송을 제기. 피고는 원고의 청구액에는 원고의 분양대금납부지연으로 인한 연체이자가 포함되어 있어 이는 부당이득산정에서 제외되어야 하고, 265㎡를 초과하여 분양된 면적인 2.9㎡에 대해서는 일반수분양자와 마찬가지의 감정가격이 적용되어야 한다는 주장과 함께 피고가 반환할 금액은 원고의 청구액과 차이가 있다고 함. 피고가 2,000만 원을 지급한다는 내용으로 조정갈음결정하여 양측 이의 없이 확정.

조정주문

1. 피고는 원고에게 201*. 2. 28.까지 금 20,000,000원을 지급한다. 만일 피고가 위 지급기일까지 위 금원을 지급하지 아니한 때에는, 피고는 미지급금원 및 이에 대하여 위 지급기일 다음날부터 다 갚을 때까지 연 20%의 비율에 의한 지연손해금을 가산하여 원고에게 지급한다.
2. 원고는 나머지 청구를 포기한다.
3. 소송비용 및 조정비용은 각자 부담한다.

매매부동산 지중 폐기물로 인한 손해배상 청구사건

사건의 개요 및 조정경과

원고는 피고로부터 피고 소유의 대지 및 지상건물을 172억 원에 매수하고 소유권을 이전받아 토목공사를 시작한 시점에 부지 지중에 예상하지 못한 혼합폐기물, 건설폐기물이 매립되어 있는 것을 발견하고 이를 처리하며 소요된 비용 9,400여만 원의 지급을 구하는 소송을 제기. 피고는 전소유자인 소외 A로부터 동 건물과 부지를 매입하여 원고에게 매각할 때까지 어떠한 공사, 매립 등 변경행위를 한 사실이 없고 폐기물이 지중에 매립된 사실을 전혀 알지 못하였을 뿐 아니라 원고와 피고 간의 매매계약에 폐기물처리 관련 매도인의 하자담보책임 면책 특약을 두었으므로 책임이 없다고 주장. 피고가 원고에게 1,500만 원을 지급하고 원고는 나머지 청구를 포기하고 피고에 대한 별소(5억 원 부당이득반환소송)를 취하한다는 내용으로 조정갈음결정하여 양측 이의 없이 확정.

조정주문

1. 피고는 원고에게 201*. 9. 25.까지 금 15,000,000원을 지급한다. 만일 피고가 위 지급기일까지 위 금원을 지급하지 아니한 때에는, 피고는 미지급금원 및 이에 대하여 위 지급기일 다음날부터 다 갚는 날까지 연 20%의 비율에 의한 지연손해금을 가산하여 원고에게 지급한다.
2. 원고는 나머지 청구를 포기한다.
3. 원고는 피고에 대한 서울○○지방법원 201*가합***** 부당이득금 소를 취하하고, 피고는 이에 동의한다.
4. 이 사건 소송 및 제3항 기재 부당이득금 소를 합하여 총소송비용 및 조정비용은 각자 부담한다.

부동산매매계약 계약금반환 청구사건

사건의 개요 및 조정경과

원고는 피고들의 부동산 지분을 3억 5,000만 원에 매수하기로 하고 계약금 3,500만 원을 지급한 다음 잔금지급일에 잔금지급의사표시와 함께 피고들 지분의 소유권이전등기를 요구하였으나 피고들이 이에 응하지 아니하고 이후 다른 사람들에게 자신들의 지분을 이전하였으므로 매매계약을 해제함과 동시에 계약금 3,500만 원의 반환을 구하는 소송을 제기. 피고들은 원고가 불이행책임을 져야한다고 주장. 조정합의 불성립. 피고들이 연대하여 3,300만 원을 지급한다는 내용으로 조정갈음결정하여 양측 이의 없이 확정.

조정주문

1. 피고(항소인)들은 연대하여 원고(피항소인)에게 201*. 9. 30.까지 금 33,000,000원을 지급한다. 만일 피고(항소인)들이 위 금원을 위 지급기일까지 지급하지 아니한 때에는 미지급금원 및 이에 대하여 지급기일 다음날부터 다 갚는 날까지 연 20%의 비율로 계산한 지연손해금을 가산하여 지급한다.
2. 원고(피항소인)는 나머지 청구를 포기한다.
3. 소송총비용 및 조정비용은 각자 부담한다.

건물 소유권이전등기 청구사건

사건의 개요 및 조정경과

원고는 피고와 피고 소유의 대지와 지상건물에 대한 매매계약을 체결하여 대금을 모두 지급하고 대지에 대해서는 매매계약 직후 소유권이전등기를 하였는데 건물은 건축물대장에만 등재되어 있고 보존등기가 되어 있지 않음으로 인해 소유권이전등기를 하지 못하여 피고가 추후 보존등기 후 이전등기를 마쳐주기로 하였음에도 약속을 지키지 못했다며 그 이행을 구하는 소송을 제기. 조정과정에서 피고가 건축물대장의 소유자현황을 원고로 변경(이후 원고가 원고 명의로 보존등기신청)하거나 건물의 소유권보존등기를 경료하여 원고에게 소유권이전등기를 이행하는 내용으로 임의조정 성립.

조정주문

1. 피고는 원고에게 별지목록 기재 건물에 관하여
   가. 20**. 11. 23. 매매를 원인으로 하여 일반건축물대장의 소유자현황을 피고에서 원고로 변경하는 신청절차를 이행하거나,
   나. 별지목록 기재 건물에 관하여 소유권보존등기를 경료하고 20**. 11. 23. 매매를 원인으로 하는 소유권이전등기절차를 이행한다.
   위 일반건축물대장변경절차 및 등기절차 비용, 제세공과금은 원고가 모두 부담한다.
2. 소송비용 및 조정비용은 각자 부담한다.

근저당권말소회복등기 청구사건

사건의 개요 및 조정경과

원고는 소외 A회사에 5억 7,000여만 원 상당의 물품을 공급하고 물상보증인인 피고의 부동산에 근저당권을 설정받았는데 피고가 원고 몰래 근저당권 설정 당시 건네받은 인감도장, 증명서 등을 이용하여 근저당권해지에 필요한 서류에도 인감날인하였다가 이를 이용하여 원고의 근저당권을 임의말소하고 다른 회사에 근저당권을 설정한 사실을 알고 형사고소와 함께 말소된 근저당권의 회복등기절차이행을 구하는 소송을 제기. 피고의 사기 및 사문서위조, 동행사의 점이 소명되어, 피고가 피고의 비용부담으로 원고에게 말소된 근저당권의 회복등기절차를 이행한다는 내용으로 조정갈음결정하여 양측 이의 없이 확정.

조정주문

1. 피고는 원고에게 별지목록 기재 부동산에 관하여 서울○○지방법원 201*. **. **. 접수 제*****호로 말소 등기된 같은 법원 201*. **. *. 접수 제*****호 근저당권설정등기의 회복등기절차를 이행한다. 그 등기절차비용

은 피고가 부담한다.

2. 소송비용 및 조정비용은 각자 부담한다.

근저당권말소 청구사건

사건의 개요 및 조정경과

원고는 피고 아웃도어의류회사와 의류위탁판매계약을 체결하면서 외상거래 담보목적으로 원고 소유의 부동산에 근저당권을 설정하여 주었는데 계약해지 후에도 피고들이 근저당권을 말소해주지 않는다며 그 말소를 구하는 소송을 제기. 원고와 피고들 사이의 정산 잔대금 1,200만 원이 있음을 확인하고 이를 원고가 피고들에게 지급하고 피고들은 근저당권을 말소하는 것을 동시이행한다는 내용으로 조정갈음결정하여 양측 이의 없이 확정.

조정주문

1. 별지기재 목록 부동산에 대하여, 원고로부터 피고 주식회사 ○○○가 금 12,000,000원을 지급받음과 동시에, 피고 주식회사 ○○○는 서울◇◇지방법원 ▽▽등기소 20**. *. **. 접수 제*****호, 피고 주식회사 △△는 20**. *. *. 접수 제*****호로 각 마친 근저당권설정등기의 말소절차를 각 이행한다. 그 등기절차에 필요한 비용은 피고들이 각 부담한다.
2. 원고는 피고들로부터 제1항 각 근저당권설정등기의 말소절차를 각 이행받음과 동시에 피고 주식회사 ○○○에게 제1항 기재 금원 12,000,000원을 지급한다. 피고들은 위 금원이 원고와 피고들 사이의 의류위탁판매계약 해지 정산 잔대금으로서 원고가 피고들에게 지급하는 금원이며 피고들을 대표하여 피고 주식회사 ○○○가 동 금원을 원고로부터 지급받게 됨을 확인하며, 원고와 피고들은 이와 관련하여 향후 쌍방 간에 재판상, 재판외 청구 또는 이의제기를 하지 아니한다.
3. 원고는 나머지 청구를 포기한다.
4. 소송비용 및 조정비용은 각자 부담한다.

가등기말소 청구사건

사건의 개요 및 조정경과

원고는 자신의 아들 A의 중국내 사업 파트너였던 피고가 어느 날 법무사를 대동하고 원고를 찾아와 "피고가 먼저 매입할 권리를 갖게 하는 서류이다"라고 설명하며 인감날인을 요구하자 이에 응하여 원고 소유의 부동산에 피고를 가등기권자로 하는 매매예약 원인의 가등기설정을 해주었는데, 이후 피고에게 속은 사실을 알고 피고를 상대로 가등기말소를 구하는 소송을 제기. 조정심리과정에서 피고는 원고의 아들 A는 피고와의 공동사업자금 중 5억 원을 횡령하였고 이에 대해 원고가 A를 위해 스스로 가등기를 설정하여 주었다고 주장함. 피고가 A가 함께 하지 않은 자리에서 법적 판단력이 없는 A의 연세 드신 어머니인 원고를 일방적으로 찾아가 원고로 하여금 자발적으로 가등기의 법적 의미를 충분히 이해하고 가등기를 설정하게 하였다는 것은 믿기 어려운 점과 다만 원고가 A의 피고에 대한 채무의 일부를 대신 변제한다는 차원에서 원고가 피고에게 2,000만 원을 대위변제하고 피고는 가등기를 말소하기로 하는 내용으로 임의조정 성립.

조정주문

1. 원고는 피고에게 201*. 12. 31.까지 금 20,000,000원을 지급한다.
2. 피고는 원고에게 201*. 12. 31.까지 별지목록 기재 부동산에 관하여 서울○○지방법원 등기과 접수 201*. *. **. 제*****호 201*. *. **. 매매예약을 원인으로 한 소유권이전청구권가등기를 말소한다. 그 등기에 필요한 비용은 원고가 부담한다.
3. 제1항과 제2항은 동시에 이행한다.
4. 피고는 원고로부터 제1항 기재 금원을 지급받는 경우, 소외 △△△에 대한 피고의 채권액에서 동 금원을 공제하기로 한다.
5. 원고는 나머지 청구를 포기한다.
6. 소송비용 및 조정비용은 각자 부담한다.

부동산매매계약 계약금반환 청구사건

사건의 개요 및 조정경과

원고는 피고와 피고 소유의 전답 및 부속 지상건물을 2억 6,500만 원에 매수하기로 매매계약을 체결하고 계약당일 계약금 3,000만 원을 지급하였으나 인근에 쓰레기종합처리장과 공동묘지와 같은 혐오시설이 있는 사실을 피고가 속여 계약한 사실을 뒤늦게 알고 계약을 취소하고 계약금 반환을 요구하였으나 거절당하자 3,000만 원의 지급을 구하는 소송을 제기. 피고는 혐오시설의 존재 여부를 속인 사실이 없으며 인근에 쓰레기소각장이 있다는 사실은 누구나 쉽게 알 수 있고 원고가 지적하는 공동묘지는 자연 발생 묘지에 불과하여 계약취소사유가 없다고 주장. 조정 불성립. 피고가 3,000만 원 중 2,500만 원을 원고에게 지급한다는 내용으로 조정갈음결정하여 양측 이의 없이 확정.

조정주문

1. 피고는 원고에게 201*. 10. 30.까지 금 25,000,000원을 지급한다. 만일 피고가 위 지급기일까지 위 금원을 지급하지 아니한 때에는, 피고는 미지급금원 및 이에 대하여 위 지급기일 다음날부터 다 갚는 날까지 연

20%의 비율에 의한 지연손해금을 가산하여 원고에게 지급한다.

2. 원고는 나머지 청구를 포기한다.
3. 소송비용 및 조정비용은 각자 부담한다.

임료 상당 부당이득금 반환 청구사건

사건의 개요 및 조정경과

원고 1, 2는 28년 전 ○○동 소재 대지를 피고와 함께 공동매수(원고들 각 1/4, 피고 1/2 지분)하였는데 이후 피고가 위 대지 위에 자신 소유의 건물을 신축하여 점유하면서 원고들의 대지 지분에 대한 임료를 지불하지 않았다며 과거 10년간의 임료 상당 부당이득금 5,000만 원을 청구하는 소송을 제기. 조정 심리 과정에서 피고로 하여금 원고들의 대지 지분을 매입하게 하고 원고들은 임료를 포기하기로 하였는데 매매가에 대해 양측의 입장이 맞섰으나 최종적으로 대지의 현 공시지가를 기준으로 하여 매매하는 내용으로 임의조정 성립.

조정주문

1. 원고들과 피고는, 별지 부동산에 관한 원고들의 각 소유지분을 원고들이 피고에게 95,000,000원에 매도하고 피고는 이를 매수하기로 한다. 위 계약은 201*. 8. 31.까지 쌍방이 이행완료 하는 것으로 하되, 구체적 조건은 별도의 계약서로 정한다.
2. 원고들은 이 사건 소를 취하하고, 피고는 이에 동의한다.
3. 원고들과 피고는 이 사건 청구원인과 관련하여 본 조정조서에서 정한 사항 이외에는 양자 사이에 어떠한 채권채무도 없음을 확인하고, 향후 이와 관련하여 서로에 대하여 일체의 재판상, 재판외 청구 또는 이의제기를 하지 아니한다. 다만, 제1항 기재 매매계약이 제1항 기재 기일까지 이행완료 되지 아니하는 경우, 동 매매합의 및 본 제3항은 무효로 한다.
4. 소송비용 및 조정비용은 각자 부담한다.

관리비 반환 청구사건

사건의 개요 및 조정경과

원고들은 피고 관리단이 관리하고 있는 주상복합건물의 11**호, 지하 2**호를 각 경락받아 소유권이전등기를 경료 하였는데, 피고 관리단이 원고들에게 이전 소유자(시행사)가 연체한 관리비의 원금과 지연손해금을 대납하지 않으면 입주할 수 없다고 하자 할 수 없이 대납한 후, 그 반환을 구하는 소송을 제기. 특히 피고 관리단은 원고들 아닌 다른 주상복합 소유권승계자들에게는 이전 소유자의 미납관리비를 결손처리해주거나 이미 대납한 금액의 56% 선에서 반환하는 합의를 한 사실이 밝혀짐. 법리상으로도 소유권승계자는 공용부분에 대한 관리비에 대해서만 승계책임이 있을 뿐 전용부분에 대해서는 책임질 이유가 없기에, 조정과정에서 피고가 원고들에게 전용부분에 대한 연체관리비 대납액의 56%에 상당한 금액을 반환하기로 하는 내용으로 조정성립.

조정주문

1. 피고는 201*. 2. 5.까지 원고 ○○○에게 12,340,000원, 원고 △△△에게 6,130,000원을 각 지급한다. 만일 피고가 위 지급기일까지 위 금원을 지급하지 아니한 때에는, 피고는 미지급금원에 대하여 지급기일 다음날부터 다 갚을 때까지 연 15%의 비율로 계산한 지연손해금을 가산하여 원고들에게 지급한다.
2. 원고들은 나머지 청구를 포기한다.
3. 소송비용 및 조정비용은 각자 부담한다.

부동산공인중개사 수수료 청구사건

사건의 개요 및 조정경과

원고는 공인중개사로서 자신의 중개보조인인 소외 A가 피고의 위임을 받아 매수희망자인 소외 B를 소개하여 피고와 B 사이의 고시원 권리양도양수계약을 중개하였으나 피고의 일방적인 변심으로 계약이 해제되었으므로 약정 수수료 500만 원을 지급하여야 한다며 소송을 제기. 피고는 당시 A가 먼저 피고에게 "권리금 8,000만 원을 피고에게 쥐어 주고 나머지 차액은 원고가 알아서 챙긴다"라고 하였으므로 피고가 원고에게 수수료를 지급할 의무가 없다고 주장. 계약서상 중개수수료에 관한 약정이 없어 수수료 금액도 특정할 수 없는 상황이었음. 조정합의 불성립. 원고가 소를 취하한다는 내용으로 조정갈음결정하여 양측 이의 없이 확정.

조정주문

1. 신청인은 이 사건 신청을 취하한다.
2. 조정비용은 각자 부담한다.

구분소유적공유자 간 상호명의신탁해지에 따른 소유권이전등기 인수절차이행 청구사건

사건의 개요 및 조정경과

원고들은 피고 ○○시, 소외 다수인들과 △△동 소재 대지에 대해 구분소유적 공유관계(상호명의신탁)에 있었는데, 원고들과 소외인들과의 사이에는 상호명의신탁 해지에 따른 지분소유권이전등기의 상호 경료가 완료되었는데 피고는 원고들에게 지분소유권이전등기를 경료 해주었으나 원고들로부터 지분소유권이전등기를 아직 경료 받지 않았기에 원고들은 피고를 상대로 지분소유권이전등기의 인수절차를 이행하라는 소송을 제기. 원고와 피고 사이에 정확한 지분 확인이 필요하여 조정기일을 속행한 후 그 확인된 지분에 대하여 피고가 원고들로부터 소유권이전등기 인수절차를 이행한다는 내용의 조정갈음결정하여 양측 이의 없이 확정.

조정주문

1. 피고는 원고들로부터 서울 ○○○구 △△△동 1가 **-* 대 3,087.4㎡ 중 각 별지 목록 기재 각 원고별의 지분에 관하여 명의신탁해지를 원인으로 한 지분소유권이전등기의 인수 절차를 이행한다.
2. 소송비용 및 조정비용은 각자 부담한다.

부동산매매약정금 반환 청구사건

사건의 개요 및 조정경과

원고는 피고와 피고 소유의 부동산을 63억 원에 매수하기로 하는 계약을 체결하고 약정금(계약금) 2억 5,000만 원을 지급하였는데 원고의 사정으로 대금을 치르지 못하게 되어 피고로부터 계약 해제 및 약정금 몰취(피고가 그 중 5,000만 원은 임의로 반환)를 당하자 그 반환을 구하는 소송을 제기. 피고는 원고와의 계약이 해제되고 나서 한참이 지난 후 제3자에게 56억 원에 매각하여 결과적으로 매각대금 차액과 최종 매각 시까지 임대료 상당의 손실 등이 발생. 조정과정에서 계약금의 몰취는 법률상 불가피한 것이나 그 금액이 큰 점 등을 고려하여 2억 원 중 6,500만 원을 반환하는 내용으로 임의조정 성립.

조정주문

1. 원고와 피고는, 양자간에 201*. *. *. 체결된 이 사건 부동산매매계약(매매대금 63억 원)이 원고의 계약불이행으로 해제되어 동 부동산이 201*. *. **. 소외 △△△에게 매각(매각대금 56억 원)됨으로 인하여 피고에게 발생한 매도대금의 차익 및 매각 시까지의 부동산임대료 상실분에 대한 손해금으로 원고가 피고에게 지급하였던 약정금은 전액 몰취됨을 쌍방 간에 확인한다.
2. 제1항에 불구하고, 피고는 원고에게 201*. 4. 30.까지 금 65,000,000원을 지급한다. 만일 피고가 위 지급기일까지 위 금원을 지급하지 아니한 때에는, 피고는 미지급금원에 대하여 지급기일 다음날부터 다 갚을 때까지 연 15%의 비율로 계산한 지연손해금을 가산하여 원고에게 지급한다.
3. 원고는 나머지 청구를 포기한다.
4. 원고와 피고는 이 사건 청구원인과 관련하여 본 조정조서에서 정한 사항 이외에는 양자 사이에 어떠한 채권채무도 없음을 확인하고, 향후 이와 관련하여 서로에 대하여 일체의 재판상, 재판외 청구 또는 이의제기를 하지 아니한다.

5. 소송비용 및 조정비용은 각자 부담한다.

소유권지분이전등기 청구사건

사건의 개요 및 조정경과

원고는 36년 전 8촌인 피고, 소외 A와 함께 ○○시 소재 아파트를 공동 매수(각 1/3 지분)할 때 피고의 지분 1/3에 해당하는 매수자금을 대신 지불하였음에도 피고가 이를 변제하지 않았고 이후 피고가 돈을 변제하는 대신 자신의 지분을 원고에게 양도하기로 하는 합의각서를 작성(소제기 시로부터 18년 전 작성)하였다고 주장하며 소유권 지분 이전을 구하는 소송을 제기. 피고는 원고로부터 돈을 빌린 사실도, 합의각서를 작성한 사실도 없고 설사 있더라도 소멸시효가 완성되었다고 주장. 원고가 소를 취하하고 피고가 이에 동의한다는 내용으로 조정갈음결정하여 양측 이의 없이 확정.

조정주문

1. 원고는 이 사건 소를 취하하고, 피고는 이에 동의한다.
2. 소송비용 및 조정비용은 각자 부담한다.

토지매매계약불이행에 따른 부당이득금 반환 청구사건

사건의 개요 및 조정경과

원고는 피고로부터 피고 소유의 제주도 토지(田) 지분 일부를 매수하기로 하는 계약을 체결하고 대금을 지불하고 그 지분 소유권을 이전받았는데 피고가 약속과 달리 지분에 대한 단독필지(분필)화 및 기존 근저당권과 지상권을 말소하지 않는다며 자신의 지분 비율 상당의 부당이득 7,600만 원의 지급을 구하는 소송을 제기. 조정과정에서 피고의 이행의사를 확인하고 기일을 속행하여 피고로 하여금 필지 분할과 기존 금융기관채권자에 대한 채무변제 및 근저당권·지상권 말소절차를 밟을 기회를 부여한 후, 속행기일에 피고가 약속한 내용을 모두 이행한 것을 부동산등기부 등을 통하여 확인하였고, 원고가 소를 취하하고 피고에 대한 부동산가압류를 취하하기로 하는 내용으로 임의조정 성립.

조정주문

1. 원고는 이 사건 소를 취하하고, 피고는 이에 동의한다.
2. 원고는 피고에 대한 부동산가압류(서울○○지방법원 201*카단***) 신청을 취하하고 그 집행취소를 신청한다.
3. 소송비용 및 조정비용은 각자 부담한다.

추심금 청구사건

사건의 개요 및 조정경과

원고 6인은 소외 연립주택재건축조합의 조합원으로서 조합의 재건축사업추진과정에서 조합에 각 4,000만 원씩 대여하였고 이후 재건축공사가 이루어졌음에도 조합이 원고들에 대한 차용금을 변제하지 아니하자 조합으로부터 일반분양 받아 매매대금잔금지급채무를 지고 있는 수분양자의 한 사람인 제3채무자 피고를 상대로 조합의 피고에 대한 채권을 압류추심한 후 원고 6명에게 각 1,000만 원의 추심금을 지급하라는 소송을 제기. 피고는 분양자인 조합에 대해 분양대금 잔금 2,700만 원을 미지급한 사실은 인정하면서도 그 지급지연의 사유가 조합이 재건축한 신축건물이 아직 준공검사를 받지 못하여 수분양자로서 대지권도 취득하지 못한 데 있으므로 그러한 조건이 충족된 이후 잔금을 지급할 수 있다는 입장이었음. 조정심리를 통하여 피고가 원고들을 피공탁자로 하여 소외 조합에 대한 잔여분양대금채무 2,700만 원을 공탁한 사실 및 소외 조합과 피고 사이에 잔여 대금을 원고들에게 지급함으로써 양자 사이에 채권채무가 없다는 것을 확인하는 조정에 이른 사실을 확인한 후, 원고 6인이 피고의 공탁금을 450만 원씩 수령하고 나머지 청구는 포기하기로 하는 내용으로 임의조정 성립.

조정주문

1. 피고는 원고(선정당사자) 이**, 선정자 이**, 김**, 이**, 김**, 조**에게 201*. 12. 22.까지 각 금 4,500,000원을 지급한다.
2. 원고(선정당사자) 이**, 선정자 이**, 김**, 이**, 김**, 조**는 제1항 각 지급에 갈음하여, 피고가 원고(선정당사자) 이**, 선정자 이**, 김**, 이**, 김**, 조**를 피공탁자로 하여 공탁(서울○○지방법원 201*금제****호)한 공탁금액 27,000,000원에서 각 금 4,500,000원을 수령하기로 하고, 피고는 이에 이의를 제기하지 아니한다.
3. 원고(선정당사자) 이**, 선정자 이**, 김**, 이**, 김**, 조**는 나머지 청구(제1항 및 제2항 기재 지급과 관련한 지연손해금 청구 포함)를 포기한다.
4. 소송비용 및 조정비용은 각자 부담한다.

부동산 거래 계약금 반환 청구사건

사건의 개요 및 조정경과

원고는 피고 소유의 상거건물을 81억 원에 매수하기로 계약하고 계약금 8억 1,000만 원을 지급하였으나 원고가 중도금과 잔금 지급을 위한 대출을 받지 못하여 계약이 해제된 후 원고가 지급한 계약금 8억 1,000만 원의 반환을 요구. 피고는 원고의 계약불이행에 따른 계약금 몰취는 정당하여 전혀 반환할 수 없다는 주장을 함. 조정합의 불성립. 몰취금액이 과다한 점, 계약해제에 앞서 원고가 중도금 등을 준비하였으나 잔액의 전액에 미치지 못하여 피고가 수용하지 아니한 점, 피고가 동일가격으로 제3자에게 동 건물을 매각하여 실질적인 피해가 없는 점 등을 감안하여 몰취된 계약금 중 5억 5,000만 원을 피고가 원고에게 반환한다는 내용으로 조정갈음결정하여 양측 이의 없이 확정.

조정주문

1. 피신청인은 신청인에게 201*. 12. 31.까지 금 550,000,000원을 지급한다. 만일 피신청인이 위 지급기일까지 위 금원을 지급하지 아니한 때에는, 피신청인은 미지급금원에 대하여 위 지급기일 다음날부터 다 갚는 날까지 연 15%의 비율에 의한 지연손해금을 가산하여 신청인에게 지급한다.
2. 신청인은 나머지 신청을 포기한다.
3. 조정비용은 각자 부담한다.

편취로 인한 손해배상 청구사건

사건의 개요 및 조정경과

원고는 피고 1로부터 소외 A의 아파트 특별분양권을 1억 1,000만 원에 매수하기로 하는 계약을 체결하고 그 계약체결을 피고 2가 중개하였는데 원고가 대금을 모두 지급하였음에도 A의 특별분양권을 넘겨받지 못하게 되자, 피고들을 상대로 형사고소와 함께 편취금 반환을 구하는 소송을 제기. 조정과정에서 피고들은 원고를 상대로 사기를 한 것이 아니라 소외 A의 특별분양권(재개발 딱지)을 3,150만 원에 매수하기로 하였는데 A의 건물이 건물대장에만 기재되고 등기부에는 없는 것이 확인되어 최종 성사가 되지 못하여 원고에게 이행하지 못하였을 뿐이고 소송 전에 원고에게 지불각서를 써 주었다고 주장. 피고들이 연대하여 1억 1,000만 원을 4회 분할하여 지급하되 1회분의 지급이 있으면 원고가 피고들에 대한 형사고소를 취하하고 4회분까지 모두 지급하면 피고 2 소유 부동산에 설정된 원고 아들 명의의 근저당권을 말소하기로 하는 내용으로 강제조정하여 확정.

조정주문

1. 피고들은 연대하여 원고에게 금 110,000,000원을 지급한다. 다만, 이를 4회로 분할하여 ① 201*. 12. 31.까지 30,000,000원을, ② 201*. 2. 28.까지 30,000,000원을, ③ 201*. 4. 30.까지 30,000,000원을, ④ 201*. 6. 30.까지 20,000,000원을 지급한다. 만약 피고들이 위 금 110,000,000원 중 100,000,000원을 201*. 12. 31.까지 지급하는 경우, 원고는 피고들의 나머지 금액에 대한 채무를 면제한다.
2. 만일 피고들이 제1항 기재 지급을 1회라도 지체하는 경우, 피고들은 기한의 이익을 상실하고 즉시 원고에게 미지급액 전액 및 이에 대하여 지체일로부터 다 갚을 때까지 연 15%의 비율로 계산한 지연손해금을 가산하

여 지급한다.

3. 원고는, 제1항 기재 ① 201*. 12. 31. 30,000,000원 지급이 있는 경우, 피고들에 대한 형사고소(소관기관 ○○경찰서)를 취하한다.

4. 원고는, 제1항 기재 지급이 모두 이루어진 경우, 즉시 피고 ○○○(개명 전 ○○○) 소유 부동산(경기도 ○○군 △△면 ◇◇리 *** 잡종지 6,658㎡)에 대한 201*. **. **.자 근저당권(근저당권자 명의 ○○○)을 말소한다.

5. 원고는 나머지 청구를 포기한다.

6. 소송비용 및 조정비용은 각자 부담한다.

부동산 소유권이전등기 청구사건

사건의 개요 및 조정경과

원고는 친누나인 피고로부터 피고 소유의 대지 9,745㎡의 1/6 지분을 매수하기로 하고 3억 5,000만 원의 대금을 모두 지급하였는데 피고가 아직 소유권이전등기를 해주지 않는다며 소유권이전등기를 구하는 소송을 제기. 피고는 원고가 소유권이전등기를 해가지 않아 피고가 원고지분에 대한 공과금과 은행이자까지 부담하여 왔다고 항변. 피고가 원고에게 피고 소유의 대지 9,745㎡의 1/6인 1,650㎡의 소유권이전등기절차를 이행하되 원고도 피고에게 2,200만 원을 지급하는 내용의 조정갈음결정하여 양측 이의 없이 확정.

조정주문

1. 원고는 피고에게 201*. 2. 28.까지 금 22,000,000원을 지급한다. 만일 원고가 위 지급기일까지 위 금원을 지급하지 아니한 때에는, 원고는 미지급금원 및 이에 대하여 위 지급기일 다음날부터 다 갚는 날까지 연 15%의 비율에 의한 지연손해금을 가산하여 피고에게 지급한다.

2. 피고는 원고에게 경기도 ○○시 △△동 **-* 대 1,653㎡에 관하여 200*. *. **. 매매를 원인으로 한 소유권이전등기절차를 이행한다.

3. 소송비용 및 조정비용은 각자 부담한다.

09 부동산 임대차사건

상가임대차보증금반환 청구사건

사안의 개요 및 조정경위

PC방 임대차만료 후 임대인과 임차인 사이에 원상회복(인테리어 철거) 비용 부담에 대한 이견으로 임차보증금 회수와 건물 명도가 서로 이루어지지 않으며 갈등 심화, 분쟁 장기화. 임차인이 보증금반환을 위한 소제기.

임대차계약 시 임차인이 원상회복의무를 지는 것으로 하였고, 그 공사견적에 대해 임대인은 3,000만 원, 임차인은 1,000만 원을 주장하여 차이가 현저하였고, 그외 복구 전기공사에 대해서도 입장 대립.

조정과정에서, 임차인이 자기 비용으로 원상회복공사를 하고 그 완성도에 대한 판정은 양측 대리인의 합의에 의해 하기로 하고, 복구 전기공사는 양측이 비용을 반분하여 시행하며, 임차인의 원상회복공사 개시를 위해 임대인은 보증금중 우선 1,000만 원을 반환하게 하였고, 최종 공사가 마무리되면 나머지 보증금을 반환한다는 내용으로 조정안을 제시하여 조정 성립.

조정주문

1. 신청인과 피신청인은, 서울 △△구 ◇◇동 ***-* 건물 2, 3층의 임대차계약(임대인:피신청인, 임차인:신청인)이 201*. 1. 25.부로 계약기간이 만료되어 종료되었음을 확인한다. 다만, 신청인과 피신청인은, 이러한 임대차 종료에도 불구하고 쌍방의 임대차보증금반환의무와 건물 명도의무는 상호간에 이 사건 조정합의의 완전한 이행이 종료될 때까지 이행이 유예됨을 인정한다.
2. 피신청인은 신청인에게 201*. 5. 3.까지 이 사건 임대차보증금 금 40,000,000원의 일부인 금 10,000,000원을 지급한다.
3. 신청인은 제2항 기재와 같이 피신청인으로부터 이 사건 임대차보증금 금 40,000,000원의 일부인 금 10,000,000원의 지급을 받은 이후, 신청인의 비용부담으로 별지 철거/원상 복원 내역대로 이 사건 임대차 건물의 PC방 사업과 관련하여 설치된 내외부 인테리어 및 구조물을 철거하여 최초 준공당시의 원상태로 복원한다. 철거 후 준공 당시의 원상태로 복원하였는지 여부에 대한 판정은 신청인과 피신청인이 각 1인씩 선정한 입회인의 상식적이고 호혜적인 합의에 의한다.
4. 신청인과 피신청인은 제3항에 따른 철거 및 원상복원이 완료된 후 쌍방이 비용을 반분하여 이 사건 임대차

건물 2, 3층의 전기, 텍스, 조명공사를 시행한다. 이 전기, 텍스, 조명공사는 신청인과 피신청인 쌍방이 각 1개 업체씩 선정하여 그중 견적가가 낮은 업체로 하여금 시행하게 한다.

5. 제3항, 제4항에 따른 철거 및 원상복원, 전기, 텍스, 조명공사가 완료되면 그 시점에 건물 명도가 이행된 것으로 간주하며, 피신청인은 이와 같이 명도 받은 날로부터 5일 이내(토요일, 일요일, 기타 공휴일 포함)에 신청인에게 이 사건 임대차보증금 금 40,000,000원의 잔금인 금 30,000,000원을 지급한다. 만약 피신청인이 위 금원의 지급을 지체하는 경우 미지급금액에 대하여 지급기일 다음날부터 다 갚는 날까지 연 20%의 비율로 계산한 돈을 가산하여 지급한다.
6. 신청인은 나머지 신청을 포기한다.
7. 조정비용은 각자 부담한다.

임대차건물명도 등 청구사건

사건의 개요 및 조정경위

임대인(원고)이 임차인(피고)을 상대로 임차목적물 인도 및 미지급차임 청구.

임차인은 보증금, 임차인이 지급한 공사비용(필요비), 손해배상(치료비) 등을 반소청구.

임차목적물 보일러 고장원인이 무엇이고 그 책임이 어느 쪽에 있는지, 임차목적물 반환시점 등에 대한 다툼. 소송과정에서 임대인은 임차목적물에 대한 점유를 회복.

쌍방 임의조정 성립되지 않아, 강제조정: 원고가 피고에게 보증금에서 일정금액을 공제한 나머지 금원을 지급하고, 쌍방 임대차와 관련하여 상호간의 채권채무 없음을 확인하는 내용. 쌍방 이의 없어 확정.

조정주문

1. 원고(반소피고, 항소인)는 201*. 5. 20.까지 피고(반소원고, 피항소인)에게 금 9,000,000원을 피고(반소원고, 피항소인)의 ○○은행 계좌(******-**-*******)로 입금하여 지급한다. 만약 원고(반소피고, 항소인)가 위 금원의 지급을 지체하는 경우 미지급금액에 대하여 201*. 5. 21.부터 다 갚는 날까지 연 20%의 비율로 계산한 지연손해금을 가산하여 지급한다.
2. 원고(반소피고, 항소인)와 피고(반소원고, 피항소인)는 아래 사항을 확인한다.
   가. 위 제1항 기재 금원은 원고(반소피고, 항소인)가 피고(반소원고, 피항소인)에게 서울 △△구 ◇◇동 ***-* ▽▽리빙스텔 321호 임대차계약과 관련한 임대차보증금에서 미지급차임 등을 공제한 차액을 반환하는 것이다.
   나. 원고(반소피고, 항소인)와 피고(반소원고, 피항소인) 사이에는 제1항 기재 금원 지급 이외에는 아무런 채권·채무도 없고, 원고(반소피고, 항소인)와 피고(반소원고, 피항소인) 서로는 향후 위 임대차와 관련하여 어떠한 재판상·재판외 청구, 이의제기를 하지 아니한다.
3. 원고(반소피고, 항소인)는 나머지 청구를 포기하며, 이 사건 항소를 취하한다. 원고(반소피고, 항소인)가 별도

의 항소취하서를 제출하지 아니하는 경우, 본 조정을 갈음하는 결정조서를 항소취하의 서면으로 간주한다.

4. 소송비용 및 조정비용은 각자 부담으로 한다.

사우나 세신실 보증금반환 청구사건

사건의 개요 및 조정경과

원고는 피고의 사우나 내 세신실을 보증금 1.3억 원에 임차하여 운영하다 계약을 종료하고 보증금반환을 구하는 소송 제기. 조정결과, 연체차임 등을 공제한 3,000만 원을 지급하는 조정 성립.

조정주문

1. 피신청인은 신청인에게 201*. 8. 31.까지 금 30,000,000원을 지급한다. 만일 피신청인이 위 지급의무를 이행하지 아니한 때에는 미지급금원 및 이에 대하여 연 20%의 비율로 산정한 지연손해금을 가산하여 지급한다.
2. 신청인과 피신청인은 상호 20**. 12. 31. 양자 간에 체결한 서울 △△구 ◇◇동 *가 ** 소재 ▽▽사우나 여탕 세신실 임차보증금 금 130,000,000원의 반환과 관련하여 제1항 기재 지급의무 이외에 추가적인 재판상·재판외 청구를 하지 아니한다.
3. 신청인은 나머지 신청을 포기한다.
4. 조정비용은 각자 부담한다.

임대차목적물 건물명도 청구사건

사건의 개요 및 조정경과

원고는 원고 소유의 주택을 보증금 1,000만 원, 월차임 40만 원, 기간 2년의 조건으로 피고에게 임대하였는데 피고가 월차임 지급을 연체하기 시작하면서 연락두절하여 임대차계약의 해지통보와 함께 건물명도 및 연체 임차료 등의 지급을 구하는 소송을 제기. 피고는 이에 연체 월차임을 공제한 나머지 보증금의 반환을 구하는 반소를 제기. 조정 과정에서 피고가 사실상 사용하지 아니한 기간의 차임(손해배상액)을 감액조정하여 보증금에서 공제하되 피고의 장기간 미사용으로 인한 주택내부의 피해를 복구수리하기로 하고 피고가 건물명도를 선이행하고 이후 원고로부터 보증금 잔액을 반환받기로 하는 내용으로 임의조정 성립.

조정주문

1. 피고(반소원고, 이하 '피고'라 한다)는 201*. 6. 16.까지 별지목록 기재 건물(임차목적물)에 남아 있는 가재도구 등 일체의 동산을 모두 빼내 동 건물을 원고(반소피고, 이하 '원고'라 한다)에게 인도한다.

2. 원고와 피고는, 제1항 기재에 따른 건물의 인도 즉시, 양자가 함께 입회하여 동 건물 내 보일러, 수도시설 등의 이상 유무를 확인하고, 만일 피고의 임차기간 중 임차인의 관리 소홀로 인한 파손, 하자 등이 발견된 경우 이를 수리하되, 그 수리업체의 선정은 원고와 피고가 협의하여 하고 그 수리에 소요된 비용은 피고가 부담한다.
3. 원고는 제2항 기재 수리가 필요 없는 것으로 확인되거나 필요한 수리가 모두 완료되고 수리비용이 모두 지불된 것을 확인한 날의 다음날까지 피고에게 금 3,280,000원[임차보증금 10,000,000원 — (201*. 10.부터 201*. 12.까지의 연체 차임 금 5,620,000원 + 201*. 1.부터 201*. 6. 15.까지 임차목적물 미인도에 따른 손해배상금 1,100,000원) = 3,280,000원]을 지급한다. 만일 원고가 위 지급기일까지 위 금원을 지급하지 아니한 때에는 미지급금원에 대하여 지급기일 다음날부터 다 갚을 때까지 연 20%의 비율로 계산한 지연손해금을 가산하여 피고에게 지급한다.
4. 원고와 피고는 나머지 청구(본소 및 반소)를 포기한다.
5. 소송비용 및 조정비용은 각자 부담한다.

임대차목적물 건물명도 청구사건

사건의 개요 및 조정경과

임대인의 임차인에 대한 건물명도 소송.

임차인의 차임연체로 인한 임대인의 임대차계약해지 및 명도요구는 정당.

하지만 임대인이 해당 건물의 전기요금체계를 '주거용'이 아닌 보다 저렴한 '일반용'으로 설정해놓은 것이 한전에 의해 발각되어 임차인은 전기면탈요금 추징금을 부과당하고, 그 금액을 반소로 청구.

임차인은 보증금에서 명도 시까지의 연체차임을 공제한 잔액을 지급받음과 동시에 건물을 명도하고, 임대인은 명도가 이행되는 시점에 전기면탈요금 추징금 중 일부를 임차인에게 지급하는 내용으로 임의조정 성립.

조정주문

1. 피고(반소원고, 이하 '피고'라 한다)는 원고(반소피고, 이하 '원고'라 한다)로부터 금 5,000,000원에서 201*. 4. 12.부터 서울 △△구 ◇◇동 *가 **-** 지상 목조 기와지붕 제2종 근린생활시설 1층 40.33㎡ 건물의 명도일까지 매월 금 350,000원의 금액을 공제한 나머지 돈을 지급받음과 동시에 원고에게 위 건물을 명도한다.
2. 원고는 제1항 기재 건물에 부과된 면탈전기요금 및 추징금중 금 3,930,000원을 부담하기로 하며, 제1항 기재 쌍방의 의무가 모두 이행 완료되는 날에 피고에게 위 금 3,930,000원을 지급한다. 만약 원고가 이를 이행하지 아니한 때에는, 원고는 미지급금원 및 이에 대하여 이행기 다음날부터 다 갚는 날까지 연 20%의 비율로 계산한 지연손해금을 가산하여 피고에게 지급한다.
3. 원고와 피고는 각 나머지 청구를 포기한다.

4. 소송비용 및 조정비용은 각자 부담한다.

주택임대차보증금반환 청구사건

사건의 개요 및 조정경과

원고는 피고 소유의 주택을 임차하여 2년여 살다 계약해지를 통보하고 보증금반환을 요구하였는데 피고가 반환하지 않자 소송을 제기. 조정심리결과, 피고 주택에 근저당권채권이 너무 높게 설정되어 있어 새로운 세입자가 들어오지 않는 상황이었음. 3개월의 유예기간을 주고 보증금반환과 주택인도를 동시이행한다는 내용으로 조정갈음결정하여 쌍방 이의 없이 조정확정.

조정주문

1. 피고는 201*. 8. 31.까지 원고로부터 서울 △△구 ◇◇동 ***-** 소재 건물 3층 301호 전부(49.68㎡)를 명도받음과 동시에 원고에게 금 85,000,000원을 지급한다.
   원고는 201*. 8. 31.까지 피고로부터 제1항 기재 금원을 지급받음과 동시에 피고에게 제1항 기재 부동산을 명도한다.
2. 만일 피고가 제1항 기재 기일에 원고로부터 제1항 기재 부동산 명도의 이행을 제공받고도 제1항 기재 금원지급을 이행하지 아니할 경우, 피고는 원고에게 위 금원에 대하여 지체일로부터 다 갚는 날까지 연 20%의 비율에 의한 지연손해금을 가산하여 지급한다.
3. 만일 원고가 제1항 기재 기일에 피고로부터 제1항 기재 금원지급의 이행을 제공받고도 제1항 기재 건물을 명도하지 않을 경우, 원고는 피고에게 지체일로부터 명도 일까지 월 400,000원의 비율에 의한 금원을 지급한다.
4. 피고가 제1항 기재 의무이행을 완료한 때에는, 원고는 원고가 설정한 제1항 기재 건물에 대한 가압류 및 피고의 서울 △△구 ◇◇동 **-* △△△ 603호 전세보증금반환채권에 대한 가압류를 해제하고, 이 경우 피고는 원고가 가압류공탁금을 회수하여 가는 것에 동의한다.
5. 원고는 나머지 청구를 포기한다.
6. 소송비용 및 조정비용은 각자 부담한다.

임대차건물 명도 청구사건

사건의 개요 및 조정경과

원고는 원고 소유의 주택을 보증금 500만 원, 월차임 40만 원, 기간 2년, 월차임 3기분 이상 연체 시 해지의 조건으로 피고에게 임대하였는데 피고가 차임을 3개월 이상 미지급하자 피고를 상대로 해지통고를 한 후 주택의 반환을 구하는 소송을 제기. 당사자 간에 합의 불성립. 조정기일로부터 한 달 반 후 상호 동시이행하기로 하는 내용으로 강제조정하여 쌍방 이의 없이 확정.

조정주문

1. 신청인과 피신청인은 양자 사이의 별지 목록 기재 부동산(이하 "이 사건 건물"이라 한다)에 관한 임대차계약이 201*. 12. 18. 차임 3기분 이상의 연체를 이유로 한 신청인의 피신청인에 대한 임대차계약해지통고의 도달로 인하여 해지되었음을 확인한다.
2. 피신청인은 신청인에게 201*. 7. 31.까지 신청인으로부터 이 사건 건물 임대차보증금 금 5,000,000원에서 201*. 9. 3.부터 이 사건 건물을 신청인에게 인도할 때까지 월 400,000원의 비율로 계산한 돈(다만, 201*. 5. 27. 피신청인이 신청인에게 밀린 차임 중 3개월분에 해당하는 1,200,000원을 입금 지급하였기에 이를 공제한다)을 차감한 나머지 금원의 지급을 받음과 동시에 이 사건 건물을 인도한다. 만일 피신청인이 위 기일에 신청인으로부터 위 금원지급의무의 이행제공을 받고도 이 사건 건물을 명도하지 않을 경우, 피신청인은 신청인에게 지체일로부터 인도일까지 월 200,000원의 비율에 의한 금원을 가산하여 지급한다.
3. 신청인은 피신청인에게 201*. 7. 31.까지 피신청인으로부터 이 사건 건물을 인도받음과 동시에 이 사건 건물 임대차보증금 금 5,000,000원에서 201*. 9. 3.부터 이 사건 건물을 신청인에게 인도할 때까지 월 400,000원의 비율로 계산한 돈(다만, 201*. 5. 27. 신청인이 피신청인에게 밀린 차임 중 3개월분에 해당하는 1,200,000원을 입금 지급하였기에 이를 공제한다)을 차감한 나머지 금원을 지급한다. 만일 신청인이 위 기일에 피신청인으로부터 이 사건 건물의 인도를 제공받고도 위 금원을 지급하지 아니할 경우, 신청인은 피신청인에게 위 금원에 대하여 지체일로부터 다 갚는 날까지 연 20%의 비율에 의한 지연손해금을 가산하여 지급한다.
4. 신청인은 나머지 신청을 포기한다.
5. 조정비용은 각자 부담한다.

상가건물 명도 청구사건

사건의 개요 및 조정경과

원고는 자신 소유의 상가를 피고에게 보증금 500만 원, 월차임 45만 원, 기간 2년의 조건으로 임대하였는데 피고가 월차임을 7개월 이상 연체하여 임대차계약을 해지하고 건물의 명도 및 명도 시까지의 월차임 상당의 부당이득금 지급을 구하는 소송을 제기. 피고는 월차임을 연체한 사실은 인정하나 원고가 피고의 동의 없이 몰래 상가건물(호프집)에 침입하여 TV, 전기장판을 절취하고 스패어 열쇠를 이용하여 수시로 몰래 드나들고 월차임을 내지 않는다며 무단히 수도관까지 끊는 등 장사를 방해하여 정신적 충격으로 인하여 현재 점포를 내놓고 쉬고 있으며 원고를 상대로 절도, 업무방해 등의 혐의로 형사고소하였다고 주장. 조정 과정에서 피고가 더 이상 영업을 할 수 없는 상황과 원만한 임대차종료의 필요성 등을 상호 이해시키고 밀린 월차임의 총액을 일부 감액조정하고 이를 보증금에서 공제한 잔액의 지급과 건물반환인도를 동시에 이행하고 피고의 원고에 대한 형사고소를 취하하는 내용으로 임의조정 성립.

조정주문

1. 원고와 피고는 양자 사이의 별지 목록 기재 부동산(이하 "이 사건 건물"이라 한다)에 관한 임대차계약이 201*. 10. 9. 차임 2기분 이상의 연체로 인하여 해지되었음을 확인하고, 다만 원고는 피고에 대하여 이 사건 건물의 인도를 201*. 6. 30.까지 유예한다.
2. 피고는 원고에게 201*. 6. 30.까지 원고로부터 금 1,535,000원(이 사건 건물 임대차보증금 금 5,000,000원에서 201*. 9.부터 201*. 6.까지의 월차임 및 월차임 상당의 지연손해금(201*. 2.부터 201*. 5.까지는 월차임의 1/2만 적용) 금 3,465,000원을 공제한 금액)의 지급을 받음과 동시에 이 사건 건물을 인도한다. 만일 피고가 위 기일에 원고로부터 위 금원지급의무의 이행제공을 받고도 이 사건 건물을 명도하지 않을 경우, 피고는 원고에게 지체일로부터 인도일까지 월 450,000원의 비율에 의한 금원을 가산하여 지급한다.
3. 원고는 피고에게 201*. 6. 30.까지 피고로부터 이 사건 건물을 인도받음과 동시에 제2항 기재 금 1,535,000원을 지급한다. 만일 원고가 위 기일에 피고로부터 이 사건 건물의 인도를 제공받고도 위 금원을 지급하지 아니할 경우, 원고는 피고에게 위 금원에 대하여 지체일로부터 다 갚는 날까지 연 20%의 비율에 의한 지연손해금을 가산하여 지급한다.
4. 피고는 201*. 5. 24. 서울△△경찰서에 원고를 상대로 절도 및 업무방해죄 혐의로 제기한 고소를 201*. 6. 30.까지 취하한다. 만약 피고가 별도의 고소취하서를 제출하지 아니하는 경우, 본 조정조서를 고소취하서에 갈음한다.
5. 원고는 나머지 청구를 포기한다.
6. 소송비용과 조정비용은 각자 부담한다.

상가건물명도 등 청구사건

사건의 개요 및 조정경과

원고는 원고 소유의 상가건물을 피고에게 보증금 2억 원, 월차임은 월매출액의 25%(단, 월매출액이 1억 5,400만 원 미만이면 3,850만 원으로 함), 기간 5년의 조건으로 임대하였는데 피고가 약정한 보증금 2억 원 중 2,000만 원만 지급하였을 뿐 아니라 임차 개시 5개월 후부터 월차임을 연체하여 임대차계약을 해지하고 건물 반환과 연체차임(보증금 2,000만 원을 공제한 잔액만 8,300여만 원) 지급을 구하는 소송을 제기. 조정기일에 피고는 불출석하였으나 피고는 월차임 연체를 인정하고 사업을 더 이상 계속할 수 없어서 원만히 명도하겠다는 입장임을 확인하여 피고가 즉시 건물을 인도하여 연체차임액의 발생을 중단시키고 인도시점까지의 연체차임(일부 감액조정)을 지급하는 내용으로 강제조정하여 쌍방 이의 없이 확정.

조정주문

1. 피고는 원고에게
   가. 별지 목록 1항 기재 건물 제지하2층 중 별지 도면 표시 1, 2, 3, 4, 5, 6, 7, 8, 9, 10, 11, 12, 13, 14, 15, 16, 17, 1의 각 점을 순차로 연결한 선내 ㉮ 부분 2384.25㎡ 및 별지 도면 표시 18, 19, 20, 21, 22, 23, 24, 25, 26, 18의 각 점을 순차로 연결한 선내 ㉯부분 590.34㎡를 각 인도하고,
   나. 금 83,247,115원 및 이에 대하여 201*. 7. 3.부터 다 갚는 날까지 연 20%의 각 비율로 계산한 지연손해금을 지급하고,
   다. 201*. 1. 1. 부터 201*. 5. 31.까지는 매월 금 38,500,000원의 비율로 계산한 금원을, 201*. 6. 1.부터 위 가.항 기재 각 부분의 인도 완료일까지 매월 금 20,000,000원의 비율로 계산한 금원을 각 지급한다.
2. 원고는 나머지 청구를 포기한다.
3. 소송비용 및 조정비용은 각자 부담한다.

상가건물명도 청구사건

사건의 개요 및 조정경과

원고는 원고 소유의 상가건물을 피고들에게 임대하여(임차인 명의는 피고들 일가족 이름을 순차로 변경) 10여 년간 여행사, 식당, 치킨집 등의 상업용도로 사용하게 하였는데 피고들이 차임을 연체하여 임대차계약을 해지하였을 뿐 아니라 관할구청으로부터 위법건축물자진철거계고를 받게 되어 피고들에게 건물명도를 요구하였으나 피고들이 거부하자 명도소송을 제기하여 1심에서 패소한 피고들이 항소를 제기. 항소심 조정 회부. 피고들의 영업 사정을 감안하여 철거 및 인도 시점을 조정기일로부터 8개월간 유예하되 피고들이 새롭게 2기분 이상 차임 연체 시 임대차계약은 자동해지되고 즉시 건물을 인도하는 내용으로 임의조정 성립.

조정주문

1. 피고(항소인, 선정당사자) 및 선정자 ○○○, △△△(이하 총칭하여 '피고들'이라 한다)는 원고(피항소인, 이하 '원고'라 한다)에게 201*. 3. 31.까지 별지 목록 기재 건물 1층 중 별지 도면 표시 1, 2, 3, 4, 1의 각 점을 순차로 연결한 선내 (가) 부분 19.26㎡를 인도한다. 만일 피고들이 위 이행기일에 위 인도를 이행하지 않을 경우, 피고들은 연대하여 위 이행기일 다음날부터 인도일까지 월 임차료와 별개로 월 550,000원의 비율에 의한 금원을 지연손해금으로 가산하여 원고에게 지급한다.
2. 만일 피고들이 월 임차료의 지급을 2회 이상 연체하면, 제1항에도 불구하고 제1항 기재 건물에 대한 임대차

계약은 해지되고, 피고들은 원고에게 즉시 위 건물을 인도한다.
3. 원고는 나머지 청구를 포기한다.
4. 소송총비용 및 조정비용은 각자 부담한다.

임대차보증금 청구사건

사건의 개요 및 조정경과

원고는 피고의 주택을 보증금 500만 원, 월차임 32만 원, 2년 기간의 조건으로 임차하여 사용하다 2기분 임차료 연체로 해지당하여 주택을 인도하였음에도 피고가 보증금을 반환하지 않는다며 소송을 제기. 원고는 보증금 500만 원에서 연체 월차임 및 관리비 80만 원을 공제한 420만 원을 청구하였으나 피고가 제시한 원고의 연체 차임 및 관리비와 공실로 인한 손해를 모두 공제한 금원만 지급할 수 있다는 입장. 손해배상액을 감액 조정하여 피고가 196만 원을 지급한다는 내용으로 조정갈음결정하여 양측 이의 없이 확정.

조정주문

1. 신청인과 피신청인은 양자 사이의 이 사건 임대차계약이 201*. 3.경 해지되었음을 서로 확인한다.
2. 피신청인은 신청인으로부터 이 사건 임대차건물을 이미 명도받았음을 확인한다.
3. 피신청인은 신청인에게 201*. 9. 16.까지 금 1,960,000원(임대차보증금 5,000,000원에서 신청인이 연체한 임대보증금과 관리비 및 201*. 8.까지의 월차임 상당의 손해배상금 합계 3,040,000원을 공제한 금원이다)을 지급한다. 만일 피신청인이 위 지급기일까지 위 금원을 지급하지 아니한 때에는, 피신청인은 미지급금원에 대하여 위 지급기일 다음날부터 다 갚을 때까지 연 20%의 비율에 의한 지연손해금을 가산하여 신청인에게 지급한다.
4. 신청인은 나머지 신청을 포기한다.
5. 조정비용은 각자 부담한다.

전세금반환 청구사건

사건의 개요 및 조정경과

원고는 10여 년 전 피고와 피고 소유의 주택에 대해 전세계약을 체결하고 전세권등기를 설정하고 생활한 이래 갱신하거나 전세보증금액수를 늘려 재계약하며 거주하였으나 사정이 생겨 만 8년 되는 만기일에 퇴거하겠다고 통보하였음에도 피고가 증액된 시세대로 재계약하자며 보증금반환을 거부하자 다른 곳으로 이사가면서 전세금반환소송을 제기하는 한편 전세권에 기한 임의경매를 신청하였음. 피고는 전세보증금의 일부를 공탁하였고 전세시세와의 차액 상당의 부당이득을 주장하였음. 조정결과, 피고의 형편을 일부 감안하여 최후 전세보증금 1억 5,000만 원에 근사한 1억 4,800여만 원을 지급(공탁금 수령 및 현금 지급)하고 원고는 임의경매신청을 취하하는 내용으로 임의조정 성립.

조정주문

1. 피고는 원고에게 201*. 8. 31.까지 금 148,733,120원을 지급한다. 다만, 피고가 201*. 5. 14. 원고를 채권자로 하여 변제공탁한 공탁금인 금 141,733,120원을 원고가 수령하고, 위 금 148,733,120원에서 위 공탁금액을 공제한 금원인 금 7,000,000원을 위 지급기일까지 지급한다. 만일 피고가 위 지급기일까지 위 금원을 지급하지 아니한 때에는, 피고는 미지급금원에 대하여 지급기일 다음날부터 다 갚을 때까지 연 20%의 비율로 계산한 지연손해금을 가산하여 원고에게 지급한다.
2. 원고는 제1항 기재에 따라 피고의 지급이 모두 이행된 때로부터 2행정일 내에 피고의 이 사건 부동산에 대한 임의경매신청(서울○○지방법원 201*타경****)을 취하한다.
3. 원고는 나머지 청구를 포기한다.
4. 소송비용 및 조정비용은 각자 부담한다.

임대목적물명도 청구사건

사건의 개요 및 조정경과

신청인과 피신청인 간에 다툼 없는 임대차계약내용의 조정합의에 따른 조정 성립. 다툼 없는 사안에 대한 공증 유사의 집행력 부여는 문제 있다고 판단됨.

조정주문

1. 피신청인은 신청인에게 별지목록 기재 건물을 201*. 4. 28.에 명도한다.
2. 피신청인은 신청인에게 201*. 4. 29.부터 위 명도일까지 임료로 매월 금 13,200,000원을 지급한다.
3. 피신청인이 임대료를 2회 이상 연체하거나 전대할 경우 임대차계약은 해지통고 없이 자동으로 해지되는 것으로 하며 피신청인은 신청인에게 별지목록기재 건물을 명도한다.
4. 임대차기간이 종료되거나 임대차계약이 해지될 경우 피신청인은 임대차부동산을 원래의 상태로 복구하여 신청인에게 반환하기로 하고, 피신청인이 1개월 이내로 이를 이행하지 않을 경우 신청인이 피신청인의 보증금에서 복구비용을 공제하기로 한다.
5. 임대차계약이 종료되거나 해지되면 신청인은 연체된 차임이나 관리비 등과 원상복구비 등을 공제하고 즉시 지급하기로 하며 이를 해태할 경우 연 20%의 지연손해금을 지급하기로 한다.
6. 피신청인은 임대차부동산에 대하여 어떠한 명목으로도 권리금 또는 시설에 대한 프리미엄 등을 신청인에게

요구하거나 받아서는 아니 되며, 이에 대하여 신청인은 일체의 책임을 지지 아니한다.

7. 피신청인의 영업행위로 인하여 신청인에게 행정처분 등의 불이익이 발생할 경우에는 피신청인은 그로 인한 손해를 배상하여야 한다.
8. 화재, 도난, 천재지변, 지진 등 불가항력으로 인하여 피신청인에게 손해가 발생한 경우 신청인은 책임을 지지 아니한다.
9. 신청인과 피신청인은 위 조정사항의 이행과 관련하여 상호간에 일체의 재판상, 재판 외 청구나 이의제기를 하지 아니하며, 별도의 채권채무가 없음을 확인한다.
10. 조정비용은 각자 부담한다.

상가건물명도 청구사건

사건의 개요 및 조정경과

원고는 2년 전 원고 소유의 상가건물을 피고에게 보증금 2억 5,000만 원, 월차임 2,090만 원(부가세 포함), 기간 5년의 조건으로 임대하여 피고가 한방병원으로 사용하고 있는데 피고의 월차임 연체액이 8,800여만 원에 이르러 계약의 해지와 건물 명도를 구하는 소송을 제기. 피고는 소제기 후 연체차임액을 전액 변제하고 병원 운영 유지를 위해 임대차계약 유지를 희망함. 조정 과정에서 양자 간 정산할 내용을 확인하고 향후 월차임을 소폭 증액하여 계속 임대차를 유지하되 피고의 월차임 연체가 3기분에 이르는 경우 계약을 자동 해지하고 피고가 건물을 명도하는 내용으로 임의조정 성립.

조정주문

1. 원고와 피고는 앞으로 별지 목록 기재 부동산(이하 '부동산'이라 한다)에 관한 양자 사이의 임대차계약(이하 '임대차계약'이라 한다)을 상호 성실히 이행할 것을 다짐한다.
2. 원고와 피고는 원고의 청구금액 18,317,000원과 피고의 원고에 대한 채권(전기요금 대납액 11,072,207원 및 공사비분담액 15,000,000원)을 서로 상계하되, 피고는 그 차액을 포기한다.
3. 원고와 피고는 201*. 7. 6.부터 임대차계약상 월 임대료를 20,500,000원(부가가치세 별도)으로 증액하기로 합의하고, 피고는 201*. 7.말부터 이 증액된 월 임대료를 원고에게 지급한다.
4. 만약 피고가 월 임대료 지급을 지체하여 그 지체된 누적 금액(지체되었다가 차후 지급된 월 임대료는 포함하지 아니한다)이 3기분(61,500,000원)에 이르게 된 때에는, 피고는 원고로부터 연체된 월 임대료 및 기타 손해배상금을 공제한 임대보증금을 지급받음과 동시에 부동산 내 시설물, 비품 일체를 철거하고 부동산을 원고에게 명도한다.
5. 원고는 나머지 청구를 포기한다.
6. 소송비용 및 조정비용은 각자 부담한다.

상가건물 단전으로 인한 손해배상 청구사건

사건의 개요 및 조정경과

원고는 피고 소유의 쇼핑센터 건물의 지하 2층을 임차하여 음식점을 운영하면서 피고와 시설물관리운영 계약을 체결하였는데 피고측의 책임으로 건물이 3차례나 단전되면서(1차 8일간, 2차 5일간, 3차 4일간) 원고의 식자재 피해는 물론 단전으로 인한 영업 중단 기간 동안의 임대료, 관리비, 인건비 등 1억 5,400여만 원의 피해를 입었다며 피고에 대해 업무방해 혐의로 고소함과 동시에 그 손해액 1억 5,400여만 원의 지급을 구하는 소송을 제기. 조정 심리 결과, 건물의 단전은 전기, 수도요금 등 공과금 연체로 인한 것이었고, 원고도 연체 관리비가 4,400여만 원에 이르러 피고가 원고를 상대로 소송을 제기하여 1심에서 원고가 승소하여 현재 항소심에 계류 중인 사실이 확인되었고, 피고도 원고의 손해액에 대해 일정 부분 배상할 용의가 확인되어, 단전으로 인한 원고의 피해액을 1억 2,000만 원으로 가액조정하고 동 조정금액에서 원고가 피고에게 지급할 연체 관리비 4,400여만 원(피고와 원고 간의 별 건 소송)을 공제한 잔액 7,500여만 원을 피고가 지급하기로 하고 현재 항소심에 계류 중인 연체관리비 청구건의 항소를 원고가 취하하되 1심 판결에 의하여 별도의 집행을 하지 아니하며 피고에 대한 업무방해 형사재판건 관련 고소를 취하하기로 하는 내용으로 임의조정 성립.

조정주문

1. 피고는 원고에게 금 75,382,658원(이 사건 손해배상금 1억 2,000만 원에서 제3항 기재 민사사건 1심 판결금액 44,617,342원을 공제한 금원이다)을 지급한다. 다만, 이를 3회로 분할하여 ① 201*. 11. 30.까지 25,000,000원을, ② 201*. 2. 28.까지 25,000,000원을, ③ 201*. 5. 31.까지 25,382,658원을 지급한다.
2. 만일 피고가 제1항 기재 지급을 1회라도 지체하는 경우, 피고는 기한의 이익을 상실하고 즉시 원고에게 미지급액 전액 및 이에 대하여 지체일로부터 다 갚을 때까지 연 20%의 비율로 계산한 지연손해금을 가산하여 지급한다.
3. 원고는 서울○○법원 201*나**** 관리비 민사소송에 대한 항소를 취하하며, 피고는 동 사건이 확정되더라도 원고에 대하여 동 사건의 판결문에 의한 강제집행 내지 제1항 기재 조정내용(상계)과 다른 별도의 청구를 하지 아니한다.
4. 원고는 피고에 대한 서울△△지방법원 201*고단**** 업무방해 등 형사재판과 관련하여 동 사건 피고인인 피고에 대한 고소를 취하하고 선처를 구하되, 별도의 고소취하서 내지 탄원서 없이 피고가 본 조정의 결과(조정조서)를 고소취하서 내지 탄원서에 갈음하여 법원에 제출하는 것에 동의한다.
5. 원고는 나머지 청구를 포기한다.
6. 소송비용 및 조정비용은 각자 부담한다.

매입거래계약불이행에 따른 건물명도 등 청구사건

사건의 개요 및 조정경과

원고는 소외 A회사 소유 명의의 쇼핑몰 건물의 임대 등 관리를 위탁받아 피고와 계약기간 1년으로 하는 매입거래계약(피고가 쇼핑몰 2층, 3층에 입점하여 상품 판매 등의 영업을 하고 쇼핑몰의 사용대가로 상품 판매금액의 10%(최저 월 약정수수료 3,700만 원 보장)를 차임 명목으로 원고에게 지급하기로 하는 상가건물임대차계약 유사의 비전형계약임)을 체결하였는데 피고가 원고와의 약속과 달리 국내 유명 스포츠 용품 브랜드 매장을 유치하지 못하고 매장 오픈이 지연되어 2기분 이상의 연체 차임이 발생하여 피고를 상대로 계약의 해지 통고와 함께 건물인도 및 연체차임과 건물인도 시까지 연체차임 상당 부당이득의 지급을 구하는 소송을 제기. 피고는 원고와 계약 당시 유명 브랜드의 유치를 추진하고 있다고 했을 뿐 원고에게 그 유치를 확약한 사실이 없고 원고의 쇼핑몰은 APT형 공장으로서 쇼핑몰로 임대할 수 없는 건물이며 원고가 매장의 주출입구를 봉쇄하고 손님들이 이용하여야 할 주차장도 봉쇄하였고 원고가 쇼핑몰 1층의 기존 매장을 추가로 피고에게 비워 주기로 하고서도 이를 불이행하였으며 원고가 전기요금 4,100여만 원을 미납하여 단전 예고되어 부득이 피고가 먼저 그 요금을 대납하였고 피고의 매장오픈일이 따로 정해져 있었던 것도 아니며 원고의 영업방해로 인한 손해액을 상계하여야 한다는 주장을 펼침. 상임조정위원은 피고가 계약을 파기하고 영업기회를 상실할 경우 피해를 회복할 수 없고 분명한 계약조건에 기반하여 쇼핑몰 영업을 희망하고 있는 점을 감안하여 양측에 각자의 조정안을 제시하게 하여 계속 접점을 찾게 유도함으로써 최종적으로 원고의 청구금액을 피고의 전기요금 대납액 등을 감안하여 감액조정한 금액을 피고가 분할 지급하게 하고 임대목적물의 범위, 임대기간, 임대보증금과 월차임, 주차장 사용 등 양자 간의 임대차계약내용을 명확하게 설정하여 이를 상호 성실히 이행하기로 하며 다른 관련 민, 형사상의 분쟁을 모두 취하 종결하기로 하는 포괄적 화해 내용으로 임의조정 성립.

조정주문

당사자 쌍방은 상임조정위원의 조정 권고 및 상호 협의를 거쳐 다음과 같이 합의하였다.

1. 원고와 피고는 이 사건 201*. 8. 22.자 매입거래계약을 아래와 같이 정산한다.

① 원고와 피고는 201*. 8. 22.자 매입거래계약에 따른 정산금을 150,000,000원으로 정하고, 그 중 100,000,000원은 피고가 원고에게 201*. 9. 7. 지급하였으며(원고는 이를 수령함), 나머지 50,000,000원은 피고가 원고에게 201*. 9. 16.까지 지급하기로 한다.

② 이 사건 조정(성립)결정일까지 피고가 이미 지급하였거나 미납한 수수료, 관리비 기타 제반비용(아래 제3항 전기료 제외)은 제1항의 금원에 모두 포함되어 정산한 것으로 한다.

③ 피고가 기납부한 201*. 12.부터 201*. 3.까지의 전기료 50,302,150원에 대한 반환청구권을 포기하고, 201*년 4월분부터 별지 2 임대차계약 기간 전까지의 전기료도 피고가 부담하기로 한다.

2. 원고와 피고는 쌍방 합의에 따라 제1항 기재 계약을 갱신·변경하여 새로운 임대차계약을 체결하되, 그 임대목적물을 이 사건 부동산 실제현황에 따른 1층 전반부 및 후반부(1층 전반부에 위치한 옥탑 제외), 2층, 3층

으로 하고 주차장은 주차장 용도에 사용하게 하며, 임대차기간은 201*. 9. 17.부터 1년, 임대차보증금은 3억 원, 월차임은 7,000만 원(부가가치세 별도)으로 하며, 임대차목적물의 실제현황, 구체적 사용용도의 일부 제한, 사용승인 및 용도변경 등을 위한 점유의 일시적 이전, 임대차보증금·월차임의 지급방식 및 미지급 시 계약 실효, 기타 구체적인 임대차계약 조건은 원고와 피고가 공동작성하여 본 조정조서에 첨부한「화해조항」(그에 첨부한 각 별지 내용 포함)에 따른다.

3. 소송의 종결

① 이 사건 조정의 성립으로, 원고와 피고 사이의 201*. 8. 22.자 매입거래계약에 기한 쌍방의 모든 청구권을 포기하기로 하고, 소송비용은 각자 부담으로 한다.

② 이 사건 조정(성립)결정일 이후 1개월 이내에 원고와 피고가 각 상대방을 상대로 제기한 형사고소를 모두 취하한다.

4. 원고는 나머지 청구를 포기한다.

5. 소송비용 및 조정비용은 각자 부담한다.

전대차보증금 등 반환 청구사건

사건의 개요 및 조정경과

원고는 피고가 임차한 동네 주차장 부지를 전차하여 사용하기로 하는 계약을 체결하여 보증금 2,000만 원과 3개월 치 월차임 1,800만 원을 지급하였는데 "부득이한 사유(민원제기) 발생 시 계약해지 후 즉시 보증금을 반환한다"는 특약에 따라 원고의 주차장 사용에 대한 민원 발생과 그 문제의 해결 불능으로 특약에 따라 3,800만 원의 지급을 구하는 소송을 제기. 피고는 원고가 연체한 차임을 보증금에서 공제하여야 한다고 주장. 피고가 원고 이외에 소외 A도 주차장의 절반을 사용하라고 한 사실이 인정되어 연체월차임액을 감액조정하고 먼저 돌려받은 보증금 일부액을 공제하여 피고가 원고에게 550만원을 지급하는 내용(이유 기재)으로 강제조정하여 양측 이의 없이 확정.

조정주문

1. 피고는 원고에게 201*. 10. 31.까지 금 5,500,000원[이 사건 임대차보증금 20,000,000원에서 ① 연체차임 합계액 10,500,000원(원고와 피고 사이에 약정된 월 임차료는 6,000,000원이나, 201*. 3. 14.부터 201*. 5. 31.까지 원고 및 소외 ○○○가 이 사건 주차장 부지를 2분의 1씩 점유 사용한 점을 감안하여 201*. 3. 월차임은 4,500,000원, 201*. 4. 및 5. 월차임은 3,000,000원으로 산정한다. 4,500,000원+3,000,000원+3,000,000원=10,500,000원), ② 이미 201*. 3. 17. 원고가 피고로부터 원고의 처 △△△ 명의의 계좌로 보증금일부 반환조로 입금받은 4,000,000원을 각 공제한 금원이다. 20,000,000원-10,500,000원-4,000,000원=5,500,000원]을 지급한다. 만일 피고가 위 지급기일까지 위 금원을 지급하지 아니한 때에

는, 피고는 미지급금원에 대하여 지급기일 다음날부터 다 갚을 때까지 연 20%의 비율로 계산한 지연손해금을 가산하여 원고에게 지급한다.

2. 원고는 나머지 청구를 포기한다.
3. 소송비용 및 조정비용은 각자 부담한다.

임차인의 언어폭력으로 인한 손해배상 청구사건

사건의 개요 및 조정경과

원고는 소외 A로부터 주택을 매수하면서 A와 피고 사이의 주택 중 2층 방실에 대한 보증금 8,500만 원, 계약기간 2년 조건의 임대차계약에 따른 임대인의 지위를 승계하였는데 피고가 원고의 주택 관리 차원의 수리공사를 방해하고 갖은 욕설과 협박으로 원고를 겁박하여 원고는 우울증을 앓는 등 육체적, 정신적 피해를 입었다며 1,000만 원의 손해배상을 구하는 소송을 제기하고 이후 청구취지를 확장하여 임대차계약의 해지에 따른 건물의 명도까지 구함. 조정 심리 과정에서, 피고는 자신이 원고에게 욕설, 모욕한 사실이 없고 만일 원고가 이사비용 등을 부담한다면 이사나갈 용의가 있다고 하였고, 원고도 적절한 비용 부담 하에 피고를 내보내기를 원하고 있어, 양자 간의 임대차계약을 합의해지하되 유예기간을 두어 피고가 이사나가고 원고도 피고에게 보증금을 2회 분할하여(10%, 90%) 지급하고 이사비용, 부동산중개수수료도 지급하기로 하는 내용으로 임의조정 성립.

조정주문

1. 원고와 피고는 본 조정기일(201*. 10. 4.)에 양자 간의 이 사건 건물임대차계약을 합의해지한다. 다만, 원고와 피고는 서로에 대한 임대차보증금반환 및 임차건물인도의 동시이행을 201*. 12. 31.까지 유예한다.
2. 피고는 본 조정기일 이후 가장 빠른 일자에, 늦어도 201*. 12.말 이전까지, 이 사건 임대차주택에서 퇴거하고 이를 원고에게 인도하기 위하여 새로운 임차목적물을 확보한다.
3. 원고는 피고의 새로운 임차목적물확보를 위하여 피고에게 부동산중개수수료 300,000원 및 이 사건 임대차보증금의 10%에 해당하는 금 8,500,000원(동 금원은 원고가 피고에게 반환할 임대차보증금에서 공제한다)을 201*. 10. 8.까지 지급한다. 다만, 그 지급방법은 피고의 계좌(○○은행 ******-**-******, 예금주 △△△)로 입금하여 지급한다.
4. 원고는 피고의 이 사건 임대차주택에서의 퇴거에 소요되는 이사비용을 부담하되, 그 이사용역계약 및 비용지불을 원고가 직접 하기로 한다.
5. 피고는, 피고의 새로운 임차목적물확보 이후, 원고에게 원고로부터 이 사건 건물 임대차보증금 잔액 금 76,500,000원의 지급을 받음과 동시에 이 사건 임대차건물을 인도한다.
6. 원고는, 피고의 새로운 임차목적물확보 이후, 피고에게 피고로부터 이 사건 건물을 인도받음과 동시에 이 사

건 임대차보증금 잔액 금 76,500,000원을 지급한다.

7. 원고와 피고는 위 조정조항 이외에는 서로 어떠한 채권채무도 없으며 서로에 대하여 재판상, 재판외 청구 내지 이의제기를 하지 아니한다.
8. 원고는 청구를 포기한다.
9. 소송비용 및 조정비용은 각자 부담한다.

부동산공인중개사보수 청구사건

사건의 개요 및 조정경과

원고는 공인중개사로서 소외 A인 임대인과 피고인 임차인 사이에 A 소유의 상가건물을 임대기간 5년, 보증금 27억 원, 월차임 1,450만 원, 임대차보증금 확보를 위해 임차인에게 32억 4,000만 원의 근저당권 설정의 조건으로 하는 임대차계약을 중개하였는데 피고가 중개수수료를 지급하지 않는다며 0.9%인 3,750만 원의 지급을 구하는 소송을 제기. 피고는 A와 피고 사이에 임대차계약이 체결된 것은 맞으나 원고의 중개행위 없이 당사자 간에 직접 협의하였으며 원고가 최초 중개 당시 A가 제시한 계약조건과 면적이 실제 임대차계약에서 변경되었으므로 중개수수료를 지급할 수 없다는 입장을 제시. 원고가 중개하였다는 임대차계약서 상에는 중개인과 중개수수료율의 표기가 없었던 점, 사실상 원고의 중개행위에 의하여 알게 된 당사자 간에 동일 부동산에 대한 계약이 체결된 점, 피고가 조정과정에서 0.1%(416만 원)~0.2%(830만 원) 지급안을 제시하였으나 양측의 조정합의가 불성립하여, 900만 원을 지급하는 내용으로 조정갈음결정하여 양측 이의 없이 확정.

조정주문

1. 피신청인은 신청인에게 201*. 11. 30.까지 금 9,000,000원(부가가치세 별도)을 지급한다. 그 지급은 피신청인이 신청인의 은행계좌(○○은행 ******-01-******, 예금주 △△△)로 입금 지급하는 방식으로 한다. 만일 피신청인이 위 지급기일까지 위 금원을 지급하지 아니한 때에는, 피신청인은 미지급금원에 대하여 위 지급기일 다음날부터 다 갚을 때까지 연 20%의 비율에 의한 지연손해금을 가산하여 신청인에게 지급한다.
2. 신청인은 나머지 신청을 포기한다.
3. 조정비용은 각자 부담한다.

상가임대차건물명도 등 청구사건

사건의 개요 및 조정경과

원고는 소외 A회사로부터 소외 A회사 소유의 건물을 매수하였고 이에 따라 건물매매 이전에 A회사와 피고 사이에 체결된 동 건물 일부의 임대차계약(보증금 2,000만 원, 월차임 243만 원, 기간 1년)의 임대인의 지위를 승계하였는데 피고가 임대료, 관리비 등을 장기 연체하자 피고에 대해 임대차계약 해지를 통보하고 건물의 명도 및 연체차임 등의 지급을 구하는 소송을 제기. 이에 피고는 원고가 피고의 임차목적물 출입을 차단한 시점까지의 연체차임액을 보증금 2,000만 원에서 공제한 잔액 144만여 원 및 원고의 출입차단에 따라 다른 장소에 사무실을 개설하며 집기와 비품을 구입한 비용 300만 원의 지급을 구하는 반소를 제기. 원고는 피고의 사무실 출입을 차단한 바 없고 피고의 요청에 따라 도난방지를 위한 시건장치를 부착하였을 뿐이며 현재까지 피고가 집기류를 반출해가지 않고 있어 점유가 계속되어 연체차임액은 이미 보증금을 초과하였다고 반박. 조정 과정에서, 피고가 건물을 인도하고 연체 임대료 및 지연손해금 중 일부인 700만 원을 3회 분할 지급하기로 하여 원고는 나머지 본소 청구를, 피고는 반소청구를 각 포기하기로 하는 내용으로 임의조정 성립.

조정주문

1. 피고(반소원고, 이하 '피고'라 한다)는 원고(반소피고, 이하 '원고'라 한다)에게 201*. 11. 10.까지 별지목록기재 건물을 인도한다.
2. 피고는 원고에게 금 7,000,000원(본 조정기일 현재 피고의 연체 임대료 및 지연손해금 누적액은 이 사건 임대보증금 20,000,000원을 초과하였고, 위 7,000,000원은 그 초과한 금액의 일부임)을 지급한다. 다만, 이를 3회로 분할하여 ① 201*. 11. 30.까지 2,500,000원을, ② 201*. 12. 31.까지 2,500,000원을, ③ 201*. 1. 31.까지 2,000,000원을 원고의 은행계좌(○○은행 ******-01-****** 예금주 △△△)로 입금 지급한다.
3. 만일 피고가 제2항 기재 지급을 1회라도 지체하는 경우, 피고는 기한의 이익을 상실하고 즉시 원고에게 미지급액 전액 및 이에 대하여 지체일로부터 다 갚을 때까지 연 20%의 비율로 계산한 지연손해금을 가산하여 지급한다.
4. 원고는 나머지 청구를, 피고는 반소 청구를 각 포기한다.
5. 소송비용 및 조정비용은 각자 부담한다.

주택임대차건물명도 등 청구사건

사건의 개요 및 조정경과

원고는 소외 A를 원고의 대리인으로 하여 원고 소유의 아파트를 피고에게 임대하는 임대차계약을 체결하였는데 이후 A가 월차임 200만 원 조건으로 계약하라는 원고의 지시와 달리 보증금 8,000만 원, 월차임 55만 원으로 계약하고 보증금과 월차임을 횡령한 사실을 뒤늦게 알고 피고에게 A의 무권대리를 주장하며 집을 비워달라고 요구하였음에도 피고가 이에 응하지 않는다며 건물 인도 및 인도 시까지의 월차임 상당의 부당이득금 지급을 구하는 소송을 제기. 이에 대해 피고는 원고가 피고에게 집을 비워달라고 요구한 후 보증금을 돌려 주기로 약속하여 피고가 이사갈 다른 집에 대한 임대차계약까지 하였는데 원고가 약속을 지키지 않아 계약보증금 절반 1,100만 원을 몰취당하고 부동산중개수수료 100만 원, 이사비용 56만 원 등의 손해를 입었다고 주장. 조정 과정에서, 조정기일 현재까지의 피고의 연체차임액 1,320만 원과 원고의 약속 불이행으로 인한 피고의 손해액 1,256만 원을 상계하고 차액은 포기하며 건물인도 시까지의 월차임은 면제하기로 하고, 건물인도와 보증금 8,000만 원의 지급을 동시 이행하되 피고가 다시 새로운 집을 확보할 때까지 유예하며, 피고의 원고 건물에 대한 부동산강제집행신청을 취소하기로 하는 내용으로 임의조정 성립.

조정주문

1. 신청인과 피신청인은 양자 사이의 별지 목록 기재 부동산(이하 "이 사건 건물"이라 한다)에 관한 임대차계약이 201*. 11. 15. 상호합의에 의하여 해지되었음을 확인하고, 다만 신청인은 피신청인의 이 사건 건물의 인도를, 피신청인은 신청인의 이 사건 임차보증금 8,000만 원의 반환을 피신청인이 이 사건 건물에서 다른 주거로 이사하는 시점까지 각 유예한다. 또한 신청인과 피신청인은 피신청인이 지급하지 아니한 월차임 합계액(201*. 10. ~ 201*. 11. 매월차임 55만 원)과 201*. 11. 15. 신청인의 합의 미이행으로 인하여 피신청인이 입은 손해 합계액을 서로 상계하고 피신청인의 다른 주거로의 이사 시점까지 월차임을 면제하기로 하였음을 서로 확인한다.
2. 피신청인은 신청인에게 신청인으로부터 이 사건 건물 임대차보증금 금 80,000,000원 전액(제4항 기재 40,000,000원이 선지급되는 경우 잔액인 40,000,000원)의 지급을 받음과 동시에 이 사건 건물을 인도한다.
3. 신청인은 피신청인에게 피신청인으로부터 이 사건 건물을 인도받음과 동시에 이 사건 건물 임대차보증금 금 80,000,000원 전액(제4항 기재 40,000,000원이 선지급되는 경우 잔액인 40,000,000원)을 지급한다.
4. 피신청인은 201*. 11. 8.까지 신청인에 대한 이 사건 부동산 강제경매신청(서울○○지방법원 201*타경*****)을 철회한다. 신청인은 위 강제경매신청 철회가 이행되면, 201*. 11. 15.까지 위 2항, 3항 기재 임대차보증금의 1/2인 40,000,000원을 피신청인에게 지급한다.
5. 신청인은 나머지 신청을 포기한다.
6. 조정비용은 각자 부담한다.

임대차보증금반환 청구사건

사건의 개요 및 조정경과

원고는 피고 소유의 주택을 보증금 1억 1,000만 원, 기간 2년의 조건으로 임차하였는데 기간종료 후 보증금반환을 요구하였음에도 원고가 1,500만 원만 지급하자 임차권등기명령을 신청하여 임차권등기 후 이사를 한 다음 피고를 상대로 보증금 잔액 9,500만 원의 지급을 구하는 소송을 제기. 피고는 원고가 임대차계약기간 동안 거주를 거의 안하여 겨울에 보일러와 하수도가 얼어 터져 피고가 수리비 225만 원을 지불하였고 원고가 전기요금 등을 체납한 금액을 피고가 대신 납부하여 총 230여만 원의 정산을 요구하였으나 원고가 거절하였기에 이를 공제한 나머지 9,260여만 원을 공탁하였다고 주장. 이에 원고는 보일러, 하수도 수리비는 부인하고 전기요금 등 체납 공과금은 인정. 원고가 피고의 공탁금을 수령하는 이외에 135만 원을 지급받고 주택임대차등기를 말소하기로 하는 내용으로 임의조정 성립.

조정주문

1. 피고는 원고에게 201*. 11. 29.까지 금 1,350,000원을 지급한다. 만일 피고가 위 지급기일까지 위 금원을 지급하지 아니한 때에는, 피고는 미지급금원에 대하여 지급기일 다음날부터 다 갚을 때까지 연 20%의 비율로 계산한 지연손해금을 가산하여 원고에게 지급한다.
2. 원고는 제1항 기재 금원을 다 받은 날로부터 7일 이내에 피고에 대하여 201*. 6. 17. 경료한 주택임차권등기를 말소한다. 그 말소비용은 피고가 부담한다.
3. 원고와 피고는 원고가 피고로부터 제1항 기재 금원 1,350,000원을 지급받고 원고를 수령인으로 하여 피고가 201*. 8. 16. 설정한 공탁금 92,691,850원을 출급 지급받음으로써 원고에 대한 피고의 이 사건 주택 임대차보증금반환채무가 모두 이행되는 것임을 서로 확인하고, 양자 사이에 이 사건 주택임대차계약과 관련하여 더 이상 어떠한 채권채무도 존재하지 아니함을 서로 확인하며, 향후 서로에 대해 양자 사이의 이 사건 주택 임대차계약과 관련하여 재판상, 재판외 청구 또는 이의제기를 하지 아니한다.
4. 원고는 나머지 청구를 포기한다.
5. 소송비용 및 조정비용은 각자 부담한다.

주택임대차보증금 청구사건

사건의 개요 및 조정경과

원고는 피고 소유의 주택을 보증금 2,500만 원, 기간 2년 조건으로 임차하였는데 만기에 보증금을 돌려받지 못하자 그 지급을 구하는 소송을 제기. 피고는 후속 임차인이 나타날 때까지 원고가 기다려야 한다는 입장 피력. 양측을 조율하여 주택인도와 보증금반환을 동시에 이행하되, 조정기일로부터 4개월의 유예기간을 주어 그 때까지 임대인인 피고가 후속 임차인을 구하거나 금전을 융통하여 보증금을 반환할 기회를 갖게 하고 그 시점까지도 보증금을 반환하지 못하는 경우 원고의 주택반환 여부와 무관하게 연 20%의 지연손해금을 부담하고, 그 외 피고는 보증금반환시까지 금융비용보전금조로 월 20만 원을 원고에게 지급하기로 하고 원고의 연체 관리비는 반환할 보증금에서 공제하기로 하는 내용으로 임의조정 성립.

조정주문

1. 피신청인은 신청인으로부터 서울 △△구 ◇◇동 **-*** 소재 ○○타운 B06호(이하 '이 사건 건물'이라 한다)

를 인도받음과 동시에 신청인에게 임대차보증금 금 25,000,000원을 지급한다.

2. 신청인은 피신청인으로부터 제1항 기재 금원 25,000,000원을 지급받음과 동시에 피신청인에게 이 사건 건물을 인도한다.
3. 만일 201*. 4. 20.까지 피신청인이 제1항 기재 금원 25,000,000원을 지급하지 아니한 때에는, 피신청인은 신청인의 이 사건 건물의 인도의무 이행과 무관하게(신청인이 동시에 이 사건 건물을 피신청인에게 인도하여야 하는 의무는 면제된다) 미지급금원에 201*. 4. 21.부터 다 갚는 날까지 연 20%의 비율에 의한 지연손해금을 가산하여 지급한다.
4. 피신청인은 신청인에게 201*. 12.부터 제1항 기재 금원 25,000,000원을 다 지급할 때까지 매월 25일마다 200,000원을 신청인에 대한 금융비용보전금으로서 지급한다.
5. 피신청인이 신청인에게 지급하여야 하는 제1항 기재 금원 25,000,000원에서 201*. 4. 이후 피신청인의 이 사건 건물의 인도 시까지 신청인이 미납한 관리비(매월 40,000원)을 공제정산하기로 한다.
6. 신청인은 나머지 신청을 포기한다.
7. 조정비용은 각자 부담한다.

임대차종료에 따른 주택인도 청구사건

사건의 개요 및 조정경과

원고는 미등기 다세대주택을 매수한 후 기존 임차인 피고 A 및 무단 전차인 피고 B를 상대로 주택인도 및 임대료 상당의 부당이득금 반환을 청구하는 소송을 제기. 피고 A는 원래의 임대인(전 소유자)과 연락이 안 돼 할 수 없이 전대할 수밖에 없었던 사정의 주장과 함께 임대차보증금 5,000만 원의 반환은 물론 그동안 자신이 지출한 집수리비용 522만 원, 자신이 지분소유권을 취득한 건물 대지 지료 등의 지급을 구하는 주장을 함. 피고 B는 피고 A를 건물 소유자로 알고 임대차(전대차)계약을 체결한 피해자라고 주장함. 임대차계약의 종료를 전제로 임대인의 지위를 승계한 원고로서는 보증금반환을, 피고들은 주택인도를 각 이행하여야 할 의무가 있기에 조정기일로부터 3개월여의 유예기간을 두고 동시이행하되 피고 A가 지출한 필요비, 유익비 일부를 인정하여 원고가 지급하기로 하는 내용으로 조정 성립.

조정주문

1. 피고 ○○○은 원고에게 201*. 4. 30.까지 원고로부터 금 51,600,000원(이 사건 건물 임대차보증금 금 50,000,000원 + 피고 ○○○이 지출한 이 사건 건물에 대한 필요비 및 유익비의 상환금 1,600,000원)을 받음과 동시에 이 사건 건물을 인도한다. 만일 피고 ○○○이 위 기일에 원고로부터 위 금원지급의무의 이행제공을 받고도 이 사건 건물을 명도하지 않을 경우, 피고 ○○○은 원고에게 지체일로부터 인도일까지 월 300,000원의 비율에 의한 금원을 가산하여 지급한다.

2. 원고는 피고 ○○○에게 201*. 4. 30.까지 피고 ○○○으로부터 이 사건 건물을 인도받음과 동시에 제1항 기재 금원 금 51,600,000원을 지급한다. 만일 원고가 위 기일에 피고 ○○○으로부터 이 사건 건물의 인도를 제공받고도 위 금원을 지급하지 아니할 경우, 원고는 피고 ○○○에게 위 금원에 대하여 지체일로부터 다 갚는 날까지 연 20%의 비율에 의한 지연손해금을 가산하여 지급한다.
3. 원고는 피고 △△△에 대한 이 사건 소를 취하한다.
4. 원고는 피고 ○○○에 대한 나머지 청구를 포기한다.
5. 원고와 피고 ○○○ 사이에는 소송비용과 조정비용을 각자 부담하고, 원고와 피고 △△△ 사이에는 소송비용과 조정비용을 원고가 부담한다.

임대건물명도 청구사건

사건의 개요 및 조정경과

원고회사는 원고 소유의 업무용 부동산을 피고에게 임대하였는데 계약갱신을 통하여 7년여 간 임차하여 온 피고가 차임 등을 장기 연체하여 연체액이 보증금을 초과하게 되자 계약해지통보와 함께 부동산의 인도를 구하는 소송을 제기. 임대차계약의 해지를 확인하고 건물 인도를 조정기일로부터 1개월여 유예하고 보증금을 초과한 연체차임은 면제하는 내용으로 임의조정 성립.

조정주문

1. 원고와 피고는 양자 사이의 별지 목록 기재 부동산중 별지도면 표시 ①, ②, ③, ④, ⑤, ⑥, ⑦, ⑧, ①을 순차로 연결한 선내부분 204평(이하 "이 사건 건물"이라 한다)에 관한 임대차계약이 이 사건 소장부본 송달로 해지되었음을 확인하고, 다만 원고와 피고는 피고의 원고에 대한 이 사건 건물의 인도를 201*. 2. 28.까지 유예한다.
2. 피고는 제1항 기재 날짜인 201*. 2. 28.까지 이 사건 건물을 인도한다. 만일 피고가 위 기일에 이 사건 건물을 인도하지 않을 경우, 건물인도 강제집행과 별도로 피고는 원고에게 지체일로부터 인도일까지 월 15,000,000원의 비율에 의한 금원을 지급한다.
3. 원고와 피고는 제1항 기재 날짜인 201*. 2. 28. 기준 피고의 월임차료, 관리비, 전기요금 등의 총연체금액이 임대차보증금 1억 1,000만 원 및 창고보증금 500만 원을 초과하여 원고가 피고에게 반환할 임대차보증금 및 창고보증금이 없으며, 그럼에도 원고는 임대차보증금 및 창고보증금을 초과하여 발생한 피고의 연체 임차료 등을 피고에게 청구하지 아니함을 서로 확인한다.
4. 원고는 나머지 청구를 포기한다.
5. 소송비용과 조정비용은 각자 부담한다.

유치권부존재확인 및 사해행위취소 청구사건

사건의 개요 및 조정경과

임대차계약이 사해행위로서 취소될 수 있는 사안에서 피고(임차인)가 유익비상환청구채권에 기한 유치권의 부존재를 인정하는 대신에 원고(근저당권 실행에 의한 경매신청자)도 임대차계약에 대한 사해행위 취소 주장을 포기하기로 하는 내용으로 임의조정된 사안.

원고 캐피탈회사는 소외 A와 대출거래약정을 맺고 4억 원 가량을 대출해주면서 물상보증인 B 소유의 부동산(아파트)에 대해 근저당권을 확보. 이후 A가 대출금을 연체하여 기한이익을 상실하여 원고는 위 아파트에 대해 부동산임의경매신청 하였는데, 경매절차가 진행되던 중 피고가 위 아파트의 임차인임을 자처하며 소액 임대차보증금 및 아파트 인테리어공사비용 등 유익비채권을 신고함과 동시에 유익비채권을 피담보채권으로 하는 유치권을 신고함. 이에 원고는 피고를 상대로 피고와 소외 B 사이의 임대차계약에 대한 사해행위취소 및 피고의 유치권부존재확인을 구하는 소송을 제기. 조정심리결과, 피고는 정상적인 임대차계약을 체결하여 자신의 돈을 들여 인테리어공사를 한 후 실제로 거주하였다고 주장하나, 이미 아파트매매가를 상회하는 고액의 선순위 근저당과 가압류 등이 설정된 B 소유의 아파트에 대하여 아파트 소재지와 무관한 지역에서 활동하는 무등록 공인중개사의 중개를 통해 임대인과 임차인이 카페에서 만나 전세시세 2억 6,000만 원의 8분의 1 수준에 불과한 금액(주임법상 최우선변제권이 보장되는 소액보증금 범위 내)인 3,500만 원의 전세보증금으로 하는 임대차계약을 체결하고 또한 전세보증금의 3분의 1이 넘는 1,200만 원을 인테리어공사비용으로 지불했다는 것은 건전한 상식에 반하는 측면이 강했음. 대법원 판례에 의하더라도 이러한 정도의 임대차계약은 임대인의 사해의사 및 임차인의 악의가 추정되어 사해행위로서 취소되어야 하는 사안으로 보였고(대법원 2003다50771, 2012다20222판결 참조), 임대차계약서에도 임차인이 내부인테리어 공사 등으로 인한 유치권을 발생시키지 않겠다는 내용의 확약 및 임차인이 원상회복의무를 부담하는 것으로 되어 있어 유익비상환청구권의 포기 특약으로 보는 것이 상당하여(대법원 94다20389 판결 참조), 피고로서는 불리한 상황이었음. 이에 피고는 유익비(인테리어비용)에 기한 유치권주장과 관련하여서는 그 유치권이 존재하지 아니함을 확인하고 경락 이후 부동산인도에 협조하기로 하고(조정조서에는 불기입) 대신 원고는 피고의 임대차계약에 대한 사해행위취소 주장을 하지 아니함으로써 피고의 최우선변제 및 후순위배당을 용인한다는 내용으로 조정 성립.

조정주문

1. 피고(항소인, 이하 '피고'라 한다)는 서울○○지방법원 201*타경****호 부동산임의경매사건에 관하여 피고가 위 법원에 권리신고한 12,000,000원의 유익비청구채권을 피담보채권으로 하는 별지 목록 기재 부동산에 관한 유치권은 존재하지 아니함을 확인한다.
2. 원고(피항소인, 이하 '원고'라 한다)는 별지 목록 기재 부동산에 관한 피고와 소외 △△△사이의 임대차계약에 관하여 사해행위에 의한 취소를 주장하지 아니한다.
3. 소송총비용 및 조정비용은 각자 부담한다.

임차건물명도 청구사건

사건의 개요 및 조정경과

원고 ○○공사는 피고에게 도시계획 철거민 임시주거용 공공임대주택을 임대하였는데 피고가 공공주택을 분양받고도 입주하지 않고 다른 사람에게 임대하고 공공임대주택에 계속 거주하고 있어 원고는 피고의 임대자격상실에 따라 피고에게 해지를 통보하고 명도를 요구하였음에도 피고가 이를 거부하고 불법 점유하고 있다며 피고를 상대로 건물명도를 구하는 소송을 제기. 조정기일로부터 8개월의 유예기간을 부여하여 건물명도와 보증금반환을 동시이행한다는 내용으로 조정갈음결정하여 양측 이의 없이 확정.

조정주문

1. 원고와 피고는 양자 사이의 별지 목록 기재 부동산(이하 "이 사건 건물"이라 한다)에 관한 임대차계약이 원고의 201*. 10. 21.자 내용증명 해지통보의 피고에 대한 도달로 해지되었음을 확인한다. 다만 원고는 피고에 대하여 이 사건 건물의 인도를 201*. 11. 30.까지 유예한다.
2. 피고는 원고에게 201*. 11. 30.까지 원고로부터 이 사건 건물 임대차보증금 금 962만 원에서 인도시점까지의 연체 월임대료 등 피고의 채무액을 공제한 나머지 금원을 지급받음과 동시에 이 사건 건물을 인도한다.
3. 원고는 피고에게 201*. 11. 30.까지 피고로부터 이 사건 건물을 인도받음과 동시에 이 사건 건물 임대차보증금 금 962만 원에서 인도시점까지의 연체 월임대료 등 피고의 채무액을 공제한 나머지 금원을 지급한다.
4. 원고는 나머지 청구를 포기한다.
5. 소송비용과 조정비용은 각자 부담한다.

상가임대료 청구사건

사건의 개요 및 조정경과

원고는 원고의 처 A 소유명의의 상가건물을 피고에게 가스판매사업장 용도로 임대하였는데 피고가 월차임(매월 100만 원, 부가가치세 별도)을 10개 월 가량 연체하자 그 연체차임과 부가가치세액의 지급을 구하는 소송을 제기. 조정심리결과, 피고는 연체차임을 인정하고 다만 부가가치세부담약정은 없었다고 주장하였으나 부가가치세 별도 약정이 인정되었고, 피고가 임대차보증금 중 잔금도 아직 지급하지 않은 사실이 확인됨. 피고가 5년 만기 이후 계속 임차를 희망하고 원고도 피고가 연체차임지급을 제대로 이행한다면 계속 영업하도록 배려하겠다는 입장이어서, 연체차임액을 분할지급하는 내용과 함께 향후 재계약시 상가 소유자인 원고의 처 A 명의로 임대차계약을 체결하고 피고도 보증금 잔액을 지급하기로 약속하는 내용으로 조정 성립.

조정주문

1. 피고는 원고에게 금 12,000,000원(201*. 4.부터 201*. 3.까지의 미지급 월차임 합계액 10,000,000원(부가가치세액은 이와 별도로 지급한다) 및 미지급 부가가치세액 합계액 2,000,000원의 합산액임)을 지급한다. 다만, 이를 12회로 분할하여 201*. 4.부터 매월 말 매월 1,000,000원씩을 지급한다(다만, 201*. 4. 지급분 1,000,000원에서 피고가 이 사건 임대차목적물 전기시설공사비로 기지출한 600,000원을 공제한 400,000원 만을 지급한다).
2. 만일 피고가 제1항 기재 지급을 1회라도 지체하는 경우, 피고는 기한의 이익을 상실하고 즉시 원고에게 미지급액 전액 및 이에 대하여 지체일로부터 다 갚을 때까지 연 20%의 비율로 계산한 지연손해금을 가산하여 지급한다.
3. 피고는 제1, 2항 기재 사항과 별개로, 원고에게 201*. 4.부터 매월 말 약정된 월차임 100만 원(부가가치세액 10만 원은 별도임)씩을 성실히 지급한다.
4. 원고와 피고는 201*. 7. 1. 양자 사이의 이 사건 임대차계약을 재(갱신)계약함에 있어 계약서상의 임대인 명의를 부동산등기부상의 소유권자 명의와 일치시켜 계약을 체결하며 피고가 미지급한 보증금 잔금 5,000,000원을 원고에게 지급하기로 한다.
5. 원고는 나머지 청구를 포기한다.
6. 소송비용 및 조정비용은 각자 부담한다.

양계장 임대차계약불이행에 따른 손해배상 청구사건

사건의 개요 및 조정경과

원고는 피고와 피고 소유의 양계장 계사 3동 및 그 주변부지를 임대기간 2년, 임대료 매년 1,500만 원의 조건으로 원고가 사용하기로 하는 임대차계약을 체결하였는데 피고의 설명과 달리 500평이 아닌 365평에 불과하고 피고가 150평 계사 증축을 약속하고도 이를 이행하지 않아 그에 따른 손해액 3,420만 원을 청구하는 소송을 제기. 이에 대해 피고는 원고가 현지를 답사하여 계사 3동과 주변 토지까지 포함하여 500평임을 잘 알고 있었고 계사 신축 비용 2,000만 원의 일부인 800만 원을 원고가 부담하기로 하고서도 이를 불이행하여 신축하지 못하였으며 오히려 원고의 계약불이행으로 피고에게 손해가 발생하였다고 주장. 조정기일에 2회 쌍불. 원고가 소를 취하하고 피고는 이에 동의한다는 내용으로 조정갈음결정하여 이에 양측 이의 없이 확정.

조정주문

1. 원고는 이 사건 소를 취하하고, 피고는 이에 동의한다.
2. 소송비용 및 조정비용은 각자 부담한다.

임대차보증금 반환 청구사건

사건의 개요 및 조정경과

소외 A는 피고 소유의 상가건물을 1년 기간으로 임차(보증금 3,000만 원, 월차임 200만 원)하여 피트니스클럽으로 사용하다, 원고가 소외 A를 승계하여 잔여기간 같은 조건으로 클럽을 운영하였으나 불황으로 중도해지를 요청하고 건물을 명도하였으나 피고가 보증금 3,000만 원과 선불 차임 등 300여만 원을 반환하지 않는다며 소송을 제기. 피고는 양자 간에 계약이 해지된 바 없고 정해진 기간만료로 종료되었고 원고가 건물을 명도한 것도 아니며 원고에게 보증금의 일부인 1,500만 원을 선지급하여 원상복구공사비로 대체하게 하였고 보증금반환채권 중 630만 원을 원상복구공사업자가 가압류하였다고 주장.

조정과정에서, 원고가 주장하는 명도시점에 원고가 건물관리인에게 건물열쇠를 맡긴 사실, 원고의 원상회복의무에 따른 원상복구공사가 이루어졌고 그 공사비용으로 보증금 중 1,500만 원이 지급된 사실, 공사비용 총액에 대해서는 원고와 공사업자 간에 다툼이 있으나 보증금 잔액의 일부인 630만 원이 가압류된 사실이 인정되어, 가압류된 금액은 피고가 채권자불확지를 원인으로 공탁하고 나머지 보증금 잔액에서 일부조정된 846만 원은 원고에게 직접 지급하기로 하는 내용으로 조정 성립.

조정주문

1. 피고는 원고에게 201*. 5. 23.까지 금 846만 원을 지급한다. 만일 피고가 위 지급기일까지 위 금원을 지급하지 아니한 때에는, 피고는 미지급금원에 대하여 지급기일 다음날부터 다 갚을 때까지 연 20%의 비율로 계산한 지연손해금을 가산하여 원고에게 지급한다.
2. 피고는 201*. 5. 23.까지 금 630만 원을 서울○○지방법원에 채권자불확지(피공탁자/채권 주장자: 원고 및 소외 △△△)를 원인으로 하는 공탁을 한다.
3. 원고는 나머지 청구를 포기한다.
4. 소송비용 및 조정비용은 각자 부담한다.

임대료 청구사건

사건의 개요 및 조정경과

원고들 4인은 상가건물의 공유자인데 피고들에게 상가건물을 임대하였고 계약종료이후 피고들이 연체차임과 원상회복비용을 지급하지 않는다며 총 3,000여만 원의 금액의 1/4인 750여만 원씩을 지급하라는 소송을 제기. 피고들은 원고들과 수차례 협의를 거쳐 연체차임액을 줄이기로 얘기가 됐다고 주장하고 원상회복공사도 이행하였다고 주장하였고 이러한 피고들의 주장사실은 소명됨. 피고들이 정해준 지급기한내 원고들에게 100만 원씩을 지급하고 만일 미이행 시 각 200만 원을 더하여 지급한다는 내용으로 조정갈음결정하여 양측 이의 없이 확정.

조정주문

1. 피고들은 각자 원고(선정당사자) 유**, 선정자 차**, 황**, 황**에게 201*. 7. 31.까지 각 금 1,000,000원씩을 지급한다. 만일 피고들이 위 지급기일까지 위 금원을 지급하지 아니한 때에는, 피고들은 각자 미지급금원에 각 금 2,000,000원씩을 더한 금원에 대하여 위 지급기일 다음날부터 다 갚을 때까지 연 20%의 비율에 의한 지연손해금을 가산하여 지급한다.
2. 만약 피고들이 201*. 7. 31.까지 제1항 기재 금원 모두(1,000,000원 × 4 = 4,000,000원)를 지급하는 경우, 원고(선정당사자) 유**, 선정자 차**, 황**, 황**는 피고들에 대하여 한 채권가압류(서울남부지방법원 201*카단****, ****)를 해제하고, 이 경우 피고들은 원고(선정당사자) 유**, 선정자 차**, 황**, 황**가 가압류공탁금을 회수하여 가는 것에 동의한다.
3. 원고(선정당사자) 유**, 선정자 차**, 황**, 황**는 나머지 청구를 각 포기한다.
4. 소송비용 및 조정비용은 각자 부담한다.

상가임대차목적물반환 청구사건

사건의 개요 및 조정경과

원고는 상가건물을 피고에게 임대하여 피트니스센터사업을 운영하게 하였는데 피고의 영업부진과 불황으로 차임 및 관리비가 연체되자 계약을 해지하고 임대차목적물 반환을 청구하는 소송을 제기. 조정심리결과, 피고는 차임연체를 인정하였고 피고의 사업재개가 불가능한 것으로 판단되어 보증금에서 연체차임 등을 공제한 금액의 반환과 목적물 인도를 상호 동시이행하는 내용으로 조정 성립.

조정주문

1. 피신청인 주식회사 ○○○휘트니스○○은 신청인에게 201*. 9. 28.까지 별지 1. 기재 부동산의 별지 2. 도면표시 ①, ②, ③, ④, ⑤, ⑥, ⑦, ⑧, ①의 각 점을 순차로 연결한 선내 (가) 부분과 ①, ②, ③, ④, ①의 각 점을 순차로 연결한 선내 (나) 부분의 부동산을 인도한다.
2. 신청인은 201*. 9. 28.까지 피신청인 주식회사 ○○○휘트니스○○에게 금 132,538,000원(임대차보증금에서 지체 월차임, 관리비 등을 모두 정산공제한 잔액임)을 지급한다.
3. 제1항과 제2항은 동시에 이행한다.
4. 신청인은 나머지 신청을 포기한다.
5. 신청인과 피신청인들은, 제1항 인도 및 제2항 지급이 모두 이행되면, 신청인과 피신청인 주식회사 ○○○휘트니스○○ 사이의 별지 1. 기재 부동산의 별지 2. 도면표시의 부분에 관한 임대차계약과 관련하여 본 조정조

항에서 정한 것 이외에는 신청인과 피신청인들 서로 간에 아무런 채권·채무가 없음을 확인하고, 향후 이와 관련하여 서로에 대하여 어떠한 재판상, 재판외 청구 또는 이의제기를 하지 아니한다.

6. 조정비용은 각자 부담한다.

임대차보증금반환 청구사건

사건의 개요 및 조정경과

원고는 피고 A와 피고 A의 아파트를 보증금 4,000만 원에 임차하였는데 이후 피고 A가 피고 B에게 동 부동산을 증여하였고 원고와 피고 B 사이에 재계약을 체결하였는데 이후 부동산이 경매되어 원고가 2,000여만 원을 배당받고 피고 A, B에 대해 잔여 보증금 1,900여만 원의 지급을 구하는 소송을 제기. 1심에서 피고 A, B의 연대책임이 인정되었고 피고 B는 항소를 포기하여 확정되었으나 피고 A가 이에 불복하여 항소. 항소심 조정회부. 피고 A로부터 부동산을 증여받은 피고 B는 원고에 대한 임대차보증금반환채무를 중첩적이 아닌 면책적으로 인수(증여 이후 원고가 피고 A의 지급의무를 존속시키기 위하여 이의를 제기함 없이 피고 B와 새로운 임대차계약서를 작성)한 것으로 봄이 타당하다(즉, 피고 A의 항소이유가 타당하다)고 판단되었고, 이를 감안하여 조정기일을 속행하여 피고 A가 현금으로 650만 원을 원고에게 지급하게 하고 원고는 피고 A의 나머지 채무가 없음을 확인하는 내용으로 조정 성립.

조정주문

1. 피고(항소인, 이하 '피고'라 한다) △△△는 원고(피항소인, 이하 '원고'라 한다)에게 본 조정기일인 201*. 10. 2. 조정실 413호실에서 현금 650만 원을 지급하고, 원고는 이를 수령하였음을 서로 확인한다.
2. 원고는, 피고 △△△에 대하여, 이 사건 원심 판결인 서울▽▽지방법원 201*. *. **.선고 201*가단**** 손해배상(기) 판결과 관련하여 제1항 기재 지급 금원을 제외한 나머지 판결 금에 대한 피고 △△△의 채무를 면제하며, 이로써 이와 관련한 원고에 대한 피고 △△△의 채무는 존재하지 아니함을 확인한다.
3. 피고 △△△는, 원심 피고 ○○○이 제1항 기재 판결에 따라 원고에게 충실하고 원만하게 이행을 하는 데 있어 필요한 도의적 책임을 다하기로 한다.
4. 원고는 피고 △△△에 대한 나머지 청구를 포기한다(피고 ○○○에 대한 청구는 제2항 기재 원심 판결에 의한다).
5. 소송총비용 및 조정비용은 각자 부담한다.

상가건물 전세권설정등기말소 청구사건

사건의 개요 및 조정경과

원고들의 망모 A는 자신 소유의 상가건물에 피고와 전세권설정계약을 체결하고 피고의 전세권등기를 경료해주었는데 1차 묵시적 갱신 후 합의해지되어 A는 피고에게 전세금을 반환하고 피고는 전세목적물을 인도하고 전세권설정등기는 말소하지 않고 방치한 상태에서 A가 사망하였고 원고들은 망모 소유 상가건물을 협의분할로 상속등기하면서 전세권등기를 발견하고 피고에게 전세권등기말소를 요청하였으나 피고가 건물인도 시 발생한 쓰레기처리비용지급을 받지 못했다며 등기말소를 거부하자 소송을 제기. 조정심리과정에서 피고는 최초 상가입주 시 피고의 자금 1,300만 원을 들여 실내인테리어작업을 하였는데 이후 원상회복을 위해 인테리어철거를 하며 폐기물처리비용이 200만 원 발생하였다고 주장. 피고에게 법리상 원상회복의무 있는 전세입자가 원상회복경비를 요구할 수 없음을 주지시키고 다만 원고들이 원만하고 조속한 등기말소의 대가로서 일정 금원을 지급하기로 하여 피고의 전세권등기말소등기절차이행의무와 함께 원고들이 피고에게 50만 원을 지급하는(지급기한, 지연이자 미설정) 내용으로 조정 성립.

조정주문

1. 피고는 원고들에게 별지목록 기재 부동산에 관하여, ○○○지방법원 △△지원 △△등기소 199*. *. **. 접수 제*****호로 경료한 전세권설정등기에 대하여 20**. 9. 7. 해지를 원인으로 한 말소등기 절차를 이행한다. 다만, 그 비용은 원고들이 부담한다.
2. 원고들은 연대하여 피고에게 500,000원을 지급한다.
3. 제1항과 제2항은 서로 동시에 이행한다.
4. 원고들은 나머지 청구를 포기한다.
5. 소송비용 및 조정비용은 각자 부담한다.

임대목적물명도 청구사건

사건의 개요 및 조정경과

원고들은 자신들 소유의 상가를 피고에게 임대하고 피고는 호프집으로 운영하였는데 계약기간 종료에 따라 상가의 명도를 구하는 소송을 제기. 조정결과, 목적물반환과 보증금반환을 동시에 이행하되 피고의 주방공사로 인하여 발생한 손해액을 보증금에서 공제하고 원고는 액수를 상호 밝히지 않은 권리금을 반환하기로 하는 내용으로 조정 성립.

조정주문

1. 원고들과 피고는 201*. 10. 14.부로 양자 간의 별지목록 및 별지도면 건물 임대차계약이 계약기간의 만료로

종료됨을 상호 인정하고, 동 일자에 상호 원상회복의무를 동시에 각 이행한다.

2. 원고들은 피고에게 제1항에 따른 원상회복의무의 이행으로서 1,300만 원(임대차보증금 1,500만 원에서 피고의 주방공사 이후 발생한 지하 방실의 천정 누수로 인한 임대료 손실금 및 위 누수에 대한 방수공사비용 합계 200만 원을 공제한 금원이다)을 지급한다.
3. 피고는 원고들에게 제1항에 따른 원상회복의무의 이행으로서 이 사건 임대차건물을 인도한다. 피고는 위 인도에 앞서 제1항 기재 임대차계약서 제5조에 따른 원상회복공사(주방바닥의 원상복구)를 완료한다.
4. 제2항과 제3항은 동시에 이행한다.
5. 원고들은 제2항 기재 금원 지급과 별개로, 피고에게, 피고로부터 받은 권리금 원금을 반환 지급한다.
6. 원고들은 나머지 청구를 포기한다.
7. 소송비용 및 조정비용은 각자 부담한다.

상가건물명도 청구사건

사건의 개요 및 조정경과

원고들은 자신들 소유의 상가를 각 보증금 2,500만 원, 월차임 250만 원, 계약기간 2년으로 피고에게 임대하는 임대차계약을 체결하였는데 피고가 각 보증금의 일부만 지급하고 월차임을 계속 연체하자 계약해제 및 목적물반환을 구하는 소송을 제기. 조정결과, 피고가 각 상가를 인도하고 연체차임액(이미 보증금 초과)을 지급하기로 하는 내용으로 조정 성립.

조정주문

1. 피고는, 201*. 10. 15.까지, 원고 ○○○에게 서울 **구 ****로 **길 **, ㅁㅁ동 ▽▽▽빌딩 914호를, 원고 △△△에게 위 같은 건물 913호를 각 인도한다.
2. 피고는 원고 ○○○에게 201*. 10. 15.까지 250만 원을 지급한다. 만일 피고가 위 지급기일까지 위 금원을 지급하지 아니한 때에는, 피고는 미지급금원에 대하여 지급기일 다음날부터 다 갚을 때까지 연 20%의 비율로 계산한 지연손해금을 가산하여 원고 ○○○에게 지급한다.
3. 피고는 원고 △△△에게 201*. 10. 15.까지 1,250만 원을 지급한다. 만일 피고가 위 지급기일까지 위 금원을 지급하지 아니한 때에는, 피고는 미지급금원에 250만 원을 가산한 금원 및 이 '미지급금원에 250만 원을 가산한 금원'에 대하여 지급기일 다음날부터 다 갚을 때까지 연 20%의 비율로 계산한 지연손해금을 가산하여 원고 △△△에게 지급한다.
4. 만일 피고가 제1항 기일의 건물 인도를 이행하지 아니하는 경우, 피고는 원고들에게 201*. 10. 16.부터 위 각 호실을 인도할 때까지 원고들에게 매월 250만 원을 각 지급한다.
5. 피고는 원고들과의 이 사건 임대차계약에 기한 임대차보증금이 미지급월차임 및 계약해제에 따른 손해배상

금으로 충당 상계되어 반환받을 금원이 없음을 확인한다.

6. 원고는 나머지 청구를 포기한다.

7. 소송비용 및 조정비용은 각자 부담한다.

토지임대차계약해지에 따른 보증금반환 청구사건

사건의 개요 및 조정경과

원고는 피고 소유의 임야 8,231㎡를 관광버스 주차장 부지로 사용하고자 보증금 3,000만 원, 월차임 500만 원, 기간 5년의 조건으로 임대차계약을 체결하였으나 이후 관할구청으로부터 자연녹지는 관광버스 주차장으로 이용할 수 없다는 회신을 받았고 피고의 임야에 6억 원의 근저당이 설정된 사실을 알게 되어 피고에게 이행불능을 원인으로 한 임대차계약 해제 내지 착오에 기한 취소를 통지하고 보증금반환을 요구하였으나 피고가 응하지 않는다며 3,000만 원의 지급을 구하는 소송을 제기. 이에 대해 피고는 원고와 피고 사이의 구두 합의는 보증금 5,000만 원, 월차임 500만 원, 임대차기간 5년의 조건이었고 원고가 계약당일 계약금조로 3,000만 원을 송금한 것이고 그 후 연락이 두절되어 보증금 잔금 2,000만 원과 월차임을 지급하지 않다가 5개 월 가량 지나 원고가 CCTV 설치 등 소요비용이 2억이나 되 사업을 포기하기로 했으니 계약금 중 일부라도 돌려달라고 사정하였으며 구두 계약 당시 원고 스스로 자연녹지라도 주차장 사용 가능하다고 말하였고 피고의 남편이 5억 원의 근저당이 설정되어 있다고 고지하였을 뿐 아니라 당해 임야의 공시지가가 9억여 원, 실거래가는 13억 원으로서 원고의 계약 파기 통지 이후 추가로 2억 원의 근저당을 설정할 수 있었던 점에서 원고의 주장은 모두 사실과 다르다고 주장. 조정과정에서 원고의 계약해제 내지 취소의 정당한 사유에 대한 소명이 부족한 점, 보증금의 60%에 해당하는 금원을 계약금으로 보아 전액 몰취할 수 있는 것으로 보기는 어려운 점, 원고가 월차임을 지급하지 아니하였으나 실제 주차장 부지로 사용한 바 없었던 점 등을 감안하여 피고는 3,000만 원 중 2,000만 원을 3회 분할 지급하고 원고는 피고에 대한 부동산 가압류를 해제하는 내용으로 조정갈음결정하여 양측 이의 없이 확정.

조정주문

1. 피고는 원고에게 금 20,000,000원을 지급한다. 다만, 이를 3회로 분할하여 ① 201*. 12. 31.까지 7,000,000원을, ② 201*. 1. 31.까지 7,000,000원을, ③ 201*. 2. 28.까지 6,000,000원을 지급한다.
2. 만일 피고가 제1항 기재 지급을 1회라도 지체하는 경우, 피고는 기한의 이익을 상실하고 즉시 원고에게 미지급액 전액 및 이에 대하여 지체일로부터 다 갚을 때까지 연 20%의 비율로 계산한 지연손해금을 가산하여 지급한다.
3. 원고는 피고의 제1항 지급이 모두 이행되는 즉시 피고에 대한 부동산가압류(서울○○지방법원 201*카단*****)를 해제한다.

4. 원고는 나머지 청구를 포기한다.
5. 소송비용 및 조정비용은 각자 부담한다.

임대차보증금 반환 청구사건

사건의 개요 및 조정경과

원고(임차인)와 피고(임대인)는 주택임대차계약체결하여 2년 기간 도과 후 묵시적 갱신으로 계약을 유지하던 중 원고가 피고를 상대로 보증금반환청구소송을 제기. 묵시적 갱신으로 인한 기간연장의 경우 기간만료 전 임차인이 해지권을 가지고 있고 그 해지통지일로부터 3개월 후 해지효력이 발생하므로 임차인인 원고의 소송제기를 해지권행사로 보아서 피고의 임대차보증금반환기한을 3개월 이후로 하되 임대인인 피고에게도 새로운 임차인을 확보할 여유 기간을 부여할 필요가 있어, 소장부본 송달일로부터 3개월 이후이면서 조정기일로부터 2개월 후인 일자를 특정하여 피고의 보증금반환의무기한을 설정하고 보증금지급일에 피고가 원고로부터 주택을 인도받는 것으로 하는 내용(동시이행이 아님)으로 조정 성립.

조정주문

1. 피고는 원고에게 201*. 12. 15.까지 전세보증금 1억 7,000만 원을 지급한다. 만일 피고가 위 지급기일까지 위 금원을 지급하지 아니한 때에는, 피고는 미지급금원에 대하여 지급기일 다음날부터 다 갚을 때까지 연 20%의 비율로 계산한 지연손해금을 가산하여 원고에게 지급한다.
2. 원고는, 피고로부터 제1항 기재 금원을 지급받는 경우 그 지급받는 날에 임대차목적물인 별지 목록 기재 건물을 피고에게 인도한다.
3. 원고는 나머지 청구를 포기한다.
4. 소송비용 및 조정비용은 각자 부담한다.

상가임대차건물명도 청구사건

사건의 개요 및 조정경과

원고의 부친 A는 자신 소유의 상가건물 1층과 주차장 부지를 피고에게 임대하여 피고는 일식집을 운영하기 시작하였고 A는 원고에게 위 건물과 부지를 증여하였으며 이후 15년 넘게 피고는 일식집을 운영하여 왔는데 피고의 연체차임액이 보증금을 초과하여 과다하게 불어나자 원고는 피고를 상대로 건물 명도를 구하는 소송을 제기. 피고는 원고가 주차장부지를 타인에게 매도하여 피고의 일식집 운영을 위한 주차장 확보가 안 되고 주차장부지에 건물신축공사가 시작되면서 손님이 급감하여 직원월급, 차임 지급을 못할 정도로 장사가 안 되고 일식집 시설비로 5억 원 가량 비용을 지출하여 그 보상을 요구하는 입장. 조정결과, 피고가 음식점을 폐업하고 건물을 명도하는 경우 손실을 회복하기 어려워 피고가 돈을 마련하여 밀린 연체차임을 지급하고 월차임을 조정하여 계속 임대차를 유지하기로 하는 내용으로 조정 성립.

조정주문

1. 피고는 원고에 대하여 201*. 1. 월차임 포함 43,300,000원(임대차보증금 30,000,000원을 초과한 상태임)을 원고에게 지급할 채무가 존재함을 확인한다.
2. 피고는 원고에게 201*. 1. 31.까지 제1항 기재 금원 금 43,300,000원을 지급한다. 만일 피고가 위 지급기일까지 위 금원을 지급하지 아니한 때에는, 피고는 별지목록 기재 부동산 중 별지도면 ㄱ, ㄴ, ㄷ, ㄹ, ㄱ의 각 점을 순차로 연결한 선내 (가) 부분 231㎡을 원고에게 인도하고, 미지급금원에 대하여 지급기일 다음날부터 다 갚을 때까지 연 20%의 비율로 계산한 지연손해금을 가산하여 원고에게 지급한다.
3. 원고와 피고는 201*. 1.부터 원고와 피고가 별도로 합의(재조정)하거나 피고가 제2항 기재 부동산 부분을 원고에게 인도할 때까지 피고의 월임대료를 270만 원으로 하기로 합의하였음을 확인한다(제1항 및 제2항 기재 금원 43,300,000원에 포함된 2015. 1. 월차임액부터 270만 원을 적용하였음).
4. 피고는 201*. 2. 1. 이후 월임대료 연체액 합계액이 3회분에 달한 경우, 그 즉시 제2항 기재 부동산 부분을 원고에게 인도한다. 이 경우 인도에 필요한 철거공사는 피고의 비용으로 하며, 피고는 원고에 대하여 동 부동산 부분에 관한 일체의 필요비, 유익비를 청구하지 아니한다.
5. 원고는 나머지 청구를 포기한다.
6. 소송비용 및 조정비용은 각자 부담한다.

주택임대차보증금반환 청구사건

사건의 개요 및 조정경과

원고는 피고와 피고 소유의 오피스텔에 대해 기간 2년, 보증금 1억 1,000만 원으로 임대차계약을 체결하여 입주하였는데 건물 난방과 온수공급이 안 돼 중대한 하자를 이유로 계약해지를 통보하고 보증금, 중개수수료, 전세권설정 비용 등의 지급을 구하는 소송을 제기. 피고는 오피스텔 건물 전체의 공실이 많아 관리비가 제대로 납부되지 않아 난방, 온수용 가스가 공급되고 있지 않은 사실을 계약체결 이후에 알게 되었고 이러한 사정을 알고 있었을 공인중개사가 중개수수료를 책임져야할 것이라고 주장. 조정결과, 조정기일로부터 2개월 이후 피고가 보증금 전액에 40만 원을 추가하여 지급하고 동시에 원고는 임차목적물을 인도하기로 하는 내용으로 임의조정 성립.

조정주문

1. 피고는 201*. 4. 30.까지 원고로부터 서울 △△구 ◇◇로 ** ▽▽빌딩 제16층 제16017호 전부(37.05㎡. 이하 '이 사건 건물'이라 한다)를 인도받음과 동시에 원고에게 금 110,400,000원을 지급한다.
2. 원고는 201*. 4. 30.까지 피고로부터 금 110,400,000원을 지급받음과 동시에 피고에게 이 사건 건물을 인도한다.
3. 만약 피고가 원고로부터 제1항 기한인 201*. 4. 30.까지 제1항 기재 이 사건 건물 인도(인도의 제공)를 받고도 원고에게 제1항 기재 금원 금 110,400,000원을 지급하지 아니한 때에는, 피고는 원고에게 금 110,800,000원(제1항 기재 금원에 400,000원을 가산한 금원임) 및 동 금원의 미지급금원에 대하여 201*. 5. 1.부터 다 갚을 때까지 연 20%의 비율에 의한 지연손해금을 가산하여 원고에게 지급한다.
4. 원고는 나머지 청구를 포기한다.
5. 소송비용 및 조정비용은 각자 부담한다.

상가건물 명도 청구사건

사건의 개요 및 조정경과

원고 A, B, C가 공유지분을 가지는 상가건물을 피고에게 식당 용도로 임대(보증금 9,000만 원, 월차임 450만 원, 최초 2년 계약 후 갱신)하였는데 피고가 7개월 넘게 차임지급을 연체하자 원고들은 피고에게 계약해지 통보와 동시에 건물명도 및 연체차임 및 인도 시까지 월차임 상당의 금원 지급을 구하는 소송을 제기. 조정심리결과, 피고가 식당경영을 정상화할 가능성은 없어 조정기일로부터 2개월 후 원상회복한 건물을 원고에게 명도하고 원고들은 연대하여 임대보증금에서 조정감액된 연체차임액을 공제한 금원을 피고에게 반환하며 피고가 새로운 임차인으로부터 권리금을 회수하는 것을 방해하지 않는 내용으로 임의조정 성립.

조정주문

1. 피고는 201*. 4. 30.까지 원고들에게 별지 목록 기재 부동산 중 별지 도면 표시 (1), (2), (3), (4), (5), (6), (1) 각 점을 연결한 선내 247.93㎡를 명도한다.
2. 피고가 201*. 4. 30.까지 원고들에게 제1항 기재 부동산을 명도하지 않는 경우, 피고는 원고들에게 201*. 5. 1.부터 명도일까지 매월 4,950,000원으로 계산한 돈을 지급한다(원고들의 공유지분별로 나누어 지급하지 아니하고 원고들의 대표자인 ○○○에게 총액을 지급한다, 이하 같다).
3. 피고가 201*. 4. 30. 원고들에게 제1항 기재 부동산을 명도하는 경우, 원고들은 연대하여 피고에게 임대보증금에서 연체차임액을 공제한 잔금 40,500,000원을 반환한다. 만일 피고가 201*. 4. 30. 이전에 위 부동산을 원고들에게 명도하는 경우, 원고들은 연대하여 피고에게 명도일로부터 201*. 4. 30.까지 매월 4,950,000원으로 계산한 돈을 추가로 반환한다.

4. 제1항 기재 부동산 명도 시 철거는 피고가 책임진다.
5. 피고는 201*. 4. 30.까지 원고들에게 소송비용 5,000,000원을 지급한다.
6. 원고들은 피고가 201*. 4. 30. 이전에 새로운 임차인으로부터 권리금을 수령하는 것을 허용한다. 이 경우 새로운 임차인과의 임대차계약은 임대보증금 120,000,000원, 월차임 5,500,000원(부가가치세 별도) 이상이어야 한다.
7. 피고가 201*. 4. 30. 이전에 새로운 임차인으로부터 권리금을 수령하지 못하는 경우, 피고는 원고들에 대하여 제6항 기재 권리금 수령 권한을 주장하지 아니한다.
8. 원고들은 나머지 청구를 포기한다.
9. 제5항 기재 사항을 제외한 나머지 소송비용 및 조정비용은 각자 부담한다.

임대료 청구사건

사건의 개요 및 조정경과

신청인들은 신청인들이 일부 소유지분을 가지고 있는 건물 상가의 임차인인 피신청인 회사를 상대로 소유지분 상당의 연체임대료 지급을 구하는 조정신청을 제기. 피신청인은 지급의사와 지급능력이 충분함에도 신청인들과 나머지 지분소유자간의 내부 분쟁이 종결되지 않아 2중변제의 위험이 있으므로 지급하기 곤란하다는 입장 제시. 4회 기일 속행을 통해 신청인들이 피신청인에게 보증확약서를 제출을 조건으로 피신청인이 연체 임대료 중 일부를 지급하기로 하는 내용으로 강제조정하여 쌍방 이의 없이 강제조정 성립.

조정주문

1. 피신청인은 신청인들에게 201*. 12. 31.까지 이 사건 임대료의 일부 금원으로서 금 150,000,000원을 지급한다. 만일 피신청인이 위 지급기일까지 위 금원을 지급하지 아니한 때에는, 피신청인은 미지급금원에 대하여 위 지급기일 다음날부터 다 갚는 날까지 연 15%의 비율에 의한 지연손해금을 가산하여 신청인들에게 지급한다.
2. 신청인들은 피신청인에게, 제1항 기재 금원 지급에 앞서, '신청인들이 피신청인에게서 제1항 기재 금원을 지급받은 이후 신청인들이 그 지급받은 금원을 피신청인에게 반환할 의무가 발생하는 경우 그 반환지급채무에 대한 보증채무를 법무법인 ○○ 소속변호사 △△△이 진다'는 내용으로 동 변호사가 기명날인 또는 서명한 보증확약서를 제출한다.
3. 신청인들과 피신청인은 제1항 기재 금원을 제외한 이 사건 임대료의 나머지 금액에 대해서는 향후 상호 원만하게 협의하여 처리하기로 한다.
4. 신청인들은 이 사건 신청을 취하한다.
5. 조정비용은 각자 부담한다.

임대료 청구사건

사건의 개요 및 조정경과

원고는 원고 소유의 주택을 피고에게 임대하였는데 피고가 연체임대료 840만 원을 지급하고 있지 않다며 그 지급을 구하는 소송을 제기. 피고는 주택 내 인터넷이 정상적으로 작동되지 않았으므로 이로 인한 손해배상을 받아야 한다는 입장이고, 원고는 인터넷은 문제가 없을 뿐 아니라 인터넷 전용선은 건물 자체의 문제로서 임대인의 책임이 아니라고 주장. 피고가 원고에게 840만 원을 지급한다는 내용으로 조정갈음결정하여 양측 이의 없이 확정.

조정주문

1. 피고(항소인)는 원고(피항소인)에게 금 8,400,000원 및 이에 대하여 201*. 10. 16.부터 다 갚는 날까지 연 20%의 비율에 의한 금원을 지급한다.
2. 소송총비용 및 조정비용은 각자 부담한다.

상가임대건물인도 청구사건

사건의 개요 및 조정경과

원고는 원고 소유의 상가건물(아파트형 공장) 일부를 피고에게 임대하기로 하는 계약{보증금 3,400만 원, 월차임 340만 원, 기간 2년. 임차인 입주 전에 임대인 비용부담으로 건물내부 인테리어 변경(방 구조 변경)해 주는 조건}을 체결하였는데 피고가 보증금의 일부인 680만 원만 지급하고 입주한 이래 월차임도 지급하지 않는다며 피고에게 해지 통보한 이후 피고를 상대로 건물 반환과 인도 시까지 월차임 상당의 부당이득 및 기지출한 공사비용 910여만 원의 지급을 구하는 소송을 제기. 조정 심리 과정에서, 피고는 원고가 약속한 인테리어 공사를 충분히 해주지 않아 입주가 지연되었고 입주한 이후로도 많은 불편을 겪었으며 이로 인한 양측의 배상협의가 이루어지다 중단되었다고 주장하였음. 원고가 필요한 사전 인테리어공사를 완전하게 이행하지 않은 점, 피고가 보증금 중 2,720만 원을 미지급하고 입주하여 월차임도 계속 미지급한 점 등을 감안하여 쌍방이 임대차계약을 해지하고 피고는 조정기일로부터 1개월 후 임차목적물을 원고에게 인도하고 연체차임액을 적정하게 감액조정한 금액을 피고에게 지급하고 건물 관리비를 정산 납입하며 원고는 부동산을 인도받은 즉시 피고에 대한 동산 가압류 등을 취하하기로 하는 내용으로 임의조정 성립.

조정주문

1. 피고는 원고에게 201*. 6. 7.까지 별지 목록 기재 부동산을 인도한다.
2. 피고는 원고에게 201*. 5. 30.까지 금 3,400,000원(부가가치세 별도)을 지급한다. 만일 피고가 위 지급기일

까지 위 금원을 지급하지 아니한 때에는, 피고는 미지급금원에 대하여 지급기일 다음날부터 다 갚을 때까지 연 20%의 비율로 계산한 지연손해금을 가산하여 원고에게 지급한다.

3. 피고는 이 사건 임대차계약에 따른 별지 목록 기재 부동산 입주일부터 201*. 5. 31.까지의 건물 관리비를 모두 납입하기로 하며, 피고의 미납으로 인한 원고의 손해가 발생할 경우 이를 변상한다.
4. 원고는 제1항 기재 부동산 인도를 받은 즉시 피고에 대한 가압류, 가처분 신청을 취하하고 그 집행을 해제한다.
5. 원고는 나머지 청구를 포기한다.
6. 소송비용 및 조정비용은 각자 부담한다.

임대료 청구사건

사건의 개요 및 조정경과

원고는 원고 소유의 건물을 피고에게 요양병원 용도로 임대하였는데 피고의 연체차임액이 7억 원을 초과하자 그 지급을 구하는 소송을 제기. 피고는 원고의 청구를 모두 인낙한다는 의사표시를 하고 조정기일 불출석. 피고가 원고의 청구액 7억여 원을 지급한다는 내용으로 조정갈음결정하여 양측 이의 없이 확정.

조정주문

1. 원고와 피고는, 원고 소유 서울 ○○구 △동 *** 지상 건물(지하 1층, 지상 5층)에 관하여 201*. 7. 1. 보증금 50,000,000원, 차임 월 65,000,000원, 임대기간 201*. 1. 1.부터 201*. 12. 31.까지 5년으로 하는 부동산임대차계약을 체결하였고 동 임대차계약과 관련하여 피고가 201*. 5.부터 201*. 4. 19.까지 연체한 차임의 잔액은 금 705,216,622원임을 상호 확인한다.
2. 피고는 원고에게 201*. 7. 31.까지 제1항 기재 금원 금 705,216,622원을 지급한다. 만일 피고가 위 지급기일까지 위 금원을 지급하지 아니한 때에는, 피고는 미지급금원 및 이에 대하여 위 지급기일 다음날부터 다 갚는 날까지 연 20%의 비율에 의한 지연손해금을 가산하여 원고에게 지급한다.
3. 원고는 나머지 청구를 포기한다.
4. 소송비용 및 조정비용은 각자 부담한다.

임차보증금에 대한 추심금 청구사건

사건의 개요 및 조정경과

원고는 소외 A에 대한 1억 6,300여만 원의 확정판결금채권을 가지고 있는데 A가 피고의 상가를 임차하여 사용하고 있다는 것을 전제로 피고(제3채무자)를 상대로 A의 피고에 대한 3,000만 원의 임차보증금반환채권을 압류추심하였으나 피고가 지급하지 않자 피고를 상대로 추심금청구의 소를 제기. 조정심리 과정에서 피고의 건물을 임차한 임차인은 A가 아니라 A의 부인인 소외 B인 사실이 확인되었고 약정된 보증금액도 3,000만 원이 아니고 월차임도 연체되어 보증금을 상회하고 있었고 원고는 A가 위장 전입한 건물의 건물주인 피고를 상대로 압류추심명령신청과 추심금소송을 제기를 한 사실이 상호 인정되어, 원고로 하여금 본 소를 취하하게 하고 피고는 이에 동의하게 하는 내용으로 임의조정 성립.

조정주문

1. 원고는 이 사건 소를 취하하고, 피고는 이에 동의한다.
2. 소송비용 및 조정비용은 각자 부담한다.

임대목적건물 인도 청구사건

사건의 개요 및 조정경과

원고는 자신 소유의 주택을 임대차보증금 500만 원, 월차임 40만 원, 임대차기간 2년의 조건으로 피고에게 임대하였는데 피고가 보증금 중 100만 원을 미지급하였을 뿐 아니라 월차임을 장기간 미지급하여 그 연체액이 지급한 보증금을 상회하게 되자 주택의 반환과 명도 시까지의 월차임의 지급을 구하는 소송을 제기. 조정결과, 특정기한까지 피고 및 조정참가인(피고와 동거하는 소외 A)이 연대하여 주택반환 및 명도 시까지의 차임지급을 하되, 만약 그 기한까지 보증금 전액과 그 때까지의 월차임을 모두 지급하면 계약기간을 1년 연장하여 거주하기로 하는 내용으로 임의조정 성립.

조정주문

1. 피신청인은 신청인에게 201*. 8. 31.까지 서울 △△구 ◇◇대로 **길 **-* 지상 벽돌조 스라부지붕 지상 2층 지하 1층 단독주택 154.2㎡ 중 별지도면 표시 3, 4, 5, 8, 3의 각 점을 순차로 연결한 선내 32㎡(201호)를 인도하고, 201*. 7. 1.부터 위 인도 시까지 매월 금 400,000원을 지급한다.
2. 만일 피신청인이 201*. 8. 31.까지 신청인에게 제1항 기재 201호 임대차보증금(현재 연체월차임을 공제상계하여 잔액은 없음) 5,000,000원을 지급하고, 그 때까지의 월차임(월 400,000원)을 모두 지급한 때에는, 신청인은 피신청인에 대하여 제1항의 인도 집행을 유예하고 이 사건 임대차계약기간을 201*. 5. 31.까지 연장하기로 한다.
3. 다만, 제2항과 같이 임대차계약이 연장되는 경우에도,
   가. 피신청인의 연체월차임이 2기분에 이른 경우, 즉시 동 임대차계약은 자동 해지되며, 피신청인은 제1항 기재 201호 건물을 신청인에게 즉시 인도하며,
   나. 연장기간의 종료와 동시에, 피신청인은 제1항 기재 201호 건물을 신청인에게 인도한다.

4. 조정참가인은 본 조정조항에서 정한 피신청인의 의무(채무)를 피신청인과 연대하여 이행한다.

5. 신청인은 나머지 청구를 포기한다.

6. 조정비용은 각자 부담한다.

근저당권설정등기절차이행 청구사건

사건의 개요 및 조정경과

원고 상가집합건물 관리단은 동 상가 내 지하 1층과 지상 1층에서 수퍼마켓을 운영하고 있는 피고가 상가 내 지하 1층과 지상 1층의 공용면적에 무빙워크를 설치하여 수퍼마켓 영업에 이용함에 있어 무빙워크의 설치와 동시에 그 소유권을 원고 관리단에게 넘기고 점용료미납에 대한 손해배상 예정 목적으로 피고 부동산에 대한 근저당권을 설정하기로 하였음에도 이를 이행하지 않고 공용면적 점용료(매월 200만 원) 및 관리비를 연체하고 있다며 피고를 상대로 근저당권설정등기이행과 연체액 3,900여만 원의 지급을 구하는 소송을 제기. 조정 심리 결과, 피고는 계속 영업을 하기를 희망하고 있어 연체금액을 7회 분할 지급하고 무빙워크의 소유권을 원고 관리단에 무상 귀속시키는 것을 명백히 함과 동시에 근저당권 설정 대신 향후 점용사용료 1년 치에 대한 견질 어음을 교부하는 내용으로 임의조정 성립.

조정주문

1. 원고와 피고는 양자간에 201*. 9. 4. 체결한 약정서의 내용을 다음과 같이 변경하기로 조정합의한다.
   가. 피고는 이 사건 건물(○○ △△△프라자빌딩) 지하 1층에 설치한 무빙워크 시설물 일체를 201*. 7. 1.자로 원고에게 무상으로 귀속시킨다.
   나. 원고는 위 가.호 기재 무빙워크 시설물에 관한 전용사용권이 피고에게 있음을 인정하고, 피고는 그 전용사용에 따른 유지보수비용을 부담한다.
   다. 피고는 원고에게 위 가.호 무빙워크 시설물의 전용사용료로 원고에게 매월 2,000,000원(관리비 및 부가가치세 포함)을 지급한다. 다만, 위 금원은 향후 양자 협의에 의하여 감경할 수 있다.
   라. 피고는 원고에게 위 다.호 기재 전용사용료의 1년 치에 상당하는 금원(24,000,000원)에 대한 담보조로 견질어음을 교부한다.
   마. 피고는 피고의 이 사건 건물 지상 101호, 지하 101, 102, 103호의 총 체납관리비 금 14,779,904원(201*. 7. 1.기준) 및 위 가.호 기재 무빙워크 시설물에 관한 전용사용료 총 연체액 20,000,000원(201*. 7. 1.기준)의 합계액 34,779,904원을 7회로 분할하여 201*. 7. 31.부터 201*. 1. 31.까지 매월 5,000,000원(마지막 201*. 1. 31.에는 4,779,904원) 씩을 분할 지급한다.
2. 원고는 나머지 청구를 포기한다.
3. 소송비용 및 조정비용은 각자 부담한다.

소액임차인 상대 배당이의 청구사건

사건의 개요 및 조정경과

원고는 소외 A에게 2억여 원을 대여하고 A 소유 아파트에 채권최고액 2억 7,300만 원의 근저당권을 가지고 있었는데 A가 변제를 못하여 A 소유 아파트에 대해 임의경매를 신청하여 매각대금 중 1억 9,300여만 원을 배당받고 A 소유 아파트의 소액임차인으로서 보증금채권 2,500만 원을 신고한 피고가 2,500만 원을 배당받자 이의를 제기하고 피고를 상대로 배당이의의 소를 제기. 조정 심리 과정에서 A가 추가 담보대출을 받기 위해 피고에게 부탁하여 대출심사기간 중 피고의 주민등록을 다른 곳으로 옮겼다가 추가 대출을 받은 이후 A 소유 아파트로 재전입한 사실이 확인되었고 피고가 제시하는 A와의 임대차계약 체결 시점 이전에 설정된 선순위 근저당액이 이미 아파트 실거래가를 초과하고 있었음에도 당시 전세 시세에 현저히 미달하는 보증금으로 약정하였다는 점을 고려하고, 피고가 가장 임차인으로서 소액임차인으로서의 보호범위에 있지 않으며 설사 추가대출이 있기 전에 피고가 진정한 임차인의 지위에 있었다 하더라도 A의 추가 담보대출을 위해 A와 피고의 협의에 의한 피고의 위장 전출은 명백한 사해행위로서 A와 피고의 임대차계약은 취소되어야 한다는 원고의 주장과 피고가 주택임대차보호법상 최우선변제권의 보호요건인 임의경매신청 등기 이전에 주택의 인도와 주민등록을 갖춘 점 등을 종합하여, 피고에게 배당된 금액 2,500만 원 중 850만 원을 인정하고 나머지 금액을 원고의 배당액에 더하는 내용으로 임의조정 성립.

조정주문

1. 원고와 피고는, 서울○○지방법원 201*타경****호 부동산임의경매사건의 배당에 관하여 같은 법원에서 201*. 4. 24. 작성한 배당표 중 피고에 대한 배당액 “25,000,000원”을 “8,500,000원”으로, 원고에 대한 배당액 “193,233,891원”을 “209,733,891원”으로 각 경정하기로 한다.
2. 원고는 나머지 청구를 포기한다.
3. 소송비용 및 조정비용은 각자 부담한다.

공인중개사 확인설명의무위반에 따른 손해배상 청구사건

사건의 개요 및 조정경과

원고는 공인중개사인 피고의 중개로 소외 A 소유의 단독주택 2층에 대해 보증금 5,000만 원, 임대차기간 2년, 소외 A 소유의 부동산(임대차목적물 및 다른 토지)에 원고를 근저당권자로 하는 채권최고액 6,000만 원의 근저당 설정의 조건으로 임대차계약을 체결하여 입주하였는데 얼마 후 동 임대차목적물이 강제경매되어 경낙대금 중 1,900만 원만 배당받고 나머지는 회수 못하게 되자 피고를 상대로 미회수 보증금 3,100만 원과 근저당설정비용 40만 원을 합한 3,140만 원의 지급을 구하는 소송을 제기. 조정 심리 결과, 원고의 임대차계약

체결 당시 소외 A 소유의 임대차목적물의 예상 매도가액은 8~9억이고 기존 선순위 근저당액이 5억 4,000만 원으로서 평가금액 대비 담보설정률이 60%를 상회하여 공인중개사인 피고의 제안과 임대인과 임차인의 양측 합의로 임대차목적물 이외의 소외 A 소유 부동산에 대해서도 6,000만 원의 근저당권을 설정한 경위, 이후 원고가 임대인인 소외 A를 상대로 한 보증금반환소송은 원고 승소로 확정되었으나 A 소유의 나머지 부동산에 대한 경매에서는 원고가 배당받은 금액은 없는 사실이 확인되었고 그 과정에서 원고로 하여금 주택임대차보호법에 의한 대항요건 이외에 근저당권 설정을 통한 담보를 확보하도록 한 피고의 중개행위가 공인중개사로서 요구되는 확인, 설명의무를 해태하였다고 보기에는 어려움이 있어 이를 원고에게 이해시킴과 동시에 계약 당시 피고가 "임대차보증금 확보는 6,000만 원 근저당권 설정하면 아무런 문제가 없다"라고 하여 원고가 이를 믿고 계약을 진행하였다고 주장하고 있고 나머지 보증금의 회수가 현실적으로 불가능한 점 등을 감안하여 피고가 법률적 책임을 떠나 원고의 처지를 이해하고 돕는다는 차원에서 피고가 원고에게 500만 원을 지급하기로 하는 내용으로 임의조정 성립.

조정주문

1. 피고는 원고에게 201*. 10. 30.까지 금 5,000,000원을 지급한다. 만일 피고가 위 지급기일까지 위 금원을 지급하지 아니한 때에는, 피고는 미지급금원에 대하여 지급기일 다음날부터 다 갚을 때까지 연 20%의 비율로 계산한 지연손해금을 가산하여 원고에게 지급한다.
2. 원고는 나머지 청구를 포기한다.
3. 소송비용 및 조정비용은 각자 부담한다.

창고건물 임대료 상당 부당이득금 반환 청구사건

사건의 개요 및 조정경과

원고는 공장 건물을 소유하고 있는데 원고 공장 인근의 다른 공장건물을 임차 사용하는 피고가 원고 소유의 건물까지 무단히 사용하여 임대료 상당의 부당이득을 취하였다며 2,400만 원의 지급을 구하는 소송을 제기. 원고가 주장하는 기간 및 범위와 달리 피고가 점유 사용한 기간과 범위가 적은 사정 등을 감안하여 피고가 500만 원을 지급한다는 내용으로 조정갈음결정하여 양측 이의 없이 확정.

조정주문

1. 피고는 원고에게 201*. 12. 31.까지 금 5,000,000원을 지급한다. 만일 피고가 위 지급기일까지 위 금원을 지급하지 아니한 때에는, 피고는 미지급금원 및 이에 대하여 위 지급기일 다음날부터 다 갚는 날까지 연 15%의 비율에 의한 지연손해금을 가산하여 원고에게 지급한다.
2. 원고는 나머지 청구를 포기한다.

3. 소송비용 및 조정비용은 각자 부담한다.

임차건물 화재사고로 인한 손해배상 청구사건

사건의 개요 및 조정경과

원고회사는 피고들과 피고들 공동소유의 건물 4층을 임차하여 의류 제조도매업을 하던 중 같은 건물 지하 1층에서 발생한 화재로 원고의 시설과 자재가 소훼되는 피해를 입음. 원고의 피해액은 외부 손해사정회사에 의해 1억 1,000여만 원으로 산정되었고 그 중 3,000여만 원은 보험금수령하여 나머지 8,000여만 원을 청구. 지하 1층 임차인과 원고들 사이의 별건 소송에서 1심 재판부는 임대인인 피고들의 지배관리영역인 건물내부의 전기설비하자로 인하여 발생한 것으로 추정된다고 보고 피고들의 책임범위를 80%로 제한하여 인정하였고, 항소심에서는 1층 임차인의 손해액의 61%, 1심 인용액의 76% 수준으로 조정 성립. 조정심리과정에서 이러한 제반 사정을 고려하여 피고들의 책임범위를 50% 정도로 하여 피고들이 연대하여 원고에게 4,000만 원을 조정기일로부터 보름 내에 지급하기로 하는 내용으로 임의조정 성립.

조정주문

1. 피고들은 연대하여 201*. 1. 5.까지 원고에게 금 40,000,000원을 지급한다. 그 지급은 원고의 은행계좌(○○은행 ******-01-******, 예금주 △△△)로 입금하는 방식으로 한다. 만일 피고들이 위 지급기일까지 위 금원을 지급하지 아니한 때에는, 피고들은 미지급금원에 대하여 지급기일 다음날부터 다 갚을 때까지 연 15%의 비율로 계산한 지연손해금을 가산하여 원고에게 지급한다.
2. 원고는 나머지 청구를 포기한다.
3. 소송비용 및 조정비용은 각자 부담한다.

임대차보증금 청구사건

사건의 개요 및 조정경과

원고는 피고 소유의 다세대주택 일부 호실을 임차하여 기간만료 후 이사를 나가며 목적물을 반환하였는데 피고가 보증금을 돌려주지 않는다며 소송을 제기하여 1심에서 패소한 피고가 항소를 제기. 항소심 조정회부. 조정심리결과, 피고는 원고와의 임대차계약체결 시 피고의 대리인을 자처한 피고의 친남동생인 소외인이 자신과 무관하여 피고에게 계약책임이 없다고 주장하였으나, 원고 이외의 다른 임차인들도 동일한 소외인의 피고 대리를 통하여 임대차계약을 체결한 사실이 확인되었고 원고를 비롯한 임차인으로서는 소외인이 피고를 대리하여 임대하였다고 믿을 상당성이 인정되어 피고가 지연이자 없이 원금을 지급하는 내용으로 임의조정 성립.

조정주문

1. 피고(항소인, 이하 '피고'라 한다)는 원고(피항소인, 이하 '원고'라 한다)에게 201*. 2. 29.까지 금 14,000,000원을 지급한다. 만일 피고가 위 지급기일까지 위 금원을 지급하지 아니한 때에는, 피고는 미지급금원에 대하여 지급기일 다음날부터 다 갚을 때까지 연 15%의 비율로 계산한 지연손해금을 가산하여 원고에게 지급한다.
2. 원고는 나머지 청구를 포기한다.
3. 소송총비용 및 조정비용은 각자 부담한다.

상가권리금 반환 청구사건

사건의 개요 및 조정경과

원고는 피고 소유의 상가건물(가게)을 보증금 5,000만 원, 월임료 220만 원, 가게 시설비용 500만 원, 계약기간 2년의 조건에 추가로 권리금 1억 원을 지불하고 임차사용 하였는데 피고로부터 계약만기 한 달 전에 계약연장이나 갱신의사가 없으니 가게를 비워 달라는 통보를 받고 피고에게 권리금 1억 원을 반환하든가 아니면 기존 조건으로 계약갱신을 원한다고 통보하였고 이에 다시 피고는 보증금과 차임을 각 9%로 증액하고 관리비로 월 20만 원을 추가로 지급하는 조건으로 갱신할 수 있다고 하자, 피고를 상대로 권리금 1억 원의 지급을 구하는 본인소송을 제기. 조정심리과정에서, 계약종료 또는 해지 시 임대인을 상대로 권리금 1억 원의 반환을 구하는 것이 법률적으로 용이하지 않다는 점, 피고가 자신이 사용한 전기요금까지 원고에게 전가시킨 것으로 인해 원고가 감정이 상하여 감정적으로 계약종료를 원하고 있지만 그렇게 할 경우 원고의 피해가 커지는 점, 재계약을 통해 보증금과 월차임을 소액 인상해주고 상가건물임대차보호법이 보장하는 5년의 임대차기간을 향유하는 것이 임차인인 원고에게 유리한 점 등을 감안하여 보증금과 월차임을 소액인상하여 1년간 계약갱신(재계약)하는 내용으로 조정갈음결정을 하여 양측 이의 없이 조정 확정.

조정주문

1. 원고와 피고는, 양자간에 201*. 12. 9.자로 체결된 서울 △△구 ◇◇동 ***-*. ▽▽빌딩 지하 1층 제비지하02호, 지하 2층 제비01호(건물 약 15평 및 창고 약 15평)에 관한 부동산임대차계약이 201*. 12. 13. 부로 아래 조건으로 갱신되었음을 상호 확인한다.
   가. 계약기간 201*. 12. 13.~ 201*. 12. 12.(1년)
   나. 임대보증금 53,000,000원(기존 보증금 50,000,000원에 3,000,000원 증액)
   다. 월차임 2,350,000원(부가가치세 포함 기준. 기존 월차임 2,200,000원에 150,000원 증액)
   라. 기타 조건은 종전 계약과 동일

2. 원고와 피고는 제1항 기재 내용대로 갱신된 부동산임대차계약을 상호 성실히 이행한다.

3. 원고는 이 사건 소를 취하하고, 피고는 이에 동의한다.

4. 소송비용 및 조정비용은 각자 부담한다.

임차보증금 반환 청구사건

사건의 개요 및 조정경과

원고(임차인)는 피고(임대인)와 경기도 ○○군 소재 OOO펜션 임대차계약을 구두로 체결하였는데, 이후 펜션건물이 피고 소유가 아닌 제3자의 소유로서 전대차한 사실을 확인하였고 피고가 당초 이야기한 매출과 수익이 나지 않는다며 임대차계약의 해지와 보증금 5,000만 원의 반환을 구하는 소송을 제기. 피고는 원소유자의 확인에 따른 전대차로서 아무런 문제가 없고 원고에게 예상 매출액이나 수익을 말한 바 없고 원고가 성수기가 지나고 대여료 인상으로 매출이 떨어지자 해지하려 한다고 주장. 계약불이행 책임 판단을 보류하고 상호 원만한 합의해지를 전제로 원고의 연체차임액을 일부 감액조정하고 이를 보증금에서 공제한 나머지 금액 2,600만 원을 지급하는 내용으로 강제조정. 이에 원고가 이의하였고, 조정기일로부터 100일 후 본안 재판부에서 강제조정금액을 일부 감액(100일간 새로 발생한 월차임 일부 공제)한 2,100만 원을 지급하는 내용으로 임의조정 성립.

조정주문

〈상임조정위원 조정갈음결정〉

* 결정사항

1. 원고와 피고는 양자 간의 경기도 ○○군 △△면 ◇◇리 ***-** 소재 '▽▽▽ 펜션' 건물에 관한 임대차(전대차)계약을 201*. 4. 30.자로 상호 원만하게 합의해지한다.

2. 제1항 기재 해지일 201*. 4. 30.에,

   가. 피고는, 원고로부터 제1항 기재 건물을 인도받음과 동시에, 원고에게 금 26,000,000원을 지급하고,

   나. 원고는, 피고로부터 위 가.호 기재 금원 금 26,000,000원을 지급받음과 동시에, 피고에게 제1항 기재 건물을 인도한다.

3. 원고는 나머지 청구를 포기한다.

4. 원고와 피고는 이 사건 청구원인과 관련하여 본 조정을 갈음하는 결정에서 정한 사항 이외에는 양자 사이에 어떠한 채권채무도 없음을 확인하고, 향후 이와 관련하여 서로에 대하여 일체의 재판상, 재판외 청구 또는 이의제기를 하지 아니한다.

5. 소송비용 및 조정비용은 각자 부담한다.

* **결정이유**

피고가 원고에게 지급할 26,000,000원의 결정:

50,000,000원(임대차보증금) – 24,000,000원(원, 피고 간에 약정된 월차임은 4,000,000원이나, 임대차목적물의 소유권자 및 계약형식의 불명확성 등 여러 정황을 감안하여 3,000,000원으로 조정하여 201*. 9. ~ 201*. 4. (연체)차임 8개월분을 산정한 금원)

〈재판부 조정조서〉

* **조정조항**

1. 원고와 피고는 경기도 ○○군 △△면 ◇◇리 ***–** 소재 '▽▽▽ 펜션' 건물에 관한 임대차(전대차)계약을 201*. 7. 16.자로 상호 원만하게 합의 해지한다.
2. 위 201*. 7. 16.에
   가. 피고는 원고로부터 제1항 기재 건물을 인도받음과 동시에 원고에게 21,000,000원을 지급하고,
   나. 원고는 피고로부터 위 21,000,000원을 지급받음과 동시에 위 건물을 피고에게 인도한다.
3. 피고는 위 제2.의 가.항 기재 금원 지급과 관련하여 소외 ○○○이 채무자를 원고로, 제3채무자를 피고로 하여 신청한 서울○○지방법원 201*카단***** 채권가압류 결정상의 청구금액 14,195,809원은 공탁하고, 위 21,000,000원에서 위 공탁한 금원을 제한 나머지 금원을 원고에게 지급하며, 원고는 이에 이의를 제기하지 아니한다.
4. 원고는 제2.의 가.항 기재 금원을 제3항 기재와 같이 지급받은 즉시, 원고가 서울○○경찰서에 접수한 형사고소건 중 피고에 대한 고소를 취소하고, 201*. 7. 15.까지의 전기, 가스비 등 제세공과금을 부담하며 자신의 책임으로 정산한다(다만, 원고의 위 펜션 영업과 관련하여 부과될 소득세 등의 세금 문제는 사업자등록이 피고 명의로 되어 있는 관계로 즉각적인 정산이 현재 어려우므로 원고와 피고가 사후 별도로 정산하기로 하며, 이는 위 제2.의 가.항 기재 금원 지급에 영향을 주지 아니한다).
5. 원고의 나머지 청구를 포기하고, 원고와 피고 모두 위 ▽▽▽ 펜션 임대차와 관련하여 향후 상대방에 대하여 민, 형사상 이의를 제기하지 아니한다.
6. 소송 및 조정비용은 각자 부담한다.

건물인도 및 임대보증금지급 청구사건

사건의 개요 및 조정경과

원고는 피고 1에 대한 공사대금 확정판결채권을 가지고 있고, 피고 1은 피고 2 소유의 상가건물 일부를 보증금 3,000만 원, 월차임 100만 원의 조건으로 임차하여 사용하여, 원고는 피고 1을 상대로는 피고 2에게 상가임차목적물 인도를 구하고, 피고 2를 상대로는 피고 1로부터 상가임차목적물을 인도받음과 동시에 원고

에게 보증금 1,000만 원의 지급을 구하는 소송을 제기. 피고 2는 피고 1의 미납월차임이 보증금에 육박하여 이를 공제하면 피고 1이든 원고에게든 지급할 금액이 거의 없다고 주장. 조정기일을 속행하여 3자간에 정산의 기회를 갖게 한 뒤, 속행기일에 정산내용을 상호 확인하고 원고가 본 소송을 취하하는 내용으로 조정갈음결정하여 모두 이의 없이 조정 확정.

조정주문

1. 원고와 피고 ○○○씨△△△△△△종중은 이 사건 청구원인과 관련하여 별지 합의서 및 영수증 내용과 같이 원만히 합의하였음을 상호 확인한다.
2. 피고 ▽▽종합건설 주식회사는, 원고에 대하여, 원고가 피고 ▽▽종합건설 주식회사를 상대로 한 서울◇◇지방법원 201*카단**** 부동산점유이전금지가처분사건에 관하여 제공한 담보공탁금(같은 법원 201*금****호. 금 1,000,000원)을 원고가 회수하는 데 대하여 동의하고, 그 회수를 위한 담보취소결정에 이의가 없으며 그에 대한 즉시항고권을 포기한다.
3. 원고는 피고들에 대한 이 사건 소를 취하하고, 피고들은 이에 각 동의한다.
4. 소송비용 및 조정비용은 각자 부담한다.

건물철거 등 청구사건

사건의 개요 및 조정경과

원고는 자신이 최근 매수한 부동산(대지 및 지상 1층 목조건물)과 관련하여 피고가 10여 년 전 이전 소유자(원고에 대한 매도인)와 1층 목조건물에 대해 임대차계약을 체결하여 사용하는 것을 기화로 불법으로 2, 3층을 불법증축 하였다고 주장하며 소유권자 및 승계 임대인의 지위로서 피고를 상대로 계약위반에 따른 임대차계약해지 및 2, 3 층 건물의 철거와 1층 건물의 인도 등을 구하는 소송을 제기. 조정 심리결과 피고가 최초 임대차계약의 임차인이었다가 이후 피고의 사위인 소외인이 이전 소유자와 임차인으로서 임대차계약을 한 사실 및 이미 소외인을 상대로 한 원고의 소송이 진행 중인 사실이 확인되어 피고를 상대로 한 본 소송을 취하하고 피고는 이에 동의하기로 하는 내용으로 임의조정 성립.

조정주문

1. 원고는 이 사건 소를 취하하고, 피고는 이에 동의한다.
2. 소송비용 및 조정비용은 각자 부담한다.

임대차보증금 반환 청구사건

사건의 개요 및 조정경과

원고들은 피고 부부 A, B 공동소유(각 2분의 1 소유지분)의 아파트에 관하여 피고 B와 임대차계약을 체결하여 생활하다 기간 만료일이 다가오자 쌍방 갱신하지 않고 원고들이 이사를 가기로 하고 피고부부들도 새로운 세입자를 구하고 있던 중 갑자기 피고 B가 사망. 피고 B의 사망에 따라 피고 A와 자녀들 C, D는 각 법정 상속분에 따라 망 B의 소유지분을 상속하되 망 B의 과다 부채가 염려되어 모두 한정승인 함. 이에 원고들은 피고 A, C, D를 상대로 임차보증금 2.5억의 반환을 구하는 소송을 제기. 조정심리과정에서 피고들의 보증금반환책임은 별 다툼이 있을 수 없으나 피고들이 한정승인 하였기에 상속재산의 범위 내에서 지급책임이 있음을 양측에 주지시키고, 피고들이 연대하여 상속재산의 범위 내에서 2.5억 원을 지급하고 원고들은 동시이행이 아닌 위 금원을 지급받으면 임차목적물을 인도하는 내용으로 조정 성립.

조정주문

1. 피고들은 연대하여 원고들에게 피상속인 망 ○○○로부터의 상속재산의 범위 내에서 합계 금 250,000,000원을 지급한다.
2. 원고들은 연대하여, 피고들로부터 제1항 기재 금원 금 250,000,000원을 지급받으면 즉시 별지 목록 기재 건물을 피고들에게 인도한다.
3. 원고들은 나머지 청구를 포기한다.
4. 소송비용 및 조정비용은 각자 부담한다.

연체 임차료 청구사건

사건의 개요 및 조정경과

신청인은 피신청인에게 신청인 소유 건물의 상가 일부를 임대하였는데 피신청인이 차임을 연체하자 그 지급을 구하는 조정신청. 피신청인이 연체차임을 지급하고 계속 임대차를 유지하기를 희망하고 있어, 연체차임액을 3회 분할지급 하되 향후 새롭게 2기분 이상의 차임을 연체하는 경우 즉시 임대차계약이 자동해지 되고 목적물을 인도하기로 하는 내용으로 임의조정 성립.

조정주문

1. 피신청인은 신청인에게 금 30,245,460원(신청인과 피신청인 사이의 이 사건 임대차계약에 따른 201*. 6. 30까지의 임대료 및 관리비 연체액 총액)을 지급한다. 다만, 이를 3회로 분할하여 ① 201*. 7. 8.까지 12,000,000원을, ② 201*. 7. 20.까지 5,000,000원을, ③ 201*. 8. 20.까지 13,245,460원을 지급한다.

2. 만일 피신청인이 제1항 기재 지급을 1회라도 지체하는 경우, 피신청인은 기한의 이익을 상실하고 이 사건 임대차계약이 해지되었음을 확인하며, 즉시 신청인에게 미지급액 전액을 지급(이 사건 임대차계약에 따른 보증금에서 상계·공제)하고, 이 사건 임대차계약 목적물(별지 부동산 목록, 별지 도면 표시 ①, ②, ③, ④, ⑤, ⑥, ⑦, ⑧, ①의 각 점을 순차로 연결한 선내 (가) 부분. 이하 같다)을 인도한다.
3. 신청인과 피신청인은 제1항 기재 지급이행 이후 피신청인이 새롭게 2기 이상의 임대료를 연체하는 경우 즉시 이 사건 임대차계약은 별도의 통지 없이 자동 해지됨을 확인하며, 이에 따라 피신청인은 즉시 신청인에게 이 사건 임대차계약 목적물을 인도한다.
4. 신청인은 나머지 청구를 포기한다.
5. 조정비용은 각자 부담한다.

주택임대차종료에 따른 임대차목적물 반환 청구사건

사건의 개요 및 조정경과

원고는 피고와 원고 소유의 아파트에 관하여 2년 기간으로 임대차계약을 체결하였고 만기 이전 4개월 전에 아파트 매매계획에 따라 계약갱신의사가 없음을 분명히 통고하였음에도 피고가 만기 이후 아들의 수능일까지 이사할 수 없다고 하자 피고를 상대로 주택의 인도 및 인도일까지의 월차임 상당의 부당이득의 지급을 구하는 소송을 제기. 조정과정에서 피고가 기한내 목적물 미인도시 원고가 아파트 매수인에게 계약금의 배액을 지급하는 손해 등을 입게 되고 이는 피고에게 전가되어야 하는 손해임을 주지시키고 피고의 자녀 교육상의 애로도 원고가 인정하도록 하여 피고가 계약만기 시 목적물을 인도하되 원고는 보증금 반환 이외에 이사지원, 위로금조로 250만 원을 추가 지급하기로 하는 내용으로 임의조정 성립.

조정주문

1. 피고는 원고에게 201*. 8. 8. 원고로부터 금 537,500,000원(임대차보증금 535,000,000원 + 이사지원·위로금 2,500,000원)을 지급받음과 동시에 별지 목록 기재 건물을 인도한다.
2. 원고는 피고에게 201*. 8. 8. 피고로부터 별지 목록 기재 건물을 인도받음과 동시에 제1항 기재 금원 금 537,500,000원을 지급한다.
3. 원고와 피고는 이 사건 청구원인과 관련하여 본 조정조서에서 정한 사항 이외에는 양자 사이에 어떠한 채권채무도 없음을 확인하고, 향후 이와 관련하여 서로에 대하여 일체의 재판상, 재판외 청구 또는 이의제기를 하지 아니한다.
4. 원고는 나머지 청구를 포기한다.
5. 소송비용 및 조정비용은 각자 부담한다.

임대차보증금반환 청구사건

사건의 개요 및 조정경과

원고는 임차인으로서 피고가 임대한 오피스텔에서 퇴거하여 임차목적물을 반환하였음에도 임대차보증금 7,500만 원 중 7,200만 원만 지급하고 300만 원을 지급하지 않자 300만 원의 지급을 구하는 소송을 제기. 1심에서 전부패소한 피고가 항소. 항소심 조정 회부. 조정기일에 피고는 원고가 임차기간 동안 전용 및 공용 전기요금 등 관리비를 납부하지 않아 이를 공제하여야 한다고 주장하였고 원고는 피고의 관리비 부과 기준이 정확하지 않다며 이를 인정할 수 없다고 맞섬. 총 50세대에 불과한 영세 오피스텔로서 전기요금의 정확한 산정 부과 등 관리업무가 전문적으로 이루어지지 않은 점은 피고의 책임이나 다른 임차인들도 피고가 고지한 관리비를 거의 대부분 납부한 점을 감안하여 미납관리비로서 50만 원을 공제하고 나머지 250만 원을 지연이자 없이 지급하기로 하는 내용으로 임의조정 성립.

조정주문

1. 피고는 201*. 11. 30.까지 원고에게 금 2,500,000원을 지급한다. 그 지급은 원고의 은행계좌(△△은행 ******-04-******, 예금주 ○○○)로 입금하는 방식으로 한다. 만일 피고가 위 지급기일까지 위 금원을 지급하지 아니한 때에는, 피고는 미지급금원 및 이에 대하여 위 지급기일 다음날부터 다 갚는 날까지 연 15%의 비율에 의한 지연손해금을 가산하여 원고에게 지급한다.
2. 원고는 나머지 청구를 포기한다.
3. 소송총비용 및 조정비용은 각자 부담한다.

토지사용료 상당 부당이득금 청구사건

사건의 개요 및 조정경과

원고들 7인은 소외 4인과 함께 목적물토지의 공동 소유자인데 이전 공동소유자 중 한 사람이었던 소외 A 및 그 상속인 B가 동 토지 위에 주택 2동과 근린생활시설 및 창고를 건축하여 사용하여 오며 원고들에게 지료를 지급하지 않자 B 소유의 건물을 강제집행하여 피고가 이를 낙찰 받아 건물 소유권을 이전받고 계속 점유하자 피고를 상대로 토지 사용료 상당의 부당이득금 반환을 구하는 소송을 제기. 조정과정에서 피고는 지료를 지급할 의사는 있으나 원고들의 요구액이 과도하다고 주장하였고, 특히 주택 2동은 피고가 필요로 하지 않는 것이어서 그 재산권을 포기하겠다는 입장이 확인되어, 피고가 주택 2동을 원고들에게 양도하고 원고들의 청구액을 조정감액하여 지금까지의 누적 미지급 임료는 일시금으로 1,680만 원을 지급하며 향후 6년 2개월의 월임료는 140만 원 내지 145만 원으로 정하여 매월 지급하고 이후에는 양측이 별도 합의로 정하기로 하는 내용으로 임의조정 성립.

조정주문

1. 피고는 원고들에게 피고 소유의 ○○시 △△동 ***-* 소재 목조 세멘기와 단층주택 60.99㎡ 2채의 처분권을 양도한다{피고는 원고들에게 동 주택을 철거(건물멸실처리)하여 대지를 인도하거나, 동 주택에 대한 소유권이전등기를 경료하되, 그 선택권은 원고들이 갖는다}.
2. 피고는 원고들에게 201*. 12. 31.까지 금 16,800,000원을 지급한다. 만일 피고가 위 지급기일까지 위 금원을 지급하지 아니한 때에는, 피고는 미지급금원에 대하여 지급기일 다음날부터 다 갚을 때까지 연 15%의 비율로 계산한 지연손해금을 가산하여 원고들에게 지급한다.
3. 피고는 원고들에게 201*. 12. 1.부터 201*. 1. 31.까지 매월 25일 1,400,000원을, 201*. 2. 1.부터 202*. 1. 31.까지 매월 25일 금 1,450,000원을 지급한다. 원고들과 피고는 202*. 2. 1.이후 임료는 별도합의로 정하여 지급하기로 한다.
4. 피고는 제2, 3항 기재 지급을 원고들의 은행계좌(○○은행 ***-******-*****, 예금주 △△△)로 입금하는 방식으로 하며, 원고들은 동 지급금액을 원고들의 책임 하에 배분한다.
5. 원고들은 나머지 청구를 포기한다.
6. 소송비용 및 조정비용은 각자 부담한다.

임대차보증금 청구사건

사건의 개요 및 조정경과

원고는 임차인으로서 임대인인 피고가 임대차보증금을 반환하지 않고 있다며 그 지급을 구하는 소송을 제기. 원고는 임대차기간이 종료한 날 임차목적물을 반환하였으나 임대차보증금을 회수하지 못하였음. 조정기일에 원고가 월차임(매월 30만 원)을 10개월 미지급한 사실이 확인되어 이를 공제한 금액을 피고가 지급하고 이와 동시에 원고는 피고에 대한 임차권등기를 말소하기로 하는 내용으로 임의조정 성립.

조정주문

1. 피신청인은 신청인에게 201*. 12. 30.까지 금 17,000,000원을 지급한다. 만일 피신청인이 위 지급기일까지 위 금원을 지급하지 아니한 때에는, 피신청인은 미지급금원에 대하여 지급기일 다음날부터 다 갚을 때까지 연 15%의 비율로 계산한 지연손해금을 가산하여 신청인에게 지급한다.
2. 신청인은 피신청인에게 201*. 12. 30.까지 이 사건 피신청인 소유 부동산(○○시 △△구 ◇◇동 ***-* ▽▽빌라 201호)에 대한 주택임차권등기{등기원인 201*. *. *.자 ○○지방법원 201*카임*** 주택임차권등기 명령(결정)}를 말소한다.
3. 제1항과 제2항은 동시에 이행한다.
4. 신청인은 나머지 청구를 포기한다.

5. 조정비용은 각자 부담한다.

임대차계약해지에 따른 보증금반환 청구사건

사건의 개요 및 조정경과

원고는 피고와 피고 소유의 건물 일부(사무실)에 대해 보증금 1,000만 원, 월차임 70만 원, 기간 2년으로 하는 임대차계약을 체결하고 입주하였으나 당초 원고의 전용주차공간확보조건이 지켜지지 않아 피고에게 몇 차례 개선을 요구하였으나 해결되지 않자 월차임 지급을 중단하고 계약해지를 고지한 후 목적물을 비우고 열쇠를 반환하여 명도한 다음 4개월의 연체월차임 합계액 280만 원을 공제한 나머지 720만 원의 지급을 구하는 소송을 제기하였고, 1심에서는 원고의 해지통지가 아닌 원고의 2기분 이상의 차임연체로 인한 피고의 해지통고로 임대차계약이 해지되었음과 원고가 피고에게 사무실을 인도한 시점은 원고가 주장하는 시점이 아닌 이후의 시점을 인정하여 그 인도일까지의 연체차임 580여만 원을 공제한 410여만 원의 지급을 명하는 판결이 있었고 이에 피고가 1심이 인정하는 반환시점 보다 1년 이후의 시점에 원고가 사무실을 반환하였기에 월차임연체액이 보증금을 초과하였다며 항소를 제기. 항소심 조정 회부. 조정결과, 피고가 원고에게 조정기일로부터 일주일 후 350만 원을 지급하기로 하되 미지급 시 50만 원을 더하여 지급하기로 하는 내용으로 임의조정 성립.

조정주문

1. 피고는 원고에게 201*. 1. 25.까지 금 3,500,000원을 지급한다. 그 지급은 원고의 은행계좌(○○은행 ***-01-******, 예금주 △△△)로 입금하는 방식으로 한다. 만일 피고가 위 지급기일까지 위 금원을 지급하지 아니한 때에는, 피고는 미지급금원에 500,000원을 더한 돈 및 이 '미지급금원에 500,000원을 더한 돈'에 대하여 지급기일 다음날부터 다 갚을 때까지 연 15%의 비율로 계산한 지연손해금을 가산하여 원고에게 지급한다.
2. 원고는 나머지 청구를 포기한다.
3. 소송비용 및 조정비용은 각자 부담한다.

체납관리비 청구사건

사건의 개요 및 조정경과

원고는 원고 소유 상가건물 지하 1층을 임차하여 수퍼마켓을 운영한 소외 A의 체납관리비 지급채무에 대해 연대보증을 선 피고를 상대로 A의 연체 관리비 2,200여만 원의 지급을 구하는 소송을 제기. 조정심리 결과, A는 현재 사업장을 타인에게 매각하고 연락이 두절되었고 피고가 연대보증을 섰던 것은 피고가 A에게 아이스크림을 납품하면서 보증을 위해 자신의 인감을 맡겼다가 관리비 보증까지 이루어지게 되었던 사정이 확인됨. 양측 조정합의 불성립. 1,000만 원을 지급하되 미지급 시 나머지 금원까지 지급한다는 내용의 조정갈음결정으로 양측 이의 없이 확정.

조정주문

1. 피고는 소외 주식회사 ○○○마트, △△△와 연대하여 원고에게 201*. 4. 25.까지 금 10,000,000원을 지급한다. 만일 피고가 위 지급기일까지 위 금원을 지급하지 아니한 때에는, 피고는 미지급금원에 12,891,190원을 더한 돈 및 이 '미지급금원에 12,891,190원을 더한 돈'에 대하여 위 지급기일 다음날부터 다 갚는 날까지 연 15%의 비율에 의한 지연손해금을 가산하여 원고에게 지급한다.
2. 원고는 나머지 청구를 포기한다.
3. 소송비용 및 조정비용은 각자 부담한다.

상가임대차목적물반환 등 청구사건

사건의 개요 및 조정경과

원고는 자신 소유의 상가 점포 2칸을 음식점과 수퍼마켓 용도로 피고에게 임대하였는데 피고가 보증금 증액분 중 일부액과 월차임을 오랫동안 연체하자 점포의 원상회복과 인도, 미지급월차임액 등의 지급을 구하는 소송을 제기. 조정결과, 피고는 10년간 위 점포를 임차하여 영업하였으나 불황으로 인하여 재기하기 어려운 상황인 점을 인정하여 조정기일로부터 3개월여의 정리기간을 가진 후 점포를 원상회복하여 인도하고 지연손해금은 면제한 미지급월차임액 누적액과 점포반환 시까지의 차임을 지급(보증금에서 공제정산 허용)하기로 하는 내용으로 임의조정 성립.

조정주문

1. 피신청인은 신청인에게 201*. 6. 30.까지
   가. 별지 목록 기재 부동산 중 별지 도면 표시 가, 나, 다, 라, 가의 각 점을 차례로 연결한 선내 69.42㎡를 원상회복하여 인도하고,
   나. 금 25,500,000원 및 201*. 12. 21.부터 위 가. 기재 인도 시까지 매월 1,800,000원의 비율로 계산한 돈을 지급한다(인도 시 피신청인의 임대차보증금에서 위 돈을 공제·상계한다).
2. 신청인은 나머지 청구를 포기한다.
3. 조정비용은 각자 부담한다.

주택임대목적물 훼손에 따른 손해배상 청구사건

사건의 개요 및 조정경과

원고는 원고 소유의 아파트를 피고에게 보증금 4억 1,500만 원, 임대기간 2년의 조건으로 임대하였는데 피고가 중간에 해지를 원하여 원만하게 합의해지하고 임대차목적물을 반환받음과 동시에 보증금 전액을 지급하였는데 이후 살펴보니 피고가 벽과 천장에 못을 마구 박아 벽체와 벽지를 훼손하였다며 2,000,000원의 지급을 구하는 소송을 제기. 조정과정에서 피고가 못을 박아 벽체와 벽지를 훼손한 정도가 심하다는 점을 피고가 인정하고 이에 대해 원고에게 사과하는 대화를 통하여 수리비의 일부인 80만 원을 지급하기는 내용으로 임의조정 성립.

조정주문

1. 피신청인은 신청인에게 201*. 4. 10.까지 금 800,000원을 지급한다. 만일 피신청인이 위 지급기일까지 위 금원을 지급하지 아니한 때에는, 미지급금원에 대하여 지급기일 다음날부터 다 갚을 때까지 연 15%의 비율로 계산한 지연손해금을 가산하여 신청인에게 지급한다.
2. 신청인은 나머지 청구를 포기한다.
3. 신청인과 피신청인은 이 사건 청구원인과 관련하여 본 조정조서에서 정한 사항 이외에는 양자 사이에 어떠한 채권채무도 없음을 확인하고, 향후 이와 관련하여 서로에 대하여 일체의 재판상, 재판외 청구 또는 이의제기를 하지 아니한다.
4. 조정비용은 각자 부담한다.

상가건물 점포명도 청구사건

사건의 개요 및 조정경과

상가건물 지하 2층 상가면적의 구분소유자인 원고들 12인은 피고들에게 상가면적을 합쳐 임대하였으나 피고들이 월차임을 연체하자 그 지급 및 점포 명도를 구하는 소송을 제기.

조정결과, 피고들이 조정기일로부터 2개월 반 후 연체차임액을 지급하고, 만일 미지급 시 그 지급기일 다음날 내부시설물을 철거하고 상가건물을 명도하기로 하는 내용으로 임의조정 성립.

조정주문

1. 피신청인들은 연대하여 신청인(선정당사자 및 선정자) 중 별지 목록 3.에 기재된 각 신청인(선정당사자 및 선정자)에게 201*. 9. 30.까지 별지 목록 3. 표시 중 '(2) 연체 차임액'을 지급한다.

2. 만약 피신청인들이 제1항 기재 지급기일에 위 지급을 하지 아니한 경우, 피신청인들은 위 지급기일 다음날 즉시 별지 목록 2. 건물 내 내부시설물을 철거하고 별지 목록 2. 건물을 별지 목록 1.에 기재된 신청인(선정당사자 및 선정자)에게 명도한다.
3. 신청인(선정당사자 및 선정자)은 나머지 신청을 포기한다.
4. 조정비용은 각자 부담한다.

임대차보증금 반환신청 사건(※이하 주택임대차분쟁조정위원회 조정사례임)

사건의 개요 및 조정경과

신청인은 피신청인 소유의 주택을 피신청인으로부터 임차한 뒤 계약 기간 만료 전에 계약을 합의해지하고 목적물을 반환하였는데, 피신청인이 보증금을 반환하기로 한 약정 기일이 지나도록 이를 이행하지 않자 보증금 반환을 구하기 위하여 조정을 신청. 피신청인의 처가 조정에 참가하여 보증금 반환 채무에 대하여 연대책임을 지겠다는 의사 표명. 피신청인과 위 조정참가인이 연대하여 신청인에게 임대차보증금 2,000만 원을 반환하되, 이를 지체할 경우 연 10%의 지연손해금을 가산한다는 내용의 조정안을 양 당사자가 수락하여 조정 성립.

조정주문

1. 피신청인과 조정참가인은 연대하여 신청인에게 201*. *. **.까지 20,000,000원을 지급한다. 만일 위 지급을 지체하면 201*. *. *.부터 다 갚는 날까지 연 10% 비율에 의한 지연손해금을 가산하여 지급한다.
2. 신청인은 나머지 신청을 포기한다.
3. 피신청인과 조정참가인은 주택임대차보호법 제26조 제4항에 따라 제1항에 관한 강제집행을 할 수 있음을 승낙한다.

☜ 주택임대차보호법 제27조(집행력의 부여)

.... 강제집행을 승낙하는 취지의 내용이 기재된 조정서의 정본은 「민사집행법」 제56조에도 불구하고 집행력 있는 집행권원과 같은 효력을 가진다. 다만, 청구에 관한 이의의 주장에 대하여는 같은 법 제44조 제2항을 적용하지 아니한다.

임대차보증금 반환신청 사건

사건의 개요 및 조정경과

신청인은 피신청인 소유의 주택을 피신청인으로부터 임차하였고 계약 기간 만료에 따라 피신청인에게 목적물을 반환하였으나 피신청인이 벽지, 장판, 싱크대 등에 관한 원상회복을 주장하며 보증금 반환을 거부하자, 법원에 주택임차권등기명령을 신청함과 더불어 보증금 반환을 구하기 위하여 조정을 신청. 현장조사 결과를 바탕으로 벽지, 장판, 문고리 등에 관한 원상회복 비용 및 방법에 관한 합의를 도출. 또한, 신청인이 보증금에서 원상회복 비용을 공제한 나머지 금액을 지급받은 뒤 임차권등기명령신청을 취하하고 그 집행취소를 신청하기로 합의하여 조정 성립.

조정주문

1. 피신청인은 201*. **. **.까지 신청인으로부터 별지 기재 건물을 인도받음과 동시에 신청인에게 금 2,150,000원을 지급한다.
2. 신청인은 201*. **. **.까지
   가. 201*. ** **.까지 정산한 공과금(전기, 수도, 가스요금)을 납입하고
   나. 별지 기재 건물 중 작은 방 문고리(1개)를 교체하고
   다. 피신청인으로부터 금 2,150,000원을 지급받음과 동시에 피신청인에게 별지 기재 건물을 인도한다.
3. 신청인은 제1항 기재 지급이 있으면 즉시 별지 기재 건물에 대한 서울서부지방법원 201*. *. *. 접수 제***** 호로 마친 임차권등기명령(201*카임**)의 말소등기절차를 이행한다. 그 비용은 신청인이 부담한다.
4. 신청인과 피신청인은 이 사건 신청원인 및 양자 간의 별지 기재 건물에 대한 임대차계약과 관련하여 본 조정합의사항 이외에 서로에 대해 어떠한 채권·채무도 없음을 확인하고, 향후 서로에 대하여 이와 관련한 재판상, 재판외 청구 또는 이의제기를 하지 아니한다.
5. 신청인은 나머지 신청을 포기한다.
6. 조정비용은 각자 부담한다.
7. 신청인과 피신청인은 주택임대차보호법 제26조 제4항에 따라 제1항, 제2.다.항, 제3항에 기재한 사항은 강제집행할 수 있음을 상호 승낙한다.

임차주택 반환신청 사건

사건의 개요 및 조정경과

신청인은 신청인 소유의 주택을 피신청인에게 임대하였는데 피신청인이 5개월 동안 차임 및 관리비를 지급하지 않아 계약을 해지하고 목적물을 반환받기 위하여 조정을 신청. 피신청인이 연체한 차임 및 관리비 총액이 보증금 액수인 200만 원에 육박하여, 신청인의 차임·관리비지급채권과 피신청인의 보증금반환채권을 전액 상계하기로 합의하여 조정 성립.

조정주문

1. 피신청인은 201*. **. *. 신청인에게 별지 목록 기재 부동산을 인도한다.
2. 신청인은 나머지 신청을 포기한다.
3. 신청인과 피신청인은 별지 목록 기재 부동산에 대한 양자간의 201*. *. **.자 주택임대차계약과 관련하여 본 조정합의사항에서 정한 것 이외에는 서로에 대하여 어떠한 채권·채무도 없음(201*. **. *.까지 연체된 차임, 관리비 일체와 보증금 반환금을 대등액에서 상계하고 차액 부분에 대해서는 면제하기로 함)을 상호 확인하고 향후 이와 관련하여 일체의 재판상, 재판외 청구 또는 이의제기를 하지 아니한다.
4. 조정비용은 각자 부담한다.
5. 피신청인은 주택임대차보호법 제26조 제4항에 따라 제1항에 기재한 사항은 강제집행할 수 있음을 승낙한다.

임대차기간 확인신청 사건

사건의 개요 및 조정경과

신청인은 피신청인 소유의 주택을 피신청인으로부터 임차하였고 이때 양 당사자는 그 기간을 1년으로 정하였는데, 피신청인은 해당 기간이 도과할 무렵 계약 종료를 이유로 차임을 증액하여 재계약을 체결할 것을 요구. 이에 신청인은 주택임대차보호법 제4조에 따라서 2년의 기간을 보장받는다는 사실의 확인을 구하기 위하여 조정을 신청. 위 규정에 따라서 계약 기간은 2년임을 확인함과 더불어 그 기간 동안은 차임을 증액하지 않기로 합의하여 조정 성립.

조정주문

1. 신청인과 피신청인은 별지 목록 부동산에 관한 양자간의 201*. **. *.자 주택임대차계약은 201*. **. **. 종료됨을 상호 확인한다.
2. 신청인은 나머지 신청을 포기한다.
3. 조정비용은 각자 부담한다.

주택반환 신청 사건

사건의 개요 및 조정경과

신청인들은 신청인들 소유의 주택을 피신청인에게 임대하였고 계약 만기 3개월 전에 갱신 거절 의사를 통보하였으나 계약 기간이 만료한 뒤에도 피신청인의 목적물 사용·수익이 지속되자, 목적물의 반환을 구하기 위하여 조정을 신청. 피신청인이 개인적인 사정을 이유로 몇 개월 더 거주하기를 희망한다는 의사를 밝혔으나, 신청인들은 이를 수용하지 않음. 양 당사자가 목적물 반환과 보증금 반환을 서로 동시에 이행하기로 합의하여 조정 성립.

조정주문

1. 피신청인은 201*. *. **. 신청인들로부터 공동하여 금 400,000,000원을 지급받음과 동시에 신청인들에게 별지 목록 기재 부동산을 인도한다.
2. 신청인들은 공동하여 201*. *. **. 피신청인으로부터 별지 목록 기재 부동산을 인도받음과 동시에 피신청인에게 금 400,000,000원을 지급한다.
3. 신청인들은 나머지 신청을 포기한다.
4. 조정비용은 각자 부담한다.
5. 신청인들과 피신청인은 주택임대차보호법 제26조 제4항에 따라 제1항, 제2항에 기재한 사항은 강제집행할 수 있음을 상호 승낙한다.

유지·수선의무 이행신청 사건

사건의 개요 및 조정경과

신청인은 피신청인 소유의 주택을 피신청인으로부터 임차한 뒤 목적물 내부의 곰팡이 및 하수구 악취 문제를 인지하여 피신청인에게 수선을 요청하였으나 피신청인이 이를 거부하자, 수선의무의 이행 또는 계약 해지에 따른 보증금 반환을 구하기 위하여 조정을 신청. 현장조사 결과를 바탕으로 피신청인이 곰팡이 제거 등을 실시하되, 이를 이행하지 않을 경우 계약을 해지하고 보증금 및 목적물을 서로 반환하도록 하는 내용의 조정안을 양 당사자가 수락하여 조정 성립.

조정주문

1. 가. 피신청인은 201*. *. **.까지 피신청인 비용으로 별지 목록 기재 건물 내 각 침실의 곰팡이 제거, 단열재 보강 및 벽지 도배와 안방 욕실 바닥 경사 공사를 이행한다.
   나. 신청인은 위 가. 공사의 원만한 이행을 위하여 협력한다.
   다. 위 가. 공사의 필요 범위 확정 및 이행 완료 확인은 신청인과 피신청인이 상호 호혜와 신의 성실의 원칙으로 각 친필 서면으로써 한다.
   라. 위 가. 공사의 이행 기한은 신청인과 피신청인의 서면 합의에 의해 최장 15일까지 연장할 수 있다.
2. 만일 제1항 기재 공사가 제1항 기재 기일까지(위 1. 라.에 따라 연장된 경우 그 기일까지) 이행되지 아니한 경우, 신청인과 피신청인은 별지 목록 기재 건물에 관한 양자 간의 임대차계약을 201*. *. **.부로 해지하여 같은 날 신청인의 피신청인에 대한 별지 목록 기재 건물 인도 및 피신청인의 신청인에 대한 보증금

350,000,000원의 지급을 상호 동시에 이행한다.

3. 신청인은 나머지 신청을 포기한다.
4. 조정비용은 각자 부담한다.

계약해지 신청 사건

사건의 개요 및 조정경과

신청인은 피신청인 소유의 주택을 피신청인으로부터 임차한 신청외 ○○공사로부터 같은 목적물을 전차하였는데 위 목적물에 곰팡이, 누수, 보일러 가스 실내 유입 등의 문제가 있어 계약을 해지하고 보증금 반환 및 손해배상(이사 비용 100만 원)을 받고자 조정을 신청. 피신청인은 그동안 신청인의 지속적인 수선 요구에 대부분 응해왔다고 주장하면서도 더 이상의 갈등을 원하지 않으므로 계약 해지에 동의하겠다는 의사 표명. 신청인이 피신청인에게 목적물을 반환함과 동시에, 피신청인은 신청인에게 보증금 중 신청인의 자부담금 400만 원 및 이사 비용 60만 원을 지급하고 ○○공사에 나머지 보증금 7,600만 원을 반환하기로 합의하여 조정 성립.

조정주문

1. 신청인과 피신청인은 양자 간의 주택임대차계약은 201*. *. **. 양자 간의 합의해지로 종료됨을 확인한다.
2. 피신청인은 201*. *. **.까지 신청인으로부터 별지 목록 기재 건물을 인도받음과 동시에 신청외 ○○공사에게 76,000,000원을, 신청인에게 4,600,000원을 각 지급한다.
3. 신청인은 201*. *. **.까지 피신청인으로부터 제2항 기재 4,600,000원을 지급받음과 동시에 피신청인에게 별지 목록 기재 건물을 인도한다.
4. 신청인과 피신청인은 상호 합의에 의해 제1항, 제2항 기재 기일을 그보다 앞선 날짜로 변경할 수 있다.
5. 신청인과 피신청인은 별지 목록 기재 건물 임대차와 관련하여 본 조정합의사항 이외에 서로에 대해 어떠한 채권·채무도 없음을 확인하고, 향후 서로에 대하여 이와 관련한 재판상, 재판외 청구 또는 이의제기를 하지 아니한다.
6. 조정비용은 각자 부담한다.
7. 신청인과 피신청인은 주택임대차보호법 제26조 제4항에 따라 제2항, 제3항에 기재한 사항은 강제집행할 수 있음을 상호 승낙한다.

임차주택 반환신청 사건

사건의 개요 및 조정경과

신청인은 신청인 소유의 주택을 피신청인에게 임대하였는데 피신청인이 수개월간 차임을 연체하고 공과금을 납부하지 않은 상태로 계약 기간이 만료하자 목적물 반환을 구하기 위하여 조정을 신청. 피신청인의 연체 차임 및 공과금의 합계액이 이미 보증금 액수를 상회하였으나, 신청인은 그 초과분을 모두 면제하고 오히려 이사 비용 지원금 100만 원을 지급해서라도 조속히 목적물을 인도받기를 희망한다는 의사를 밝힘. 신청인이 피신청인에게 위 이사 비용 지원금을 지급함과 동시에 피신청인은 신청인에게 목적물을 반환하기로 합의하여 조정 성립.

조정주문

1. 피신청인은 201*. *. **.까지 신청인으로부터 이사 지원 비용 금 1,000,000원을 지급받음과 동시에 신청인에게 별지 기재 부동산을 인도한다.
2. 신청인은 나머지 신청을 포기한다.
3. 조정비용은 각자 부담한다.
4. 피신청인은 주택임대차보호법 제26조 제4항에 따라 제1항에 기재한 사항은 강제집행할 수 있음을 승낙한다.

보증금반환 신청 사건

사건의 개요 및 조정경과

신청인은 피신청인 소유의 주택을 피신청인으로부터 임차하였고 계약 만기 3개월 전에 갱신 거절 의사를 통보하였으나 계약 기간이 만료한 뒤에도 피신청인이 보증금을 반환하지 않아 그 반환을 구하기 위하여 조정을 신청(신청인은 조정절차 진행중에 임차주택반환 완료). 피신청인은 최대한 조속히 보증금을 반환하겠다고 하면서 지연손해금을 부담하겠다고 하였는데, 그 비율에 관하여 신청인은 연 5%를, 피신청인은 연 3%를 각 주장. 피신청인이 기한을 특정하지 아니하고 자력을 확보하는 대로 신청인에게 보증금을 반환하되, 신청인의 목적물 반환 이후부터 보증금 반환시까지 연 4%의 비율로 계산한 지연손해금을 매월 지급하기로 하고, 위 지연손해금의 지급마저 지체될 경우 이에 대하여 연 5%의 지연손해금을 별도로 지급하기로 합의하여 조정 성립.

조정주문

1. 피신청인은 신청인에게

    가. 480,000,000원과

나. 위 가. 기재 금원에 대하여 201*. *. **.부터 다 갚는 날까지 연 4%의 비율로 계산한 돈을 매달 20일에,

다. 만일 위 나. 기재 금원의 지급을 지체할 경우 이에 대하여 각 지급기일 다음 날부터 다 갚는 날까지 연 5%의 비율로 계산한 돈을

각 지급한다.

2. 신청인과 피신청인은 별지 기재 건물에 관한 양자 간의 임대차계약과 관련하여 본 조정합의사항 이외에 서로에 대해 어떠한 채권·채무도 없음을 확인하고, 향후 서로에 대하여 이와 관련한 재판상, 재판외 청구 또는 이의제기를 하지 아니한다.
3. 신청인은 나머지 신청을 포기한다.
4. 조정비용은 각자 부담한다.
5. 피신청인은 주택임대차보호법 제26조 제4항에 따라 제1항에 기재한 사항은 강제집행할 수 있음을 승낙한다.

유지·수선의무 이행신청 사건

사건의 개요 및 조정경과

신청인은 피신청인 소유의 주택을 피신청인으로부터 임차하였는데 천장에서 누수가 발생하였고 그 현상이 점차 악화되어 목적물을 정상적으로 사용·수익할 수 없게 되자 손해배상 또는 차임 감액 등을 구하기 위하여 조정을 신청. 현장조사 결과 해당 누수는 목적물 위층의 화장실 바닥 공사에 기인한 것이며 위 누수로 인하여 신청인이 목적물의 절반에 해당하는 부분을 정상적으로 사용하지 못하고 있다는 사실 확인. 목적물 위층 소유자가 천장 교체 및 곰팡이 확산에 따른 도배 비용을 별도로 부담하기로 하고, 피신청인은 신청인이 총 2개월간 목적물을 정상적으로 사용·수익하지 못하고 있는 데 대한 손해배상금 70만 원(1개월분 차임액의 약 110%)을 지급하기로 합의하여 조정 성립.

조정주문

1. 피신청인은 201*. *. **.까지 신청인에게 손해배상금 700,000원을 지급한다.
2. 신청인과 피신청인은 이 사건 천장 누수와 관련하여 본 조정합의사항 이외에 서로에 대해 어떠한 채권·채무도 없음을 확인하고, 향후 서로에 대하여 이와 관련한 재판상, 재판외 청구 또는 이의제기를 하지 아니한다.
3. 신청인은 나머지 신청을 포기한다.
4. 조정비용은 각자 부담한다.
5. 피신청인은 주택임대차보호법 제26조 제4항에 따라 제1항에 기재한 사항은 강제집행할 수 있음을 승낙한다.

유지·수선의무 이행신청 사건

사건의 개요 및 조정경과

신청인은 피신청인 소유의 주택을 피신청인으로부터 임차하였는데 목적물 외부에 설치된 보일러가 정상적으로 작동하지 않아 피신청인으로부터 수리 비용 상환 약속을 받은 뒤 20만 원을 들여 수리를 마쳤으나, 이후 피신청인이 위 수리 비용의 상환을 거부하자 그 지급을 구하기 위하여 조정을 신청. 피신청인은 신청인이 선관주의의무를 다하지 않아 보일러가 고장난 것이라는 입장인 반면, 신청인은 고장 원인은 해당 보일러의 노후화 및 한파에 있다고 주장. 피신청인이 신청인에게 보일러 수리 비용의 일부인 15만 원을 지급하기로 합의하여 조정 성립.

조정주문

1. 피신청인은 201*. *. *.까지 신청인에게 보일러 수선 비용 금 150,000원을 지급한다.
2. 신청인과 피신청인은 이 사건 보일러 수선 비용과 관련하여 본 조정합의사항 이외에 서로에 대해 어떠한 채권·채무도 없음을 확인하고, 향후 서로에 대하여 이와 관련한 재판상, 재판외 청구 또는 이의제기를 하지 아니한다.
3. 신청인은 나머지 신청을 포기한다.
4. 조정비용은 각자 부담한다.

유지·수선의무 이행신청 사건

사건의 개요 및 조정경과

신청인은 피신청인들 소유의 주택을 피신청인들로부터 임차하였는데 입주 후 마루가 크게 훼손되어 있는 등 이러저러한 하자를 발견하여 그 수선을 구하기 위하여 조정을 신청. 피신청인들은 신청인의 마루 수선 요구에 따라 이미 마루를 코팅해주었음에도 불구하고 마루를 교체해야 한다면 결과적으로 무익하게 지출된 코팅 비용 30만 원은 신청인이 부담하여야 한다고 주장. 신청인이 마루 하자 등을 이유로 연체하여온 차임액과 마루 코팅 비용을 피신청인들에게 지급하고, 피신청인들은 마루를 교체하기로 합의하여 조정 성립.

조정주문

1. 신청인은 201*. 4. **.까지 피신청인들에게 3,450,000원{= 201*. 1.부터 같은 해 4.까지의 연체 차임 3,200,000원(= 800,000원 x 4개월) + 마루 코팅 비용 300,000원 - 볼레일 교체 비용 50,000원}을 지급한다.

2. 가. 피신청인들은, 위 제1항 기재 금원 지급이 있는 경우, 201*. 5. **.까지 피신청인들의 비용으로 별지 기재 건물 내 거실, 주방, 안방의 마루를 교체한다. 신청인은 위 마루 교체 공사의 원활한 이행을 위하여 협력한다.
   나. 만일 피신청인들이 위 기한까지 마루 교체를 이행하지 않은 경우, 신청인은 스스로 마루 교체 공사를 할 수 있고, 이 경우 그 소요 비용은 피신청인들이 부담한다.
3. 신청인은 제2항 이외의 별지 기재 건물의 경미한 부분의 수리·교체 등에 관하여서는 피신청인들의 동의를 받은 뒤 신청인의 비용으로 진행한다.
4. 별지 기재 건물에 관한 신청인과 피신청인들 사이의 임대차계약이 종료할 경우,
   가. 제2항 기재와 같이 교체한 마루가 신청인의 귀책사유로 인하여 손상된 때에는 신청인이 이를 수리하고,
   나. 그밖에 위 제3항 기재와 같이 수리·교체된 부분 및 통상의 손모에 관하여서는, 피신청인들은 신청인에게 원상회복 책임을 묻지 않는다.
5. 신청인과 피신청인들은 별지 기재 건물에 관한 임대차계약과 관련하여 본 조정합의 사항 이외에 서로에 대하여 어떠한 채권·채무도 없음을 확인하고, 향후 서로에 대하여 이와 관련한 재판상, 재판외 청구 또는 이의 제기를 하지 않는다.
6. 신청인은 나머지 신청을 포기한다.
7. 조정비용은 각자 부담한다.

임차주택 반환신청 사건

사건의 개요 및 조정경과

신청인은 신청인 소유의 주택을 피신청인에게 임대하였고, 피신청인은 계약 만기 전에 갱신 거절 의사와 더불어 201*. 6. 22. 목적물을 반환할 예정임을 통지. 신청인은 같은 해 5. 10. 위 목적물에 직접 입주할 예정인데 그 일자가 피신청인의 목적물 반환 예정일과 불일치하여 날짜 조율을 구하기 위하여 조정을 신청. 양 당사자가 201*. 5. 28. 목적물 반환 및 보증금 반환을 서로 동시에 이행하되, 신청인이 피신청인에게 보증금의 일부(3,000만 원)를 같은 달 10.까지 미리 반환하기로 합의하여 조정 성립.

조정주문

1. 신청인은 피신청인에게
   가. 201*. 5. 10.까지 금 30,000,000원을
   나. 201*. 5. 28.까지 피신청인으로부터 별지 목록 기재 건물을 인도받음과 동시에 금 650,000,000원을 각 지급한다.
2. 피신청인은 201*. 5. 28.까지 신청인으로부터 제1항 나. 기재 금원을 지급받음과 동시에 신청인에게 별지 목록 기재 건물을 인도한다.

3. 신청인은 나머지 신청을 포기한다.
4. 조정비용은 각자 부담한다.
5. 신청인과 피신청인은 주택임대차보호법 제26조 제4항에 따라 제1항, 제2항에 기재한 사항은 강제집행할 수 있음을 상호 승낙한다.

중개과실로 인한 손해배상 신청 사건

사건의 개요 및 조정경과

신청인은 피신청인(공인중개사)의 중개를 통하여 신청외 A 소유의 주택을 위 A로부터 임차하였고, 해당 건물이 다세대주택임에도 불구하고 전입신고 과정에서 구체적인 호수가 누락되어 대항력 및 우선변제권을 취득하지 못한 상황에서 해당 건물에 관한 경매 절차가 개시되었고, 신청인은 피신청인의 중개 대상물 확인·설명의무 위반으로 인한 보증금 상당액의 손해배상을 구하기 위하여 조정을 신청. 비록 신청인이 위 경매 절차에서 배당받기 어렵게 된 직접적인 원인은 전입신고 당시 담당 공무원에 의하여 구체적인 호수가 누락된 데에 있으나, 신청인은 계약 당시부터 위 경매 개시 시점에 이르기까지 지속적으로 피신청인에게 상황 진행 및 임차권 보장 여부에 관하여 문의하였고 피신청인은 일관되게 신청인을 안심시켰다는 점을 고려하여 손해배상금에 관한 합의 도출. 피신청인이 신청인에게 보증금의 1/3에 해당하는 1,000만 원을 손해배상금으로 지급하되, 보증금반환의무는 근본적으로 임대인인 A에게 있다는 점을 감안하여, 만일 신청인이 A로부터 보증금을 반환받거나 경매 절차에서 배당받는 경우에는 그 반환·배당액 중 2,000만 원(보증금에서 위 손해배상금을 뺀 금액)을 초과하는 부분을 피신청인에게 환급하기로 합의하여 조정 성립.

조정주문

1. 피신청인은 201*. 8. 31.까지 신청인에게 10,000,000원(별지 목록 기재 건물에 관한 신청인과 신청외 A 사이의 201*. *. *.자 임대차계약에 관한 피신청인의 중개 사고에 대한 손해배상금)을 지급한다.
2. 만일 신청인이 제1항 기재 임대차계약의 임대인으로부터 임대차보증금의 전부 또는 일부를 반환받거나 위 제1항 기재 건물에 관한 경매 절차에서 배당받는 경우, 신청인은 그 반환·배당액의 총액 중 20,000,000원(= 임대차보증금 30,000,000원 - 위 제1항 기재 금원 10,000,000원)을 초과하는 금액을 피신청인에게 지급한다.
3. 신청인과 피신청인은 위 제1항 기재 임대차계약과 관련하여 본 조정합의 사항 이외에 서로에 대하여 어떠한 채권·채무도 없음을 확인하고, 향후 서로에 대하여 이와 관련한 재판상, 재판외 청구 또는 이의제기를 하지 않는다.
4. 신청인은 나머지 신청을 포기한다.
5. 조정비용은 각자 부담한다.

6. 신청인과 피신청인은 주택임대차보호법 제26조 제4항에 따라서 제1항 및 제2항에 기재한 사항은 강제집행할 수 있음을 상호 승낙한다.

노후주택 화재로 인한 손해배상 신청 사건

사건의 개요 및 조정경과

신청인은 신청외 B 소유의 주택을 피신청인에게 임대한 위 B로부터 위 목적물을 매수하여 임대인의 지위를 승계하였는데 목적물 내부에서 화재가 발생하였고, 피신청인이 손해배상금 3,000만 원의 지급을 요구하자 그 액수가 과다하다고 판단하여 그 액수의 조율을 구하기 위하여 조정을 신청. 해당 화재는 분전반 내 전선의 노후화로 인하여 발생하였고 이는 임대인인 신청인이 지배·관리하는 영역에 존재하는 하자로 인한 것이라는 점을 고려하여, 신청인이 피신청인에게 손해배상금 1,700만 원을 지급하기로 합의하여 조정 성립.

조정주문

1. 신청인은 피신청인에게

가. 201*. 7. **.까지 피신청인으로부터 별지 목록 기재 건물을 인도받음과 동시에 60,000,000원(임대차보증금)을,

나. 201*. 8. **.까지 17,000,000원(위 가항 기재 건물에 201*. *. **. 발생한 화재로 인한 손해배상금)을

각 지급한다. 만일 신청인이 위 각 지급을 지체하는 경우, 신청인은 그 각 금원의 미지급액에 대하여 위 각 기일 다음날부터 다 갚는 날까지 연 5%의 비율로 계산한 돈을 가산하여 지급한다.

2. 피신청인은 201*. 7. **.까지 신청인으로부터 위 제1의 가항 기재 금원을 지급받음과 동시에 피신청인에게 별지 목록 기재 건물을 인도한다.
3. 신청인과 피신청인은 별지 목록 기재 건물에 관한 양자 간의 임대차계약과 관련하여 본 조정합의 사항 이외에 서로에 대하여 어떠한 채권·채무도 없음을 확인하고, 향후 서로에 대하여 이와 관련한 재판상, 재판외 청구 또는 이의제기를 하지 않는다.
4. 조정비용은 각자 부담한다.
5. 신청인과 피신청인은 주택임대차보호법 제26조 제4항에 따라서 위 제1항 및 제2항에 기재한 사항은 강제집행할 수 있음을 상호 승낙한다.

임차주택 하자로 인한 계약해지 신청 사건

사건의 개요 및 조정경과

신청인은 피신청인 소유의 주택을 피신청인으로부터 임차하였는데 현관에서 누수가 발생하여 가전제품 등이 손상되었으나 피신청인이 어떠한 조치도 취해주지 않은 채 제습기를 가동하라는 말만 되풀이하자, 계약을 해지하고 보증금 반환 및 손해배상(이사 비용)을 구하기 위하여 조정을 신청. 피신청인은 계약 해지에 동의하면서 이사 비용 50만 원을 지급하겠다는 의사 표명. 피신청인이 신청인에게 보증금에서 연체 차임을 공제한 금액 및 이사 비용을 지급하고, 그와 동시에 신청인은 피신청인에게 목적물을 반환하기로 합의하여 조정 성립.

조정주문

1. 피신청인은 201*. *. *.까지 신청인으로부터 별지 목록 기재 부동산을 인도받음과 동시에 신청인에게 750,000원을 지급한다.
2. 신청인은 201*. *. *.까지 피신청인으로부터 제1항 기재 금원을 지급받음과 동시에 피신청인에게 별지 목록 기재 부동산을 인도한다.
3. 피신청인은 201*. *. *.까지 별지 목록 기재 건물의 신청인의 임차 사용으로 인한 제 공과금(전기요금, 가스요금, 수도요금)을 모두 부담하기로 한다.
4. 신청인과 피신청인은 이 사건 신청원인과 관련하여 본 조정합의사항 이외에 서로에 대해 어떠한 채권·채무도 없음을 확인하고, 향후 서로에 대하여 이와 관련한 재판상, 재판외 청구 또는 이의제기를 하지 아니한다.
5. 신청인은 나머지 신청을 포기한다.
6. 조정비용은 각자 부담한다.
7. 신청인과 피신청인은 주택임대차보호법 제26조 제4항에 따라 제1항, 제2항에 기재한 사항은 강제집행할 수 있음을 상호 승낙한다.

계약 만기후 보증금반환 신청 사건

사건의 개요 및 조정경과

신청인은 피신청인 소유의 주택을 피신청인으로부터 임차하였고 계약 만기 2개월 전에 갱신 거절 의사를 통보하였는데 계약 기간이 만료한 뒤에도 피신청인이 보증금을 반환하지 않자, 그 반환을 구하기 위하여 조정을 신청. 조정절차 진행 중 피신청인은 신청인의 직장 근처에 있는 오피스텔을 임차하여 신청인으로 하여금 거주하게 해주었고, 이에 따라 신청인은 피신청인에게 이 사건 임대차목적물을 반환. 피신청인이 신청인에게 201*. 8. 30. 보증금의 일부인 1,400만 원을, 같은 해 9. 30. 나머지 보증금 1억 2,600만 원을 각 반환하고, 신청인은 보증금 전액을 반환받음과 동시에 피신청인에게 위 오피스텔을 인도하기로 합의하여 조정 성립.

조정주문

1. 피신청인은 신청인에게
   가. 201*. 8. 30.까지 14,000,000원을
   나. 201*. 9. 30.까지 신청인으로부터 별지 목록 기재 건물을 인도받음과 동시에 126,000,000원을
   각 지급한다.
2. 신청인은 피신청인으로부터 201*. 9. 30.까지 제1항 기재 금원 전액을 지급받음과 동시에 피신청인에게 별지 목록 기재 건물을 인도한다.
3. 신청인과 피신청인은 양자 간의 임대차계약과 관련하여 본 조정합의 사항 이외에 서로에 대하여 어떠한 채권·채무도 없음을 확인하고, 향후 서로에 대하여 이와 관련한 재판상, 재판외 청구 또는 이의제기를 하지 않는다.
4. 신청인은 나머지 신청을 포기한다.
5. 조정비용은 각자 부담한다.
6. 신청인과 피신청인은 주택임대차보호법 제26조 제4항에 따라 제1항, 제2항에 기재한 사항은 강제집행할 수 있음을 상호 승낙한다.

신축 공공임대아파트 하자로 인한 손해배상 신청 사건

사건의 개요 및 조정경과

신청인은 피신청인 소유의 주택을 피신청인으로부터 임차하였는데 목적물 내부에 누수로 인한 곰팡이가 발생하여 시공사 C회사가 보수 공사를 실시하는 동안 피신청인이 제공한 같은 건물의 다른 호실에서 거주하였고, 수리 기간 동안의 식비, 가구 수리비, 병원 치료비 등에 관한 손해배상을 구하기 위하여 조정을 신청. 위 시공사 C회사가 조정에 참가하여 피신청인과 연대하여 신청인에게 손해를 배상하겠다는 의사 표명. 이에 따라 피신청인과 조정참가인이 연대하여 신청인에게 식비, 관리비, 가구 수리비 등을 지급하기로 합의하여 조정 성립.

조정주문

1. 별지 목록 기재 건물에 관하여, 조정참가인은 피신청인과 연대하여 201*. 9. 30.까지 신청인에게,
   가. 식비 7,500,000원(201*. 6, 7, 8.분)을 넘지 않는 범위 내에서 신청인이 조정참가인에게 영수증을 제시하여 청구한 금액을,
   나. 관리비 전액(201*. 5.부터 이 사건 임차목적물인 204호 보수 완료에 따른 재입주일까지)을,

다. 가구 수리비 507,000원(소파 수리비, 철제선반 구입비)을 넘지 않는 범위 내에서 신청인이 조정참가인에게 영수증을 제시하여 청구한 금액을,

라. 병원 치료비 1,000,000원을 넘지 않는 범위 내에서 신청인이 조정참가인에게 영수증을 제시하여 청구한 금액의 2배액(기 치료비 및 향후 치료비)을,

마. 제습기 구입비 569,000원을 넘지 않는 범위 내에서 신청인이 조정참가인에게 영수증을 제시하여 청구한 금액을,

바. 에어컨 청소비 225,000원(청소비의 1/2액)을 넘지 않는 범위 내에서 신청인이 조정참가인에게 영수증을 제시하여 청구한 금액을,

각 지급한다.

2. 조정참가인은 제1항 기재 건물의 거실 에어컨을 보수공사 시공 전 상태의 위치로 이전하여 설치한다. 만약 이전하여 설치한 에어컨 배관에 가스누출 등 하자가 발생하는 경우 조정참가인이 이를 보수한다.
3. 신청인은 피신청인 및 조정참가인에 대한 나머지 신청을 포기한다.
4. 신청인과 피신청인 및 조정참가인은 이 사건 신청원인과 관련하여 본 조정합의사항 이외에 서로에 대해 어떠한 채권·채무도 없음을 확인하고, 향후 서로에 대하여 이와 관련한 재판상, 재판외 청구 또는 이의제기를 하지 아니한다.
5. 조정비용은 각자 부담한다.

미지급보증금 및 연체차임 지급신청 사건

사건의 개요 및 조정경과

신청인은 신청인 소유의 주택을 피신청인에게 임대하였는데 피신청인이 보증금의 절반인 500만 원만을 지급하고 차임 또한 수차례 연체하자 미지급 보증금 및 차임의 지급을 구하기 위하여 조정을 신청. 피신청인이 신청인의 주장사실을 모두 인정한 뒤 신청인에게 미지급 보증금 및 그 지급 지체에 따른 지연손해금을 다섯 차례에 걸쳐 분할 지급하고 미지급 차임을 전액 지급하기로 합의하여 조정 성립.

조정주문

1. 피신청인은 신청인에게

가. 201*. 8. 30.까지 3,000,000원{201*. 9. 25.까지의 (미지급)차임}을

나. 201*. 9.부터 201*. 1.까지 매월 26.에 1,050,000원(미지급 보증금 및 지연손해금 합계액 5,250,000원의 5회 분할 지급액)을

각 지급한다.

2. 신청인은 나머지 신청을 포기한다.

3. 조정비용은 각자 부담한다.

4. 피신청인은 주택임대차보호법 제26조 제4항에 따라 제1항에 기재한 사항은 강제집행할 수 있음을 승낙한다.

임차주택 반환신청 사건

사건의 개요 및 조정경과

신청인은 신청인 소유의 주택을 피신청인에게 임대한 뒤 피신청인의 차임 연체를 이유로 계약 해지를 통보하였으나 피신청인이 앞으로 차임을 성실히 지급할 것을 약속하여 계약 만기까지 계약을 유지하기로 하였는데 피신청인이 위 구두합의를 번복할까 우려하여, 계약 기간 만료일에 정확히 계약을 종료하고 목적물을 반환받기 위하여 조정을 신청. 피신청인이 201*. 12. 25.부터는 차임을 정상적으로 지급하기로 약속하고, 계약 기간 만료일에 보증금에서 미지급 차임을 공제한 나머지 금액의 반환과 목적물 반환을 서로 동시에 이행하기로 합의하여 조정 성립.

조정주문

1. 신청인과 피신청인은 별지 목록 기재 건물에 관한 양자 간의 임대차계약(이하 '이 사건 임대차계약'이라고 함)은 201*. 4. 24. 기간 만료로 종료됨을 확인한다.
2. 피신청인은 201*. 4. 24. 신청인으로부터 임대차보증금 10,000,000원에서 별지 목록 기재 건물 인도일까지의 (연체)차임액을 공제한 나머지 금액을 지급받음과 동시에 신청인에게 별지 목록 기재 건물을 인도한다.
3. 신청인은 201*. 4. 24. 피신청인으로부터 별지 목록 기재 건물을 인도받음과 동시에 피신청인에게 제2항 기재 금원을 지급한다.
4. 가. 신청인과 피신청인은
    1) 201*. 7. 25.부터 이 사건 임대차계약 종료시까지의 월 차임은 1,000,000원(계약 당시의 월 차임 1,050,000원에서 50,000원을 감액한 금원)으로 하고,
    2) 201*. 7. 25.부터 201*. 12. 24.까지의 5개월분 (연체)차임 총 5,000,000원을 임대차보증금에서 공제하는 것에 상호 동의하고,

   나. 피신청인은 201*. 12. 25.부터 이 사건 임대차계약 종료시까지 월 차임 지급(지급일 매월 25.)을 성실히 이행한다.
5. 신청인은 나머지 신청을 포기한다.
6. 조정비용은 각자 부담한다.
7. 신청인과 피신청인은 주택임대차보호법 제26조 제4항에 따라 제2항 및 제3항에 기재한 사항은 강제집행할 수 있음을 상호 승낙한다.

10

상속 및 공유 관계사건

상속재산 관련 부당이득금반환 청구사건

사안의 개요 및 조정경위

친형제들 간에 홀어머니 봉양 문제로 수년간 갈등과 법적 분쟁이 있던 중, 둘째 딸이 둘째 아들로부터 어머니를 모셔온 다음 다시 어머니를 노인요양원에 맡기고 1년가량 지난 후 어머니가 돌아가시면서, 그 동안의 부양비용, 어머니의 잔여 은행잔고, 어머니 명의의 영세민임대주택 보증금 등 금전문제로 형제들 간에 극한 감정 대립, 둘째 딸(피신청인) 상대로 나머지 형제들(신청인)이 금전청구소송 제기.

경제적으로 넉넉하지 못한 형제들 사이에 비교적 적은 금전 문제로 첨예한 분쟁을 벌이는 형국이었기에, 조정과정에서 무엇보다 첫째 아들(큰 오빠, 큰 형)을 중심으로 한 형제애의 회복을 유도하였음. 조정안으로 둘째 딸에게 어머니의 부양을 위해 다른 형제들이 맡긴 금원 중 적정액을 산정하여 이를 다른 형제들에게 분할하여 돌려주고 임대주택보증금도 균등 상속하게 하며 앞으로 형제간에 돈독하게 지낼 것을 약속하도록 제시하여, 조정 성립.

조정주문

1. 피신청인은 201*. 4. 26.까지 신청인 신○○, 신○○, 신○○, 소외 신○○에게 각 금 500,000원을 지급한다.
2. 피신청인이 제1항에 따른 지급을 이행하지 아니한 때에는, 신청인 신○○, 신○○, 신○○, 소외 신○○에게 각 미지급금원 및 이에 대하여 201*. 4. 27.부터 다 갚는 날까지 연 20%의 지연손해금을 가산하여 지급한다.
3. 신청인 신○○, 신○○, 신○○, 피신청인, 소외 신○○은 모친(망 △△△) 명의의 한국○○○○공사 임대주택 임대차보증금 금 6,089,000원을 5분의 1씩 균분하여 상속한다.
4. 신청인들은 나머지 신청을 포기한다.
5. 신청인들과 피신청인은 향후 모친(망 △△△) 생전 봉양과 관련하여 서로 어떠한 민형사상의 이의제기, 청구 또는 주장을 하지 아니한다.
6. 조정비용은 각자 부담한다.
7. 신청인들과 피신청인은 위와 같이 원만히 해결되었음을 상호 확인하고, 향후 형제간의 분쟁을 일체 청산하고 형제간의 우의를 돈독히 할 것을 맹세한다.

유언장 문서진부확인 청구사건

사건의 개요 및 조정경과

원고와 피고는 망부의 배다른 형제인데 망부가 원고를 유언집행자로 하여 망부 소유 부동산을 유언장 기재대로 상속등기하라는 내용의 자필유언장을 남겼고 이에 원고가 유언실행을 위해 가정법원에 유언장 검인신청을 하자 피고는 망인의 필체가 아니라며 부동의하였고, 이에 원고는 피고를 상대로 문서진부확인의 소를 제기. 조정과정에서 양자가 합의서를 작성하여 원만히 상속분쟁을 종결하기로 하여 합의서 내용대로 상호 합의하였음(다만 양자가 제외하기로 추후 합의한 일부 내용은 삭제)을 확인하고 소송을 종결하기로 하는 내용으로 조정 성립.

조정주문

1. 원고와 피고는 이 사건 소송에 제출된 별첨 을제8호증(합의서(안)) 제3항의 "ㅇㅇㅇ는... 200만원을 지급한다"라는 부분을 삭제하는 것 이외 나머지 을제8호증(합의서(안))문안대로 상호 합의한다.
2. 원고는 나머지 청구를 포기한다.
3. 소송비용 및 조정비용은 각자 부담한다.
4. 원고와 피고는 위와 같이 원만히 해결되었음을 상호 확인하고, 향후 형제간의 분쟁을 일체 청산하고 형제간의 우의를 돈독히 할 것을 맹세한다.

상속재산 관련 소유권이전등기말소 청구사건

사건의 개요 및 조정경과

원고 4인과 피고 2인은 망부, 망모(부가 먼저 사망) 슬하의 5남 3녀의 형제자매(피고 1은 사망한 장남의 아들로서 대습상속인) 간인데, 망모로부터의 상속재산과 관련하여 피고 2인이 모친 사망 직전에 증여를 원인으로 모친 소유의 부동산 다수를 이전받았는데 사망 직전 모친이 증여한 사실이 없고 피고들이 증여 관련 문서를 위조하여 소유권이전등기 하였으므로 원인무효의 등기로서 진정명의회복을 원인으로 원고들에게 각 1/8 지분의 소유권이전등기절차를 이행(예비적으로 유류분반환을 원인으로 각 1/16지분의 소유권이전등기절차를 이행)하라는 소송을 제기. 이에 맞서 피고들은 생전의 모친이 자신들에게 증여한 이유는 맏아들이었던 피고 1의 아버지가 일찍 군복무중 순직하여 모친이 유족연금을 수령하였던 사정, 피고 2가 다른 형제들의 전세보증금을 지원하였던 사정 등을 감안한 것이고 모친 명의의 재산 중 일부는 형성과정에서 실질적으로 피고 2의 재산이라는 점, 모친 사망 시까지의 부양료, 병원비, 장례비용을 원고들은 전혀 부담하지 않은 사실 등을 주장하며 원고들을 상대로 부양료, 병원비, 장례비용 등의 분담액 지급을 구하는 반소를 제기. 조정기일을 3회 속행하며 양측을 설득하여 피고들이 원고로서 참여하지 않은 나머지 형제들까지 포함하여 모든 형제들이 각 1/8씩 지분을 나눠 갖도록 하는 소유권이전등기절차를 이행하고 피고 2의 실질 재산으로 인정되는 일부 상속재산은 더 이상 다투지 않기로 하는 내용으로 일괄 화해하는 내용으로 임의조정 성립.

조정주문

1. 피고(반소원고, 이하 '피고'라 한다) 장△△은, 원고(반소피고, 이하 '원고'라 한다) 장○○, 장○○, 장○○, 장○○ 및 소외 장○○, 장○○, 피고 장▽▽에게 별지 제1목록 기재 각 부동산 중 8분의 1 지분에 관하여 본 조정기일인 201*. 9. 4. 상속재산분할협의를 원인으로 한 각 소유권이전등기절차를 이행한다. 위 등기절차 이행과 관련한 제비용은 각 지분 취득자가 부담한다.
2. 피고 장▽▽은, 원고 장○○, 장○○, 장○○, 장○○ 및 소외 장○○, 장○○, 피고 장△△에게 별지 제2목록 기재 3, 4 부동산(1, 2 부동산 제외) 중 8분의 1 지분에 관하여 본 조정기일인 201*. 9. 4. 상속재산분할협의를 원인으로 한 각 소유권이전등기절차를 이행한다. 위 등기절차 이행과 관련한 제비용은 각 지분 취득자가 부담한다.
3. 원고들은, 피고 장▽▽이 피상속인 망 ◇◇◇으로부터 증여받아 소유권을 취득한 별지 제2목록 기재 1, 2 부동산에 대하여 피고 장▽▽의 단독 상속권(수증권)을 인정하며, 향후 이에 대하여 유류분반환, 상속재산회복, 상속분할재협의 등 일체의 상속권 청구를 하지 아니한다.
4. 원고들은 나머지 청구를 포기하고, 피고들은 반소청구를 포기한다.
5. 소송비용 및 조정비용은 각자 부담한다.

상속재산분할 관련 약정금 청구사건

사건의 개요 및 조정경과

원고와 피고는 망부, 망모 슬하의 6남매 중 각 둘째 딸, 막내아들인데 부모 사망 후 6남매가 상속재산분할협의를 하면서 피고가 상속 재산을 모두 단독 상속하는 대신 원고를 포함한 나머지 형제들에게 각 5,000만 원씩 지급하기로 약속하고 그에 더하여 피고가 원고에게 추가로 1억 원을 주기로 약속을 하고서도 그 약속을 지키지 않았다며 1억 원의 지급을 구하는 소송을 제기. 조정 과정에서 피고는 1억 원을 추가로 지급하겠다는 약속은 상속재산분할협의로 효력을 상실하였고 피고가 모든 상속재산을 단독상속한 것이 아니라 별도의 상속토지에 대해서는 원고가 상속지분을 확보하고 있어서 1억 원을 별도로 지급할 이유가 없다고 주장. 양측을 설득하여 형제간의 상속재산 분쟁을 종식시키는 차원에서 피고가 원고에게 5,500만 원을 지급하고 원고는 그에 앞서 피고의 부동산에 대한 가압류를 해제하기로 하는 내용으로 임의조정 성립.

조정주문

1. 피고는 원고에게 201*. 10. 31.까지 금 55,000,000원을 지급한다. 만일 피고가 위 지급기일까지 위 금원을

지급하지 아니한 때에는, 피고는 미지급금원에 대하여 지급기일 다음날부터 다 갚을 때까지 연 20%의 비율로 계산한 지연손해금을 가산하여 원고에게 지급한다.

2. 원고는, 제1항 기재 사항의 이행에 앞서, 피고에 대하여 한 서울○○지방법원 201*카단****호 부동산가압류를 해제한다.
3. 원고와 피고는 향후 양자 사이에 재판상, 재판외 일체의 민·형사상 청구나 이의를 서로 제기하지 아니하고 상속(피상속인 망 ○○○, 망 △△△)과 관련된 더 이상의 채권채무가 없음을 확인하며, 형제간의 우애를 돈독히 하기로 다짐한다.
4. 원고는 나머지 청구를 포기한다.
5. 소송비용 및 조정비용은 각자 부담한다.

형제간의 상속재산에 대한 공유물분할청구 사건

사건의 개요 및 조정경과

원고와 피고 A, B, C, D, E는 형제자매인데 망부의 경기도 ○○시 소재 임야를 공동상속하였고 원고는 임야의 일부를 자신만의 것으로 분할받기 위해 공유물분할청구 소송을 제기. 피고들은 원고가 동 임야 상에 모셔진 부모봉분을 관리하는 책임은 지지 않은 채 재산을 처분하기 위해 부모로부터 물려받은 유산을 쪼개려 한다며 현물분할에 반대함. 조정심리과정에서, 현물분할합의가 이루어지지 않으면 부동산 전체를 경매분할할 수밖에 없고 그러한 경매분할보다는 현물분할이 당사자 모두에게 바람직하다는 점을 주지시키고 대신 원고로 하여금 자신의 지분의 10%를 부모봉분관리에 기여하는 명목으로 나머지 형제인 피고들에게 양보하게 하는 합의를 이루어 내고 기일을 속행한 후 그러한 비율로 현물분할이 용이하게 되는 분할측량감정 (원고의 원 소유지분의 90%를 갖는 면적을 나머지 피고들 공유면적(원고의 10% 지분을 더한 것)과 분리하는 직선 경계선 확보)을 하게 하여 최종 조정기일(4차)에 제시된 측량감정도에 따라 현물분할 및 각 지분이전등기절차이행을 내용으로 하는 조정 성립.

조정주문

1. 원고와 피고(선정당사자) 이○○ 및 선정자 이○○, 이○○, 이○○, 이○○는 경기도 ○○군 △△면 ◇◇리 ***-** 임야 7,074㎡에 대하여 별지 감정도상 번호 1, 2, 3, 4, 17, 15, 16, 1의 각 점을 순차적으로 연결한 선내 ㄱ 부분(면적 1,768㎡)을 원고의 소유로, 별지 감정도상 번호 17, 5, 6, 7, 8, 9, 10, 11, 12, 13, 14, 15, 17의 각 점을 순차적으로 연결한 선내 ㄴ 부분(면적 5,306㎡)을 피고(선정당사자) 이○○ 및 선정자 이○○, 이○○, 이○○, 이○○의 소유로 분할한다.
2. 피고(선정당사자) 이○○ 및 선정자 이○○, 이○○, 이○○, 이○○는 원고에게 위 제1항 기재 토지의 ㄱ 부분(면적 1,768㎡) 중 13/18 피고(선정당사자) 이○○ 및 선정자 이○○, 이○○, 이○○, 이○○ 지분에 관하여, 원

고는 피고(선정당사자) 이○○ 및 선정자 이○○, 이○○, 이○○, 이○○에게 같은 토지의 ㄴ 부분(면적 5,306㎡) 중 5/18 원고 지분에 관하여 [피고(선정당사자) 이○○ 및 선정자 이○○, 이○○, 이○○, 이○○에게 각 1/18씩] 각 201*. 3. 12. 공유물분할을 원인으로 한 소유권이전등기절차를 이행한다.

3. 원고는 나머지 청구를 포기한다.
4. 소송비용 및 조정비용은 각자 부담한다.

공유물분할 청구사건

사건의 개요 및 조정경과

원고회사는 강원도 소재 임야의 64% 지분을 공매를 통해 취득하고서 기존 36% 지분을 가진 피고를 상대로 경매를 통한 공유물분할을 구하는 소송을 제기. 조정기일을 3회 속행하는 동안 측량을 통한 협의분할은 합의가 이루어지지 않아 원고가 피고의 지분을 매수하되 구체적인 내용은 별도로 정하기로 하고 원고가 소를 취하하기로 하는 내용으로 임의조정 성립.

조정주문

1. 원고와 피고는, 본 조정기일인 201*. 2. 6. 피고가 피고의 이 사건 토지(강원도 ○○시 △△읍 ◇◇리 산 ** 임야 9,917㎡)에 대한 공유지분 3,000분의 1,080(36%) 지분을 원고에게 매도하고 원고는 이를 매수하기로 합의하였다. 다만, 매매매금, 소유권이전등기경료 시점 등 구체적인 내용은 양자 사이의 별도의 서면계약을 통하여 확정하기로 한다.
2. 원고는 이 사건 소를 취하하고, 피고는 이에 동의한다.
3. 소송비용 및 조정비용은 각자 부담한다.

소유권이전등기 청구사건

사건의 개요 및 조정경과

원고는 자신의 사망한 아들과 사실혼 관계에 있던 피고를 상대로, 피고 명의로 되어 있는 부동산이 실제로는 사망한 아들 소유인데 신용불량자였던 관계로 피고 이름으로 등기를 하였던 것이므로 명의신탁약정 해제 통지와 함께 진정한 등기명의회복을 원인으로 한 소유권이전등기절차의 이행을 구하고, 아울러 피고가 운영하고 있는 음식점사업장의 임대차계약상의 임차인과 사업자등록상의 사업자가 피고 명의로 되어 있는 것과 관련하여 모두 원고가 진정한 임차인이자 사업자임을 확인하여 달라는 취지의 소송을 제기. 4차에 걸쳐 속행하며 조정 심리한 결과, 원고의 주장과 달리 피고 소유로 되어 있는 부동산과 사업장은 대부분 피고의 노력과 사업으로 형성한 것이 인정되었고, 다만 피고가 음식점 운영을 도왔던 망인의 남동생(원고의 둘째 아들)의 기여분을 인정하는 입장을 취하여, 현금이 없는 피고로서는 동 음식점을 처분하여 그 대금의 1/3을 망인의 남동생에게 지급하기로 하고, 원고는 나머지 청구를 포기하는 내용으로 임의조정 성립.

조정주문

1. 피고는 경기도 ○○시 △△구 ◇◇로 ***(▽▽동)에서 운영 중인 '◇◇대박집'을 매각한 후 그 매각대금(중개수수료, 제세공과금을 공제한 금액)의 1/3을 원고의 아들 ○○○에게 지급한다.
2. 원고는 나머지 청구를 포기한다.
3. 원고(원고의 아들 ○○○을 포함한다)와 피고는, 제1항에서 정한 사항 이외에는 양자 사이에 어떠한 채권·채무도 없음을 확인하고, 향후 서로에 대하여 일체의 재판상, 재판외 청구 또는 이의제기를 하지 아니한다.
4. 소송비용 및 조정비용은 각자 부담한다.

공유물분할 청구사건

사건의 개요 및 조정경과

공유물분할에 대한 소송.

원고는 경매분할을 희망하나, 피고는 이에 반대.

원고의 지분을 피고가 매수하는 것으로 강제조정.

원고는 피고들 일가족이 지분을 보유하고 있는 잡종지의 일부 지분(피고의 가족 중 한 사람의 소유지분)을 경락받아 경매분할 청구하였으나 피고들은 현물분할 내지 임의매수를 희망하였음. 당사자 조정 합의 불성립. 원고의 경락가 4,000만 원에 500만 원을 더한 4,500만 원에 원고의 지분을 피고들이 매수하여 그 지분을 이전받는 내용으로 조정갈음결정하여 양측 이의 없이 확정.

조정주문

1. 원고와 피고 선정당사자 지○○, 선정자 지○○, 지○○ 및 피고 손○○는, 별지 목록 기재 부동산에 대한 공유물분할에 갈음하여, 원고가 별지 목록 기재 부동산에 대한 원고의 소유지분 33/545을 피고 선정당사자 지○○, 선정자 지○○, 지○○(또는 이들이 지정하는 소외 지○○, 이하 같다)에게 양도하기로 하고, 이에 따라 원고가 취득하는 대가를 4,500만 원으로 정한다.
2. 피고 선정당사자 지○○, 선정자 지○○, 지○○는 원고에게 201*. 5. 31.까지 원고로부터 제3항 기재 별지 목록 기재 부동산에 관한 원고의 소유지분 33/545에 관한 소유지분이전등기를 경료받음과 동시에 제1항 기재 금원 4,500만 원을 지급한다.
3. 원고는 피고 선정당사자 지○○, 선정자 지○○, 지○○에게 201*. 5. 31.까지 피고 선정당사자 지○○, 선정자

지○○, 지○○로부터 제2항 기재 금원 4,500만 원을 지급받음과 동시에 제1항 기재 별지 목록 기재 부동산에 관한 원고의 소유지분 33/545에 관하여 공유물분할을 원인으로 한 소유지분이전등기절차를 이행한다.

4. 원고는 피고 선정당사자 지○○, 선정자 지○○, 지○○에 대한 나머지 청구 및 피고 손○○에 대한 청구를 포기한다.
5. 소송비용 및 조정비용은 각자 부담한다.

형수(조카들)의 시동생(작은아버지)에 대한 상속재산 약정금 청구사건

사건의 개요 및 조정경과

원고 A의 남편이자 원고 B, C, D의 아버지인 망 E와 피고는 형제지간으로서 부모로부터 물려받은 재산의 분배와 관련하여 보다 큰 재산을 증여받은 피고가 E에게 2장의 책임각서를 통해 E의 은행대출금 2억 원을 대신 갚아 주고 3억 원을 지급하기로 하였는데, 그러한 약속이 모두 이행되지 않은 상태에서 E가 사망하자 E의 채권을 상속한 원고들이 피고를 상대로 약정금 미이행 금액 3억 3,100여만 원의 지급을 구하는 소송 제기. 조정심리 결과, 피고는 망인이 생전에 "2억 원은 피고의 형편이 어려우면 갚지 않아도 된다"는 말을 하여 채무면제를 하였다고 주장하였으나 이를 입증하기는 쉽지 아니 하였고 피고도 망인의 사망 전후로 자신의 경제적 형편에 맞춰 나름대로 약속을 이행해 왔으며 부모로부터 증여받은 재산을 담보로 추가로 대출을 받아야 원고들이 청구한 금액을 지급할 수 있는 상황이어서, 양측을 설득하여 감액된 2억 5,100만 원을 2회 분할 지급하되 은행대출을 위하여 원고들이 피고 부동산에 대한 가압류 해제를 해주기로 하는 내용으로 조정 성립.

조정주문

1. 피고는 원고들(원고들의 상속지분은 박○○ 3/9, 최○○ 2/9, 최○○ 2/9, 최○○ 2/9이며, 다만 일괄하여 원고 박○○가 지급받아 위 지분대로 나누기로 하였음을 원고들과 피고는 서로 확인한다)에게 금 251,500,000원을 지급한다. 다만, 이를 2회로 분할하여 ① 201*. 7. 31.까지 151,500,000원을, ② 201*. 12. 31.까지 100,000,000원을 지급한다.
2. 만일 피고가 제1항 기재 지급을 1회라도 지체하는 경우, 피고는 기한의 이익을 상실하고 즉시 원고들에게 제1항 기재 금원 251,500,000원의 미지급액 전액 및 이에 대하여 지체일로부터 다 갚을 때까지 연 20%의 비율로 계산한 지연손해금을 가산하여 지급한다.
3. 원고들은, 피고가 제1항 기재 금원 지급 마련을 위하여 은행의 대출을 받음에 있어 당해 은행이 대출에 앞서 피고의 부동산에 설정된 원고들의 가압류의 해제가 필요하다는 것이 상호 확인되는 경우, 피고의 부동산에 설정된 원고들의 가압류를 해제한다. 또한 원고들은, 제1항 기재 ① 201*. 7. 31.까지 151,500,000원을 모두 변제받는 경우에도, 피고의 부동산에 설정된 원고들의 가압류를 즉시 해제한다.

4. 원고들은 나머지 청구를 포기한다.
5. 소송비용 및 조정비용은 각자 부담한다.

상가공유부분 인도 및 불법점유물철거 청구사건

사건의 개요 및 조정경과

원고는 서울 ▽▽▽구 OO동 소재 OO상가 일부를 경락받은 구분소유자이고 피고들은 동 상가건물의 구분소유자 및 임차인인데, 원고는 피고들이 상가의 공용부분인 복도면적을 침범하여 자신들의 상가벽체를 유지하고 있으므로 각 벽체를 철거하고 불법으로 점유하고 있는 면적을 반환하라는 소송을 공유물 보존행위로서 제기. 원고의 소송에 앞서 원고도 피고들로부터 유사한 소송을 당하여 패소확정 되었기에 상호 감정의 골이 깊었음. 조정심리과정에서, 소송이 있기 전에는 최초 분양회사가 설치해준 벽면을 계속 사용해오면서 경계침범 여부에 대한 인식이 없었던 구분소유자들로서는 소송전을 펼치고 있는 이상 원칙으로 돌아갈 수 밖에 없는 상황임을 주지시키고 측량결과에 당사자 모두 승복하기로 하는 약속을 받고 조정기일을 속행하여 제출된 경계점측량결과를 통해 피고들의 공용부분 점유사실을 확인시킨 후 2개월 반의 기간여유를 부여하여 피고들이 자신들의 비용으로 벽체를 철거하고 점유부분을 인도하는 내용으로 임의조정 성립.

조정주문

1. 201*. 7. 31. 까지
   가. 피고들은, 피고들의 비용으로 별지 1 기재 건물 중 별지 2 도면 표시 1, 2, 3, 4, 8, 7, 6, 1의 각 점을 순차 연결한 선내 "가" 부분 1.000㎡ 및 별지 2 도면 표시 6, 7, 11, 10, 6의 각 점을 순차로 연결한 선내 "다" 부분 1.258㎡를 원고에게 인도하고, 별지 2 도면 표시 11, 10, 6, 1, 2, 3, 4의 각 점을 순차로 연결한 벽체를 철거하고,
   나. 피고 박○○는, 자신의 비용으로 별지 1 기재 건물 중 별지 2 도면 표시 4, 5, 9, 8, 4의 각 점을 순차로 연결한 선내 "나" 부분 0.8388㎡를 원고에게 인도하고, 별지 2 도면 표시 4, 5, 9의 각 점을 순차로 연결한 벽체를 철거한다.
2. 원고는 나머지 청구를 포기한다.
3. 소송비용 및 조정비용은 각자 부담한다.

유류분 청구사건

사건의 개요 및 조정경위

원고들은 전처의 자식들, 피고는 후처.

원고들의 亡父이자 피고의 亡夫인 소외 A는 자신 명의의 부동산을 피고에게 증여. 원고들은 피고를 상대로 유류분 반환 청구. 1심에서 일부승소한 원고들이 항소하여 항소심 조정 회부.

유류분 산정의 기초재산 판단에 있어 피고가 30여 년간 혼인기간 동안 배우자였던 망인으로부터 받은 부동산의 50%는 특별수익에서 제외함이 타당(대법원 2010다66644).

1심 판결 금액에 100만 원 정도 증액하여 지급하는 것으로 임의조정 성립.

조정주문

1. 피고(피항소인, 이하 '피고'라 한다)는 원고(항소인, 이하 '원고'라 한다)들에게 201*. 6. 30.까지 각 금 1,600만 원을 지급한다. 만일 피고가 위 지급기일까지 위 금원을 지급하지 아니한 때에는, 피고는 미지급금원에 대하여 지급기일 다음날부터 다 갚을 때까지 연 20%의 비율로 계산한 지연손해금을 가산하여 원고들에게 지급한다.
2. 원고들은 나머지 청구를 포기한다.
3. 소송총비용 및 조정비용은 각자 부담한다.

명의신탁해지원인 소유권이전등기 청구사건

사건의 개요 및 조정경위

어머니인 원고가 아들인 피고를 상대로 아들 명의의 건물을 자신의 명의로 돌려달라는 소송 제기(건물부지는 어머니 명의. 기존 건물, 부지 모두 어머니 명의였는데 건물을 철거하고 신축하며 신축건물을 피고 명의로 등기함).

원고의 배후에는 다른 형제가 있어, 사실상의 상속재산 내지 증여재산에 대한 분쟁.

피고가 원고(또는 다른 형제들)로부터 2.5억을 받고 건물 관련 재산을 모두 포기하기로 하는 임의조정 성립.

조정주문

1. 원고(원고가 지정하는 제3자를 포함한다)는 피고의 별지 기재 부동산을 담보로 한 피고의 대출채무(채권자 ○○새마을금고, 채무액 5억 원) 및 별지 기재 부동산의 임대차보증금반환채무(3억 원)를 모두 인수한다.
2. 피고는 원고에게 201*. 12. 31.까지 별지 기재 부동산에 관하여 소유권이전등기절차를 이행한다.
3. 원고는 제1항, 제2항이 모두 이행되는 것을 조건으로, 피고에게 201*. 12. 31.까지 금 2억 5,000만 원을 지급한다. 다만, 제1항 기재 채무액이 합계 8억 원을 초과하는 경우 그 초과액을 위 2억 5,000만 원에서 공제하여 지급한다.
4. 원고는 나머지 청구를 포기한다.
5. 피고는 원고 및 소외 누구에 대해서도 별지 기재 부동산과 관련하여 모든 권리를 포기한다.
6. 소송비용 및 조정비용은 각자 부담한다.

유류분반환 청구사건

사건의 개요 및 조정경과

원고는 형제인 피고가 망부로부터 부동산을 유증받자 자신의 유류분지분 1/8의 소유권확인 및 소유권이전등기를 구하는 소송을 제기. 부동산의 공시지가가 4억여 원이고 원고가 망부 생전에 봉양했던 점, 공동소유로 만들 경우 처리 시 분쟁이 다시 발생하는 점 등을 감안하여 현금 1억 원을 피고가 지급하고 원고는 본안청구를 포기하는 내용으로 조정 성립.

조정주문

1. 피고는 원고에게 201*. 9. 30.까지 금 1억 원을 지급한다. 만일 피고가 위 지급기일까지 위 금원을 지급하지 아니한 때에는, 피고는 미지급금원에 대하여 지급기일 다음날부터 다 갚을 때까지 연 20%의 비율로 계산한 지연손해금을 가산하여 원고에게 지급한다.
2. 원고와 피고는, 본 조정조항에서 합의한 사항 이외에는 상속재산(피상속인 차○○, 전○○)과 관련하여 상호간에 어떠한 채권·채무도 없음을 확인하고, 향후 서로에 대하여 일체의 재판상, 재판외 청구 또는 이의제기를 하지 아니하며, 향후 형제간의 우의를 돈독히 하기로 다짐한다.
3. 원고는 나머지 청구를 포기한다.
4. 소송비용 및 조정비용은 각자 부담한다.

공유물 경매분할 청구사건

사건의 개요 및 조정경과

원고들 경매전문회사는 강원도 임야 770㎡의 100/700 지분(원고 1은 29/700, 원고 2는 71/700)을 낙찰 받은 후 같은 임야의 지분소유자인 피고들(피고 1, 2 각 300/700)을 상대로 경매에 의한 공유물분할을 청구하는 소송을 제기. 해당 임야는 도시계획조례가 정한 최소분할면적에 못 미쳐 현물분할이 불가능하였고, 원고들은 경매 후 대금분할을 청구하기는 하였으나 적절한 가격으로 피고들이 자신들의 지분을 매수해가기를 희망함. 원고들의 희망매도가격은 564만 원이었으나 피고들은 원고들의 낙찰가는 33만 원에 불과하다며 100만 원에 매수하기를 희망. 조정합의 불성립. 피고들 중 조정기일에 출석한 피고 1이 440만 원(계약금 100만 원 + 잔금 340만 원)을 원고들에게 지급하고 원고들은 자신들의 지분을 피고 1에게 소유권이전 한다는 내용으로 조정갈음결정하여 양측 이의 없이 확정.

조정주문

1. ○○시 △△면 ◇◇리 산 ***-* 임야 770㎡에 관하여,

가. 피고 △△△는 원고(선정당사자) 주식회사 ○○○○에게,

1) 201*. 10. 31.까지 계약금 명목으로 100만 원을 지급하고,

2) 201*. 12. 31.까지 잔금 명목으로 340만 원을 지급한다.

[위 1)항 및 2)항 총 합계금 440만 원{매매목적물인 원고(선정당사자) 주식회사 ○○○○ 및 선정자 주식회사 ◇◇◇(대표이사 ◇◇◇) 각 소유의 위 임야 지분 합계 100/700 (29/700 + 71/700)에 해당하는 100㎡에 대한 매매대금을 ㎡당 4만 원으로 산정한 금원임. 100 × 40,000 = 4,000,000}]

나. 201*. 12. 31.까지, 피고 △△△에게,

1) 원고(선정당사자) 주식회사 ○○○○은 소유지분 700분의 29 전부에 관하여,

2) 선정자 주식회사 ◇◇◇(대표이사 ◇◇◇)은 소유지분 700분의 71 전부에 관하여,

각 201*. 8. 28.자 양도약정을 원인으로 한 소유권이전등기절차를 이행한다.

다. 피고 △△△의 위 가.의 2)항 기재 의무와 원고(선정당사자) 및 선정자의 위 나.항 기재 의무는 동시에 이행한다.

2. 원고(선정당사자)는 피고 △△△에 대한 나머지 청구 및 피고 ▽▽▽에 대한 청구를 각 포기한다.

3. 소송비용 및 조정비용은 각자 부담한다.

유류분반환 청구사건

사건의 개요 및 조정경과

소외 망 A는 소외 B와 결혼하여 원고를 낳은 후 이혼하고 피고 1과 재혼하여 그 슬하에 자녀 피고 2, 3, 4를 두고 사망하였는데 원고는 A 사망 후 피고들을 상대로 유류분 반환 청구 소송을 제기. 청구금액을 일부 감액조정하고 이를 피고 1이 지급하기로 하는 내용으로 조정성립.

조정주문

1. 피고 ○○○은 201*. 2. 28.까지 원고에게 금 7,500만 원을 지급한다. 만일 피고 ○○○이 위 지급기일까지 위 금원을 지급하지 아니한 때에는, 피고 ○○○은 미지급금원에 대하여 지급기일 다음날부터 다 갚을 때까지 연 20%의 비율로 계산한 지연손해금을 가산하여 원고에게 지급한다.
2. 원고는 제1항 기재 이행이 있은 후 즉시 피고 ○○○에 대한 채권가압류(서울○○지방법원 201*카단 ****)를 해제하고, 피고 ○○○은 원고가 채권가압류 공탁금을 회수하는 것에 동의한다.
3. 원고는 피고 ○○○에 대한 나머지 청구 및 나머지 피고들에 대한 이 사건 청구를 각 포기한다.
4. 소송비용 및 조정비용은 각자 부담한다.

유류분반환 청구사건

사건의 개요 및 조정경과

원고 4인은 피상속인 망모로부터 부동산을 증여받은 형제인 피고를 상대로 유류분 반환을 원인으로 각 12분의 1 지분에 관한 소유권이전등기를 청구하는 소송을 제기(총 6명의 형제자매 중 한 사람은 소송에 참여하지 않음). 피고는 증여받은 부동산이 망모 명의로 되어 있었으나 피고 자신의 돈으로 망부에게 사드리고 이것이 망모에게 단독상속된 것이었다고 주장하고 설사 유류분을 인정한다고 하더라도 망모에 대한 부양 및 병원비 부담을 모두 피고 혼자서 하였으므로 원고들의 분담액이 상계되어야 한다고 주장. 원고들은 망모 생전에 망모의 피고에 대한 증여사실을 알고 망모 이름으로 피고를 사문서위조 등의 혐의로 고소하였으나 피고가 혐의없음처분을 받았고 피고를 상대로 소유권이전등기말소청구를 하였으나 청구기각판결을 받은 사실도 소명됨. 수증 부동산의 시가 1억 8,000만 원을 기준으로 한 원고들의 유류분은 1,500만 원이 되나 원고들의 특별수익, 피고가 전담한 비용에 대한 분담액 등을 감안하여 피고가 원고들에게 각 1,300만 원씩을 지급하고 모든 상속재산에 관한 다툼을 종결하기로 하는 내용으로 조정갈음결정하여 모두 이의 없이 확정.

조정주문

1. 피고는 원고들에게 201*. 12. 15.까지 유류분 반환금으로서 각 금 13,000,000원을 지급한다. 만일 피고가 위 지급기일까지 위 금원을 지급하지 아니한 때에는, 피고는 미지급금원에 대하여 위 지급기일 다음날부터 다 갚을 때까지 연 20%의 비율에 의한 지연손해금을 가산하여 원고들에게 지급한다.
2. 원고들은 나머지 청구를 포기한다.
3. 원고들과 피고는, 제1항 기재 금원 지급 이외에는 서로 간에 공동상속재산(피상속인 망□□□)과 관련하여서 아무런 채권·채무가 없음을 확인하고, 향후 이와 관련하여 서로 간에 어떠한 재판상, 재판외 청구 또는 이의제기를 하지 아니하며, 형제간의 우의를 돈독히 하기로 한다.
4. 소송비용 및 조정비용은 각자 부담한다.

유류분반환 청구사건

사건의 개요 및 조정경과

원고는 망부 A의 부동산을 단독으로 증여받은 피고를 상대로 유류분 반환을 원인으로 한 11분의 1 지분에 대한 소유권이전등기 이행을 구하는 소송을 제기(장녀인 원고, 장남인 피고, 소외 차녀, 차남의 상속분 각 2/11, A의 배우자인 소외 B의 상속분 3/11). 피고는 자신이 망부 생전에 집안의 경제적 비용을 전담하였고 원고는 망부로부터 많은 특별수익을 취하였고 수십 년간 망부와 내왕이 단절되었다고 주장. 증여부동산의 시가, 원고와 피고의 특별수익 등을 고려하여 피고가 원고에게 3,000만 원을 5회 분할하여 지급한다는 내용으로 조정갈음결정하여 양측 이의 없이 확정.

조정주문

1. 피고는 원고에게 금 3,000만 원을 지급한다. 다만, 이를 5회로 분할하여 ① 201*. 12. 31.까지 10,000,000원을, ② 201*. 3. 31.까지 5,000,000원을, ③ 201*. 6. 30.까지 5,000,000원을, ④ 201*. 9. 30.까지 5,000,000원을, ⑤ 201*. 12. 31.까지 5,000,000원을 지급한다.
2. 만일 피고가 제1항 기재 지급을 1회라도 지체하는 경우, 피고는 기한의 이익을 상실하고 즉시 원고에게 미지급액 전액에 대하여 지체일로부터 다 갚을 때까지 연 20%의 비율로 계산한 지연손해금을 가산하여 지급한다.
3. 원고는 나머지 청구를 포기한다.
4. 원고와 피고는, 제1항 기재 지급이 모두 이행된 때에는, 원고와 피고의 상속재산(피상속인 망 △△△)과 관련하여 원고와 피고 사이에 상호 어떠한 채권채무도 없음을 확인하고, 향후 이와 관련하여 서로에 대하여 일체의 재판상, 재판외 청구 또는 이의제기를 하지 아니하며, 형제애를 돈독히 하기로 한다.
5. 소송비용 및 조정비용은 각자 부담한다.

유류분 청구사건

사건의 개요 및 조정경과

원고들은 형제인 피고를 상대로 유류분 반환으로서 각 3,800여만 원씩 지급하라는 소송을 제기. 유류분 산정 기초 재산, 원고들과 피고들의 특별 수익, 원고들의 피상속인인 망 부모에 대한 봉양 및 병원비용 부담 정도 등을 감안하여 피고가 원고 1에게는 2,800만 원을, 원고 2에게는 1,300만 원을 지급한다는 내용으로 조정갈음결정하여 양측 이의 없이 확정.

조정주문

1. 피고는 201*. 1. 31.까지 원고 ○○○에게 유류분반환금 및 위로금으로 금 28,000,000원을, 원고 △△△에게 유류분반환금 및 위로금으로 금 13,000,000원을 각 지급한다. 만일 피고가 위 지급기일까지 위 금원을 지급하지 아니한 때에는, 피고는 미지급금원 및 이에 대하여 위 지급기일 다음날부터 다 갚을 때까지 연 20%의 비율에 의한 지연손해금을 가산하여 원고들에게 지급한다.
2. 원고들은 나머지 청구를 포기한다.
3. 원고들과 피고는 이후 상속재산 및 선친에 대한 봉양문제와 관련하여 다툼을 하지 아니하며, 형제애를 돈독히 하고 상경하애하기로 다짐한다.
4. 소송비용 및 조정비용은 각자 부담한다.

부친의 동거녀에 대한 부동산소유권이전등기말소 청구사건

사건의 개요 및 조정경과

원고는 전처와 사별(슬하에 소외A를 포함한 2남 2녀) 후 피고를 만나 10여 년간 동거. 동거기간 동안 원고는 자신 소유의 아파트를 매매형식으로 피고에게 소유권을 이전(현재 동 아파트에서 원고, 피고가 동거 중)하고, 그 외 다수의 원고 소유의 부동산을 피고가 매각처분하여 그 매각대금으로 피고 명의로 상가를 매입하거나 생활비, 대출금상환 등 명목으로 소비. 원고는 피고가 원고의 고령과 치매를 기화로 원고소유의 부동산을 착복하였다고 주장하며 아파트 소유권이전등기 말소 및 착복매각대금 중 2억 원의 지급을 구하는 소송을 제기. 이에 대해 피고는 원고가 피고에게 증여한 것이 맞고 다른 부동산매각대금은 대출금을 갚거나 생활비로 사용하였다고 주장. 또한 피고는 본 소송이 원고의 진의에 반하여 원고의 장남인 소외 A에 의해 제기되었다고 주장. 현재까지 피고는 알츠하이머 진단을 받은 원고를 계속 돌보고 있음. 조정 심리결과, 원고와 10여 년간의 사실혼관계에 있는 피고를 내보내고 싶어 하는 원고측 입장과 결별 이후의 생활기반을 확보하여야 하는 피고의 처지를 상호 존중하도록 하여 피고는 원고측이 요구하는 아파트 소유권을 넘겨주되 원고측은 부동산매각대금으로 마련한 피고 명의의 상가와 나머지 매각대금 사용처 등에 대해 청구를 하지 않으며 피고에게 조정일로부터 5개월가량의 유예기간을 부여하고 유예기간이후 피고의 아파트 인도(퇴거)시 피고에게 위로금조로 2,000만 원을 지급하기로 하는 내용으로 임의조정 성립.

조정주문

1. 피고는 원고에게 별지 목록 기재 부동산에 관하여 서울○○지방법원 △△등기소 20**. *. *. 접수 제****호로 마친 소유권이전등기의 말소등기절차를 이행한다.
2. 원고는 피고가 별지 목록 기재 부동산에서 201*. 4. 30.까지 거주하는 것을 용인하며, 피고는 원고에게 201*. 4. 30. 별지 목록 기재 부동산을 인도한다.
3. 원고는 201*. 4. 30.까지 피고에게 금 20,000,000원을 지급한다. 만일 원고가 위 지급기일까지 위 금원을 지급하지 아니한 때에는, 원고는 미지급금원에 대하여 지급기일 다음날부터 다 갚을 때까지 연 20%의 비율로 계산한 지연손해금을 가산하여 피고에게 지급한다.
4. 만일 피고가 201*. 4. 30. 이전에 별지 목록 기재 부동산을 원고에게 명도하는 경우, 원고는 그 명도받음과 동시에 제3항 기재 금원 20,000,000원을 피고에게 지급한다.
5. 원고와 피고는 이 사건 재산(서울 △△구 ◇◇동 ▽▽아파트 105동 708호, 같은 동 ○○ 아파트 102동 704호, 같은 동 △△△△△△△ 상가 108호, ○○시 △△리 농지 ***-*, ***)과 관련하여 본 조정조서에서 정한 것 이외에는 서로에 대하여 아무런 채권채무가 없음을 확인하고, 향후 이와 관련하여 서로에 대하여 일체의 재판상, 재판외 청구 또는 이의제기를 하지 아니한다.
6. 원고는 피고 소유의 제5항 기재 ◇◇동 △△△△△△△ 상가 108호 및 전북 ◇◇군 ▽▽리 ***-** 답 908㎡에 대한 부동산 가압류를 즉시 해제한다.

7. 원고는 나머지 청구를 포기한다.

8. 소송비용 및 조정비용은 각자 부담한다.

형제간의 공유물분할 청구사건

사건의 개요 및 조정경과

원고들 3인과 피고들 2인은 형제자매간으로서 상속재산을 공동으로 소유하고 있는데(지분비율: 원고 1은 19분의 1, 원고 2는 19분의 6, 원고 3은 19분의 4, 피고 1과 피고 2는 각 19분의 4) 원고들은 피고들을 상대로 경매분할을 구하는 소송을 제기. 원고들은 공유부동산을 현금화하기를 바라고 피고들은 경작을 희망하고 있는 점 등을 감안하여 현물분할 성격의 지분 교환 후 경매분할(원고들만의 공유물)한다는 내용으로 조정갈음결정(결정이유 붙임)하여 양측 이의 없이 확정.

조정주문

* **결정사항**

1. 원고들과 피고(선정당사자) 이○○ 및 선정자 이△△은 201*. 5. 1.부로 원고들과 피고(선정당사자) 이○○ 및 선정자 이△△의 공유인 별지 1 목록 기재 각 부동산에 관하여 다음과 같이 공유물분할을 하고 소유권을 정한다.

   가. 별지 1 목록 기재 6, 7 부동산: 원고들은 원고들의 별지 2. 목록 기재 각 공유지분을 모두 포기하고, 피고(선정당사자) 이○○ 및 선정자 이△△은 위 포기된 원고들의 공유지분(총 19분의 11)을 공동소유(각 2분의 1씩 공유)한다.

   나. 별지 1 목록 기재 1, 2, 3, 4, 5, 8, 9 부동산: 피고(선정당사자) 이○○ 및 선정자 이△△은 별지 2 목록 기재 각 공유지분을 모두 포기하고 원고들은 위 포기된 피고(선정당사자) 이○○ 및 선정자 이△△의 공유지분(총 19분의 8)을 원고 이◇◇ 11분의 1, 원고 이◇◇ 11분의 6, 원고 이◇◇ 11분의 4의 각 비율로 공동소유한다.

2. 원고들과 피고(선정당사자) 이○○ 및 선정자 이△△은 제1항 기재 각각의 소유부분에 관하여 제1항의 공유물분할을 원인으로 한 소유권이전등기절차를 이행한다. 위 등기절차비용은 원고들이 부담한다.

3. 원고들은 원고들의 공유인 별지 1목록 기재 1, 2, 3, 4, 5, 8, 9 부동산을 경매하고, 그 매각대금에서 경매비용을 공제한 나머지 금액을 원고들의 각 공유지분 비율(원고 이◇◇ 1/19 + 1/11 × 8/19, 원고 이◇◇ 6/19 + 6/11 × 8/19, 원고 이◇◇ 4/19 + 4/11 × 8/19) 에 따라 분배한다. 원고들은 위 경매분할을 별지 1목록 기재 1, 2, 3, 4, 5, 8, 9 부동산에 대한 제2항 기재 소유권이전등기절차 없이 현재의 등기 상태로 할 수 있고, 피고(선정당사자) 이○○ 및 선정자 이△△은 이에 동의한다.

4. 원고들은 나머지 청구를 포기한다.

5. 소송비용 및 조정비용은 각자 부담한다.

6. 원고들과 피고(선정당사자) 이○○ 및 선정자 이△△은 이 사건이 위와 같이 원만히 해결되었음을 상호 확인하고 향후 형제간의 우의를 더욱 돈독히 할 것을 다짐한다.

* 결정이유

이 사건 공유물인 각 부동산의 공시지가, 위치, 크기 정도, 도로 접근성, 상호 이격거리, 원고들과 피고(선정당사자) 이○○ 및 선정자 이△△의 각 공유지분, 이 사건 공유물의 관리 및 수익 경과, 피고(선정당사자) 이○○ 및 선정자 이△△이 임야가 아닌 농지를 보유하면서 경작하기를 희망하고 있는 점, 원고들이 경매분할을 통하여 현금을 확보하기를 희망하는 점 등을 종합적으로 고려하였음.

상속재산협의분할 사해행위취소 청구사건

사건의 개요 및 조정경과

원고는 신용카드회사로서 신용카드대금 3,400여만 원을 연체한 소외 A의 모친인 피고를 상대로 피고와 A가 피상속인(피고의 남편이자 A의 부친)의 사망 후 상속재산인 단독주택 1채에 대하여 A는 상속지분을 포기하고 피고가 단독으로 상속하기로 하는 협의분할을 통하여 피고 명의로 소유권이전을 한 것과 관련하여 사해행위인 피고와 A와의 협의분할상속을 취소하고 A의 상속지분 11분의 2에 대한 소유권이전등기말소등기절차를 이행하라는 소송을 제기. 조정심리 과정에서, 피고와 망부 슬하의 다른 자식들 3명도 협의분할 과정에서 상속지분을 포기하였고 해당 상속재산에는 이미 고액의 근저당(모두 A가 빌려 쓴 채무에 대한 담보)이 설정되어 있어 이를 공제한 잔존가치에 대한 A의 지분 11분의 2에 해당하는 금액은 크지 않음을 확인하여 피고가 조정기일로부터 80일의 지급기한내에 원고의 채권액 3,400여만 원 중 1,000만 원을 지급(만일 지급기한내 미이행 시 3,400만 원 모두 변제하기로 함)하고 사건을 종결하기로 하는 내용으로 임의조정 성립.

조정주문

1. 피고는 원고에게 201*. 10. 15.까지 금 10,000,000원을 지급한다. 만일 피고가 위 지급기일까지 위 금원을 지급하지 아니한 때에는, 피고는 소외 ○○○과 연대하여 미지급금원에 24,000,000원을 더한 돈 및 이 '미지급금원에 24,000,000원을 더한 돈'에 대하여 지급기일 다음날부터 다 갚을 때까지 연 20%의 비율로 계산한 지연손해금을 가산하여 원고에게 지급한다.
2. 피고가 제1항 기재 기한인 201*. 10. 15.까지 제1항 기재 금원 10,000,000원을 지급하는 경우, 원고는 소외 ○○○의 원고에 대한 이 사건 신용카드대금 잔여채무를 면제한다.
3. 원고는 나머지 청구를 포기한다.
4. 소송비용 및 조정비용은 각자 부담한다.

상속 예금 및 주식 반환 청구사건

사건의 개요 및 조정경과

원고들 5인은 망 A의 형제자매들이자 상속인인 바 A가 사망당시 피고 증권사 계좌에 보유하고 있던 현금과 주식을 각 1/5씩 상속하였으므로 이를 지급, 인도하라는 소송을 제기. 피고는 원고들에게 현금과 주식을 양도하되 원고들 이외의 상속인이 나타나는 경우 원고들이 책임을 지기로 한다는 내용으로 조정갈음결정하여 양측 이의 없이 확정.

조정주문

1. 피고는 원고들에게 각 221,502원을 지급하고, 각 별지목록 기재 주식을 인도한다.
2. 다만, 원고들은 제1항 기재 각 금원 및 각 주식을 모두 원고 이○○ 명의의 예금계좌 및 주식매매위탁계좌로 함께 지급, 인도받기로 한다.
3. 원고들은 피고에 대하여, 장차 원고들과 소외 이△△, 이△△ 이외의 제3자가 망 이△△의 적법한 상속인 지위에서 제1항 기재 지급 금원 및 인도 주식에 대하여 상속분을 주장하는 경우, 원고들은 이 사건에서 주장한 자신들의 상속분 비율로 책임을 지고 피고에게는 아무런 책임이 없음을 확인한다.
4. 소송비용 및 조정비용은 각자 부담한다.

모녀간의 부당이득반환 청구사건

사건의 개요 및 조정경과

원고는 망부로부터 협의분할 상속한 ○○시 소재 잡종지 1/2 지분의 절반인 1/4 지분과 관련하여 당해 토지의 임대료 수익을 어머니인 피고가 관리하며 수익의 일부를 지급하지 않았다며 피고를 상대로 1억 9,600만여 원의 부당이득반환을 구하는 소송을 제기. 동 토지의 나머지 1/4 지분은 원고의 여동생인 소외 A(협의분할시 다른 형제와 피고는 제외)와, 2/4 지분은 망부의 친구인 소외 B의 소유로서 B가 토지 전체를 임대관리하며 임대소득 중 원고와 A의 몫을 정기적으로 피고에게 보내 왔고 피고는 이를 받아 원고와 A에게 직접 현금으로 지급하거나 원고와 A 명의로 적금을 들어 주고 그 외 학자금, 집안 전체의 공동경비로 지출하였음. 조정기일을 3회까지 속행하며 피고가 충분히 자금관리내역을 밝히게 하고 원고도 확인하는 기회를 갖게 한 다음 원고 청구금액의 일부를 피고가 지급하는 내용으로 임의 조정 성립.

조정주문

1. 피고는 원고에게 201*. 9. 30.까지 금 67,500,000원을 지급한다. 만일 피고가 위 지급기일까지 위 금원을 지급하지 아니한 때에는, 피고는 미지급금원에 대하여 지급기일 다음날부터 다 갚을 때까지 연 15%의 비율로

계산한 지연손해금을 가산하여 원고에게 지급한다.

2. 원고는 나머지 청구를 포기한다.
3. 원고와 피고는 이 사건 청구원인(경기도 ○○시 △△동 ***-* 토지 관련)과 관련하여 본 조정조서에서 정한 사항 이외에는 양자 사이에 어떠한 채권채무도 없음(201*. 8. 31.까지의 채권채무)을 확인하고, 향후 이와 관련하여 서로에 대하여 일체의 재판상, 재판외 청구 또는 이의제기를 하지 아니한다.
4. 소송비용 및 조정비용은 각자 부담한다.

상속권에 기한 소유권이전등기말소 청구사건

사건의 개요 및 조정경과

원고는 원고의 생모와 이혼한 생부가 피고와 재혼한 이후 생부가 병사하기 직전 피고가 생부 명의의 부동산을 증여를 원인으로 소유권이전등기 경료받은 사실을 알고, 주위적으로 생부가 의식불명상태에서 증여의사를 가질 수 없다면서 소유권이전등기의 무효로 인한 소유권이전등기말소를 구하고 예비적으로 자신의 유류분 침해에 따른 유류분 1/9(상속지분 2/9 × 유류분 1/2)지분의 반환을 원인으로 하는 소유권이전등기절차 이행을 구하는 소송을 제기. 조정심리 과정에서 피고는 피고가 망인과 재혼하기 앞서 오랫동안 사실혼 관계에 있으면서 공동으로 경제활동을 한 결과로 망인 명의로 부동산을 마련하였으며 망인의 증여의사가 분명히 있었고 원고는 망부와 망부 생전에 연락두절하고 부양의무를 다하지 않았다는 주장을 함. 망인 명의의 부동산 형성과정에 피고의 기여도가 큰 점과 부동산의 실거래가, 원고의 유류분, 피고가 고액의 현금을 당장 마련하기 어려운 점 등을 두루 감안하여 조정금액 7,000만 원을 2회 분할지급하되 2회분 지급기를 5년 후로 설정하는 내용으로 임의조정 성립.

조정주문

1. 피고는 원고에게 금 70,000,000원을 지급한다. 다만, 이를 2회로 분할하여 ① 201*. 8. 31.까지 40,000,000원을, ② 202*. 12. 31.(피고가 이 사건 별지 부동산을 그 이전에 매각하는 경우 매매대금을 지급받은 날로부터 10일 이내)까지 30,000,000원을 지급한다. 그 지급은 원고 소송대리인의 은행계좌(○○은행 ***-20-******, 예금주 △△△)로 입금하는 방식으로 한다.
2. 만일 피고가 제1항 기재 지급을 1회라도 지체하는 경우, 피고는 기한의 이익을 상실하고 즉시 원고에게 미지급액 전액 및 이에 대하여 지체일로부터 다 갚을 때까지 연 15%의 비율로 계산한 지연손해금을 가산하여 지급한다.
3. 원고는 나머지 청구를 포기한다.
4. 소송비용 및 조정비용은 각자 부담한다.

부자간의 대여금 청구사건

사건의 개요 및 조정경과

원고는 10년 전 어머니 A의 사망으로 A 명의의 아파트의 재건축 분양권을 상속하였는데 아버지인 피고가 자신이 운영하는 회사의 운영상의 어려움을 호소하며 원고에게 위 아파트 분양권을 매각하여 그 매각대금을 빌려달라고 요구하여 피고가 이를 5억 7,200여만 원에 매도한 후 전액을 취득하여 차용한 이후 지금까지 전혀 변제하지 않는다며 피고를 상대로 소송을 제기. 피고는 위 아파트가 A 사망 당시 A 명의로 되어 있었기는 했으나 피고와 A의 부부공동재산을 A 명의로 해 놓은 것에 불과하고 또한 재건축이 완료되면 피고가 거주하기로 원고를 비롯한 가족들과 상호 합의가 된 것이었고 이를 위해 재건축에 따른 추가분담금 3억 1,500여만 원도 피고 자신이 모두 부담하였으며 피고가 재혼 후 피고의 회사를 지방으로 이전하며 거주 필요성이 없어져 분양권을 처분하였을 뿐이어서 원고와 피고 사이에는 대여, 차용의 금전거래가 없었다고 주장. 조정 심리결과, A의 사망 이후 피고와 원고 및 원고의 동생 B 3자간에 상속재산분할협의가 이루어졌고 위 아파트의 소유권(분양권 포함)은 원고가 상속한 것이 분명하였고, 원고와 B가 피고와 피고의 재혼 상대방에 대해 형사고소를 제기한 사실도 확인되어 분쟁을 일괄 해소하는 차원에서, B도 조정참가시킨 다음 피고가 원고에게 조정기일로부터 3개월 후 3억 5,000만 원을 지급하고 원고는 피고의 주식에 대한 가압류를 취하하며, 원고 및 B의 형사고소도 취하하기로 하는 내용으로 임의조정 성립.

조정주문

1. 피고는 원고에게 201*. 12. 31.까지 금 350,000,000원을 지급한다. 만일 피고가 위 지급기일까지 위 금원을 지급하지 아니한 때에는, 피고는 미지급금원에 대하여 지급기일 다음날부터 다 갚을 때까지 연 15%의 비율로 계산한 지연손해금을 가산하여 원고에게 지급한다. 원고는 제1항 기재 지급이 있으면, 즉시 피고에 대한 주식 등 가압류 신청을 취하하고 그 집행취소를 신청한다.
2. 원고 및 조정참가인 △△△과 피고(소외 △△△ 포함)는 이 사건 청구원인과 관련하여 본 조정조서에서 정한 사항 이외에는 양자 사이에 어떠한 채권채무도 없음을 확인하고, 향후 이와 관련하여 서로에 대하여 일체의 재판상, 재판외 청구 또는 이의제기를 하지 아니하며, 상호간에 상대방의 명예와 평온을 해하는 대화, 통화, 문자전송, 전자우편 전송 등을 하지 아니한다. 원고 및 조정참가인 △△△은 피고 및 △△△을 상대로 제기한 형사고소를 즉시 취하한다.
3. 원고는 나머지 청구를 포기한다.
4. 소송비용 및 조정비용은 각자 부담한다.

공유물분할 청구사건

사건의 개요 및 조정경과

원고는 피고들과 각 1/3씩 공유하고 있는 상속재산에 대해 경매분할을 구하는 소송을 제기. 피고들은 시가매각을 통해 매각대금을 증가시킬 수 있기를 희망. 조정 불성립. 경매분할을 원칙으로 하되 일정 기한까지 시가 매각을 시도할 수 있도록 하는 내용으로 조정갈음결정하여 양측 이의 없이 확정.

조정주문

1. 원고와 피고들은, 별지 1목록 기재 부동산을 경매에 부쳐 그 대금에서 경매비용을 공제한 나머지 금액을 별지 2 목록 기재의 공유지분 비율에 따라 원고 및 피고들에게 분배한다.
2. 원고와 피고들은, 제1항 기재 경매절차가 확정되기 전까지 원고와 피고들 3자간 서면합의에 의하여 임의매각 등의 다른 방법으로 별지 1목록 기재 부동산을 분할할 수 있다. 원고와 피고들은, 위 서면합의가 없는 한 제1항 기재 경매절차의 진행을 방해하거나 그에 관하여 이의를 제기할 수 없다.
3. 소송비용 및 조정비용은 각자 부담한다.

공유물분할 청구사건

사건의 개요 및 조정경과

원고와 피고는 형제간으로 목적물 부동산을 1/2씩 공동 소유하고 있는데 원고는 부동산의 재개발을 위하여 분할을 희망하나 피고는 이에 불응하여 원고가 피고를 상대로 공유물분할을 구하는 소송을 제기. 조정기일에 양측의 합의내용에 따라 공유물분할하기로 하는 임의조정 성립.

조정주문

1. 원고와 피고는 별지 목록 기재 토지를 별지 '공유물분할조정안'에 따라 분할한다.
2. 소송비용 및 조정비용은 각자 부담한다.

유류분반환에 따른 상속세경정신고로 인한 부당이득금반환 청구사건

사건의 개요 및 조정경과

원고는 형제 및 조카(형제의 상속인)를 상대로 상속세 관련 부당이득금반환청구소송을 제기. 피상속인인 원고의 망모는 원고의 아들인 소외 A, 피고 2의 아들인 소외 B, 또 다른 형제인 소외 C의 딸인 소외 D에게 망모 소유 부동산을 약 1/3씩 유증하자, 피고 1이 위 수증자들을 상대로 유류분반환청구소송을 제기하여 승소하여 소유권지분이 일부가 재이전되고 상속세도 일부경정신고 및 환급되었는데 1심에서 인정된 상속세 조정금액(피고들의 부당이득금)은 각 102만 원, 143만 원, 36만 원에 불과하였음. 원고는 자신의 아들이 유증받았음에도 본 소송을 제기하고서 조정기일에도 불출석하여 조정합의 불성립. 원고가 소를 취하하고 원고와 피고들 상호간에 상속재산과 관련하여 다투지 아니한다는 내용의 조정갈음결정하여 쌍방 이의 없이 확정.

조정주문

1. 원고는 이 사건 소를 취하하고, 피고들은 이에 동의한다.
2. 원고와 피고들은 이 사건 청구원인 및 피상속인 망모 ○○○, 망부 △△△로부터의 상속재산 분배와 관련하여 상호간에 어떠한 채권채무도 없음을 확인하고, 향후 이와 관련하여 서로에 대하여 일체의 재판상, 재판외 청구 또는 이의제기를 하지 아니하며, 형제애를 돈독히 하기로 한다.
3. 소송총비용 및 조정비용은 각자 부담한다.

유류분반환 청구사건

사건의 개요 및 조정경과

원고는 형제인 피고를 상대로 망모의 상속재산과 관련하여 유증을 원인으로 한 피고에 대한 소유권이전등기 및 원고에 대한 1/14 지분의 유류분반환을 원인으로 한 소유권이전등기를 구하는 소송을 제기. 원고의 유류분반환청구가 1년 시효를 도과한 점, 형제간의 분쟁을 원만히 종결할 필요성 등을 감안하여 1/20 지분을 유류분으로 소유권이전등기하는 내용의 조정갈음결정하여 양측 이의 없이 확정.

조정주문

1. 피고는 별지 목록 기재 각 부동산에 관하여,
   가. 소외 망 ○○○과 피고 사이의 201*. 5. 30. 유증을 원인으로 한 피고에 대한 소유권이전등기절차를 이행하고,
   나. 원고에게 1/20 지분에 관하여 201*. 10. 28. 유류분반환을 원인으로 한 소유권이전등기절차를 이행한다.
2. 원고는 나머지 청구를 포기한다.
3. 소송비용 및 조정비용은 각자 부담한다.

11 손해배상사건(교통사고사건 제외)

기어재제작대금 청구사건

사안의 개요 및 조정 경위

원고로부터 기어 제작을 의뢰받은 피고가 작업실수로 기어 치절의 각도를 원고로부터 요구받은 11도가 아닌 5.5도로 제작함으로써 전혀 쓸모없게 만들어, 원고가 다른 업체에 새롭게 기어 제작을 의뢰하여 납품받은 후 그 재제작에 소요된 비용을 손해로서 배상청구.

조정과정에서, 피고는 자신의 책임은 인정하나 피해액이 너무 커 감액해달라고 요청. 원고가 재제작에 소요된 비용 2,700만 원을 청구하였으나, 이를 1,900만 원의 감액하여 4회 분할 지급하는 내용으로 임의조정 성립.

조정주문

1. 피고는 원고에게 금 19,000,000원을 지급한다. 다만, 이를 4회로 분할하여 ① 201*. 6. 30.까지 5,000,000원을, ② 201*. 8. 31.까지 5,000,000원을, ③ 201*. 10. 31.까지 5,000,000원을, ④ 201*. 12. 31.까지 4,000,000원을 지급한다.
2. 만일 피고가 제1항 기재 지급을 1회라도 지체하는 경우, 피고는 기한의 이익을 상실하고 즉시 원고에게 미지급액 전액 및 이에 대하여 지체일로부터 다 갚을 때까지 연 20%의 비율로 계산한 지연손해금을 가산하여 지급한다.
3. 원고는 나머지 청구를 포기한다.
4. 소송비용 및 조정비용은 각자 부담한다.

위법한 채권추심행위로 인한 손해배상 청구사건

사건의 개요 및 조정경위

원고에 대해 별개의 채권을 가지고 있는 피고들이 공정한 추심에 관한 법률을 위반하는 방식으로 원고(채무자)에게 변제를 요구하며 압박.

'약정금' 사건명과 달리 손해배상(위자료)청구사건으로서, 피고들의 책임을 인정하고 피고들이 원고에게 상징적인 금액을 지급하고 소를 종결하는 내용으로 강제조정. 다만, 소송비용과 조정비용을 당사자가 각자 부담한다는 통상적인 조정주문과 달리, 불법행위책임이 명백한 피고들이 모두 부담한다는 내용으로 조정. 당사자 모두 이의 없이 확정.

조정주문

1. 피고(항소인)들은 원고(피항소인)에게 201*. 6. 25.까지 각 금 250,000원을 지급한다. 만일 피고(항소인)들이 위 금원을 위 지급기일까지 지급하지 아니한 때에는 각 미지급금원 및 이에 대하여 지급기일 다음날부터 다 갚는 날까지 연 20%의 비율로 계산한 지연손해금을 가산하여 지급한다.
2. 원고(피항소인)는 나머지 청구를 포기한다.
3. 소송총비용 및 조정비용은 피고(항소인)들이 각 부담한다.

폭력피해에 대한 손해배상 청구사건

사건의 개요 및 조정경위

원, 피고는 중국교포로서 술자리에서 서로 싸우다 피고가 원고를 유리잔으로 때려 원고 좌측 눈을 실명케 함. 피고는 징역 2년, 집유 3년의 형사처벌을 받았음. 이후 원고가 피고 상대로 손해배상 청구 (1억 4,000여 만 원).

조정과정에서, 치료비, 약제비 및 일실수입 모두 인정하고, 다만 원고 과실 40% 적용하여 피고책임 60%로 한정하고, 위자료를 2천만 원으로 인정하여 기 지급금 3천만 원을 공제한 총 7천만 원을 35회로 분할하여 매달 200만 원씩 지급하며 지체액수가 2회분에 달할 경우 기한의 이익을 상실하게 하는 내용으로 임의조정 성립.

조정주문

1. 피고는 원고에게 금 70,000,000원을 지급한다. 다만, 이를 35회로 분할하여 201*. 7.부터 다 갚을 때까지 매월 2,000,000원을 지급한다[지급기일: 매월 25일, 지급방식: 원고 은행계좌(○○은행 ***-********(예금주: △△△)로 이체].
2. 만일 피고가 제1항 기재 지급을 지체하여 그 지체금액 누적액이 2회분(금 4,000,000원)에 이르게 된 때에는, 피고는 기한의 이익을 상실하고 즉시 원고에게 미지급액 전액 및 이에 대하여 지체일로부터 다 갚을 때까지 연 20%의 비율로 계산한 지연손해금을 가산하여 지급한다.
3. 원고는 나머지 청구를 포기한다.
4. 소송비용 및 조정비용은 각자 부담한다.

택시기사 폭행으로 인한 손해배상 청구사건

사건의 개요 및 조정경과

원고는 택시기사인데 승객이었던 피고가 요금 관련 시비로 운전 중이던 원고에게 욕설을 하며 주먹으로 원고의 얼굴을 때리는 등 폭행하고 택시가 멈추자 택시에서 나와 백미러, 문짝을 발로 걷어차 손괴시켰다며 피고를 상대로 550만여 원의 손해배상을 구하는 소송을 제기. 피고는 당시 원고가 고의적으로 길을 둘러 갔고 이에 피고가 항의하며 말다툼이 났던 것이고 원고는 입술만 살짝 다쳤을 뿐 치료받은 사실도 없다는 등의 변명을 함. 1심에서 486여만 원의 지급을 명하는 판결을 받고 피고가 항소, 항소심 조정 회부. 조정 과정에서 피고가 원고에게 사과하고 250만 원을 지급하기로 하는 내용으로 임의조정 성립.

조정주문

1. 피고(항소인, 이하 '피고'라 한다)는 원고(피항소인, 이하 '원고'라 한다)에게 201*. 9. 10.까지 금 2,500,000원을 지급한다. 만일 피고가 위 지급기일까지 위 금원을 지급하지 아니한 때에는, 피고는 미지급금원에 대하여 지급기일 다음날부터 다 갚을 때까지 연 20%의 비율로 계산한 지연손해금을 가산하여 원고에게 지급한다.
2. 피고는 원고에게 이 사건 청구원인이 되는 피고의 행위에 대해 진심으로 사과하고, 앞으로 평소 언행에 스스로 유의할 것을 다짐한다.
3. 원고는 나머지 청구를 포기한다.
4. 소송총비용 및 조정비용은 각자 부담한다.

양도소득세 부과액 상당 손해배상 청구사건

사건의 개요 및 조정경과

원고는 소외 A의 중개로 피고와, 자신들이 각 소유하는 상가를 서로 맞바꾸는 물물교환계약을 체결(평가차액은 현금 지급)하고 원고는 자신의 상가의 소유권을 양도완료 하였는데 피고가 원고의 상가에 대해 가등기만 설정하고 소유권이전등기를 하지 않고 있다가 몇 년 후 제3자에게 미등기전매를 하였고, 이 과정에서 과세관청은 원고가 자진신고한 양도소득(1억의 양도차익)에 따른 양도소득세 2,500만 원 납부가 불성실신고에 해당하는 것으로 보아(양도차익을 3억 원으로 간주) 원고에 대해 9,000여만 원을 추징하였고(그 사이 기준시가 과세에서 실거래가 과세로 변경), 이에 원고는 피고에 대해 추징세금 상당의 손해배상을 구하는 소송을 제기. 조정 심리결과, 피고와 소외 A는 원고에게 가등기 이후 양도로 인한 양도세에 대한 법적 불이익을 책임지기로 약속한 사실이 확인되어, A를 조정참가 시켜 피고와 A가 연대하여 원고에게 5,000만 원을 지급하기로 하되 지급기한을 앞당겨 지급하는 경우 500만 원을 면제해 주기로 하고, 피고와 조정참가인의 내부 분담비율도 정하여 추가 분쟁 발생을 예방하는 내용으로 임의조정 성립.

조정주문

1. 피고와 피고측 조정참가인 ○○○(******-*******)은 연대하여 원고에게 201*. 12. 31. 까지 금 50,000,000원을 지급한다. 만일 피고와 조정참가인 ○○○이 위 지급기일까지 위 금원을 지급하지 아니한 때에는, 피고와 조정참가인 ○○○은 연대하여 미지급금원에 대하여 지급기일 다음날부터 다 갚을 때까지 연 20%의 비율로 계산한 지연손해금을 가산하여 원고에게 지급한다.
2. 만일 피고와 피고측 조정참가인 ○○○이 201*. 9. 30.까지 원고에게 변제하는 경우, 원고는 제1항 기재 금원 중 5,000,000원을 탕감하여 45,000,000원의 변제만으로 피고와 피고측 조정참가인 ○○○의 원고에 대한 모든 채무가 이행된 것으로 용인한다.
3. 피고와 피고측 조정참가인 ○○○은 제1항 또는 제2항 기재 금원 지급과 관련하여 내부 책임비율을 피고 1/5, 피고측 조정참가인 ○○○ 4/5로 하기로 하였음을 서로 확인한다.
4. 원고는 피고와 피고측 조정참가인 ○○○에 대한 나머지 청구를 포기한다.
5. 소송비용 및 조정비용은 각자 부담한다.

횡령금 반환 청구사건

사건의 개요 및 조정경과

국내 유명 빙과류 판매회사인 원고회사는 원고회사의 빙과사업부 ○○영업소장이었던 피고가 빙과류 재고를 속이고 수금한 현금을 원고회사에 납입하지 아니하는 방법으로 원고에게 2억 4,400여만 원의 손실을 입혔다며 그 지급을 구하는 소송을 제기. 원고가 주장하는 횡령사건으로 해고된 피고는 원고의 주장내용이 부풀려졌다고 주장. 양측의 입장과 사실관계를 종합 감안하여 피고가 원고에게 1억 3,000여만 원을 지급하는 내용(금액조정의 근거를 간략히 제시)으로 조정갈음결정하여 양측 이의 없이 확정.

조정주문

1. 피고는 원고에게 201*. 11. 30.까지 금 130,825,558원[재고부족분에 대한 평가금액 232,053,722원이 판매가 기준으로 산정된 점, 이 사건 소송제기 이전에 원고가 피고의 자진 변제를 유도하기 위해 134,748,321원의 세금계산서를 발행하였던 점, 이 사건 발생 경위 등을 고려하여 피고의 책임을 70%로 제한하고, 원고가 피고에 대한 신용보증보험회사로부터 수령하도록 예정된 보험금 40,000,000원을 감액한 금액이다. 244,036,512원(재고부족분 232,053,722원 + ○○○○○ 대리 수금 유용액 11,982,790원) × 70% − 40,000,000원 = 130,825,558원]을 지급한다. 만일 피고가 위 지급기일까지 위 금원을 지급하지 아니한 때에는, 피고는 미지급금원에 대하여 위 지급기일 다음날부터 다 갚을 때까지 연 20%의 비율에 의한 지연손해금을 가산하여 원고에게 지급한다.
2. 원고는 나머지 청구를 포기한다.

3. 소송비용 및 조정비용은 각자 부담한다.

토지불법점유로 인한 손해배상 청구사건

사건의 개요 및 조정경과

원고는 서울 ○○동 소재 △△순환로 인근 토지를 소유하고 이를 고물상영업자에게 임대하여 수입을 얻는 자인데 피고가 관급공사인 △△순환로 구조개선공사를 시행하면서 원고 소유의 토지 위에 무단히 임시 육교를 설치하여 불법 점유함으로써 원고가 고물상에게 임대할 수 없게 되었다며 불법점유기간(23개월) 동안 임대수입(월 180만 원) 상당의 4,100여만 원의 손해배상을 구하는 소송을 제기. 조정과정에서 피고는 공공적 도로구조개선사업을 위해서는 임시 조치로서 기존 육교를 철거하고 임시 육교를 설치할 수밖에 없었던 사정, 피고가 서면 합의서는 작성하지 않았으나 원고와 원고 소유 토지의 일시사용을 협의하여 점용한 경위, 원고의 토지를 포함한 도로의 주변부지 정비와 포장이 완료된 이후 원고도 주차장과 의류판매상으로 임대하여 수익이 증대된 점 등을 감안하여 20개월간 매월 100만 원의 수익 감소가 일어난 것으로 가격조정하여 총 2,000만 원을 지급하기로 하는 내용(금액조정의 근거를 간략히 제시)으로 강제조정하여 쌍방 이의 없이 확정.

조정주문

1. 피고는 원고에게 201*. 11. 15.까지 금 20,000,000원[원고 소유의 이 사건 토지 일부에 대한 피고의 불법점유가 공공·공익사업인 '△△순환로 구조개선공사'의 시행중 불가피하게 발생한 점, 피고가 위 점유를 개시한 이후 201*. 1.경 피고의 비용부담으로 이 사건 토지상의 잔존 적치물을 철거하고 지표면을 포장해준 점, 위 적치물 철거 및 지표면 포장이 이루어진 이후 원고가 이 사건 토지를 주차장 부지, 의류판매노점 부지 등으로 사용해온 점, 원고가 손해액 산정 기준으로 제시한 월 180만 원은 원고가 고물상 영업자인 소외 ○○○에게 이 사건 토지와 함께 이에 접한 공유도로의 일부 면적을 불법점유케 하여 약정한 월임대료로서 그 불법점유 부분에 해당하는 금액은 부당이득으로서 공제되어야 하는 점 등을 감안하여, 이 사건 피고의 점유로 인한 원고의 손해액을 월 100만 원으로 정한다. 20개월(육교 가설치로 인한 점유기간인 201*. 10. 1. ~ 201*. 5. 31.) × 월 1,000,000원 = 20,000,000원]을 지급한다. 만일 피고가 위 지급기일까지 위 금원을 지급하지 아니한 때에는, 피고는 미지급금원에 대하여 위 지급기일 다음날부터 다 갚을 때까지 연 20%의 비율에 의한 지연손해금을 가산하여 원고에게 지급한다.
2. 원고는 나머지 청구를 포기한다.
3. 소송비용 및 조정비용은 각자 부담한다.

학교폭력처리과정의 폭행으로 인한 손해배상 청구사건

사건의 개요 및 조정경과

원고 1은 자신의 딸인 원고 4가 피고의 딸 소외 A를 상대로 다른 가해학생들과 함께 (고등)학교폭력을 행사한 사건과 관련하여 피고에게 사과하는 과정에서 원고 1이 피고에게 "우리 딸(원고 4)이 A 뺨을 때렸으니 A 엄마(피고)도 내 뺨을 때리세요."라고 하자 피고가 원고 1의 뺨을 세게 때려 경추골 손상 등 중상해를 당했다며 원고 1, 4를 포함한 5명의 가족 전체가 원고가 되어 피고를 상대로 위자료 등 청구 소송을 제기. 조정심리 결과, A에 대한 원고 4 및 다른 가해 학생들의 학교 내 폭력으로 인하여 A는 6개월 이상 정신과 치료를 받으며 집에서 은둔 생활을 하며 고등학교도 졸업하지 못하는 피해를 입은 반면 원고 4를 비롯한 가해학생들은 모두 고등학교를 제 때 졸업하고 대학에도 진학한 사실이 확인되었고 피고의 폭행을 원고가 유도하거나 승낙하였다고 볼 소지가 있었기에(피고는 약식기소되어 벌금 5만 원 확정됨), 피고가 원고들에게 총 350만 원을 지급하기로 하고 원고들은 그 지급에 앞서 피고에 대한 부동산가압류를 해제하되, A의 학교폭력 피해 관련 처리는 별개로 하기로 하는 내용으로 임의조정 성립.

조정주문

1. 피고는 원고들에게 201*. 11. 25.까지 금 3,500,000원을 지급한다. 그 지급은 원고들의 은행계좌(○○은행 ***-**-****** 예금주 △△△)로 입금 지급하는 방식으로 한다. 만일 피고가 위 지급기일까지 위 금원을 지급하지 아니한 때에는, 피고는 미지급금원에 대하여 지급기일 다음날부터 다 갚을 때까지 연 20%의 비율로 계산한 지연손해금을 가산하여 원고들에게 지급한다.
2. 원고들은 제1항 기재 지급에 앞서, 피고에 대하여 설정한 서울◇◇지방법원 201*카단**** 부동산 가압류를 해제한다.
3. 원고들과 피고의 본 조정합의는 이 사건 계쟁사실(피고의 원고 ▽▽▽에 대한 폭행 및 모욕사건)에 관한 것으로서 향후 양자는 서로에 대해 이 사건과 관련하여 재판상, 재판외 일체의 청구나 이의제기를 하지 아니한다. 다만, 소외 □□□의 학교폭력 피해와 관련한 처리는 별개로 한다.
4. 원고들은 나머지 청구를 포기한다.
5. 소송비용 및 조정비용은 각자 부담한다.

화재사고 공동불법행위자간 구상금 청구사건

사건의 개요 및 조정경과

원고 보험회사는 도시가스공급회사인 소외 A의 가스사고 관련 손해배상 보험금지급책임을 지고 있고, 피고 1 회사는 도시가스배관공사 시공업체이고 피고 2는 액화석유가스(LPG) 판매사업자인데, 인천시 ○○식당이 기존에 액화석유가스(LPG)를 사용하다 도시가스를 사용하기로 하고 피고 2에게는 LPG 가스통의 수거를 요구함과 동시에 피고 1에게 도시가스 사용에 필요한 도시가스배관공사를 의뢰하였는데 피고 1은 도시가스 배관 공사를 하면서 LPG 배관 막음조치를 하지 않았고 피고 2는 LPG 시설 철거를 요청받고도 적기에 철거하지 않고 방치하여 사고 당일 새벽에 ○○식당에서 도시가스를 사용하는 가스레인지를 점화하자마자 LPG 가스통에서 새어나온 가스가 폭발하여 ○○식당을 비롯한 상가건물에 화재가 발생하여 피해가 발생하였고, 피해자들이 소외 A, 피고 1, 피고 2를 상대로 제기한 소송에서 소외 A, 피고 1, 피고 2가 공동불법행위자로서 공동하여 5,600여만 원을 지급하라는 판결이 확정되어 원고가 피보험회사인 소외 A를 대위하여 우선 판결금을 전액 지급한 후 피고들을 상대로 지급금의 90%에 해당하는 5,000여만 원의 지급을 구하는 소송을 제기. 조정 과정에서 원고는 소외 A의 책임은 전혀 없거나 10%이내이라고 주장하였고, 피고들도 각자 자신들의 책임비율이 10% 이내에 불과하다고 주장하며 조정합의 불성립. 상임조정위원의 조정심리결과, 피고들의 책임 비율이 더 컸으나 소외 A사에 비교하여 피고들의 사업규모가 많이 영세하였고 이미 보험사인 원고가 전액 보험처리한 이후 구상권을 행사하고 있는 점을 감안하여 원고: 피고 1: 피고 2의 책임비율을 3:3.5:3.5로 정하여 피고들로 하여금 각 35%에 해당하는 1,900여만 원을 지급한다는 내용(금액조정의 근거를 간략히 제시)으로 강제조정하여 3자 모두 이의 없이 조정 확정.

조정주문

1. 원고와 피고 1, 피고 2는, 20**. 7. 24. ○○시 △△구 ◇◇동 *가 ** 소재 ▽▽타운 상가건물 내에 있는 '○○식당'에서 액화석유가스의 점화로 인한 폭발화재가 발생한 것과 관련하여 ○○지방법원 201*. *. **. 선고 20**가단******, 20**가단*****(병합) 손해배상 확정판결에 따라 동 화재 사고의 피해자들에게 지급된 손해배상금원 금 56,657,700원에 대하여 원고(소외 주식회사 □□□에 대한 보험대위책임) 및 피고 1, 피고 2는 각자 부진정 연대책임을 지되, 그 책임분담은 원고 3 : 피고 1 3.5 : 피고 2 3.5 의 비율로 한다.
2. 제1항 기재 책임분담비율에 따라, 피고 1은 원고(제1항 기재 판결 확정 후 원고가 피해자들에게 전액 지급하였음)에게 201*. 12. 15.까지 금 19,830,195원(제1항 기재 손해배상금원 56,657,700원 × 0.35)을 지급한다. 만일 피고 1이 위 지급기일까지 위 금원을 지급하지 아니한 때에는, 피고 1은 미지급금원에 대하여 지급기일 다음날부터 다 갚을 때까지 연 20%의 비율로 계산한 지연손해금을 가산하여 원고에게 지급한다.
3. 제1항 기재 책임분담비율에 따라, 피고 2는 원고에게 201*. 12. 15.까지 금 19,830,195원(제1항 기재 손해배상금원 56,657,700원 × 0.35)을 지급한다. 만일 피고 2가 위 지급기일까지 위 금원을 지급하지 아니한 때에는, 피고 2는 미지급금원에 대하여 지급기일 다음날부터 다 갚을 때까지 연 20%의 비율로 계산한 지연손해금을 가산하여 원고에게 지급한다.
4. 원고는 나머지 청구를 포기한다.
5. 소송비용 및 조정비용은 각자 부담한다.

경락인의 주거침입으로 인한 손해배상 청구사건

사건의 개요 및 조정경과

원고는 주택에서 22년간 거주한 임차인인데 피고가 동 주택을 경락받아 부동산인도명령이 원고에게 송달되기 전에 원고와 원고 가족들이 집을 비운 사이 주택에 강제로 진입하여 현관열쇠를 교체하고 가재도구를 손괴하였다며 피고를 상대로 주거침입, 재물손괴 등의 혐의로 형사고소함과 동시에 피고를 상대로 2,000여만 원의 손해배상을 구하는 소송을 제기. 피고는 피고의 주택 진입 당시 원고와 원고 가족이 모든 짐을 빼가 퇴거하였다는 이웃 주민의 말을 믿고 현관문을 열었고 주택 안에 안방, 거실은 깨끗이 치워져 있고 빈 장롱 1개, 빈 장식장 1개, 빈 책상 1개와 의자만 남아 있었다고 주장하면서도 자력구제가 적절치 못했음을 인정. 당사자 조정합의 불성립했으나, 피고가 원고에게 500만 원을 지급하고 원고의 피고에 대한 형사고소를 취하한다는 내용으로 조정갈음결정하여 양측 이의 없이 확정.

조정주문

1. 피고는 원고에게 201*. 12. 15.까지 금 5,000,000원을 지급한다. 만일 피고가 위 지급기일까지 위 금원을 지급하지 아니한 때에는, 피고는 미지급금원에 대하여 위 지급기일 다음날부터 다 갚을 때까지 연 20%의 비율에 의한 지연손해금을 가산하여 원고에게 지급한다.
2. 원고는 제1항 기재 금원이 지급된 날로부터 5일 이내에 서울○○지방법원에 피고에 대한 형사고소(주거침입, 재물손괴 혐의)를 취하하고 피고에 대한 처벌불원 및 선처를 구하는 취지의 서면을 제출한다. 원고가 위 기일 내에 서면을 제출하지 아니하는 경우, 본 조정갈음결정 조서로써 이에 갈음한다.
3. 원고는 나머지 청구를 포기한다.
4. 소송비용 및 조정비용은 각자 부담한다.

사우나영업장폐쇄로 인한 손해배상 청구사건

사건의 개요 및 조정경과

원고는 소외 A와 A의 사우나 내 매점을 임차하여 매점 영업을 해 오던 중 A로부터 사우나 소유권을 포괄 양수한 피고들이 사우나 영업장을 장기간 폐쇄하여 원고에게 손실을 끼쳤으므로 원고의 영업손실 1,800만 원을 지급하라는 소송을 제기. 피고들은 원고가 다른 사우나 내 임차인들과 함께 사우나를 점검하여 영업장이 정상화되지 못하였다고 주장. 원고의 주장이 소명되었으나 피고들도 지속적인 손실을 입고 있는 점을 감안하여 원고 청구액의 60%인 1,080만 원을 피고들이 연대하여 지급한다는 내용(피신청인들의 부진정연대책임 및 금액조정의 산출 근거를 간략히 제시)의 조정갈음결정으로 양측 이의 없이 확정.

조정주문

1. 피신청인들은 연대하여 신청인에게 201*. 3. 31.까지 금 10,800,000원[201*. 2. 8. 피신청인들(영업권양도증서 상의 양수인은 피신청인 2. ◇◇◇로 되어 있으나 피신청인들의 답변서, 피신청인 1. △△△, 피신청인들의 소송대리인 ▽▽▽의 조정기일에서의 진술내용을 모두어 보면 피신청인 1. △△△의 실질적인 양수인으로서의 지위 및 이에 따른 피신청인들의 연대책임 내지 부진정연대책임이 인정됨)이 소외 ○○○로부터 이 사건 ▽사우나 영업권을 양수(신청인과 소외 ○○○ 사이의 이 사건 부동산임대차계약에 따른 임대인의 권리의무를 비롯한 ▽사우나 영업에 관한 소외 ○○○의 권리의무의 포괄적 양수)한 이후 201*. 5. 2. 피신청인측에 의하여 이 사건 건물인도 집행 및 영업장 폐쇄가 단행될 때까지 만 1년 2개월 동안 동 사우나 영업장의 영업이 정상적이고 평온하게 이루어진 점, 201*. 7. 2. 위 임대차계약기간 만료에 따른 임대인과 임차인 양측의 명확한 재계약 거절 내지 포기 없이 임대차계약이 자동 갱신된 점, 기타 이 사건 민사조정기일에 현출된 여러 정황 등을 고려하여 신청인이 구하는 6개월 동안의 영업손실액의 60%를 인정함]을 지급한다. 만일 피신청인들이 위 지급기일까지 위 금원을 지급하지 아니한 때에는, 피신청인들은 연대하여 미지급금원에 대하여 위 지급기일 다음날부터 다 갚을 때까지 연 20%의 비율에 의한 지연손해금을 가산하여 신청인에게 지급한다.
2. 신청인은 나머지 신청을 포기한다.
3. 조정비용은 각자 부담한다.

허위사실 유인물살포로 인한 영업방해 손해배상 청구사건

사건의 개요 및 조정경과

원고는 태권도 도장을 운영하고 있는데 같은 지역에 다른 태권도 도장을 운영하는 피고가 원고와 원고의 도장에 대해 "무등록업체이다, 도덕적 문제로 제명되었다, 원생들은 승단심사나 국기원대회에 참가 못 한다"라는 허위사실을 담은 유인물을 살포하여 원고 도장의 원생들이 이탈하고 신규등록이 감소하여 적어도 6개월간 손실을 입었다며 2,500여만 원의 손해배상을 구하는 소송을 제기. 피고가 원고에게 300만 원을 지급하고 사과한다는 내용으로 강제조정하여 양측 이의 없이 확정.

조정주문

1. 피고는 원고에게 201*. 2. 10.까지 금 3,000,000원을 지급한다. 만일 피고가 위 지급기일까지 위 금원을 지급하지 아니한 때에는, 피고는 미지급금원에 대하여 위 지급기일 다음날부터 다 갚을 때까지 연 20%의 비율에 의한 지연손해금을 가산하여 원고에게 지급한다.
2. 피고는 원고에게 원고에 대한 피고의 영업방해행위에 관하여 진심으로 유감과 사과를 표명하고, 원고는 이를 수용하기로 하며, 원고와 피고는 상호간에 향후 호혜 친선의 관계를 돈독히 하기로 다짐한다.
3. 원고는 나머지 청구를 포기한다.

4. 소송비용 및 조정비용은 각자 부담한다.

폭행피해로 인한 손해배상 청구사건

사건의 개요 및 조정경과

택시기사인 원고는 도로상에서 진로방해했다는 이유로 피고로부터 묻지마 폭행을 당해 상해를 입은 후 피고를 상대로 치료비 등 670여만 원의 지급을 구하는 소송을 제기하여 1심에서 230여만 원의 일부승소판결을 받았으나 이에 불복하여 항소 제기. 항소심 조정 회부되어, 이미 피고가 1심 판결금을 임의 지급하였고 피고가 원고에게 사과한 점 등을 감안하여 피고가 추가적으로 30만 원을 지급하고 분쟁을 종결하기로 하는 내용으로 임의조정 성립.

조정주문

1. 피고(피항소인, 이하 '피고'라 한다)는 원고(항소인, 이하 '원고'라 한다)에게 201*. 2. 14.까지 금 300,000원(이 사건 1심 판결금 지급과 별개이다)을 지급한다. 그 지급은 원고의 은행계좌(○○은행 ***-****-****, 예금주 △△△)로 입금하는 방식으로 한다. 만일 피고가 위 지급기일까지 위 금원을 지급하지 아니한 때에는, 피고는 미지급금원에 대하여 지급기일 다음날부터 다 갚을 때까지 연 20%의 비율로 계산한 지연손해금을 가산하여 원고에게 지급한다.
2. 원고는 나머지 청구를 포기한다.
3. 소송총비용 및 조정비용은 각자 부담한다.

사우나 유리창 청소 중 낙상사고로 인한 손해배상 청구사건

사건의 개요 및 조정경과

원고는 피고 사우나에서 매점 운영 및 청소와 매장 관리를 맡아 근무하던 중 사우나 출입구 현관 유리창을 닦다가 의자에서 떨어져 허리를 다쳐 노동능력 30%를 상실하였다면서 3,000만 원의 지급을 구하는 소송을 제기. 피고는 원고가 피고의 지휘감독을 받는 피용자가 아니고 보증금을 내고 매점을 운영하는 임차인의 지위에 있고 유리창 청소를 한 것도 자신이 자진해서 한 일이었고 낙상사고 1년 전 교통사고로 오랫동안 입원치료하여 기왕증이 있었다고 주장. 조정합의 불성립. 원고와 피고의 피용자, 사용자로서의 지위가 불분명하나 원고가 피고의 사우나 매장 관리를 위해 기여한 부분에 대한 위로금 차원에서 900만 원을 피고가 지급한다는 내용으로 조정갈음결정하여 양측 이의 없이 확정.

조정주문

1. 피고는 원고에게 201*. 5. 15.까지 금 9,000,000원을 지급한다. 만일 피고가 위 지급기일까지 위 금원을 지급하지 아니한 때에는, 피고는 미지급금원에 대하여 위 지급기일 다음날부터 다 갚을 때까지 연 20%의 비율에 의한 지연손해금을 가산하여 원고에게 지급한다.
2. 원고는 나머지 청구를 포기한다.
3. 소송비용 및 조정비용은 각자 부담한다.

폭행피해 손해배상 청구사건

사건의 개요 및 조정경과

원고는 피고들로부터 집단폭행을 당하여 상해를 입고 피고들을 상대로 3,000만 원의 지급을 구하는 소송을 제기. 쌍방폭행으로 인하여 피고들 3인은 각 200만 원의 벌금을, 원고 및 다른 피해자 소외 A는 각 50만 원의 벌금을 선고받은 사실 등을 감안하여 피고들의 책임범위를 75%로 제한하여 간략한 결정이유 설시와 함께 1,500여만 원의 지급을 내용으로 하는 강제조정으로 양측 이의 없이 확정.

조정주문

1. 피고들은 각자 원고에게 201*. 7. 31.까지 금 15,948,240원[{피고의 치료비(백만 원 미만 절사) 15,000,000원 + 향후 치료비(반흔제거술 비용) 1,053,340원 + 입원기간 중 일실수입(201*. 9. 1. 기준 도시일용노임 80,732원 × 15일) 1,210,980원} × 0.75(과실상계: 원고측 과실을 25%로 보아 피고들의 책임을 75%로 제한함) = 12,948,240원. 위자료 3,000,000원. 합계 15,948,240원]을 지급한다. 만일 피고들이 위 지급기일까지 위 금원을 지급하지 아니한 때에는, 피고들은 각자 미지급금원에 대하여 위 지급기일 다음날부터 다 갚을 때까지 연 20%의 비율에 의한 지연손해금을 가산하여 원고에게 지급한다.
2. 원고는 나머지 청구를 포기한다.
3. 소송비용 및 조정비용은 각자 부담한다.

배우자의 상간녀에 대한 위자료 청구사건

사건의 개요 및 조정경과

원고는 소외 A와 결혼하여 미국 OO주에서 거주하며 슬하에 1남 1녀를 두고 10여 년간 혼인관계를 유지하여 왔는데 A가 미국 OO주 술집에서 피고를 만난 후 두 사람이 동거를 시작하였고 결국 피고는 A가 유부남임을 알면서도 원고와 A의 혼인관계를 파탄시켰으므로 손해배상책임이 있기에 5,000만 원의 위자료 지급을 구하는 소송을 제기. 피고는 A와의 관계는 기본적으로 인정하나 자신이 원고의 불법적인 협박에 시달려 왔고 원고로부터 버림받고 정신질환이 있는 A의 건강관리를 하고 있으며 현재 원고와 A 사이의 이혼소송이 진행 중임을 주장. 원만하고 신속한 분쟁종결을 위하여 2,000만 원의 위자료 지급 및 상호 형사고소 등의 포기를 내용으로 하는 내용으로 강제조정하여 쌍방 이의 없이 조정확정.

조정주문

1. 피고는 원고에게 201*. 6. 30.까지 금 2천만 원을 지급한다. 만일 피고가 위 지급기일까지 위 금원을 지급하지 아니한 때에는, 피고는 미지급금원에 대하여 위 지급기일 다음날부터 다 갚을 때까지 연 20%의 비율에 의한 지연손해금을 가산하여 원고에게 지급한다.
2. 원고는 나머지 청구를 포기한다.
3. 원고와 피고는 제1항에서 정한 사항 이외에는 양자 사이에 어떠한 채권·채무도 없음을 서로 확인하고, 향후 서로에 대하여 재판상·재판외 청구, 고소(고발), 이의제기 등을 일체 하지 아니한다.
4. 소송비용 및 조정비용은 각자 부담한다.

시설관리하자로 인한 손해배상 청구사건

사건의 개요 및 조정경과

원고(외국인)는 피고가 관리하는 주상복합건물에 입주하여 거주하던 중 피고 건물의 현관 앞 조명이 어두워 원고가 넘어져 왼 팔을 다친 사고와 관련하여 450여만 원의 손해배상을 구하는 소송을 제기. 피고는 건물 현관의 조명이 어둡지 않으며 별다른 시설 설치보존상의 하자가 없다고 주장. 피고가 원고에게 150만 원을 지급한다는 내용으로 조정갈음결정하여 양측 이의 없이 확정.

조정주문

1. 피신청인은 신청인에게 201*. 7. 31.까지 금 150만 원을 지급한다. 만일 피신청인이 위 지급기일까지 위 금원을 지급하지 아니한 때에는, 피신청인은 미지급금원에 대하여 위 지급기일 다음날부터 다 갚을 때까지 연 20%의 비율에 의한 지연손해금을 가산하여 신청인에게 지급한다.
2. 신청인은 나머지 신청을 포기한다.
3. 조정비용은 각자 부담한다.

상해로 인한 손해배상 청구사건

사건의 개요 및 조정경과

원고들은 피고로부터 폭행을 당하여 원고 1은 왼쪽 눈이 실명되는 중상해(노동능력 상실율 24%)를 입고 원고 2는 가벼운 상해와 함께 손목시계가 파손되는 피해를 입고 피고를 상대로 각 1억 3,380여만 원, 911만여 원의 지급을 구하는 소송을 제기. 피고는 원고 1이 먼저 피고에게 시비와 폭행을 하여 방어과정에서 상호 폭행을 하게 되었고 자신도 2주 상해를 입었으며 형사재판과정에서 500만 원을 공탁하였다고 주장. 피고는 당해 사건으로 징역 1년, 집유 2년, 사회봉사 80일의 선고를 받음. 피고는 원고들에게 병원비와 시계 값을 지불할 수 있다는 입장 제시. 조정합의 불성립. 결정이유(산정 근거) 제시와 함께 피고가 원고 1에게 1억 원, 원고 2에게는 500만 원을 각 지급한다는 내용으로 조정갈음결정하여 양측 이의 없이 확정.

조정주문

* 결정사항

1. 피고는, 201*. 10. 31.까지, 원고 ○○○에게 1억 원, 원고 △△△에게 500만 원을 각 지급한다. 만일 피고가 위 지급기일까지 위 금원을 지급하지 아니한 때에는, 피고는 미지급금원에 대하여 위 지급기일 다음날부터 다 갚을 때까지 연 20%의 비율에 의한 지연손해금을 가산하여 원고들에게 지급한다.
2. 원고들은 나머지 청구를 포기한다.
3. 소송비용 및 조정비용은 각자 부담한다.

* 결정이유

1. 사고경위에 따른 원고들의 과실상계

   원고들 과실의 기여도를 각 10%로 평가함.

2. 원고 ○○○의 손해액

   (1). 치료비 8,794,065원

   (2). 일실수입 95,077,813원[444,396원{월예상수입 1,851,652원(이 사건 사고당시 보통인부 1일 임금 84,166원 × 22일) × 24/100(노동능력상실율), 원미만 버림} × 213.9484(이 사건 사고일 201*. 8. 19.부터 원고 ○○○이 만60세가 되는 204*. 6. 9.까지 346개월에 대한 호프만 계수), 원미만 버림)

   (3). 위 (1), (2)에 대한 과실상계율 적용

   (8,794,065원 + 95,077,813원) × 90/100 = 93,484,690원(원미만 버림)

   (4). 위자료

   사고경위 및 상해정도 등 모든 사정을 고려하여 20,000,000원 인정

   (5). 합계액

   93,484,690원 + 20,000,000원 = 113,484,690원.

3. 원고 △△△의 손해액

(1). 치료비 3,886,322원

(2). 시계값 224,000원

(3). 위 (1), (2)에 대한 과실상계율 적용

(3,886,322원 + 224,000원) × 90/100 = 3,699,289원(원미만 버림).

(4). 위자료

사고경위 및 상해정도 등 모든 사정을 고려하여 2,000,000원 인정

(5). 합계액

3,699,289원 + 2,000,000원 = 5,699,289원.

4. 조정액의 결정(지급액의 조정)

공평과 정의의 원칙을 적용하고, 양자의 원만한 분쟁 종결을 위하여 피고의 원고 ○○○에 대한 지급액 113,484,690원을 1억 원으로, 원고 △△△에 대한 지급액 5,699,289원을 5백만 원으로 각 감액 결정함.

명예훼손에 따른 손해배상 청구사건

사건의 개요 및 조정경위

원고는 OO방송사의 PD이고, 피고 1은 동 방송사의 간부급 단위노동조합이고 피고 2는 동조합위원장인데, 피고 2가 피고 1 명의로 동 방송사 사내 전산망에 원고를 비난하는 성명서를 게재하였고, 이로 인하여 원고의 명예가 훼손되었다며 원고는 피고들을 상대로 위자료 3,000만 원 청구 소송을 제기. 조정과정에서 피고 2가 원고에 대한 사과의 개인서한을 원고에게 발송하고 원고는 이를 받아들여 피고 1, 2에 대한 소를 모두 취하하기로 하는 내용으로 조정 성립.

조정주문

1. 피고 2는 201*. *. **. 까지 원고에게 201*. *. **. OO방송사 사내 전상망에 피고 1. 명의로 게재한 '**************************' 제목의 성명서 내용과 관련하여 원고에게 사과의 뜻을 담은 개인 서한을 작성하여 발송한다.
2. 원고는 피고 2.의 유감 표명을 수용하고 이 사건 소를 취하하며, 피고 1, 피고 2.는 이에 동의한다.
3. 소송비용 및 조정비용은 각자 부담한다.

불법미용시술로 인한 부작용피해에 대한 손해배상 청구사건

사건의 개요 및 조정경과

원고는 의료인이 아닌 피고로부터 입술 부위에 반영구입술문신시술을 받았으나 부작용으로 인하여 치료와 향후 성형수술이 필요하게 되었고 극심한 정신적 고통을 받았다며 향후수술비 및 위자료 등 1,000여만원의 지급을 구하는 소송을 제기. 1심에서 500여만의 지급판결을 받았으나 피고가 이에 불복하여 항소. 항소심 조정 회부. 피고는 입술문신시술로 인한 부작용인지 불분명하고 이미 입술시술비와 치료비 일부를 지급하였으며 향후 수술비도 감정을 통해 산정되어야 하고 원고의 과실도 50%이상이라고 주장. 조정심리과정에서 원고의 입술상태는 매우 심각한 추상장애라고 판단되었음. 조정결과, 피고는 500만 원을 3회 분할하여 지급하되 이를 지체할 경우 500만 원을 추가하여 지급하기로 하는 내용으로 조정 성립.

조정주문

1. 피고(항소인, 이하 '피고'라 한다)는 원고(피항소인, 이하 '원고'라 한다)에게 금 5,000,000원을 지급한다. 다만, 이를 3회로 분할하여 ① 201*. 10. 31.까지 1,500,000원을, ② 201*. 11. 30.까지 1,500,000원을, ③ 201*. 12. 31. 까지 2,000,000원을 원고의 은행계좌(○○은행 ***-****-****, 예금주 △△△)로 입금 지급한다.
2. 만일 피고가 제1항 기재 지급을 1회라도 지체하는 경우, 피고는 기한의 이익을 상실하고 즉시 원고에게 미지급액 전액에 5,000,000원을 가산한 금액 및 이 '미지급액 전액에 5,000,000원을 가산한 금액'에 대하여 지체일로부터 다 갚을 때까지 연 20%의 비율로 계산한 지연손해금을 가산하여 지급한다.
3. 원고는 나머지 청구를 포기한다.
4. 소송총비용 및 조정비용은 각자 부담한다.

미용실의 파마시술 잘못으로 머리카락이 훼손됨으로 인한 손해배상 청구사건

사건의 개요 및 조정경과

원고는 피고 미용실에서 파마 시술을 받았는데, 시술 잘못으로 인하여 머리카락이 타고 녹아버리는 피해를 입고 피고 미용실의 재시술을 받았으나 상태가 악화되고 머리카락도 짧게 자르게 되었고, 이후 피고가 시술비를 약속하며 추천한 다른 미용실에서 원상회복시술("매직작업")을 받았음. 원고는 피고를 상대로 원상회복시술비용 및 머리카락 관리를 위한 6개월 치 고급샴푸 구입비용, 재시술 2일간 발생한 일실수입, 위자료 등 합계 370여만 원을 청구. 조정심리 결과, 피고의 잘못은 인정되나 원고의 청구금액이 다소 과다하여 양측을 설득하여 지급금액을 110만 원으로 하여 지급하는 내용으로 조정 성립.

조정주문

1. 피신청인은 신청인에게 201*. 10. 15.까지 금 1,100,000원을 지급한다. 만일 피신청인이 위 지급기일까지 위 금원을 지급하지 아니한 때에는, 피신청인은 미지급금원에 위 지급기일 다음날부터 다 갚을 때까지 연 20%의 비율로 계산한 지연손해금을 가산하여 신청인에게 지급한다.

2. 신청인은 나머지 신청을 포기한다.

3. 조정비용은 각자 부담한다.

허위사실 유포 등으로 인한 영업매출감소 손해배상 청구사건

사건의 개요 및 조정경과

원고는 미용실을 운영하고 있는데 피고가 원고의 미용실에서 5년가량 근무하다가 다른 미용실로 이직하면서 피고가 원고에 대한 허위사실을 유포하고 기존 수강생들의 수강취소를 유도하여 피고로 하여금 1,700여만 원을 환불하게 하였고 신규 수강생의 등록의 급감으로 매출액이 3억 2,000여만 원이 감소하고 순이익이 6,400여만 원이 감소하는 등의 피해를 입었으므로 우선 환불액 1,700여만 원, 매출감소 손실액 중 3,000만 원과 위자료 1,000만 원을 합한 5,700여만 원의 지급을 구하는 소송을 제기. 피고는 허위사실유포죄로 벌금 70만 원을 선고받은 사실이 확인됨. 피고는 원고의 부당한 대우에 피고 뿐 아니라 다른 직원들도 퇴사를 결심하게 되었다고 주장. 피고가 원고에게 1,000만 원을 지급한다는 내용으로 조정갈음결정하여 양측 이의 없이 확정.

조정주문

1. 피고는 원고에게 201*. 12. 31.까지 금 10,000,000원을 지급한다. 만일 피고가 위 지급기일까지 위 금원을 지급하지 아니한 때에는, 피고는 미지급금원에 대하여 위 지급기일 다음날부터 다 갚을 때까지 연 20%의 비율에 의한 지연손해금을 가산하여 원고에게 지급한다.
2. 원고는 피고가 제1항 기재 지급을 모두 이행한 경우 즉시 피고에 대한 채권가압류(서울○○지방법원 201*카단****, 201*카단****)를 해제한다.
3. 원고와 피고는 본 조정갈음결정에서 정한 것 이외에는 이 사건 분쟁과 관련하여 양자 간에 어떠한 채권채무도 없음을 확인하고, 향후 서로에 대한 일체의 재판상, 재판외 청구 또는 이의제기를 하지 아니한다.
4. 원고는 나머지 청구를 포기한다.
5. 소송비용 및 조정비용은 각자 부담한다.

유족 손해배상 청구사건

사건의 개요 및 조정경과

원고는 남편인 망 A가 B 아파트 미화원으로 파견근무 중 제설작업하다 넘어져 머리를 다쳐 치료받은 후 허혈성 심장질환의증으로 사망한 것과 관련하여 B아파트의 입주자대표회의인 피고 1, B아파트 관리용역회사인 피고 2, A의 소속회사인 피고 3을 대상으로 손해배상 4,900여만 원의 지급을 구하는 소송을 제기. 피고들은 망 A의 사망에 대한 자신들의 책임이 없다고 주장. 근로복지공단은 원고에 대해 업무와 사망과의 인과관계, 과로 여부를 인정하지 않고 유족급여 및 장의비 부지급결정을 하였고 이에 원고가 불복하여 소송하였으나 패소 확정된 사실이 확인됨. 피고들이 손해배상금이 아닌 위로금으로 피고 1, 2가 각 100만 원, 피고 3이 300만 원을 지급한다는 내용으로 조정갈음결정하여 양측 이의 없이 확정.

조정주문

1. 신청인에게 201*. 1. 31.까지 피신청인 ○○○△△△아파트입주자대표회의 및 피신청인 ◇◇주택종합관리 주식회사는 위로금으로 각 1,000,000원을, 피신청인 주식회사 ▽▽이앤지는 위로금으로 3,000,000원을 지급한다. 만일 피신청인들이 위 지급기일까지 위 금원을 지급하지 아니한 때에는, 피신청인들은 미지급금원에 대하여 위 지급기일 다음날부터 다 갚을 때까지 연 20%의 비율에 의한 지연손해금을 가산하여 신청인에게 지급한다.
2. 피신청인들은 신청인에게 고(故) □□□의 사망에 대한 심심한 애도와 위로를 표하고, 신청인은 이를 정중히 수용한다.
3. 신청인과 피신청인들은 이 사건 청구원인과 관련하여 본 조정을 갈음하는 결정에서 정한 사항 이외에는 서로에 대하여 어떠한 채권채무도 없음을 확인하고, 향후 이와 관련하여 서로에 대하여 일체의 재판상, 재판외 청구 또는 이의제기를 하지 아니한다.
4. 신청인은 나머지 신청을 포기한다.
5. 조정비용은 각자 부담한다.

항소이유서제출기간도과로 인한 손해배상 청구사건

사건의 개요 및 조정경과

원고는 사기죄로 기소되어 1심에서 징역 6개월을 선고받고 변호사인 피고를 형사재판변호인으로 선임하여 선임료 330만 원 중 160만원을 지급하였는데 피고의 과실 내지 착오로 항소이유서를 기간 내 제출하지 아니하여 항소기각결정으로 실형이 확정되어 징역 6월을 복역한 후 출소하여 대한변협에 진정 제기와 함께 피고를 상대로 5,500여만 원의 손해배상을 구하는 소송을 제기. 원고는 전과가 없었음. 피고가 원고에게 2,000만 원을 4회 분할 지급하고 원고는 피고에 대한 대한변협 진정을 취하한다는 내용으로 조정갈음결정하여 양측 이의 없이 확정.

조정주문

1. 피고는 원고에게 금 20,000,000원을 지급한다. 다만, 이를 4회로 분할하여 ① 201*. 2. 28.까지 5,000,000원을, ② 201*. 3. 31.까지 5,000,000원을, ③ 201*. 4. 30.까지 5,000,000원을, ④ 201*. 5. 31.까지

5,000,000원을 지급한다.

2. 만일 피고가 제1항 기재 지급을 1회라도 지체하는 경우, 피고는 기한의 이익을 상실하고 즉시 원고에게 미지급액 전액 및 이에 대하여 지체일로부터 다 갚을 때까지 연 20%의 비율로 계산한 지연손해금을 가산하여 지급한다.
3. 원고는 대한변호사협회에 제기한 피고에 대한 진정을 취하하며, 향후 이 사건 청구원인과 관련하여 피고를 상대로 일체의 재판상, 재판외 청구 또는 이의제기를 하지 아니한다.
4. 원고는 나머지 청구를 포기한다.
5. 소송비용 및 조정비용은 각자 부담한다.

보이스피싱으로 인한 손해배상 청구사건

사건의 개요 및 조정경과

원고는 서울중앙지검 검사를 사칭하는 성명불상자로부터 "원고 명의가 도용되어 금융거래되면서 피해가 발생하여 70명의 피해자들이 원고를 상대로 고소를 제기한 사건을 수사 중에 있다. 사건 처리를 위해 원고 은행계좌에 입금하라"는 연락을 받고 성명불상자가 알려준 사이트에 접속하여 자신의 은행계좌번호, 비밀번호, 보안카드번호를 입력한 후 3,000여만 원에 달하는 예금과 대출금을 자신의 은행계좌로 입금하였는데, 직후 성명불상자가 그렇게 입금된 돈을 미리 확보하여 놓은 피고 A, B, C의 은행계좌로 분산 이체한 후 전부 인출한 전형적인 보이스피싱(전화금융사기) 피해가 발생. 원고는 위 보이스피싱에 사용된 은행계좌를 제공한 피고들을 상대로 각 계좌로 입금되어 인출된 금액에 상당하는 손해배상을 구하는 소송을 제기. 피고들은 성명불상자로부터 마이너스통장 개설 또는 통장을 넘겨주는 대가를 약속받고 피고들 명의의 은행계좌를 개설하여 통장을 넘겨주었고 피고들은 검찰수사과정에서 기소유예 내지 혐의없음 처분을 받았음. 손해배상소송의 1심은 피고들이 성명불상자의 범죄행위를 방조한 데 따른 공동불법행위자로서의 손해배상책임을 인정하되 피고들의 책임을 40%로 제한하여 일부 승소판결을 내림. 이에 피고 B, C는 항소포기하였으나 피고 A가 항소하여 항소심 조정 회부. 조정심리과정에서 1심 인용금액 470여만 원 중 400만 원을 4회 분할지급하되 1회라도 지체 시 기한의 이익을 상실함은 물론 면제한 70만 원을 더하고 지연손해금까지 지급하기로 하는 내용으로 임의조정 성립.

조정주문

1. 피고(항소인, 이하 '피고'라 한다)는 원고(피항소인, 이하 '원고'라 한다)에게 금 4,000,000원을 지급한다. 다만, 이를 4회로 분할하여 ① 201*. 2. 28.까지 1,000,000원을, ② 201*. 3. 31.까지 1,000,000원을 ③ 201*. 4. 30.까지 1,000,000원을, ④ 201*. 5. 31.까지 1,000,000원을 지급한다. 그 지급은 원고의 은행계좌(○○ ***-0752-****-11 예금주 ▽▽▽)로 입금하는 방식으로 한다.

2. 만일 피고가 제1항 기재 지급을 1회라도 지체하는 경우, 피고는 기한의 이익을 상실하고 즉시 원고에게 미지급액 전액에 700,000원을 더한 돈 및 이 '미지급액 전액에 700,000원을 더한 돈'에 대하여 지체일로부터 다 갚을 때까지 연 20%의 비율로 계산한 지연손해금을 지급한다.
3. 원고는 나머지 청구를 포기한다.
4. 소송총비용 및 조정비용은 각자 부담한다.

목공예수업중 손가락절단으로 인한 손해배상 청구사건

사건의 개요 및 조정경과

원고는 공인중개사로서 피고가 운영하는 실내건축인테리어학원에 등록하여 수업을 받았는데 전동톱을 이용한 나무절단작업 수업 중 원고의 우측 2, 3수지가 절단되는 상해(노동력 상실율 19.92%)를 입는 사고를 당하게 되었고 피고의 안전조치 미흡을 이유로 피고를 상대로 일실수입, 위자료 등 1억 2,700여만 원의 지급을 구하는 소송을 제기. 피고는 원고의 부주의 책임이 전적으로 크고 원고의 구체적 소득의 입증과 노동능력 상실률에 대한 신체감정이 필요하다는 입장. 조정합의 불성립. 원고 직종의 평균임금, 노동능력상실률, 가동기간, 피고의 과실비율(60% 인정) 등을 적용한 일실수입 및 적정 위자료의 합 4,500만 원을 피고가 지급한다는 내용으로 조정갈음결정하여 양측 이의 없이 확정.

조정주문

1. 피신청인은 신청인에게 201*. 4. 30.까지 금 45,000,000원을 지급한다. 만일 피신청인이 위 지급기일까지 위 금원을 지급하지 아니한 때에는, 피신청인은 미지급금원 및 이에 대하여 위 지급기일 다음날부터 다 갚을 때까지 연 20%의 비율에 의한 지연손해금을 가산하여 신청인에게 지급한다.
2. 신청인은 나머지 신청을 포기한다.
3. 조정비용은 각자 부담한다.

식당 종업원의 불친절로 인한 손해배상 청구사건

사건의 개요 및 조정경과

원고는 피고가 운영하는 레스토랑에서 일행과 모임을 갖던 중 피고의 직원이 마감시간도 되기 전에 계산을 마칠 것을 요구하며 식사를 방해하였고 다음날 원고가 피고의 식당에 찾아가 항의하자 피고 식당의 부장이 사복경찰을 부르고 오만하게 대응하였다며 이로 인한 손해배상으로서 당일 식대 72,600원과 위자료 50만 원을 합한 572,600원의 지급을 구하는 조정신청을 제기. 조정기일을 2회 진행. 피고가 원고에게 사과하고 재발방지를 약속하고 원고는 이를 수용하여 사건을 종결하기로 하는 내용으로 조정갈음결정하여 양측 이의 없이 확정.

조정주문

1. 신청인과 피신청인은, 이 사건 신청원인(201*. 11. 8. 및 9. ○○ △△공항 국제선 청사 3층 레스토랑 '◇◇◇◇'에서 발생한 상황)과 관련하여 조정기일인 201*. 4. 3. 피신청인이 신청인에게 정중한 사과를 표명함과 동시에 재발방지를 약속하고 신청인은 이를 수용하였음을 상호 확인한다.
2. 신청인은 이 사건 신청을 취하한다.
3. 조정비용은 각자 부담한다.

폭행으로 인한 손해배상 청구사건

사건의 개요 및 조정경과

원고는 피고와 같은 중국교포로서 서로 4촌 형제간인데, 술좌석에서 말다툼 끝에 상호 폭행(원고의 친동생도 합세)하여 원고는 전치 6주, 피고는 전치 4주의 상해를 입게 되었고 원고는 피고의 처벌을 원치 않았으나 피고는 원고의 처벌을 원해 원고는 벌금 120만 원, 피고는 불기소처분을 받게 됨. 이후 피고가 원고와 원고 친동생을 상대로 손해배상청구소송을 제기하여 810만 원을 지급하라는 일부 승소 판결을 얻어내고 강제집행까지 신청함. 원고도 억울한 마음에 피고를 상대로 치료비, 일실수입, 위자료 등 970여만 원을 청구하는 소를 제기하여 1심에서 일부 승소(360여만 원)한 후 쌍방이 항소하여 항소심에서 조정회부. 조정심리 결과, 양측이 사촌간이고 싸움이 우발적이었던 점, 원고 동생이 피고에게 이미 450만 원을 지급한 점 등을 종합 감안하여, 원고가 피고에게 추가로 100만 원을 지급하고 피고에 대한 청구를 포기하며 피고도 확정판결에 기한 강제집행을 하지 않기로 하는 내용으로 강제조정, 양측이 이의 없이 조정 확정.

조정주문

1. 원고(항소인 겸 피항소인, 이하 '원고'라 한다)는 피고(피항소인 겸 항소인, 이하 '피고'라 한다)에게 201*. 5. 31.까지 금 1,000,000원을 지급한다.
2. 피고는, 원고가 제1항 기일에 제1항 금원을 지급하는 경우, 원고 및 소외 □□□에 대한 서울○○지방법원 201* 가소***** 손해배상(기) 확정판결에 기한 강제집행을 하지 아니하며, 기신청한 강제집행신청을 취하한다.
3. 원고(피항소인)는 이 사건 청구를 포기한다.
4. 원고와 피고는 양자사이의 분쟁이 원만히 해소되었음을 상호확인하고 향후 사촌형제로서의 우의를 돈독히 하기로 하며, 이 사건 청구원인 및 제2항 기재 확정판결금과 관련하여 본 조정을 갈음하는 결정에서 정한 사항 이외에 더 이상 서로에 대한 채권채무가 없음을 확인하고 향후 이와 관련하여 서로에 대하여 일체의

재판상, 재판외 청구 또는 이의제기를 하지 아니한다.

5. 소송총비용 및 조정비용은 각자 부담한다.

세무법인 직원의 기장업체 빼돌리기로 인한 손해배상 청구사건

사건의 개요 및 조정경과

원고 세무법인의 사무장과 직원인 피고들은 원고 세무법인 대표세무사가 사무장 등에게 업무를 포괄적으로 위임하고 수익금을 받아 가던 기존 행태를 바꿔 직접 법인운영에 관여하기 시작하자 이에 불만을 품고 이직을 결심하면서 기존에 유치한 세무기장대리업체 50여 곳을 빼가기 위해 기장대리계약을 모두 해지하게 하고 기장관련 서류 일체를 무단히 반출해 감. 이를 뒤늦게 안 원고 대표자는 피고들을 상대로 형사고소와 함께 5.2억여 원의 손해배상 청구 소송을 제기. 조정심리 과정에서, 원고 대표자에게 잘못된 업무위임방식을 통해 이익을 향유한 책임이 있는 한편 피고들이 저지른 행위도 형사적으로든 민사적으로든 책임이 작지 않은 점을 상호 인정하게 하고, 원고가 청구한 금액의 10분의 1 상당의 금액을 피고들이 연대하여 지급하기로 하고 원고가 피고들을 상대로 제기한 형사고소 및 부동산가압류를 모두 취하하기로 하는 내용으로 조정 성립.

조정주문

1. 피고들은 연대하여 201*. 4. 30.까지 원고에게 금 60,000,000원을 지급한다. 그 지급은 원고의 은행계좌(▽▽은행 ***-***-****, 예금주 ○○○)로 입금하는 방식으로 한다. 만일 피고들이 위 지급기일까지 위 금원을 지급하지 아니한 때에는, 피고들은 미지급금원에 대하여 지급기일 다음날부터 다 갚는 날까지 연 20%의 비율로 계산한 지연손해금을 가산하여 원고에게 지급한다.
2. 원고는 제1항 기재 금원을 제1항 기재 기한 내에 지급받음과 동시에 피고들에 대한 형사고소(◇◇경찰서 취급)를 취하하고 피고 ▽▽▽에 대한 부동산가압류(서울○○지방법원 201*카단*****)신청을 취하하고 그 집행을 해제하며, 피고들은 원고가 위 부동산가압류해제시 공탁금(같은 법원 금전공탁서 201*금***)을 회수해 감에 동의한다.
3. 원고는 나머지 청구를 포기한다.
4. 소송비용 및 조정비용은 각자 부담한다.

폭행에 기한 손해배상 청구사건

사건의 개요 및 조정경과

원고는 직장동료인 피고로부터 폭행을 당하여 경추부 관절 염좌 등의 상해를 입었다며 피고를 상대로

2,300여만 원의 손해배상을 구하는 소송을 제기. 피고는 먼저 원고가 욕설하여 시비가 발생하였다고 주장. 피고가 상해가 아닌 단순폭행죄로 약식기소되어 벌금 70만 원을 선고받은 점 등을 감안하여 피고가 원고에게 300만 원을 지급한다는 내용으로 조정갈음결정하여 양측 이의 없이 확정.

조정주문

1. 피고는 원고에게 201*. 6. 30.까지 금 3,000,000원을 지급한다. 만일 피고가 위 지급기일까지 위 금원을 지급하지 아니한 때에는, 피고는 미지급금원 및 이에 대하여 위 지급기일 다음날부터 다 갚을 때까지 연 20%의 비율에 의한 지연손해금을 가산하여 원고에게 지급한다.
2. 원고는 나머지 청구를 포기한다.
3. 소송비용 및 조정비용은 각자 부담한다.

사실혼배우자 사망사고 손해배상 청구사건

사건의 개요 및 조정경과

원고는 사실혼 배우자인 망 A가 피고가 운영하는 재활용 고물상 작업장 안에서 피고로부터 도급받은 시멘트포장 및 하수도 관로공사의 지반평탄작업을 하던 중 피고의 안전관리 소홀로 인하여 옆에 쌓아 둔 1,000kg의 종말품 폐합성수지 압축물이 무너져 A를 덮쳐 A가 사망에 이르게 되었다며 그로 인한 손해배상금으로 6,000만 원을 청구. 조정심리 결과, 원고와 망 A의 사실혼관계는 사고 이후 사실혼존재확인판결을 통하여 확인되었고, A의 사망 이후 원고측은 피고에게 2억 5,000만 원을 요구하였으며, 피고는 A의 사망으로 인하여 벌금 2,000만 원을 선고받았고, A의 장례비로 200만 원을 지원하였으며, 피고의 2억 원 상당의 자가에 8억 원의 저당권이 설정되고 총 부채가 10억 원을 초과하는 등 변제능력이 제한되었음. 조정과정에서 피고가 원고에게 3,000만 원을 지급하기로 하는 내용으로 임의조정 성립.

조정주문

1. 피고는 원고에게 금 30,000,000원 및 이에 대하여 201*. 6. 26.부터 다 갚는 날까지 연 10%의 비율로 계산한 돈을 가산하여 원고에게 지급한다.
2. 원고는 나머지 청구를 포기한다.
3. 소송비용 및 조정비용은 각자 부담한다.

명예훼손에 따른 손해배상 청구사건

사건의 개요 및 조정경과

원고는 피고가 운영하는 논술학원 강사로 재직하다 다른 학원으로 옮긴 후 피고가 원고를 악의적으로 비방하는 전단지를 배포하여 원고의 명예를 훼손하였다며 500만 원의 지급을 구하는 소송을 제기. 피고는 이에 맞서 원고와 피고가 논술교재 출판계약을 체결하고 피고가 원고에게 저작료 1,900만 원을 지급하였는데 원고의 미이행으로 계약이 파기되었고 피고가 원고로부터 아직 회수하지 못한 800만 원 및 예상판매수익, 위자료 등 2,000만 원의 지급을 구하는 반소를 제기. 원고는 피고의 반소 청구에 대해 논술교재 출판계약은 피고가 아닌 다른 출판사와 체결한 것이고 원고가 받은 저작료 중 1,000만 원만 반환하는 것으로 합의되었고 전액 변제(강사료에서 동액 상계)하였다고 주장. 원고와 피고의 실제 피해액이 미미한 점, 학원가에서 원고와 피고가 상생 화해할 필요성이 있는 점 등을 감안하여 쌍방 청구 포기한다는 내용으로 조정갈음결정하여 양측 이의 없이 확정.

조정주문

1. 원고(반소피고)는 이 사건 본소청구를, 피고(반소원고)는 이 사건 반소청구를 각 포기한다.
2. 원고(반소피고)와 피고(반소원고)는 이 사건 본소 및 반소 청구원인과 관련하여 양자 사이에 어떠한 채권채무도 없음을 확인하고, 향후 이와 관련하여 서로에 대하여 일체의 재판상, 재판외 청구 또는 이의제기를 하지 아니한다.
3. 소송비용 및 조정비용은 각자 부담한다.

해외여행상품하자로 인한 손해배상 청구사건

사건의 개요 및 조정경과

원고는 피고들이 운영하는 여행사에 터키 카파도키아 자유여행상품을 예약하면서 현지에서 지인인 소외 A가 합류하는 여행계획을 밝히고 이를 반영하여 달라고 요청하였는데 현지에서 확인한 결과 A의 터기 내 국내항공권이 예약이 되어 있지 않아 추가적인 시간과 비용이 발생하고 많은 불편을 겪었다면서 손해배상금 100만 원의 지급을 구하는 소송을 제기. 피고들은 원고의 여행상품을 확정할 당시 A의 터키 내 국내항공권 비용을 포함시킨 것은 아니었으나 비용을 추가로 청구하더라도 소비자인 원고의 요구사항을 반영하거나 불가한 경우 이를 명확히 인식시켰어야 함에도 이를 하지 못한 책임이 인정되어 피고들이 원고에게 위자료조로 40만 원을 지급한다는 내용으로 조정갈음결정하여 양측 이의 없이 확정.

조정주문

1. 피신청인들은 각자 신청인에게 201*. 8. 31.까지 금 400,000원을 지급한다. 만일 피신청인들이 위 지급기일까지 위 금원을 지급하지 아니한 때에는, 피신청인들은 미지급금원에 대하여 위 지급기일 다음날부터 다 갚는 날까지 연 20%의 비율에 의한 지연손해금을 가산하여 신청인에게 지급한다.
2. 신청인은 나머지 신청을 포기한다.
3. 조정비용은 각자 부담한다.

공무집행방해 손해배상 청구사건

사건의 개요 및 조정경과

원고는 경찰관으로서 동료 경찰관과 함께 공원에서 술을 마시고 소란을 피우는 피고에 대한 주민 신고를 받고 현장에 출동하여 피고에게 귀가를 종용하였으나 피고가 술에 취해 심한 욕설과 함께 원고와 동료 경찰관의 얼굴을 주먹으로 가격하고 양 손을 휘둘러 원고의 손가락 살점이 뜯겨 나가 피가 나게 하는 등 폭력을 행사하여 정당한 공무집행을 방해하였기에 피고를 상대로 100만 원의 손해배상을 청구. 조정과정에서 피고가 원고에게 사과하고 원고의 동료 경찰관의 피고에 대한 동일 소송도 함께 원만하게 종결시키는 차원에서 피고가 원고에게 원고 및 동료 경찰관에게 각 50만 원을 지급(원고가 동료 경찰관에 대한 금원을 대신 지급받아 전달하고 해당 소를 취하 종결하게 함)하는 내용으로 임의조정 성립.

조정주문

1. 피신청인은 신청인에게 201*. 11. 30.까지 금 1,000,000원을 지급한다. 그 지급은 신청인의 은행계좌(○○은행 ***-07-******, 예금주 △△△)로 입금하는 방식으로 한다. 만일 피신청인이 위 지급기일까지 위 금원을 지급하지 아니한 때에는, 피신청인은 미지급금원에 대하여 지급기일 다음날부터 다 갚을 때까지 연 20%의 비율로 계산한 지연손해금을 가산하여 원고에게 지급한다.
2. 신청인은 제1항 기재 금원이 201*. *. **. 17:20경 서울 △△구 ◇◇로 **길 ** ▽▽공원에서 발생한 피신청인의 신청인 및 신청외 □□□ 경위에 대한 폭행 및 공무집행방해와 관련하여 피신청인이 신청인 및 신청외 □□□ 경위에게 지급하는 배상금(각 500,000원)의 합계액으로서 신청외 □□□ 경위에 대한 배상금원을 신청인이 신청외 □□□ 경위를 대리하여 제1항 기재대로 지급받아 이를 신청외 □□□ 경위에게 전달할 것을 확인하고, 신청외 □□□ 경위의 피신청인에 대한 동 사건 관련 민사소송(조정신청 포함)을 취하 종결시키고 본 조정조서에서 정한 것 이외에는 피신청인의 신청외 □□□ 경위에 대한 책임이 없음을 확인한다.
3. 신청인은 나머지 청구를 포기한다.
4. 조정비용은 각자 부담한다.

학교폭력으로 인한 손해배상 청구사건

사건의 개요 및 조정경과

원고는 여중생으로서 2년 전 피고 1 및 다른 동급생 소외 A, B로부터 지속적인 신체 폭행과 언어적 괴롭힘을 당하여 자살시도를 하는 등 정신적 피해를 입어 정신과 치료를 받고 다른 지역으로 이사 전학까지 가게 되었고, 이에 피고 1과 그 아버지인 피고 2를 상대로 정신과 치료비 300여만 원 및 위자료 500만 원 합 800여만 원의 지급을 구하는 소송을 제기. 조정 심리 결과, 원고는 다른 가해학생 A, B 측과는 합의가 되어 100만 원 내지 200만 원의 배상금을 받았으나 가장 주동적인 가해자인 피고 1과는 합의가 이루어지지 않은 상태였으나, 피고 1 및 A, B의 형사재판(공동공갈죄)과정에서 피고 2가 당초 원고측이 요구한 금액인 250만 원보다 많은 300만 원을 원고의 어머니에게 입금한 사실, 현재 피고 1은 가출한 상태인 점, 원고가 A, B에 대해서는 별도의 민사소송을 제기한 바가 없는 점 등이 확인되었고, 원만하게 모든 분쟁을 종결하는 차원에서 피고들이 공동하여 원고에게 150만 원을 지급하는 내용으로 임의조정 성립.

조정주문

1. 피고(항소인, 이하 '피고'라 한다)들은 공동하여 201*. 9. 30까지 원고(피항소인, 이하 '원고'라 한다)에게 금 1,500,000원을 지급한다. 만일 피고들이 위 지급기일까지 위 금원을 지급하지 아니한 때에는, 피고들은 미지급금원에 대하여 지급기일 다음날부터 다 갚는 날까지 연 20%의 비율로 계산한 지연손해금을 가산하여 원고에게 지급한다.
2. 원고는 나머지 청구를 포기한다.
3. 소송총비용 및 조정비용은 각자 부담한다.

준간강으로 인한 손해배상 청구사건

사건의 개요 및 조정경과

원고는 2년 전 대학동기인 피고와 함께 술을 마시다 피고가 술에 취한 원고를 모텔에서 준강간하였다며 피고를 형사고소한 후 다시 피고를 상대로 2,000여만 원의 손해배상청구소송을 제기. 조정심리 결과, 피고는 원고에 대한 사건으로 군입대 이후 구속기소되어 군사법원에서 징역 1년 6월의 실형을 선고받아 확정되어 ○○교도소에서 복역 중에 있었고 교도소에서 조정기일을 통지받고 자신의 만기출소 이후로 기일을 잡아달라고 요청. 기일을 변경하여 피고의 출석 하에 피고가 원고에게 1,000만 원을 지급하고 향후 원고에게 접근하거나 당해사건을 누설하여 원고의 명예를 해하지 아니하기로 약속하고 이를 어길 시 위반 시마다 손해배상하기로 하는 내용으로 임의조정 성립.

조정주문

1. 피고는 원고에게 201*. 10. 10.까지 금 10,000,000원을 지급한다. 만일 피고가 위 지급기일까지 위 금원을 지급하지 아니한 때에는, 피고는 미지급금원에 대하여 지급기일 다음날부터 다 갚을 때까지 연 20%의 비율로 계산한 지연손해금을 가산하여 원고에게 지급한다.
2. 피고는 이 사건 청구원인사실과 관련하여 제3자 누구에게도 누설하지 아니하고 전화, 전자통신, 물리적 접근 등 어떠한 경로로도 원고에게 접근하지 아니한다. 만일 이를 어길 경우 피고는 원고에게 위반 시마다 금 5,000,000원을 지급한다.
3. 피고는 원고와 같은 회사에서 재직하는 상황이 발생하는 경우, 즉시 퇴사하기로 한다.
   만일 이를 어길 경우 피고는 원고에게 위반 시마다 금 10,000,000원을 지급한다.
4. 원고는 제1항 기재 지급기한내에 제1항 기재 금원을 지급받은 경우, 2일 이내에 이 사건 소를 취하하고, 피고는 이에 동의한다.
5. 원고와 피고는 이 사건 청구원인과 관련하여 본 조정조서에서 정한 사항 이외에는 양자 사이에 어떠한 채권채무도 없음을 확인하고, 향후 이와 관련하여 서로에 대하여 일체의 재판상, 재판외 청구 또는 이의제기를 하지 아니한다.
6. 소송비용 및 조정비용은 각자 부담한다.

폭행으로 인한 손해배상 청구사건

사건의 개요 및 조정경과

원고는 공사장에서 함께 일하던 피고와 시비가 붙어 피고가 원고를 폭행하여 4주 요치 우측 안와내벽골절상을 입는 등 피해를 입었다며 치료비, 일실수익 등 1,800여만 원의 지급을 구하는 소송을 제기하여 1심에서 1,000여만 원이 인용되었고 이에 피고가 항소 제기. 조정합의 불성립. 1심 판결금에서 소액 감액한 800만 원을 지급한다는 내용으로 조정갈음결정하여 양측 이의 없이 확정.

조정주문

1. 피고(항소인)는 원고(피항소인)에게 201*. 10. 30.까지 금 8,000,000원을 지급한다. 만일 피고(항소인)가 위 금원을 위 지급기일까지 지급하지 아니한 때에는 미지급금원 및 이에 대하여 지급기일 다음날부터 다 갚는 날까지 연 20%의 비율로 계산한 지연손해금을 가산하여 지급한다.
2. 원고(피항소인)는 나머지 청구를 포기한다.
3. 소송총비용 및 조정비용은 각자 부담한다.

화장실 누수로 인한 손해배상 청구사건

사건의 개요 및 조정경과

원고는 자신이 소유하고 점유하는 아파트 화장실 천정에서 누수가 발생하자 위층 아파트의 소유자인 피고를 상대로 하자보수비용 1,000만 원과 위자료 1,000만 원 합 2,000만 원의 지급을 구하는 소송을 제기. 피고는 자신 소유 아파트의 현 임차인인 소외 A의 협조거부로 수리를 못하고 있다며 누수원인을 찾아 수리할 의향이 있으나 원고의 청구액은 터무니없다고 주장. 피고가 손해배상금 150만 원을 지급하고 조정기일로부터 60여일의 유예기간 내에 방수공사를 실시하며 공사 미이행 시 매일 1만 원씩 원고에게 지급한다는 내용으로 조정갈음결정하여 양측 이의 없이 확정.

조정주문

1. 피고는 원고에게 201*. 12. 31.까지 금 1,500,000원을 지급한다. 만일 피고가 위 지급기일까지 위 금원을 지급하지 아니한 때에는, 피고는 미지급금원 및 이에 대하여 위 지급기일 다음날부터 다 갚는 날까지 연 15%의 비율에 의한 지연손해금을 가산하여 원고에게 지급한다.
2. 피고는 201*. 1. 31.까지 서울 △△구 ◇◇동*가 **-* ▽▽아파트 10*동 2*0*호 화장실 배관 누수(이로 인한 아래층 2*0*호 화장실 천장 누수) 수리 및 방수 공사를 시행한다. 만일 피고가 위 기일까지 동 공사를 이행하지 아니한 때에는, 피고는 위 기일 다음날부터 동 공사를 완료하는 날까지 1일당 금 10,000원씩의 손해금을 원고에게 지급한다.
3. 원고는 나머지 청구를 포기한다.
4. 소송비용 및 조정비용은 각자 부담한다.

폭행으로 인한 손해배상 청구사건

사건의 개요 및 조정경과

원고는 미용실을 운영하던 중 피고와 내연관계에 있었는데 피고가 원고가 다른 남자와 바람피운다는 구실로 미용실을 찾아와 원고를 폭행하여 뇌내출혈, 망막출혈 등의 상해를 가하고 미용실내 집기를 훼손하여 미용실을 폐업하게 하였다며 6,300여만 원의 지급을 구하는 소송을 제기. 피고는 원고에 대한 상해 및 재물손괴로 징역 1년 6월에 집행유예 2년의 형을 선고 받았고 1,000만 원을 공탁하였음. 양측 조정합의 불성립. 피고가 공탁금 이외에 2,000만 원을 4회 분할 지급하되 1회라도 미지급 시 기한의 이익을 상실함은 물론 1,000만 원을 더하여 총 3,000만 원 및 지연손해금을 가산하여 지급한다는 내용으로 조정갈음결정하여 양측 이의 없이 확정.

조정주문

1. 피고는 원고에게 금 20,000,000원을 지급한다. 다만, 이를 4회로 분할하여 ① 201*. 1. 31.까지 5,000,000원을, ② 201*. 2. 29.까지 5,000,000원을, ③ 201*. 3. 31.까지 5,000,000원을, ④ 201*. 4. 30.까지 5,000,000원을 지급한다.
2. 만일 피고가 제1항 기재 지급을 1회라도 지체하는 경우, 피고는 기한의 이익을 상실하고 즉시 원고에게 미지급액 전액에 10,000,000원을 더한 돈 및 이 '미지급액 전액에 10,000,000원을 더한 돈'에 대하여 지체일로부터 다 갚는 날까지 연 15%의 비율로 계산한 지연손해금을 가산하여 지급한다.
3. 원고는 나머지 청구를 포기한다.
4. 소송비용 및 조정비용은 각자 부담한다.

모욕으로 인한 손해배상 청구사건

사건의 개요 및 조정경과

신청인은 'OOO' 닉네임의 네이버블로그를 운영하고 있는데, 소외인이 인터넷 사이트에서 신청인의 사진과 글을 게시하자 피신청인이 그 글에 "저새끼 그렇게 아이디 정지먹고 또 키우냐 ㄷ ㄷ"라는 댓글을 담. 이에 신청인은 피신청인을 모욕죄로 고소하여 기소유예처분을 받게 하고 위자료 300만 원의 지급을 구하는 소송 제기. 조정심리결과, 피신청인이 50만 원을 3회 분할하는 내용으로 조정 성립.

조정주문

1. 피신청인은 신청인에게 금 500,000원을 지급한다. 다만, 이를 3회로 분할하여 ① 201*. 1. 31.까지 200,000원을, ② 201*. 2. 29.까지 200,000원을, ③ 201*. 3. 31.까지 100,000원을 지급한다.
2. 만일 피신청인이 제1항 기재 지급을 1회라도 지체하는 경우, 피신청인은 기한의 이익을 상실하고 즉시 신청인에게 미지급액 전액 및 이에 대하여 지체일로부터 다 갚을 때까지 연 15%의 비율로 계산한 지연손해금을 가산하여 지급한다.
3. 신청인은 나머지 청구를 포기한다.
4. 조정비용은 각자 부담한다.

교내 장난으로 인한 상해사고 관련 손해배상채무 일부부존재확인 청구사건

사건의 개요 및 조정경과

원고의 아들 A는 재학 중인 초등학교 내실에서 동급생인 피고가 보온병으로 물을 마시는 것을 보고 장난으로 보온병을 쳐서 피고의 치아(법랑질)파절을 가져온 사고와 관련하여 피고에 대한 원고의 채무는 104만 여 원을 초과하여 존재하지 아니함의 확인을 구하는 소송을 제기. 피고는 500만 원 이상의 배상을 요구. 조정합의 불성립. 원고의 채무액이 250만 원임을 확인하고 동액을 지급한다는 내용으로 조정갈음결정하여 양측 이의 없이 확정.

조정주문

1. 피신청인은, 신청인에 대하여, 201*. **. **. 서울 △△구 ◇◇동 ▽▽초등학교 *학년*반 교실 내에서 피신청인이 보온병 물을 마시고 있던 중 신청인의 아들 ○○○이 위 보온병을 치면서 피신청인의 앞니를 파절(법랑질)시킨 사고와 관련하여 신청인의 피신청인에 대한 손해배상채무는 금 2,500,000원을 초과하여서는 존재하지 아니함을 확인한다.
2. 신청인은 피신청인에게 201*. 1. 31.까지 제1항 기재 금원 2,500,000원을 지급한다. 만일 신청인이 위 지급기일까지 위 금원을 지급하지 아니한 때에는, 신청인은 미지급금원에 대하여 지급기일 다음날부터 다 갚는 날까지 연 15%의 비율로 계산한 지연손해금을 가산하여 피신청인에게 지급한다.
3. 신청인은 나머지 신청을 포기한다.
4. 조정비용은 각자 부담한다.

폭행가해자에 대한 치료비 등 손해배상 청구사건

사건의 개요 및 조정경과

피고는 신혼여행을 마치고 돌아와 친구들과 답례술자리를 가진 후 차량을 운전하여 귀가하던 중 피로와 졸음으로 인해 OO할인마트 근처에 차를 세우고 잠을 자던 중, 새벽에 위 할인마트 직원인 원고가 피고 차량을 옮겨 달라고 하자 서로 시비가 붙어 피고가 원고를 폭행하여 원고에게 외상성 뇌경막하출혈, 뇌출혈, 치아탈구 등 상해를 입혀 24일간 입원치료를 받게 하였고 피고 자신은 약식기소되어 벌금 500만 원에 처해짐. 원고는 피고를 상대로 기왕 치료비 250여만 원, 향후치료비 1,000만 원, 일실수입 1,300만 원, 위자료 980만 원 등 총 3,597만 원의 손해배상을 청구. 이에 피고는 자신도 원고로부터 적지 않은 폭행을 당하여 상해를 입고 치료를 받았으나 원고에 대한 처벌을 원치 아니하여 원고가 공소권없음처분을 받았을 뿐이며 원고도 자신에게 손해를 배상하여야 한다고 주장하며 치료비 등 총 2,193만 원의 손해배상을 반소로 청구. 조정심리결과, 양측의 주장과 청구가 과다한 측면이 있고 현재 신체적 상태가 호전되어 각자 일상과 직업으로 복귀한 점을 감안하여, 원고는 피고로부터 1,000만 원을 수회 분할하여 지급받고, 피고는 원고에 대한 반소 청구를 포기하는 내용으로 조정 성립.

조정주문

1. 피고(반소원고, 이하 '피고'라 한다)는 원고(반소피고, 이하 '원고'라 한다)에게 금 10,000,000원을 지급한다. 다만, 이를 5회로 분할하여 ① 201*. 2. 29.까지 4,000,000원을, ② 201*. 3. 31.까지 1,500,000원을, ③ 201*. 4. 30.까지 1,500,000원을, ④ 201*. 5. 31.까지 1,500,000원을, ⑤ 201*. 6. 30.까지 1,500,000원을 원고의 은행계좌(○○금고 ****-1356-*****, 예금주 □□□)로 입금 지급한다.
2. 만일 피고가 제1항 기재 지급을 1회라도 지체하는 경우, 피고는 기한의 이익을 상실하고 즉시 원고에게 미지급액 전액 및 이에 대하여 지체일로부터 다 갚을 때까지 연 15%의 비율로 계산한 지연손해금을 가산하여 지급한다.
3. 원고는 나머지 본소청구를 포기하고, 피고는 반소를 포기한다.
4. 소송비용 및 조정비용은 각자 부담한다.

인터넷 명예훼손에 따른 손해배상 청구사건

사건의 개요 및 조정경과

원고는 커피숍을 운영하고 있는데 피고가 커피숍에서 아르바이트를 하다 무단결근으로 해고처리되자 페이스북, 네이버 지식인 등에 원고와 원고의 커피숍을 비방하는 글을 게재하여 원고의 고소로 벌금 100만 원을 선고받았고, 원고는 피고의 명예훼손으로 인한 원고의 사업장 매출감소 7,500만 원, 원고와 가족들의 정신적 손해 등에 대한 위자료 1,000만 원 합계 8,500만 원의 지급을 구하는 소송을 제기. 피고는 인터넷 글을 삭제하고 피고의 어머니와 함께 원고를 찾아가 사과하고 합의를 시도하였으나 원고가 거절. 피고가 400만 원을 지급한다는 내용으로 조정갈음결정하여 양측 이의 없이 확정.

조정주문

1. 피고는 원고에게 201*. 2. 29.까지 금 4,000,000원을 지급한다. 만일 피고가 위 지급기일까지 위 금원을 지급하지 아니한 때에는, 피고는 미지급금원 및 이에 대하여 위 지급기일 다음날부터 다 갚는 날까지 연 15%의 비율에 의한 지연손해금을 가산하여 원고에게 지급한다.
2. 원고는 나머지 청구를 포기한다.
3. 소송비용 및 조정비용은 각자 부담한다.

뷔페음식점 바닥 미끄럼 사고로 인한 손해배상 청구사건

사건의 개요 및 조정경과

원고 뷔페음식점 회사는 매장 손님인 피고가 바닥 물기로 미끄러져 부상을 입은 사고와 관련하여 피고에 대한 원고의 채무가 21만 원을 초과하지 아니함을 확인하여 달라는 조정신청을 제기. 원고의 채무액이 200만 원임을 피고가 확인하고 동 금원을 원고가 지급한다는 내용으로 조정갈음결정하여 양측 이의 없이 확정.

조정주문

1. 피신청인은 신청인에 대하여 201*. 11. 1. 13:00경 ○○시 △△구 ◇◇로 *** 소재 '▽▽▽ □□□ △△점' 음식점에서 피신청인이 바닥의 물기로 미끄러져 넘어져 다친 사고와 관련하여 신청인의 피신청인에 대한 손해배상지급채무는 2,000,000원을 초과하여서는 존재하지 아니함을 확인한다.
2. 신청인은 피신청인에게 201*. 2. 29.까지 제1항 기재 금원 금 2,000,000원을 지급한다. 만일 피신청인이 위 지급기일까지 위 금원을 지급하지 아니한 때에는, 피신청인은 미지급금원에 대하여 위 지급기일 다음날부터 다 갚는 날까지 연 15%의 비율에 의한 지연손해금을 가산하여 신청인에게 지급한다.
3. 신청인은 나머지 신청을 포기한다.
4. 조정비용은 각자 부담한다.

성폭행시도에 따른 손해배상 청구사건

사건의 개요 및 조정경과

원고는 식당에서 우연히 합석한 피고가 만취한 원고를 강제로 모텔로 끌고 가 성폭행을 시도하다 원고의 완강한 반항으로 실패한 사건과 관련하여 5,000만 원의 손해배상을 청구. 피고는 사건 당일 원고가 먼저 피고와 피고 일행에게 관심을 보이며 "나도 ○○도"라며 안주를 보내고 원고의 일행과 함께 피고 테이블로 합석하였고 원고가 피고에게 몸을 기대며 "2차 가자"라고 하여 식당에서 나와 함께 택시를 타고 모텔로 들어갔는데 원고가 갑자기 소리를 지르며 밖으로 뛰쳐나갔다고 주장. 피고는 이 사건으로 벌금 500만 원이 확정되었고, 형사재판과정에서 700만 원을 공탁한 사실이 확인됨. 양측 조정합의 불성립. 피고가 500만 원을 지급한다는 내용의 조정갈음결정으로 양측 이의 없이 확정.

조정주문

1. 피고는 원고에게 201*. 5. 10.까지 금 5,000,000원을 지급한다. 만일 피고가 위 지급기일까지 위 금원을 지급하지 아니한 때에는, 피고는 미지급금원 및 이에 대하여 위 지급기일 다음날부터 다 갚는 날까지 연 15%의 비율에 의한 지연손해금을 가산하여 원고에게 지급한다.
2. 원고는 나머지 청구를 포기한다.
3. 소송비용 및 조정비용은 각자 부담한다.

물놀이시설에서의 사고로 인한 손해배상채무 일부부존재확인 청구사건

사건의 개요 및 조정경과

원고는 물놀이공원을 운영하고 있는 사업자인데 동 공원 내 'ㅇㅇ 슬라이드'라는 놀이시설에 "위험 머리 조심", "성인 이용금지"라는 경고문이 있음에도 45세 성인 남성인 피고가 이를 이용하다 안면부를 부딪쳐 다친 사고와 관련하여 피고의 과실 정도를 감안하여 치료비 등을 포함한 원고의 피고에 대한 손해배상채무는 100만 원을 초과하여 존재하지 아니함을 확인하여 달라는 소송을 제기. 피고는 사고당시 안전요원이 배치되어 있지 않았고, 사고 후 원고측과 이미 280만 원에 합의하였는데 원고가 말을 바꾸고 있다고 주장함. 양측 조정합의 불성립. 220만 원의 채무를 인정하고 이를 지급한다는 내용으로 조정갈음결정하여 양측 이의 없이 확정.

조정주문

1. 피고는 원고에 대하여, 201*. 6. 21. 11:00경 피고가 ㅇㅇ시 △△면 ◇◇로 *** 소재 '▽▽랜드'에 있는 'ㅇㅇ 슬라이드' 놀이시설을 이용하던 중 위 놀이시설에 안면부를 충격하여 우측 눈썹부위 열상 등의 상해를 입은 사고와 관련하여, 원고의 피고에 대한 손해배상채무는 금 2,200,000원을 초과하여서는 존재하지 아니함을 확인한다.
2. 원고는 피고에게 201*. 4. 15.까지 제1항 기재 금원 금 2,200,000원을 지급한다. 만일 원고가 위 지급기일까지 위 금원을 지급하지 아니한 때에는, 원고는 미지급금원 및 이에 대하여 위 지급기일 다음날부터 다 갚는 날까지 연 15%의 비율에 의한 지연손해금을 가산하여 피고에게 지급한다.
3. 원고는 나머지 청구를 포기한다.
4. 소송비용 및 조정비용은 각자 부담한다.

모욕 등 불법행위에 기한 손해배상 청구사건

사건의 개요 및 조정경과

원고는 A상가의 사무실을 임차하여 선교회를 운영하고 있는데 A상가번영회 회장인 피고가 원고의 관리비 체납을 이유로 원고의 사무실에 침입하여 원고를 1시간 넘게 감금하고 갖은 욕설을 하였다며 위자료로 2,000여만 원을 청구하는 소송을 제기하였고 1심에서 50만 원이 인정되어 원고가 이에 불복하여 항소. 피고가 동 사건으로 벌금 50만 원을 선고받은 점 등을 감안하여 피고가 70만 원을 지급한다는 내용의 조정갈음결정으로 양측 이의 없이 확정.

조정주문

1. 피고는 원고에게 201*. 4. 30.까지 금 700,000원을 지급한다. 만일 피고가 위 금원을 위 지급기일까지 지급하지 아니한 때에는 미지급금원 및 이에 대하여 지급기일 다음날부터 다 갚는 날까지 연 15%의 비율로 계산한 지연손해금을 가산하여 지급한다.
2. 원고는 나머지 청구를 포기한다.
3. 소송총비용 및 조정비용은 각자 부담한다.

신용카드조회단말기 임대계약 해지에 따른 손해배상 청구사건

사건의 개요 및 조정경과

원고는 동네 마트를 운영하는 피고에게 20**.부터 신용카드조회단말기 등 장비를 임대하여 사용료를 받아오던 중 피고가 다른 임대업체와 계약하며 원고와의 계약을 임의해지하자 손해배상을 청구. 1심(소액사건)에서는 원고의 청구항목 중 DSC(자동이체서비스 수수료) 면제금반환, 지원금반환, 인터넷 전용선 지원금반환, 영업손실 등의 일부금액을 인정하여 총 200여만 원을 인정하였고, 이에 피고가 항소하여 항소심 재판부가 조정 회부. 조정 심리 결과 6년여 간 양측이 원만하게 계약관계를 유지해 왔던 점, 위약금 산정 기준과 관련하여 약관규제법에 따른 충분한 설명이 있었는지 여부에 대한 다툼이 있는 점, 소액 분쟁을 원만하고 조속히 해소할 필요성 등을 감안하여 조정된 금액 100만 원으로 강제 조정(조정결정 이유 간략히 제시). 양측의 이의 없어 조정 확정.

조정주문

* 결정사항

1. 피고는 원고에게 201*. 4. 30.까지 금 1,000,000원을 지급한다. 만일 피고가 위 금원을 위 지급기일까지 지급하지 아니한 때에는 미지급금원 및 이에 대하여 지급기일 다음날부터 다 갚는 날까지 연 15%의 비율로 계산한 지연손해금을 가산하여 지급한다.
2. 원고는 나머지 청구를 포기한다.
3. 소송총비용 및 조정비용은 각자 부담한다.

* 결정이유

피고가 20**.경부터 원고의 신용카드조회단말기 장비를 임차하여 오다 20**. 7. 26. IC칩 인식 단말기로 교체하며 재계약을 체결하여 20**. 9. 말 해지 시까지 총 6년여 간 원고와의 계약관계를 유지해왔던 점, 위 20**. 7. 26. 재계약체결 시 계약서 이면에 인쇄된 '장비 임대 약관' 중 중요한 내용에 해당하는 제7조(위약금 산정 기준) 등에 관하여 약관의 규제에 관한 법률 제3조에서 정하고 있는 충분한 설명이 있었는지 여부에 대한 논란이 있는 점, 분쟁을 원만하고 조속하게 종결할 필요성 등을 감안하여 결정주문과 같이 조정결정함.

편취금 반환 청구사건

사건의 개요 및 조정경과

원고는 서울 동대문구 OO동 집창촌 철거 분양권 대금으로 피고 A, B에게 7,000만 원을 지급했는데 아무리 기다려도 분양권이 주어지지 않자 피고들에게 속은 것을 알고 피고들을 사기죄로 형사고소하고 편취금 반환청구. 기소된 피고들은 형사재판 1심에서 유죄(집행유예)를 선고받고 항소한 상태에서 민사소송을 제기당함. 조정기일에 피고 A는 출석, 피고 B는 불출석. 피고들이 원고에게 이미 변제한 금액, 공탁금을 제외한 나머지 손해액 중 적정 조정금원 3,500만 원을 피고들이 연대하지 않고 각 1,750만 원씩을 지급하는 내용으로 원고와 피고 A는 임의조정, 원고와 피고 B는 강제조정하여 이의 없이 조정확정.

조정주문

〈원고와 피고 A와의 임의조정조서〉

1. 피고 A는 원고에게 금 17,500,000원을 지급한다. 다만, 이를 2회로 분할하여 ① 201*. 4. 12.까지 10,000,000원을, ② 201*. 6. 30.까지 7,500,000원을 지급한다.
2. 만일 피고 A가 제1항 기재 지급을 1회라도 지체하는 경우, 피고 A는 기한의 이익을 상실하고 즉시 원고에게 미지급액 전액 및 이에 대하여 지체일로부터 다 갚을 때까지 연 15%의 비율로 계산한 지연손해금을 가산하여 지급한다.
3. 원고는 피고 A가 제1항 ① 201*. 4. 12. 10,000,000원 지급을 이행한 경우에는, 피고 A에 대한 형사재판(서울○○지방법원 201*노****) 관련 탄원서(처벌불원)를 담당 재판부에 제출한다.
4. 원고와 피고 A는, 피고 B와의 향후 본 건 손해배상 관련 내부 구상권행사로 인하여 원고와 피고 A 간에 어떠한 채권채무도 없음을 확인하고, 향후 이와 관련하여 원고와 피고 A 간에 일체의 재판상, 재판외 청구 또는 이의제기를 하지 아니한다.
5. 원고는 피고 A에 대한 나머지 청구를 포기한다.
6. 원고와 피고 A 사이의 소송비용 및 조정비용은 각자 부담한다.

〈원고와 피고 B와의 조정갈음결정〉

1. 피고 B는 원고에게 금 17,500,000원을 지급한다. 다만, 이를 2회로 분할하여 ① 201*. 4. 12.까지 10,000,000원을, ② 201*. 6. 30.까지 7,500,000원을 지급한다.
2. 만일 피고 B가 제1항 기재 지급을 1회라도 지체하는 경우, 피고 B는 기한의 이익을 상실하고 즉시 원고에게 미지급액 전액 및 이에 대하여 지체일로부터 다 갚을 때까지 연 15%의 비율로 계산한 지연손해금을 가산하

여 지급한다.

3. 원고는 피고 B가 제1항 ① 201*. 4. 12. 10,000,000원 지급을 이행한 경우에는, 피고 B에 대한 형사재판(서울○○지방법원 201*노****) 관련 탄원서(처벌불원)를 담당 재판부에 제출한다.
4. 원고와 피고 B는, 피고 B와 공동피고 A(원고와 임의조정성립 종결)와의 향후 본 건 손해배상 관련 내부 구상권행사로 인하여 원고와 피고 B 간에 어떠한 채권채무도 없음을 확인하고, 향후 이와 관련하여 원고와 피고 B 간에 일체의 재판상, 재판외 청구 또는 이의제기를 하지 아니한다.
5. 원고는 피고 B에 대한 나머지 청구를 포기한다.
6. 원고와 피고 B 사이의 소송비용 및 조정비용은 각자 부담한다.

매점 헐값 인수에 따른 손해배상 청구사건

사건의 개요 및 조정경과

원고는 자신의 부인이 경영하는 편의점을 피고가 공무원의 지위를 악용하여 정상가격보다 현저하게 싸게 인수하여 피고와 내연관계에 있는 소외 A로 하여금 운영하게 하였다며 그 차액인 7,000만 원을 편취하였기에 그 지급을 구한다는 소송을 제기. 피고는 원고의 편의점을 인수한 사람은 자신이 아닌 A이며 자신이 인수자금을 마련하여 A에게 대여하였을 뿐이고 원고가 매도한 가격은 오히려 높은 가격이었음에도 이에 속아 A가 인수한 것이며 원고가 편의점 물품 납품 관련 조건을 이행하지 않아 결국 A가 같은 편의점을 4,500만 원에 재매각하여 수천만 원의 손실을 보았다고 주장하며, 원고가 피고를 상대로 사기죄로 고소하였으나 무혐의결정을 받은 사실 등을 소명. 양측 조정합의 불성립. 원고가 소를 취하하고 피고는 이에 동의한다는 조정갈음결정하여 이에 양측 이의 없어 확정.

조정주문

1. 원고는 이 사건 소를 취하하고, 피고는 이에 동의한다.
2. 소송비용 및 조정비용은 각자 부담한다.

업무상과실치상 손해배상 청구사건

사건의 개요 및 조정경과

원고는 상가건물 리모델링공사의 일환으로 약국간판을 철거하는 작업을 하던 피고들이 실수로 간판을 떨어뜨려 때마침 근처 인도를 걷던 원고의 머리를 간판에 부딪치게 하여 원고를 다치게 하였고 원고는 100일 넘게 입원치료한 이후 피고들을 상대로 4,800여만 원의 손해배상을 구하는 소송을 제기. 조정과정에서 피고들이 업무상과실치상죄로 기소되어 1심에서 각 벌금 300만 원이 선고되었고 형사소송과정에서 원고를 위하여 500만 원을 공탁한 점, 피고들이 책임보험에 가입하지 않아 피고들이 개인적으로 피해배상하여야 하나 영세한 사업자 내지 인부인 점, 원고가 실손보험에 가입하여 치료비를 80% 넘게 지급받은 점, 현재 원고의 치료가 거의 마무리되어 요양보호사에 의한 재가 요양 중에 있는 점, 기왕증, 과잉 편승치료 등의 정황이 인정되는 점 등을 종합적으로 고려하여 피고들이 연대하여 800만 원을 4회 분할 지급하되, 만일 지체할 경우 미지급액에 200만 원을 추가하여 지급하며, 원고는 피고들에 대한 고소를 취하하고 선처를 구하기로 하는 내용으로 임의조정 성립.

조정주문

1. 피고들은 연대하여 원고에게 금 8,000,000원을 지급한다. 다만, 이를 4회로 분할하여 ① 201*. 5. 18.까지 5,000,000원을, ② 201*. 6. 18.까지 1,000,000원을, ③ 201*. 7. 18.까지 1,000,000원을, ④ 201*. 8. 18.까지 1,000,000원을 원고의 은행계좌(○○은행 ***-21-****-2*1)로 입금 지급한다.
2. 만일 피고들이 제1항 기재 지급을 1회라도 지체하는 경우, 피고들은 기한의 이익을 상실하고 즉시 원고에게 미지급액 전액에 2,000,000원을 더한 돈 및 이 '미지급액 전액에 2,000,000원을 더한 돈'에 대하여 지체일로부터 다 갚을 때까지 연 15%의 비율로 계산한 지연손해금을 가산하여 지급한다.
3. 원고는 나머지 청구를 포기한다.
4. 원고와 피고들은, 이 사건 청구원인과 관련하여 본 조정조서에서 정한 사항 이외에는 양자 사이에 어떠한 채권채무도 없음을 확인하고, 향후 이와 관련하여 서로에 대하여 일체의 재판상, 재판외 청구 또는 이의제기를 하지 아니한다.
5. 원고는 피고들에 대한 이 사건 청구원인 관련 업무상 과실치상 사건 형사재판과 관련하여 당해 재판부에 피고들에 대한 고소를 취하하고 피고들의 선처를 구하는 탄원을 하되, 원고와 피고들은 본 조정조서를 고소취하서 및 탄원서에 갈음하여 동 재판부에 제출하기로 한다.
6. 소송비용 및 조정비용은 각자 부담한다.

내연관계청산과정의 물품분실로 인한 손해배상 청구사건

사건의 개요 및 조정경과

원고와 피고는 혼외 내연관계를 유지하다 관계를 청산하였음. 원고는 피고 명의로 임차한 오피스텔에 원고 소유의 옷가지, 서류 등 물건을 두고 수시로 드나들었는데, 관계를 청산한 피고가 오피스텔에서 이사 나가면서 오피스텔 안에 있던 원고의 물품을 박스에 담아 오피스텔 문밖에 내다 놓았고 이후 그 박스가 분실되어 원고가 자신의 물건을 회수하지 못하게 되자 귀중품 등이 없어졌다고 주장하며 760여만 원을 청구. 조정과정에서 원고의 물건을 오피스텔 문 밖에 방치하여 분실하게 한 피고의 책임은 인정되나, 원고 피해물품의 내용 및 피해액의 입증이 곤란한 점, 양측이 부적절한 관계를 깨끗하게 정리하고 향후 불필요한 접촉을 차단하는 차원에서 피고가 원고에게 계좌이체방식으로 100만 원을 지급하고 더 이상의 채권채무가 없음을 확인하는 내용으로 조정 성립.

조정주문

1. 피신청인은 신청인에게 201*. 4. 22.까지 금 1,000,000원을 지급한다. 그 지급은 신청인의 은행계좌(○○은행 ***-1*3-******)로 입금하는 방식으로 한다. 만일 피신청인이 위 지급기일까지 위 금원을 지급하지 아니한 때에는, 피신청인은 미지급금원에 대하여 지급기일 다음날부터 다 갚을 때까지 연 15%의 비율로 계산한 지연손해금을 가산하여 신청인에게 지급한다.
2. 신청인과 피신청인은 이 사건 청구원인 및 양자 간의 이전 관계와 관련하여 본 조정조서에서 정한 사항 이외에는 양자 사이에 어떠한 채권채무도 없음을 확인하고, 향후 이와 관련하여 서로에 대하여 일체의 재판상, 재판외 청구 또는 이의제기를 하지 아니하며, 향후 서로에 대한 연락을 하지 아니하고 상호 상대방과 그 가정의 사생활과 명예를 존중·보호한다.
3. 신청인은 나머지 청구를 포기한다.
4. 조정비용은 각자 부담한다.

횡령금 반환 청구사건

사건의 개요 및 조정경과

피고는 원고 OOO선교회 대표를 역임하던 중 원고선교회 소유 건물을 제3자와 임대차계약을 체결하고 그 임대보증금 1억 원을 받아 개인적으로 보관, 사용함. 원고선교회는 퇴임한 피고를 상대로 임대보증금 반환을 구하는 소송을 제기. 조정과정에서 피고는 10년의 유예를 요구하였으나 이를 5년으로 줄여 조정기일로부터 5년 후 1억 원을 변제하기로 하는 내용으로 조정성립.

조정주문

1. 피신청인은 신청인에게 202*. 6. 30.까지 금 100,000,000원을 지급한다. 만일 피신청인이 위 지급기일까지 위 금원을 지급하지 아니한 때에는, 피신청인은 미지급금원에 대하여 지급기일 다음날부터 다 갚을 때까지 연 15%의 비율로 계산한 지연손해금을 가산하여 신청인에게 지급한다.
2. 신청인은 나머지 청구를 포기한다.
3. 조정비용은 각자 부담한다.

생수 사기로 인한 손해배상 청구사건

사건의 개요 및 조정경과

원고는 피고 2(피고 1의 대표이사)로부터 반려동물 영양생수 국내독점 총판권을 제안 받고 3,600여만 원을 지급하였으나 피고 2가 미이행하여 계약을 해지하였고 이후 피고 2가 환불각서를 작성하였으나 이 역시 이행하지 않자 피고 2를 사기로 고소함과 동시에 피고들의 편취금의 반환의 연대책임을 묻는 소송을 제기. 피고들이 연대하여 4,000만 원을 8회 분할 지급한다(다만, 전액 지급 시 즉시 형사고소 취하)는 내용으로 조정갈음 결정하여 양측 이의 없이 확정.

조정주문

1. 피고들은 연대하여 원고에게 금 40,000,000원을 지급한다. 다만, 이를 8회로 분할하여 201*. 7.부터 201*. 2.까지 매월 말 5,000,000원을 지급한다.
2. 만일 피고들이 제1항 기재 지급을 1회라도 지체하는 경우, 피고들은 기한의 이익을 상실하고 즉시 원고에게 미지급액 전액 및 이에 대하여 지체일로부터 다 갚을 때까지 연 15%의 비율로 계산한 지연손해금을 가산하여 지급한다.
3. 원고는, 피고들이 제1항 분할변제일정에 불구하고 제1항 기재 금원 40,000,000원을 전액 지급한 때에는 즉시 피고 ○○○에 대한 형사재판(서울△△지방법원 201*고단**** 사기사건)과 관련하여 고소취하(선처를 구하는 탄원) 서면을 담당재판부에 제출하기로 한다.
4. 원고는 나머지 청구를 포기한다.
5. 소송비용 및 조정비용은 각자 부담한다.

인터넷 댓글로 인한 명예훼손 손해배상 청구사건

사건의 개요 및 조정경과

원고는 양심적 병역 거부자로서 국군의 날 시가행진행사 시 도로상에서 누드 퍼포먼스를 진행하였는데 이와 관련한 인터넷 기사에 대하여 피고들이 욕설과 비방의 댓글을 달아 원고의 명예를 훼손하였다며 각 400만 원 내지 500만 원의 손해배상을 구하는 소송을 제기. 조정과정에서 피고들 중 두 사람과는 각 50만 원을 지급하는 내용으로 임의조정 성립하고 나머지 두 사람에게는 30만 원을 지급한다는 내용으로 강제조정(그중 한 사람은 이의, 한 사람은 이의 없이 확정).

조정주문

〈임의조정조서〉

1. 피고 ○○○, △△△은 원고에게 201*. 7. 29.까지 각 금 500,000원을 지급한다. 만일 위 지급기일까지 위 금

원을 지급하지 아니한 때에는, 미지급금원에 대하여 지급기일 다음날부터 다 갚을 때까지 연 15%의 비율로 계산한 지연손해금을 가산하여 지급한다.

2. 원고는 피고 ○○○, △△△에 대한 나머지 청구를 포기한다.
3. 소송비용 및 조정비용은 각자 부담한다.

〈조정갈음결정〉

1. 피고들은 원고에게 201*. 8. 31.까지 각 금 300,000원을 지급한다. 만일 위 지급기일까지 위 금원을 지급하지 아니한 때에는, 미지급금원 및 이에 대하여 위 지급기일 다음날부터 다 갚는 날까지 연 15%의 비율에 의한 지연손해금을 가산하여 지급한다.
2. 원고는 나머지 청구를 포기한다.
3. 소송비용 및 조정비용은 각자 부담한다.

주상복합건물 화장실 벽면 타일 낙하로 인한 손해배상 청구사건

사건의 개요 및 조정경과

원고 주상복합 관리단은 동 주상복합 입주자인 피고(남성)가 건물 1층 공용화장실에서 소변을 보는 중 때마침 화장실내 벽면 상단 부착 타일 2장이 떨어지며 피고의 머리 부분을 부딪쳐 피고의 머리가 찢어져 7바늘을 꿰매게 하는 등 전치 2주의 상해를 입게 하고 피고의 오른쪽 발등에도 타일이 떨어져 피고의 구두를 찢어지게 하여 못쓰게 하는 등 피해를 발생하였는데 이 사고로 인하여 피고로부터 350만 원의 피해배상을 요구받자, 금액을 특정하지 않고 적절한 조정을 구한다는 취지의 조정신청(채무 일부부존재확인 소송의 형식). 조정 과정에서 원고가 시설물관리소홀에 대한 유감 표명과 함께 원고의 채무액을 250만 원으로 정하여 이를 지급하기로 하는 내용으로 임의조정 성립.

조정주문

1. 피신청인은, 신청인에 대하여, 201*. 7. 17. 서울 △△구 ◇◇동 *가 ***-* ▽▽▽ □□□오피스텔 1층 공용화장실에서 화장실내벽 상단 부착 대리석 타일이 탈락하며 피신청인 머리를 충격하여 피신청인이 머리정수리 부분 열상을 입고 구두가 손상되는 상해사고와 관련하여 신청인의 피신청인에 대한 손해배상채무는 금 2,500,000원을 초과하여서는 존재하지 아니함을 확인한다.
2. 신청인은 피신청인에게 201*. 8. 31.까지 제1항 기재 금원 2,500,000원을 지급한다. 만일 신청인이 위 지급기일까지 위 금원을 지급하지 아니한 때에는, 신청인은 미지급금원에 대하여 지급기일 다음날부터 다 갚는 날까지 연 15%의 비율로 계산한 지연손해금을 가산하여 피신청인에게 지급한다.
3. 신청인은 나머지 신청을 포기한다.

4. 조정비용은 각자 부담한다.

폭행사망사고로 인한 손해배상 청구사건

사건의 개요 및 조정경과

원고들의 피상속인 망 A(사고 당시 만 74세)는 피고가 근무하는 건물의 관리인으로 근무하던 중 건물 앞 매점에서 술을 마시던 피고가 A에게 술 한 잔 마시러 가라고 권하여 이를 A가 거절하면서 서로 욕설과 삿대질을 하다 피고가 A의 팔과 멱살을 잡아 흔들며 피고를 넘어지게 하여 급성심근경색으로 사망하게 한 사고와 관련하여 A의 유족이자 상속인인 원고들(1. 배우자, 2, 3. 자녀)은 피고를 상대로 각 3,000만 원, 1,000만 원의 손해배상을 구하는 소송을 제기. 피고는 위 사고로 폭행치사가 아닌 폭행죄로 징역 6월에 집행유예 1년의 판결이 확정됨. 망 A의 사망은 기왕증에 기인한 것이고 피고의 폭행과 망인의 사망과의 인과관계가 인정되기 어렵고 피고에게 사망을 예견할 가능성이 낮은 점, 피고가 망인을 가격한 것이 아니라 멱살을 잡고 옥신각신하다 사고가 발생한 점, 피고가 사고 후 유족에게 사과한 점 등을 감안하여 피고가 원고에게 각 2,000만 원(망인의 배우자인 원고 1), 700만 원(망인의 자녀인 원고 2, 3)씩을 지급한다는 내용으로 조정갈음결정하여 양측 이의 없이 확정.

조정주문

1. 피고는 201*. 11. 30.까지 원고 ○○○에게 금 20,000,000원, 원고 △△△, 원고 ▽▽▽에게 각 금 7,000,000원을 지급한다. 만일 피고가 위 지급기일까지 위 금원을 지급하지 아니한 때에는, 피고는 미지급금원에 대하여 지급기일 다음날부터 다 갚을 때까지 연 15%의 비율로 계산한 지연손해금을 각 가산하여 원고들에게 지급한다.
2. 원고들은 나머지 청구를 포기한다.
3. 소송비용 및 조정비용은 각자 부담한다.

휴대전화기 파손으로 인한 손해배상 청구사건

사건의 개요 및 조정경과

원고는 △△시 ◊◊역 버스정류장에서 버스를 타기 위해 서 있었는데 피고가 OO 시내버스를 황급히 타기 위해 뛰어가면서 원고의 왼팔을 충돌하여 손에 있던 원고의 휴대전화기를 떨어뜨려 파손시켰으면서도 아무런 조치 없이 그냥 버스를 타고 가버렸다면서 휴대전화기 수리비 등을 지급하라는 소송을 제기. 파손사고 이후 원고는 피고의 인적 사항을 알아내기 위해 피고가 타고 간 OO 시내버스의 폐쇄회로 동영상과 교통카드 사용내역 확인 등을 통해 피고를 특정하여 소송을 제기. 피고는 답변서에서 원고와 부딪힌 사실이 없다고 주장하며 조정기일에 불출석. 조정기일에서 원고의 주장사실과 입증 자료를 확인한 결과 원고의 휴대 전화기를 피고가 떨어뜨리게 한 과실이 인정되어 원고 청구금액을 일부 조정감액하여 피고로 하여금 원고에게 지급하게 하는 조정갈음결정을 하여 양측이 이에 이의하지 않아 조정 확정.

조정주문

1. 피신청인은 신청인에게 201*. 10. 30.까지 금 60,000원을 지급한다. 그 지급은 신청인의 은행계좌(○○은행 ***-***-**-****** 예금주 □□□)로 입금하는 방식으로 한다. 만일 피신청인이 위 지급기일까지 위 금원을 지급하지 아니한 때에는, 피신청인은 미지급금원에 대하여 위 지급기일 다음날부터 다 갚는 날까지 연 15%의 비율에 의한 지연손해금을 가산하여 신청인에게 지급한다.
2. 신청인은 나머지 신청을 포기한다.
3. 조정비용은 각자 부담한다.

압력밥솥 폭발로 인한 손해배상채무 일부부존재확인 청구사건

사건의 개요 및 조정경과

원고 압력밥솥 제조판매회사는 피고가 원고의 압력밥솥 제품을 사용하던 중 밥솥이 폭발하여 피고가 가슴, 팔 등에 화상을 입는 상해사고를 입은 것과 관련하여 원고의 피고에 대한 채무가 향후치료비, 위자료 등 합하여 610여만 원을 초과하지 않는다는 것을 확인하여 달라는 소송을 제기. 피고는 밥솥 폭발 사고로 인하여 5일간 입원하였고 생리가 멈추고 외상후 스트레스 등을 입었다고 주장. 원고의 채무가 800만 원임을 확인하고 이를 지급한다는 내용으로 조정갈음결정하여 양측 이의 없이 확정.

조정주문

1. 피신청인은 신청인에 대하여, 201*. 7. 5. 서울 △△구 ◇◇동 ▽▽아파트 1**동 1*0*호에서 피신청인이 신청인이 제조한 가정용 압력밥솥 (모델명 : *****)으로 밥을 취사하던 중 압력밥솥이 폭발하며 뚜껑이 열리면서 증기 등에 의하여 피신청인이 상해를 입게 된 사고와 관련하여 신청인의 피신청인에 대한 손해배상 지급채무(201*. 9. 28.이전까지 지급한 금액 제외)는 금 8,000,000원을 초과하여 존재하지 아니함을 확인한다.
2. 신청인은 피신청인에게 201*. 11. 15.까지 제1항 기재 금원 8,000,000원을 지급한다. 만일 신청인이 위 지급기일까지 위 금원을 지급하지 아니한 때에는, 신청인은 미지급금원에 대하여 위 지급기일 다음날부터 다 갚는 날까지 연 15%의 비율에 의한 지연손해금을 가산하여 피신청인에게 지급한다.
3. 신청인은 나머지 신청을 포기한다.
4. 조정비용은 각자 부담한다.

상해에 기한 손해배상 청구사건

사건의 개요 및 조정경과

원고는 전투경찰대 동기인 피고와 데모진압훈련 차원의 대련을 하면서 피고에게 원고의 방패를 발로 차 볼 것을 제안하자 피고가 원고가 예상을 넘은 강한 강도로 발로 원고의 방패를 걷어차 원고의 치아가 2개 파절되며 임플란트 수술을 하는 등 피해(당시까지의 치료는 공상 처리)를 입었다며 향후치료비와 위자료를 합한 910여 만의 50%인 450여만 원의 지급을 구하는 소송을 제기. 피고는 원고의 요청에 의하여 한 행위이므로 손해배상책임을 인정할 수 없다고 주장. 합의 불성립. 피고가 원고에게 250만 원을 지급한다는 내용으로 조정갈음결정하여 양측 이의 없이 확정.

조정주문

1. 피고는 원고에게 금 2,500,000원을 지급한다. 다만, 이를 2회로 분할하여 ① 201*. 11. 30. 금 1,500,000원을, ② 201*. 6. 30. 금 1,000,000원을 지급한다.
2. 만일 피고가 제1항 기재 지급을 1회라도 지체하는 경우, 피고는 기한의 이익을 상실하고 즉시 원고에게 미지급액 전액 및 이에 대하여 지체일로부터 다 갚는 날까지 연 15%의 비율로 계산한 지연손해금을 가산하여 지급한다.
3. 원고는 나머지 청구를 포기한다.
4. 소송비용 및 조정비용은 각자 부담한다.

화재로 인한 손해배상 청구사건

사건의 개요 및 조정경과

원고는 원고 소유 (가)상가건물에 인접한 (나)상가건물의 임차인인 피고 A의 과실로 화재가 발생하여 원고의 (가)상가건물로 불이 옮겨 붙어 원고의 (가)상가건물의 스레트지붕, 기둥, 벽면 등이 소실되는 피해를 입었다며 피고 A와 그 (나)상가건물의 공동소유자인 B, C를 상대로 지붕철거비, 보수공사비 등 1,100여만 원의 지급을 구하는 소송을 제기. 1심에서는 각 항목마다 70% 내지 50%의 배상액이 인정되어 피고들이 공동하여 740여만 원을 지급하라는 판결이 나왔고 이에 피고들이 불복하여 항소. 항소심 조정 회부. 조정기일에 피고들이 각 항목의 60%의 배상액을 합한 650여만 원을 공동하여 지급하기로 하는 내용으로 임의조정 성립.

조정주문

1. 피고들은 공동하여 원고에게 금 6,565,000원을 지급한다. 다만, 이를 2회로 분할하여 ① 201*. 11. 30.까지 3,000,000원을, ② 201*. 12. 31.까지 3,565,000원을 원고의 은행계좌(○○은행 ***-21-****-5*7, 예금주

△△△)로 입금 지급한다.

2. 만일 피고들이 제1항 기재 지급을 1회라도 지체하는 경우, 피고들은 기한의 이익을 상실하고 즉시 원고에게 미지급액 전액 및 이에 대하여 지체일로부터 다 갚을 때까지 연 15%의 비율로 계산한 지연손해금을 가산하여 지급한다.
3. 원고는 나머지 청구를 포기한다.
4. 소송총비용 및 조정비용은 각자 부담한다.

투자증권사 직원의 한도초과거래로 인한 손실에 대한 손해배상 청구사건

사건의 개요 및 조정경과

원고 투자증권회사는 피고가 원고회사 채권영업팀에 소속하여 재직 중에 원고회사에 알리지 않고 팀 포지션 한도와 월손실한도를 초과하여 채권거래 운영을 함으로써 원고회사에게 4억 5,300여만 원의 손실을 야기하였다며 그 지급을 구하는 소송을 제기. 조정 심리 결과, 피고는 위 한도초과거래에 따른 손실에 대한 책임을 지고 이미 사직하여 현재 실직상태에 있어 변제능력이 제한되었고 원고회사에서 근무한 20개월 동안 원고회사에 14억 원의 영업수익이 발생하도록 기여한 바도 있었으며 피고가 한도를 초과하여 거래한 사실은 맞으나 그 손실의 주요인이 피고가 거래한 회사채를 발행한 ○○회사의 분식회계 발각으로 인한 갑작스러운 신용도 하락에 있었던 점을 인정하여 피고가 3,500만 원을 10회 분할 지급하는 내용으로 임의조정 성립.

조정주문

1. 피신청인은 신청인에게 금 35,000,000원을 지급한다. 다만, 이를 10회로 분할하여 201*. 3.부터 12.까지 매월 말 3,500,000원을 지급한다.
2. 만일 피신청인이 제1항 기재 지급을 1회라도 지체하는 경우, 피신청인은 기한의 이익을 상실하고 즉시 신청인에게 미지급액 전액 및 이에 대하여 지체일로부터 다 갚을 때까지 연 15%의 비율로 계산한 지연손해금을 가산하여 지급한다.
3. 신청인은 나머지 청구를 포기한다.
4. 조정비용은 각자 부담한다.

누수로 인한 손해배상채무 부존재확인 청구사건

사건의 개요 및 조정경과

원고는 자신 소유의 음식점의 누수로 인하여 아래층 피고의 목욕탕 운영에 손해가 발생하였다는 피고의 주장에 대하여 자신의 채무가 부존재함을 확인하여달라는 소송을 제기. 피고가 원고의 누수로 인하여 수리비 320만 원 및 공사로 인한 영업손실 250만 원을 주장하였고, 양측 조정합의 불성립. 원고의 피고에 대한 채무액이 320만 원임을 확인하고 이를 지급한다는 내용의 조정갈음결정으로 양측 이의 없이 확정.

조정주문

1. 피신청인은, 신청인에 대하여, 201*. 6. 16. 서울 △△구 ◇◇동 **-* ▽▽빌딩 지하 1층 피신청인 운영 "□□사우나" 천장 누수 사고와 관련하여 신청인의 피신청인에 대한 손해배상채무는 금 3,200,000원을 초과하여서는 존재하지 아니함을 확인한다.
2. 신청인은 피신청인에게 201*. 4. 10.까지 제1항 기재 금원 3,200,000원을 지급한다. 만일 신청인이 위 지급기일까지 위 금원을 지급하지 아니한 때에는, 신청인은 미지급금원에 대하여 지급기일 다음날부터 다 갚는 날까지 연 15%의 비율로 계산한 지연손해금을 가산하여 피신청인에게 지급한다.
3. 신청인은 나머지 신청을 포기한다.
4. 조정비용은 각자 부담한다.

상해로 인한 손해배상 청구사건

사건의 개요 및 조정경과

원고는 딸집에 방문하여 분리수거하다 이웃 주민인 피고로부터 폭행을 당해 치료비, 일실수입, 위자료 등 2,500여만 원의 손해배상 청구 소송을 제기하여 1심에서 1,300여만 원의 지급판결(피고의 책임 80%로 제한. 일실수입 불인정)이 있었고 이에 피고가 항소하여 항소심 조정 회부. 피고는 상해 고의가 없었고 원고의 과실이 50% 이상이라고 주장. 조정합의 불성립. 1,300만 원을 지급한다는 내용으로 조정갈음결정하여 양측 이의 없이 확정.

조정주문

1. 피고는 원고에게 201*. 4. 17.까지 금 13,000,000원을 지급한다. 만일 피고가 위 금원을 위 지급기일까지 지급하지 아니한 때에는, 미지급금원에 826,919원을 더한 돈 및 이 '미지급금원에 826,919원을 더한 돈'에 대하여 201*. 12. 29.부터 201*. 11. 29.까지는 연 5%, 그 다음 날부터 다 갚는 날까지 연 15%의 비율로 계산한 지연손해금을 가산하여 지급한다.
2. 원고는 나머지 청구를 포기한다.
3. 원고는, 제1항 기재 지급이 있으면,
   가. 피고에 대한 부동산가압류 및 강제경매(이 사건 1심 가집행)신청을 취하하고 그 집행취소를 신청하고,
   나. 이 사건 관련 피고의 형사재판 재판부에 피고의 선처를 구하는 탄원서를 제출한다.

4. 소송총비용 및 조정비용은 각자 부담한다.

분양주택 싱크대 역류로 인한 손해배상 청구사건

사건의 개요 및 조정경과

원고는 원고의 딸인 소외 A가 피고가 신축하여 분양한 다세대(총 16세대) 주택 중 204호를 분양받아 입주하자 함께 거주하게 되었는데 입주 직후부터 건축하자로 인하여 세대 내 싱크대, 화장실 배수구 등에서 역류 현상이 반복되었고 급기야 화장실에서 역류된 물이 넘쳐 거실로 흘러 들어와 원고가 거실에서 미끄러져 3주 요치의 상해를 입고 1주일 입원치료, 이후 통원 치료 등의 피해를 입었다며 총 1,000여만 원의 지급을 구하는 소송을 제기. 1심에서 청구액의 일부인 150만 원만이 인정되어 쌍방이 항소하였고, 항소심 조정 회부. 피고는 하자보증보험처리로 충분하며 원고가 음식물찌꺼기를 싱크대에 버려 배수관이 막히게 하는 등 사용상의 잘못으로 역류가 발생하였다는 주장을 함. 조정과정에서 피고가 250만 원을 지급하고 원고 세대 내 싱크대 막힘 현상을 해소하는 공사를 피고 비용으로 해주는 내용으로 임의 조정 성립.

조정주문

1. 피고는 원고에게 201*. 4. 20.까지 금 2,500,000원을 지급한다. 만일 피고가 위 지급기일까지 위 금원을 지급하지 아니한 때에는, 피고는 미지급금원에 대하여 지급기일 다음날부터 다 갚을 때까지 연 15%의 비율로 계산한 지연손해금을 가산하여 원고에게 지급한다.
2. 피고는 201*. 5. 15.까지 피고 비용부담으로 원고 소유(수분양) 204호 내 싱크대 막힘 현상을 해결하는 수리공사를 하여 주기로 한다.
3. 원고는 기왕의 하수구 막힘과 관련한 청구를 모두 포기한다.
4. 소송총비용 및 조정비용은 각자 부담한다.

12 약정금, 어음금 및 기타 사건

양수금 청구사건

사건의 개요 및 조정경과

원고는 소외 A의 피고에 대한 배당금지급청구채권 중 4억 원을 양도받아 피고에 대해 4억 원의 양수금 소송을 제기. 조정기일에 실질적인 이해관계자인 소외 A의 대표이사인 소외 B를 조정참가 시킨 다음 피고와 조정참가인 B가 연대하여 1억 2,000만 원을 7회 분할 지급하고 B는 원고에 대한 별소를 취하하고 원고는 B에게 원고가 보관중인 골프장 회원권 서류 등을 반환한다는 내용으로 조정갈음결정하여 양측 이의 없이 확정.

조정주문

1. 피고 및 조정참가인은 연대하여 원고에게 금 120,000,000원을 다음과 같이 7회에 걸쳐 분할하여 지급한다.
   가. 201*. 6. 15.까지 60,000,000원
   나. 201*. 7. 15.까지 10,000,000원
   다. 201*. 8. 15.까지 10,000,000원
   라. 201*. 9. 15.까지 10,000,000원
   마. 201*. 10. 15.까지 10,000,000원
   바. 201*. 11. 15.까지 10,000,000원
   사. 201*. 12. 15.까지 10,000,000원
2. 피고 및 조정참가인이 제1항의 분할금의 지급을 1회라도 지체한 때에는 기한의 이익을 상실하고, 피고 및 조정참가인은 연대하여 원고에게 즉시 금 120,000,000원에서 이미 지급한 돈을 공제한 나머지 잔액 및 이에 대하여 기한이익 상실 다음날부터 다 갚는 날까지 연20%의 비율로 계산한 지연손해금을 가산하여 지급한다.
3. 조정참가인은 원고를 상대로 제기한 서울○○지방법원 201*가합***** 부당이득금반환청구 사건의 소를 즉시 취하하고, 원고는 그 취하에 동의한다. 만약 조정참가인이 소취하서를 제출하지 아니할 경우, 원고는 이 조정을 갈음하는 결정조서를 소취하서에 갈음하여 제출할 수 있다.
4. 원고와 조정참가인은 향후 양자 간에 있었던 골프회원권의 매매와 관련하여 서로 일체의 청구를 제기하지 아니한다.
5. 원고는 보관중인 △△△△△CC 회원권 관련서류(회원증서 원본 1통, 인감등록증명서 1통, 입회신입서 사본 1

통, 회원증서 명의 양도양수신청서 1통, 분실신고서 1통, 위임장 2건 각 1통, 골프회원권매도계약서 3통)를 조정참가인에게 201*. 5. 15.까지 반환한다.

6. 제1항의 이행이 완료되면, 원고는 조정참가인에게 아래 서류를 반환한다.
   가. △△△시 ○○동 344-17 ○○ 2차 ◇◇◇◇◇◇ 206-1602 등기권리증
   나. 공증인가 법무법인 ◇◇ 등부 2008년 제***조 인증서
   다. 공증인가 법무법인 ◇◇ 등부 2007년 제***조 인증서
   라. ▽▽CC 회원권 양도서류(회원증 1통, 회원권양도승인서 1통, 골프장 회원권 매매계약서 2통)
   마. 기타 원고가 보관중인 각서, 등기권리증, 차용증 등 서류 일체
7. 원고는 피고에 대한 나머지 청구를 포기한다.
8. 소송비용 및 조정비용은 각자 부담한다.

손해사정사 보수료 청구사건

사건의 개요 및 조정경위

손해사정사가 산재사고 근로자와의 손해사정계약(보험금의 20% 보수 약정)에 따라 근로자가 ○○보험사로부터 지급받은 사망보험금(장해지급율 80% 이상 시 사망보험금 지급) 2억 원의 20%인 4,000만 원의 지급 청구.

피고는 손해사정위임계약을 해지하였으므로 지급의무가 없다고 주장.

당사자 간 조정합의에 이르지 못함.

적법한 계약해지 여부, 보험금결정과정에서 손해사정사인 원고의 기여 정도에 대한 양측의 다툼이 있고, 피고의 중대한 산재사고를 기화로 원고가 얻고자 한 성공보수약정금액이 과다한 점 등을 감안하여 8분의 1로 감액한 500만 원을 지급한다는 내용으로 강제조정 확정.

조정주문

1. 피고는 원고에게 201*. 7. 31.까지 금 5,000,000원을 지급한다. 만일 피고가 위 지급기일까지 위 금원을 지급하지 아니한 때에는, 피고는 미지급금원에 대하여 위 지급기일 다음날부터 다 갚을 때까지 연 20%의 비율에 의한 지연손해금을 가산하여 원고에게 지급한다.
2. 원고는 나머지 청구를 포기한다.
3. 소송비용 및 조정비용은 각자 부담한다.

차별구제 청구사건

사건의 개요 및 조정 경위

장애인 여성인 원고가 지하철 *호선을 관리하는 피고회사를 상대로 ○○○역사에 장애인화장실이 남, 녀 구분 설치되어 있지 않았으므로 이를 구분 설치할 것과 △△△역 환승에 필요한 승강기가 없고 고장이 잦은 리프트만 있을 뿐이어서 승강기를 설치할 것을 청구하고 아울러 위자료 2,000만 원 청구. 소송 중 조정 회부. 조정합의 불성립. 집행력이 부여되기는 어렵지만 민사상 합의효의 의미가 있는 내용으로서 피고회사가 일정 기한까지 ○○○역사 내 장애인화장실 남, 녀 구분 설치하고 △△△역 환승에 필요한 승강기를 설치하되 공기를 최대한 앞당기기로 노력하고, 상징적인 액수로서 위자료 110만 원을 지급한다는 내용으로 조정갈음결정. 이에 피고가 이의하였으나, 재판 복귀 이후 위 강제조정 내용과 유사한 재판부의 화해권고결정(위자료 지급 부분 삭제)을 양측이 받아들여 분쟁 종결.

조정주문

1. 피고는 201*. 12.까지 지하철 *호선 ○○○역사 내 장애인화장실을 남성용과 여성용으로 구분 분리하여 설치한다. 다만, 피고는 201*년도 장애인화장실 환경개선계획(○○○역사 포함 6개 역사)에 따른 시설공사예산을 201*. 상반기에 조기집행 하도록 노력하며, ○○○역사를 다른 5개 역사에 우선하여 동 장애인화장실 남·여 분리설치 공사를 시행한다.
2. 피고는 201*. 12.까지 지하철 *호선 △△△역사 내 순환선 탑승장에서 개찰구까지 오르내릴 수 있는 전동 승강기(엘리베이터) 1대를 설치한다. 다만, 피고는 동 전동 승강기 설치를 위한 공사발주를 신속하게 하여 설치 완료시기를 최대한 앞당기기 위해 노력한다.
3. 피고는 원고에게 201*. 7. 31.까지 금 1,100,000원(이 사건 소장부본 송달일인 201*. 7. 19. 다음날부터 본 조정기일까지 기간인 약 11월 × 월 100,000원의 위자료)을 지급한다. 만일 피고가 위 지급기일까지 위 금원을 지급하지 아니한 때에는 미지급금원에 대하여 지급기일 다음날부터 다 갚을 때까지 연 20%의 비율로 계산한 지연손해금을 가산하여 지급한다.
4. 원고는 나머지 청구를 포기한다.
5. 소송비용 및 조정비용은 각자 부담한다.

사해행위취소 등 청구사건

사건의 개요 및 조정경과

원고는 의류 수출입회사인데 관세사였던 피고 1에게 원고의 수입물 통관대행업무를 위임하였는데 피고 1이 실제 수입가격보다 축소된 가격을 신고하며 차액을 횡령 내지 편취하였고 선지급금 중 일부도 미정산 미반환 하였으며 이후 피고 1이 자신의 유일한 재산인 부동산의 1/2 지분을 배우자인 피고 2에게 증여하였기에 횡령금 등 1억 2,800여만 원의 지급 및 피고들 간의 증여계약의 취소와 피고 2의 1/2 지분에 대한 소유권이전등기 말소 이행을 구하는 소송을 제기. 피고 1은 사무장인 소외 A의 농간으로 관세사 명의만 빌려준 자신이 이용당하였다고 주장하였으나 그러한 명의대여행위는 오히려 관세사로서의 위법행위와 책임을 인정하는 결과가 되었고 원고와의 소송 이외에도 다른 피해자들로부터 유사한 소송을 3건 제기당하여 진행 중인 사실 등을 인정하여, 피고 1이 원고의 청구금액을 지급하고, 피고 2와의 증여계약을 취소하고 소유권이전등기도 말소하기로 하는 내용으로 임의조정 성립.

조정주문

1. 피고(선정당사자) ○○○은 원고에게 201*. 6. 30.까지 금 128,988,384원을 지급한다. 만일 피고 ○○○이 위 지급기일까지 위 금원을 지급하지 아니한 때에는, 피고 ○○○은 미지급금원에 대하여 지급기일 다음날부터 다 갚을 때까지 연 20%의 비율로 계산한 지연손해금을 가산하여 원고에게 지급한다.
2. 피고 ○○○과 선정자 △△△는 양자 사이에 별지목록기재 부동산 중 1/2지분에 관하여 201*. 9. 3. 체결한 증여계약을 취소한다.
3. 선정자 △△△는 피고 ○○○에게 별지목록기재 부동산 중 1/2지분에 관하여 서울◇◇부 지방법원 ▽▽등기소 201*. *. **. 접수 제*****호로 마친 소유권이전등기의 말소등기절차를 이행한다.
4. 원고는 나머지 청구를 포기한다.
5. 소송비용 및 조정비용은 각자 부담한다.

수입자동차매매계약해제에 따른 매매대금반환 청구사건

사건의 개요 및 조정경과

원고는 피고 수입자동차회사로부터 독일의 유명 브랜드 승용차를 할부금융으로 구입하였는데 차량을 인도받아 운행을 시작하여 3개월 후 변속충격이 발생하여 매매계약의 해제 및 매매대금의 반환을 요구하였으나 피고가 변속기 교체 및 무상 A/S기간 연장 등의 조건을 제시하며 계약해제를 거절하자 소송을 제기하여 1심에서 승소. 패소한 피고가 항소하여 항소심 조정 회부. 조정과정에서 변속충격이 계약의 목적을 달성할 수 없을 정도의 중대한 하자에 해당하여 매매계약을 해제하거나 완전물급부청구를 할 수 있는지, 변속기 자체의 교체의 기회를 갖지 아니한 채 매매계약을 해제하는 것이 타당한지에 대한 다툼이 있어 상임조정위원은 양측을 설득하여 조정을 권유하였으나 원고가 거부하여, 피고가 변속기 신품교환과 함께 수리기간 동안 동급 대차서비스, 무상보증기간 연장, 할부금 일부 지급 등의 이행의무를 부담하는 내용으로 강제조정하였는데 원고는 이에 이의하여 조정 불성립. 이후 항소심 재판에서 원고 패소(피고 전부 승소)로 귀착되었고 대법원에서도 항소심대로 확정되어, 결과적으로 원고가 자신의 이익을 확보할 수 있는 합리적인 조정안을 거부함으로써 더 큰 손실을 입게 되어 상임조정위원 입장에서 아쉬움이 남는 사안임.

조정주문

1. 원고(항소인 겸 피항소인, 이하 '원고'라 한다)와 피고(피항소인 겸 항소인, 이하 '피고'라 한다)는 양자 간에 체결된 별지 목록 기재 자동차(이하 '자동차'라 한다) 매매계약이 유효하며 이에 따른 각자의 채무가 존재함을 서로 확인한다.
2. 피고는, 원고에게, 제3항 기재와 같이 원고로부터 자동차를 인도받은 날로부터 30일 이내에 피고의 비용 부담으로 자동차와 관련하여 다음 각 사항을 이행한다.
   가. 자동변속기(오토미션) 전체의 신품 교환·정비
   나. 위 가.호의 정비 기간 동안 자동차와 동급의 차량 제공(대차 서비스)
   다. 자동차 전 부품에 대한 무상보증기간 연장(3년/6만KM에서 5년/10만KM로. 자동차 매도 시에도 연장 계속 적용)
   라. 위로금으로서 금 8,959,734원(월할부금 3회분 상당) 지급
3. 원고는, 제2항 기재에 따른 피고의 이행을 위하여 원고가 보관중인 자동차를 피고에게 인도하며, 피고가 제2항 기재 사항의 이행을 완료한 날이 속한 달의 다음 달부터 기약정된 할부계약에 따라 자동차 할부금 지급을 재개한다. 또한 원고는 자동차의 인도, 인수의 전후로 자동차의 점검·정비를 필요로 하는 경우 이를 피고 및 ○○○코리아의 직영 정비소에서만 실시한다.
4. 만일 피고가 제2항 기재 사항을 제2항 기재 이행기한내에 모두 이행하지 아니하거나, 제2항 가.호 교환·정비 후 원고가 피고로부터 자동차를 인수한 때로부터 90일 이내에 자동차에 이 사건 '변속충격' 하자와 동일한 하자가 발생(하자의 동일성 판정은 이 사건 제1심 감정인 △△△의 감정에 따른다)한 때에는, 그 이행지체일 또는 동일한 하자로 판정된 날에 이 사건 자동차 매매계약은 자동적으로 해제된다. 이러한 경우, 그에 따른 원상회복으로서 원고는 피고에게 현존 상태로 자동차를 반환하고 피고는 원고에게 원고가 기지급한 매매대금(그 받은 날로부터 법정상사이율에 따른 이자를 가산한다)을 전액 반환함과 동시에 잔여 할부금을 청구하지 아니하며, 상호간에 자동차와 관련하여 별도의 재판상·재판외 청구나 이의제기를 하지 아니한다.
5. 피고는 자동차의 사용 및 정비와 관련하여 원고 및 그 가족이 입은 불편에 대해 유감을 표하고, 향후 원고에 대한 무상보증서비스 등 고객만족을 위하여 최선을 다할 것을 약속한다.
6. 원고는 나머지 청구를 포기한다.
7. 소송총비용 및 조정비용은 각자 부담으로 한다.

투자금반환 청구사건

사건의 개요 및 조정경과

원고는 피고 1 주식회사의 가정용 수경재배기 개발사업을 위해 3,250만 원을 투자하였으나 피고 1로부터 이

를 반환받지 못하였으므로 피고 1에 대한 지급보증을 한 피고 2, 3, 4와 연대하여 동 금원을 반환하라는 소송을 제기. 피고 1의 반환책임은 인정되었으나 나머지 피고들의 연대보증책임의 소명이 없어 피고 1이 원고에게 3,250만 원을 지급하고 원고는 나머지 청구를 포기한다는 내용으로 조정갈음결정하여 모두 이의 없어 확정.

조정주문

1. 피고 주식회사 ○○은 원고에게 201*. 9. 30.까지 금 32,500,000원을 지급한다. 만일 피고 주식회사 ○○이 위 지급기일까지 위 금원을 지급하지 아니한 때에는, 피고 주식회사 ○○은 미지급금원에 대하여 위 지급기일 다음날부터 다 갚을 때까지 연 20%의 비율에 의한 지연손해금을 가산하여 원고에게 지급한다.
2. 원고는 피고 주식회사 ○○에 대한 나머지 청구 및 나머지 피고들에 대한 이 사건 청구를 각 포기한다.
3. 소송비용 및 조정비용은 각자 부담한다.

양수금 청구사건

사건의 개요 및 조정경과

원고는 피고에 대한 소외 A의 공사잔대금 채권 중 일부를 양도받아 피고를 상대로 양수금 지급을 구하는 소송을 제기. 양수금 및 지연손해금의 지급을 내용으로 하는 강제조정으로 양측 이의 없이 확정.

조정주문

1. 피고는 원고에게 201*. 9. 30.까지 금 73,775,400원을 지급한다. 피고가 위 지급기일에 위 금원을 모두 지급하면, 원고는 위 금원에 대하여 201*. 12. 15.부터 발생한 지연손해금을 지급하여야 할 피고의 채무를 모두 면제한다.
2. 만일 피고가 위 지급기일까지 위 금원을 지급하지 아니한 때에는, 피고는 미지급금원 및 이에 대하여 201*. 12. 15.부터 201*. 6. 5.까지 연 5%, 201*. 6. 6.부터 다 갚을 때까지 연 20%의 비율에 의한 지연손해금을 가산하여 원고에게 지급한다.
3. 원고는 나머지 청구를 포기한다.
4. 소송비용 및 조정비용은 각자 부담한다.

여관영업 대여 관련 손해배상 청구사건

사건의 개요 및 조정경과

원고는 피고와 피고가 소유하여 운영하던 여관(모텔)을 보증금 8억 원, 월세(영업대여료) 2,000만 원, 기간 2

년의 조건으로 전세(영업대여)계약을 체결하여 보증금을 지불하고 여관을 인도받아 영업을 시작하였는데 15일간 운영해보니 한 달 평균 예상수입액은 피고가 약속한 한 달 예상수입 6,000만 원에 못 미치는 4,000만 원에 불과할 것으로 판단되어 피고에게 계약을 해제한다고 통보하고 15일간의 숙박료 전액을 인계(보증금 8억 원은 돌려받음)한 후, 중개수수료 1,200만 원을 포함한 2,600만 원의 손해배상을 구하는 소송을 제기. 피고는 예상수입액이 6,000만 원이라고 말한 사실이 없다고 주장. 조정심리 결과, 피고가 월매출 5,000만 원~5,500만 원을 언급한 사실, 피고가 여관 인도 직전 컴퓨터 매출기록을 삭제한 사실, 여관 카운터 직원이 직전 월매출액이 4,200만 원이라고 확인한 사실 등이 인정되었고, 계약해제 시 피고가 원고에게 손해배상을 하겠다고 약속하였다는 점에 대해서는 쌍방이 다투고 있고, 피고도 중개수수료 등의 손해를 입었으며 원고가 여관 인수 보름 만에 영업을 포기하자 피고가 계약해제의 효력에 대해 다투지 않고 곧바로 보증금 전액을 돌려준 점 등을 감안하여 피고가 원고에게 750만 원을 지급하기로 하는 내용으로 임의조정 성립.

조정주문

1. 피고는 원고에게 201*. 11. 30.까지 금 7,500,000원을 지급한다. 그 지급은 피고가 원고의 은행계좌(○○은행 ***-24-****-06*, 예금주 △△△)로 입금 지급하는 방식으로 한다. 만일 피고가 위 지급기일까지 위 금원을 지급하지 아니한 때에는, 피고는 미지급금원에 대하여 지급기일 다음날부터 다 갚을 때까지 연 20%의 비율로 계산한 지연손해금을 가산하여 원고에게 지급한다.
2. 원고는 나머지 청구를 포기한다.
3. 소송비용 및 조정비용은 각자 부담한다.

약정금 청구사건

사건의 개요 및 조정경과

원고는 피고에 대한 소외 A의 4,000만 원의 약정금채권을 양수받은 후 피고를 상대로 약정금 소송을 제기. 1심에서 전부 패소한 피고가 항소 제기하여 항소심 조정 회부. 피고의 부담을 완화하여 감액된 금액인 2,460만 원을 지급하거나 피고 명의의 지분을 이전하는 방안 중에서 원고의 선택에 의하여 이행한다는 내용으로 조정갈음결정하여 양측 이의 없어 확정.

조정주문

1. 피고(항소인, 이하 '피고'라 한다)는 다음 가.호와 나.호 중에서 원고(피항소인, 이하 '원고'라 한다)가 선택한 사항을 이행한다. 원고(피항소인)는 201*. 1. 31.까지 서면으로 피고에게 선택사항을 통지하며, 만일 위 기일까지 원고의 서면 통지가 없을 때에는 피고는 가.호의 내용을 이행하고 원고는 이에 이의를 제기하지 아니한다.
   가. 피고는 원고에게 ○○시 △△동 **-** 대 150㎡(이하 '이 사건 부동산'이라 한다) 중 1/5 지분에 관하여

이 사건 조정신청서 부본이 피고에게 송달된 201*. 11. 8. 명의신탁해지를 원인으로 한 소유권이전등기절차를 이행한다. 그 등기에 필요한 비용은 원고가 부담한다.

나. 피고는 원고에게 201*. 2. 28.까지 금 24,600,000원(피고가 경매취득할 당시 이 사건 부동산의 감정평가액 123,000,000원의 1/5에 해당하는 금원임)을 지급한다. 만일 피고가 위 지급기일까지 위 금원을 지급하지 아니한 때에는, 피고는 미지급금원에 대하여 위 지급기일 다음날부터 다 갚을 때까지 연 20%의 비율에 의한 지연손해금을 가산하여 원고에게 지급한다.

2. 원고와 피고는 양자 사이에 제1항 가.호 또는 나.호 사항 이외에는 아무런 채권·채무도 없음을 서로 확인하고, 향후 어떠한 재판상·재판외 청구 및 이의제기를 서로 하지 아니한다.
3. 원고는 나머지 청구를 포기한다.
4. 소송총비용 및 조정비용은 각자 부담한다.

이혼한 부부간의 자녀양육비 반환 청구사건

사건의 개요 및 조정경과

원고는 피고와 이혼하며 피고가 양자 슬하의 자녀 2명을 양육하기로 하고 원고가 자녀에 대한 양육비 일시금 1억 3,000만 원을 피고에게 지급하였는데 피고가 21개월 후 자녀를 원고에게 일방적으로 맡기고 가버렸으므로 피고가 양육한 21개월간의 양육비 2,100만 원(1인당 매월 50만 원)을 공제한 1억 900만 원의 지급을 구하는 소송을 제기. 이에 맞서 피고는 양자의 이혼사유와 이혼경위, 협의이혼 합의내용과 관련하여 원고와 다른 주장을 하였고, 피고가 자녀를 원고에게 맡긴 이후 가정법원에서 자녀에 대한 친권자 및 양육자로서 원고로 변경하는 조정이 성립한 점, 원고와 피고의 경제적 형편 등을 감안하여 피고가 원고에게 3,400만 원을 3회 분할하여 지급하고, 조정기일로부터 자녀 두 사람이 성년이 될 때까지 매월 1인당 35만 원의 양육비를 지급하기로 하는 내용으로 임의조정 성립.

조정주문

1. 피고는 원고에게 금 34,000,000원을 지급한다. 다만, 이를 3회로 분할하여 ① 201*. 1. 15.까지 10,000,000원을, ② 201*. 7. 15.까지 10,000,000원을, ③ 201*. 1. 15.까지 14,000,000원을 지급한다. 만일 피고가 위 금원의 지급을 1회라도 지체하는 경우, 피고는 기한의 이익을 상실하고 즉시 원고에게 미지급액 전액 및 이에 대하여 지체일로부터 다 갚을 때까지 연 20%의 비율로 계산한 지연손해금을 가산하여 지급한다.
2. 피고는 원고에게 201*. 10.부터 원고와 피고의 자녀 ○○○(199*. *. *.생) 및 △△△(200*. *. **. 생)이 성년이 되는 때까지 그 양육비로서 매월 1인당 350,000원씩을 지급한다. 그 지급은 피고가 매월 25일 원고의 계좌(◇◇은행 ***-**-******)로 입금하여 지급하는 방식으로 한다.
3. 원고는 피고에 대하여 서울가정법원에 제기한 양육비심판청구(서울가정법원 201*느단****)를 취하하고, 피

고는 이에 동의한다.

4. 원고는 나머지 청구를 포기한다.
5. 소송비용 및 조정비용은 각자 부담한다.

계금 반환 청구사건

사건의 개요 및 조정경과

원고는 계주인 피고 1의 권유로 피고 1의 순번계 총 26구좌 중 13번에 가입하여 매월 500만 원씩 5회 불입하였고 자신이 곗돈을 받아야 하는 시점에 피고 1이 지급을 거절하여 계에서 탈퇴함과 동시에 불입한 계금의 반환을 구하면서 피고 1이 운영하는 사업체의 대표자 명의를 대여한 피고 2(피고 1의 아들)의 연대책임도 구하는 소송을 제기. 피고 1이 계금을 반환하여야 하는 의무는 확인할 수 있으나 사업자 명의 대여자인 피고 2의 연대책임은 인정하기 어려워 피고 1이 2,500만 원을 원고에게 2회 분할 지급하되, 피고들에 대한 형사고소 취하 및 피고 2에 대한 소취하를 담은 내용으로 임의조정 성립.

조정주문

1. 피고 ○○○(일명 '▽▽▽')은 원고에게 금 25,000,000원을 지급한다. 다만, 이를 2회로 분할하여 ① 201*. 11. 15.까지 12,500,000원을, ② 201*. 12. 15.까지 12,500,000원을 원고의 은행계좌(◇◇은행 ***-******-**-***, 예금주 □□□)로 입금 지급한다.
2. 만일 피고 ○○○이 제1항 기재 지급을 1회라도 지체하는 경우, 피고 ○○○은 기한의 이익을 상실하고 즉시 원고에게 미지급액 전액 및 이에 대하여 지체일로부터 다 갚을 때까지 연 20%의 비율로 계산한 지연손해금을 가산하여 지급한다.
3. 원고는 피고 ○○○으로부터 제1항 기재 금원을 모두 지급받으면, 원고가 피고 ○○○으로부터 받은 계 장부(계 수첩) 원본을 반환하며, 원고와 피고 ○○○은 제1항 기재 금원의 지급 이행이 완료된 이후 위 계 장부(계 수첩)는 어떠한 효력도 갖지 아니함을 확인한다.
4. 원고는 피고 ○○○, 피고 △△△에 대해 제기한 형사고소를 취하하거나 검찰항고를 포기한다.
5. 원고는 피고 ○○○에 대한 나머지 청구 및 피고 △△△에 대한이 사건 청구를 각 포기한다.
6. 소송비용 및 조정비용은 각자 부담한다.

동호회 제명결의무효확인 청구사건

사건의 개요 및 조정경과

원고들은 지역 배드민턴 동호회인 피고 동호회에 회원으로 가입하여 활동하던 중 배드민턴 코치의 임면

과정에 원고들이 이의제기했다는 이유로 피고가 임원회의를 열어 원고들을 제명하는 결의를 하였는데 자신들은 제명당할 잘못이 없고 제명과정의 절차규정에 위배하였으므로 제명결의의 무효확인을 구한다는 소송을 제기. 원고의 소 제기 후 피고는 절차 규정에 맞춰 원고들에 대한 제명결의를 다시 함. 조정 과정에서 피고 동호회는 해당 코치가 과다한 레슨비 인상과 과도한 휴무일 요구를 하였기에 계약갱신을 거부하였던 것인데 신입회원인 원고들이 그 경위를 오해하여 피고 동호회 원로들에게 항의하고 갈등을 빚어 제명하였으나 원고들에 대한 제명조치가 과도하였음을 인정하여, 상호 유감 표명과 함께 피고가 원고들에 대한 제명을 취소하는 임원회의를 개최하기로 하고 원고들은 소를 취하하기로 하는 내용으로 임의조정 성립.

조정주문

1. 원고들과 피고는 본 조정기일에 상호 원만하지 못한 의사소통으로 인하여 발생한 이 사건 제명사안에 관하여 서로 유감을 표시하고, 이를 서로 수용하기로 한다.
2. 피고는 원고들에 대한 201*. *. *. 자 제명결의 및 후속 결의를 모두 취소하는 임원회의(상벌위원회)를 개최한다.
3. 원고들은 이 사건 소를 취하하고, 피고는 이에 동의한다.
4. 원고들은 향후 피고 동호회 회원으로서의 책임을 다하고 다른 회원들과의 화합을 위해 노력하며, 피고는 원고들의 원활한 회원 활동을 보장하기 위해 진력하기로 한다.
5. 원고들은 나머지 청구를 포기한다.
6. 소송비용 및 조정비용은 각자 부담한다.

계금 청구사건

사건의 개요 및 조정경과

원고들은 피고 1이 계주로서 운영하는 번호계에 가입한 계원으로서 각 5구좌, 3구좌에 가입하여 곗돈을 불입하였으나 다른 계원이 계금을 지급받은 후 곗돈을 불입하지 않음으로써 계가 파기되자 계주인 피고 1 및 곗돈을 받는 계좌의 명의자인 피고 2(피고 1의 남편)를 상대로 돌려받지 못한 곗돈 원금과 이자 상당의 금원 지급을 구하는 소송을 제기. 조정과정에서 피고 2는 자신 명의의 계좌만 빌려주었을 뿐 계 운영과 무관하다고 주장하였고, 피고 1은 자신도 계가 깨지면서 많은 피해를 입었으므로 원고들이 요구하는 원리금을 지급하기 어렵다고 주장함. 양측의 입장을 조율하기 쉽지 않아 조정기일을 3회 속행하며 최종적으로 번호계의 특수성, 피고 2의 법적 책임이 명확치 않은 점 등을 감안하여 피고 1이 원고들의 청구금액의 반액을 지급하기로 하되 만약 미이행 시 피고 2도 연대하여 책임을 지기로 하는 내용으로 임의조정 성립.

조정주문

1. 피고 ○○○은 201*. 1. 31.까지 원고 ◇◇◇에게 금 10,440,000원을, 원고 ▽▽▽에게 금 7,205,000원을 각

지급한다. 만일 피고 ○○○이 위 지급기일까지 위 금원을 지급하지 아니한 때에는, 피고 ○○○과 피고 △△△는 연대하여 미지급금원에 대하여 지급기일 다음날부터 다 갚을 때까지 연 20%의 비율로 계산한 지연손해금을 가산하여 원고들에게 지급한다.

2. 원고들은 나머지 청구를 포기한다.
3. 소송비용 및 조정비용은 각자 부담한다.

기념품판매장 운영권 대금 반환 청구사건

사건의 개요 및 조정경과

원고는 15년 전 피고로부터 ○○역사 환승통로 기념품판매장 운영권을 받기로 하고 4,500만 원을 지급하였는데 판매장이 존재하지 않는다는 것이 확인되어 피고에게 대금 반환을 요구하였으나 피고가 265만 원만 변제하고 나머지 4,235만 원을 지급하지 않는다며 소송을 제기. 피고는 원고로부터 받은 금원은 투자금이었다, 그 투자금은 운영비, 경비로 모두 사용하였다, 피고가 지급한 265만 원은 일부 변제가 아니라 용돈으로 준 것이어서 채무가 있다 하더라도 소멸시효가 완성하였다, 적어도 대금의 2분의 1은 면제되어야 한다 등의 주장을 하였으나, 조정과정에서 피고의 일부 변제와 잔여 채무에 대한 묵시적 승인이 인정되어 피고가 원고에게 4,200만 원을 지급하되 28회 분할 변제하기로 하는 내용으로 임의조정 성립.

조정주문

1. 피고는 원고에게 금 42,000,000원을 지급한다. 다만, 이를 28회로 분할하여 201*. 1.부터 201*. 4.까지 매월 20일 금 1,500,000원을 원고의 은행계좌(○○은행 ***-******-***** 예금주 △△△)로 입금 지급한다.
2. 만일 피고가 제1항 기재 지급을 1회라도 지체하는 경우, 피고는 기한의 이익을 상실하고 즉시 원고에게 미지급액 전액 및 이에 대하여 지체일로부터 다 갚을 때까지 연 20%의 비율로 계산한 지연손해금을 가산하여 지급한다.
3. 만일 피고가 201*. 12. 31.까지 원고에게 금 40,000,000원을 지급하는 경우, 원고는 제1항 기재 금원 42,000,000원의 잔액인 2,000,000원에 대한 피고의 지급채무를 면제한다.
4. 원고는 나머지 청구를 포기한다.
5. 소송비용 및 조정비용은 각자 부담한다.

창고시설 양도대금 등 청구사건

사건의 개요 및 조정경과

원고는 창고업과 물류업을 하는 사업자로서 종합물류터미널의 창고를 임차확보한 다음 의류판매회사인 피고와 물류대행계약을 체결하여 피고의 수입의류를 원고의 창고에 보관관리하고 피고가 인터넷판매하면 원고가 의류를 포장 발송하여 주고 창고임대료 및 물류용역대금을 받아 오다 원고의 창고사업권을 피고에게 양도(권리금)하였는데 피고가 용역대금 일부인 1,700여만 원 및 창고시설양도 권리금 4,500만 원을 지급하지 않는다며 총 6,200여만 원의 지급을 구하는 소송을 제기. 피고는 그동안 원고가 창고규모가 235평에 불과한데 270평인 것으로 피고를 속여 창고이용료, 창고관리비, 일용직 노임 등을 부풀려 청구하였다며 피고가 반환받아야 할 부당이득금에서 피고가 지급할 용역대금 잔대금과 권리금을 상계하면 오히려 피고가 원고로부터 금원을 받아야 한다고 주장. 조정과정에서 피고의 주장 내용의 타당성이 있어, 피고가 원고에게 3,200만 원을 지급하기로 하는 내용으로 임의조정 성립.

조정주문

1. 피고는 원고에게 201*. 12. 30.까지 금 32,000,000원을 지급한다. 만일 피고가 위 지급기일까지 위 금원을 지급하지 아니한 때에는, 피고는 미지급금원에 대하여 지급기일 다음날부터 다 갚을 때까지 연 20%의 비율로 계산한 지연손해금을 가산하여 원고에게 지급한다.
2. 원고는 나머지 청구를 포기한다.
3. 소송비용 및 조정비용은 각자 부담한다.

수수료 청구사건

사건의 개요 및 조정경과

원고는 피고가 개발한 안심○○○ 알리미서비스 가입유치 영업계약에 따라 원고가 서비스 가입을 유치하였으나 피고가 약정된 수수료 700만 원을 지급하지 않았다며 그 지급을 구하는 소송을 제기. 피고는 원고가 영업성과를 높이기 위해 적정 단가보다 절반의 단가로 가입계약을 유치하여 피고에게 오히려 큰 손실이 발생하였다고 주장. 피고의 주장사실이 소명되어 원고가 소를 취하하고 피고도 원고에 대해 책임을 묻지 아니한다는 내용으로 조정갈음결정하여 양측 이의 없이 확정.

조정주문

1. 신청인은 이 사건 신청을 포기한다.
2. 신청인과 피신청인은 양자 사이에 체결된 이 사건 안심○○○ 알리미서비스 영업계약과 관련하여 서로 어떠한 채권채무도 없음을 확인하고, 향후 이와 관련하여 서로 재판상, 재판외 청구 내지 이의제기 또는 형사 고소·고발을 하지 아니한다.
3. 조정비용은 각자 부담한다.

약정금 및 임금 청구사건

사건의 개요 및 조정경과

원고는 피고와 피고의 임시주주총회에서 이사해임안을 부결하여 경영권방어를 성공시킬 경우 6,600만 원을 지급받기로 약정하고 원고의 노력으로 경영권방어에 성공하였음에도 불구하고 피고가 약정금을 지급하지 아니하고 원고와 피고가 근로계약을 체결한 이후 원고가 근무한 2개월간의 임금 1,100만 원도 지급하지 않았다며 7,700만 원의 지급을 구하는 소송을 제기. 피고 조정기일 불출석. 약정금에 관한 소명은 되었으나 근로관계에 관한 입증은 부족하여 피고가 원고에게 6,600만 원을 지급한다는 내용으로 조정갈음결정하여 양측 이의 없이 확정.

조정주문

1. 피고는 원고에게 201*. 1. 31.까지 금 66,000,000원을 지급한다. 만일 피고가 위 지급기일까지 위 금원을 지급하지 아니한 때에는, 피고는 미지급금원에 대하여 위 지급기일 다음날부터 다 갚을 때까지 연 20%의 비율에 의한 지연손해금을 가산하여 원고에게 지급한다.
2. 원고는 나머지 청구를 포기한다.
3. 소송비용 및 조정비용은 각자 부담한다.

파지공급계약위반에 따른 위약금 청구사건

사건의 개요 및 조정경과

원고는 피고와 피고의 파지를 독점공급받기로 하는 계약을 체결하고 그 대가로 보증금 1억 원을 지급하였는데 피고가 원고 몰래 다른 곳에 파지를 넘긴 사실을 알게 되어 피고의 위약 시 보증금의 배액을 배상받기로 한 약정에 따라 2억 원을 청구. 조정심리결과, 피고의 위약사실은 인정되었으나 그동안 6,400여만 원 상당의 파지를 공급받아 왔고 피고가 고액의 현금을 지불할 능력이 없는 점 등을 감안하여 피고가 원고에게 향후 1년간 4,000만 원 상당의 파지를 제공하되 부족분이 있는 경우 현금 지급하기로 하는 내용으로 임의조정 성립.

조정주문

1. 피고는 원고에게 201*. 3. 1.부터 201*. 2. 28.까지 총 4,000만 원 상당의 파지를 제공한다. 파지 공급시마다 그 중량 및 단가는 원고와 피고가 서로 합의하여 확정한다.
2. 만약 피고가 201*. 2. 28.까지 원고에게 공급한 파지가 위 4,000만 원 상당에 미치지 못한 때에는 피고는 그 부족분을 현금으로 산정하여 201*. 3. 31.까지 지급한다. 만일 피고가 위 지급기일까지 위 금원을 지급하지

아니한 때에는, 피고는 미지급금원에 대하여 지급기일 다음날부터 다 갚을 때까지 연 20%의 비율로 계산한 지연손해금을 가산하여 원고에게 지급한다.

3. 원고는 나머지 청구를 포기한다.
4. 소송비용 및 조정비용은 각자 부담한다.

소득세 원천징수자의 부당이득금 반환 청구사건

사건의 개요 및 조정경과

원고는 소외 A회사를 흡수합병하였는데 흡수합병 이전에 피고 4인이 A회사로부터 계약미이행으로 인한 손해배상 합의금으로 11억여 원을 지급받은 것과 관련하여 과세관청으로부터 피고들에게 지급한 금원은 소득세법상의 기타소득(계약의 위약 또는 해약으로 인하여 받는 위약금과 배상금)에 해당하여 소득세부과대상이 된다는 통보를 받고 이에 해당하는 소득세 2억 9,900여만 원을 납부한 후 원천납세의무자인 피고들을 상대로 동 금원 상당의 부당이득금 반환을 구하는 소송을 제기. 피고들의 부진정연대채무가 원칙이나 피고들 간의 분할채무로 간명하게 법률관계를 정리해줄 필요가 있어, 피고들이 각 5,000만 원씩 원고에게 지급한다는 내용으로 조정갈음결정하여 양측 이의 없이 확정.

조정주문

1. 피고들은 원고에게 201*. 10. 31.까지 각 금 5,000만 원을 지급한다. 만일 피고들이 위 지급기일까지 위 금원을 지급하지 아니한 때에는, 피고들은 미지급금원에 대하여 위 지급기일 다음날부터 다 갚을 때까지 연 20%의 비율에 의한 지연손해금을 가산하여 원고에게 지급한다.
2. 원고는 나머지 청구를 포기한다.
3. 소송비용 및 조정비용은 각자 부담한다.

사실혼정리 시 약정금 청구사건

사건의 개요 및 조정경과

원고는 피고와 16년간의 사실혼관계를 정리하면서 피고로부터 받은 합의서에 기한 약정금 2억 원과 피고에게 대여한 1억여 원의 지급을 구하는 소송을 제기. 조정 심리 과정에서, 1억 5,000만 원을 2회 분할 지급하는 내용으로 조정 성립.

조정주문

1. 피고는 원고에게 금 1억 5,000만 원을 지급한다. 다만, 이를 2회로 분할하여 ① 201*. 10. 31.까지 8,000만 원을, ② 201*. 5. 31.까지 7,000만 원을 각 지급한다. 만일 피고가 제1항 기재 지급을 1회라도 지체하는 경우, 피고는 기한의 이익을 상실하고 즉시 원고에게 미지급액 전액 및 이에 대하여 지체일로부터 다 갚을 때까지 연 20%의 비율로 계산한 지연손해금을 가산하여 지급한다.
2. 원고는 피고로부터 제1항 기재 금원 1억 5,000만 원을 모두 지급받음과 동시에 서울○○지방법원 201*카단*****호 부동산가압류결정에 의하여 가압류된 물건 중 △△시 ◇◇동 ***-* 토지에 대한 가압류신청취하 및 집행해제신청을 한다.
3. 원고와 피고는, 제1, 2항 기재 사항이 모두 이행되면, 서로에 대하여 어떠한 채권채무도 없음을 확인하며, 향후 서로에 대하여 일체의 재판상, 재판외 청구 또는 이의제기를 하지 아니한다.
4. 원고는 나머지 청구를 포기한다.
5. 소송비용 및 조정비용은 각자 부담한다.

분양대금 연체에 따른 지연이자 청구사건

사건의 개요 및 조정경과

원고는 피고에게 원고가 신축한 아파트형 공장 일부를 6억 1,600여만 원에 분양하였는데 피고가 잔금 1억 1,300여만 원을 납부하지 않은 상태에서 잔금 이자 지급을 조건으로 소유권을 이전하여 주었음에도 피고가 잔금과 지연이자 모두를 지급하지 않는다며 지연이자분 2,700여만 원의 지급을 구하는 소송을 제기. 원고는 분양계약서상 지연이자율이 19%임에도 피고의 입장을 고려하여 지체 1년간 지연이자율을 6.5%로 감경하여 준 사실이 확인되었음. 피고가 (원고 청구액에서 감액된) 1,700만 원을 지급하고, 분양대금의 잔금도 함께 지급하는 경우 나머지 지연이자는 모두 면제하기로 한다는 내용으로 조정갈음결정하여 양측 이의 없이 확정.

조정주문

1. 피고는 원고에게 201*. 8. 31.까지 금 1,700만 원을 지급한다. 만일 피고가 위 지급기일까지 위 금원을 지급하지 아니한 때에는, 피고는 미지급금원에 대하여 위 지급기일 다음날부터 다 갚을 때까지 연 20%의 비율에 의한 지연손해금을 가산하여 원고에게 지급한다.
2. 원고는, 피고가 제1항 기재 지급일까지 서울 △△구 ◇◇동 ***-* ▽▽▽타워 1308호에 대한 분양대금 잔액 및 제1항 기재 금원 1,700만 원을 모두 지급하는 경우, 피고에 대하여 분양대금 잔액에 대한 나머지 지연손해금(연체이자) 채무를 면제한다.
3. 원고는 나머지 청구를 포기한다.
4. 소송비용 및 조정비용은 각자 부담한다.

기중기 임대료 청구사건

사건의 개요 및 조정경과

중기임대사업자인 원고는 조선소 블록공장을 운영하는 피고회사에 275톤 기중기 1대를 월 임대료 1,900만 원에 201*. 4. 1.~ 5. 20. 대여하기로 약정하고 기중기를 대여하였으나 피고회사가 임대료 중 일부만 지급하고 4,000여만 원을 지급하지 않았다며 소송을 제기. 피고는 미지급잔액이 원고가 주장하는 4,000여만 원이 아니라 3,900만 원이며 피고의 기중기 철수 요구에 불구하고 원고가 제 때 철수하지 아니하여 그로 인하여 블록생산에 차질이 생겼으므로 그 손해액(기중기 사용료에 준하는 보관료 및 블록 작업을 못한 손해액) 1,140만 원을 공제하여 잔액 2,760만 원(3,900만 원-1,140만 원)의 지급의무만 있다고 주장. 조정기일에서 원고는 피고가 제시하는 미지급잔액 3,900만 원은 인정하면서도 피고가 주장하는 원고의 기중기 철수 지연으로 인한 손해는 인정할 수 없다는 입장을 제시. 즉, 원래 약정 임대기간이 지나기 전에 피고가 구입한 기중기가 예정일보다 일찍 도착하는 바람에 약정 임대기간을 채우지 못하고 원고의 임대 기중기를 철수하라는 요구를 받았고 현장에서 원고의 기중기로 인하여 피고의 블록작업에 지장이 초래된 바도 없었다고 항변. 피고가 약정 임대기간 만료 이전에 중도에 해지함으로 인한 원고의 임대료 수입 감소에 따른 손실을 추가로 배상할 책임도 주장될 수 있을 뿐 아니라 원고의 기중기 철수 지연으로 인한 손해 발생에 대한 피고의 구체적 입증이 곤란한 점을 종합 감안하여, 피고가 원고에게 3,900만 원 중 300만 원을 공제한 3,600만 원을 지급하고 동시에 원고는 피고의 채권가압류를 해제하기로 하는 내용으로 임의조정 성립.

조정주문

1. 피고는 원고에게 금 36,000,000원(미지급임차료 3,900만 원에서 지연철수에 따른 손해배상금 300만 원을 공제한 금원임)을 지급한다.
2. 원고는 피고에 대한 채권가압류(서울○○지방법원 201*카단****. 제3채무자 □□□주식회사)를 해제한다.
3. 제1항과 제2항은 동시에 이행한다.
4. 원고는 나머지 청구를 포기한다.
5. 소송비용 및 조정비용은 각자 부담한다.

임대료채무부존재확인 청구사건

사건의 개요 및 조정경과

원고는 피고와 피고 소유의 복사기 등 사무기기를 원고가 임차사용하기로 하는 사무기기임대차계약을 체결하여 2년 후 한차례 자동연장하였다가 중간에 해지통지하고 피고는 사무기기를 모두 회수하였는데 피고가 사무기기 임차료 2,700여만 원이 미정산되었다며 그 지급을 요구하자 채무부존재확인을 구하는 소송을 제기. 양측의 조정합의 불성립. 양측이 제출한 자료를 토대로 금액을 산출하여 800만 원의 채무를 확인하고 동 금액을 지급하기로 하는 내용의 조정갈음결정하여 양측 이의 없어 확정.

조정주문

1. 피고(반소원고)는, 원고(반소피고)에 대하여, 양자 사이에 201*. 11. 24. 체결되고 201*. 11. 24. 자동연장된 후 원고(반소피고)의 201*. 10. 25.자 '복합기 임대 만료' 통지로 해지된 사무기기 임대차계약과 관련하여 원고(반소피고)의 피고(반소원고)에 대한 채무는 금 8,000,000원을 초과하여서는 존재하지 아니함을 확인한다.
2. 원고(반소피고)는 피고(반소원고)에게 201*. 12. 31.까지 제1항 기재 금원 금 8,000,000원을 지급한다. 만일 원고(반소피고)가 위 지급기일까지 위 금원을 지급하지 아니한 때에는, 원고(반소피고)는 미지급금원에 대하여 위 지급기일 다음날부터 다 갚을 때까지 연 20%의 비율에 의한 지연손해금을 가산하여 피고(반소원고)에게 지급한다.
3. 원고(반소피고) 및 피고(반소원고)는 나머지 청구를 각 포기한다.
4. 소송비용 및 조정비용은 각자 부담한다.

금융사기 편취 피해금 손해배상 청구사건

사건의 개요 및 조정경위

원고는 "OO복권당첨 프로그램 발명에 투자하면 원금의 180%를 지급하겠다"는 피고의 말을 믿고 총 9회에 걸쳐 총 1억 2,100만 원을 맡겼고 이후 피고는 원고에게 몇 차례 수백만 원을 배당금조로 지급하였으나 나머지 원리금은 지급하지 않음. 원고 이외에 다수의 사기 피해자가 있는 것으로 밝혀졌고 피고는 사기죄로 기소되어 형사재판을 받고 있는 상황이었음. 조정기일에 피고가 원고에게 사죄하고 조정기일로부터 1개월 이내에 원고의 청구금 전액을 지급하며 원고는 피고에 대한 선처를 구하는 탄원을 하는 내용으로 임의조정 성립.

조정주문

1. 피고는 원고에게 201*. 11. 30.까지 금 121,000,000원을 지급한다. 만일 피고가 위 지급기일까지 위 금원을 지급하지 아니한 때에는, 피고는 미지급금원에 대하여 지급기일 다음날부터 다 갚을 때까지 연 20%의 비율로 계산한 지연손해금을 가산하여 원고에게 지급한다.
2. 원고는 피고의 관련 형사재판에 있어 피고에 대한 선처를 탄원하고자 하며, 담당재판부에 본 조정조서를 탄원서에 갈음하여 전달하는 것에 동의한다.
3. 원고는 나머지 청구를 포기한다.
4. 소송비용 및 조정비용은 각자 부담한다.

계약금반환 청구사건

사건의 개요 및 조정경과

원고는 피고로부터 피고가 운영하는 OO슈퍼마켓을 인수하기로 하는 가계약을 체결하며 가계약금 1,000만 원을 지급하고 다시 원고의 직원인 A 명의로 피고와 정식인수계약을 체결하면서 계약금의 일부조로 1,000만 원을 지급하였는데, 피고가 계약이행을 거부하자 피고를 상대로 총지급 계약금 2,000만 원의 배액인 4,000만 원과 소개비, 간판광고료 등 260여만 원을 청구하는 소송을 제기. 피고는 반대로 원고가 계약을 위반하였으므로 계약금을 몰취하였다고 주장. 1심에서 2,000만 원을 지급하라는(원고 자신이 지급한 가계약금 1,000만 원의 배액 인정) 일부패소판결을 받은 피고가 항소하여 항소심 조정회부. 조정과정에서 피고가 원고에게 총 2,500만 원(A명의로 지급된 계약금의 반환도 인정하되, 총금액은 (가)계약금의 배액인 4,000만 원이 아닌 (가)계약금의 총액 2,000만 원에 500만 원을 더한 2,500만 원으로 조정)을 지급하되 원고는 A 이름으로 다시 피고를 상대로 이중청구하지 않는다는 약속을 하는 내용으로 임의조정 성립.

조정주문

1. 피고(항소인, 이하 '피고'라 한다)는 원고(피항소인, 이하 '원고'라 한다)에게 201*. 2. 6.까지 금 25,000,000원을 지급한다. 만일 피고가 위 지급기일까지 위 금원을 지급하지 아니한 때에는, 피고는 미지급금원에 대하여 지급기일 다음날부터 다 갚을 때까지 연 20%의 비율로 계산한 지연손해금을 가산하여 원고에게 지급한다.
2. 원고와 피고는 제1항 기재 금원 금 25,000,000원은 원고와 피고간의 201*. 11. 13.자 ○○동 △△△마트 양도양수계약 가계약금 10,000,000원의 배액 반환금 및 201*. 11. 28.자 원고(원고의 양자 □□□ 명의)와 피고간의 본계약 계약금 10,000,000원 반환금을 합한 것을 상호 원만히 조정합의한 금액임을 서로 확인한다.
3. 원고는 위 제2항 기재 본계약의 계약자 명의와 무관하게 실질적인 매수인이 원고인 사실을 확인하고, 원고 이외의 자(위 □□□ 포함)의 피고에 대한 이중청구가 없도록 하되, 만일 원고 이외의 자(위 □□□ 포함)가 피고에게 위 '본계약 계약금 10,000,000원'을 청구하는 경우, 원고는 피고에 대하여 이로 인한 모든 손해를 배상한다.
4. 원고는 나머지 청구를 포기한다.
5. 소송총비용 및 조정비용은 각자 부담한다.

골프장회원권 입회금반환 청구사건

사건의 개요 및 조정경과

원고는 피고들이 운영하는 골프장에 입회금 5,950만 원을 지급하고 회원권을 취득한 후 만 5년의 입회금 반환유예기간이 도과한 후 탈회신청과 함께 입회금 반환을 구하는 소송을 제기. 피고는 원고 이외에 다른 회원들의 입회금반환신청으로 자금확보에 어려움을 겪고 있는 상황임. 조정합의 불성립. 피고들이 연대하여 입회금을 2회 분할 지급하되 모든 입회금 반환 시까지 원고를 정회원으로 대우한다는 내용으로 조정갈음결정하여 양측 이의 없이 확정.

조정주문

1. 피고들은 연대하여 원고에게 금 59,500,000원을 지급하되, 이를 2회로 분할하여 201*. 5. 31.까지 30,000,000원을, 201*. 6. 30.까지 29,500,000원을 각 지급한다. 만일 피고들이 위 각 분할변제금의 지급을 1회라도 지체하는 경우에는, 피고들은 분할 및 기한의 이익을 상실하고, 미지급 금원 전체에 대하여 지체일로부터 다 갚는 날까지 연 20%의 비율에 의한 지연손해금을 가산하여 원고에게 지급한다.
2. 원고와 피고들은 원고가 피고들로부터 제1항 기재 금원을 모두 지급받을 때까지 △△△컨트리클럽 정회원 지위를 유지함을 상호 확인하고, 이에 따라 피고들은 원고를 한시적으로 동 클럽의 정회원으로 대우한다.
3. 원고는 나머지 청구를 포기한다.
4. 소송비용 및 조정비용은 피고들이 부담한다.

연대보증인 상호간 구상금 청구사건

사건의 개요 및 조정경과

원고는 소외 갑 회사가 을 은행으로부터 9,000만 원 대출을 받을 당시 갑회사와 신용보증계약을 맺은 신용보증기금에 대해 피고 및 소외 A, B와 함께 연대보증을 섰고(원고는 담보를 제공하여 물상보증까지 섰음) 이후 갑 회사가 대출금을 갚지 못하여 신용보증기금이 대위변제 후 원고 및 피고 등의 책임을 묻자 원고는 자신이 제공한 담보가 임의경매 당할 것을 우려하여 신용보증기금의 대위변제금 전액을 대위 변제한 뒤, 피고 등으로부터 구상금을 회수하는 과정에서 소외 A는 구상금을 전액 변제하였고 소외 B는 파산, 면책으로 회수가 불가능한 상황이었고, 피고를 상대로 구상금 3,200여만의 지급을 구하는 소송을 제기. 조정과정에서, 그동안 피고가 200만 원을 변제한 점, 피고의 경제적 여건상 일시변제가 어려운 점 등을 감안하여 3,000만 원을 9회 분할 변제하되 특정 시점 이전에 총 2,900만 원을 변제하는 경우 나머지 100만 원을 탕감하는 내용으로 임의조정 성립.

조정주문

1. 피고는 원고에게 금 30,000,000원을 지급한다. 다만, 이를 9회로 분할하여 ① 201*. 6. 30. 10,000,000원, ② 201*. 7.부터 201*. 2.까지 매월 말 매월 2,500,000원씩(총 8회) 원고의 은행계좌(○○은행 ***-08809-****-01. 예금주 □□□)로 입금 지급한다.
2. 만일 피고가 제1항 기재 지급을 1회라도 지체하는 경우, 피고는 기한의 이익을 상실하고 즉시 원고에게 미지

급액 및 이에 대하여 지체일로부터 다 갚을 때까지 연 20%의 비율로 계산한 지연손해금을 가산하여 지급한다.

3. 만일, 제1항 분할 지급의무에 불구하고, 피고가 201*. 10. 31. 이전에 원고에게 제1항 기재 금원 금 30,000,000원 중 총 29,000,000원을 지급하는 경우, 원고는 잔여액 1,000,000원에 대한 피고의 채무를 면제한다.
4. 원고는 나머지 청구를 포기한다.
5. 소송비용 및 조정비용은 각자 부담한다.

약정금반환 청구사건

사건의 개요 및 조정경과

원고는 피고들을 위하여 소외 A의 골재채취사업을 위한 보증금 1억 6,000만 원을 대신 지급하고 만약 정해진 기한까지 사업이 진행되지 않을 경우 피고들이 보증금을 원고에게 지급한다는 협약을 체결하였는데 최종적으로 관할 지자체로부터 골재채취사업이 불가하다는 통보를 받아 사업이 불가능하게 되었다며 피고들을 상대로 1억 6,000만 원의 반환을 구하는 소송을 제기. 궁극적인 책임(A가 피고들에게 보증금 1억 6,000만 원을 반환하면 다시 이를 피고들이 원고에게 반환하는 구조)을 져야 하는 소외 A를 조정참가 시켜 피고들과 A가 연대하여 1억 6,000만 원을 지급하며, 피고들과 조정참가인 간에는 조정참가인이 모두 부담하기로 한다는 내용으로 조정갈음결정하여 양측 이의 없어 확정.

조정주문

1. 피고 ○○○, 피고 선정당사자 △△△, 선정자 ◇◇◇, 조정참가인 ▽▽▽는 연대하여 원고에게 금 160,000,000원을 지급한다. 다만, 이를 2회로 분할하여 ① 201*. 5. 27.까지 80,000,000원을, ② 201*. 7. 27.까지 80,000,000원을 지급한다. 만일 위 분할 지급을 1회라도 지체하는 경우, 피고 ○○○, 피고 선정당사자 △△△, 선정자 ◇◇◇, 조정참가인 ▽▽▽는 기한의 이익을 상실하고 즉시 원고에게 미지급액 전액 및 이에 대하여 지체일로부터 다 갚는 날까지 연 20%의 비율로 계산한 지연손해금을 가산하여 지급한다.
2. 원고는 제1항 기재 지급이 모두 이행된 때에는 즉시 피고 ○○○, 피고 선정당사자 △△△, 선정자 ◇◇◇, 조정참가인 ▽▽▽에 대한 이 사건 청구원인과 관련한 일체의 (가)압류, 강제집행(임의경매) 신청을 취하하고 그 집행을 해제한다.
3. 조정참가인 ▽▽▽는 피고 ○○○, 피고 선정당사자 △△△, 선정자 ◇◇◇에 대하여 제1항 기재 금원 160,000,000원의 지급에 따른 구상권 행사를 하지 아니한다.
4. 원고는 나머지 청구를 포기한다.
5. 소송비용 및 조정비용은 각자 부담한다.

판매수수료 청구사건

사건의 개요 및 조정경과

원고는 피고 의류회사와 피고가 제조하여 공급하는 의류를 원고가 위탁판매하고 일정 수수료를 지급받는 것을 내용으로 하는 중간관리판매계약(판매대리점계약)을 체결하였으나 매출부진을 이유로 중도 해지 당하였으므로 계약 시 지급한 보증금 500만 원 및 정산지급 받지 못한 수수료 등 3,100여만 원의 지급을 구하는 소송을 제기. 이에 대해 피고는 원고가 매장에서 상시 2인 근무조건을 위반하여 매출이 부진하였고 피고가 설정한 할인율보다 높은 할인가로 할인행사를 진행하는 등 계약을 위반하여 피고의 영업손실, 인테리어 비용 등 손해배상청구액에서 원고에게 지급할 금액을 공제한 나머지 1억 2,900여만 원의 지급을 구하는 반소를 제기. 피고가 원고에게 1,000만 원을 지급한다는 내용으로 조정갈음결정하여 양측 이의 없어 확정.

조정주문

1. 피고(반소원고, 이하 '피고'라 한다)는 원고(반소피고, 이하 '원고'라 한다)에게 201*. 5. 31.까지 금 10,000,000원을 지급한다. 만일 피고가 위 지급기일까지 위 금원을 지급하지 아니한 때에는, 피고는 미지급 금원 및 이에 대하여 위 지급기일 다음날부터 다 갚는 날까지 연 20%의 비율에 의한 지연손해금을 가산하여 원고에게 지급한다.
2. 원고는 제1항 기재 금원을 지급받음과 동시에 피고에 대한 채권가압류(서울○○지방법원 201*카단****) 신청을 취하하고 그 집행을 해제한다. 피고는 위 채권가압류 해제와 관련하여 원고가 현금 공탁금(같은 법원 201*금****)을 회수하여 가는 것에 동의한다.
3. 원고는 나머지 청구를, 피고는 반소청구를 각 포기한다.
4. 소송비용 및 조정비용은 각자 부담한다.

신용카드단말기이용계약 중도해지에 따른 위약금 청구사건

사건의 개요 및 조정경과

원고는 신용카드단말기 대여업체로서 소상공인인 피고에게 대여기간 36개월 조건으로 신용카드단말기, 싸인패드 등을 대여하였는데 피고가 17개월 만에 계약을 해지하자 위약금 규정에 따라 최초 무상 지원한 단말기 대금 66만 원의 배액인 132만 원의 지급을 구하는 소송을 제기. 피고는 임대장비가 무상인 것으로 알았다, 중도해지 시 2배 손해배상 조항은 계약 당시 설명을 듣지 못했다, 대여장비의 감가상각을 반영하여야 한다는 등의 주장을 하였고, 조정합의 불성립. 장비 공급가 66만 원에서 6만 원을 차감한 60만 원을 피고가 지급한다는 내용으로 조정갈음결정하여 양측 이의 없이 확정.

조정주문

1. 피신청인은 신청인에게 201*. 6. 30.까지 금 600,000원을 지급한다. 만일 피신청인이 위 지급기일까지 위 금원을 지급하지 아니한 때에는, 피신청인은 미지급금원에 대하여 위 지급기일 다음날부터 다 갚을 때까지 연 20%의 비율에 의한 지연손해금을 가산하여 신청인에게 지급한다.
2. 신청인은 나머지 신청을 포기한다.
3. 조정비용은 각자 부담한다.

자동차소유권이전등록절차인수 청구사건

사건의 개요 및 조정경과

원고는 자신 소유의 승용차를 150만 원을 받고 피고에게 소유권이전에 필요한 자동차등록증, 인감증명서 등 일체 서류와 함께 인도하였는데 피고가 자동차 인수 후 3년이 넘게 소유권이전등록을 해가지도 않으면서 불법주차, 과속 등 불법행위로 인하여 53회의 과태료가 부과되어 체납되었고 그로 인한 체납처분이 현재 자동차소유권자로 남아 있는 원고 자신에게 계속 되자 피고를 상대로 자동차소유권이전등록절차를 인수하고 동 승용차에 부과된 과태료 납부의무를 인수하라는 소송을 제기. 조정 심리 과정에서, 피고는 승용차를 매수한 실제 당사자가 아니고 피고의 이종사촌오빠인 A가 사채업자를 통하여 원고의 승용차를 넘겨받은 후 피고에게 부탁하여 피고 명의로 자동차보험에 가입한 후 승용차를 계속 사용하였다는 사실이 확인되었고, 이에 상임조정위원은 A의 조정참가를 허가하여 조정참가인 A가 실질적인 의무이행과 분쟁의 해결을 책임지도록 하였고, A는 승용차의 소유권 명의를 인수하지 않고 원고에게 승용차를 반환하는 것을 희망하여서 A로 하여금 모든 범칙금을 해결하도록 하고, 원고는 이 사건 청구를 포기하고 승용차를 반환받되 승용차를 피고측에 넘기기 이전에 발생한 과태료 등은 원고 자신이 책임지기로 하고 이러한 내용으로 임의조정 성립(원고가 승용차를 넘기며 받은 150만 원의 성격과 관련하여 원고가 주장한대로 매매대금이 아니라 자동차와 소유권이전등록서류를 변칙적인 담보물로 하여 사채업자를 통해 받은 차용금일 가능성이 커서 그 150만 원을 누구에게 반환 내지 변제할지, 아니면 그동안의 승용차 임대료와 상계처리할지 여부에 대해서는 양당사자에게 맡겨두기로 함). (※자동차소유권 이전등록절차인수에 관한 대법원 판결 2012다11679, 95다54716, 98다57501 참조)

조정주문

1. 원고는 이 사건 청구를 포기한다.
2. 조정참가인 ○○○(이하 '조정참가인'이라 한다)는
   가. 원고에게 현재 조정참가인이 점유 중인 이 사건 차량(마티즈 0*모7*8*호)을 인도하고,
   나. 위 차량과 관련하여 201*. 12. 29.부터 원고가 조정참가인으로부터 위 차량을 인도받을 때까지 발생한 각종 과태료, 범칙금 등을 모두 납부하고, 만일 이로 인하여 원고에게 손해가 발생할 경우 이를 변상한다.

3. 원고는 201*. 12. 28. 이전에 이 사건 차량과 관련하여 발생한 각종 과태료, 범칙금 등을 책임지고 납부 처리한다.
4. 소송비용 및 조정비용은 각자 부담한다.

마트영업권매매계약 가계약금 반환 청구사건

사건의 개요 및 조정경과

원고는 피고와 피고가 운영하고 있는 마트의 매매가계약을 체결하고 가계약금 2,000만 원을 지급하였는데 이후 피고가 원고의 동의 없이 다른 사람에게 마트를 매도하였기에 가계약금 2,000만 원의 반환을 구하는 소송을 제기(당초 가계약금 상당의 위약금 2,000만 원도 청구하였으나 위약금에 대한 약정이 없었기에 청구 감축)하여 1심에서 2,000만 원을 지급하라는 판결을 받았고 이에 피고가 불복하여 항소를 제기하여 항소심 조정 회부. 조정심리과정에서 피고가 원고와의 매매계약 이후 마트를 매도하기로 한 상대방은 사기죄로 실형을 선고받았고 그 상대방과 원고와의 관계가 명확하지 않았고 가계약금이 마트를 인수하고자 하는 사람에 대한 자금 융통 성격으로서 이자조로 수백만 원을 원고가 지급받은 점 등을 감안하여 피고가 1,400만 원을 2회 분할하여 지급하기로 하는 내용으로 임의조정 성립.

조정주문

1. 피고(항소인, 이하 '피고'라 한다)는 원고(피항소인, 이하 '원고'라 한다)에게 금 14,000,000원을 지급한다. 다만, 이를 2회로 분할하여 ① 201*. 9. 25.까지 7,000,000원을, ② 201*. 10. 26.까지 7,000,000원을 지급한다.
   그 지급은 원고의 은행계좌(○○○ ********-******, 예금주 □□□)로 입금하는 방식으로 한다.
2. 만일 피고가 제1항 기재 지급을 1회라도 지체하는 경우, 피고는 기한의 이익을 상실하고 즉시 원고에게 미지급액 전액 및 이에 대하여 지체일로부터 다 갚을 때까지 연 20%의 비율로 계산한 지연손해금을 가산하여 지급한다.
3. 원고는 나머지 청구를 포기한다.
4. 소송총비용 및 조정비용은 각자 부담한다.

신용카드단말기임대계약 해지에 따른 손해배상 청구사건

사건의 개요 및 조정경과

원고는 피고에게 60개월 기간 조건으로 신용카드조회단말기 등을 임대하였는데 피고가 11개월 만에 일방적으로 해지하였으므로 무상제공한 단말기 대금 및 잔여기간에 대한 손실수익금 등 100여만 원의 지급을 구하는 소송을 제기. 1심에서 전부패소(소액사건으로서 판결이유 기재 없음)한 피고가 항소. 약관의 효력, 단말기 가격의 적정성, 원고가 회수해간 단말기 가격의 공제 필요성 등을 감안하여 피고가 원고에게 70만 원을 지급한다는 내용으로 조정갈음결정하여 양측 이의 없이 확정.

조정주문

1. 피고(항소인)는 원고(피항소인)에게 201*. 9. 30.까지 금 700,000원을 지급한다. 만일 피고(항소인)가 위 금원을 위 지급기일까지 지급하지 아니한 때에는 미지급금원 및 이에 대하여 지급기일 다음날부터 다 갚는 날까지 연 20%의 비율로 계산한 지연손해금을 가산하여 지급한다.
2. 원고(피항소인)는 나머지 청구를 포기한다.
3. 소송총비용 및 조정비용은 각자 부담한다.

사해행위취소 청구사건

사건의 개요 및 조정경과

원고 신용카드회사는 피고의 아버지인 소외 A가 원고의 신용카드를 사용하고 이용대금 430여만 원을 연체한 상태에서 A의 부동산을 피고에게 매각하여 소유권을 이전한 사실을 확인하고 피고를 상대로 매매계약의 취소 및 소유권이전등기의 말소를 구하는 소송을 제기. 피고는 부친인 A가 급히 돈이 필요하다며 부동산을 매수하라고 하여 합의하여 매매하였을 뿐이고 A의 채권채무관계에 대해 전혀 아는 바가 없었다고 주장. 당사자 합의 불성립. 피고에게 사해의사가 없었음을 입증할 책임이 있는 점, A의 연체액이 고액이 아닌 점 등을 감안하여 피고가 200만 원을 지급하고 이 경우 A의 채무도 소멸하며 원고는 소를 취하한다는 내용으로 조정갈음결정하여 양측 이의 없이 확정.

조정주문

1. 피고는 원고에게 201*. 11. 30.까지 금 2,000,000원을 지급한다. 만일 피고가 위 지급기일까지 위 금원을 지급하지 아니한 때에는, 피고는 미지급금원 및 이에 대하여 위 지급기일 다음날부터 다 갚는 날까지 연 15%의 비율에 의한 지연손해금을 가산하여 원고에게 지급한다.
2. 원고는, 제1항 기재 금원지급이 있는 경우, 소외 ○○○에 대한 이 사건 신용카드대금 잔여채권에 대한 청구를 포기한다.
3. 원고와 피고는 이 사건 청구원인과 관련하여 본 조정을 갈음하는 결정에서 정한 사항 이외에는 양자 사이에 어떠한 채권채무도 없음을 확인하고, 향후 이와 관련하여 서로에 대하여 일체의 재판상, 재판외 청구 또는 이의제기를 하지 아니한다.
4. 원고는 이 사건 소를 취하하고, 피고는 이에 동의한다.

5. 소송비용 및 조정비용은 각자 부담한다.

과외비반환 약정금 청구사건

사건의 개요 및 조정경과

원고는 원고의 딸의 과외교사였던 피고에게 11개월간 2,970만 원을 지급하였는데 피고의 지도 부족으로 딸의 성적이 오르지 않자 피고가 지급받은 금액의 반액인 1,485만 원을 반환하기로 하는 각서를 받았는데 피고가 이를 이행하지 않자 그 지급을 구하는 소송을 제기하여 1심에서 공시송달로 전액승소하였고 피고가 항소하여 항소심에서 조정 회부. 조정심리 결과, 피고는 자신의 학력을 속인 사실이 인정되었으나 이미 원고의 딸을 상대로 성심껏 과외지도를 한 점, 피고가 원고와 원고의 남편이 피고를 사기죄로 고소하겠다는 위협에 못 이겨 각서를 작성한 경위 등이 인정되어 각서상의 약정금 중 900만 원을 6회 분할 지급하기로 하는 내용으로 임의조정 성립.

조정주문

1. 피고(항소인, 이하 '피고'라 한다)는 원고(피항소인, 이하 '원고'라 한다)에게 금 9,000,000원을 지급한다. 다만, 이를 6회로 분할하여 201*. 9.부터 201*. 2.까지 매월 말 매월 금 1,500,000원을 지급한다. 그 지급은 원고의 은행계좌(○○은행 ***-******-***** 예금주 △△△)로 입금하는 방식으로 한다.
2. 만일 피고가 제1항 기재 지급을 1회라도 지체하는 경우, 피고는 기한의 이익을 상실하고 즉시 원고에게 미지급액 전액에 금 5,850,000원을 더한 돈 및 이 '미지급액 전액에 금 5,850,000원을 더한 돈'에 대하여 지체일로부터 다 갚을 때까지 연 20%의 비율로 계산한 지연손해금을 가산하여 지급한다.
3. 원고는 피고에 대한 채권가압류신청을 취하하고 그 집행취소를 신청한다.
4. 원고는 나머지 청구를 포기한다.
5. 소송총비용 및 조정비용은 각자 부담한다.

인터넷 가입해지로 인한 사은품 금원 반환 청구사건

사건의 개요 및 조정경과

원고는 인터넷 가입 유치 대리점 영업자인데 피고가 인터넷 가입 당시 "1년 이내 해지 시 인터넷 사은품으로 현금 지급되는 27만 원을 전액 반환한다"는 조건으로 27만 원을 지급받고서 1년 내 해지하였으므로 27만 원을 반환하여야 함에도 이를 거절하여 소송을 제기. 조정합의 불성립. 피고가 원고에게 22만 원을 지급하되 만일 지급기한내 미이행 시 5만 원을 더하여 지급한다는 내용으로 조정갈음결정하여 양측 이의 없어 확정.

조정주문

1. 피신청인은 신청인에게 201*. 11. 10.까지 금 220,000원을 지급한다. 그 지급은 신청인의 은행계좌(○○은행 ***-******-**-***, 예금주 △△△)로 입금하는 방식으로 한다. 만일 피신청인이 위 지급기일까지 위 금원을 지급하지 아니한 때에는, 피신청인은 미지급금원에 50,000원을 더한 돈과 이 '미지급금원에 50,000원을 더한 돈'에 대하여 위 지급기일 다음날부터 다 갚는 날까지 연 20%의 비율에 의한 지연손해금을 가산하여 신청인에게 지급한다.
2. 신청인은 나머지 신청을 포기한다.
3. 조정비용은 각자 부담한다.

빙과류공급계약 선급장려금 반환 청구사건

사건의 개요 및 조정경과

원고 빙과류 공급회사는 수퍼마켓을 운영하는 피고와 빙과류제품 거래 약정(약정기간 2년, 약정매출액 1억 5,000만 원, 판매장려금 3,000만 원, 판매장비 쇼케이스 7대 지원, 고의과실에 의한 계약위반 또는 중도해지 시 장려금의 1.2배 상환, 판매장비 무단철거 및 반환 금지 조건)을 체결하고 장려금 3,000만 원을 지급하고 거래를 시작하였으나 계약기간이 1년이 지난 시점에 피고가 공급단가를 낮춰 달라고 요구하며 일방적으로 해지하고 타사 장비를 반입하여 영업을 하자, 피고를 상대로 장려금 3,000만 원의 1.2배인 3,600만 원과 외상대금 800여만 원의 합 4,400여만 원의 지급을 구하는 소송을 제기. 피고는 공급물품의 가격 조율은 희망하였으나 계약을 해지한다는 의사표시를 한 바 없었다고 주장. 피고의 책임으로 인한 계약해지 시 피고의 손실이 크고 피고가 원고와의 거래를 재개하기를 희망하고 있는 점 등을 감안하여 원고는 소를 취하하고, 피고는 원고에게 외상대금을 지급하고 판매장비를 원상회복하며 잔여 계약기간 동안 빙과류를 공급받기로 한다는 내용으로 조정갈음결정하여 확정.

조정주문

1. 원고와 피고는 별지 1. (잠정)합의안, 별지 2. 거래약정서, 별지 3. 추가약정서에서 각 정한 사항을 상호 이행한다. ※ 별지 1, 2, 3 생략
2. 원고는 이 사건 소를 취하하고, 피고는 이에 동의한다.
3. 소송비용 및 조정비용은 각자 부담한다.

해외투자 유도로 인한 손해배상 청구사건

사건의 개요 및 조정경과

원고는 피고가 원금을 보장하는 조건으로 해외투자를 유도하자 40회에 걸쳐 3억 700여만 원을 송금하였고 피고로부터 원금 및 배당금 명목으로 2억 3,500여만 원을 송금 받았는데 뒤늦게 피고의 사기행위를 알고 피고를 고소하고(피고의 형사재판 과정에서 피고가 1,500만원을 공탁) 아직 돌려받지 못한 5,600여만 원의 지급을 구하는 소송을 제기. 피고는 교도소에 수감 중에 있어 조정기일 불출석. 피고가 5,000만 원을 지급한다는 내용의 조정갈음결정하여 양측 이의 없이 확정.

조정주문

1. 피고는 원고에게 201*. 12. 31.까지 금 50,000,000원을 지급한다. 만일 피고가 위 지급기일까지 위 금원을 지급하지 아니한 때에는, 피고는 미지급금원 및 이에 대하여 위 지급기일 다음날부터 다 갚는 날까지 연 15%의 비율에 의한 지연손해금을 가산하여 원고에게 지급한다.
2. 원고는, 제1항 기재 금원 50,000,000원의 지급이 있는 경우, 즉시 소외 ○○○(피고의 배우자)에 대한 부동산가압류(서울△△지방법원 201*카단****) 신청을 취하하고 그 집행취소를 신청한다. 이 경우 피고는, 원고가 위 부동산가압류결정시 공탁한 담보공탁금이 있는 경우 그에 대한 담보취소결정을 통하여 담보공탁금을 원고가 회수해감에 동의하며 그 담보취소결정에 항고하지 아니한다.
3. 원고는 나머지 청구를 포기한다.
4. 소송비용 및 조정비용은 각자 부담한다.

계금 관련 청구이의 사건

사건의 개요 및 조정경과

원고는 계원이고 피고는 계주였는데, 피고가 원고를 상대로 미불입금의 지급을 구하는 소송을 제기하여 이행권고결정을 확정 받아 추심업체를 통해 추심에 들어가자 원고는 강제집행의 불허를 구하는 청구이의 소송을 제기. 조정결과, 지급금액을 줄이고 6회 분할지급하는 내용으로 조정 성립.

조정주문

1. 원고와 피고는 서울○○지방법원 201*가소***** 계금 이행권고결정에 기한 원고의 피고에 대한 채무는 금 3,460,000원을 초과하여서는 존재하지 아니함을 상호 확인한다.
2. 원고는 피고에게 제1항 기재 금원 3,460,000원을 지급한다. 다만, 이를 6회로 분할하여 ① 201*. 12. 31.까지 1,000,000원을, ② 201*. 1.부터 4.까지 매월 말 매월 500,000원을, ③ 201*. 5. 31.까지 금 460,000원을 지

급한다. 만일 원고가 위 분할 지급을 1회라도 지체하는 경우, 원고는 기한의 이익을 상실하고 피고가 원고에 대하여 제1항 기재 3,460,000원의 범위 내에서의 이행권고결정에 기한 강제집행을 함에 이의를 제기하지 아니한다.

3. 피고는 원고에 대하여,
   가. 제2항 기재 분할지급이 이루어지는 기간 동안 제1항 기재 이행권고결정에 기한 강제집행을 하지 아니하며,
   나. 제2항 기재 금원지급이 모두 이루어지는 경우, 원고의 피고에 대한 채무는 모두 변제된 것으로 간주하고, 제1항 기재 이행권고결정에 기한 강제집행을 하지 아니한다.
4. 원고는 나머지 청구를 포기한다.
5. 소송비용 및 조정비용은 각자 부담한다.

골프장 입회금 반환 청구사건

사건의 개요 및 조정경과

원고는 소외 A 회사가 가진 피고의 골프장 회원권 1개를 승계 취득한 후 5년 만기가 되자 입회금 2억 1,000만 원의 반환을 피고에게 요구하였으나 이행되지 않자 소송을 제기. 피고가 2억 1,000만 원을 3회 분할 지급한다는 내용으로 조정갈음결정하여 양측 이의 없이 확정.

조정주문

1. 피고는 원고에게 금 210,000,000원을 지급한다. 다만, 이를 3회로 분할하여 ① 201*. 3. 31.까지 70,000,000원을, ② 201*. 4. 30.까지 70,000,000원을, ③ 201*. 5. 31.까지 70,000,000원을 지급한다.
2. 만일 피고가 제1항 기재 지급을 1회라도 지체하는 경우, 피고는 기한의 이익을 상실하고 즉시 원고에게 미지급액 전액 및 이에 대하여 201*. 9. 11.부터 다 갚을 때까지 연 15%의 비율로 계산한 지연손해금을 가산하여 지급한다.
3. 원고는 나머지 청구를 포기한다.
4. 소송비용과 조정비용을 합하여 그 1/2는 원고가, 나머지는 피고가 각 부담한다.

공공임대아파트 임차권 불법양도에 기한 손해배상 청구사건

사건의 개요 및 조정경과

원고는 피고의 ○○공사 공급 공공임대아파트 임차권을 매입하기로 하고 피고에게는 프리미엄 1,800만 원을 지급하고 ○○공사에 임대보증금을 대납하고 마치 피고 본인인양 입주하여 거주하다 ○○공사에 적발되

어 퇴거하였는데 피고가 당초 약속한 피고의 주민등록 타지역 이전 후 명의이전을 해주지 않고 있다며 피고를 상대로 프리미엄의 배액, 대납 임대보증금 등 1.3억여 원의 지급을 구하는 소송을 제기. 조정기일을 속행하여 진행하여 피고가 원고에게 프리미엄의 절반액과 임대보증금 대납액 등을 지급하는 내용으로 강제조정하여 이에 양측이 이의 없이 조정확정.

조정주문

1. 피고는 원고에게 201*. 7. 31.까지 금 56,000,000원{프리미엄 18,000,000원의 2분의 1인 9,000,000원 + 임대보증금 계약금 대납액 38,000,000원 + 추가 임대보증금 대납액 9,000,000원(각 백만 원 미만 단위 버림)}을 지급한다. 만일 피고가 위 지급기일까지 위 금원을 지급하지 아니한 때에는, 피고는 미지급금원 및 이에 대하여 위 지급기일 다음날부터 다 갚는 날까지 연 15%의 비율에 의한 지연손해금을 가산하여 원고에게 지급한다.
2. 원고는 나머지 청구를 포기한다.
3. 소송비용 및 조정비용은 각자 부담한다.

자동차리스료 청구사건

사건의 개요 및 조정경과

원고 자동차리스회사는 피고의 피상속인 망 A에게 자동차를 리스대여하였는데 망인이 리스료를 미납한 상태에서 사망하자 상속인인 피고를 상대로 미회수 리스료 680여만 원의 지급을 구하는 소송을 제기. 조정기일 피고 불출석. 피고가 한정승인하였으므로 상속범위 내에서 금원을 지급한다는 내용으로 조정갈음결정하여 양측 이의 없이 확정.

조정주문

1. 피고는 원고에게 망 △△△로부터 상속받은 범위 내에서 금 6,843,619원 및 이에 대하여 201*. 1. 21.부터 완제일까지 연 24.00%의 비율에 의한 금원을 지급한다.
2. 원고는 나머지 청구를 포기한다.
3. 소송비용 및 조정비용은 각자 부담한다.

렌트카 사용료 청구사건

사건의 개요 및 조정경과

원고 렌트카회사는 피고와 차량 4대에 대한 장기렌트계약을 체결하여 차량을 대여하였는데 피고가 6개월 치 사용료 940만 원을 지급하지 않자 소송을 제기. 1심에서 패소한 피고가 항소. 항소심 조정 회부. 조정기일 양측 불출석. 사용료 원금 940만 원을 지급한다는 내용으로 조정갈음결정하여 양측 이의 없이 확정.

조정주문

1. 피고(항소인, 이하 '피고'라 한다)는 원고(피항소인, 이하 '원고'라 한다)에게 201*. 3. 15.까지 금 9,400,000원을 지급한다. 만일 피고가 위 지급기일까지 위 금원을 지급하지 아니한 때에는, 피고는 미지급금원에 대하여 위 지급기일 다음날부터 다 갚는 날까지 연 15%의 비율에 의한 지연손해금을 가산하여 원고에게 지급한다.
2. 원고는 나머지 청구를 포기한다.
3. 소송총비용 및 조정비용은 각자 부담한다.

보험설계사수당 반환 청구사건

사건의 개요 및 조정경과

원고 보험사는 보험설계사인 피고와 위촉계약을 체결하며 정착보너스 960만 원을 지급하며 "위촉 시로부터 8~13차월 이내 해촉 시 50%를 반환한다"는 특약을 맺었는데 피고와 12개월 만에 위촉계약을 해지하게 되어 960만 원의 50%인 480만 원의 반환을 구하는 소송을 제기. 1심에서 패소한 피고가 항소. 항소심 조정회부. 피고는 환수규정을 설명 받지 못하였다고 주장하나 피고가 서명한 합의서 내용에 따른 책임 명확. 조정기일에 피고 불출석. 원금 480만 원을 4회 분할 지급한다는 내용의 조정갈음결정하여 양측 이의 없이 확정.

조정주문

1. 피고(항소인, 이하 '피고'라 한다)는 원고(피항소인, 이하 '원고'라 한다)에게 금 4,800,000원을 지급한다. 다만, 이를 4회로 분할하여 ① 201*. 3. 31.까지 1,200,000원을, ② 201*. 4. 30.까지 1,200,000원을, ③ 201*. 5. 31.까지 1,200,000원을, ④ 201*. 6. 30.까지 1,200,000원을 지급한다.
2. 만일 피고가 제1항 기재 분할지급을 1회라도 지체하는 경우, 피고는 기한의 이익을 상실하고 즉시 원고에게 미지급액 전액 및 이에 대하여 지체일로부터 다 갚는 날까지 연 15%의 비율로 계산한 지연손해금을 가산하여 지급한다.
3. 원고는 나머지 청구를 포기한다.
4. 소송총비용 및 조정비용은 각자 부담한다.

약정금 청구사건

사건의 개요 및 조정경과

원고는 피고의 어머니인 소외 A에게 여러 차례 돈을 빌려주었고 이에 피고는 A의 차용금을 대신 갚겠다고 구두로 또는 문자메시지로 약속하였음에도 이행하지 않는다며 5,000여만 원의 지급을 구하는 소송을 제기. 피고는 원고에게 너무 걱정하지 말라는 취지로 말하였을 뿐 법적 책임을 부담하겠다는 취지는 아니었다고 주장. 원고의 A에 대한 원금 5,500만 원의 지급명령은 확정되어 원고가 A의 재산에 대한 경매에서 800만 원 가량을 배당받은 점 등을 감안하여 피고가 원고에게 1,200만 원을 12회 분할 변제하고 이를 모두 변제하면 A의 채무도 모두 소멸하고 A에 대해 강제집행을 하지 않는다는 내용으로 조정갈음결정하여 양측 이의 없이 확정.

조정주문

1. 피고는 원고에게 금 12,000,000원을 지급한다. 다만, 이를 12회로 분할하여 201*. 5.부터 201*. 4.까지 매월 말 1,000,000원을 지급한다.
2. 만일 피고가 제1항 기재 지급을 1회라도 지체하는 경우, 피고는 기한의 이익을 상실하고 즉시 원고에게 미지급액 전액 및 이에 대하여 지체일로부터 다 갚는 날까지 연 15%의 비율로 계산한 지연손해금을 가산하여 지급한다.
3. 원고는, 피고가 제1항 기재대로 모든 지급을 이행한 때에는, 소외 △△△에 대한 서울○○지방법원 201* 차**** 지급명령에 기한 원고의 채권액이 모두 소멸된 것으로 인정하고, 동 지급명령에 기한 강제집행을 하지 아니한다.
4. 원고는 나머지 청구를 포기한다.
5. 소송총비용 및 조정비용은 각자 부담한다.

자동차소유권이전등록절차인수 청구사건

사건의 개요 및 조정경과

원고는 4년 전 사채업자로부터 250만 원을 차용하며 원고 명의로 중고차량을 구입하되 차량을 사채업자가 계속 점유하기로 하고 원고가 원리금을 모두 상환하면 차량명의를 사채업자 명의로 변경하기로 하였는데 이후 사채업자는 연락두절이 되었고 지금까지 원고 명의의 차량에 대해 각종 범칙금으로 450만 원이 부과되었다며 현재 동 차량의 점유자로 확인된 피고를 상대로 자동차의 소유권이전등록절차를 인수하고 모든 과태료, 자동차세를 부담하라는 취지의 소송을 제기. 피고는 2년 전 평소 알고 지내던 사채업자가 자신에게 차를 잠시 보관시키고 800만 원을 차용한 후 연락두절하여 자신이 차량을 사용하였다고 주장. 조정과정에서 피고가 자신 명의가 아닌 자동차를 사용하며 불법주차, 과속 등으로 과태료, 범칙금을 야기한 사실 및 원고 또한 음성적인 사채거래에서 자신의 명의를 담보로 제공한 책임을 함께 고려하여 피고가 원고로부터 자동차 소유권이전등록절차를 인수하고, 인수전에 모든 과태료를 정리해야 이전등록이 가능하므로 범칙금 450만 원 중 피고가 270만 원을, 원고가 나머지를 부담하기로 하는 내용으로 임의조정 성립.

조정주문

1. 피고는 원고로부터 별지 목록 기재 자동차에 관하여 201*. 1. 1. 양수를 원인으로 한 소유권이전등록절차를 인수한다.
2. 피고는 제1항 인수에 앞서, 원고에게 금 2,700,000원을 지급한다. 원고는 동 금원을 지급받아 별지 목록 기재 자동차에 관하여 부과된 과태료, 공과금 등을 납부한다.
3. 원고는 별지 목록 기재 자동차에 관하여 체결된 차량할부구입(캐피탈)계약과 관련하여 피고의 양수 시점 이전까지의 미납대금 납부 등 필요한 조치를 하기로 한다.
4. 원고는 나머지 청구를 포기한다.
5. 소송비용 및 조정비용은 각자 부담한다.

세무사 보수금 청구사건

사건의 개요 및 조정경과

세무사인 원고는 피고로부터 양도소득세부과처분 불복절차에 관한 위임을 받아 이의신청, 심판청구를 거쳐 (변호사를 통한) 행정소송을 제기한 후 국세청의 부과처분취소, 환급결정으로 피고가 1억 9,900여만 원을 환급받게 되어 약정 보수금 10%인 1,990여만 원의 지급을 구하는 소송을 제기하였으나 1심에서 패소(소액사건으로 판결이유 미기재)한 뒤 항소. 항소심 조정회부. 조정합의 불성립. 피고가 500만 원을 지급한다는 내용으로 조정갈음결정하여 양측 이의 없이 확정.

조정주문

1. 피고는 원고에게 201*. 9. 30.까지 금 5,000,000원을 지급한다. 만일 위 금원을 위 지급기일까지 지급하지 아니한 때에는, 미지급금원 및 이에 대하여 지급기일 다음날부터 다 갚는 날까지 연 15%의 비율로 계산한 지연손해금을 가산하여 지급한다.
2. 원고는 나머지 청구를 포기한다.
3. 소송총비용 및 조정비용은 각자 부담한다.

보험설계사 수수료 반환 청구사건

사건의 개요 및 조정경과

원고 보험사는 원고와 보험모집위촉계약을 체결한 보험설계사인 피고에게 수수료를 지급하였으나 피고의 부실 모집(대량 보험계약해지) 등으로 이미 지급한 수수료 중 2,600여만 원을 부당이득으로서 반환하라는 소송을 제기. 조정합의 불성립. 피고가 2,000만 원을 지급한다는 조정갈음결정으로 양측 이의 없이 확정.

조정주문

1. 피고는 원고에게 201*. 8. 31.까지 금 20,000,000원을 지급한다. 만일 피고가 위 지급기일까지 위 금원을 지급하지 아니한 때에는, 피고는 미지급금원 및 이에 대하여 위 지급기일 다음날부터 다 갚는 날까지 연 15%의 비율에 의한 지연손해금을 가산하여 원고에게 지급한다.
2. 원고는 나머지 청구를 포기한다.
3. 소송비용 및 조정비용은 각자 부담한다.

투자금반환 청구사건

사건의 개요 및 조정경과

원고들의 피상속인 망부 A는 피고의 투자권유에 의해 4,500만 원을 지급하였는데, 피고가 이를 투자에 사용하지 않고 임의사용한 후 이를 A에게 반환하겠다는 취지의 각서를 교부하였는데 이를 이행하기 전에 A가 사망하여 A의 상속인인 원고들이 피고를 상대로 4,500만 원의 지급을 구하는 소송을 제기. 원고들의 조정기일 불출석으로 당사자 조정합의 불성립. 피고가 4,500만 원을 2회 분할 지급한다는 내용의 조정갈음결정하여 양측 이의 없이 확정.

조정주문

1. 피고는 원고들에게(원고 ○○○에게 3/7, 원고 △△△, ◇◇◇에게 각 2/7의 비율로) 합계 금 45,000,000원을 지급한다. 다만, 다만, 이를 2회로 분할하여 ① 201*. 8. 31. 금 25,000,000원을, ② 201*. 10. 31. 금 20,000,000원을 지급한다.
2. 만일 피고가 제1항 기재 지급을 1회라도 지체하는 경우, 피고는 기한의 이익을 상실하고 즉시 원고들에게(원고 ○○○에게 3/7, 원고 △△△, ◇◇◇에게 각 2/7의 비율로) 미지급액 전액 및 이에 대하여 지체일로부터 다 갚는 날까지 연 15%의 비율로 계산한 지연손해금을 가산하여 지급한다.
3. 원고들은 나머지 청구를 포기한다.
4. 소송비용 및 조정비용은 각자 부담한다.

납품계약파기에 따른 손해배상 청구사건

사건의 개요 및 조정경과

원고는 피고에게 원유를 공급하는 납품계약을 체결하였는데 피고가 계약을 부당파기하여 원고에게 이행이익 상당의 손해가 발생하였다며 6억 4,300여만 원을 청구하는 소송을 제기. 3회 조정기일을 진행하며 국제유가급락, 경기침체로 인한 유제품 수요감소와 재고 증가로 인한 피고의 계약중단 필요성, 원고의 예상판매이익 등을 감안하여 배상액을 9,000만 원으로 정하여 원고가 확보중인 보증금 2.5억 원에서 9,000만 원을 공제하고 나머지 1억 6,000만 원을 피고에게 반환하고 관련 소송과 강제집행을 모두 종결하는 내용으로 강제조정하여 쌍방 이의 없이 종결.

조정주문

1. 피고는 원고에게 금 90,000,000원을 지급한다. 다만, 그 지급에 갈음하여 원고는 피고로부터 양자간의 201*. 3. 12.자 정제유 공급계약 제3조에 따라 지급받은 보증금 250,000,000원에서 위 금 90,000,000원을 공제하고, 그 잔액인 160,000,000원을 피고에게 반환지급한다.
2. 피고는 원고 및 원고 임직원에 대한 서울○○지방법원 201*타경**** 부동산강제경매신청, 서울△△지방법원 201*6타채**** 채권압류 및 추심신청, ◇◇지방법원 201*타채**** 채권압류 및 추심신청을 각 취하하고 그 집행취소를 신청하고, 그 집행정지(서울△△지방법원 201*카정****** 등)와 관련하여 원고가 공탁한 담보공탁금을 담보취소결정을 통하여 원고가 회수해감에 동의하며 그 담보취소결정에 항고하지 아니한다.
3. 피고는 원고에 대하여, 제1항 기재 공급계약 제2조에 따라 원고가 피고에게 발행 교부한 공증어음(제2항 기재 부동산강제경매, 채권압류추심의 집행권원)에 기한 원고의 피고에 대한 채무는 존재하지 아니함을 확인하고, 동 공증어음에 기한 강제집행을 하지 아니하며, 제1항 기재 보증금 잔액 160,000,000원을 반환지급받음과 동시에 동 공증어음 원본을 원고에게 반환한다.
4. 원고는 피고에 대한 서울△△지방법원 201*가합****** 청구이의 사건의 소를 취하하고, 피고는 이에 동의한다.
5. 원고와 피고는 이 사건 청구원인과 관련하여 본 조정을 갈음하는 결정에서 정한 사항 이외에는 양자 사이에 어떠한 채권채무도 없음을 확인하고, 향후 이와 관련하여 서로에 대하여 일체의 재판상, 재판외 청구 또는 이의제기를 하지 아니한다.
6. 원고는 나머지 청구를 포기한다.
7. 소송비용 및 조정비용은 각자 부담한다.

양육비지급채무부존재확인 청구사건

사건의 개요 및 조정경과

원고는 19**년경 공무원으로서 ○○시에서 지방근무 중에 소외 A를 만나게 되었고 원고와 A 사이에 혼외자인 피고가 태어났고 얼마 후 A와 결별하고 피고에 대한 양육은 A가 맡아서 하였는데 19**년 피고가 초등학교 입학할 무렵 A의 요구에 의해 피고를 원고와 원고의 본처의 친생자로 호적 등재하였고 이후 간헐적으로 A

와 피고가 원고에게 연락해와 그 때마다 생활비, 용돈 등을 지급하였는데 최근 소외 A와 피고가 원고 소유의 집을 증여해달라고 하는 등 과도한 요구를 하고 있다면서 피고를 상대로 양육비지급채무가 없음을 확인하여 달라는 소송을 제기. 조정심리과정에서, 원고가 부담하는 양육비채무는 피고가 아닌 소외 A에 대한 것임을 양측에 주지시키고 또한 현재 소외 A가 원고를 상대로 서울가정법원에 양육비청구를 한 상태임이 확인되어 원고와 피고는 양육비와 관련한 채권채무가 없음을 상호 확인(원고의 소 취하)하고 가정법원의 최종 판결결과를 존중하기로 하는 내용으로 임의조정 성립.

조정주문

1. 원고와 피고는 상호간에 이 사건 청구원인과 관련하여 양자 사이에 어떠한 채권·채무도 없음을 확인한다.
2. 원고와 피고는 소외 ○○○의 원고에 대한 서울가정법원 201*느단***** 과거양육비 청구사건(사건본인 피고)의 최종 판결결과(조정 포함)를 존중하기로 한다.
3. 소송비용 및 조정비용은 각자 부담한다.

파산면책확인 청구사건

사건의 개요 및 조정경과

원고는 피고 제약회사에 대한 의약품대금채무 및 그 지급담보 약속어음금채무에 관한 확정판결에 기한 9,500만 원의 채무는 원고에 대한 파산선고 후 면책되었음을 주장하며 그 확인을 구하는 소송을 제기. 조정심리과정에서 원고의 동 채무는 원고가 파산신청 시 악의로 채권자목록에서 제외하여 면책이 되지 않는다는 대법원판결이 확인되어 원고의 주장은 타당하지 않았으나 피고측이 원고가 현금으로 채무액중 상당액을 임의지급하면 나머지를 탕감해줄 여지가 있는 것으로 확인되어 조정기일을 4회까지 속행하며 원고로 하여금 현금을 확보하여 피고에게 지급하게 하고 나머지 금원은 모두 면제하여 판결집행을 포기하며 관련인에 대한 나머지 강제집행도 취하하고 피고의 원고에 대한 형사고소도 취하하여 모든 분쟁을 종결하는 내용으로 조정성립.

조정주문

1. 원고와 피고는, 서울○○법원 201*나***** 어음금 등 사건의 확정판결에 기한 원고의 피고에 대한 채무(원심 서울△△지방법원 200*가합*****, 상고심 대법원 201*다*****, 원고의 피고에 대한 의약품대금채무 및 그 지급담보 약속어음금채무 일체)가 금 80,000,000원을 초과하여서는 존재하지 않음을 상호 확인한다.
2. 원고와 피고는, 원고가 피고에게 제1항 기재 금원 80,000,000원을 지급하였고 피고는 이를 수령하였음과 이에 따라 제1항 기재 원고의 피고에 대한 채무가 변제되어 모두 소멸하였으며 서울△△지방법원 201*가합***** 사해행위취소 등 사건의 확정판결에 기한 소외 □□□의 피고에 대한 채무 또한 소멸하였음을 상호

확인한다.

3. 피고는 원고에 대한 서울△△지방법원 201*타채**** 채권압류 및 추심신청사건을 취하하고 그 집행취소를 신청한다.
4. 피고는 원고에 대한 제1항 기재 확정판결(관련 약속어음 포함) 및 소외 ㅁㅁㅁ에 대한 제2항 기재 확정판결에 기한 강제집행을 하지 아니한다.
5. 피고는 원고에 대한 이 사건 관련 형사사건의 고소를 취하한다.
6. 원고는 이 사건 소를 취하하고, 피고는 이에 동의한다.
7. 소송비용 및 조정비용은 각자 부담한다.

자동차매매대금 반환 청구사건

사건의 개요 및 조정경과

원고는 피고로부터 2,900만 원에 중고자동차를 매입하였으나 차량상태가 불량하고 자동차등록원부에 여러 건의 압류와 근저당이 설정되어 있어 계약을 해제하며 매매대금의 반환을 요구하였는데 피고가 2,000만 원만 반환하고 나머지 금액지급을 미루자 미반환금액, 수리비, 차량운행을 못한 영업손실 등 2,700여만 원을 청구하는 소송 제기. 계약해제사유가 명백하고 원상회복의무에 따른 매매대금 미반환 잔액 및 손해배상책임에 의한 수리비를 지급할 피고의 의무가 인정되어 피고가 1,550만 원을 2회 분할하여 지급하고 원고는 자동차를 반환인도하는 내용으로 조정 성립.

조정주문

1. 피고는 원고에게 금 15,500,000원을 지급한다. 다만, 이를 2회로 분할하여 ① 201*. 6. 23.까지 9,500,000원을, ② 201*. 9. 30.까지 6,000,000원을 지급한다.
2. 만일 피고가 제1항 기재 지급을 1회라도 지체하는 경우, 피고는 기한의 이익을 상실하고 즉시 원고에게 미지급액 전액 및 이에 대하여 지체일로부터 다 갚을 때까지 연 15%의 비율로 계산한 지연손해금을 가산하여 지급한다.
3. 원고는, 제1항 ① 지급이 있으면, 즉시 피고에게 별지 목록 자동차를 반환인도한다.
4. 원고는 나머지 청구를 포기한다.
5. 소송비용 및 조정비용은 각자 부담한다.

유학 잔여경비반환 청구사건

사건의 개요 및 조정경과

원고는 자신의 아들을 피고 유학원을 통하여 홈스테이 형식으로 미국 시애틀 소재 고등학교에 유학시켰는데 아들이 홈스테이를 시작한지 13일 만에 집주인에게 부당하게 쫓겨나 다른 곳으로 옮기게 되었다며 원고가 피고에게 지급한 1년 치 유학비용 중 1개월분을 공제한 나머지 11개월분 1,900여만 원과 위자료 1,000만 원을 합한 2,900여만 원의 지급을 구하는 소송을 제기. 피고는 미국 유학재단측으로부터 돌려받은 900여만 원을 공탁하고서 피고가 나머지를 돌려줄 책임이 없다고 주장. 1심에서 전부패소(공탁금조차 피고의 지급의무가 없다는 취지)한 원고가 항소하여 항소심 조정 회부. 양측을 설득하여 원고가 피고의 공탁금을 출급수령하고 피고가 추가로 200만 원을 지급하기로 하는 내용으로 임의조정 성립.

조정주문

1. 원고는, 피고가 201*. 9. 9. 원고를 피공탁자로 하여 ○○지방법원 △△지원 201*년 금제****호로 공탁한 공탁금 9,102,193원을 출급수령한다. 피고는 이에 이의를 제기하지 아니한다.
2. 피고는 원고에게 201*. 9. 30.까지 금 2,000,000원을 지급한다. 그 지급은 원고의 은행계좌(◇◇은행 ***-******-**-***, 예금주 □□□)로 입금하는 방식으로 한다. 만일 피고가 위 지급기일까지 위 금원을 지급하지 아니한 때에는, 피고는 미지급금원에 대하여 지급기일 다음날부터 다 갚을 때까지 연 15%의 비율로 계산한 지연손해금을 가산하여 원고에게 지급한다.
3. 원고는 나머지 청구를 포기한다.
4. 소송총비용 및 조정비용은 각자 부담한다.

명의수탁자의 사무처리비용 청구사건

사건의 개요 및 조정경과

원고는 피고 A, B와 2자간 명의신탁약정에 의해 허위 매매계약을 체결하여 피고 B 소유의 토지 3필지의 소유권을 원고 명의로 이전하고 명의신탁 이후 동 부동산을 담보로 대출받아 빌라건축사업을 하는 등 모든 부동산 관리는 피고들이 알아서 하고 소유권이전으로 발생하는 세금 등 일체의 비용은 피고들이 부담하기로 하였는데, 이후 피고 B는 관련 양도소득세 등 세금을 줄이기 위해 원고를 상대로 "실제 매매대금은 3억 원인데 원고가 임의로 4.5억 원으로 신고했다"라는 주장과 함께 매매대금확인소송을 제기하고 원고의 무대응을 주문한 후 무변론 승소확정판결을 받아 세무서로부터 양도가액경정으로 인한 환급결정을 받았고 동 부동산을 모두 제3자에게 매도처분하였고, 얼마 후 관할 세무서는 원고와 피고 B의 매매대금 허위기재 혐의를 포착하여 소관 구청에 통보하였고 해당 구청은 원고, 피고 B의 정당한 소명이 없자 양측에 허위거래가격 신고를 사유로 과태료 1,800만 원씩을 부과함. 약속과 달리 피고들이 원고에게 부과된 과태료를 수년간 처리하지 않자 결국 원고는 자신의 돈으로 과태료와 가산금 등 2,400여만 원을 납부하고 피고들을 상대로 명의수탁자로서의 사무처리비용으로 동 금원의 지급을 구하는 소송을 제기. 피고들이 연대하여 원고에게 2,050만 원을 지급하고 피고 B가 원고를 상대로 확보한 확정판결은 집행을 포기하는 내용으로 임의조정 성립.

조정주문

1. 피고들은 연대하여 원고에게 201*. 8. 25.까지 금 20,500,000원을 지급한다. 만일 위 지급기일까지 위 금원을 지급하지 아니한 때에는, 미지급금원에 대하여 지급기일 다음날부터 다 갚을 때까지 연 15%의 비율로 계산한 지연손해금을 가산하여 지급한다.
2. 피고 △△△는 원고에 대하여, 서울○○지방법원 201*가합***** 매매대금확인 등 사건의 확정판결에 기한 원고에 대한 채권을 포기하고, 동 확정판결에 기한 강제집행을 하지 아니한다.
3. 원고와 피고들은 이 사건 청구원인과 관련하여 본 조정조서에서 정한 사항 이외에는 양자 사이에 어떠한 채권채무도 없음을 확인하고, 향후 이와 관련하여 서로에 대하여 일체의 재판상, 재판외 청구 또는 이의제기를 하지 아니한다.
4. 원고는 나머지 청구를 포기한다.
5. 소송비용 및 조정비용은 각자 부담한다.

위약금 청구사건

사건의 개요 및 조정경과

원고는 국가기관 납품을 위해 수입산 초자기구세척기 1대를 1,430만 원에 피고로부터 구입하기로 하는 물품매매계약을 체결함에 있어 계약금 및 선급금으로 800만 원을 지급하며 위약금은 계약금(선급금)의 3배로 한다는 약정을 하였는데 피고가 계약금(선급금) 800만 원만 받고 납기를 맞추지 못하게 되어 피고와의 계약을 해제하고 타업체로부터 물품을 공급받아 국가에 납품하였으며, 이후 피고에게 계약금만 반환하면 위약금은 포기하겠다고 하였음에도 피고가 반환을 거부하자 선급금반환보증보험을 통하여 보험금 800만 원을 수령한 후 피고를 상대로 위약금 2,400만 원(800만 원의 3배)의 지급을 구하는 소송을 제기. 1심은 800만 원만 인정하는 판결을 내렸고 이에 피고가 항소하여 항소심 조정 회부. 조정 심리 과정에서 피고는 원계약대금 1,430만 원의 10%인 143만 원만 지급할 수 있다는 주장을 하였으나, 국가계약 납기의 확실한 준수를 위해 원고가 통상의 계약금 수준인 공급대금의 10%가 아닌 56%에 해당하는 계약금을 포함한 선급금을 지급하였던 점, 지급된 선급금의 3배를 지급하기로 하는 위약금 약정은 과도하여 그 자체가 무효이거나 일정부분 무효인 점을 두루 감안하고 양측을 이해시켜 피고가 원고에게 400만 원을 지급하기로 하는 내용으로 임의조정 성립.

조정주문

1. 피고는 원고에게 201*. 9. 30.까지 금 4,000,000원을 지급한다. 만일 피고가 위 지급기일까지 위 금원을 지급하지 아니한 때에는, 피고는 미지급금원에 대하여 지급기일 다음날부터 다 갚을 때까지 연 15%의 비율로 계산한 지연손해금을 가산하여 원고에게 지급한다.
2. 원고는 나머지 청구를 포기한다.
3. 소송총비용 및 조정비용은 각자 부담한다.

사해행위취소 청구사건

사건의 개요 및 조정경과

원고는 소외 A에 대한 물품공급채권 6,400여만 원을 가지고 있는데 A가 소외 B에 대해 가지고 있는 공사대금채권 10억여 원을 피고에게 양도한 것과 관련하여 A의 피고에 대한 채권양도는 사해행위로서 취소되어야 한다며 피고를 상대로 A와 피고 사이의 채권양수도계약을 취소하고 원고에게 6,400여만 원을 지급하라는 소송을 제기. 피고는 채권양도가 사해행위가 아니라고 주장. 조정심리 과정에서 소외 A의 파산절차가 진행 중인 것이 확인되었고, 이 경우 개별채권자(원고포함)의 채권자취소소송은 불가하므로(대법원 2010다37141 판결 참조), 원고가 소를 취하하고 피고가 이에 동의한다는 내용의 조정갈음결정하여 양측 이의 없이 확정.

조정주문

1. 원고는 이 사건 소를 취하하고, 피고는 이에 동의한다.
2. 소송비용 및 조정비용은 각자 부담한다.

주류공급 지원금반환 청구사건

사건의 개요 및 조정경과

원고 주류도매공급업자는 주점을 운영하는 피고와 주류공급계약을 맺고 공급단가 12% 할인 및 매월 70만 원의 지원금 교부라는 혜택을 제공하였는데 피고가 약정 거래기간을 모두 채우지 않고 타 공급업체로부터 주류를 공급받자 피고의 계약불이행으로 인한 할인금액 및 지원금 반환을 구하는 소송을 제기. 1심에서 원고 청구금액 8,200여만 원 중 30%인 2,400여만 원이 인용되어 피고 항소 제기. 항소심 조정 회부. 피고가 2,250만 원을 지급한다는 내용으로 조정갈음결정하여 양측 이의 없이 확정.

조정주문

1. 피고는 원고에게 201*. 10. 20.까지 금 22,500,000원을 지급한다. 만일 피고가 위 지급기일까지 위 금원을 지급하지 아니한 때에는, 피고는 미지급금원에 대하여 지급기일 다음날부터 다 갚을 때까지 연 15%의 비율로 계산한 지연손해금을 가산하여 원고에게 지급한다.
2. 원고는 피고에 대한 이 사건 원심판결에 기한 가집행(동산압류매각) 신청을 취하하고 그 집행취소를 신청한다. 원고는, 피고가 위 강제집행의 정지를 위하여 공탁한 담보공탁금을 담보취소결정을 통하여 회수해감에 동의하며, 그 담보취소결정에 항고하지 아니한다.
3. 원고는 나머지 청구를 포기한다.
4. 소송총비용 및 조정비용은 각자 부담한다.

공탁금출급청구권자확인 청구사건

사건의 개요 및 조정경과

원고 1은 피고와 이혼한 피고의 전 부인이고 원고 2는 원고 1과 피고 사이의 딸인데, 원고 1과 피고가 이혼소송을 하며 당시 피고 소유이던 부동산의 전체지분 중 1/3씩을 원고들에게 이전하기로 하는 조정이 성립되어 그에 따라 지분이전등기를 완료한 후 소외 A에게 동 부동산을 매각하였는데 매수인이 매매대금잔금 5,000만 원을 원고들과 피고를 피공탁자로 하여 변제공탁하였고, 이에 원고들은 피고를 상대로 위 공탁금의 3분의 2는 원고 1에게, 3분의 1은 원고 2에게 각 출금청구권이 있음을 확인해달라는 소송을 제기. 조정과정에서 부동산매각대금을 원고들, 피고 3인이 수령하거나 배분한 내용을 확인한 결과, 원고 1은 자신의 몫을 모두 가져갔으나 원고 2와 피고가 덜 받은 사실이 확인되어, 원고 1은 청구를 포기하고, 원고 2는 3,250만 원을, 피고는 1,750만 원을 각 출급해가기로 하는 내용으로 임의조정 성립.

조정주문

1. 원고들과 피고는, 소외 △△△이 201*. *. **. 서울○○지방법원 201*금제***호로 공탁한 50,000,000원 중 32,500,000원에 대한 공탁금출급청구권이 원고 ▽▽▽에게, 17,500,000원에 대한 공탁금출급청구권이 피고에게 있음을 각 확인한다.
2. 원고 ◇◇◇은 이 사건 청구를 포기한다.
3. 원고들과 피고는, 이 사건 청구원인(원고 ◇◇◇과 피고간의 이혼사건의 조정내용에 따른 원고들과 피고 공유의 서울 △△구 ◇◇동 ***-* 대지 및 지상 상가주택의 매도금액의 배분)과 관련하여 본 조정조서에서 정한 사항 이외에는 3자 사이에 어떠한 채권채무도 없음을 확인하고, 향후 이와 관련하여 서로에 대하여 일체의 재판상, 재판외 청구 또는 이의제기를 하지 아니한다.
4. 소송비용 및 조정비용은 각자 부담한다.

골프장회원권 명의변경 청구사건

사건의 개요 및 조정경과

원고는 피고들이 소유하여 운영하는 골프장 내 골프빌리지의 지분권을 분양받아 1억 2,000만원의 대금을 모두 지불하고 다만 그 명의를 자신과 사실혼관계에 있는 소외 A의 명의로 하여 원고와 A가 함께 골프빌리지를 이용하였는데 최근 A와 관계가 나빠져 원고 자신의 명의로 되돌리고자 회원권 명의변경을 구하는 소송을 제기. 피고들 회사는 원고가 실질적인 지분권자임을 알면서도 명의변경절차에 적극적으로 협조하지 아니함. 피고들이 2회 조정기일에 불출석하여 원고가 골프빌리지 매수인의 지위에 있고 매매대금 전액을 지불한 사실을 피고들이 확인한다는 내용의 조정갈음결정하여 양측 이의 없이 확정.

조정주문

1. 피고들은 원고에 대하여, 별지 목록 기재 '△△△ 골프빌리지'(지분 10%)에 대한 201*. *. **.자 매매계약(매도인 피고 1, 책임분양사 피고 2)과 관련하여 원고가 매수인의 지위에 있음과 원고가 해당 매매대금 전액을 피고들에게 지급하였음을 확인한다.
2. 소송비용 및 조정비용은 각자 부담한다.

창고업자의 계약위반에 따른 손해배상 청구사건

사건의 개요 및 조정경과

원고는 소외 A가 피고의 창고에 보관중인 티셔츠 6만 3,000여장을 1,000만 원에 매입하고 원고와 피고 사이에 같은 의류와 관련하여 창고보관계약을 체결하였는데 소외 A가 다시 제3자인 소외 B에게 동일한 의류를 팔아넘기면서 피고에게 의류반출을 요구하자 피고가 원고에게 사실관계를 확인하지 않고 B에게 의류를 인도하였고 이 사실을 뒤늦게 안 원고가 피고를 상대로 소외 A와 공동하여 1,000만 원의 지급을 구하는 소송을 제기. 피고는, 원고가 자신에게 임치료를 지급하지 않았으나 소외 B는 임치료(30만 원)를 지급하였기에 B에게 의류를 반출하여 주었다고 주장. 임치료 지급여부와 관계없이 피고는 원고에 대한 임치계약위반책임을 면할 수 없음(이중매매계약을 통하여 횡령 내지 편취한 A와 부진정연대책임). 당사자 조정합의 불성립. 피고가 A와 공동하여 700만 원을 지급하는 내용의 조정갈음결정하여 양측 이의 없어 확정.

조정주문

1. 피고는 ○○○과 공동하여 원고에게 201*. 2. 28.까지 금 7,000,000원을 지급한다. 만일 피고가 위 금원을 위 지급기일까지 지급하지 아니한 때에는 미지급금원 및 이에 대하여 지급기일 다음날부터 다 갚는 날까지 연 15%의 비율로 계산한 지연손해금을 가산하여 지급한다.

2. 원고는 나머지 청구를 포기한다.
3. 소송총비용 및 조정비용은 각자 부담한다.

주택재개발사업 분양신청자지위 확인 청구사건

사건의 개요 및 조정경과

신청인은 피신청인 ○○재정비촉진구역주택재개발정비사업조합의 조합원인데 피신청인의 사업시행인가 이후 분양신청기간 내에 신청인이 분양신청을 하였으나 이후 피신청인의 사정으로 사업시행인가에 따른 추진이 무산된 후 다시 사업시행인가변경인가를 받아 조합원을 상대로 재분양신청을 받았는데 이 때 지방거주로 인하여 우편물을 받지 못한 신청인은 신청기간 내에 신청을 하지 못하여 현금청산대상자로 분류되자, 피신청인을 상대로 신청인의 분양신청을 접수하라는 조정 신청. 피신청인은 관리처분계획인가 이후 더 이상 분양신청접수를 할 수는 없으나 피신청인이 신청인에 대한 통지의무를 제대로 하지 못한 과실을 인정하고 조합원이었던 신청인에게 분양신청자의 지위를 부여하는 것에 이의가 없다고 하여 피신청인이 이를 확인하는 내용의 임의조정 성립.

조정주문

1. 피신청인은, 신청인에 대하여, 피신청인이 시행하고 있는 ○○3재정비촉진구역주택재개발정비사업에 관하여 신청인이 공동주택분양신청자의 지위에 있음을 확인한다.
2. 조정비용은 각자 부담한다.

분양대행수수료 청구사건

사건의 개요 및 조정경과

원고는 공인중개사로서 분양대행사인 피고와 수분양자 모집 소개 시 분양대금의 3%를 수수료로 지급받기로 구두약정을 하고 2채의 상가의 분양을 성사시켰는데 피고가 약정된 수수료의 절반만 지급하였다며 나머지 수수료 3,700여만 원의 지급을 구하는 소송을 제기. 조정기일에 원고는 불출석하고, 출석한 피고는 미지급금을 모두 지급한 사실을 소명. 원고의 청구금액이 모두 지급되어 채무가 존재하지 아니함을 확인하는 내용의 조정갈음결정으로 양측 이의 없이 확정.

조정주문

1. 원고와 피고는, 201*. 11. 10. 원고가 이 사건 청구금원 37,016,760원을 피고로부터 지급(은행계좌이체)받았음

과 이로 인하여 원고에 대한 피고의 이 사건 상가수분양자소개(중개) 수수료 채무는 존재하지 아니함을 상호 확인한다.

2. 원고는 이 사건 소를 취하하고, 피고는 이에 동의한다.
3. 소송비용 및 조정비용은 각자 부담한다.

소송비용확정채무부존재확인 청구사건

사건의 개요 및 조정경과

신청인은 피신청인 주택재건축조합이 자신에 대해 소송비용확정채권을 주장하자 그 부존재의 확인을 구하는 조정을 신청. 조정 심리 결과, 신청인은 피신청인 조합의 재건축 추진 당시 자신 소유의 토지를 피신청인 조합에게 매도한 현금 청산자로서 피신청인에 대해 어떠한 소송비용확정채무를 가지고 있지 아니한 사실이 확인되어 그 부존재를 피신청인이 확인한다는 내용의 임의조정 성립.

조정주문

1. 피신청인은 신청인에 대하여 신청인의 피신청인에 대한 소송비용확정채무 1,750,250원은 존재하지 아니함을 확인한다.
2. 조정비용은 각자 부담한다.

신용카드조회기 임대차해지에 따른 손해배상 청구사건

사건의 개요 및 조정경과

원고는 일식집을 운영하는 피고에게 신용카드조회기를 임대하였는데 피고가 매장을 폐쇄하면서 조회기 사용을 중단하고 관리비를 미납하고 지원물품을 반납하지 않았다며 470여만 원의 지급을 구하는 소송을 제기하였으나 1심에서 패소(판결이유 없음)후 항소 제기하여 항소심 조정 회부. 피고가 원고의 신용카드조회단말기를 기존 임대차기간 36개월 만료 후 재계약하여 29개월을 추가로 이용하다 일본 방사능 유출사고로 폐업하게 된 경위를 주장. 조정합의 불성립. 피고가 미납한 관리비 30여만 원을 지급하고 피고가 보유중인 원고의 장비를 반납한다는 내용의 조정갈음결정으로 양측 이의 없이 확정.

조정주문

1. 피고들은 연대하여 원고에게 201*. 4. 10.까지 금 308,000원을 지급한다. 만일 피고들이 위 금원을 위 지급기일까지 지급하지 아니한 때에는, 미지급금원 및 이에 대하여 지급기일 다음날부터 다 갚는 날까지 연 15%

의 비율로 계산한 지연손해금을 가산하여 지급한다.

2. 피고들은 원고에게 201*. 4. 10.까지 별지 계약서 기재 임대물품(△△△, ****, ***)을 반환한다. 만일 피고들이 위 물품을 위 반환기일까지 반환하지 아니한 때에는, 피고들은 연대하여 원고에게 금 1,000,000원을 지급한다.
3. 원고는 나머지 청구를 포기한다.
4. 소송총비용 및 조정비용은 각자 부담한다.

방문판매구입청약철회에 따른 물품대금반환 청구사건

사건의 개요 및 조정경과

원고는 피고의 "아르바이트 구인" 광고를 보고 찾아 갔는데 피고가 김영란법 시행을 앞두고 파파라치활동에 관한 요령 교육과 함께 파파라치용 카메라를 180만 원(6개월 할부)에 구매할 것을 권유하자 구입계약을 체결하고 카메라를 받아 온 이후 5일이 지나 마음이 변하여 구매청약을 철회하는 통지를 하며 대금반환을 요구하였는데 피고가 이에 응하지 않자 그 반환을 구하는 소송을 제기. 1심에서 패소한 피고가 항소를 제기하여 항소심 조정 회부. 조정과정에서 피고의 카메라 판매는 소비자를 피고의 사업장으로 유인하여 청약을 받은 방문판매에 해당하고 방문판매 등에 관한 법률에 의하여 원고는 적법하게 청약철회할 수 있는 점 등을 피고에게 이해시켜 원고의 카메라 반환과 피고의 대금 180만 원 지급을 동시 이행하기로 하는 내용으로 임의조정 성립.

조정주문

1. 피고는 원고에게 201*. 6. 25.까지, 원고로부터 제2항 기재 카메라를 인도받음과 동시에, 금 1,800,000원을 지급한다. 만일 피고가 위 지급기일까지 위 금원을 지급하지 아니한 때에는, 피고는 미지급금원에 대하여 지급기일 다음날부터 다 갚을 때까지 연 15%의 비율로 계산한 지연손해금을 가산하여 원고에게 지급한다.
2. 원고는 피고에게, 피고로부터 제1항 지급을 받음과 동시에, 원고가 피고로부터 구입한 파파라치용 카메라(VD5000) 1대를 반환 인도한다.
3. 원고는 나머지 청구를 포기한다.
4. 소송총비용 및 조정비용은 각자 부담한다.

약속어음금 청구사건

사건의 개요 및 조정경과

원고는 자신에게 교부된 액면금 6,000만 원의 약속어음이 부도처리되자 그 약속어음의 발행인 A, 1차 배서인

B, 2차 배서인 C를 상대로 약속어음금 청구. 조정심리 결과, 발행인 A 명의의 약속어음은 위조된 것으로서 발행인 A는 책임이 없고, 2차 배서인 C가 "선이자 부담조건으로 어음을 빌려준다"는 경제신문 광고를 통해 발행인 A 명의로 위조된 약속어음을 구한 다음 1차 배서인 B의 배서를 먼저 받고 다시 자신이 2차 배서를 하여 원고에게 교부한 것으로 밝혀짐. 어음행위독립의 원칙에 따라 위조된 어음이라 하더라도 배서인들의 책임은 인정되므로 B, C가 합동하여 지급하되, 수회 분할지급하는 내용으로 조정성립.

조정주문

1. 피고들은 합동하여 원고에게 금 60,000,000원을 지급한다. 다만, 다음과 같이 분할하여 원고의 은행계좌(○○은행 ***-******-02-0*08. 예금주 □□□)로 입금 지급한다.
   가. 201*. 6. 30.까지 6,000,000원
   나. 201*. 8.부터 201*. 7.까지 매월 말 매월 2,000,000원
   다. 201*. 8.부터 201*. 3.까지 매월 말 매월 1,500,000원
2. 만일 피고들이 제1항 기재 지급을 1회라도 지체하는 경우, 피고들은 기한의 이익을 상실하고 즉시 합동하여 원고에게 미지급액 전액 및 이에 대하여 지체일로부터 다 갚을 때까지 연 20%의 비율로 계산한 지연손해금을 가산하여 지급한다.
3. 원고는 나머지 청구를 포기한다.
4. 소송비용 및 조정비용은 각자 부담한다.

어음금 청구사건

사건의 개요 및 조정경과

원고는 소외 A가 배서양도한 액면금 5,800여만 원의 전자어음(이후 소외 B, C는 무담보 배서)을 할인취득하여 해당 어음을 지급기일에 지급제시하였으나 지급거절되었고 지급기일 얼마 전 A가 사망하여 피고(A의 처, 자)들이 상속한 사실을 알게 되어, 원고는 피고들을 상대로 어음금 소송을 제기. 조정 심리과정에서, 건설회사를 운영하던 A가 갑자기 사망한 이후 피고들은 수많은 채권자들로부터 최고를 받게 되었고, 원고가 청구하는 해당 어음을 발행한 건설사 소외 B회사가 부도로 회생절차에 들어가며 대기업 건설사가 대위책임을 지며 승계하였고 그 과정에서 B회사의 모든 하수급업체들에 대한 B회사의 미지급 공사대금을 일률적으로 30%로 감액 결정하였고 이에 A도 B에 대한 총 하도급 공사대금 1억 7,900여만 원의 30%선인 4,500만 원을 받아 원고를 비롯한 전자어음 최종 소지인들에게 각 30%를 지급(원고에게는 어음금 5,800여만 원의 30%인 1,700여만 원을 지급)하였던 사정이 확인되었음. 원고는 해당 어음을 액면금을 할인한 5,000여만 원에 취득한 사실, 이미 원고가 피고들로부터 1,700여만 원을 수령한 점, 원고가 가압류한 피고들의 부동산을 피고들이 매각하여 변제자금을 마련할 수 있는 점 등을 감안하여, 피고들은 어음의 액면금이 아닌 원고가 할인취

득한 금액을 기준으로 기지급한 금액을 뺀 나머지 금액을 지급하기로 하고 원고는 피고들 소유의 부동산에 대한 가압류를 해제하기로 하는 내용으로 임의조정 성립.

조정주문

1. 피고들은 연대하여 원고에게 201*. 7. 31.까지 금 33,404,905원을 지급한다. 만일 피고들이 위 지급기일까지 위 금원을 지급하지 아니한 때에는, 피고들은 미지급금원에 대하여 지급기일 다음날부터 다 갚을 때까지 연 20%의 비율로 계산한 지연손해금을 가산하여 원고에게 지급한다.
2. 원고는 피고들에 대한 서울○○지방법원 201*카단****호 부동산가압류신청을 취하하고, 그 집행을 해제한다.
3. 원고는 나머지 청구를 포기한다.
4. 소송비용 및 조정비용은 각자 부담한다.

13
언론관계사건

신문사의 명예훼손 기사로 인한 손해배상 등 청구사건

사건의 개요 및 조정경과

원고는 ○○지방경찰서장 근무 중 뇌물죄로 구속기소되었으나 1, 2, 3심 모두 무죄 판결을 선고받았는데 피고 신문사가 자신의 인터넷 신문에 원고의 구속기소 시점에 "정보주고 돈먹고... ○○에서 20여 차례 상납받은 전 경찰서장 구속기소" 제하의 기사를 올려 원고의 명예를 훼손하였다며 피고를 상대로 3,000만 원의 손해배상과 무죄판결 확정사실의 보도문 게재를 구하는 소송을 제기. 이에 피고는 당시 검찰 브리핑자료와 기자의 취재를 바탕으로 작성한 기사 제목과 내용으로서 검찰발표 내용을 인용하는 표현일 뿐이었고 언론의 공공성과 공익성에 따라 위법성이 존재하지 않는다는 등의 주장을 함. 조정결과, 손해배상 청구부분은 원고가 포기하고 피고가 원고의 무죄확정사실을 피고의 인터넷신문과 종이신문에 각 기사 게재하기로 하는 내용으로 임의조정 성립.

조정주문

1. 피신청인은,
   가. 201*. **. *. 까지 피신청인의 인터넷 '○○일보'에 별지 기재 내용으로 신청인이 무죄판결을 받아 확정되었다는 취지를 담은 보도기사를 게재한다.
   나. 201*. **. **. 까지 피신청인이 발행하는 일간신문인 '○○일보'에 별지 기재 내용으로 신청인이 무죄판결을 받아 확정되었다는 취지를 담은 보도기사를 1회 게재한다.
2. 신청인은 나머지 신청을 포기한다.
3. 조정비용은 각자 부담한다.

방송협찬금 청구사건

사건의 개요 및 조정경과

원고 방송사와 피고 ○○선원은 원고의 ○○○○○날 특별프로그램 다큐제작에 피고가 5,500만 원을 지원하기로 하는 협찬계약을 체결한 후 원고가 프로그램을 제작하여 방영을 하였는데 피고가 협찬금을 지급하지 아니하자 피고를 상대로 협찬금지급을 구하는 소송을 제기. 조정심리과정에서, 피고는 프로그램 내용에 피고가 당초 원고측에 요구한 사항이 전혀 반영되지 않았으므로 협찬금을 지급할 이유가 없다고 주장하고, 원고는 피고의 요구사항을 방송심의규제규정이 허용하는 범위에서 모두 반영하였다는 입장이었는데, 피고의 협찬금 지급의무는 원칙적으로 인정되었지만, 프로그램 내용에 대한 피고의 불만과 협찬금지급 이전에 제작진의 항공료를 피고측이 부담한 사실을 감안하여 감액된 4,000만 원을 지급하는 내용으로 강제조정. 이에 피고가 이의하여 본안재판으로 전환된 이후 강제조정안보다 감액된 재판부의 화해권고결정(2,500만 원 지급. 지급기한 도과 시 1,000만 원 추가 지급)에 양측이 이의하지 아니하여 종결.

조정주문

1. 피고는 원고에게 201*. 2. 29.까지 금 40,000,000원을 지급한다. 만일 피고가 위 지급기일까지 위 금원을 지급하지 아니한 때에는, 피고는 미지급금원 및 이에 대하여 위 지급기일 다음날부터 다 갚는 날까지 연 15%의 비율에 의한 지연손해금을 가산하여 원고에게 지급한다.
2. 원고는 나머지 청구를 포기한다.
3. 원고와 피고는 이 사건 청구원인(201*년 ○○○○○날 특집– *** *** ***– 프로그램 제작 협찬계약 관련)과 관련하여 본 조정을 갈음하는 결정에서 정한 사항 이외에는 양자 사이에 어떠한 채권채무도 없음을 확인하고, 향후 이와 관련하여 서로에 대하여 일체의 재판상, 재판외 청구 또는 이의제기를 하지 아니한다.
4. 소송비용 및 조정비용은 각자 부담한다.

명예훼손에 의한 손해배상 청구사건

사건의 개요 및 조정경과

원고 노조는 OOO당 대표였던 피고가 소속당 최고위원회 회의장에서 기자들이 있는 가운데 '강경노조의 제 밥그릇 늘리기 몰두로 건실한 회사들이 문을 닫게 된 예'로서 원고 노조를 예시하여 그 내용이 기사화됨으로써 원고 노조의 명예가 훼손되었다며 피고를 상대로 손해배상청구소송을 제기. 당시 피고는 노조문제를 다룬 △△△신문의 기사를 근거해서 발언을 하였는데 동 기사는 사실이 아닌 것으로 밝혀졌고 원고는 △△△신문사를 상대로도 소송을 제기하여 정정보도를 하기로 하는 강제조정이 내려짐. 피고는 위 신문기사를 진실한 것으로 믿고 인용발언 하였을 뿐이고 공공의 이익을 위하여 발언하였으므로 손해배상책임이 없다는 주장. 피고가 양자 합의된 일시와 장소에서 유감 표명하고 원고는 본 소를 취하하기로 하는 내용으로 강제조정하여 양자 이의 없이 조정확정.

조정주문

1. 피고는 원고에게, 201*. *. *. OOO당 최고위원회 회의 시 피고가 원고노동조합에 대하여 발언한 내용과 관련하여, 원고와 피고가 합의하여 정하는 일시, 공개장소에서 유감(사과)을 표명하기로 한다.
2. 원고는 이 사건 소를 취하하고, 피고는 이에 동의한다.
3. 소송비용 및 조정비용은 각자 부담한다.

14 용역대금사건

채권추심 수수료 청구사건

사건의 개요 및 조정경과

원고 신용정보(채권추심)회사는 피고로부터 소외 A에 대한 투자금 및 지불각서에 기한 약정금 등 7억 8,000만 원의 추심을 의뢰받고 회수금액의 30%를 추심수수료로 받기로 하는 채권추심위임계약을 체결하고 A에 대한 1억 원의 약정금 관련 독촉절차를 진행 중에 피고가 A와 임의로 합의하고 소취하를 하였는데 이러한 경우 추심위임계약에서 정한 변제금수령간주에 해당한다면서 1억 원의 30%인 3,000만 원의 지급을 구하는 소송을 제기. 1심에서 전패(판결이유 없음)한 피고가 항소하여 항소심 조정회부. 조정과정에서 피고가 A에게 지급한 금원은 대여금이 아닌 투자금이었던 점, 원고와 피고의 추심위임약정 상 소취하시 변제금수령간주규정은 약관으로서 무효로 선언될 가능성도 있는 점, 원고가 피고로부터 추심을 위임받으면서 수수료 80만 원을 수령한 점 등을 감안하여 원고의 청구액 3,000만 원 중 390만 원을 지급하는 내용으로 임의조정 성립.

조정주문

1. 피고(항소인, 이하 '피고'라 한다)는 원고(피항소인, 이하 '원고'라 한다)에게 201*. 7. 25.까지 금 3,900,000원을 지급한다. 만일 피고가 위 지급기일까지 위 금원을 지급하지 아니한 때에는, 피고는 미지급금원에 대하여 지급기일 다음날부터 다 갚을 때까지 연 20%의 비율로 계산한 지연손해금을 가산하여 원고에게 지급한다.
2. 원고는 나머지 청구를 포기한다.
3. 소송비용 및 조정비용은 각자 부담한다.

홈페이지제작용역대금 청구사건

사건의 개요 및 조정경과

원고는 피고의 의뢰를 받아 피고의 홈페이지를 제작완료 하였으나 그 대금 210여만 원을 지급받지 못하였다며 그 지급을 구하는 소송을 제기. 피고는 무답변, 조정기일 불출석. 피고가 200만 원을 지급한다는 내용으로 조정갈음결정하여 양측 이의 없이 확정.

조정주문

1. 피신청인은 신청인에게 201*. 8. 31.까지 금 2,000,000원을 지급한다. 만일 피신청인이 위 지급기일까지 위 금원을 지급하지 아니한 때에는, 피신청인은 미지급금원에 대하여 위 지급기일 다음날부터 다 갚을 때까지 연 20%의 비율에 의한 지연손해금을 가산하여 신청인에게 지급한다.
2. 신청인은 나머지 신청을 포기한다.
3. 조정비용은 각자 부담한다.

청소용역대금 청구사건

사건의 개요 및 조정경과

시설물유지관리업을 하는 원고회사는 피고 사회복지법인과 용역계약을 체결하여 피고가 지정한 OO시청에 청소용역을 제공하였는데, 피고가 용역대금지급을 지체하자 피고를 상대로 밀린 대금 지급 및 계약종료에 따른 이행담보예치금 반환을 청구하는 소송을 제기. 조정심리결과, 피고의 지급의무에는 크게 다툼이 없어 청구금액의 일부를 감액한 금원을 6회 분할 지급하는 내용으로 조정 성립.

조정주문

1. 피고는 원고에게 금 97,000,000원을 지급한다. 다만, 이를 6회로 분할하여, ① 201*. 12. 31. 금 10,000,000원, ② 201*. 1. 31. 금 20,000,000원, ③ 201*. 2. 28. 금 20,000,000원, ④ 201*. 3. 31. 금 20,000,000원, ⑤ 201*. 4. 30. 금 20,000,000원, ⑥ 201*. 5. 31. 금 7,000,000원을 지급한다.
2. 만일 피고가 제1항 기재 지급을 1회라도 지체하는 경우, 피고는 기한의 이익을 상실하고 즉시 원고에게 미지급액 전액 및 이에 대하여 지체일로부터 다 갚을 때까지 연 20%의 비율로 계산한 지연손해금을 가산하여 지급한다.
3. 원고는 나머지 청구를 포기한다.
4. 소송비용 및 조정비용은 각자 부담한다.

세무기장료 청구사건

사건의 개요 및 조정경과

세무사인 원고는 피고에게 세무기장용역을 제공하였는데 피고가 기장료를 연체하자 소송을 제기. 원고 청구금액을 5회 분할지급하는 내용으로 조정 성립.

조정주문

1. 피신청인은 신청인에게 금 5,117,760원을 지급한다. 다만, 이를 5회로 분할하여 ① 201*. 12. 20. 금 1,000,000원, ② 201*. 1. 20. 금 1,000,000원, ③ 201*. 2. 20. 금 1,000,000원, ④ 201*. 3. 20. 금 1,000,000원, ⑤ 201*. 4. 20. 금 1,117,760원을 신청인의 은행계좌(○○은행 ***-******-*****, 예금주 △△△)로 입금 지급한다.
2. 만일 피신청인이 제1항 기재 지급을 1회라도 지체하는 경우, 피신청인은 기한의 이익을 상실하고 즉시 신청인에게 미지급액 전액 및 이에 대하여 지체일로부터 다 갚을 때까지 연 20%의 비율로 계산한 지연손해금을 가산하여 지급한다.
3. 신청인은 나머지 신청을 포기한다.
4. 조정비용은 각자 부담한다.

TV드라마제작지원금 지급 청구사건

사건의 개요 및 조정경과

원고회사는 TV광고대행업체이고 피고는 의류업체인데, 원고는 피고와 드라마제작지원광고대행계약{노출을 통한 간접광고(PPL광고 Product Placement) 계약}을 체결함. 계약조건은 ○○방송사의 4개월간 총 30회 특별기획드라마 "△△△"에 대한 제작지원금(광고노출용역대금) 1억 1,000만 원(계약금 50%, 중도금 30%, 잔금 20%), 정산기준 슈퍼자막 30회(8,000만 원) + 의상착장 15회(1,500만 원) + 매장노출 3회(1,500만 원)이었고, 피고는 원고에게 계약금 5,500만 원을 지급함. 원고는 의상착장 15회 중 8회 실시(7회 미실시. 700만 원 공제 인정)한 것 이외에는 모든 계약내용을 이행하였는데 피고가 대금을 지급하지 않는다며 미지급금 5,280만 원의 지급을 구하는 소송을 제기. 피고는 원고가 대행한 간접광고 구현에 있어 피고 상품의 의상노출이 드라마 30회분 중 2편에 한번 꼴로 되었어야 함에도 14부에 이르러 이루어져서 가을, 겨울 계절상품으로서의 광고효과를 전혀 보지 못하였기에 원고와 피고가 계약금 지급 외 추가 대금 지급 없이 자막광고는 중단하고 의상노출은 8회, 매장노출은 2회로 하는 것으로 계약을 변경하기로 구두 합의하여 정산완료되었으며 원고가 피고의 의류 64벌을 반납하지 아니하여 이를 돌려받아야 한다는 입장을 강력히 피력. 이에 원고는 피고가 주장하는 구두 합의가 이루어진 바 없고 피고의 일방적인 통보였을 뿐이라고 반박. 조정과정에서 양측을 설득하여 조정안을 유도하였고 이에 원고는 적어도 계약금 포함 총 9,100만 원은 받아야 한다는 입장을, 피고는 총 6,220만 원만 지급할 수 있다는 입장을 제시하였으며 상임조정위원은 8,000만 원으로 양측을 조율하여, 피고가 원고에게 추가로 2,500만 원을 지급하고 원고는 피고에게 피고의 의상 64벌을 반환하기로 하는 내용으로 임의조정 성립.

조정주문

1. 피고는 원고에게 201*. 12. 31.까지 금 25,000,000원을 지급한다. 만일 피고가 위 지급기일까지 위 금원을 지급하지 아니한 때에는, 피고는 미지급금원에 대하여 지급기일 다음날부터 다 갚을 때까지 연 20%의 비율로 계산한 지연손해금을 가산하여 원고에게 지급한다.
2. 원고는, 제1항 금원을 지급받음과 동시에, 피고에게 원고와 피고 사이의 이 사건 드라마제작지원광고 대행계약과 관련하여 피고가 원고에게 제공한 의상(64벌)을 전부 반환한다. 다만, 피고는 원고의 귀책사유가 아닌 원인으로 분실 또는 훼손된 일부 의상에 대하여 원고의 책임을 묻지 아니한다.
3. 원고는 나머지 청구를 포기한다.
4. 원고와 피고는 양자 사이에 위 각 조항에서 정한 것 이외에는 아무런 채권채무도 없음을 서로 확인한다.
5. 소송비용 및 조정비용은 각자 부담한다.

선박조립공사하도급대금 청구사건

사건의 개요 및 조정경과

선박조립공사하도급계약과 관련하여 하수급업체가 도급업체를 상대로 40억 공사대금청구 소송.

4년 동안 법적 공방이 있었던 사건으로서 관련 형사고소는 물론, 공정거래위원회 불법하도급거래행위신고 및 조사, 이에 대한 취소소송까지 연결되어 있어 기록이 방대하고 쟁점이 다양한 사안임.

핵심은 원고와 피고 사이의 공사계약이 확정 단가계약인지, 정산이 가능한 노무공급계약인지 여부인데, 원고는 후자를, 피고는 전자를 주장. 법리적으로는 원고의 주장을 인정해주기 어려움이 있었으나, 원고가 피고와의 계약을 수행하는 과정에서 많은 손실을 입었음을 호소하고 있었음.

조정을 4회 속행한 끝에 임의조정 성립. 피고회사 이외에 실질적 당사자인 피고회사의 전 대표이사를 조정에 참가시켜 원고, 피고, 조정참가인 간의 모든 분쟁 일괄 타결.

조정주문

1. 조정참가인 ㅁㅁㅁ(******-*******)은 원고에게 201*. *. **. 까지 금 3억5천만 원을 지급한다. 만일 조정참가인 ㅁㅁㅁ이 위 지급기일까지 위 금원을 지급하지 아니한 때에는, 조정참가인 ㅁㅁㅁ은 미지급금원에 대하여 지급기일 다음날부터 다 갚을 때까지 연 20%의 비율로 계산한 지연손해금을 가산하여 원고에게 지급한다.
2. 원고는 이 사건 소를 취하하고 피고는 이에 동의한다.
3. 원고는,

가. 조정참가인 ㅁㅁㅁ, 피고 및 피고의 전·현직 임직원에 대한 모든 형사고소를 취하하고,

나. 피고 및 조정참가인 ㅁㅁㅁ에 대한 모든 가압류, 가처분을 취하하며,

다. 피고의 불공정하도급거래행위에 대한 공정거래위원회의 조사 및 관련 제반 소송의 원만하고 조속한 종결

을 위하여 탄원서 및 진술서 제출, 증언 등 필요한 협력을 다하기로 한다.

4. 제1항과 제3항 가호, 나호 및 다호 중 탄원서 및 진술서 제출은 동시이행의 관계에 있다.
5. 원고와 피고 및 조정참가인은, 원고와 피고 사이의 20**년 및 20**년 선박용 철구조물제작 하도급계약과 관련하여 제1항에서 정한 사항 이외에는 원고와 피고 및 조정참가인 서로 간에 어떠한 채권채무도 없음을 확인하고, 향후 서로에 대하여 일체의 재판상, 재판외 청구 또는 이의제기를 하지 아니한다. 다만, ▽▽지방법원 ◇◇지원 201*가합****사건은 별개로 한다.
6. 소송비용 및 조정비용은 각자 부담한다.

물품가공대금 청구사건

사건의 개요 및 조정경과

원고는 피고로부터 받은 원자재를 1차 가공하고 피고가 이를 받아 2차 가공한 후 C사에 납품하는 거래관계를 갖고 있는데 피고가 원고의 물품가공대금 2,000여만 원을 지급하지 않는다며 피고를 상대로 소송을 제기. 피고는 원고가 주장하는 원고-피고-C사의 거래관계는 맞으나 원고의 불량작업으로 인하여 원자재 손실과 납기지연으로 인한 손실이 크고 원고가 주장하는 견적서상의 단가는 터무니없다고 항변. 조정 심리 과정에서, 피고의 항변내용이 어느 정도 확인되어, 원고의 작업불량으로 인한 피고의 손실 규모와 원고의 적정 마진을 감안하여 350만 원을 2회 지급하는 내용으로 조정 성립.

조정주문

1. 피고는 원고에게 금 3,500,000원을 지급한다. 다만, 이를 2회로 분할하여 ① 201*. 3. 31.까지 1,000,000원을, ② 201*. 4. 30.까지 2,500,000원을 원고의 은행계좌(○○은행 ******-**-******, 예금주 △△△)로 입금 지급한다.
2. 만일 피고가 제1항 기재 지급을 1회라도 지체하는 경우, 피고는 기한의 이익을 상실하고 즉시 원고에게 미지급액 전액 및 이에 대하여 지체일로부터 다 갚을 때까지 연 20%의 비율로 계산한 지연손해금을 가산하여 지급한다.
3. 원고는 나머지 청구를 포기한다.
4. 소송비용 및 조정비용은 각자 부담한다.

운송용역비 청구사건

사건의 개요 및 조정경과

원고는 피고의 요청으로 건설자재를 해외로 운송대행을 해주었는데 피고가 운송용역비 중 일부를 미지급하자 소송을 제기. 조정심리과정에서 피고는 해외현지 사정으로 수입이 보류되어 손실을 입고 있는 사정과 피고가 원고에게 작성해준 '선박운임 지불서약서'는 강요에 의한 것이라는 주장을 하기도 하였으나, 미지급대금을 인정하고 일정 기한 내에 지급하기로 하는 내용으로 조정 성립.

조정주문

1. 피고는 원고에게 201*. 4. 30.까지 금 26,837,885원을 지급한다. 만일 피고가 위 지급기일까지 위 금원을 지급하지 아니한 때에는, 피고는 미지급금원에 대하여 지급기일 다음날부터 다 갚을 때까지 연 20%의 비율로 계산한 지연손해금을 가산하여 원고에게 지급한다.
2. 원고는 나머지 청구를 포기한다.
3. 소송비용 및 조정비용은 각자 부담한다.

정보화사업 용역대금 청구사건

사건의 개요 및 조정경과

원고는 피고가 수주한 ○○원의 정보화사업 설계 구축용역을 하도급 받아 관련 전문인력을 투입하여 계약기간 내에 계약을 이행하였으나 피고가 용역대금 잔금 1,800만 원을 지급하지 않는다며 소송을 제기. 피고는 원고의 투입인력이 제대로 일을 마치고 못하였고 하자가 많이 발생하여 대체인력을 투입하여 문제를 해결하면서 6,800여만 원의 손실이 발생하였다고 주장. 조정합의 불성립. 피고가 원고에게 1,100만 원을 지급한다는 내용으로 조정갈음결정하여 양측 이의 없이 확정.

조정주문

1. 피신청인은 신청인에게 201*. 10. 10.까지 금 1,100만 원을 지급한다. 만일 피신청인이 위 지급기일까지 위 금원을 지급하지 아니한 때에는, 피신청인은 미지급금원에 대하여 위 지급기일 다음날부터 다 갚을 때까지 연 20%의 비율에 의한 지연손해금을 가산하여 신청인에게 지급한다.
2. 신청인은 나머지 신청을 포기한다.
3. 조정비용은 각자 부담한다.

일방적 계약해지에 따른 위약금 청구사건

사건의 개요 및 조정경과

원고회사와 피고회사는 원고가 피고의 수입과일을 원고의 냉장탑차트럭으로 운송해주는 운송용역계약

(기간은 1년. 특별한 통보 없으면 자동연장. 매월운송료는 2,000만 원(부가가치세 별도))을 체결하여 상호 이행 중 피고가 계약해지통지. 이에 원고는 계약에 따른 위약금(3개월 치 운송료) 6,600만 원을 청구하는 소송 제기. 조정심리결과, 원고는 피고의 물량을 처리하기 위해 1억 4,000만 원을 들여 신규로 냉장탑차 2대를 마련하였고 피고의 일방적 해지로 손실이 크다고 주장하고, 이에 대응하여 피고는 원고의 잘못(원고의 운송취급 잘못으로 수입 바나나가 훼손되거나 배송이 지연된 사례, 차량고장을 이유로 일방적으로 배송불가를 통보한 사례, 금지된 속칭 '탕발이'(배송지를 오고 갈 때 빈 차에 다른 화주의 물건을 실어 과외 수입을 취하는 것)를 한 사례, 운행일지를 원고 직원이 위조한 사례 등)을 이유로 정당하게 해지권을 행사하였으므로 위약금배상책임이 없다고 주장. 조정심리결과, 양측의 주장사실을 입증할 자료가 충분치 않은 상태이긴 하나 각 주장에 일응의 이유가 있고, 분쟁을 원만하게 조속하게 해소할 필요성에 당사자가 공감하여 결국 피고가 원고청구액의 절반 정도인 3,000만 원을 2회 분할 지급하는 내용으로 조정 성립.

조정주문

1. 피고는 원고에게 금 30,000,000원을 지급한다. 다만, 이를 2회로 분할하여 ① 201*. 11. 30.까지 15,000,000원을, ② 201*. 12. 31.까지 15,000,000원을 원고의 은행계좌(○○은행 ***-***-******, 예금주 △△△)로 입금 지급한다.
2. 만일 피고가 제1항 지급을 1회라도 지체하는 경우, 피고는 기한의 이익을 상실하고 즉시 원고에게 미지급액 전액 및 이에 대하여 지체일로부터 다 갚을 때까지 연 20%의 비율로 계산한 지연손해금을 가산하여 지급한다.
3. 원고는 나머지 청구를 포기한다.
4. 소송비용 및 조정비용은 각자 부담한다.

일러스트 용역대금 청구사건

사건의 개요 및 조정경과

원고는 피고의 의뢰를 받고 특공무술정본제작에 들어가는 일러스트 삽도작업을 완성하여 완성물을 모두 제공하였음에도 피고가 약정된 대금 중 265만 원을 지급하지 않았다며 그 지급을 구하는 소송을 제기. 조정기일을 속행하며 제작단가에 대한 양측의 공방을 거쳐 원고의 피고에 대한 미수채권액이 135만 원임을 확인한 상황에서 피고의 회생절차가 개시된 사실이 확인되어 소송절차가 중단되는 바, 원고는 소를 취하하고, 원고의 채권을 피고의 회생절차에 신고하여 회생계획에 따르기로 한다는 내용으로 조정갈음결정하여 양측 이의 없이 확정.

조정주문

1. 신청인과 피신청인은, 본 조정기일에 신청인이 피신청인 대리인 ㅁㅁㅁ로부터 서울중앙지방법원 제**파산부의 201*. **. **. **:** 결정에 의하여 피신청인에 대한 회생절차가 개시되었다는 사실을 고지 받았음을 상호 확인한다.
2. 신청인은 제1항 고지를 받은 날로부터 1월 이내에 채무자 회생 및 파산에 관한 법률 제152조에 따라 이 사건 용역대금채권액을 1,350,000원으로 정하여 추후 보완 신고하며, 피신청인(피신청인의 관리인)은 이에 따른 회생채권의 조사 및 확정 절차에서 신의성실로써 처리하기로 한다.
3. 신청인은 이 사건 신청을 취하한다.
4. 조정비용은 각자 부담한다.

노무사 성공보수약정금 청구사건

사건의 개요 및 조정경과

원고 노무법인은 피고로부터 피고의 산업재해요양급여신청 포함 산재보상사건처리를 위임받고 근로복지공단으로부터 피고에 대한 만성폐쇄성 폐질환 장해등급 7급 판정 및 매월 장해급여 지급이 있게 하였는데 피고가 약정 성공보수(장해급여 일시금 기준 30%)인 3,600여만 원 중 370여만 원만 지급하고 나머지를 지급하지 않는다며 그 지급을 구하는 소송을 제기. 조정결과, 피고는 바위 천공작업을 다년간 하여 진폐환자가 된 사람으로 장해연금으로 월 208만 원을 수령하고 있는 사정, 성공보수금을 일정액 감액하여 피고의 기본생활을 가능하게 하는 범위에서 분할지급하게 하는 것이 적절하여 2,000만 원을 40회 분할하여 매월 50만 원씩 지급하는 내용으로 임의조정 성립.

조정주문

1. 피고는 원고에게 금 20,000,000원을 지급한다. 다만, 이를 40회로 분할하여 201*. 1.부터 다 갚을 때까지 매월 27. 매월 500,000원씩을 원고에게 지급한다. 그 지급은 원고의 은행계좌(○○ ***-****-****-**, 예금주 노무법인 △△)로 입금하는 방식으로 한다.
2. 만일 피고가 제1항 기재 지급을 지체하여 그 연체합계액이 3회분(1,500,000원)에 도달한 때에는, 피고는 기한의 이익을 상실하고 즉시 원고에게 미지급액 전액 및 이에 대하여 지체일로부터 다 갚을 때까지 연 20%의 비율로 계산한 지연손해금을 가산하여 지급한다.
3. 원고는 나머지 청구를 포기한다.
4. 소송비용 및 조정비용은 각자 부담한다.

용역대금 청구사건

사건의 개요 및 조정경과

원고는 피고의 의뢰를 받아 피고의 통합매장관리시스템개발용역을 용역대금 1억 원(계약금 40%, 중도금 30%, 잔금 30%. 부가가치세 별도) 조건으로 수행하였는데 원고가 정상적으로 용역을 수행하였음에도 중도금 3,300만 원을 지급하지 않고 있다며 그 지급을 구하는 소송을 제기. 원고의 청구원인사실이 소명되었으나 피고는 증거자료 제출 없이 청구의 기각을 구하여 조정합의 불성립. 피고가 원고에게 3,300만 원을 지급한다는 내용으로 조정갈음결정하여 양측 이의 없이 확정.

조정주문

1. 피고(항소인)는 원고(피항소인)에게 201*. 5. 31.까지 금 33,000,000원을 지급한다. 만일 피고(항소인)가 위 금원을 위 지급기일까지 지급하지 아니한 때에는 미지급금원 및 이에 대하여 지급기일 다음날부터 다 갚는 날까지 연 20%의 비율로 계산한 지연손해금을 가산하여 지급한다.
2. 원고(피항소인)는 나머지 청구를 포기한다.
3. 소송총비용 및 조정비용은 각자 부담한다.

모바일 홈페이지 제작 용역비 반환 청구사건

사건의 개요 및 조정경과

원고 부동산공인중개사는 홈페이지 개발사업자인 피고와 원고 중개사무소의 모바일 홈페이지 제작 및 키워드광고용역계약을 체결한 당일 계약을 해제하였음에도 피고가 계약이행완료를 주장하며 계약체결 시 고지하였던 원고의 신용카드 번호를 이용하여 대금 118만여 원을 결제하자 그 대금의 반환을 구하는 소송을 제기하여 1심에서 전액 승소(소액사건이어서 판결이유 기재 없음). 이에 피고가 불복하여 항소 제기하여 항소심 조정 회부. 원고와 피고 직원 간에 계약체결 당일 계약을 해제하기로 하는 대화가 담긴 녹취록이 제시되었고 피고가 용역을 완료하였다는 입증도 없음. 조정합의 불성립. 피고가 110만 원을 지급하되 지급기일까지 미지급 시 지연이자를 감안한 30만 원을 더한 돈과 그 지연손해금을 지급한다는 내용으로 조정갈음결정하여 양측 이의 없이 확정.

조정주문

1. 피고(항소인)는 원고(피항소인)에게 201*. 7. 15.까지 금 1,100,000원을 지급한다. 만일 피고(항소인)가 위 금원을 위 지급기일까지 지급하지 아니한 때에는, 피고(항소인)는 미지급금원에 300,000원을 더한 돈 및 이 '미지급금원에 300,000원을 더한 돈'에 대하여 위 지급기일 다음날부터 다 갚는 날까지 연 20%의 비율로 계산

한 지연손해금을 가산하여 원고(피항소인)에게 지급한다.

2. 원고(피항소인)는 나머지 청구를 포기한다.
3. 소송총비용 및 조정비용은 각자 부담한다.

화물운송료 청구사건

사건의 개요 및 조정경과

원고는 피고의 위탁을 받아 화물운송을 하였는데 피고가 운송대금 2,700여만 원을 지급하지 않자 소송을 제기. 피고는 원고의 청구액 중 280만 원을 변제하고 나머지 2,120만 원을 개인회생채권으로 신고하여 변제계획이 인가되었음을 소명. 피고는 피고의 개인회생 변제계획에 따라 원고에게 변제하고 원고는 소를 취하한다는 내용으로 조정갈음결정하여 양측 이의 없이 확정.

조정주문

1. 피고는 원고에 대한 이 사건 채무를 피고에 대한 서울중앙지방법원 201*개회****** 개인회생 변제계획인가결정(결정일 201*. *. **.)에 따른 변제계획에 따라 변제한다.
2. 원고는 이 사건 소를 취하하고, 피고는 이에 동의한다.
3. 소송비용 및 조정비용은 각자 부담한다.

화물운송비 청구사건

사건의 개요 및 조정경과

원고는 피고의 화물운송용역을 수행하였는데 피고가 미수대금 2,200여만 원을 지급하지 않자 소송을 제기. 피고는 원고의 주장내용에 크게 다투지 않고 원만한 해결을 희망한다고 표명. 피고가 원고에게 2,000만 원을 5회 분할 지급한다는 내용으로 조정갈음결정하여 양측 이의 없이 확정.

조정주문

1. 피고는 원고에게 금 20,000,000원을 지급한다. 다만, 이를 5회로 분할하여 ① 201*. 8. 31.까지 4,000,000원을, ② 201*. 9. 30.까지 4,000,000원을, ③ 201*. 10. 31.까지 4,000,000원을, ④ 201*. 11. 30.까지 4,000,000원을, ⑤ 201*. 12. 31.까지 4,000,000원을 지급한다.
2. 만일 피고가 제1항 기재 분할지급을 1회라도 지체하는 경우, 피고는 기한의 이익을 상실하고 즉시 원고에게 미지급액 전액 및 이에 대하여 지체일로부터 다 갚을 때까지 연 20%의 비율로 계산한 지연손해금을 가산

하여 지급한다.

3. 원고는 나머지 청구를 포기한다.
4. 소송비용 및 조정비용은 각자 부담한다.

부동산중개수수료 청구사건

사건의 개요 및 조정경과

원고는 공인중개사인데 자신이 중개하여 부동산임대차계약을 체결한 임차인인 피고가 임대차목적물의 현관문에 본드와 테이프가 엉겨 붙어 있다는 이유로 약정된 중개수수료 51만 원(임대차보증금 1억 7,000만 원 × 0.3%) 중 40만 원만 지급하고 나머지는 지급을 거부하여 그 지급을 구하는 소송을 제기. 조정기일에 피고가 현금 5만 원을 원고에게 지급하고 원고는 나머지 청구를 포기하는 내용으로 임의 조정 성립.

조정주문

1. 피신청인은 신청인에게 본 조정기일에 금 50,000원을 지급하였고, 신청인은 이를 수령하였음을 상호 확인한다.
2. 신청인은 나머지 신청을 포기한다.
3. 조정비용은 각자 부담한다.

해외항공 운송료 청구사건

사건의 개요 및 조정경과

해외운송사인 원고는 피고에게 장기간 해외운송서비스를 제공하였는데 피고의 장기 미지급금액이 9,200여만 원에 이르러 피고로부터 상환계획서를 받았는데 이후로도 피고가 그에 따른 전액상환을 못하자 4,000만 원의 지급을 구하는 소송을 제기. 조정과정에서 이미 피고가 2회에 걸쳐 1,700만 원을 변제한 사실이 확인되어 남은 2,300만 원을 2회로 분할하여 변제하는 내용으로 임의조정 성립.

조정주문

1. 피고는 원고에게 금 2,300만 원을 지급한다. 다만, 이를 2회로 분할하여 ① 201*. 9. 10.까지 1,300만 원을, ② 201*. 10. 5.까지 1,000만 원을 지급한다.
2. 만일 피고가 제1항 기재 지급을 1회라도 지체하는 경우, 피고는 기한의 이익을 상실하고 즉시 원고에게 미지급액 전액 및 이에 대하여 지체일로부터 다 갚을 때까지 연 20%의 비율로 계산한 지연손해금을 가산하여

지급한다.

3. 원고는 나머지 청구를 포기한다.
4. 소송비용 및 조정비용은 각자 부담한다.

드라마대본계약파기로 인한 손해배상 청구사건

사건의 개요 및 조정경과

원고는 드라마 작가인데 피고 방송사로부터 대하드라마 집필을 의뢰받고 5개월 동안 집필을 하여 1차 시놉시스와 6회분 트리트먼트를 전달하였으나 피고의 취향에 맞지 않는다며 집필계약 파기를 통보하였고 이에 자신이 집필을 위해 지출한 2,800여만 원과 5개월간 다른 작품을 맡지 못한 손해 5,000만 원을 합한 7,800여만 원의 지급을 구하는 소송을 제기. 피고는 시놉시스가 최종적으로 채택되지 못해 집필계약을 체결하지 않는 경우가 많고 이 경우 시놉시스료와 특고료를 지급할 수 있다고 주장. 조정합의 불성립. 피고가 원고에게 2,500만 원을 지급한다는 내용으로 조정갈음결정하여 양측 이의 없이 확정.

조정주문

1. 피고는 원고에게 201*. 11. 30.까지 금 25,000,000원을 지급한다. 만일 피고가 위 지급기일까지 위 금원을 지급하지 아니한 때에는, 피고는 미지급금원 및 이에 대하여 위 지급기일 다음날부터 다 갚는 날까지 연 15%의 비율에 의한 지연손해금을 가산하여 원고에게 지급한다.
2. 원고는 나머지 청구를 포기한다.
3. 소송비용 및 조정비용은 각자 부담한다.

광고대행대금 청구사건

사건의 개요 및 조정경과

원고회사는 피고회사로부터 화장품 TV광고대행을 의뢰받고 피고가 희망하는 기간에 광고를 이행하였으나 피고가 대금 일부를 지급하지 않자 소송 제기. 조정심리과정에서 당사자 간에 광고 횟수(분량)에는 다툼이 없고, 다만 피고는 자신이 광고기간 중에 광고중단을 요청하였음에도 원고가 이를 무시하고 광고를 모두 진행하였다고 주장한 반면 원고는 피고의 중단요청이 없었다고 주장하였고, 광고중단요청에 관한 피고의 소명자료는 없었음. 원고의 청구액을 약간 감액하여 13회 분할 지급하는 내용으로 조정성립.

조정주문

1. 피고는 원고에게 금 67,000,000원을 지급한다. 다만, 이를 13회로 분할하여 ① 201*. 12. 31.까지 2,000,000원을, ② 201*. 1.부터 11.까지 매월 말 매월 4,000,000원을, ③ 201*. 12. 31.까지 21,000,000원을 지급한다.
2. 만일 피고가 제1항 기재 지급을 1회라도 지체하는 경우, 피고는 기한의 이익을 상실하고 즉시 원고에게 미지급액 전액 및 이에 대하여 지체일로부터 다 갚을 때까지 연 15%의 비율로 계산한 지연손해금을 가산하여 지급한다.
3. 원고는 나머지 청구를 포기한다.
4. 소송비용 및 조정비용은 각자 부담한다.

방제서비스용역대금 청구사건

사건의 개요 및 조정경과

원고회사는 벌레퇴치 등 방제용역을 피고에게 제공했으나 피고가 그 용역대금을 지급하지 않자 피고를 상대로 소송제기. 용역대금을 6회 분할 지급하는 내용으로 조정 성립.

조정주문

1. 피신청인은 신청인에게 금 300,000원을 지급한다. 다만, 이를 6회로 분할하여 ① 201*. 1. 8.까지 50,000원을, ② 201*. 1. 15.까지 50,000원을,③ 201*. 1. 22.까지 50,000원을, ④ 201*. 1. 29.까지 50,000원을, ⑤ 201*. 2. 5.까지 50,000원을, ⑥ 201*. 2. 12.까지 50,000원을 신청인의 은행계좌(○○은행 ******-**-******, 예금주 주식회사 △△△)로 입금 지급한다.
2. 만일 피신청인이 제1항 기재 지급을 1회라도 지체하는 경우, 피신청인은 기한의 이익을 상실하고 즉시 신청인에게 미지급액 전액 및 이에 대하여 지체일로부터 다 갚을 때까지 연 15%의 비율로 계산한 지연손해금을 가산하여 지급한다.
3. 신청인은 나머지 청구를 포기한다.
4. 조정비용은 각자 부담한다.

세무사 기장수수료 청구사건

사건의 개요 및 조정경과

원고 세무사는 피고 회사에게 세무 관련 업무를 수행하였는데 피고가 기장료, 법인 조정료, 세무용역 수수료 등 720여만 원을 미지급하였다며 소송을 제기. 이에 피고는 원고에게 세무 기장 등을 의뢰한 사실은 인정하면서도 원고가 피고 직원들을 사업소득자로 신고하며 4대 보험을 미신고하여 이에 대한 추징금, 과태료 등으로 3,900여만 원을 부과 받고 벌금 600만 원을 부과 받는 등 피해를 입었으며 원고와 세무용역수수료를 면제하기로 하는 합의를 하였다며 기장료의 상계 주장과 함께 3,700만 원의 지급을 구하는 반소를 제기. 원고는 피고 직원의 4대 보험가입 여부는 원고의 세무 용역 제공 범위를 벗어난 노무관련 업무일 뿐이고, 세무 수수료 면제 합의가 없었다고 주장. 조정기일에 원고 불출석. 원고의 청구금액 중 500만 원을 피고가 지급하고 쌍방 나머지 본소, 반소청구를 각 포기한다는 내용으로 조정갈음결정하여 양측 이의 없이 확정.

조정주문

1. 피고(반소원고, 이하 '피고'라 한다)는 원고(반소피고, 이하 '원고'라 한다)에게 201*. 2. 29.까지 금 5,000,000원을 지급한다. 만일 피고가 위 지급기일까지 위 금원을 지급하지 아니한 때에는, 피고는 미지급금원 및 이에 대하여 위 지급기일 다음날부터 다 갚는 날까지 연 15%의 비율에 의한 지연손해금을 가산하여 원고에게 지급한다.
2. 원고는 나머지 청구를, 피고는 이 사건 반소청구를 각 포기한다.
3. 소송비용 및 조정비용은 각자 부담한다.

공인중개사의 권리금 중개 보수 청구 사건

사건의 개요 및 조정경과

원고는 피고와 소외 A 사이의 부동산권리양도양수계약(음식점으로 운영 중인 상가건물의 임차권 관련)을 알선함과 동시에 피고와 동 음식점 상가건물의 임대인 B 사이의 상가건물임대차계약을 중개함. 피고는 원고에게 임대차계약 중개수수료(임대보증금의 0.9%) 200여만 원은 지급했으나 권리양도양수계약 알선보수(권리금의 10%) 700만 원은 약정이 없었고 부당하게 과다하다는 이유로 지급을 거절. 이에 원고가 피고를 상대로 700만 원 청구 소송 제기. 1심은 "신의성실의 원칙이나 형평의 원칙에 비추어 약정 중개보수액의 10%인 70만 원으로 감액함"의 이유로 일부승소판결. 이에 원고가 항소하여 항소심 재판부가 조정 회부.

대법원판례에 따르면 상가권리금수수 중개는 공인중개사법의 "중개대상물"에 해당하지 않아 수수료 초과수령금지조항이 적용되지 않고 결국 민법상의 위임계약에 따른 약정보수액 전액을 지급하는 것이 원칙임(대법원 2006도3800, 2001다107900 판결 참조). 조정심리 결과, 당사자 간에 권리금중개 관련 보수약정은 인정되었으나 그 금액이 과다하다는 원심 판단이 존중될 필요가 있었고, 이미 1심 판결금은 피고에 의해 임의지급이 되었기에 기지급금액과 합하여 총 200만 원을 지급하는 내용으로 강제조정. 양측 이의 없어 조정 확정.

조정주문

1. 피고는 원고에게 201*. 3. 15.까지 금 2,000,000원을 지급한다. 만일 피고가 위 금원을 위 지급기일까지 지

급하지 아니한 때에는 미지급금원 및 이에 대하여 지급기일 다음날부터 다 갚는 날까지 연 15%의 비율로 계산한 지연손해금을 가산하여 지급한다.

2. 원고는,

가. 피고로부터 금 714,000원(원심 판결금 700,000원 및 지연손해금 14,000원)을 201*. 11. 4. 수령하였음을 확인하고,

나. 피고가 제1항 기일인 201*. 3. 15.까지 금 1,286,000원(제1항 기재 금원 2,000,000원에서 위 714,000원을 공제한 금원)을 지급하는 경우 제1항 지급이 모두 이행된 것으로 인정한다.

3. 원고는 나머지 청구를 포기한다.

4. 소송총비용 및 조정비용은 각자 부담한다.

바이럴마케팅대행용역대금 반환 청구사건

사건의 개요 및 조정경과

원고 OO직업전문학교는 온라인 홍보 컨설팅 및 검색광고 대행 사업 등을 하는 피고 OO회사와 원고의 교육프로그램을 온라인에서 광고하기 위한 바이럴마케팅을 피고가 대행하는 계약을 여러 차례 체결. 1차 계약 조건은 '희망키워드 10개 중 3개 이상 블로그영역 1페이지 노출', 2차 계약 조건은 '희망키워드 14개 중 5개 이상 블로그영역 1페이지 노출. 특정 6개 키워드는 상위 1~3위 보장', 3차 계약 조건은 '희망키워드 10개 중 3개 이상 블로그 및 카페 영역 1페이지 노출'이었고, 계약조건대로 충실히 이행되었는지에 대한 양측의 입장이 맞섰고, 재계약이 서면으로 명확하게 이루어지지 않은 상태에서 2개월간 추가적인 용역을 수행한 피고회사가 원고회사를 상대로 2개월 치 용역대금을 청구하는 소송을 제기하여 1심에서 피고가 승소하자, 원고는 이에 대해 항소함과 동시에 별소로 피고를 상대로 지금까지의 용역대금 전액의 반환을 구하는 소송을 제기. 원고의 피고에 대한 용역대금반환청구소송이 먼저 조정회부되었고, 상임조정위원은 모든 분쟁을 일괄 조정할 필요가 있어 피고가 원고를 상대로 제기한 소송건의 항소심 재판부에 조정회부 요청하여 두 사건을 병행하여 조정심리. 피고회사가 계약조건을 모두 충실히 이행하였는지 여부를 입증하는 것이 용이하지 않았고 마지막 2개월의 용역과 관련한 계약이 체결되었는지에 대한 증거 또한 제시되지 않았으며 상호 감정이 해소되면 재계약을 체결할 여지가 있어서, 양측 모두에게 기존 소송을 각 취하하고 미래지향적으로 광고대행 계약을 체결하여 상호 성실히 수행하게 하는 내용으로 조정을 유도하여 두 소송건을 함께 조정종결.

조정주문

* **조정주문(용역대금 반환 청구소송건)**

1. 원고는 이 사건 소를 취하하고, 피고는 이에 동의한다.

2. 원고와 피고는 향후 원고의 직업전문교육과 관련하여 양자 간에 마케팅(광고)대행계약을 체결하여 이를 상

호 성실히 이행하기로 한다. 그 구체적인 계약내용은 별도 계약서면에 의한다.

3. 원고와 피고는 이 사건 청구원인과 관련하여 본 조정조서에서 정한 사항 이외에는 양자 사이에 어떠한 채권채무도 없음을 확인하고, 향후 이와 관련하여 서로에 대하여 일체의 재판상, 재판외 청구 또는 이의제기를 하지 아니한다.
4. 소송비용 및 조정비용은 각자 부담한다.

* 조정주문(용역대금 청구소송건)

1. 원고는 이 사건 소를 취하하고, 피고는 이에 동의한다.
2. 원고와 피고는 향후 피고의 직업전문교육과 관련하여 양자간에 마케팅(광고)대행계약을 체결하여 이를 상호 성실히 이행하기로 한다. 그 구체적인 계약내용은 별도 계약서면에 의한다.
3. 원고와 피고는 이 사건 청구원인과 관련하여 본 조정조서에서 정한 사항 이외에는 양자 사이에 어떠한 채권채무도 없음을 확인하고, 향후 이와 관련하여 서로에 대하여 일체의 재판상, 재판외 청구 또는 이의제기를 하지 아니한다.
4. 소송비용 및 조정비용은 각자 부담한다.

임가공비 청구사건

사건의 개요 및 조정경과

원고는 피고에게 금형 가공하여 인도하였는데 대금 2,200여만 원을 지급받지 못했다며 소송을 제공. 피고는 개인회생을 신청하여 원고의 채권을 포함하여 신고하고 변제계획이 인가되어 현재 변제계획에 따른 분할변제가 이루어지고 있다고 주장. 양측 조정합의 불성립. 피고의 개인회생인가(변제계획) 확정사실을 확인한 후 원고가 소를 취하한다는 내용으로 조정갈음결정하여 양측 이의 없이 확정.

조정주문

1. 원고는 이 사건 소를 취하하고, 피고는 이에 동의한다.
2. 소송비용 및 조정비용은 각자 부담한다.

신문사 클럽 연회비 청구사건

사건의 개요 및 조정경과

원고 신문사는 기업대표들을 가입대상으로 하는 원고 운영 OOO클럽에 피고회사가 가입하고서 서비스를 이용하고서도 약정된 연회비를 납부하지 않았다며 그 지급을 구하는 소송을 제기. 피고는 가입한 사실은 인정하나 회사 관련 홍보나 광고 서비스는 받은바 없을 뿐 아니라 피고의 연회비채무는 3년의 단기소멸시효가 완성되었다고 주장. 다만 피고는 클럽회원이 된 후 원고가 주관한 일본여행을 이용하고 원고가 제공한 골프채를 무상으로 받은 사실은 인정하며 그에 대한 정당한 비용은 지급할 용의가 있음을 표명. 원고의 청구금액이 부당하게 과다하고 원래 의도된 홍보, 광고 등의 서비스는 제공된 바 없고 피고가 클럽회원의 지위를 원치 않은 점 등을 고려하여 피고가 여행경비 및 골프채비용 상당액에 일정액을 추가한 400만 원을 광고대금조로 지급하고 양자 간의 회원약정계약은 소급하여 합의해제하는 내용으로 조정성립.

조정주문

1. 피고는 원고에게 201*. 7. 29.까지 금 4,000,000원(부가가치세 포함)을 지급한다. 만일 피고가 위 지급기일까지 위 금원을 지급하지 아니한 때에는, 피고는 미지급금원에 대하여 지급기일 다음날부터 다 갚을 때까지 연 15%의 비율로 계산한 지연손해금을 가산하여 원고에게 지급한다.
2. 원고와 피고는 양자간의 201*. **. **.자 ○○○회원약정계약을 상호 합의해제한다.
3. 원고는 나머지 청구를 포기한다.
4. 소송비용 및 조정비용은 각자 부담한다.

수임료 청구사건

사건의 개요 및 조정경과

원고는 소외 A 변호사로부터 피고에 대한 변호사수임료채권을 양수받아 피고를 상대로 그 양수금 2,800여만 원의 지급을 구하는 소송을 제기. 피고는 피고가 A에게 지급할 보수는 970여만 원에 불과하고 A의 소송대리활동이 부실하였다고 주장함. 조정과정에서 2,000만 원을 2회 분할하여 지급하되 그 지급시점을 관련 사건 항소심 판결시점과 연동시키는 내용으로 임의조정 성립.

조정주문

1. 피고는 원고에게 금 20,000,000원을 지급한다. 다만, 이를 2회로 분할하여 ① 201*. 12. 31.까지 5,000,000원을, ② 201*. 6. 30.{다만, 관련사건(○○고등법원 201*나******)의 항소심 판결선고가 201*. 6. 25. 이전에 이루어지는 경우 그 선고일로부터 5일후}까지 15,000,000원을 지급한다.
2. 만일 피고가 제1항 기재 지급을 1회라도 지체하는 경우, 피고는 기한의 이익을 상실하고 즉시 원고에게 미지급액 전액 및 이에 대하여 지체일로부터 다 갚을 때까지 연 15%의 비율로 계산한 지연손해금을 가산하여 지급한다.
3. 원고는 나머지 청구를 포기한다.

4. 소송비용 및 조정비용은 각자 부담한다.

광고행사대행료 청구사건

사건의 개요 및 조정경과

원고 광고대행사는 커피 제조판매사업자인 피고의 위임을 받아 전국 ○마트 매장에서 두 달간 행사도우미를 동원하여 피고 커피 상품의 판촉 시음행사를 대행하였는데 피고가 대금 5,000여만 원을 지급하지 않는다며 그 지급을 구하는 소송을 제기. 피고는 원고가 행사대행의 상세 내역을 제대로 보고하지 않았고 현장에 원고가 방문 시 행사요원이 자리를 비운 경우가 허다하였다고 주장. 피고가 4,800만 원을 지급한다는 내용으로 조정갈음결정하여 양측 이의 없이 확정.

조정주문

1. 피고는 원고에게 201*. 11. 30.까지 금 48,000,000원을 지급한다. 만일 피고가 위 지급기일까지 위 금원을 지급하지 아니한 때에는, 피고는 미지급금원 및 이에 대하여 위 지급기일 다음날부터 다 갚는 날까지 연 15%의 비율에 의한 지연손해금을 가산하여 원고에게 지급한다.
2. 원고는 나머지 청구를 포기한다.
3. 소송비용 및 조정비용은 각자 부담한다.

웹사이트 제작 계약금 반환 청구사건

사건의 개요 및 조정경과

원고는 한의사로서 자신이 경영하는 한의원의 웹사이트 제작을 피고에게 의뢰하고 계약금 175만 원을 지급하였는데 피고가 기한 내 이행하지 못하자 그 반환을 구하는 소송을 제기. 피고는 원고가 피고의 1, 2차의 개념 제안에도 불구하고 이를 거부하고 부당한 트집을 잡으며 계약 해제 통보를 하였기에 피고 자신의 인력 피해가 더 크다고 주장. 조정기일에 피고 불출석으로 조정합의 불성립. 피고가 계약금 원금인 175만 원을 지급한다는 내용으로 조정갈음결정하여 양측 이의 없이 확정.

조정주문

1. 피고는 원고에게 1,750,000원 및 이에 대하여 201*. 8. 17.부터 201*. 7. 8.까지는 연 5%의, 그 다음날부터 다 갚는 날까지는 연 15%의 각 비율로 계산한 돈을 지급한다.
2. 원고는 나머지 청구를 포기한다.

3. 소송총비용 및 조정비용은 각자 부담한다.

부동산중개수수료 청구사건

사건의 개요 및 조정경과

원고는 공인중개사로서 피고와 소외 A 사이의 자동차세차장 권리금 양도양수계약을 중개하였는데 피고가 약정 수수료 1,000만 원을 지급하지 않는다며 소송을 제기하였으나 1심에서 원고 패소 후 항소. 항소심 조정 회부. 피고는 거래 당시 권리금이 2억 밑으로 계약되면 중개수수료를 지급하지 못한다고 분명히 언급했음에도 8,000만 원이 부족한 1억 2,000만 원에 계약이 되었으며 계약서에도 수수료에 대한 언급이 없었으므로 수수료를 지급할 수 없다고 주장. 양측 조정 불성립. 원고는 소를 취하하고, 피고는 원고에게 화해금 50만 원을 지급한다는 내용으로 조정갈음결정하여 양측 이의 없이 확정.

조정주문

1. 피고는 원고에게 201*. 12. 15.까지 화해금 500,000원을 지급한다.
2. 원고는 이 사건 소를 취하하고, 피고는 이에 동의한다.
3. 원고와 피고는, 이 사건 청구원인과 관련하여 본 조정을 갈음하는 결정에서 정한 사항 이외에는 양자 사이에 어떠한 채권채무도 없음을 확인하고, 향후 이와 관련하여 서로에 대하여 일체의 재판상, 재판외 청구 또는 이의제기를 하지 아니한다.
4. 소송총비용 및 조정비용은 각자 부담한다.

광고노출 미이행에 따른 마케팅비용 반환 청구사건

사건의 개요 및 조정경과

원고는 피고와 방송 드라마에 원고의 제품을 노출시키기로 하는 마케팅업무계약을 체결하고 마케팅비 600만 원을 지불하였는데 방송노출이 되지 않아 피고가 마케팅비의 일부인 300만 원을 돌려주기로 하고서도 이를 이행하지 않자 소송을 제기. 조정기일에 원고 불출석. 피고가 200만 원을 지급한다는 내용으로 조정갈음결정하여 양측 이의 없이 확정.

조정주문

1. 피고는 원고에게 201*. 11. 30.까지 금 2,000,000원을 지급한다. 만일 피고가 위 금원을 위 지급기일까지 지급하지 아니한 때에는 미지급금원 및 이에 대하여 지급기일 다음날부터 다 갚는 날까지 연 15%의 비율로 계

산한 지연손해금을 가산하여 지급한다.

2. 원고는 나머지 청구를 포기한다.

3. 소송총비용 및 조정비용은 각자 부담한다.

양수금 청구사건

사건의 개요 및 조정경과

원고는 소외 A사의 피고에 대한 3,400만 원 개발용역대금채권을 양수받아 피고에게 지급을 구하였으나 피고가 거절하자 양수금 소송을 제기. 피고는 소외 A사가 약정된 개발용역을 완료하지 못했다며 오히려 대금을 반환하여야 한다고 주장. 양측 조정합의 불성립. 조정심리결과를 반영하여 피고가 원고에게 1,700만 원을 3회 분할 지급한다는 내용의 조정갈음결정으로 양측 이의 없이 확정.

조정주문

1. 피고는 원고에게 금 17,000,000원을 지급한다. 다만, 이를 3회로 분할하여 ① 201*. 3. 31. 금 5,000,000원을, ② 201*. 4. 30. 금 5,000,000원을, ③ 201*. 5. 31. 금 7,000,000원을 지급한다.
2. 만일 피고가 제1항 기재 지급을 1회라도 지체하는 경우, 피고는 기한의 이익을 상실하고 즉시 원고에게 미지급액 전액 및 이에 대하여 지체일로부터 다 갚는 날까지 연 15%의 비율로 계산한 지연손해금을 가산하여 지급한다.
3. 원고는 나머지 청구를 포기한다.
4. 소송비용 및 조정비용은 각자 부담한다.

15 의료분쟁사건

병원 내 보행보조기 사용 환자의 전복에 따른 손해배상채무 일부부존재 확인 청구사건

사건의 개요 및 조정경과

원고는 정형외과병원을 운영하고 있는데 동 병원에 요추압박골절 증상으로 입원치료중인 피고가 보행보조기를 이용하여 이동하던 중 보행보조기 바퀴가 리프트 바닥의 턱에 걸려 피고가 보행보조기와 함께 넘어지며 2주 요치의 무릎 타박상, 손목 염좌, 어깨관절 염좌 등의 추가적인 상해를 입게 되어 피고가 원고에게 3,000만 원의 피해배상을 요구하자 피고를 상대로 피고에 대한 채무는 300만 원을 초과하여서는 존재하지 아니함의 확인을 구하는 소송을 제기. 조정과정에서 원고가 피고의 전복사고에 대한 사과 차원에서 사고발생 전 치료비의 50%를 감면하고 전복사고로 인한 치료비 일체를 면제하였으며 손해배상금으로 300만 원을 가지급한 사실을 확인하고, 신체감정 등을 생략하고 총배상채무액을 1,400만 원으로 하고 가지급금을 공제한 나머지 1,100만 원을 지급하기로 하는 내용으로 임의조정 성립.

조정주문

1. 피고는 원고에 대하여 별지 기재 사고와 관련하여 원고의 피고에 대한 손해배상채무는 금 14,000,000원을 초과하여서는 존재하지 아니함을 확인한다.
2. 피고는 원고로부터 제1항 기재 금원 14,000,000원 중 3,000,000원을 이미 지급받았음을 확인한다.
3. 원고는 피고에게 201*. 11. 30.까지 금 11,000,000원(제1항 기재 금원 14,000,000원 – 제2항 기재 기수령 금원 3,000,000원)을 지급한다. 만일 원고가 위 지급기일까지 위 금원을 지급하지 아니한 때에는, 원고는 미지급금원에 대하여 지급기일 다음날부터 다 갚을 때까지 연 15%의 비율로 계산한 지연손해금을 가산하여 피고에게 지급한다.
4. 원고와 피고는 이 사건 청구원인과 관련하여 본 조정조서에서 정한 사항 이외에는 양자 사이에 어떠한 채권채무도 없음을 확인하고, 향후 이와 관련하여 서로에 대하여 일체의 재판상, 재판외 청구 또는 이의제기를 하지 아니한다.
5. 원고는 나머지 청구를 포기한다.
6. 소송비용 및 조정비용은 각자 부담한다.

장기 입원료 반환 청구사건

사건의 개요

대학병원을 운영하는 의료재단인 원고는 원고측 병원의 장기 입원환자이었던 피고를 상대로, 건강보험심사평가원이 감액조정처분한 피고의 입원료 일부(의학관리료)를 청구하는 소송을 제기하여 1심에서 전액 승소. 이에 피고가 불복하여 추완항소한 사건이 조정회부. 피고는 원고가 청구한 의학관리료는 원고측 병원의 피고에 대한 수술과정상 과실에 의해 발생한 것이어서 피고가 지급할 의무가 없다는 입장이었고, 원고는 의료과실이 없음은 물론 피고가 원고측 병원의 정당한 퇴원 지시를 부당하게 거부하며 장기간 병실을 차지함으로 인하여 불필요하게 발생한 의학관리료(요양급여비용)를 심평원에서 감액조정처분을 받았으므로(원고는 심평원을 상대로 감액조정처분 취소를 구하는 소송을 제기하였으나 패소 확정된 이후 피고를 상대로 본 소송을 제기함) 이를 피고가 책임지는 것은 당연하다는 주장과 함께 피고의 추완항소사유의 부존재를 주장함. 본 조정회부사안은 양측 간 복잡다단한 분쟁의 빙산의 일각에 불과하기에 인내심을 가지고 양측을 설득하여 잠복된 모든 분쟁도 함께 일거에 해소시킬 필요가 있었음.

양측 갈등과 분쟁의 씨앗은 20**년 피고의 원고측 병원 입원과 수술 당시로 거슬러 올라감. 피고는 원고측 병원이 아닌 다른 병원에서 20**. 초 ○○적출 및 우측 △△·▽▽ 절제수술을 받는 과정에서 근막하 혈종이 생겨 곧바로 근막하 혈종 제거수술을 받았는데, 수술 이후 수술부위에 살이 붙어 있는 느낌이 들어 여러 병원에서 진료를 받았으나 특별한 이상을 발견하지는 못하였고, 20**. 4.경 피고는 원고측 병원을 내원하여 지속적인 하복부 통증을 호소하면서 입원한 이래 배뇨·배변 장애 등 여러 증상을 호소함. 이에 원고측 병원은 피고에 대한 **·** 및 ** 절제, ****** 절제 수술(A 수술), *** 보강, ** 절제 수술(B 수술)을 실시. 수술 후 피고는 의료과실, 불필요하고 환자의 동의 없는 수술을 주장하며 원고를 상대로 손해배상소송을 제기. 1심 법원은 수술 및 회복과정에서의 의료과실, 불필요한 수술이었다는 피고 주장은 모두 배척하였고, 동의받지 않은 수술이었다는 주장과 관련하여서는 A 수술은 피고의 명시적 또는 추정적 승낙이 있었음을 인정할 수 있으나, B 수술은 수술 전 설명 사실과 피고의 추정적 승낙을 인정할 수 없어 환자의 자기결정권을 침해하였다고 판단하고 위자료 2,000만 원을 인정. 이에 쌍방이 항소하였고, 항소심 법원은 1심 판결과 동일한 사실인정과 법리 판단을 하면서 다만 위자료 3,000만 원을 인정하고 원고의 치료비 상계 항변을 받아들임. 이후 동 판결은 대법원을 거쳐 확정. 또한 손해배상 소송과 함께, 피고에 대하여 더 이상의 치료가 불필요하다는 원고측 병원의 판단과 퇴원 요구를 피고가 거부하면서 장기간 병실을 점유하는 사태가 벌어졌고 이에 원고는 피고를 상대로 건물(병실)명도소송을 제기하여, 1심에서는 입원치료의 계속적 필요성과 원고측의 진료거부행위의 부당성을 인정하여 피고가 승소하였으나 2심에서는 이와 달리 입원치료는 더 이상 필요하지 않고 통원치료만으로도 치료가 가능하며 이러한 경우 퇴원 요구가 진료거부행위에 해당하지 않는다고 판단하여 원고가 승소하였고 결국 201*. 4.말 대법원의 상고 기각으로 동 병실명도소송이 확정되었고, 그 후 201*. 8. 피고의 퇴원 및 병실 인도가 이루어짐으로써 만4년 4개월여 간의 입원생활이 종료됨. 그 외에도 양측 간에 여러 민사 본안, 가처분 소송과 형사고소가 이어짐.

조정경과

조정회부사안과 함께 다른 분쟁들도 일괄 해소한다는 목표로 조정기일을 3회 속행하며 양측 모두의 호소를 들어 주면서 분쟁을 일괄 타결하는 조정안을 유도. 임의조정 성립.

조정주문

원고(피항소인, 이하 '원고'라 한다)와 피고(항소인, 이하 '피고'라 한다)는 이 사건 포함 양자 사이의 모든 민·형사 사건 처리에 관하여 다음과 같이 원만히 조정합의하였다.

1. 피고는 다음 사항을 이행한다.
   가. 서울고등법원 201*나**** 손해배상(의) 관련 공탁금 출급청구권을 포기한다.
   나. 원고 및 원고 소속 직원에 대한 모든 형사 고소를 취하한다.
   다. 서울고등법원 201*나**** 용역비 관련 소송비용 청구채권을 포기한다.
2. 원고는 다음 사항을 이행한다.
   가. 서울○○지방법원 201*가소****** 손해배상(기) 채권을 포기한다.
   나. 서울고등법원 201*나**** 손해배상(의) 관련 소송비용 청구채권을 포기한다.
   다. 대법원 201*다***** 건물명도 관련 소송비용 및 채권을 포기한다.
   라. 원고는, 피고가 원고 및 원고 소속 직원과 관련된 형사 사건을 모두 취하하고 그 취하서 접수증을 원고에게 접수하면, 양자 사이의 모든 소송들과 관련하여 그간에 발생한 채권가압류(망 △△△ 급여 및 퇴직금 관련 채권가압류와 채권압류 및 추심명령) 신청을 즉시 취하한다.
3. 원고와 피고는 향후 서로 간에 민·형사상 소송 및 이의를 더 이상 제기하지 아니하고, 일체 소송·집행 비용을 포기하고 각자 부담한다.
4. 원고와 피고는 본 조정기일(201*. 11. 19.)로부터 2주 이내에 위 조정합의내용을 모두 이행한다.
5. 원고는 나머지 청구를 포기한다.
6. 소송총비용 및 조정비용은 각자 부담한다.

한의원 의료과실에 따른 손해배상 청구사건

사건의 개요 및 조정경과

원고는 피고가 운영하는 한의원에서 다이어트 목적으로 복부에 카복시 주사 시술을 받았는데 이상 증상이 발생하고 세균성 염증으로 이한 몸통 피부 농양, 복벽 연조직염 등의 상해 및 후유증을 얻게 되었다며

1,800만 원의 손해배상을 요구하는 소송을 제기. 당사자 간에 합의 불성립하여, 800만 원을 지급하기로 하는 내용으로 강제조정하여 확정.

조정주문

1. 신청인은, 피신청인의 신청인에 대한 201*. 7. 6. 카복시 시술과 관련하여 피신청인이 신청인에게 금 8,000,000원을 지급하여야 할 채무 이외에 이를 초과하여서는 신청인에 대한 피신청인의 채무가 존재하지 아니함을 확인한다.
2. 피신청인은 신청인에게 201*. 7. 31.까지 제1항 기재 금원인 금 8,000,000원을 지급한다. 만일 피신청인이 위 지급기일까지 위 금원을 지급하지 아니한 때에는, 피신청인은 미지급금원에 대하여 위 지급기일 다음날부터 다 갚을 때까지 연 20%의 비율에 의한 지연손해금을 가산하여 신청인에게 지급한다.
3. 신청인은 나머지 신청을 포기한다.
4. 조정비용은 각자 부담한다.

치과치료 후 손해배상 청구사건

사건의 개요 및 조정경과

원고는 피고 치과의사로부터 충치발치, 임플란트 수술(상악동 수술, 뼈이식 수술 포함)을 받았는데 결과가 좋지 않아 대학치과병원으로 옮겨 치료를 받았으나 턱과 입술 주변의 감각이 둔해지는 등 뇌신경마비 등으로 노동능력 3.3%의 장애를 입었다며 향후 치료비, 위자료 등 2,500만 원의 손해배상금 지급을 구하는 소송을 제기. 이에 대해 피고는 원고가 치료 당시 63세로서 만성 치주염을 앓고 이미 발치된 상태에서 내원하였고 피고가 원고에 대해 신경치료를 할 당시 이미 무감각증과 안면부 통증을 호소하여 피고가 성공적으로 신경치료를 시행하였다고 주장. 피고가 원고에 대해 5개 발치와 5개 임플란트 수술을 무리하게 단기간에 시행하여 원고에게 후유증을 유발한 것으로 인정하여 피고가 원고에게 750만 원을 지급한다는 내용으로 조정갈음결정하여 양측 이의 없이 확정.

조정주문

1. 피신청인은 신청인에게 201*. 3. 31.까지 금 7,500,000원을 지급한다. 만일 피신청인이 위 지급기일까지 위 금원을 지급하지 아니한 때에는, 피신청인은 미지급금원에 대하여 위 지급기일 다음날부터 다 갚을 때까지 연 20%의 비율에 의한 지연손해금을 가산하여 신청인에게 지급한다.
2. 신청인은 나머지 신청을 포기한다.
3. 조정비용은 각자 부담한다.

병원 내 낙상사고로 인한 손해배상 청구사건

사건의 개요 및 조정경과

원고(사고 당시 만 70세)는 피고가 운영하는 병원에 입원치료 중 새벽에 수면상태에서 취침자세를 바꾸다 침대 옆으로 떨어져 좌측 두부와 안면부를 바닥에 부딪혀 두개골 골절, 우측 뇌내출혈 등의 중상해를 입었다며 피고를 상대로 일실수입, 위자료 등 5,900여만 원을 청구하는 소송을 제기. 조정 심리과정에서 피고의 병원은 소외 A가 운영하는 병원과 협진하는 관계로서 원고는 피고의 병원이 아닌 A의 병원에서 입원 중에 낙상사고가 발생한 사실이 밝혀졌고, 이에 따라 A를 조정에 참가시켜 A가 원고에게 700만 원을 지급하고 원고는 피고에 대한 청구와 A에 대한 나머지 청구는 포기한다는 내용(결정이유 제시)으로 조정갈음결정하여 양측 이의 없이 확정.

조정주문

* 결정사항

1. 조정참가인 ○○○는 원고에게 201*. 2. 29.까지 금 7,000,000원을 지급한다. 만일 조정참가인 ○○○가 위 지급기일까지 위 금원을 지급하지 아니한 때에는, 조정참가인 ○○○는 미지급금원 및 이에 대하여 위 지급기일 다음날부터 다 갚는 날까지 연 15%의 비율에 의한 지연손해금을 가산하여 원고에게 지급한다.
2. 원고는 피고에 대한 이 사건 청구 및 이 사건 청구원인과 관련한 조정참가인 ○○○에 대한 나머지 청구를 포기한다.
3. 소송비용 및 조정비용은 각자 부담한다.

* 결정이유

조정참가인은 자신이 운영하는 병원에 입원하여 치료 중에 있던 고령의 환자인 원고의 이 사건 낙상사고를 방지하지 못한 과실이 있다고 할 것임. 다만, 원고가 요추 압박 골절(당초 입원사유)로 활동과 보행이 어려웠던 점, 원고가 거동하려면 간호사 등 다른 사람의 도움을 요청하는 등 스스로의 안전을 도모하여야 함에도 이를 게을리 한 점, 원고의 보호자가 직접 원고를 간병하지 않았고, 간병인도 두지 않은 점, 조정참가인 병원의 인력사정상 간호사 등이 원고 1명만을 집중하여 관찰하고 간호하기 곤란한 점, 원고의 이 사건 낙상사고의 경위(원고가 사고 당시 수면상태에서 자세를 바꾸다가 침대에서 떨어진 것인지, 화장실에 가기 위해 침대에서 일어서다가 넘어진 것인지 여부, 원고의 고혈압에 의한 자연발생적인 두개내출혈(ICH)이 발생하였는지 여부 등)가 불분명한 점 등 제반사정을 참작하여, 손해의 공평하고 타당한 분담을 위하여 피고의 손해배상책임을 적의 제한함. 원고 청구항목중 기발생치료비 일부 및 위자료 일부를 합하여 조정참가인의 손해배상채무액을 금 7,000,000원으로 조정결정함.

멀미약 부작용에 의한 손해배상 청구사건

사건의 개요 및 조정경과

원고는 피고 제약회사 제조판매 OOO 멀미방지 패치를 붙이고 바다에서 낚시를 하다 멀미약 부작용으로 응급실로 실려가 이후 여러 차례 치료를 받았다고 주장하며 피고 회사를 상대로 3,800여 만 원의 손해배상 청구 소송 제기. 피고회사는 원고가 배 위에서 쓰러진 것은 제품의 부작용이 아닌 과로 또는 배 멀미로 인한 것이며 제품의 부작용은 없다고 주장. 원고의 사고건은 보험사고 신청되었으나 원고가 호소한 증상은 제품설명서에 기재된 부작용이고 원고가 신속히 패치를 제거하지 않은 잘못도 있다는 이유로 보험금청구대상이 아닌 것(부담보)으로 처리됨. 조정심리 과정에서, 동일 제품의 부작용 사례가 다수 보고된 바 있었다는 점, 원고의 피해상황과 피해액의 입증이 곤란한 점 등을 종합 감안하여 500만 원을 지급하는 것으로 조정성립.

조정주문

1. 피고는 원고에게 201*. 4. 30.까지 금 5,000,000원을 지급한다. 만일 피고가 위 지급기일까지 위 금원을 지급하지 아니한 때에는, 피고는 미지급금원에 대하여 지급기일 다음날부터 다 갚을 때까지 연 15%의 비율로 계산한 지연손해금을 가산하여 원고에게 지급한다.
2. 원고는 나머지 청구를 포기한다.
3. 원고와 피고는 이 사건 청구원인과 관련하여 본 조정조서에서 정한 사항 이외에는 양자 사이에 어떠한 채권채무도 없음을 확인하고, 향후 이와 관련하여 서로에 대하여 일체의 재판상, 재판외 청구 또는 이의제기를 하지 아니한다.
4. 소송비용 및 조정비용은 각자 부담한다.

신체감정 오진으로 인한 손해배상 청구사건

사건의 개요 및 조정경과

원고는 자동차사고로 상해를 입고 보험금 지급범위에 관하여 보험회사를 상대로 소송을 진행하였는데 피고 1 대학병원에 소속된 전문의인 피고 2가 당해 소송의 신체감정의사로서 피고와 동명이인인 다른 사람의 진료기록을 근거로 원고의 현재상태를 과거 교통사고로 인한 기왕증으로 감정하여 원고로 하여금 1심에서 패소하게 하였고 다행히 항소심에서 그 오류가 밝혀지게 되었으나 원고는 변호사선임비용 등 불필요한 항소심 비용을 지출하였고 정신적 고통을 당하였다며 피고들을 상대로 위자료 포함 손해배상금 1,000만 원의 지급을 구하는 소송을 제기. 조정심리 결과, 피고 2의 신체감정오류는 당초 원고가 아닌 동명이인의 진료기록을 법원에 제출한 소외 A병원의 잘못과 이것이 신체감정촉탁을 위하여 감정의사인 피고 2에게 제출되는 과정에서 그 오류를 발견하지 못한 원고 본인과 1심 소송대리인의 잘못에도 원인이 있었던 점 등을 감안하여 피고들이 공동하여 200만 원을 지급한다는 내용으로 조정갈음결정하여 양측 이의 없이 확정.

조정주문

1. 피신청인들은 공동하여 신청인에게 201*. 2. 10.까지 금 2,000,000원을 지급한다. 만일 피신청인들이 위 지급기일까지 위 금원을 지급하지 아니한 때에는, 피신청인들은 미지급금원에 대하여 위 지급기일 다음날부터 다 갚는 날까지 연 15%의 비율에 의한 지연손해금을 가산하여 신청인에게 지급한다.
2. 신청인은 나머지 신청을 포기한다.
3. 신청인과 피신청인들은 이 사건 청구원인과 관련하여 본 조정을 갈음하는 결정에서 정한 사항 이외에는 서로에 대하여 어떠한 채권채무도 없음을 확인하고, 향후 이와 관련하여 서로에 대하여 일체의 재판상, 재판외 청구 또는 이의제기를 하지 아니한다.
4. 조정비용은 각자 부담한다.

16 지적재산권사건

소프트웨어 저작권 침해로 인한 손해배상 청구사건

사건의 개요 및 조정경과

소프트웨어 회사인 원고들은 피고가 병원을 운영하며 자신들의 소프트웨어를 정품으로 구입하지 않고 불법프로그램을 이용하여 저작권을 침해하고 손해를 가하였다고 소송을 제기. 조정결과 피고가 원고들의 정품 소프트웨어를 구입하고 일정 금액의 손해배상금을 지급하는 내용의 합의서를 작성하여 조정 성립.

조정주문

조정조항은 첨부 조정안 1.항 ~ 5.항과 같다.

※첨부 조정안 1.항 ~ 5.항 생략

저작권침해로 인한 손해배상 청구사건

사건의 개요 및 조정경과

신청인들은 국내외의 유명 소프트웨어 회사들인데 피신청인 회사가 자신들의 소프트웨어를 구입하지 않고 불법 복사본을 사용하여 손해를 입혔다며 고액의 배상금 지급을 구하는 민사조정신청을 제기. 조정심리 결과, 피신청인 회사는 영세 기계류가공업체로서 신청인들의 프로그램을 이용한 바 없다고 주장하였고 신청인들은 소송대리인을 통하여 일정 수 이상의 종업원을 두거나 일정액 이상의 매출을 거두는 회사를 공격대상으로 선정하여 일단 소송 내지 민사조정신청을 제기하고 보는 수법을 구사하는 것이 밝혀졌고 본 사안에 있어 피신청인의 불법행위를 입증할 자료도 제시하지 못하였기에, 상임조정위원이 신청인들에게 신청취하를 권유하여 신청인들이 이를 받아들여 종결.

조정주문

1. 신청인은 이 사건 신청을 취하한다.
2. 조정비용은 각자 부담한다.

저작권침해 손해배상 청구사건

사건의 개요 및 조정경과

원고들 4개 컴퓨터 소프트웨어 회사는 피고가 원고들이 개발한 프로그램 정품을 구입하지 않고 불법으로 사용하여 원고들의 지적재산권을 침해하였다며 각 2,000만 원, 700만 원, 1억 5,000만 원, 2,000만 원의 지급을 구하는 소송을 제기. 이에 대해 피고는 원고들의 제품을 불법 사용한 바 없고 일부 정품을 구매하여 사용 중에 있고 나머지 제품은 피고가 사용할 필요가 없는 것들이라고 주장. 피고의 불법행위에 대한 원고들의 입증이 부족한 상태에서 더 이상의 소명이 없어, 원고가 신청을 취하한다는 내용으로 조정갈음결정하여 양측 이의 없이 확정.

조정주문

1. 신청인들은 이 사건 신청을 취하한다.
2. 조정비용은 각자 부담한다.

저작권침해로 인한 손해배상 청구사건

사건의 개요 및 조정경과

신청인들은 국내외의 유명 소프트웨어 회사들인데 피신청인 병원이 자신들의 소프트웨어를 구입하지 않고 불법 복사본을 사용하여 손해를 입혔다며 고액의 배상금 지급을 구하는 민사조정신청을 제기. 피신청인이 신청인들의 정품 소프트웨어를 구입하고 그동안의 불법사용으로 인한 손해의 일부를 지급하는 내용으로 합의한 내용대로 조정 성립.

조정주문

1. 신청인들과 피신청인은 첨부 조정안대로 조정합의하였음을 확인하고 이를 이행하기로 한다.
2. 조정비용은 각자 부담한다.

저작권침해 손해배상 청구사건

사건의 개요 및 조정경과

원고 컴퓨터 소프트웨어 회사는 피고가 원고가 개발한 프로그램 정품을 구입하지 않고 불법으로 사용하여 원고의 지적재산권을 침해하였다며 우선 정품 1개 가격에 해당하는 2,000만 원의 지급을 구하는 소송을 제기. 이에 대해 피고는 원고의 제품을 불법 사용한 바 없고 타사의 정품을 구매하여 사용 중에 있고 원고에게 피고회사를 방문하여 검증할 기회를 부여하였음에도 원고가 부당하게 프로그램 구입만 요구하며 고통을 주고 있다고 주장. 피고의 불법행위에 대한 원고의 입증이 부족한 상태에서 더 이상의 소명이 없어, 원고가 신청을 취하한다는 내용으로 조정갈음결정하여 양측 이의 없이 확정.

조정주문

1. 신청인은 이 사건 신청을 취하한다.
2. 조정비용은 각자 부담한다.

프로그램복제 금지 등 청구사건

사건의 개요 및 조정경과

원고회사는 세계적인 컴퓨터 소프트웨어 회사인데 피고회사가 원고회사의 컴퓨터 폰트 프로그램을 무단으로 사용하여 피고회사의 상품 상표를 제작하고 홈페이지를 제작하여 운영하고 있다며 원고의 저작권을 침해하여 만들어진 상표가 부착된 제품의 생산, 판매, 배포, 전시의 금지, 매장 간판 및 홈페이지에서의 삭제, 손해배상금 2,100만 원의 지급 등을 구하는 소송을 제기. 조정기일에 피고는 자신의 상표 제작과 홈페이지 제작을 직접 하지 않고 외주사인 소외 A사에 맡겼고 A사의 원고의 저작권 침해사실을 전혀 인지하지 못하였으며 민사적 책임은 전적으로 A사에 있음이 밝혀져서, A사의 대표(개인사업자) B를 조정참가 시켜 원고는 피고에 대한 본 건 소송을 취하하고, 조정참가인 B는 원고사의 정품 폰트 소프트웨어를 구매하여 사용하는 협의를 원만하게 진행하기로 하는 내용으로 임의조정 성립.

조정주문

1. 신청인은 이 사건 신청을 취하한다.
2. 조정참가인 ○○○(△△△△사 대표)는 신청인의 저작권을 침해하지 아니할 것을 약속하고, 신청인과 조정참가인 ○○○는 신청인의 저작물인 폰트 소프트웨어의 적법한 구매 사용을 원만하게 협의하여 처리하기로 합의한다.
3. 조정비용은 각자 부담한다.

지적재산권침해 손해배상 청구사건

사건의 개요 및 조정경과

원고들 5개 회사는 국내외의 저명한 컴퓨터 소프트웨어 회사로서 국내 유명 식품 프란차이즈 가맹본사인 피고회사를 상대로 피고회사가 원고들의 정품 소프트웨어를 구입하지 아니하고 POS 프로그램을 운영함으로써 원고들의 지적재산권을 침해하였다며 원고들에게 각 300만 원에서 8,000만 원의 손해배상을 하라는 소송을 제기. 조정 심리 결과, 원고들은 피고회사의 불법행위에 관한 입증자료 없이 무작위로 피고를 포함한 일정 규모 이상의 기업체를 상대로 지적재산권 사냥을 하는 소송을 제기한 것이 확인되었고 피고회사는 POS 프로그램을 운영하거나 원고들의 정품 소프트웨어를 도용한 사실이 없다고 항변하여, 원고들은 조정신청을 취하하고 피고들은 원고들로 하여금 피고 회사의 저작권침해 여부를 실사할 수 있는 기회를 부여하기로 하는 내용으로 조정을 갈음하는 결정을 하여 양측 이의 없이 확정.

조정주문

1. 신청인들은 이 사건 신청을 취하한다.
2. 피신청인은 신청인들에게 201*. 11. 10.까지 신청인들 또는 신청인들의 대리인이 피신청인의 회사를 방문하여 피신청인이 신청인들의 저작권을 침해하고 있는지 여부를 실사할 수 있도록 허용하고, 만일 그 실사결과 피신청인이 신청인들의 저작권을 침해한 사실이 객관적으로 확인되는 경우 권리를 침해한 저작물의 정품을 구입하거나 저작권법이 정하는 손해를 해당 신청인들에게 배상하기로 한다.
3. 조정비용은 각자 부담한다.

17
청구이의 등 강제집행 관련사건

청구이의 사건

사건의 개요 및 조정경위

집행력 있는 공정증서에 기한 강제집행에 대한 청구이의 사건.

원고가 병원 부속 장례식장 운영과 관련하여 본인의 이득과 관계없이 연대보증을 선 경위 등을 감안하여 원고의 연대보증책임범위를 완화하여 채무범위를 한정하고, 이를 초과하여서는 채무가 없고 강제집행력도 없다는 내용으로 임의조정.

조정주문

1. 원고와 피고는, 본 조정기일에, 법무법인 ○○ 작성 공정증서(201*년 ***호) 금전소비대차계약과 관련하여 원고가 피고에게 금 50,000,000원(강제집행정지를 위한 공탁금 30,000,000원을 포함한 금원)을 지급하고 피고는 위 금전소비대차계약과 관련한 원고의 피고에 대한 채무 일체를 면제 또는 포기함과 동시에 원고에 대한 소송, 강제집행을 취하(해제)하고 향후 일체의 청구나 이의제기를 하지 않기로 합의하였다.
2. 원고는 피고에게 201*. 6. 30.까지 금 20,000,000원을 지급한다. 피고는 이에 앞서 201*. 6. 14.까지 원고의 은행 예금청구권에 대한 서울△△지방법원 201*타채**** 압류 및 추심명령신청을 취하한다.
3. 원고는 원고 소유의 서울 △△구 ◇◇동 ***-** 토지에 대한 피고의 서울△△지방법원 201*타경***** 부동산 압류 및 강제경매신청에 따른 서울△△지방법원 201*카기*** 강제집행정지신청사건에 관하여 원고가 설정한 공탁금 30,000,000원의 회수채권(청구권)을 피고에게 양도한다.
4. 피고는 원고로부터 제2항, 제3항의 이행을 받음과 동시에 원고에 대한 제3항 기재 서울△△지방법원 201*타경***** 부동산 압류 및 강제경매신청을 취하한다.
5. 원고는 이 사건 소를 취하하고, 피고는 이에 동의한다.
6. 소송비용 및 조정비용은 각자 부담한다.

청구이의 청구사건

사건의 개요 및 조정경과

원고는 피고가 원고에 대한 공증증서에 기해 강제집행에 착수하자 원금, 이자, 경매비용을 모두 변제공탁한 후 청구이의의 소를 제기. 피고가 변제받아야 할 금원이 모두 공탁되었음을 확인한 후 이를 피고가 수령하는 기회를 부여하기 위하여 기일을 속행한 후 피고가 공탁금을 출금한 것을 확인하고 피고는 원고에 대한 강제집행을 하지 아니하며 원고는 본 청구이의의 소를 취하하는 내용으로 조정갈음결정하여 양측 이의 없이 확정.

조정주문

1. 원고와 피고는 제2항 기재 이 사건 금전소비대차계약 공정증서와 관련하여 201*. *. *. 원고가 피고를 피공탁자로 하여 변제공탁(서울○○지방법원공탁 201*금제****호)한 공탁금 금 43,245,644원을 201*. 9. 2. 피고가 출급수령하였음을 서로 확인한다.
2. 원고와 피고는 제1항 기재 변제공탁금 43,245,644원을 피고가 출급수령함으로써 201*. **. *. 공증인가 법무법인 △△△ 작성의 증서 201* 제***호 금전소비대차계약 공정증서에 기한 원고의 피고에 대한 채무가 모두 변제되어 소멸되었음을 서로 확인하고, 피고는 위 공정증서에 의한 집행을 하지 아니한다.
3. 피고는 원고에 대한 201*. **. **. 서울○○지방법원 201*타경 *****호 부동산강제경매신청사건을 취하한다.
4. 원고는 이 사건 소를 취하하고, 피고는 이에 동의한다.
5. 소송비용 및 조정비용은 각자 부담한다.

약속어음공정증서에 기한 강제집행에 대한 청구이의 청구사건

사건의 개요 및 조정경과

원고는 피고가 약속어음공정증서에 기하여 강제집행을 신청하자 그 금액을 다투며 청구이의의 소를 제기. 조정 과정에서 이미 원고가 강제집행정지를 위해 어음채무 원금 6,000만 원을 공탁한 사실, 약정이자는 월 1.5%이고 경매비용으로 420여만 원이 들어가 이를 합하면 1,200여만 원에 이르고 미합의 시 계속 이자가 발생하는 점 등을 감안하여 조정기일을 3회 속행하여 최종적으로 피고가 공탁금 6,000만 원을 수령하고 원고는 피고에게 조정기일에 현금 1,000만 원을 지급하며 나머지 채무는 면제하기로 하여 결국 모든 채무는 소멸하였음을 확인하고 약속어음공정증서에 기한 강제집행은 하지 아니하기로 하는 임의조정 성립.

조정주문

1. 원고와 피고는 20**. 8. 19. 공증인가 ○○○ 법무법인 작성 200*년 증서 제***호 약속어음 공정증서에 기한

원고의 피고에 대한 채무가 70,000,000원을 초과하여서는 존재하지 않음을 서로 확인한다.

2. 원고는 피고에게 본 조정기일에 10,000,000원을 지급하였고, 피고는 이를 수령하였다.
3. 피고는 원고에 대한 서울△△지방법원 201*타경***** 부동산강제경매신청사건을 취하한다.
4. 원고는 피고에게 제3항 기재 부동산강제경매신청사건의 경매절차정지를 위하여 원고가 설정한 공탁금 60,000,000원(서울△△지방법원 201*년 금 제****호)에 대한 출급청구권을 피고에게 양도하고, 피고는 이를 양수한다. 원고는 위 출급청구권의 양도 통지 권한을 피고에게 부여한다.
5. 원고는 이 사건 소를 취하하고, 피고는 이에 동의한다.
6. 원고와 피고는 피고가 제2항 기재 10,000,000원 및 제4항 기재 공탁금 60,000,000원 출급청구권을 수령함으로서 양자 사이의 제1항 기재 채무는 모두 변제되었으며 양자 사이에는 더 이상 아무런 채권채무가 없음을 서로 확인하고, 피고는 제1항 기재 약속 어음 공정증서를 집행하지 아니한다.
7. 소송비용 및 조정비용은 각자 부담한다.

카드대금 지급명령에 기한 강제집행 관련 청구이의 청구사건

사건의 개요 및 조정경과

원고는 원고의 아들인 소외 A가 원고의 명의를 도용하여 피고 카드회사의 카드를 발급받아 카드를 사용함으로써 발생한 카드대금에 대해 피고가 원고를 상대로 소송을 제기하여 지급명령이 확정되고 피고가 이에 기해 원고를 상대로 재산명시신청 및 채무자감치신청을 하자 청구이의의 소를 제기. 피고는 소외 A가 카드를 부정발급한 것이 아니고 원고가 자신 명의로 정상적으로 발급받은 카드를 A에게 사용하게 하여 발생한 대금이므로 원고가 마땅히 책임져야 한다는 주장을 하였음. 조정 과정에서, 지급명령에 기한 강제집행은 하지 않기로 하되 원고가 298만 원을 10회 분할하여 지급하고 만일 1회라도 지체 시 기한의 이익을 상실함은 물론 피고의 나머지 피해액도 함께 지급하기로 하는 내용으로 임의조정 성립.

조정주문

1. 원고와 피고는, 피고의 원고에 대한 서울○○지방법원 201*차전***** 신용카드이용대금 청구에 따른 지급명령에 기한 원고의 피고에 대한 채무가 존재하지 아니함을 서로 확인하고, 피고는 원고에 대하여 위 지급명령에 기한 강제집행을 하지 아니한다.
2. 원고는 피고에게 소외 △△△이 피고에게 끼친 손해에 대한 배상금으로 금 2,980,000원을 지급한다. 다만, 이를 10회로 분할하여 201*. 10.부터 매월 21일 제1회차는 금 290,000원, 제2회차부터 제9회차까지는 매월 금 298,000원, 제10회차는 306,000원을 지급한다. 피고는 원고로부터 201*. 10.분 금 290,000원을 이미 수령하였음을 확인한다.
3. 만일 원고가 제2항 기재 지급을 1회라도 지체하는 경우, 원고는 기한의 이익을 상실하고 즉시 피고에게 피

고의 실손해액인 8,151,315원에서 그 때까지 원고가 지급한 금원을 공제한 나머지 금액 및 그 나머지 금액에 대하여 지체일로부터 다 갚을 때까지 연 20%의 비율로 계산한 지연손해금을 가산하여 지급한다.

4. 피고는 원고에 대한 서울○○지방법원 201*카명**** 재산명시신청사건 및 같은 법원 201*정명*** 채무자감치신청사건을 모두 취하한다.
5. 원고는 이 사건 소를 취하하고, 피고는 이에 동의한다.
6. 소송비용 및 조정비용은 각자 부담한다.

대여금청구사건 조정조서에 기한 강제집행 관련 청구이의 청구사건

사건의 개요 및 조정경과

원고들은 피고들의 피상속인인 망 A에게 연대하여 1억 500만 원을 지급한다는 내용의 확정조정조서에 기한 채무를 지고 있는데 A의 상속인들인 피고들이 원고들을 상대로 동 조정조서에 기하여 강제집행신청을 하자 1억 원의 공탁금을 공탁하고 강제집행정지를 한 다음 청구이의의 소를 제기. 원고들은 망 A와 조정조서상의 금원 지급 대신 원고들 소유의 부동산을 넘겨주기로 하는 대물변제합의를 하고 망 A의 요청에 따라 소유권이전등기 대신 근저당권설정등기를 하여 주었고 이후 부동산 임대료 수입을 망 A가 수령하였는데, A의 사망 후 피고들이 근저당권 상속등기를 한 후 원고들 소유 부동산에 강제집행을 신청. 조정기일을 2회 속행하여 원고들로 하여금 현금 1,500만 원을 마련하여 2회 조정기일에 피고들에게 지급하고 원고들이 공탁한 공탁금은 피고들이 출금하도록 하며 피고들은 근저당권을 말소하고 양자 간에 더 이상의 채권채무가 없음을 확인하는 내용으로 임의조정 성립.

조정주문

1. 원고들와 피고들(피고 선정당사자 ***, 선정자 ***, ***, ***, 이하 '피고들'이라 한다)은 200*. *. **. 서울○○지방법원 200*가합*****호 대여금청구사건의 조정조서에 기한 원고들의 피고들에 대한 채무가 본조정기일인 201*. 12. 16. 현재 금 1억 1,500만 원을 초과하여서는 존재하지 않음을 서로 확인한다.
2. 원고들은 피고들(선정당사자 ***)에게 본 조정기일에 15,000,000원을 지급하였고, 피고들(선정당사자 ***)은 이를 수령하였다.
3. 원고들은 공탁금 100,000,000원(공탁번호: △△지방법원 201*년 금 제****호)을 회수하여 이를 피고들에게 지급한다. 피고들은 위 공탁금 회수에 필요한 사항을 협조한다.
4. 피고들은 원고들에 대한 △△지방법원 201*타경***** 부동산강제경매신청사건을 취하한다.
5. 피고 선정당사자 ****은 원고 ***에게 별지 목록 기재 각 부동산에 관하여 △△지방법원 ◇◇◇등기소 200*. *. **. 제*****호로 마친 근저당권설정등기의 말소등기절차를 이행한다. 그 등기말소에 필요한 비용은 원고들이 부담한다.

6. 원고들과 피고들은 위 제3항과 제4, 5항의 이행을 서로 동시이행하기로 한다.
7. 원고들은 이 사건 소를 취하하고, 피고들은 이에 동의한다.
8. 원고들과 피고들은 피고들이 제2항 기재 15,000,000원 및 제3항 기재 100,000,000원 을 수령함으로써 원고들과 피고들 사이의 제1항 기재 채무 내지 200*. 6. 23.자 원고 ***와 소외 망 ***(피고들의 피상속인) 사이의 대물변제약정서에 기한 채무는 모두 변제되었으며 원고들과 피고들 사이에는 더 이상 아무런 채권채무가 없음을 서로 확인하고, 피고들은 제1항 기재 조정조서정본을 집행하지 아니한다.
9. 소송비용 및 조정비용은 각자 부담한다.

배당이의 청구사건

사건의 개요 및 조정경과

원고 서울특별시는 피고 대한민국과 피고 ○○새마을금고(근저당권자)를 대상으로 부동산임의경매배당과 관련하여 배당표를 변경하여 자신에게 더 많은 배당을 해달라는 배당이의의 소를 제기. 정확한 순환배당 계산에 따라 원래의 배당표상의 원고에 대한 배당액보다는 많으나 원고의 청구액보다 적은 액수로 배당하고 그에 따라 피고들의 배당액을 감액조정한 내용으로 조정갈음결정하여 양측 이의 없이 확정.

조정주문

1. 서울△△지방법원 201*타경*****호 부동산임의경매 사건에 관하여 위 법원이 201*. *. **. 작성한 배당표는 원고에게 6,402,665원을 배당하고, 피고 1. 대한민국(◇◇세무서)에 대한 배당액 119,441,340원을 115,385,595원으로, 피고 2. ○○새마을금고에 대한 배당액 116,011,440원을 113,664,520원으로 각 경정하며, 원고 및 피고들은 이에 동의한다.
2. 원고는 나머지 청구를 포기한다.
3. 소송비용 및 조정비용은 각자 부담한다.

청구이의 청구사건

사건의 개요 및 조정경과

원고는 소외 A 건설사의 대표이사였는데 A사가 피고에게 터파기공사를 하도급하고서 피고의 공사완료에 불구하고 대금 2,200여만 원을 지급하지 않자 피고는 A사와 원고를 상대로 소송을 제기하여 승소. 피고가 원고의 재산을 압류하자 원고는 청구이의의 소를 제기하였으나 1심에서 패소(상법 401조 1항에 따른 악의, 중과실 이사의 연대책임. 대법원2002다70044 참조)하고 항소. 항소심 조정회부. 지연손해금, 소송비용 등을 제외한 원금만 지급하기로 하는 합의를 유도하여 조정기일을 속행하며 합의된 금액이 전액 지급된 것을 상호 확인하고 소취하, 경매취하, 강제집행정지담보취소 등을 일괄처리하는 내용으로 조정 성립.

조정주문

1. 원고와 피고는 피고의 원고에 대한 서울○○지방법원 201*차**** 손해배상(기) 사건의 지급명령 결정에 기한 원고의 피고에 대한 채무가 존재하지 아니함을 서로 확인한다.
2. 원고는 피고에게 201*. 5. 20. 금 1,600만 원을, 본 조정기일인 201*. 6. 24. 금 600만 원을 각 지급하였고, 피고는 이를 각 수령하였다.
3. 피고는 원고에 대한 서울△△지방법원 201*타경***** 부동산강제경매신청사건을 취하한다.
4. 원고는 이 사건 소를 취하하고, 피고는 이에 동의한다.
5. 피고는 원고에 대하여 원고가 서울△△지방법원 201*카기**** 강제집행정지신청사건에 관하여 제공한 담보의 취소 및 그 담보공탁금의 회수에 동의하고, 그 취소결정에 대한 항고를 하지 아니한다.
6. 소송총비용 및 조정비용은 각자 부담한다.

청구이의 청구사건

사건의 개요 및 조정경과

원고는 피고가 확정된 이행권고결정(1,100만 원)에 기해 강제집행에 착수하자 이행권고결정사건의 청구원인인 용역대금지급의무가 없다고 주장하며 청구이의의 소를 제기. 조정결과, 600만 원의 범위에서 채무를 인정하고 이를 3회 지급하기로 하는 내용으로 조정 성립.

조정주문

1. 원고와 피고는, 201*. 3. 7. 자 서울○○지방법원 201*가소***** 이행권고결정에 불구하고, 이에 기한 원고의 피고에 대한 채무가 본 조정기일인 201*. 10. 8. 현재 금 600만 원을 초과하여서는 존재하지 않음을 서로 확인한다.
2. 원고는 피고에게 제1항 기재 금원 600만 원을 지급한다. 다만, 이를 3회로 분할하여 ① 201*. 10. 31.까지 2,000,000원을, ② 201*. 11. 30.까지 2,000,000원을, ③ 201*. 12. 31.까지 2,000,000원을 지급한다. 만일 원고가 위 각 지급을 1회라도 지체하는 경우, 제1항 기재 상호 확인은 효력을 상실하고, 원고는 피고의 원고에 대한 제1항 기재 이행권고결정에 의한 집행에 이의를 제기하지 아니한다.
3. 원고와 피고는, 제2항 기재 지급이 모두 이행되는 경우, 원고와 피고 사이의 제1항 기재 채무는 모두 변제되어 원고와 피고 사이에는 더 이상 아무런 채권채무가 없음을 서로 확인하고, 피고는 제1항 기재 이행권고결정을 집행하지 아니한다.

4. 피고는, 제2항 기재 지급이 모두 이행되는 경우, 원고의 서울○○지방법원 201*카기*** 강제집행정지결정의 담보 취소에 동의하고 원고가 그 담보공탁금 1,500만 원을 회수하여 가는 것에 이의를 제기하지 아니한다.
5. 원고는 이 사건 소를 취하하고, 피고는 이에 동의한다.
6. 소송비용 및 조정비용은 각자 부담한다.

청구이의 청구사건

사건의 개요 및 조정경과

원고들은 망인 A의 부인과 자녀들인데 피고가 망인에 대한 양수금확정판결 및 원고들에 대한 승계집행문에 기하여 원고들의 재산을 강제집행하려하자 뒤늦게 상속한정승인심판청구를 하면서 피고의 강제집행의 불허를 구하는 청구이의의 소를 제기. 원고들은 상속한정승인심판에서 원고들에게 상속채무가 상속재산을 초과한 사실을 알지 못한 것에 중대한 과실이 없다는 판단을 받기는 하였으나 피고는 중대한 과실이 있다고 다투고 있어서, 조정결과 원고들이 판결금 원금 3,600만 원의 20%에 못 미치는 700만 원을 인정하고 이를 지급하기로 하고 피고는 나머지 집행을 모두 포기하고 원고들의 강제집행정지 공탁금도 전액 회수해 가는데 동의하는 내용으로 조정 성립.

조정주문

1. 원고들과 피고는, 201*. 5. 14. 자 ○○지방법원 △△지원 201*느단** 상속한정승인 심판에 불구하고, 서울◇◇지방법원 200*가단*****호 양수금사건 확정판결 및 201*. 1. 17.자 승계집행문에 기한 원고들의 피고에 대한 채무가 본 조정기일인 201*. 9. 11. 현재 금 700만 원을 초과하여서는 존재하지 않음을 서로 확인한다.
2. 원고들은 연대하여 피고에게 201*. 10. 31.까지 제1항 기재 금원 700만 원을 지급한다. 만일 원고들이 위 지급을 이행하지 아니하는 경우, 제1항 기재 내용은 효력을 상실하고, 원고들은 피고의 원고들에 대한 제1항 기재 확정판결 및 승계집행문에 의한 집행에 이의를 제기하지 아니한다.
3. 원고들과 피고는, 제2항 기재 지급이 이행되는 경우, 원고들과 피고들 사이의 제1항 기재 채무는 모두 변제되어 원고들과 피고 사이에는 더 이상 아무런 채권채무가 없음을 서로 확인하고, 피고는 제1항 기재 확정판결정본 및 승계집행문을 집행하지 아니한다.
4. 피고는, 제2항 기재 지급이 이행되는 경우, 원고들의 서울◇◇지방법원 201*카기*** 강제집행정지결정의 담보 취소에 동의하고 원고들이 그 담보공탁금 3,600만 원을 회수하여 가는 것에 이의를 제기하지 아니한다.
5. 원고들은 이 사건 소를 취하하고, 피고는 이에 동의한다.
6. 소송비용 및 조정비용은 각자 부담한다.

청구이의 청구사건

사건의 개요 및 조정경과

원고는 15년 전 피고로부터 300만 원을 차용하고 500만 원을 지급하기로 하는 공정증서를 작성하였고 피고는 이에 기해 원고가 임차인으로서 임대인인 소외 A에 대해 갖고 있는 임대보증금 1,000만 원에 대한 반환채권에 대해 압류추심명령을 받은 상태에서 15년이 지났으므로 소멸시효완성으로 인하여 공증증서에 기한 채무가 소멸되었으며 이에 기한 강제집행을 불허해달라는 소송을 제기. 피고는 무답변, 불출석. 채무부존재확인, 강제집행력 상실, 채권압류추심명령신청 취하의 내용으로 조정갈음결정하여 양측 이의 없이 확정.

조정주문

1. 원고와 피고는 공증인가 법무법인 ○○종합법률사무소 작성 증서 199*년 제****호 공정증서에 기한 원고의 피고에 대한 채무가 존재하지 아니함을 서로 확인한다.
2. 피고는 원고에 대한 제1항 기재 공증인가 법무법인 ○○종합법률사무소 작성 증서 199*년 제****호 공정증서에 기초한 강제집행을 하지 아니한다.
3. 피고는 원고의 소외 □□□에 대한 임대차보증금반환채권에 관한 서울지방법원 △△지원 9*타기***** 채권압류 및 추심명령신청사건을 취하한다.
4. 원고는 이 사건 소를 취하하고, 피고는 이에 동의한다.
5. 소송비용 및 조정비용은 각자 부담한다.

파산면책채무자의 청구이의 청구사건

사건의 개요 및 조정경과

원고는 파산면책결정을 받은 파산채무자인데 파산절차 진행 중에 원고의 채권자로부터 채권을 양도받은 피고가 제기한 양수금소송(590여만 원)의 지급명령결정을 송달받고도 이를 간과하여 지급명령이 확정되게 하였고 이후 피고가 확정된 지급명령에 기하여 원고에 대해 채권압류추심명령을 받자 피고를 상대로 자신이 면책되었으므로 피고의 지급명령에 기한 강제집행을 불허해달라는 청구이의의 소를 제기. 피고는 원고가 파산절차 진행 중에 피고의 양수금청구소송을 알았으면서도 악의로 채권자목록에 기재하지 않았기에 피고에 대한 채무는 면책이 되지 않는다고 주장. 원고는 파산선고결정 이후 송달받은 지급명령에 기해 피고의 원고에 대한 양수금채권의 존재를 알고도 과실로 이를 채권자목록에 추가하지 아니하였고 또한 파산관재인이 소송수계를 하였어야 함에도 이를 하지 아니 한 사실이 확인되었기에 원고의 악의 여부 및 채무 면책효에 대한 피고의 다툼에 일응 상당성이 있어 원고의 피고에 대한 채무액 중 100만 원을 6회 분할하여 지급하기로 하고 나머지는 채무가 소멸되고 강제집행을 하지 아니하기로 하는 내용으로 임의조정 성립.

※관련 대법원 판례 2007. 1. 11. 선고 2005다76500; 2009. 3. 30.자 2009마225; 2010. 7. 15. 선고 2010다30478; 2010. 10. 14. 선고 2010다49083

조정주문

1. 원고는 피고에게 금 1,000,000원을 지급한다. 다만, 이를 6회로 분할하여 ① 201*. 5. 31. 170,000원, ② 201*. 6. 30. 170,000원, ③ 201*. 7. 31. 170,000원, ④ 201*. 8. 31. 170,000원, ⑤ 201*. 9. 30. 170,000원, ⑥ 201*. 10. 31. 150,000원을 지급한다.
2. 만일 원고가 제1항 기재 지급을 1회라도 지체하는 경우, 원고는 기한의 이익을 상실하고 즉시 피고가 원고에 대하여 피고의 원고에 대한 서울○○지방법원 201*차전***** 양수금 지급명령 채권금액 중 미지급액 전액에 대하여 위 지급명령을 강제집행하는 것에 이의를 제기하지 아니한다.
3. 피고는, 원고가 제1항 기재 분할변제 일정에 따라 성실히 이행하는 경우 그 기간 동안 원고에 대한 제2항 기재 지급명령의 강제집행을 유보하며, 원고가 제1항 기재 금원 1,000,000원을 제1항 기재 분할변제기한내에 모두 이행한 때에는 제2항 기재 지급명령에 따른 나머지 금액에 대한 원고의 지급채무를 모두 면제하고 원고에 대하여 동 지급명령에 의한 강제집행을 하지 아니한다.
4. 원고는 이 사건 소를 취하하고, 피고는 이에 동의한다.
5. 소송비용 및 조정비용은 각자 부담한다.

청구이의 청구사건

사건의 개요 및 조정경과

원고는 피고가 원고에 대한 추심금 이행권고결정에 의하여 강제집행을 신청하자 청구이의의 소를 제기. 원고는 재건축 건축주로서 제3채무자인 소외 A 종합건설에 재건축공사를 발주하였는데 A사가 피고를 비롯한 여러 하수급자에게 하도급 하였고 하도급대금을 받지 못한 피고가 A사의 원고에 대한 공사대금채권을 압류 추심하고 다시 원고에 대해 원고의 무대응으로 인하여 추심금 이행권고결정을 받았으나 A사의 공사미이행과 중단으로 인하여 원고가 A사에 지급할 잔존대금은 전혀 없는 상태임이 확인됨. 원고와 피고 사이의 추심금 이행권고결정에 기한 원고의 피고에 대한 채무가 없음을 확인하고 원고가 강제집행정지신청 시 제공한 해방공탁금도 원고가 회수하는 것에 피고가 동의한다는 내용으로 조정갈음결정하여 양측 이의 없이 확정.

조정주문

1. 원고와 피고는 서울○○지방법원 201*가소****** 추심금사건의 이행권고결정(201*. **. **. 확정)에 기한 원고의 피고에 대한 채무가 존재하지 아니함을 서로 확인한다.
2. 피고는 원고에 대한 서울○○지방법원 201*타채****, 201*타채**** 채권압류 및 추심명령신청사건을 취하한다.

3. 원고는 이 사건 소를 취하하고, 피고는 이에 동의한다.
4. 피고는 원고에 대하여 원고가 서울○○지방법원 201*카정** 강제집행정지신청사건에 관하여 제공한 담보의 취소에 동의하고 원고가 그 담보로 제공한 공탁금(같은 법원 201*금제****호)을 회수함에 동의하며, 그 취소결정에 대한 항고를 제기하지 아니한다.
5. 소송비용 및 조정비용은 각자 부담한다.

채권추심금 공탁 및 사유신고이행 청구사건

사건의 개요 및 조정경과

원고는 소외 A에 대한 채권을 가지고 A의 제3채무자(○○은행)에 대한 예금채권을 압류추심 하였는데 그에 앞서 피고 역시 A에 대한 채권자로서 동일한 제3채무자에 대한 예금채권을 압류추심 하여 추심금 4,000만 원을 수령한 사실을 알고 피고를 상대로 추심금 4,000만 원을 법원에 공탁하고 사유를 신고하라는 소송을 제기. 원고의 채권압류추심명령의 제3채무자 송달일은 피고가 추심한 이후 날짜이므로 원고는 배당요구권이 없고 피고의 추심으로 피압류채권은 이미 소멸하였으므로(대법원 2008다59391판결 참조), 원고는 청구를 포기한다는 내용으로 조정갈음결정(결정이유 제시)하여 양측 이의 없이 확정.

조정주문

* 결정사항

1. 원고는 이 사건 청구를 포기한다.
2. 소송비용 및 조정비용은 각자 부담한다.

* 결정이유

제3채무자인 ○○은행이 정당한 추심권자인 피고에게 추심금을 지급하여 피압류채권이 소멸한 날인 201*. 10. 11. 이후인 201*. 10. 23.에 비로소 원고의 이 사건 채권압류 및 추심명령이 같은 제3채무자에게 송달되었으므로, 피고가 추심한 금원에는 원고의 압류의 효력이 미친다고 볼 수 없고 피고는 그 추심금을 공탁할 의무가 없다(대법원 2008. 11. 27.선고 2008다59391 판결; 대법원 2005. 1. 13. 선고 2003다29937판결).

불법대부업자의 공정증서 집행에 대한 청구이의 청구사건

사건의 개요 및 조정경과

원고는 미등록 대부업자인 피고에게서 590만 원을 빌린 후 피고에게 변제한 금원이 총 2,440만여 원에 이르렀음에도 피고가 지속적으로 빚을 독촉하자 피고를 형사고소하고 부당이득반환청구를 하였는데, 이후 피고가 원고로부터 받아 놓은 공정증서에 기해 원고의 은행예금을 압류추심하자 원고는 청구이의의 소를 제기. 조정 심리결과, 피고는 대부업법위반, 이자제한법위반 등으로 벌금 700만 원이 확정되었고 원고가 피고를 상대로 제기한 부당이득반환청구소송(소액사건)은 재판부화해로 확정된 상황이었음(청구액은 1,730만여 원이나 인용액은 180만 원으로 7회 분할 지급). 원고는 피고에게 3차례 공정증서(각 600만 원, 400만 원, 1,200만 원)를 작성하여 주었고, 피고는 원고에게 빌려준 돈이 총 1,700여만 원이고 1,800여만 원을 돌려받았으나 아직 1,270여만 원을 돌려받지 못하였다고 주장하였으나 피고가 연39% 이상의 고리의 이자약정을 하고 수수료와 선이자를 공제하는 등 불법적인 사채거래를 한 사실이 인정되어, 본 청구이의사건(세 장의 공정증서 중 1,200만 원 공증건)의 강제집행의 포기는 물론 나머지 공정증서에 기한 원고의 채무도 모두 소멸하였음을 확인하고 기확정된 부당이득금판결 이외에 상호간에 채권채무가 없음을 확인하는 내용으로 임의조정 성립.

조정주문

1. 원고는 이 사건 소를 취하하고, 피고는 이에 동의한다.
2. 피고는 이 사건 공증인가 법무법인 ○○○○ 공정증서 201*년 제***호 공정증서에 기한 원고의 피고에 대한 채무는 모두 소멸되었음을 확인하고, 원고에 대하여 동 공정증서에 기한 강제집행을 하지 아니한다.
3. 원고와 피고는 이 사건 청구원인 및 양자 사이의 기존 모든 금전거래와 관련하여 서울△△지방법원 201*가소***** 부당이득금 화해조서에서 정한 사항 이외에는 양자 사이에 어떠한 채권채무도 없음을 확인하고, 향후 이와 관련하여 서로에 대하여 일체의 재판상, 재판외 청구 또는 이의제기를 하지 아니한다.
4. 소송비용 및 조정비용은 각자 부담한다.

청구이의 청구사건

사건의 개요 및 조정경과

원고는 소외 A에 대한 대출금채무 1,900여만 원에 대한 채권을 양수한 피고가 원고에 대해 지급명령을 확정 받아 강제집행을 신청하자 청구이의의 소를 제기. 원고는 소멸시효 완성을 주장. 피고는 A가 원고에 대해 지급명령을 받은 이후 확정 지급명령에 기한 채권을 피고에게 양도하였고 피고는 다시 시효가 완성되기 전에 원고를 상대로 지급명령을 확정 받았다고 주장. 양측 조정 합의 불성립. 원고가 소멸시효 완성으로 인한 채무 소멸을 소명하지 못하여 원고가 소를 취하한다는 내용으로 조정갈음결정하여 양측 이의 없이 확정.

조정주문

1. 원고는 이 사건 소를 취하하고, 피고는 이에 동의한다.
2. 소송비용 및 조정비용은 각자 부담한다.

파산면책확인 청구사건

사건의 개요 및 조정경과

원고는 피고에 대한 3,900여만 원의 공사대금채무를 가지고 있었는데 원고가 파산을 신청하면서 피고의 채권을 누락한 채 파산면책을 받은 후 피고가 원고에 대해 추심 통지를 해오자 면책을 확인하여 달라는 소송을 제기. 원고의 파산신청 시 배당참가채권은 96억여 원이고 배당가능금액이 1,100여만 원으로서 배당율이 0.119%에 불과하여 원고가 피고의 채권을 악의로 미기재하였을 가능성은 높지 아니한 것으로 판단되어, 면책확인은 하되 원고가 피고에게 화해금조로 500만 원을 5회 분할 지급한다는 내용으로 조정갈음결정하여 양측 이의 없이 확정.

조정주문

1. 피고는 원고에 대하여 원고의 피고에 대한 199*. 11. 1.자 공사대금 39,950,000원과 이에 대한 미수이자 채무는 서울중앙지방법원 201*하면**** 면책결정으로 201*. 5. 17. 이후 면책되어 동 채무가 존재하지 아니함을 확인한다.
2. 원고는 피고에게 금 5,000,000원을 지급한다. 다만, 이를 5회로 분할하여 ① 201*. 12. 31.까지 1,000,000원을, ② 201*. 1. 31.까지 1,000,000원을, ③ 201*. 2. 28.까지 1,000,000원을, ④ 201*. 3. 31.까지 1,000,000원을, ⑤ 201*. 4. 30.까지 1,000,000원을 지급한다. 만일 원고가 위 분할 지급을 1회라도 지체하는 경우, 원고는 기한의 이익을 상실하고 즉시 피고에게 위 금 5,000,000원 중 미지급액 전액 및 이에 대하여 지체일로부터 다 갚는 날까지 연 15%의 비율로 계산한 지연손해금을 가산하여 지급한다.
3. 소송비용 및 조정비용은 각자 부담한다.

청구이의 사건

사건의 개요 및 조정경과

원고는 원고 소유 건물의 임차인 A에 대한 채권자인 피고가 A의 원고에 대한 보증금반환채권에 대해 압류전부명령을 받고 다시 원고를 상대로 전부금 지급명령을 받아 원고 소유 부동산에 대해 강제집행신청을 하자 피고를 상대로 청구이의의 소를 제기. 원고는 A가 월차임을 오랫동안 지급하지 않아 보증금을 상회하게 되어 A에게 반환할 보증금이 남아 있지 않다고 주장. 조정과정에서 이를 인정하여 피고가 원고에 대해 채권이 없음을 확인하고 강제집행을 포기하기로 하는 내용으로 임의조정 성립.

조정주문

1. 피고는 원고에 대한 서울○○지방법원 201*차****호 지급명령에 기한 강제집행을 하지 아니하며, 동 지급명령에 기한 피고에 대한 원고의 채무가 없음을 확인한다.

2. 피고는 원고에 대한 부동산강제집행신청(같은 법원 201*타경*****)을 취하하고 그 집행해제를 신청한다.
3. 피고는 원고가 제2항 기재 부동산강제집행에 관한 같은 법원 201*카정*** 강제집행정지 담보(현금 공탁 700,000원)를 취소하여 동 공탁금을 회수해 감에 동의한다.
4. 원고는 나머지 청구를 포기한다.
5. 소송비용 및 조정비용은 각자 부담한다.

강제집행방해로 인한 손해배상 청구사건

사건의 개요 및 조정경과

원고는 피고의 부친에 대한 원고의 약정금채권 집행권원을 근거로 피고의 주택에서 피고와 동거하고 있는 피고 부친 소유의 유체동산에 대해 압류를 시도했으나 피고가 부친의 동거사실을 분명하게 말하지 않아 집행불능이 되게 하였으므로, 그러한 압류방해로 인한 손해를 배상하라는 소송 제기. 피고는, 부친의 채무는 피고 자신과 무관할 뿐 아니라 부친은 피고 집에서 동거하지도 않으며 오랫동안 왕래도 두절되었고 현재 피고 집에는 부친 소유의 동산이 없다는 취지로 답변. 조정과정에서 피고가 부친의 채무에 대한 도의적 책임을 인정하고 일부 금액을 대신 변제하는 것으로 하되 향후 원고가 피고에게는 원고에 대한 아무런 채무가 없음을 확인하는 내용으로 조정 성립.

조정주문

1. 피고는 원고에게 201*. 12. 31.까지 금 1,000,000원을 지급한다.
2. 원고는 나머지 청구를 포기한다.
3. 원고와 피고(채무자 ○○○을 제외한 피고의 친인척 포함)는 이 사건 청구원인과 관련하여 본 조정조서에서 정한 사항 이외에는 양자 사이에 어떠한 채권채무도 없음을 확인하고, 향후 이와 관련하여 서로에 대하여 일체의 재판상, 재판외 청구 또는 이의제기를 하지 아니한다.
4. 원고는, 제1항 기재 금원을 지급받은 경우, 소외 ○○○의 원고에 대한 채무금중 일부를 대위변제 받은 것으로 인정하여 동 금액을 소외 ○○○의 채무액에서 공제하기로 한다.
5. 소송비용 및 조정비용은 각자 부담한다.

지급명령에 기한 강제집행 불허를 구하는 청구이의 청구사건

사건의 개요 및 조정경과

원고는 피고로부터 금원을 차용하고 이를 변제하지 못해, 피고는 원고를 상대로 지급명령을 받았고, 이후 원고는 대여원금 810만 원을 지급하였으나, 피고는 대여원금에 대한 이자 및 독촉절차 비용을 구하며 원고에 대해 유체동산압류신청. 원고는 변제공탁 하였으나, 피고는 여전히 잔존액이 있다는 주장. 조정기일에 피고가 주장하는 금액 중 일부를 제외한 나머지 금액을 조정실에서 직접 현금으로 주고받게 하고 더 이상의 채권채무가 없음을 확인하고 계류 중인 강제집행을 취하 종결하게 하는 등 모든 분쟁을 조정종결.

조정주문

1. 원고와 피고는,

   가. 원고가 본 조정기일인 201*. 3. 18. 조정실 413호실에서 피고에게 현금 500,000원을 지급하고,

   나. 피고는 이를 수령하였음을 상호 확인한다.

2. 피고는 원고에 대하여, 원고에 대한 서울○○지방법원 201*차***** 지급명령에 기한 피고에 대한 원고의 채무는 존재하지 아니함을 확인하고, 동 지급명령에 기한 강제집행을 하지 아니한다.
3. 피고는 제2항 기재 지급명령에 기한 원고에 대한 유체동산강제집행(같은 법원 201*본****) 신청을 취하하고 그 집행취소를 신청한다.
4. 원고와 피고는, 이 사건 청구원인(200*. 3. 1.자 지불증 상의 원고의 연대보증건 및 이후 관련 판결 포함)과 관련하여 본 조정조서에서 정한 사항 이외에는 양자 사이에 어떠한 채권채무도 없음을 확인하고, 향후 이와 관련하여 서로에 대하여 일체의 재판상, 재판외 청구 또는 이의제기를 하지 아니한다.
5. 원고는 이 사건 소를 취하하고, 피고는 이에 동의한다.
6. 소송비용 및 조정비용은 각자 부담한다.

개인파산자의 면책확인 청구사건

사건의 개요 및 조정경과

원고는 파산면책을 받은 채무자인데 파산채권자목록에 기재되지 아니한 소외 A대부회사의 채권을 양수받은 피고가 원고에 대하여 지급명령을 받아 강제집행신청을 하자 파산면책의 확인을 구하는 소송을 제기. 피고는 원고의 악의에 의한 고의 누락을 주장. 원고는 조정기일에 2회 불출석. 원고가 파산신청한 다음날 A사의 소송에 따른 지급명령을 송달받았던 점, A사(피고)에 대한 채무액이 780여만 원으로서 악의로 기재를 하지 아니할 이유가 없는 점 등을 종합 감안하여, 원고가 소를 취하하고 원고가 50만 원을 10회 분할 지급하면 피고의 양수금채권은 소멸되어 강제집행하지 아니한다는 내용의 조정갈음결정하여 양측 이의 없이 확정.

조정주문

1. 원고는 피고에게 금 500,000원을 지급한다. 다만, 이를 10회로 분할하여 201*. 5.부터 201*. 2.까지 매월 25일 50,000원씩을 지급한다.

2. 만일 원고가 제1항 기재 지급을 1회라도 지체하는 경우, 원고는 기한의 이익을 상실하고 원고에 대한 서울○○지방법원 201*차**** 양수금 소송의 확정된 지급명령에 기한 잔존채무금에 대한 강제집행에 이의를 제기하지 아니한다.

3. 피고는 원고에 대하여

가. 원고가 제1항 기재 분할지급을 원만하게 이행하는 동안에는, 제2항 기재 지급명령에 기한 강제집행을 하지 아니하고,

나. 제1항 기재 지급이 모두 이행된 때에는, 동 지급명령에 기한 원고의 피고에 대한 채무는 모두 소멸됨을 확인하고 동 지급명령에 기한 강제집행을 하지 아니한다.

4. 원고는 이 사건 소를 취하하고, 피고는 이에 동의한다.

5. 소송비용 및 조정비용은 각자 부담한다.

청구이의 청구사건

사건의 개요 및 조정경과

정형외과병원 원장인 원고는 신용카드단말기 관리업체인 피고와 원고 병원에 신용카드단말기설치 및 관련 서비스 계약을 새롭게 체결하였는데 기존 신용카드단말기 관리업체와의 심한 마찰로 피고의 신용카드단말기 사용을 못하게 되자 피고는 원고를 상대로 과도한 위약금을 요구하며 지급명령을 신청하였고 이에 원고가 대응을 소홀히 하여 지급명령이 확정되었고 피고가 원고 부동산에 강제집행 신청을 하자 해방공탁하여 강제집행 해제 후 피고를 상대로 지급명령채무가 존재하지 않는다는 취지로 청구이의의 소를 제기. 조정과정에서 150만 원의 범위에서 지급책임을 인정하는 내용으로 임의조정 성립.

조정주문

1. 피고는 원고에 대하여 서울○○지방법원 201*차***** 확정 지급명령에 기한 원고의 피고에 대한 채무는 금 1,500,000원을 초과하여서는 존재하지 아니함을 확인하며, 이를 초과하여서는 강제집행하지 아니한다.

2. 원고는 피고에게 제1항 기재 금원 1,500,000원을 지급한다. 다만, 원고가 피고를 피공탁자로 하여 공탁한 공탁금(같은 법원 201*금***)을 출금하여 피고에게 동 금원을 지급하고, 나머지 금원은 원고가 회수하기로 한다.

3. 피고는 제2항 기재 지급이 있으면, 제1항 기재 지급명령에 기한 피고에 대한 원고의 채무는 모두 이행된 것으로 보고, 동 지급명령에 기한 강제집행을 하지 아니한다.

4. 원고는 이 사건 소를 취하하고, 피고는 이에 동의한다.

5. 소송비용 및 조정비용은 각자 부담한다.

파산면책채무자의 청구이의 사건

사건의 개요 및 조정경과

원고는 법원으로부터 파산면책을 확정 받았는데, 원고에 대한 OO캐피탈의 채권을 양도받은 피고 △△대부회사가 원고를 상대로 무변론 지급명령을 받은 후 이에 근거하여 원고에 대해 채권압류추심명령을 받자, 원고가 이미 면책된 채권채무임을 주장하며 청구이의의 소를 제기. 조정심리결과, 피고가 양수한 채권은 원래의 채권자 OO캐피탈로부터 여러 차례 순차 양도된 소액채권으로서 원고가 "악의로" 채권자목록에 기재하지 아니한 채권으로 보기는 어렵고 피고가 압류한 원고의 은행잔고도 소액이어서 조정기일을 속행하고 그 사이에 해당은행의 압류추심을 피고가 해제해주고 원고가 잔고 53만 원 중 30만 원을 피고에게 입금하기로 하였고 차회 조정기일에 이러한 내용을 당사자들이 확인하였으며, 결국 원고의 피고에 대한 채무는 잔존하지 아니함을 확인하고 확정된 지급명령에 기한 강제집행은 하지 아니하며 피고는 채권압류추심 신청을 모두 취하하고 원고도 청구이의소송을 취하하는 내용으로 조정 성립.

조정주문

1. 원고와 피고는 서울○○지방법원 201*차전***** 양수금 사건의 확정된 지급명령에 기한 원고의 피고에 대한 채무가 존재하지 아니함을 서로 확인한다.
2. 피고는 원고에 대한 제1항 기재 지급명령에 기초한 강제집행을 하지 아니한다.
3. 피고는 원고의 소외 □□ 외 3에 대한 원고의 예금채권에 관한 서울△△지방법원 201*타채***** 채권압류 및 추심명령의 신청을 취하하고 이를 해제한다.
4. 원고는 이 사건 소를 취하하고, 피고는 이에 동의한다.
5. 소송비용 및 조정비용은 각자 부담한다.

청구이의 청구사건

사건의 개요 및 조정경과

원고는 피고가 원고를 상대로 제기한 물품대금소송에서 승소한 후 그 확정판결에 기하여 원고의 보험금채권을 압류추심하자 확정판결금 전액을 공탁하고 피고를 상대로 청구이의의 소를 제기. 조정 과정에서 피고가 자신을 피공탁자로 한 공탁금을 회수하면 확정판결금은 모두 만족할 수 있게 되므로 이를 출금해가고 원고에 대한 채권압류추심의 취소신청을 하고 더 이상 강제집행을 하지 않기로 하는 내용으로 임의조정 성립.

조정주문

1. 원고와 피고는, 원고에 대한 서울○○지방법원 201*가소****** 물품대금 청구 사건의 확정판결에 기한 원

고의 피고에 대한 채무는 원고가 피고를 피공탁자로 하여 공탁한 같은 법원 201*년 금 제***호 금전공탁금 16,530,305원을 피고가 출금함으로써 모두 소멸하게 됨을 상호 확인한다.

2. 피고는 원고에 대한 같은 법원 201*타채***** 채권압류추심명령의 취소를 신청하여 이를 말소한다. 다만, 피고는 이에 갈음하여 필요한 신청서를 작성하여 원고에게 교부한다.
3. 피고는 원고에 대하여 제1항 기재 확정판결에 기한 강제집행을 하지 아니한다.
4. 원고는 피고가 제1항 기재 금전공탁금을 출금함에 동의하고, 필요한 협력을 다한다.
5. 원고는 이 사건 소를 취하하고, 피고는 이에 동의한다.
6. 소송비용 및 조정비용은 각자 부담한다.

청구이의 청구사건

사건의 개요 및 조정경과

원고는 피고로부터 철강자재를 납품받은 소외 A의 납품대금채무에 대해 연대보증을 선 것과 관련하여 피고가 원고에 대해 지급명령을 확정 받아 원고에 대해 채권압류추심결정을 받자, 자신은 현장 근로자로서 물품 인수사실을 확인하는 서명만 하였을 뿐 연대보증을 한 사실이 없다고 주장하며 청구이의의 소를 제기. 피고는 원고가 지급명령신청 당시 자신의 연대보증사실을 인정하였다고 주장. 조정기일에 원고 불출석. 원고는 청구이의의 소를 취하하고 일정기한 내에 1,800만 원을 지급하는 경우 피고의 지급명령에 기한 원고의 채무는 모두 소멸하고 그에 기한 강제집행을 하지 아니하며 1,800만 원을 지급하지 아니 하는 경우 피고의 지급명령에 따라 강제집행하기로 한다는 내용으로 조정갈음결정하여 양측 이의 없이 확정.

조정주문

1. 원고는 이 사건 소를 취하하고, 피고는 이에 동의한다.
2. 원고는 피고에게 201*. 11. 15.까지 금 18,000,000원을 지급한다.
3. 만일 원고가 제2항 기재 지급을 이행하지 아니하는 경우, 제2항은 효력을 상실하고, 원고는 피고의 원고에 대한 서울○○지방법원 201*차**** 대여금 사건의 확정된 지급명령에 기한 강제집행에 대하여 이의를 제기하지 아니한다.
4. 피고는, 원고가 제2항 기재 지급을 모두 이행하는 경우, 제3항 기재 지급명령에 기한 원고의 피고에 대한 채무는 모두 소멸함을 확인하고 동 지급명령에 기한 강제집행을 하지 아니하며, 원고에 대한 △△지방법원 ◇◇지원 201*타채*** 채권압류추심의 신청을 취하하고 그 집행취소를 신청한다.
5. 소송비용 및 조정비용은 각자 부담한다.

파산면책 청구사건

사건의 개요 및 조정경과

원고는 파산면책결정을 받았는데 이후 피고가 원고에 대해 카드대금채권 960여만 원에 대한 판결을 받아 원고의 통장을 압류하자 원고의 피고에 대한 채무의 면책 확인을 구하는 소송을 제기. 피고는 원고가 악의로 피고에 대한 채무를 신고하지 않았으므로 면책될 수 없다고 주장. 조정기일에 피고 불출석하여 조정합의 불성립. 피고가 원고 채무의 면책을 확인하되 원고가 화해금 50만 원을 지급하는 내용의 조정갈음결정하여 양측 이의 없이 확정.

조정주문

1. 피고는 원고에 대하여, 서울○○지방법원 200*가소****** 대여금 확정판결에 기한 원고의 피고에 대한 채무는 서울중앙지방법원 201*하면***** 면책결정으로 면책되었음을 확인한다.
2. 원고는 피고에게 201*. 2. 28.까지 화해금 500,000원을 지급한다.
3. 소송비용 및 조정비용은 각자 부담한다.

청구이의 청구사건

사건의 개요 및 조정경과

원고는 피고의 소멸시효가 완성된 24년 전 채권에 기한 원고에 대한 강제집행을 불허해달라는 청구이의의 소를 제기. 피고는 시효중단을 위해 원고에 대해 강제집행을 계속하여 왔다고 주장. 조정합의 불성립. 원금이 4,600만 원인 점을 감안하여 원고가 피고에게 8,000만 원을 지급하면 피고의 강제집행을 배제한다는 내용의 조정갈음결정으로 양측 이의 없이 확정.

조정주문

1. 원고는 피고에게 201*. 3. 20.까지 금 80,000,000원을 지급한다.
2. 제1항 지급이 이행된 때에는, 피고는 원고에 대하여, 피고의 원고에 대한 서울지방법원 ○○지원 199*. *. **. 선고 9*가합*****(본소) 대여금, 9*가합****(반소) 손해배상 등 청구사건의 판결에 기한 원고의 피고에 대한 채무는 모두 소멸됨을 확인하고 동 판결에 기한 강제집행을 하지 아니하며, 원고에 대한 채권압류 및 추심(서울지방법원 ○○지원 9*타기****,****, △△지방법원 ◇◇지원 201*타채****) 신청, 원고 소유의 서울 △△구 ◇◇동 ***-** 대지 및 지상건물에 대한 부동산가압류(▽▽지방법원 ㅁㅁ지원 200*카합***) 및 강제경매(서울○○지방법원 강제경매개시결정 201*타경*****) 신청, 그 외 일체의 강제집행(보전처분 포함)을 취하하고 그 집행취소를 신청한다.

3. 제1항 지급이 이행되지 아니한 때에는, 원고와 피고는 제1항은 효력을 상실함(별도의 집행권원이 되지 아니함)을 상호 확인하고, 제2항 기재 판결에 기한 강제집행절차의 진행에 상호 이의하지 아니한다.
4. 원고는 나머지 청구를 포기한다.
5. 소송비용 및 조정비용은 각자 부담한다.

파산면책 청구이의 청구사건

사건의 개요 및 조정경과

원고는 파산면책을 받은 채무자인데 대부업체인 피고가 소외 A의 원고에 대한 확정판결채권(원금 1,900여 만 원 및 2000. 3. 24.부터 완제일까지 연 19% 지연이자)을 양도받아 이에 근거하여 원고를 상대로 강제집행신청하자 자신의 파산면책을 주장하며 청구이의의 소를 제기. 피고는 원고가 피고의 채권을 악의로 누락하였다고 주장하는 반면, 원고는 총부채가 10억 원이 넘는 상황에서의 파산신청이었으므로 피고의 채권을 일부러 뺄 이유가 없었으므로 악의가 없었다고 주장. 양측 조정합의 불성립. 피고의 강제집행력을 배제하되 원고가 피고에게 화해금 30만 원을 지급한다는 내용의 조정갈음결정으로 양측 이의 없이 확정.

조정주문

1. 피고는 원고에 대하여, 서울○○지방법원 201*차**** 양수금 사건의 확정 지급명령 (및 그 승계집행문)에 기한 원고의 피고에 대한 채무는 존재하지 아니함을 확인하고 동 지급명령에 기한 강제집행을 하지 아니한다.
2. 원고는 피고에게 201*. 4. 25.까지 화해금 300,000원을 지급한다.
3. 소송비용 및 조정비용은 각자 부담한다.

18 환경 및 상린 생활 관련사건

다세대주택 주민 간 분담금 청구사건

사건의 개요 및 조정경위

같은 다세대주택의 주민들 간에 지붕과 옥상 수리비용의 분담과 관련한 분쟁.

주민 중 일부가 자신은 공사에 동의하지 않았으며 공사비용도 과다하게 들었다며 분담액 지급을 거부하여 다른 주민들이 분담금지급청구.

조정과정에서, 분담금을 지급하지 아니한 피고에게 공동주택의 경우 전원의 동의가 없어도 보수 등 보존행위가 가능하고 그 당시 공사가 필요했던 점, 대다수의 주민들이 동의하여 공사를 진행하였고 공사비용 내역에 관한 증빙서류가 충분한 점 등을 이해시키고, 다만 원고에게는 피고의 경제적 형편을 고려하고 조속한 분쟁종식을 위하여 감액을 유도하여 조정기일에 피고가 지참한 현금을 원고가 수령하게 하고 나머지 액수를 얼마 후 받게 하고 다툼을 종결할 것을 제시하여 조정 성립.

조정주문

1. 원고(선정당사자. 피항소인, 이하 같다)와 피고(항소인, 이하 같다)는, 피고가 원고에게 201*. 4. 30. 서울남부지방법원 조정실 413호에서 현금 500,000원을 지급하고 원고는 이를 수령하였음을 상호 확인한다.
2. 피고는 원고에게 201*. 5. 7.까지 금 175,000원을 지급한다. 만약 피고가 위 금원의 지급을 지체하는 경우 미지급금액에 대하여 201*. 5. 8.부터 다 갚는 날까지 연 20%의 비율로 계산한 지연손해금을 가산하여 지급한다.
3. 원고와 피고는 아래 사항을 확인한다.
   가. 위 제1항, 제2항 기재 금원은 서울 △△구 ◇◇로 *길 ** 다세대공동주택의 옥상, 지붕, 외벽 등 공사에 소요된 비용의 세대별 분담금으로서 피고가 원고에게 지급하는 것이다.
   나. 원고와 피고 사이에는 제1항, 제2항 기재 금원 지급 이외에는 아무런 채권·채무도 없고, 원고와 피고 서로는 향후 위 공사비용과 관련하여 어떠한 재판상·재판외 청구, 이의제기를 하지 아니한다.
4. 피고는 나머지 청구를 포기하고, 이 사건 항소를 취하한다.
5. 소송비용 및 조정비용은 각자 부담으로 한다.
6. 원고와 피고는 위와 같이 원만히 해결되었음을 상호 확인하고, 향후 이웃 간의 분쟁을 일체 청산하고 이웃 간의 우의를 돈독히 할 것을 다짐한다.

도로부지사용료 상당 부당이득금 반환 청구사건

사건의 개요 및 조정경위

짜투리 도로부지를 매수한 사람(신청인)이 해당 부지를 통행로로 이용하고 있는 다수의 주민들(피신청인, 총 12인)을 상대로 부당이득반환청구.

사용수익권을 포기한 토지의 승계자는 독점적이고 배타적인 사용수익권을 행사할 수 없음을 신청인에게 이해시켜 소를 취하하게 하여 임의조정 성립.

조정주문

1. 신청인은 피신청인들에 대한 이 사건 신청을 취하한다.
2. 조정비용은 각자 부담한다.

점유취득시효완성에 따른 토지 소유권이전등기 청구사건

사건의 개요 및 조정경과

원고는 피고 소유의 부동산(부지 및 지상 건물)에 연접한 부동산(부지 및 지상건물)을 임의경매로 취득(경락가 4억 2,900만 원)한 후 원고의 주택과 담장이 피고의 부지 일부를 포함하여 축조된 사실을 알고 자신의 점유부분에 관하여 피고를 상대로 전전점유자의 피고에 대한 소유권이전등기청구권을 대위행사하여 점유취득시효완성을 원인으로 한 소유권이전등기의 이행을 구하는 소송을 제기. 이에 피고는 원고 이전의 전전점유자의 점유부분은 피고의 전체 부지의 25%에 해당하는 과도한 침범으로 소유의사의 점유로 볼 수 없고 원고를 포함한 이후 점유자 역시 타주점유자에 불과하다고 주장하면서 원고를 상대로 주택 및 담장을 철거하여 토지를 인도하라는 반소를 제기(소제기후 원고가 소취하하고자 하였으나 피고가 부동의). 조정과정에서 점유취득시효완성, 자주·타주 점유 여부에 대한 양측의 치열한 다툼을 원만하게 해소하는 방안으로서 양측 중 어느 쪽이 상대방의 부동산 전부를 시가로 매입하거나 원고의 점유부분을 피고가 원고에게 시가로 매도하는 방안 등을 제시하여 현실적인 접점을 찾는 노력을 하여 최종적으로 4회 조정기일에 피고가 원고의 부동산을 5억 7,000만 원에 매입하기로 하는 내용으로 임의조정 성립.

조정주문

1. 원고(반소피고, 이하 '원고'라 한다)와 피고(반소원고, 이하 '피고'라 한다)는 이 사건 계쟁대상인 원고 소유의 서울 양천구 ○○동 ***-** 대 158.8㎡ 및 그 지상건물 벽돌조 슬래브 2층 주택 1층 76.12㎡, 2층 76.12㎡, 지층 81.52㎡ 일체를 본 조정기일인 201*. 11. 29. 매매대금 금 5억 7천만 원에 원고가 피고에게 매도하고 피고

는 원고로부터 이를 매수하기로 합의하여 그 계약이 체결되었음을 서로 확인한다. 원고와 피고는 위 부동산 매매에 관한 계약서는 별도로 작성하기로 한다.

2. 원고는 이 사건 본소를 취하하고 피고는 이에 동의하며, 피고는 이 사건 반소를 취하하고 원고는 이에 동의한다.
3. 소송비용 및 조정비용은 각자 부담한다.

사우나 배출 매연으로 인한 손해배상 등 청구사건

사건의 개요 및 조정경과

원고들은 상가건물 8층 옥탑방을 경락받아 거주를 시작하였는데 피고가 운영하는 같은 건물 내 사우나의 굴뚝이 건물 옥상에 설치되어 있어 굴뚝에서 배출되는 연기로 극심한 피해를 입고 있다면서 3,000만 원의 손해배상금 지급과 함께 피고의 굴뚝을 원고들의 옥탑방 높이 이상으로 올려 설치하고 건물옥상에 설치된 피고의 대형 환풍기, 에어컨실외기 등을 다른 곳으로 이전하여 줄 것을 구하는 소송을 제기. 피고는 사우나를 오래전부터 운영하여 왔고 친환경 연료를 사용하여 미공해로서 환경기준에 적합하고 원고들이 주거용으로 적합하지 아니한 건물 옥탑방을 경락받아 건물옥상 내 피고의 시설물을 손괴하여 원고들을 형사고소하였다고 주장. 원고의 주거생활에 피해가 없을 정도로 피고가 피고의 비용으로 굴뚝 연기를 차단할 수 있는 차단벽을 설치하고 만일 미이행 시 매월 20만 원의 간접강제배상금을 지급하기로 하며 원고들은 나머지 청구를 포기한다는 내용으로 조정갈음결정하여 양측 이의 없이 확정.

조정주문

1. 피고는 원고들에게 201*. 4. 30.까지 피고의 비용으로, 인천 ▽구 ○○동 ***-* 외 3필지 ㅁㅁ프라자 5, 6, 7층 △△△사우나(피고 소유 및 운영)의 보일러와 연결하여 동 건물 옥상에 설치된 별지도면 표시 (ㄱ) 굴뚝(서남 굴뚝) 및 (ㄷ) 굴뚝(북서 굴뚝) 주변에 'L'자 형태의 차단벽을 설치하되, 그 높이는 각 굴뚝 끝보다 50cm 이상으로 한다. 다만, 피고는, 위 (ㄱ) 굴뚝(서남 굴뚝)의 경우, 피고의 기술적 판단에 따라 위 차단벽 설치 대신, (ㄱ) 굴뚝(서남 굴뚝)의 높이를 동 건물의 6층에 맞춰 재설치할 수 있다.
2. 만일 피고가 제1항 기재 이행사항을 각 이행기한내에 모두 이행하지 아니한 때에는, 피고는 지체일로부터 제1항 기재 이행사항을 모두 이행할 때까지 매월 20만 원의 비율로 계산한 금원을 원고들에게 지급한다.
3. 원고들은 나머지 청구를 포기한다.
4. 소송비용 및 조정비용은 각자 부담한다.

건물신축에 따른 일조권, 조망권 등 침해로 인한 손해배상 청구사건

사건의 개요 및 조정경위

원고들은 자신들의 정남향에 위치한 부지에서 피고들이 4층 건물을 신축하며 원고들의 조망권, 천공조망권, 사생활을 수인한도를 넘어 침해하고 이로 인하여 자신들의 주택시가가 하락하였다며 손해배상청구 소송을 제기.

감정절차는 유보하고 3차례의 조정기일을 통하여 시가감소율 7% 적용하여 지급금액을 도출하여 임의조정 유도. 조정 성립.

조정주문

1. 피고들은 각자 원고들에게 201*. 7. 31.까지 각 금 7,500,000원을 지급한다. 다만, 그 지급은 원고 △△△의 은행계좌(○○ ***-12-******, 예금주 △△△)로 위 금원의 합계액인 15,000,000원을 이체하여 지급하는 방식으로 한다. 만일 피고들이 위 지급기일까지 위 금원을 지급하지 아니한 때에는, 피고들은 미지급금원에 대하여 지급기일 다음날부터 다 갚을 때까지 연 20%의 비율로 계산한 지연손해금을 가산하여 원고들에게 지급한다.
2. 원고들은 피고들에 대한 서울◇◇지방법원 201*카단****** 부동산가압류를 해제하고, 피고들은 원고들이 동 가압류신청 시 공탁금을 회수하는 것에 동의한다.
3. 원고들은 피고들에 대하여 피고들이 제2항 부동산가압류결정 효력정지신청사건에 관하여 제공한 담보(해방공탁)의 취소 및 그 담보공탁금을 회수하는 것에 동의하고, 그 취소결정에 대한 항고를 하지 아니한다.
4. 원고들은 나머지 청구를 포기한다.
5. 소송비용 및 조정비용은 각자 부담한다.

인접세대가 불법설치한 보일러 철거 청구사건

사건의 개요 및 조정경과

원고와 피고는 총 15세대가 함께 거주하는 다세대주택의 302, 303호의 각 소유자이자 거주자임. 동건물에는 최초 준공당시부터 각층별 3세대의 보일러가 중간세대인 2호의 전유부분인 베란다에 함께 설치됨(좌우세대에는 보일러 설치공간이 없다는 이유로). 원고는 소음, 두통 등에 시달리며 8년을 참다 피고를 상대로 보일러 철거 및 점유부분의 인도를 구하는 소송을 제기. 이미 다른 층의 경우 원만하게 좌우세대가 중간세대 베란다로부터 보일러를 철거한 사실이 인정되어 피고도 원고 베란다에서 보일러를 철거하고 점유부분을 인도하기로 하는 내용으로 조정 성립.

조정주문

1. 피고는 원고에게 201*. 6. 30.까지 서울 ○○구 △△2동 ***-* ◇◇빌라 *동 ***호 건물 전유부분 34.72㎡ 중 베란다 2.442㎡(가로 3.3m × 세로 0.74m) 중 별지도면 "가"부분 0.3404㎡(가로 0.46m × 세로 0.74m. 도면의 점 1, 2, 3, 4, 1을 순차 연결한 부분)에 부착·설치된 보일러를 철거하고, 위 "가" 부분을 인도한다.
2. 원고는 나머지 청구를 포기한다.
3. 소송비용 및 조정비용은 각자 부담한다.

관리인지위 부존재확인 청구사건

사건의 개요 및 조정경과

원고는 피고 아파트관리단에 대하여 소외 A, B가 관리인 지위에 있지 않음을 확인한다는 소송을 제기. 피고 아파트는 재건축 추진과정에서 조합이 결성되며 원고와 소외 A, B 등 구분소유자간의 갈등이 고조되는 상황이었고 소외 A, B는 관리인이 아님이 명백하였으며 피고 관리단에서 다른 사람을 관리인으로 선임한 결과를 확인한 후, 원고가 소를 취하하고 피고는 이에 동의한다는 내용으로 조정갈음결정하여 양측 이의 없이 확정.

조정주문

1. 원고는 이 사건 소를 취하하고, 피고는 이에 동의한다.
2. 소송비용 및 조정비용은 각자 부담한다.

상가건물 공용면적 내 냉난방기 철거 청구사건

사건의 개요 및 조정경과

원고는 상가건물 1층의 원고 소유 상가 출입구 앞에 상가 공용 냉난방기가 설치되어 있어 이로 인한 소음, 냄새 등의 피해가 크다며 1층 내 다른 상인들을 상대로 냉난방기 철거를 구하는 소송을 제기. 피고들은 냉난방기 설치가 불가피하고 원고도 최초 설치 당시 찬성하였다고 주장. 냉난방기로 인한 원고의 피해를 최소화하고 피고들의 냉난방도 유지할 수 있게 하기 위하여 냉난방기를 현재의 위치에서 벽면 쪽으로 옮겨 설치한다는 내용의 조정갈음결정하여 양측 이의 없이 확정.

조정주문

1. 피고(선정당사자) ○○○, 선정자 ○○○, ○○○, ○○○, ○○○, ○○○, ○○○, ○○○, ○○○, ○○○은 서울 △

△구 ◇◇동 ***-* ▽▽종합상가 1층 내부의 별지 2.도면(별지 1.도면의 점선 표시부분의 확대 도면임) 표시 1, 2, 3, 4, 1의 각 점을 순차로 연결한 부분에 위치한 냉난방기 1대를 같은 2. 도면 표시 4, 3, 5, 6, 4의 각 점을 순차로 연결한 부분으로 이전하여 설치한다.

2. 원고는 이 사건 소를 취하한다.
3. 소송비용 및 조정비용은 각자 부담한다.

일조권침해로 인한 건물철거 청구사건

사건의 개요 및 조정경과

원고는 원고 소유건물의 남쪽에 위치한 피고의 무단 신축건물이 원고 건물의 일조권을 침해하고 있다며 그 철거를 구하는 소송을 제기. 조정심리결과, 피고의 신축공사는 건축법령에 따른 적법한 것이고 증축에 대해 원고도 동의한 사실이 인정되었고 반면 피고의 신축건물로 인하여 원고의 일조권이 침해된 사실은 인정되었으나 그렇다 하더라도 신축건물의 철거까지 허용할 수는 없는 것이어서, 피고가 원고에게 위자료 및 건물가격하락 등 손해배상금으로 800만 원을 지급하고 원고는 본 건 소를 취하하는 내용으로 조정갈음결정을 하여 양측이 이의 없이 확정.

조정주문

1. 피고는 원고에게 201*. 5. 31.까지 금 8,000,000원을 지급한다. 만일 피고가 위 지급기일까지 위 금원을 지급하지 아니한 때에는, 피고는 미지급금원 및 이에 대하여 위 지급기일 다음날부터 다 갚는 날까지 연 15%의 비율에 의한 지연손해금을 가산하여 원고에게 지급한다.
2. 원고는 이 사건 소를 취하하고, 피고는 이에 동의한다.
3. 소송비용 및 조정비용은 각자 부담한다.

오피스텔 관리비 청구사건

사건의 개요 및 조정경과

원고 오피스텔건물 입주자대표회의는 오피스텔 한 채를 보유한 구분소유자인 피고가 관리비를 연체하자 관리비 지급을 구하는 소송을 제기. 피고는 원고의 관리비 청구에 불응하는 주된 원인이 분양계약서상 입주자는 주차장을 비용부담 없이 이용할 수 있다고 규정하고 있음에도 원고가 언제부턴가 피고를 비롯한 입주자들에게 주차비를 부과하여 이것이 부당하다고 판단되어 관리비 납부를 거부하기 시작하였다고 주장. 관리규약이 개정되어 주차비를 관리비에 포함시켜 부과하도록 한 기간에는 전 입주자에게 적용되는 것이므로 이를 납부하여야 할 책임이 있음을 확인하고 피고가 지급할 금액을 15만 원으로 정산하여 이를 지급하기로 하고 피고가 원고를 상대로 제기한 부당이득금청구소송도 취하하기로 하는 내용으로 조정갈음결정하여 양측 이의 없이 확정.

조정주문

1. 피고는 원고에게 201*. 1. 20.까지 금 150,000원을 지급한다. 만일 피고가 위 금원을 위 지급기일까지 지급하지 아니한 때에는 미지급금원 및 이에 대하여 지급기일 다음날부터 다 갚는 날까지 연 15%의 비율로 계산한 지연손해금을 가산하여 지급한다.
2. 원고는 나머지 청구를 포기한다.
3. 피고는 원고에 대한 서울○○지방법원 201*가소****** 부당이득금반환청구의 소를 취하하고, 원고는 이에 동의한다.
4. 원고는 피고 소유 부동산(서울 △△구 ◇◇동 ***-** 현대▽▽빌 521호)에 대한 가압류(서울○○지방법원 201*카단****) 신청을 취하하고 그 집행취소를 신청한다.
5. 원고와 피고는 이 사건 청구원인(원고의 피고에 대한 단전·단수 조치 포함)과 관련하여 본 조정을 갈음하는 결정에서 정한 사항 이외에는 양자 사이에 어떠한 채권채무도 없음을 확인하고, 향후 이와 관련하여 서로에 대하여 일체의 재판상, 재판외 청구 또는 이의제기(형사고소, 고발 포함)를 하지 아니한다.
6. 소송총비용 및 조정비용은 각자 부담한다.

일조권침해 등 손해배상 청구사건

사건의 개요 및 조정경과

원고 A, B는 서울 △△구 ◇◇동 소재 주택의 소유자 및 거주자이고, 피고 C는 원고들 주택 바로 옆 대지에 6층 건물을 신축하고 테라스를 불법확장 시공한 건축주이고, 피고 D는 동 공사를 담당한 실제 시공사이고, 피고 E는 집합건축물대장 표제부에 형식적으로 시공사로 기재된 업체임. 원고들은 피고들을 상대로 일조권침해, 사생활침해, 시야차단 등으로 인한 손해배상을 주장하며 연대하여 원고 A에게 5,000만 원, B에게 1,000만 원을 지급할 것을 구하는 소송제기. 조정심리결과, 일정 정도의 일조권침해 등 피해발생은 인정되나 대법원판례(2003다64602, 98다23850, 2004다38792 판결 등 참조)에 따른 책임인정을 위한 입증을 위해서는 감정 등 많은 시간과 비용이 요구되고 또한 원고들이 희망하는 청구액을 인정받기도 용이하지 않은 점, 건물신축과정에서 피고측이 원고 A에게 공사소음피해 등을 보전하는 차원에서 소정 금원이 지급된 점 등을 종합적으로 고려하여, 양측을 설득하여 피고 C, D가 연대하여 원고들에게 합하여 1,400만 원을 지급하기로 하고 피고 E에 대한 청구는 포기하는 내용으로 조정 성립.

조정주문

1. 피고 ○○○, 주식회사 △△주택건설은 연대하여 원고들에게 201*. 5. 31.까지 합계 금 14,000,000원을 지급한다. 만일 위 지급기일까지 위 금원을 지급하지 아니한 때에는, 미지급금원에 지급기일 다음날부터 다 갚을 때까지 연 15%의 비율로 계산한 지연손해금을 가산하여 지급한다.
2. 원고들은 피고 ○○○, 주식회사 △△주택건설에 대한 나머지 청구 및 피고 ◇◇종합건설 주식회사에 대한 청구를 포기한다.
3. 원고와 피고들은 이 사건 청구원인(서울 △△구 ◇◇동 7*4-* 외 필지 지상 △△플레이스 A동, B동 관련)과 관련하여 본 조정조서에서 정한 사항 이외에는 양자 사이에 어떠한 채권·채무도 없음을 확인하고, 향후 이와 관련하여 서로에 대하여 일체의 재판상, 재판외 청구 또는 이의제기를 하지 아니한다.
4. 소송비용 및 조정비용은 각자 부담한다.

19

회사 및 동업관계사건

공동사업계약불이행에 따른 건물명도 청구사건

사건의 개요 및 조정경과

원고회사는 피고회사와 공동사업계약(계약기간 5년, 피고로부터 이익금의 50%를 지급받는 조건)을 체결하고 자신 소유의 건물을 사업장으로 제공하였는데 피고가 최초 500여만 원을 지급한 외 이익금을 배분한 바 없어 계약해지 통보와 함께 사업장으로 제공한 건물의 반환을 구하는 소송을 제기. 조정 심리과정에서, 피고는 아직 계약기간이 남아 있고 동업시작 시 건물 인테리어비용으로 1억 5,000만 원을 투입하였고 지금까지 운영적자가 1억 3,500만 원이며 원고의 일방적 계약해지로 피고측 손실이 크다고 주장하였고, 원고는 남은 동업계약기간동안 상호 협력하기로 하여 본 소송을 취하하고 소송비용도 모두 부담하기로 하는 내용으로 조정 성립.

조정주문

1. 원고는 이 사건 소를 취하하고, 피고는 이에 동의한다.
2. 소송비용 및 조정비용은 원고가 부담한다.

명의신탁해지에 따른 소유권이전등기 청구사건

사건의 개요 및 조정경과

원고와 피고는 친구지간으로 10여 년 전 함께 투자하여 전국의 여러 곳의 땅을 매입하였는데, 편의를 위하여 원고 또는 피고 1인의 명의로 소유권등기를 하였는데, 피고 명의로 2/18 지분의 소유권이전등기가 되어 있는 경기도 ㅇㅇ군 소재 임야의 지가가 최근 급등하자 원고는 피고를 상대로 취득지분의 1/2(전체의 1/18)을 명의신탁 해지를 원인으로 자신에게 이전해달라는 소송을 제기. 조정 결과, 피고가 원고에게 1/2 지분을 이전해 주고 또한 10여 년 전에 지급하기로 약속한 금액의 현재가치(그동안 정기예금율을 적용하여 환산함. 산정방식 조정주문에 명기)를 지급하고, 원고도 피고가 지금까지 부담한 ㅇㅇ군 소재 임야에 대한 재산세 총액의 절반을 지급하고, ㅇㅇ군 소재 임야를 제외하고 원고와 피고 각자 명의로 소유권등기되어 있는 나머지 공동

투자 부동산건은 현재의 명의대로 각 소유하고 서로에 대해 명의신탁해지를 주장하지 아니하기로 하는 내용으로 임의조정 성립.

조정주문

1. 피신청인은 신청인에게 경기 ○○군 ○○읍 △△리 산 ** 임야(43,246㎡) 중 피신청인의 지분 2/18의 절반인 1/18에 대하여 양자 사이의 명의신탁 해지를 원인으로 한 소유권이전등기절차를 이행한다.
2. 제1항 기재 소유권이전등기절차 완료에 필요한 제세, 제비용은 신청인과 피신청인이 각 반분하여 부담한다.
3. 피신청인은 신청인에게 201*. 9. 30.까지 금 2,797,919원[양자 사이에 피신청인이 신청인에게 지급하기로 합의된 200*. 7. 1. 당시 현금 1,790,000원의 201*. 9. 30. 현재 가치에 상당하는 금액. 다만, 그 계산의 편의를 위하여, 위 금원을 200*. 1. 1. 신청인이 피신청인에게 교부한 것으로 간주하고 다시 이에 대하여 200*년부터 201*년까지 만 11년간의 국세청 고시 시중은행 정기예금율(별지 정기예금이자율 추이)을 적용하여 201*. 1. 1. 현재 가치로 환산한다. 1,790,000원 × 1.046(200*년 정기예금율) × 1.042(200*년 정기예금율) × 1.036(200*년 정기예금율) × 1.036(200*년 정기예금율 고시가 없어 200*년 정기예금율 적용) × 1.042(200*년 정기예금율) × 1.050(200*년 정기예금율) × 1.050(200*년 정기예금율 고시가 없어 200*년 정기예금율 적용) × 1.034(200*년 정기예금율) × 1.043(201*년 정기예금율) × 1.037(201*년 정기예금율) × 1.040(201*년 정기예금율) = 2,797,919원]을 지급한다. 만일 피신청인이 위 지급기일까지 위 금원을 지급하지 아니한 때에는, 피신청인은 미지급금원에 대하여 지급기일 다음날부터 다 갚을 때까지 연 20%의 비율로 계산한 지연손해금을 가산하여 신청인에게 지급한다.
4. 신청인은 제1항 기재 소유권이전등기를 경료 받은 때로부터 30일 내에 피신청인이 단독으로 부담한 동 임야에 대한 재산세 총액(201*년도 분 재산세 포함)의 1/2을 피신청인에게 지급한다. 만일 신청인이 위 지급기일까지 위 금원을 지급하지 아니한 때에는, 신청인은 미지급금원에 대하여 지급기일 다음날부터 다 갚을 때까지 연 20%의 비율로 계산한 지연손해금을 가산하여 피신청인에게 지급한다.
5. 신청인과 피신청인은 양자가 공동투자하여 어느 1인 명의로 명의신탁한 부동산들 중 제1항 기재 부동산을 제외한 나머지 부동산 일체에 대해서는 현재 등기된 소유권 명의대로 그 소유권 명의자가 각 소유하며 향후 서로 이에 대한 일체의 이의제기, 청구를 하지 아니하고 이와 관련된 상호간의 어떠한 채권·채무도 없음을 확인한다.
6. 신청인은 나머지 신청을 포기한다.
7. 조정비용은 각자 부담한다.

유흥주점 양수금 등 부당이득반환 청구사건

사건의 개요 및 조정경과

원고는 피고로부터 피고가 운영하는 유흥주점을 5,000만 원에 인수하는 양도양수계약을 체결하였으나 피고의 불이행으로 계약을 해제하고 피고에게 지급한 계약금 1,800만 원, 계약체결 후 원고가 주점 내부를 인테리어공사를 하면서 집행한 공사비용 3,300만 원, 피고 명의로 영업하였으나 실질적인 영업을 한 원고가 정산 받아야 할 카드매출대금 등을 합한 5,400여만 원의 지급을 구하는 소송을 제기. 이에 대해 피고는 원고로부터 받은 계약금액도 다를 뿐 아니라 원고의 실질적 영업기간 동안의 부채를 공제하여야 하고 원고에게 정산해주어야 할 카드매출대금도 원고의 주장액과 현저히 다르다고 주장. 조정기일 속행을 통하여 양측이 자료에 근거한 정산 기회를 갖게 하고, 속행기일에 피고가 지급할 금액을 1,700만 원으로 정하여 이를 4회 분할 지급하기로 하고 원고의 일수금 채무에 대해서는 피고의 책임이 없음을 확인하는 내용으로 임의조정 성립.

조정주문

1. 피고는 원고에게 금 17,000,000원을 지급한다. 다만, 이를 4회로 분할하여 ① 201*. 9. 17.까지 10,000,000원을, ② 201*. 10. 17.까지 2,000,000원을, ③ 201*. 11. 17.까지 2,000,000원을, ④ 201*. 12. 17.까지 3,000,000원을 지급한다.
2. 만일 피고가 제1항 기재 지급을 1회라도 지체하는 경우, 피고는 기한의 이익을 상실하고 즉시 원고에게 미지급액 전액 및 이에 대하여 지체일로부터 다 갚을 때까지 연 20%의 비율로 계산한 지연손해금을 가산하여 지급한다.
3. 원고는 피고에게 본 조정기일인 201*. 9. 13. 이후에 잔존하는 원고의 일수금 채무에 대하여 피고가 어떠한 변제책임도 지지 않음을 확인한다.
4. 원고는 피고가 제1항 기재 지급의무를 모두 이행한 때로부터 7일 안에 피고를 상대로 한 전세보증금반환채권에 대한 가압류를 취하한다.
5. 원고는 나머지 청구를 포기한다.
6. 소송비용 및 조정비용은 각자 부담한다.

가맹사업점주의 경업금지위반에 따른 손해배상 청구사건

사건의 개요 및 조정경과

원고는 □□□족발집 가맹사업 본부 사업자이고 피고는 동 가맹사업의 ○○시 ○○점 운영사업자로서 양자가 계약기간 3년, 가맹비 1,000만 원, 보증금 200만 원, 로열티 월 99만 원의 조건으로 가맹계약을 체결하였고 이에 따라 원고는 피고에게 업장 내 인테리어, 메뉴, 영업노하우 등을 제공하고 피고는 많은 매출을 올리며 성공적인 영업을 영위하던 중 다른 지역인 △△시에 동종 영업인 ◊◊◊ 족발집을 새로 개설하여 운영하고 있는 사실을 원고가 알게 되었고 이는 양자 간의 가맹계약상 경업금지(동일업종운영금지) 및 영업비밀누설금지 특약에 위배되는 것이므로 특약에서 정한 위약금 4,000만 원을 지급하라는 소송을 제기. 이에 대해 피고는 △△시에 족발집을 개설한 것은 최초 원고 사업 가맹 시 인테리어를 진행하였던 원고측 관련자인 소외

A가 피고의 명의를 3개월만 빌려달라고 하며 시작한 일이며 자신은 직접 관여한 바가 없다고 변명하였고, 이에 원고는 피고의 ○○시 ○○점에서 피고와 함께 일하며 영업노하우를 익힌 피고의 친동생이 △△시 족발집에서 일을 하고 있어 피고가 실질적으로 영업하고 있다고 반박. 조정과정에서 피고는 원고의 ○○시 ○○점 가맹점주로서의 지위를 유지하기를 원하였고 원고 역시 피고가 전국 1위의 매출을 올리며 월 3,000만 원 이상의 식자재를 꾸준히 공급받고 있는 우수 가맹점이어서 계약관계를 지속하기를 희망하고 있는 사실을 확인하였고, 이에 피고는 △△시 족발집에서 피고는 물론 피고의 친인척까지 완전히 철수하고 향후 경업을 하지 아니하기로 약속하는 약정과 함께 원고가 청구한 위약금 4,000만 원을 1,500만 원으로 감액조정하여 이를 3회 분할지급하기로 하는 내용으로 임의조정 성립.

조정주문

1. 피고는 원고에게 금 15,000,000원을 지급한다. 다만, 이를 3회로 분할하여, ① 201*. 9. 30. 금 5,000,000원, ② 201*. 10. 31. 금 5,000,000원, ③ 201*. 11. 30. 금 5,000,000원을 지급한다. 만일, 피고가 위 지급을 1회라도 지체한 경우에는, 피고는 기한의 이익과 분할의 이익을 상실하고, 즉시 미지급 금원에 대하여 지체일로부터 다 갚는 날까지 연 20%의 비율로 계산한 지연손해금을 가산하여 지급한다.
2. 피고는 본 조정조서에 첨부한 약정서에 기재된 사항을 향후 충실히 이행한다.
3. 원고는 나머지 청구를 포기한다.
4. 소송비용 및 조정비용은 각자 부담한다.

휴대폰위탁판매계약위반에 따른 부당이득금 반환 청구사건

사건의 개요 및 조정경과

휴대폰 대리점인 원고회사는 하위 판매점인 피고와 휴대폰위탁판매계약을 체결하여 피고에게 고객용 사은품 비용으로 5,190여만 원, 판매수수료로 2억 5,900여만원을 지급하였는데 피고가 고객에게 사은품을 미지급하여 원고가 대신 교부하고 피고의 다수의 부당 판매와 민원야기로 인하여 원고가 해지 고객들에게 금전을 반환하였으며 피고의 목표 실적 미달로 인하여 원고가 피고 대신 이동통신사에게 지원금을 반환하는 등 피고가 부담할 총 4,700여만 원의 손실을 대신 충당하였다며 그 반환지급을 구하는 소송을 제기. 피고는 원고의 승낙 하에 운영한 소외 sub-하위 판매점에서 대부분의 손실이 발생하였으므로 원고의 책임이라고 항변하였으나 그 소명이 부족하였고 다만 피고가 영세사업자인 점을 감안하여 원고의 청구액 중 2,000만 원은 이행보증증권으로 처리하고 피고가 1,000만 원을 2회 분할하여 지급하는 내용으로 조정갈음결정하여 양측 이의 없어 확정.

조정주문

1. 원고와 피고는 201*. 9. 양자 간에 체결된 휴대폰 위탁판매계약에 따른 일체의 손해배상금 및 정산금(명의도용사고로 인한 손해 포함)으로서 피고가 원고에게 금 30,000,000원[피고에 대한 이행보증보험(○○보증보험 주식회사)의 보험금 20,000,000원을 포함한 금원으로서 동 보험금은 원고가 별도로 청구하여 수령한다]을 지급할 의무가 있음을 확인한다.
2. 피고는 원고에게 제1항 기재 금원 중 10,000,000원을 지급하되, 이를 2회로 분할하여 ① 201*. 12. 31.까지 5,000,000원을, ② 201*. 3. 31.까지 5,000,000원을 지급한다. 만일 피고가 위 지급을 1회라도 지체하는 경우, 피고는 기한의 이익을 상실하고 즉시 원고에게 미지급액 전액 및 이에 대하여 지체일로부터 다 갚을 때까지 연 20%의 비율로 계산한 지연손해금을 가산하여 지급한다.
2. 원고는 나머지 청구를 포기한다.
3. 소송비용 및 조정비용은 각자 부담한다.

주식매수선택권행사에 따른 주식인도 청구사건

사건의 개요 및 조정경과

원고는 원고가 대표이사로 있던 회사가 피고회사에 합병되면서 피고회사의 임원으로 재직하게 되었고 그 재직기간 중 주주총회 결의에 따라 30,000주(액면가 500원)를 행사가격 9,000원, 행사기간 3년의 조건으로 주식매수선택권(Stock Option)을 부여받았는데 원고가 퇴직 후 주식매수선택권 행사의 의사표시를 하자 피고는 원고가 임의퇴사 하였으므로 상법에 따라 주식매수선택권부여계약이 취소되었다고 주장하며 주식인도를 거부하자 피고를 상대로 일부청구로서 30,000주 중 일부인 1,000주에 대하여 900만 원을 지급받음과 동시에 주식을 인도하라는 청구를 제기. 조정과정에서 피고는 원고가 퇴직한 사유는 해외 법인장 근무 시 매출의 2배가 넘는 비용을 소진한 데 대한 책임을 지고 스스로 사직의사를 밝혀 사직한 것이고 상법 시행령 30조 5항 상의 "본인의 책임이 아닌 사유로 퇴임하거나 퇴직한 경우"에 해당하지 않는다고 주장하였는데, 관련 사실에 대한 심리와 별개로 원고가 피고를 상대로 주식매수선택권 행사를 한 이후 계속 주가가 하락하고 있어 원고는 30,000주에 대한 주식매수선택권 일체를 포기하기로 하고 본 소를 취하하기로 하는 내용으로 임의조정 성립.

조정주문

1. 원고는 이 사건 소를 취하하고, 피고는 이에 동의한다.
2. 원고와 피고는, 201*. 3. 25. 피고 회사의 주주총회결의에 따른 원고와 피고 사이의 주식매수선택권부여계약(총 30,000주) 및 이에 터 잡은 201*. 4. 30. 원고의 피고에 대한 주식매수선택권 행사 통지(총 30,000주)에 불구하고, 원고는 본 조정기일 이후 원고의 피고에 대한 주식매수선택권 일체를 포기하고 피고는 원고의 위

201*. 4. 30. 자 주식매수선택권 행사 통지에 불구하고 원고에 대하여 그에 따른 주식발행교부를 하지 아니함을 서로 확인한다.

3. 원고와 피고는, 원고의 피고회사에서의 재직 및 퇴직(사직), 원고와 피고 사이의 주식매수선택권부여계약과 관련하여 향후 서로에 대하여 일체의 재판상, 재판외 청구 또는 이의제기를 하지 아니하기로 하였음을 서로 확인한다.
4. 소송비용 및 조정비용은 각자 부담한다.

투자금 반환 및 약정수익금 지급 청구사건

사건의 개요 및 조정경과

원고 14명은 소외 OO회사와 '위탁매입 및 판매수익에 관한 계약'을 체결하여 원고들이 소외회사에 일정금원을 불입하고 소외회사는 이에 대해 월 3.5%의 판매수익금을 지급하고 12개월 만기 후 원금을 반환하기로 하였으며 피고회사는 소외회사의 의무이행을 보증하였음. 이후 수익금의 일부만 들어오고 나머지는 미입금되자 원고들은 보증책임을 지는 피고에 대해 미지급 수익금 및 불입원금의 지급을 구하는 소송을 제기. 피고는 기본적으로 원고들의 불입금은 모두 투자금이며 원고들이 약속한 투자가 모두 이루어지지 않아 제조, 영업이 정상적으로 이루어지지 않았고 그 결과 피고와 소외회사 모두 큰 손실을 입었기에 원고들에게도 책임이 있다는 항변을 함. 조정심리과정에서 금융피라미드성격의 비정상적인 고수익을 기대하고 투자한 원고들의 책임도 있음을 인정하여 원고 13명은 투자금 원금을 2회 분할지급 받는 내용으로 임의조정 성립하였고, 조정기일에 불출석한 나머지 1명은 투자금 원금을 10회 분할 받는 내용으로 강제조정하여 이의 없이 확정.

조정주문

(원고 1, 2, 3, 4, 5, 6, 7, 8, 9, 10, 11, 13, 14와 피고 사이의 임의조정조서)

1. 피고는 원고들에게 별지 목록 기재 원고별 지급기한 및 지급금액에 따라 각 2회 분할하여 지급한다. 만일 피고가 위 지급을 1회라도 지체하는 경우, 피고는 기한의 이익을 상실하고 즉시 원고들에게 각 미지급액 전액 및 이에 대하여 지체일로부터 다 갚을 때까지 연 20%의 비율로 계산한 지연손해금을 가산하여 지급한다.
2. 원고들은 나머지 청구를 각 포기한다.
3. 소송비용 및 조정비용은 각자 부담한다.

(원고12와 피고 사이의 조정갈음결정)

1. 피고는 원고 ○○○에게 금 20,000,000원을 지급한다. 다만, 이를 10회로 분할하여 201*. 6.부터 201*. 3.까지 매월 말일 매월 금 2,000,000원씩을 지급한다.
2. 만일 피고가 제1항 기재 지급을 1회라도 지체하는 경우, 피고는 기한의 이익을 상실하고 즉시 원고 ○○○에

게 미지급액 전액 및 이에 대하여 지체일로부터 다 갚을 때까지 연 20%의 비율로 계산한 지연손해금을 가산하여 지급한다.

3. 원고 ○○○은 나머지 청구를 포기한다.
4. 원고 ○○○과 피고 사이의 소송비용 및 조정비용은 각자 부담한다.

퇴직 임직원의 경업금지위반에 따른 손해배상 청구사건

사건의 개요 및 조정경과

원고회사는 스포츠용품 제조판매회사인데 원고회사의 대표이사 및 직원이었던 피고들이 원고회사를 퇴사한 후 원고회사의 사업목적과 거의 동일한 회사를 설립한 다음 원고회사의 기존 스포츠의류공급업체인 소외 A회사로 하여금 원고회사와의 거래관계를 단절하고 새롭게 피고들이 설립한 회사와의 특판계약을 체결하게 함으로써 피고들이 상법, 부정경쟁방지 및 영업비밀보호법을 위반하여 원고회사에게 손해를 입혔다며 손해배상의 일부청구로써 각자 3,000만 원을 지급하라는 소송을 제기. 피고들은 경업금지의무위반이나 영업비밀침해의 책임이 인정되지 않으며 소외 A사와의 새로운 계약체결은 A의 경영판단에 따른 것이고 피고들의 책임이 아니라고 주장. 조정 과정에서, 양측이 원만하게 결별하기로 하고 원고회사의 현 대표이사 소외 B를 조정참가 시킨 다음, 원고는 소를 취하하고 피고들은 자신들이 보유중인 원고회사의 주식을 일정 금원을 받고 원고회사의 대표이사인 조정참가인에게 양도하기로 하는 내용으로 임의조정 성립.

조정주문

1. 원고는 피고들에 대한 이 사건 소송을 취하하고 피고들은 이에 동의하며, 원고는 향후 피고들에 대하여 이 사건과 관련한 민·형사소송 및 기타 여하한 형태의 청구 또는 이의제기를 하지 아니한다.
2. 소송비용 및 조정비용은 각자 부담한다.
3. 원고회사 주식 양도
   가. 피고 ○○○은 조정참가인 ◇◇◇로부터 금 50,000,000원을 받고 피고 ○○○이 가지고 있는 원고회사 주식을 전량 조정참가인에게 양도하고, 피고 △△△는 조정참가인으로부터 금 35,000,000원을 받고 피고 △△△가 가지고 있는 원고회사 주식을 전량 조정참가인에게 양도한다(이하 '본 건 주식양도'라 한다).
   나. 본 건 주식양도의 대금지급은 피고들이 지정한 계좌에 이체하는 방식으로 이루어지며, 대금지급과 동시에 피고들 소유의 원고 주식을 이전하도록 한다.
   다. 본 건 주식양도는 201*. 12. 13. 이전에 피고들과 조정 참가인이 합의하는 날에 상호 합의한 장소에서 이루어지도록 한다.
   라. 조정 참가인은 피고 △△△가 소외 □□□에게 부담하는 35,000,000원의 채무의 원리금을 대납하는 것으로 피고 △△△에 대한 본건 주식양도에 대한 대급 지급 의무를 대신할 수 있다. 이 경우 본 건 대납여부에 대한

입증책임은 조정참가인에게 있다. 또는 소외 □□□이 피고 △△△에게 35,000,000원의 채권 일체를 서면으로 포기하는 의사표시를 하면 위 제3항. 가.호의 피고 △△△에 대한 35,000,000원의 지급의무를 면한다.

4. 청구권의 상호 포기

원고와 피고들, 조정 참가인은 본 조정일을 기준으로 그 이전에 존재하던 상호간의 채권 및 대표이사 가수금, 기타 모든 종류의 청구권을 포기하고 향후 어떤 이의도 제기하지 아니한다.

대여금 반환 청구사건

사건의 개요 및 조정경과

원고보험회사는 피고 A회사와 생명보험독립법인 대리점계약을 체결하고 사무실임차보증금을 지원하면서 피고 A회사의 대표자인 B로부터 임차보증금반환에 관한 연대보증을 받음. 이후 원고회사가 약속된 내용대로 지원했음에도 피고 A회사가 업적목표를 달성하지 못하고 원고회사의 손실을 가중시키자 원고회사는 피고 A회사와의 계약을 해지하면서 환수규정에 따른 업적평가환수금, 임차관리비 환수금, 집기비품환수금 등의 반환을 요구하는 소송 제기. 원칙적으로 피고들의 연대채무를 인정하되, 채권에 대한 강제집행으로 일정 금원이 회수되는 경우, 나머지 금액을 분할하여 지급하는 내용으로 조정 성립.

조정주문

1. 피고들은 연대하여 원고에게 201*. 2. 15.까지 금 116,418,394원을 지급한다. 다만, 피고 ○○○의 연대채무는 금 57,920,000원을 초과하지 아니한다. 만일 피고들이 위 지급기일까지 위 금원을 지급하지 아니한 때에는, 피고들은 연대하여 미지급금원에 대하여 지급기일 다음날부터 다 갚을 때까지 연 20%의 비율로 계산한 지연손해금을 가산하여 원고에게 지급한다(다만, 이 경우에도 피고 ○○○의 연대채무는 금 57,920,000원을 초과하지 아니한다).
2. 만일 201*. 1. 31.까지 원고가 피고들에 대한 원고의 채권가압류(서울△△지방법원 201*카단****. 제3채무자 ◇◇생명보험 주식회사, 청구금액 91,278,734원)를 통하여 가압류된 4,700만 원을 본 압류로 전환하여 강제집행하거나 동 제3채무자에 대한 피고들의 동 금원의 채권을 원고가 양수하고(이에 필요한 채권양도통지는 피고들이 한다) 이에 더하여 피고들이 500만 원을 지급함으로써 제1항 기재 금원 116,418,394원 중 총 5,200만 원을 원고가 지급받은 경우, 원고는 잔여 금원 64,418,394원을 다음과 같이 피고들이 11회로 분할하여 변제하는 것을 용인한다. ① 201*. 2. 28.까지 금 700만 원을, ② 201*. 3. 31.까지 금 700만 원을, ③ 201*. 4. 30.까지 금 600만 원을, ④ 201*. 5. 31.까지 금 600만 원을, ⑤ 201*. 6. 30.까지 금 600만 원을, ⑥ 201*. 7. 31.까지 금 600만 원을, ⑦ 201*. 8. 31.까지 금 500만 원을, ⑧ 201*. 9. 30.까지 금 500만 원을, ⑨ 201*. 10. 31.까지 금 500만 원을, ⑩ 201*. 11. 30.까지 금 500만 원을, ⑪ 201*. 12. 31.까지 금 500만 원을 각 지급한다. 다만 원고는 원고의 선택에 따라 피고들의 제3채무자에 대한 채권을 양수받아 직접 채권을

만족할 수 있다(이에 필요한 채권양도통지는 피고들이 한다). 만일, 피고들이 위 마지막 ⑪ 201*. 12. 31. 금 500만 원의 지급까지 성실히 이행하는 경우 원고는 나머지 금원인 1,418,394원의 지급채무를 면제한다. 그러나 또한 만일, 피고들이 위 지급을 1회라도 지체한 경우에는, 피고들은 기한의 이익과 분할의 이익을 상실하고, 즉시 미지급 금원에 대하여 지체일로부터 다 갚는 날까지 연 20%의 비율로 계산한 지연손해금을 가산하여 지급한다(다만, 이 경우에도 피고 ○○○의 연대채무는 금 57,920,000원을 초과하지 아니한다).

3. 원고는 나머지 청구를 포기한다.
4. 소송비용 및 조정비용은 각자 부담한다.

물품제작보증금 반환 청구사건

사건의 개요 및 조정경과

원고회사는 홈쇼핑 상품 판매 및 중개를 전문으로 하는 회사이고, 피고는 물품제조업체인데, 원고와 피고는 '총판계약서'를 통해 홈쇼핑에서 판매할 안마기를 피고가 제작하여 원고에게 납품하는 내용의 계약을 체결한 후 원고가 보증금 5,000만 원을 피고에게 지급하고 피고는 안마기 10,000개를 제작하여 피고 창고에 보관함. 이후 원고의 방송광고에도 불구하고 안마기의 판매량이 극히 저조하자 원고는 피고에게 계약해지를 통고함과 동시에 보증금 5,000만 원과 영상필름제작비용 440만 원의 지급을 구하는 소송을 제기. 이에 피고는 원, 피고간의 계약은 총판계약(수수료 판매중개계약)이 아니라 독점 납품계약일 뿐이고 원고로부터 받은 5,000만 원은 보증금이 아니라 전체 물품대금의 계약금일 뿐이며 피고가 안마기 10,000대를 제작하는데 1억 1,400여만 원의 생산원가가 들었고 광고영상제작비도 2,500만 원을 부담하였으므로 오히려 원고로부터 8,900여만 원을 받아야 한다는 반소를 제기. 조정 심리 과정에서, 양측이 많은 현금을 투여한 상태에서 소송을 통해서는 공멸하게 되고 상생하기 위해서는 서로 협력하여 판매가능성을 극대화하는 길밖에 없음을 양측에 주지시켜, 각각 지출한 광고비용은 스스로 부담하는 전제하에 피고는 원고에게 현금 대신 5,000만 원에 해당하는 안마기 4,300개를 공급하고(만일 대물변제 미이행 시 금전지급의무 설정), 원고는 피고에게 현재까지 판매한 23대분에 대한 정산금을 지급하며 각자 나머지 본소, 반소청구를 포기하고 향후 안마기의 원활한 판매를 위해 협력하기로 하는 내용으로 조정 성립.

조정주문

1. 피고(반소원고, 이하 '피고'라 한다)는 원고(반소피고, 이하 '원고'라 한다)에게 201*. 1. 17. 까지 ○○ 지압 마사지기(**-****, 이하 '마사지기'라 한다) 4,300개를 공급한다. 위 물품공급은 피고가 원고가 지정하는 창고로 배송하는 방식으로 하되, 그 배송 비용은 원고와 피고가 각 1/2씩 부담한다. 만일 피고가 위 기일까지 위 물품을 공급하지 아니한 때에는, 피고는 미공급물품에 대하여 공급지체일부터 다 공급할 때까지 물건 1개당 11,450원으로 환산한 금액에 연 20%의 비율로 계산한 지연손해금을 가산하여 원고에게 지급한다.

2. 원고는 201*. 1. 15.까지 피고에게 금 435,000원을 지급한다. 만일 원고가 위 기일까지 위 금원을 지급하지 아니한 때에는, 미지급액 및 이에 대하여 지체일로부터 다 갚을 때까지 연 20%의 비율로 계산한 지연손해금을 가산하여 지급한다.
3. 원고는 나머지 청구를, 피고는 나머지 반소를 각 포기한다.
4. 피고는 원고의 제1항 기재 공급 물품 판매가격에 대하여 일체 이의를 제기하지 아니하며, 원고와 피고는 향후 마사지기의 원활한 판매를 위하여 호혜적으로 협력한다.
5. 소송비용 및 조정비용은 각자 부담한다.

골프장 회원 입회금 반환 청구사건

사건의 개요 및 조정경과

원고들은 소외 OO회사가 모집하는 경기도 포천시 소재 OO 골프장 회원권을 입회금액 각 5,950만 원을 지급하고 취득하였는데(회칙에 의하면 개장 후 5년이 경과한 후 회원의 반환요청이 있으면 원금을 반환하기로 되어 있음), 이후 피고회사가 OO회사로부터 위 골프장영업을 양수하였고 개장 후 5년이 지난 시점에 원고들은 입회금 반환을 청구하는 소송을 제기. 피고는 원고들의 청구를 인정하면서도 자금사정으로 일시에 지급하기 곤란하다고 호소. 각 2회 분할지급 하는 내용으로 조정 성립.

조정주문

1. 피고들은 연대하여 원고(선정당사자) ○○○에게 금 59,500,000원을, 선정자 △△△에게 금 59,500,000원을 각 지급한다. 다만, 이를 각 2회로 분할하여 ① 201*. 3. 31.까지 35,700,000원을, ② 201*. 6. 30.까지 23,800,000원을 각 지급한다.
2. 만일 피고들이 제1항 기재 지급을 1회라도 지체하는 경우, 피고들은 기한의 이익을 상실하고 즉시 연대하여 원고(선정당사자) ○○○ 및 선정자 △△△에게 미지급액 전액 및 이에 대하여 지체일로부터 다 갚을 때까지 연 20%의 비율로 계산한 지연손해금을 가산하여 지급한다.
3. 원고(선정당사자) ○○○ 및 선정자 △△△은 나머지 청구를 각 포기한다.
4. 소송비용 및 조정비용은 각자 부담한다.

경업금지의 약정 위반에 따른 손해배상 청구 사건

사건의 개요 및 조정경과

원고는 베어링 및 기계부품 제조, 수입, 판매업을 하는 회사이고, 피고는 “퇴직 후 1년 이내 동종업종에 종사할 경우 퇴직 전 1년간 수령한 급여 상당의 손해배상을 한다"는 입사서약서를 작성하고 원고회사에 입사 후 입출고, 매입, 배송, 납품 업무를 2년 넘게 담당하다 갑자기 몸이 아프다는 이유로 퇴사(사직원 작성 시 "회사 비밀 누설 시 손해배상책임을 진다"고 서약)한 다음 곧바로 원고와 경쟁관계에 있는 소외 OO사(원고의 전직 직원이 대표인 회사)로 옮겨 동종 업무를 수행함으로써 원고회사에 막대한 손실을 끼쳤다고 주장하며 피고의 퇴직 전 1년간 급여 총액에 해당하는 2,300여만 원의 지급을 구하는 소송을 제기. 조정심리 과정에서, 피고의 퇴사 경위, 경업금지위반 여부 및 위약금의 적정성에 대한 양측의 주장이 맞서기도 하였으나, 상임조정위원의 설득으로 그동안 원고와 피고가 서로 마음에 있는 얘기를 주고받지 못했고 피고가 회사를 옮기는 과정에서 원고회사에 대한 충분한 설명과 양해를 구하지 못한 점에 대해 사과하고 이를 원고가 수용하여, 소취하 종결하는 것으로 조정 성립.

조정주문

1. 원고는 이 사건 소를 취하하고, 피고는 이에 동의한다.
2. 피고는 원고에게, 피고가 원고의 회사를 퇴사하며 ○○○테크로 입사하는 과정에서 원고회사 및 원고회사의 임직원에게 충분하고 분명한 이유 설명과 양해를 구하지 못한 점에 대해 유감과 사과를 표하며, 근시일내에 원고회사의 회장 및 임직원에게 재차 유감과 사과를 표할 것을 다짐한다.
3. 원고와 피고는 향후 상호 호혜 상생의 관계를 유지하며 서로간의 인간적, 사회적, 영업적 관계를 돈독히 하기로 다짐한다.
4. 소송비용 및 조정비용은 각자 부담한다.

원유공급계약위반에 따른 위약금 청구사건

사건의 개요 및 조정경위

원고는 소외 A사의 85% 주주인데, A사는 피고 B사와 원유공급계약을 체결함(피고 B사가 해외에서 60만 배럴의 원유를 수입하여 A사에게 납품하고 A사는 이를 국내 OO정유회사에 공급하고 그 과정에서 A사, 피고 B사가 각 배럴당 이윤을 붙여 이익을 얻는 구조). A사는 피고 B사를 위해 신용장을 개설하여 주었는데 피고 B사는 해외 원유확보에 실패(브로커에 사기 당함)하여 A사에 공급하지 못하고 당연히 A사도 OO정유사에 재공급하지 못하게 되어, A사는 피고 B사를 상대로 계약을 해지하고 예상수익 1,272억 원의 손해배상을 요구. 이에 피고 B사는 A사의 대주주인 원고와 업무협약서를 체결하여 새로운 물품거래 커미션(1년간 미화 360만 달러)을 보장하고 미이행 시 360만 달러를 3년간 분할 지급한다는 약속을 하고 피고 B사의 당시 대표이사였던 피고 C가 연대보증을 약속 하였는데 새로운 물품거래가 이루어지지 않았고, 이후 피고 B사가 원고에게 4,300만 원을 지급하고 더 이상의 지급을 중단하자, 원고는 피고들을 상대로 37억 9,000여만 원(360만 달러의 신청당시 환율을 적용한 금원 38억 3,000여만 원에서 기지급된 4,300만 원을 공제한 나머지 금원)의 지급을 구하는 민사조정을 신청. 조정심리 결과, 피고들이 원고와의 업무협약서를 통해 위약금을 약정한 사실은 인정되었고, 다만, 그 금액이 원고의 투여금액 내지 손해액(약 1억 원 내외)과 현저한 차이가 있고, 피고 C가 개인적으로 원고와 A사의 다른 임원들에게 별도로 1억 2,800만 원을 지급한 점, 피고 B사가 약정을 하기 전 이사회 결의를 거치지 않은 점, 피고 C가 원고의 기망과 협박에 의해 약정을 하였다고 주장하고 있는 점 등을 종합적으로 감안하여 피고들의 연대 지급금액을 3억 원으로 정하여 강제조정. 이에 원고, 피고가 모두 이의하여 본안재판으로 전환되었으나 재판부가 변제기한을 여유 있게 설정하고 5,000만 원을 증액하여 3억 5,000만 원을 지급한다는 내용의 화해권고결정을 내렸고 당사자 모두가 수용하여 종결.

조정주문

1. 피신청인들은 연대하여 201*. 7. 31.까지 신청인에게 금 3억 원을 지급한다. 만일 피신청인들이 위 지급기일까지 위 금원을 지급하지 아니한 때에는, 피신청인들은 연대하여 미지급금원에 대하여 위 지급기일 다음날부터 다 갚을 때까지 연 20%의 비율에 의한 지연손해금을 가산하여 신청인에게 지급한다.
2. 신청인은 나머지 신청을 포기한다.
3. 조정비용은 각자 부담한다.

프로그램총판계약위반에 따른 손해배상청구 사건

사건의 개요 및 조정경위

원고는 OO프로그램 개발자이고 피고에게 전국총판권을 부여하는 총판계약을 체결하였으나 피고가 프로그램 원본을 무단복제하여 무단판매한 사실이 적발되어 1억 원을 청구하는 소송을 제기. 피고가 7,000만 원을 3회 분할 지급하되, 계약조건을 변경하여 원고와의 총판계약을 계속 유지하기로 하는 내용으로 임의조정 성립.

조정주문

1. 피고는 원고에게 금 7,000만 원을 지급한다. 다만, 이를 3회로 분할하여 ① 201*. 6. 30.까지 2,500만 원을, ② 201*. 7. 31. 까지 2,500만 원을, ③ 201*. 8. 15.까지 2,000만 원을 지급한다.
2. 만일 피고가 제1항 기재 지급을 1회라도 지체하는 경우, 피고는 기한의 이익을 상실하고 즉시 원고에게 미지급액 전액 및 이에 대하여 지체일로부터 다 갚을 때까지 연 20%의 비율로 계산한 지연손해금을 가산하여 지급한다.
3. 원고는 나머지 청구를 포기한다.
4. 원고와 피고는, 원고와 피고 사이의 OO 프로그램 총판계약(이하 '총판계약'이라 한다) 중 제5조(제품구성 및 지사공급가격) 및 제12조(손해배상)를 별지 기재 내용과 같이 변경하여 본 조정기일인 201*. 5. 26.부터 상호

이행하기로 합의하였음을 확인한다.

5. 원고와 피고는, 피고가 본 조정조항을 모두 이행하는 것을 조건으로, 본 조정기일인 201*. 5. 26. 이전까지의 피고의 총판계약 위반사항과 관련하여 본 조정조항에서 정한 사항 이외에는 서로 간에 어떠한 채권채무도 없음을 확인하고, 향후 서로에 대하여 어떠한 재판상, 재판외 청구 또는 이의제기를 하지 아니한다.
6. 소송비용 및 조정비용은 각자 부담한다.

투자금 반환 청구사건

사건의 개요 및 조정경과

원고는 인터넷 자산설계 카페에 가입하여 알게 된 피고의 권유로 1,500만 원을 소외 OO투자회사에 투자하였는데 당시 피고는 이자 1,000만 원의 지급을 약속하고 다시 투자원금의 두 배인 3,000만 원의 변제를 약속하고도 이행하지 않는다며 피고를 상대로 3,000만 원 청구 소송 제기. 피고는 자신의 소개로 원고가 소외 회사에 투자하여 편취당한 사실을 인정하였으나 자신이 이득을 취한 바는 없다고 호소. 고수익을 기대하고 경솔하게 투자한 원고의 책임도 있어 투자원금의 조정금액인 1,400만 원을 회수하는 것으로 만족하기로 하여 3회 분할하여 지급하는 내용으로 조정 성립.

조정주문

1. 피고는 원고에게 금 14,000,000원을 지급한다. 다만, 이를 3회로 분할하여 ① 201*. 5. 31.까지 5,000,000원을, ② 201*. 6. 30.까지 5,000,000원을, ③ 201*. 7. 31.까지 4,000,000원을 지급한다. 그 지급은 원고의 은행계좌(○○은행 ******-01-******, 예금주 △△△)로 입금하는 방식으로 한다.
2. 만일 피고가 제1항 기재 지급을 1회라도 지체하는 경우, 피고는 기한의 이익을 상실하고 즉시 원고에게 미지급액 전액 및 이에 대하여 지체일로부터 다 갚을 때까지 연 20%의 비율로 계산한 지연손해금을 가산하여 지급한다.
3. 원고는 나머지 청구를 포기한다.
4. 소송비용 및 조정비용은 각자 부담한다.

동업해지에 따른 약정금 청구사건

사건의 개요 및 조정경과

원고는 피고와 각 5,500만 원씩 투자하여 술집을 공동운영하기로 약정하고 1년 반 가량 함께 운영하다 동업을 해지하고 원고는 빠지고 피고가 단독운영 하되 피고가 원고에게 5,000만 원 및 해지시점의 술집 운영

통장 잔고의 절반인 17만 원을 지급하기로 약속하고서도 이를 지키지 않는다며 5,017만 원의 지급을 구하는 소송을 제기. 피고는 그런 약정을 한 적이 없고 술집을 최종 처분하면 그 금액의 절반씩 나누기로 하였다고 주장. 조정과정에서 피고가 원고에게 3,500만 원을 5회 분할 지급하고 원고는 피고에게 술집 처분에 필요한 협조를 다하기로 하는 내용으로 임의조정 성립.

조정주문

1. 피신청인은 신청인에게 금 35,000,000원을 지급한다. 다만, 이를 5회로 분할하여, ① 201*. 11. 30. 7,000,000원, ② 201*. 12. 31. 금 7,000,000원, ③ 201*. 1. 31. 금 7,000,000원, ④ 201*. 2. 28. 금 7,000,000원, ⑤ 201*. 3. 31. 금 7,000,000원을 신청인의 은행계좌(○○은행 ****-792-******, 예금주 △△△)로 입금 지급한다.
2. 만일 피신청인이 제1항 기재 지급을 1회라도 지체하는 경우, 피신청인은 기한의 이익을 상실하고 즉시 신청인에게 미지급액 전액 및 이에 대하여 지체일로부터 다 갚을 때까지 연 20%의 비율로 계산한 지연손해금을 가산하여 지급한다.
3. 신청인은 피신청인이 "▽▽▽ □□□" Bar를 제3자에게 양도함에 있어 필요한 사업자등록 이전에 협조를 다한다.
4. 신청인은 나머지 신청을 포기한다.
5. 조정비용은 각자 부담한다.

동업청산 청구사건

사건의 개요 및 조정경과

원고는 피고와 감정평가사 동업계약을 맺고 2,000만 원씩 출자하여 5개월 동업하다 원고가 동업에서 탈퇴하고 동업을 청산하기로 합의하고 피고가 8,000만 원을 4,000만 원씩 2회에 걸쳐 주기로 하였는데 피고가 4,000만 원만 지급하고 남은 4,000만 원을 지급하지 않자 그 지급을 구하는 소송을 제기. 이에 맞서 피고는 동업청산합의 시 지급불이행 시 합의는 무효로 한다는 특약이 있었으므로 자신의 불이행으로 인하여 청산금지급합의는 무효이며 또한 청산 시점의 동업회사의 자산의 50%인 금액보다 과다지급 하였으므로 이미 지급한 4,000만 원 중 그 과다지급분의 반환을 구하는 소송을 제기. 1심에서는 피고의 주장이 받아들여져 원고가 피고에게 450여만 원을 지급하라는 판결이 나왔고 이에 양측이 불복하여 쌍방 항소. 항소심에서 조정회부. 조정 심리결과, 특약의 해석은 1심과 달라질 수도 있고 신속하고 원만하게 원고와 결별하는 것이 회사에 남아 있는 피고에게 중요하여 피고가 원고에게 1,500만 원을 추가로 지급하고 모든 나머지 본소, 반소청구를 포기하는 내용으로 조정 성립.

조정주문

1. 피고(반소원고, 피항소인 겸 항소인, 이하 '피고'라 한다)는 원고(반소피고, 항소인 겸 피항소인, 이하 '원고'라 한다)에게 201*. 12. 31.까지 금 15,000,000원을 지급한다. 만일 피고가 위 지급기일까지 위 금원을 지급하지 아니한 때에는, 피고는 미지급금원에 대하여 지급기일 다음날부터 다 갚을 때까지 연 20%의 비율로 계산한 지연손해금을 가산하여 원고에게 지급한다.
2. 원고는 나머지 청구를, 피고는 반소청구를 각 포기한다.
3. 소송총비용 및 조정비용은 각자 부담한다.

퇴직자의 영업비밀유출에 따른 손해배상 청구사건

사건의 개요 및 조정경과

원고회사는 원고회사 직원이던 피고 1이 퇴사하여 피고 2가 대표이사로 있는 피고 3회사로 이직하며 상호 공모하여 원고회사의 중요한 영업비밀을 유출하였다며 피고 1의 물품대금 횡령액과 합하여 5,300여만 원의 연대지급을 구하는 소송을 제기. 피고들은 영업비밀 유출사실이 전혀 없고 피고 1이 물품대금을 수금한 후 원고에게 지급하려 했으나 원고가 수령을 거절하였다고 주장. 양측 조정 불성립. 영업비밀 유출 및 침해사실은 소명되지 않았고, 피고 1이 자신의 비용으로 처리한 공사건과 피고가 원고에게 미반납한 수금액을 상호 정산할 필요성이 있는 점 등을 감안하여 피고 1이 원고에게 150만 원을 지급하고, 원고는 피고 1에 대한 나머지 청구 및 피고 2, 3에 대한 청구를 포기한다는 내용으로 조정갈음결정하여 양측 이의 없이 확정.

조정주문

1. 피고 ○○○은 원고에게 201*. 11. 30.까지 금 1,500,000원을 지급한다. 만일 피고 ○○○이 위 지급기일까지 위 금원을 지급하지 아니한 때에는, 피고 ○○○은 미지급금원 및 이에 대하여 위 지급기일 다음날부터 다 갚는 날까지 연 15%의 비율에 의한 지연손해금을 가산하여 원고에게 지급한다.
2. 원고는 피고 ○○○에 대한 나머지 청구 및 피고 △△△, 피고 ◇◇◇통신 주식회사에 대한 청구를 각 포기한다.
3. 소송비용 및 조정비용은 각자 부담한다.

장외주식 투자금 반환 청구사건

사건의 개요 및 조정경과

원고는 피고로부터 원금 및 일정 수익률 보장 조건으로 장외 주식 투자를 권유받아 총 1억 4,400여만 원을 투자하였으나 피고가 잘 되고 있다는 말만하고 원리금 반환을 전혀 하지 않는다며 피고를 상대로 소송을 제기. 조정심리과정에서 피고는 원고의 주장과 달리 원금과 수익을 보장할 수 없고 발생하는 손실에 대해서는 투자자인 원고가 감수해야 하는 투자금으로서 유치하여 장외주식을 매입하였다고 주장하며 현재 원고의 투자금 중 일부로 5개 장외주식을 보유하고 있고 원고의 손실금 중 일부를 분할 변제하겠다고 원고에게 약속한 사실은 있었다고 인정. 원고가 피고로부터 원금 및 일정 수익률 보장 약속을 믿었다 하더라도 전문투자기관이 아닌 피고 개인에게 돈을 맡긴 원고의 책임이 적지 않아, 피고가 원고에게 변제 약속한 7,280만 원을 56회 분할 지급하고 피고가 보유중인 5개 장외 주식은 모두 원고의 소유임을 확인하고 그 명의개서에 피고가 협력하는 내용으로 임의조정 성립.

조정주문

1. 피고는 원고에게 금 72,800,000원을 지급한다. 다만, 이를 56회로 분할하여 201*. 11.부터 다 갚을 때까지 매월 말 금 1,300,000원씩을 원고의 은행계좌(○○은행 ***-12-******. 예금주 △△△)로 입금 지급한다.
2. 만일 피고가 제1항 기재 지급을 1회라도 지체하는 경우, 피고는 기한의 이익을 상실하고 즉시 원고에게 미지급액 전액 및 이에 대하여 지체일로부터 다 갚을 때까지 연 15%의 비율로 계산한 지연손해금을 가산하여 지급한다.
3. 피고는 원고에 대하여 별지 목록 「2. 현재 보유 종목 포트폴리오(5개)」의 5개 종목 장외주식의 실질적 소유자는 원고임을 확인(그 중 ▽▽▽은 현재 원고의 소유명의로 되어 있음을 확인)하고, 피고 명의로 되어 있는 4개 종목(*** 2,000주, *** 500주, ******* 1,000주, **** 1,200주)의 소유명의를 즉시 원고에게 이전하고 동 회사들에 필요한 명의개서 등의 절차를 이행·협력한다.
4. 원고는 나머지 청구를 포기한다.
5. 소송비용 및 조정비용은 각자 부담한다.

지입차량 소유권이전등록절차이행 청구사건

사건의 개요 및 조정경과

원고는 지입차주로서 피고 운수회사에 원고 소유의 화물트럭을 명의신탁하고 지입차량 위수탁계약을 체결하여 지입료, 관리비 등을 납부하며 운수사업을 영위해오다 화물운수사업법에 따라 직접 자신의 명의로 화물운송사업을 하고자 위수탁계약을 해지하고 차량의 소유권을 이전받고자 소송을 제기. 조정결과, 원고가 피고에게 연체된 관리비, 공제조합 추가분담금 등 합계 800만 원을 지급하고 피고는 원고에게 소유권을 이전하는 내용으로 조정 성립.

조정주문

1. 피고는 원고로부터 금 8,000,000원(이 중 500,000원은 예치금이다)을 지급받음과 동시에 원고에게 별지

목록 기재 자동차에 관하여 201*. 9. 1. 위·수탁관리계약의 해지를 원인으로 한 소유권이전등록절차를 이행한다.

2. 원고는 피고로부터 제1항 기재 소유권이전등록절차를 이행 받음과 동시에 제1항 기재 금원 금 8,000,000원을 지급한다.
3. 원고와 피고는 제1항 기재 예치금 500,000원은 원고의 별지 목록 기재 자동차 운행으로 인하여 발생하는 범칙금, 환경유발부담금 등을 공제하기 위한 것임을 상호 확인하고, 피고는 원고에게 201*. 6. 30. 동 예치금 중 미공제잔액을 환급한다.
4. 원고는 제1항 기재 소유권이전등록절차 이행 시까지 발생한 별지 목록 기재 자동차에 관련한 자동차등록원부상의 압류채권을 모두 책임지고 변제(납부)·말소한다.
5. 원고는 나머지 청구를 포기한다.
6. 소송비용 및 조정비용은 각자 부담한다.

동업정산 약정금 등 청구사건

사건의 개요 및 조정경과

원고는 피고와 사업지분과 이익분배를 4:6으로 하는 국제물류주선업 동업계약을 맺고 회사를 설립하여 공동으로 7년여 간 지속해오다 동업조합관계를 합의종료하고 회사 지배구조에서 탈퇴하면서 피고를 상대로 탈퇴 당시의 회사의 순자산 가액의 40%, 회사의 직원 명의의 부외자금과 비자금의 40%의 합계 5억 2,600여만 원의 지급을 구하는 소송을 제기. 피고는 원고의 주장과 달리 회사 설립과정에서 피고가 부담한 자본금 비율이 88%였고 원고의 회사 순자산가액 평가액은 현실성이 없으며 부외자금이나 비자금도 존재하지 않는다고 주장함. 원고는 회계자료 열람을 요구하는 등 소송외적으로도 피고를 압박함. 조정기일을 4회 속행하며 상호 접점을 유도하였으나 임의조정이 안 되어, 피고가 원고에게 3억 2,500만 원을 3회 분할 지급하고 동업관계 종료 후의 호혜적인 처리를 위한 상호 노력을 다짐하는 내용으로 조정갈음결정하여 쌍방 이의 없이 조정 확정.

조정주문

1. 피고는 원고에게 325,000,000원을 지급한다. 다만, 이를 3회로 분할하여 ① 201*. 4. 30. 금 100,000,000원을, ② 201*. 5. 31. 금 100,000,000원을, ③ 201*. 6. 30. 금 125,000,000원을 지급한다.
2. 만일 피고가 제1항 기재 지급을 1회라도 지체하는 경우, 피고는 기한의 이익을 상실하고 즉시 원고에게 미지급액 전액 및 이에 대하여 지체일로부터 다 갚는 날까지 연 15%의 비율로 계산한 지연손해금을 가산하여 지급한다.
3. 원고와 피고는,

가. 이 사건 청구원인과 관련하여, 본 조정을 갈음하는 결정에서 정한 사항 이외에는 양자 사이에 어떠한 채권채무도 없음을 확인하고, 향후 이와 관련하여 서로에 대하여 일체의 재판상, 재판외 청구 또는 이의제기를 하지 아니하며,

나. 양자 간의 동업계약의 합의해지에 따른 보유주식정리 등 후속조치를 상호 원만하게 협력·이행하고, 향후 쌍방의 영업권(영업비밀, 영업거래선 포함)을 상호 존중하며 호혜상생의 노력을 경주한다.

4. 원고는 나머지 청구를 포기한다.
5. 소송비용 및 조정비용은 각자 부담한다.

노래방영업양도인에 대한 경업금지 청구사건

사건의 개요 및 조정경과

원고는 피고로부터 피고가 운영하던 서울 강서구 OO동 소재 OOO노래방을 5,000만 원에 양수하였는데 얼마 후 피고가 650미터 떨어진 곳에서 다른 노래방영업을 하고 있는 것을 확인하고 피고를 상대로 경업금지, 영업폐지, 3,500만 원의 손해배상을 구하는 소송을 제기. 피고는 양 노래방업장이 서로 많이 떨어져 있고 중간에 다른 노래방도 있어 피고의 노래방 영업이 원고의 영업에 지장을 주지 않는다고 주장하였으나, 피고의 상법상 영업양도인의 경업금지의무위반사실과 그에 따른 책임은 부정하기 어려웠음(대법원 2009마1136 결정에 의하면 소규모 자영업의 경우에도 상법상 영업양도에 해당함). 다만, 피고가 곧바로 노래방을 타인에게 넘겨 영업을 폐지하겠다고 간청하는데도 원고가 영업금지는 물론 영업양도의 금지까지 요구하고 있고 과도한 배상을 요구하고 있어, 피고가 타인에게 이를 처분할 때까지 제한적으로 영업을 허용하는 한편 경업금지지역을 상법상 '특별시'에서 영업양도의 실효를 유지할 수 있는 지역 범위로 조정할 필요성과 배상액의 적정한 감액조정 필요성 등을 감안하여 1,700만 원을 3회 분할 지급하고 피고가 현재 운영 중인 노래방을 제3자에게 처분하는 것을 허용하되 영업양도된 노래방 소재지인 서울 강서구 및 인접 양천구에서의 노래방 영업을 하지 아니한다는 내용으로 강제조정. 이에 양측이 이의하였으나, 본안 재판부에서 강제조정안과 유사한 내용으로 판결(강서구 및 양천구에서의 노래방 영업 제한 및 재산상 손해는 입증되지 않아 기각하고 위자료 1,000만 원만 인정하는 내용. 이에 앞선 영업금지가처분사건 관련하여 서울특별시내의 경업금지가처분 이외에 영업권양도금지 신청부분은 기각되었고 이후 소송 진행 중에 피고가 헐값에 타인에게 양도처분하여 영업폐지 청구부분은 이유 없다고 판단됨)하여 양측이 항소하지 않아 확정.

조정주문

1. 피고는 원고에게 금 17,000,000원을 지급한다. 다만, 이를 3회로 분할하여 ① 201*. 3. 31. 금 5,000,000원을, ② 201*. 5. 31. 금 5,000,000원을, ③ 201*. 7. 31. 금 7,000,000원을 지급한다.
2. 만일 피고가 제1항 기재 지급을 1회라도 지체하는 경우, 피고는 기한의 이익을 상실하고 즉시 원고에게 미지

급액 전액 및 이에 대하여 지체일로부터 다 갚는 날까지 연 15%의 비율로 계산한 지연손해금을 가산하여 지급한다.

3. 피고는 202*. 9. 23.까지

가. 피고가 운영 중인 서울 양천구 ◇◇동 ▽▽로 **-* 소재 '○○○노래방' 영업에 있어 학생들을 대상으로 하는 할인정책(1시간 5,000원 요금제, 30분 무료쿠폰 발행)을 실시하지 아니하고,

나. 위 가.호 기재 '○○○노래방'을 제외하고는, 서울 양천구, 강서구 지역에서 원고와 동일한 노래방 영업을 하지 아니한다.

4. 원고는

가. 나머지 청구를 포기하고,

나. 피고가 제3항 기재 '○○○노래방'의 영업을 제3자에게 양도하는 것을 용인하고,

다. 피고에 대한 영업금지가처분신청(서울□□지방법원 201*카합*****)을 취하한다.

5. 소송비용 및 조정비용은 각자 부담한다.

* 1심 판결 주문(확정)

1. 피고는 서울특별시 양천구 및 강서구 지역에서 202*. 9. 23.까지 노래방 영업을 하여서는 아니 된다.
2. 피고는 원고에게 10,000,000원 및 이에 대하여 201*. 12. 3.부터 201*. 9. 29.까지는 연 5%의, 그 다음날부터 다 갚는 날까지는 연 15%의 각 비율로 계산한 돈을 지급하라.
3. 원고의 나머지 청구를 기각한다.
4. 소송비용은 각자 부담한다.
5. 제2항은 가집행할 수 있다.

라이센스비용 청구사건

사건의 개요 및 조정경과

원고회사는 원고회사의 전임 대표이사인 피고가 개인 사업장을 차리면서 원고와 피고 간에 라이센스공급계약을 체결하여 피고의 매출액의 3%를 라이센스(로얄티)비용으로 원고가 지급받기로 하였고 그에 따라 발생한 라이센스비용이 2,400여만 원임에도 200만 원만 지급하고 2,200여만 원을 미지급하였고 피고가 원고의 대표이사로 재직 시 법인명의로 은행에서 차입한 2,000만 원을 부당인출하였으며 타매장의 판매대금 2,300만 원도 부당전환 사용하였다며 총 6,800여만 원의 지급을 구하는 소송을 제기. 이에 대해 피고는 자신의 원고회사에 대한 채권과 상계하거나 원고가 주장하는 부당인출금은 원고회사의 기존의 다른 차입금을 변제하거나 직원 급여 지급 및 법인카드대금으로 변제하였다고 주장. 조정기일을 속행하여 쌍방 정산의 기회를 준 다음, 원고는 피고를 상대로 한 본 소송과 채권가압류신청을 모두 취하하고 피고는 원고의 차입금

채무를 모두 변제하기로 하고 원만히 분쟁을 종결하는 내용으로 임의조정 성립.

조정주문

1. 원고는 이 사건 소를 취하하고, 피고는 이에 동의한다.
2. 피고는 원고회사의 ○○은행에 대한 차입금채무{원금 20,000,000원 및 이자(지연손해금) 포함}와 관련하여 피고가 이를 모두 변제하기로 하고, 만일 위 차입금채무에 대한 미변제로 인하여 원고회사에게 피해가 발생할 경우 원고회사에게 이를 전액 배상한다. 피고는 원고회사에 대하여 위 변제(○○은행 차입금채무소멸)에 따른 구상청구를 하지 아니한다.
3. 원고는 피고에 대한 채권가압류 신청을 취하하고 그 집행취소를 신청한다. 이 경우 피고는 원고가 위 채권가압류결정시 공탁한 담보공탁금을 담보취소결정을 통하여 회수해감에 동의하며 그 담보취소결정에 항고하지 아니한다.
4. 소송비용 및 조정비용은 각자 부담한다.

약정금 청구사건

사건의 개요 및 조정경과

원고는 동업관계에 있던 피고와 함께 소외 A사로부터 소외 B사에 대한 공사대금채권을 양수하여 그 양수금을 회수하는 과정에서 소외 B사가 파산하였고 원고의 파산배당금 수령권한을 피고가 위임받아 피고가 원고의 배당금도 함께 수령하고서도 그 수령금 전액을 돌려주지 않았다며 돌려받지 못한 1억 2,200여만 원의 지급을 구하는 소송을 제기. 피고는 원고의 몫을 모두 돌려주었다는 주장을 함. 조정심리 결과 원고가 피고로부터 더 받아야 할 금액은 2,000만 원으로 판단되어, 피고는 원고에게 2,000만 원을 지급하고 원고는 피고에 대한 부동산가압류를 취하하는 내용으로 조정하여 양자 이의 없이 조정 성립.

조정주문

1. 피고는 원고에게 201*. 11. 30.까지 금 20,000,000원을 지급한다. 만일 피고가 위 지급기일까지 위 금원을 지급하지 아니한 때에는, 피고는 미지급금원 및 이에 대하여 위 지급기일 다음날부터 다 갚는 날까지 연 15%의 비율에 의한 지연손해금을 가산하여 원고에게 지급한다.
2. 원고는, 제1항 기재 금원 지급이 있는 경우, 즉시 피고에 대한 부동산가압류(서울○○지방법원 201*카단******) 신청을 취하하고 그 집행취소를 신청한다.
3. 원고는 나머지 청구를 포기한다.
4. 원고와 피고는 이 사건 청구원인과 관련하여 본 조정을 갈음하는 결정에서 정한 사항 이외에는 양자 사이에 어떠한 채권채무도 없음을 확인하고, 향후 이와 관련하여 서로에 대하여 일체의 재판상, 재판외 청구 또는

이의제기를 하지 아니한다.

5. 소송비용 및 조정비용은 각자 부담한다.

총판계약해지에 따른 선매입자금 반환 청구사건

사건의 개요 및 조정경과

원고회사는 피고회사와 피고회사가 개발한 솔루션을 원고회사가 판매하기로 하는 총판계약을 체결하고 OO프로그램 3 세트 선매입자금조로 5,500만 원을 지급하였는데 피고회사의 책임으로 업무가 진척되지 못하여 총판계약을 해지하고 기지급한 선매입자금 5,500만 원의 반환을 구하는 소송을 제기. 조정과정에서 피고는 원고와 정산할 사항이 있다고 주장하여 기일을 속행하여 원고에게 정산자료를 확인할 기회를 갖게 한 후 2회 조정기일에서 상호 정산한 금액을 공제한 금액 4,700여만 원을 3회 분할 지급하는 내용으로 임의조정 성립.

조정주문

1. 피고는 원고에게 금 47,480,000원(부가가치세 별도)을 지급한다. 다만, 이를 3회로 분할하여 ① 201*. 11. 4. 20,000,000원을, ② 201*. 1. 4. 20,000,000원을, ③ 201*. 1. 12. 7,480,000원을 지급한다.
2. 만일 피고가 제1항 기재 지급을 1회라도 지체하는 경우, 피고는 기한의 이익을 상실하고 즉시 원고에게 미지급액 전액 및 이에 대하여 지체일로부터 다 갚을 때까지 연 15%의 비율로 계산한 지연손해금을 가산하여 지급한다.
3. 원고는 나머지 청구를 포기한다.
4. 소송비용 및 조정비용은 각자 부담한다.

계약금반환 청구사건

사건의 개요 및 조정경과

원고는 피고가 수원시 OO아파트 단지 내 알뜰장터를 낙찰 받고 알뜰장터 내에서 원고에게 공산품 판매를 허용하는 대가로 임대료 2,650만 원을 요구하여 원고가 이를 지급하였는데 이후 피고가 알뜰장터계약이 파기되었다면서 원고가 지급한 임대료 중 1,200만 원만 반환하고 나머지 1,450만 원을 돌려주지 않는다며 소송을 제기하였음. 1심(소액사건. 판결 이유 생략)에서 전부패소한 원고는 불복하여 항소. 항소심 조정 회부. 조정과정에서 피고는 원고가 먼저 피고에게 알뜰장터 입찰 참여를 제안하였고 낙찰금 1억 500만 원 전액을 원고가 부담하기로 하였음에도 계약금 이외에 나머지 돈을 마련해 주지 않아 계약을 해제 당한 것이므로 피고에게는 반환 책임이 없다고 주장. 생선, 과일, 채소류를 판매하는 코너를 맡게 되는 피고로서도 낙찰금 중 일부를 마련하였음에도 원고에게만 의존하였다가 원고가 나머지 돈을 구하지 못하여 아파트 입주자대표회의 측으로부터 계약을 해제당하여 계약금 전액을 몰취당한 점을 감안하여 피고가 원고의 청구액 1,450만 원의 일부인 500만 원을 지급하기로 하는 내용으로 임의조정 성립.

조정주문

1. 피고는 원고에게 201*. 12. 31.까지 금 5,000,000원을 지급한다. 만일 피고가 위 지급기일까지 위 금원을 지급하지 아니한 때에는, 피고는 미지급금원에 대하여 지급기일 다음날부터 다 갚을 때까지 연 15%의 비율로 계산한 지연손해금을 가산하여 원고에게 지급한다.
2. 원고는 나머지 청구를 포기한다.
3. 소송총비용 및 조정비용은 각자 부담한다.

공동투자자 상호간의 부당이득금 반환 청구사건

사건의 개요 및 조정경과

원고들 3인은 피고와 공동투자하여 부동산을 매입한 후 매각하여 차액을 지분별로 나눠 갖기로 하였는데 피고가 대표자로 매매한 후 원고들에게 지분별 수익금을 배분하지 않았다며 피고를 공금횡령으로 고소하고 부당이득금반환을 구하는 소송을 제기. 소제기 이후 임의지급된 금액을 제외한 나머지 금액 각 110만 원을 지급한다는 내용으로 조정갈음결정하여 양측 이의 없이 확정.

조정주문

1. 피고는 원고들에게 201*. 11. 30.까지 각 금 1,100,000원을 지급한다. 만일 피고가 위 지급기일까지 위 금원을 지급하지 아니한 때에는, 피고는 미지급금원 및 이에 대하여 위 지급기일 다음날부터 다 갚는 날까지 연 15%의 비율에 의한 지연손해금을 가산하여 원고들에게 지급한다.
2. 원고들은 나머지 청구를 포기한다.
3. 원고들은, 제1항 기재 지급이 있는 경우, 즉시 피고에 대한 부동산가압류(서울○○지방법원 201*카단****) 신청을 취하하고 그 집행취소를 신청한다.
4. 원고들과 피고는, 이 사건 청구원인 및 본 조정기일인 201*. 10. 26. 이전까지 발생한 원고들과 피고 상호간의 부동산공동투자 손익정산과 관련하여 본 조정을 갈음하는 결정에서 정한 사항 이외에는 양자 사이에 어떠한 채권채무도 없음을 확인하고, 향후 이와 관련하여 서로에 대하여 일체의 재판상, 재판외 청구 또는 이의제기를 하지 아니한다.
5. 소송비용 및 조정비용은 각자 부담한다.

뷔페식당내 돌잔치협력계약 보증금반환 청구사건

사건의 개요 및 조정경과

신청인은 피신청인과 피신청인이 운영하는 뷔페식당내에서 손님들의 돌잔치행사를 전담하여 운용하고 행사건수마다 일정액의 수수료를 받기로 하는 돌상협력업체계약을 체결하고 보증금 4,000만 원을 지급하였으나 피고가 당초 제시한 홀 5개 유지, 홀 인테리어 리뉴얼작업, 행사유치건수 월 40건 등의 조건이 충족되지 않고 매출이 감소되어 계약을 해지하고 보증금의 반환을 구하는 민사조정을 신청. 1회 조정기일에 뷔페식당 전체적인 영업감소와 돌잔치 유치의 한계 등의 어려움을 호소하는 피신청인을 설득하여 양자 간의 계약을 합의해지하고 원만하게 신청인을 내보내는 방안을 강구하도록 설득하고 신청인에게도 피신청인의 입장을 이해하도록 권고한 이후, 조정속행기일에 피신청인이 신청인에게 보증금 4,000만 원을 13회 분할 지급하고 양자 간에 정산해야할 나머지 수수료 등도 지급하는 내용으로 임의조정 성립.

조정주문

1. 신청인과 피신청인은 양자 간의 '○○○○ 하우스 돌상협력업체계약'을 본 조정기일인 201*. 1. 11.부로 합의해지 함을 상호 확인한다.
2. 피신청인은 신청인에게 제1항 계약해지에 따른 보증금 40,000,000원을 반환지급한다.
   다만, 이를 13회로 분할하여 ① 201*. 1.부터 201*. 12.까지 매월 말 3,000,000원, ② 201*. 1. 31. 4,000,000원을 지급한다. 만일 피신청인이 위 분할 지급을 1회라도 지체하는 경우, 피신청인은 기한의 이익을 상실하고 즉시 신청인에게 미지급액 전액 및 이에 대하여 지체일로부터 다 갚을 때까지 연 15%의 비율로 계산한 지연손해금을 가산하여 지급한다.
3. 피신청인은 신청인에게 201*. 1. 31.까지 금 6,525,000원{① 돌상 인수금 3,000,000원 + ② 201*. 9.부터 201*. 1. 7.까지의 돌상 사용료(수수료) 미지급금 3,525,000원(47건 × 75,000원}을 지급한다. 만일 피신청인이 위 지급기일까지 위 금원을 지급하지 아니한 때에는, 피신청인은 미지급금원에 대하여 지급기일 다음날부터 다 갚을 때까지 연 15%의 비율로 계산한 지연손해금을 가산하여 신청인에게 지급한다.
4. 신청인은 나머지 신청을 포기한다.
5. 신청인과 피신청인은 이 사건 청구원인 및 제1항 기재 계약(해지)과 관련하여 본 조정조서에서 정한 사항 이외에는 양자 사이에 어떠한 채권채무도 없음을 확인하고, 향후 이와 관련하여 서로에 대하여 일체의 재판상, 재판외 청구 또는 이의제기를 하지 아니한다.
6. 조정비용은 각자 부담한다.

주주권확인 청구사건

사건의 개요 및 조정경과

원고는 20여 년 전 소외 주식회사의 주식을 취득하면서 피고들의 명의로 각 9,000주, 12,000주를 취득하고 피고들로부터 명의신탁확인서도 작성 받았는데 최근 원고가 피고들에게 명의신탁해지를 통지하자 피고들이 자신들이 주주권자라고 다퉈 주주권이 자신에게 있음으로 확인하여달라는 소송을 제기. 조정과정에서 피고들은 명의신탁은 인정하면서 원고가 사업수익에 따라 일정 금원을 지급하기로 약속하고서도 전혀 지급하지 않았다고 주장. 조정합의 불성립. 주주권이 원고에게 있음을 확인한다는 내용의 조정갈음결정으로 양측 이의 없이 확정.

조정주문

1. 원고에 대하여, 피고 ○○○은 별지 1 목록 기재 주식에 관한 주주권이 원고에게 있음을, 피고 △△△은 별지 2 목록 기재 주식에 관한 주주권이 원고에게 있음을 각 확인한다.
2. 원고는 피고들과의 별지 1, 2 목록 기재 주식에 관한 명의신탁 및 그 해지로 인하여 피고들에게 발생하거나 발생할 피해(조세 등)를 피고들에게 보전하기로 한다.
3. 피고들은 원고에 대하여 별지 1, 2 목록 기재 주식과 관련하여 차후 그 주주지위권을 다투지 아니한다.
4. 원고와 피고들은 별지 1, 2 목록 기재 주식에 관한 명의신탁 및 그 해지와 관련하여 본 조정을 갈음하는 결정에서 정한 사항 이외에는 양자 사이에 어떠한 채권채무도 없음을 확인하고, 향후 이와 관련하여 서로에 대하여 일체의 재판상, 재판외 청구 또는 이의제기를 하지 아니한다.
5. 소송비용 및 조정비용은 각자 부담한다.

주식인수대금 청구사건

사건의 개요 및 조정경과

원고는 피고회사의 대표이사 A가 원고가 가지고 있는 피고회사 주식 2,900여주를 3,000만 원에 인수하겠다고 하여 주식을 A에게 넘겨주었는데 A가 2,000만 원만 지급하고 나머지 1,000만 원을 지급하지 않는다며 피고회사를 상대로 소송을 제기. 조정심리결과, 주식인수의 주체이자 주식인수대금을 변제할 책임이 있는 자는 피고회사가 아니고 A임이 명백하여 조정기일에 A를 조정참가 시켜 A로 하여금 원고가 구하는 대금 일부(조정금액)를 지급하게 하고 원고는 피고회사에 대한 청구를 포기하는 내용으로 임의조정 성립.

조정주문

1. 조정참가인 ○○○(******-*******)은 신청인에게 201*. 2. 28.까지 금 5,000,000원을 지급한다. 그 지급은

신청인의 은행계좌(△△은행 ***-24-****-913, 예금주 ▽▽▽)로 입금하는 방식으로 한다. 만일 조정참가인이 위 지급기일까지 위 금원을 지급하지 아니한 때에는, 조정참가인은 미지급금원에 대하여 지급기일 다음날부터 다 갚을 때까지 연 20%의 비율로 계산한 지연손해금을 가산하여 신청인에게 지급한다.

2. 신청인은 피신청인에 대한 이 사건 신청을 포기하고, 향후 조정참가인에 대해서도 이 사건 청구원인과 관련하여 일체의 재판상, 재판외 청구 또는 이의제기를 하지 아니한다.
3. 조정비용은 각자 부담한다.

주식인수계약해지에 따른 약정금반환 청구사건

사건의 개요 및 조정경과

원고는 10여 년 전 피고회사와 피고회사의 발행주식 2,000주를 인수(주당 발행가액 50,000원, 총 1억 원)하는 주식인수계약을 체결하고 피고회사에게 1억 원을 지급하였는데 6년 후 원고와 피고 간에 주식인수해지계약을 체결하여 원고는 주식보관증을 모두 피고에게 양도하고 피고는 원고에게 1억 원을 3회 분할지급하기로 하였으나 피고가 1회 3,000만 원, 2회 3,000만 원만 지급하고 마지막 3회 지급 분 4,000만 원의 지급을 하지 않고 있다며 그 지급을 구하는 소송을 제기. 피고는 양자 간에 피고가 원고에게 1억 원이 아닌 8,000만 원만 지급하기로 구두 약정을 하였다고 주장, 주식인수계약 체결 후 4년간 방치하였으므로 묵시적 해제되어 원래의 주식인수계약서의 효력이 부활한다는 자기 나름의 주장과 함께 본질적으로 원고의 지급금은 투자금이므로 상환의무가 없다고 주장하였고, 이에 맞서 원고는 원고가 피고로부터 8,000만 원만 받기로 양해한 사실이 없고 주식인수해지계약은 명시적으로나 묵시적으로 해지한 바 없으며 피고의 반환약속에 의하여 투자금에서 약정금으로 경개되었다고 반박. 1심에서 원고는 전승하였고 피고가 이에 불복하여 항소하여 항소심 조정회부. 한편 피고가 원고를 상대로 제기한 주식양수도계약에 기한 (피고가 반환한 6,000만 원) 주금납입청구소송 및 가압류신청은 피고가 패소하여 항소심 계류 중이었음. 조정 과정에서 원고의 청구액 4,000만 원 및 지연손해금 중 3,500만 원만을 피고가 지급하고(공탁금 2,000만 원 출금 포함) 피고는 이미 원고로부터 주식미발행증명서를 인도받은 사실을 확인하며 관련 소송을 취하하고 일괄 화해하기로 하는 내용으로 임의조정 성립.

조정주문

1. 피고(항소인, 이하 '피고'라 한다))는 원고(피항소인, 이하 '원고'라 한다)에게 201*. 10. 15. 까지 금 35,000,000원(이 사건 1심 판결 이후 원고의 가집행신청에 따라 피고가 설정한 공탁금 20,000,000원을 포함한 금원이며, 피고는 그 공탁금출급(회수)청구권을 원고에게 양도하고 이에 따라 원고는 이를 수령한다)을 지급한다. 만일 피고가 위 지급기일까지 위 금원을 지급하지 아니한 때에는, 피고는 미지급금원에 대하여 지급기일 다음날부터 다 갚을 때까지 연 20%의 비율로 계산한 지연손해금을 가산하여 원고에게 지급한다.

2. 피고는, 피고가 원고로부터 별지목록 기재 주식(주권미발행증명서 원본)을 인도받았음을 확인한다.
3. 피고는 원고를 상대로 제기한 서울고등법원 201*라***, *** 소송을 취하하고, 원고는 이에 동의한다. 원고 및 피고는 위 서울고등법원 201*라***, *** 소송 및 그 원인된 사실과 관련하여 서로 아무런 채권·채무관계에 있지 아니함을 확인하고 향후 상호간에 어떠한 재판상·재판외 청구, 이의제기를 하지 아니한다.
4. 원고는 나머지 청구를 포기한다.
5. 소송총비용 및 조정비용은 각자 부담한다.

민사분쟁 사례별 조정주문례

1판 1쇄 인쇄 _ 2019년 3월 5일
1판 1쇄 발행 _ 2019년 3월 11일

지은이 _ 최재석
펴낸이 _ 이형규
펴낸곳 _ 프라미스

주소 _ 서울특별시 종로구 이화장길 6
편집부 _ 745-1007, 745-1301~2, 747-1212, 743-1300
영업부 _ 747-1004, FAX 745-8490
본사평생전화번호 _ 0502-756-1004
홈페이지 _ http://www.qumran.co.kr
E-mail _ qrbooks@gmail.com / qrbooks@daum.net
한글인터넷주소 _ 쿰란, 쿰란출판사
등록 _ 제300-2008-17호(2008.2.22)

 ISBN 978-89-93889-23-9 93230